Heinrich von Treitschke

Historische und politische Aufsätze

Erster Band

Heinrich von Treitschke

Historische und politische Aufsätze
Erster Band

ISBN/EAN: 9783743334205

Hergestellt in Europa, USA, Kanada, Australien, Japan

Cover: Foto ©Suzi / pixelio.de

Manufactured and distributed by brebook publishing software
(www.brebook.com)

Heinrich von Treitschke

Historische und politische Aufsätze

Historische und
Politische Aufsätze

von

Heinrich von Trei[t]

Achte Aufla[ge]

Erster B[and]

Charaktere, vor[...]

der neuesten deut[...]

Verlag von S. Hirze[l] / 1918

An Gustav Freytag

zum

13. Juli 1886.

Sie haben dafür gesorgt, mein verehrter Freund, daß Ihr siebzigster Geburtstag ungestört bleibt von allen den lauten Huldigungen, in denen unsere festlustige Zeit sich so gern ergeht.

Den alten Freunden aber kann Ihre Bescheidenheit den Eintritt in das stille Dichterhaus nicht wehren, und zu ihnen darf sich wohl auch dies Buch gesellen, das Ihnen heute in neuer Gestalt entgegentritt.

Sie werden wenig daran verändert finden. Ein Buch ist ein lebendiges Wesen; ihre jugendliche Haltung, ihren oft leidenschaftlichen Ton wollte und konnte ich diesen Bänden nicht nehmen.

Ich habe mich begnügt, in die historischen Abhandlungen einzelne tatsächliche Berichtigungen einzuschalten. Die politischen Aufsätze erscheinen ganz so wieder, wie sie einst in Tagen gärender Ungeduld entstanden. Aber manches, was ich nach zwei Jahrzehnten unvergleichlicher Erfahrungen als veraltet oder verfehlt erkenne, ist in zwei neuen Abhandlungen am Schluß der beiden letzten Bände nochmals kurz erörtert.

Fröhliche Dichtungsgestalten, alle mit deutschen Augen, umdrängen Sie heute, wenn Sie mit den Amseln Ihres Gartens Zwiesprach halten und der reichen Arbeit Ihres Lebens still gedenken. Im Boden des Vaterlandes wurzelt jedes Ihrer Werke; so treu und liebevoll hat keiner der lebenden Dichter die in allem Wandel der Zeiten unverwüstliche Kraft des deutschen Gemütes geschildert. Nehmen Sie aus Freundesmund den Dank eines jüngeren Geschlechts, das wieder gelernt hat, an sich und sein Volk zu glauben.

Heinrich von Treitschke.

Inhalt.

	Seite
Milton	1
Lessing	56
Heinrich von Kleist	75
Fichte und die nationale Idee	113
Hans von Gagern	143
Karl August von Wangenheim	197
Ludwig Uhland	269
Lord Byron und der Radikalismus	305
F. C. Dahlmann	348
Otto Ludwig	435
Friedrich Hebel	458
Karl Mathy	484

Milton.

(Königstein 1860.)

Die Lust zu scheinen und zu blenden ist eine ewig gleiche Eigenheit unseres Geschlechts, zugleich ein Zeichen unserer vornehmen Natur und ein Quell häßlicher Verirrungen. Seltsam nur, in wie verschiedener Weise, je nach der Gesittung der Zeiten, diese Neigung sich Luft macht. In alten Tagen, da ohne kriegerische Tüchtigkeit niemand sich durch das Leben schlug, war das Prahlen mit erfundenen Heldentaten die üblichste Art der Lüge. Heute, da die gute Gesellschaft einen gewissen Grad von Kenntnissen und Belesenheit von jedermann als selbstver= ständlich erwartet, ist es ein Gewohnheitslaster der höheren Stände ge= worden, sich mit dem Scheine der Bildung zu schmücken; und der ehr= liche Blick erschrickt vor dem Wuste von Unwahrheiten, welcher durch solche Unart in die Welt gekommen. Bemerkungen über die höchsten Probleme des Denkens hören wir aus dem Munde der Kinder und Narren, und ein gewiegtes Urteil über Platon oder Leibniz scheint eine Spielerei für jeden, der sich im Vollgenusse des ersten Frackes tummelt: also, daß ein gutmütiger Gesell über all dem gebildeten Gerede zu dem Glauben gelangen mag, die Stunde der Weltliteratur, von welcher Goethe träumte, habe bereits geschlagen. Auch über den Dichter und Denker, welchem diese Zeilen gelten, ist das allgemeine Ur= teil längst fertig: seine Name gleicht einer Münze, deren Gepräge uns der Mühe überhebt, ihren Goldgehalt zu prüfen. Und doch werden nur wenige der gebildeten, ja sogar der gelehrten Deutschen unverwirrt standhalten vor der einfachen Frage: Was kennst du von Milton? Gewiß, ein solches Rechnen mit festen überlieferten Begriffen läßt sich nicht gänzlich vermeiden in einer Zeit, für deren eigenes Schaffen die Ergebnisse einer uralten Kultur bloß die Voraussetzung bilden. Nur ein Pedant wird dem Laien zumuten, daß er aus ihren eigenen Schriften jene bahnbrechenden Geister kennenlerne, deren Gedanken uns längst in Fleisch und Blut gedrungen: wer Goethe, Schiller und ihre Nach=

folger kennt, der hat das Unsterbliche der Werke Herders und Wielands genossen. Milton aber ist nicht der Vorläufer größerer Geister gewesen; er steht in der Geschichte der Kunst so einsam wie die Revolution, welcher er als ein gläubiger Kämpfer diente, in der Geschichte der Staaten; und noch immer lohnt es der Mühe, das Bild des Mannes uns vor die Seele zu führen, denn jene einzige Verbindung von künstlerischem Genie und Bürgertugend, die wir in ihm bewundern, hat noch keineswegs das rechte Verständnis in Deutschland gefunden.

John Milton ward am 9. Dezember 1608 zu London geboren, und der frühreife Knabe wuchs auf in einem strengen, gottseligen Hause. Sein Vater, damals Notar, war in jungen Jahren von seinen katholischen Eltern verstoßen worden, als er zur protestantischen Lehre übergetreten, und erfüllte bald des Sohnes Herz mit Begeisterung für den neuen Glauben. Nur die feierlichen Klänge der Musik, welche der Vater mit vieler Begabung übte, unterbrachen dann und wann die gesammelte Stille dieses puritanischen Hauses, dem eine liebevolle und wohltätige Hausfrau mit gemessenem Ernste vorstand. Schon in London ward dem jungen John die Kenntnis des klassischen Altertums durch einige gediegene Gelehrte erschlossen; und denselben eisernen Fleiß wie bisher bewährte er auch, als er, sechzehn Jahre alt, in das Christchurch-College zu Cambridge eintrat. Die Freuden des Burschenlebens lockten ihn nicht. Wie oft, wenn der Schimmer seiner nächtlichen Lampe vor dem Lichte des jungen Tages verblich, wenn der frohe Schlag der Lerche sein stilles Denken störte, hat er damals jenen Zauber des Frühmorgens erlebt, welchen er später mit Vorliebe besungen hat. Doch er war mehr als ein guter Schüler. Der zartgebaute junge Mensch mit den sanften, mädchenhaften Zügen, den seine Kameraden neckend die lady of Christchurch nannten, offenbarte früh einen freien, selbständigen Geist. Ihn empörte die Methode des englischen gelehrten Unterrichts, die selbst in dem freieren Cambridge nicht über mechanische Abrichtung hinausging; und als sein Vater ihm vorschlug, Theolog zu werden, erklärte er, daß er sich nie zu dem Sklavendienst herabwürdigen werde, die Artikel der bischöflichen Kirche zu unterschreiben.

So hat an Milton sich ein Wort erfüllt, daß er als Greis gesprochen: „Die Jugend zeigt den Mann, gleichwie der Morgen den Tag verkündet." In diesem ganzen reichen Leben erscheinen kaum leise Spuren inneren Kampfes. Ernst und keusch und tätig verbringt er seine Tage in puritanischer Strenge und doch voll Bewunderung für die alte klassische Herrlichkeit. Eine feste Selbstgewißheit, ein glückliches Gleichmaß der Stimmung hebt ihn über Zweifel und Versuchung hinweg, „als ob das Auge seines großen Lehrmeisters immer auf ihm ruhte". Sicher und notwendig wie das allmähliche Anschießen der Zweige und Knospen eines Baumes läßt dieser stetige Entwicklungsgang doch die Grenzen von Miltons Begabung klar erkennen. Wir sind zwar weit entfernt von jenem romantischen Wahne, der in dem Schlammbade jugendlicher Ausschweifungen die notwendige Schule großer Künstler sieht oder gar die leidenschaftlichen Schwächen der Dichter als das untrügliche Kennzeichen ihrer genialen Natur betrachtet. Aber wenn anders die Proteusnatur, die Gabe mit tausend Zungen zu reden, eine wesentliche Dichtertugend bleibt, so muß ein junger Künstler das Liebliche, das Lockende der Sünde, die Gebrechlichkeit der Welt und die Verzweiflung aller Kreatur sehr tief und stark empfunden haben. Denn wie mag er das Leben in der ganzen Fülle seiner Pracht und seiner Widersprüche darstellen, wenn er nicht schrecklich im Innersten die gemeinen Kämpfe der Menschheit durchgefochten hat? In der Tat, wie Miltons Jugend in ihrem geradlinigen Fortgange sich von Grund aus unterscheidet von den stürmischen Anfängen fast aller großen Dichter und mehr an die ersten Tage einseitiger tatkräftiger Naturen erinnert, so ist auch der gereifte Dichter Milton nur groß in seiner Einseitigkeit. Und dieser subjektivste der Poeten, der nie imstande war, ein Bild des ganzen Lebens zu schaffen, der nie etwas anderes schilderte als seine eigene große Seele, — er tritt dennoch ebenbürtig ein in den Kreis der vornehmsten Dichter. Es ist nicht möglich, der lauteren Hoheit seines Charakters ein größeres Lob zu spenden.

Von der hohen Schule kehrte Milton nach Hause zurück. Auf dem freundlichen Landsitze seiner Eltern in der Grafschaft Berk verbrachte er bis zu seinem dreißigsten Jahre eine lange Zeit in stillen Studien und genoß in vollem Maße jenes unschätzbare Glück, das in dem atemlosen Treiben unserer Tage so unendlich selten geworden, das Glück, sich auszuleben und erst in voller gesättigter Reife hinauszutreten auf den Markt des Lebens. Mit herzlichen Worten dankt er seinem Vater für solchen Segen: „Du zwangst mich nicht, den breitgetretnen Pfad zu wandeln, der zum Wohlstand führt; du nahmst mich weit hinweg vom Lärm der Stadt zur tiefen Einsamkeit und ließest mich beseligt weilen an Apollos Seite." Es waren nicht bloß Jahre gelehrter Muße. Er tummelte sich gern in Wald und Feld, denn von seinen lieben Alten hatte er gelernt, die leibliche Verkümmerung der Gelehrten zu verachten; er schlug eine gute Klinge und verwarf nur die abligen Künste des Reitens und Jagens. Seine kleinen Gedichte aus jenen glücklichen Tagen lassen uns ahnen, daß auch er seinen aufrechten Gleichmut nicht gänzlich ohne Selbstüberwindung errungen hat. Über die gemeinen Zweifel der Jünglingsjahre freilich schreitet er rasch hinweg. Wohl überkommt ihn einmal (in einem Sonett, geschrieben am dreiundzwanzigsten Geburtstage) die Neigung dieses Alters, die Frucht vom blühenden Baume zu verlangen, aber bald schwindet die Reue über die Langsamkeit seiner Bildung, und er ermannt sich in dem klaren Bewußtsein, daß seine Stunde noch nicht gekommen sei. Weit bitterer empfand er, daß seine reiche Dichterkraft zur ungünstigsten Zeit, zu spät, geboren sei. „Jener glänzende Abendstern glückseligen Angedenkens, Königin Elisabeth," liest der Brite noch heute dankbar in seinem Prayer-book. Welch eine Zeit, da dies Gestirn noch glänzte über einem reichen, befriedeten Lande und dicht hinter Spenser, dem lieblichen Sänger romantischer Ritterherrlichkeit, der junge Shakespeare erstand! Noch schien die Welt nicht fähig, so viel Schönheit zu ertragen; der einzigen Größe folgte ein jäher Fall. Entsetzlich schnell verwilderte die Bühne nach Shakespeares Tode, sie ward eine Zofe der Stuarts und unterhielt den Hof mit unzüchtigen Späßen. Es war ein Treiben, von Grund aus frivol wie nur das Königtum jener Stuarts selber, die ihren bibelfesten Untertanen befahlen, am Sabbath wider ihr Gewissen den Lärm weltlicher Lustbarkeit zu schauen. Inzwischen hatte der Werkeltag des siebzehnten Jahrhunderts begonnen. Ungeheure Kämpfe zerrütteten Staat und Kirche. Die Wissenschaft stand im Vordergrunde des geistigen Lebens der Völker. „Die Zeit will keine Verse," klagt Hugo Grotius in einem seiner lateinischen Gedichte, „sie fragt: warum freie Worte in unnötige Fesseln schlagen?" Unselige Tage für einen ernsten Dichtergeist, da die Poesie zuchtlos war und die Tugend prosaisch! Sehr früh und mit hellem Bewußtsein nahm Milton eine feste Stellung in dieser schweren Zeit. Sein Bürgerstolz verschmähte die Lakaienrolle eines Bühnendichters, seine herbe Sittenstrenge verwarf den Schmutz des entarteten Theaters. Voll Bewunderung allerdings schaute er auf zu dem Genius Shakespeares, vor dessen Größe der Betrachter „zu Stein erstarre"; doch ein Muster für sich wollte er in den „kunstlosen Waldliedern" dieser grandiosen Naturkraft nimmermehr erkennen. Daß diese ursprüngliche Dichtung zugleich vollendete Kunst und an den Sün-

den ihrer Nachfolger schuldlos war, hat er nie begriffen. Er war ein
Gelehrter, er hatte sich, wie Rubens und die italienischen Maler seines
Jahrhunderts, sorgfältig geschult an den großen Vorbildern vergangener
Kunstepochen. Köstliche Kräfte der Jugend hatte er vergeudet, um mit
bedachtsamem Fleiße die Treibhausgewächse der lateinischen Poesie zu
erzeugen. Nun gedachte er, der Modedichtung des Tages eine hochgebildete, kunstgerechte Poesie entgegenzustellen, die den Spuren der
Alten und der biblischen Sänger folgen sollte. Noch mehr, er tadelte
jene echten Dichter, welche, wie Shakespeare, als „fröhliche Kinder der
Phantasie" das Schöne, nichts als das Schöne schufen. Er wußte sich
berufen zu schreiben „für die Ehre und Bildung seines Vaterlandes
und zum Ruhme Gottes". Mit unbefangener schöpferischer Lust hatte
Shakespeare den erhabenen Gestalten seiner Kunst allein gelebt. Protestant durchaus, verschmähte er doch mit künstlerischer Weisheit den
dogmatischen Streit. Nur dann und wann wirft er einen spöttischen
Seitenblick auf die sauersehenden Puritaner, die Hasser der Bühne;
und so ganz verschwindet er hinter seinen Gestalten, daß wir eben nur
erraten können, der royalistische Dichter selber rede aus den zornigen
Worten: „Und soll das Bild von Gottes Majestät, sein Hauptmann,
Stellvertreter, Abgesandter, durch Untertanenwort gerichtet werden?"
Diese Tage künstlerischer Seligkeit waren dahin. Die Parteien begannen sich zu scheiden. Jetzt galt es zu wählen zwischen dem weltverachtenden Ernste der Puritaner und der vornehmen Leichtfertigkeit
der Kavaliere; mitnichten war Miltons Meinung, daß der Dichter
solcher Wahl sich entziehen dürfe.

Wie Milton sich in diesem Streite entschied, das mag ein feines
Ohr schon heraushören aus den berühmten Gedichten l'Allegro und
il Penseroso. In dem heiteren Gedichte besingt der Dichter die
lachende Schönheit der Erde, den Zauber des englischen Waldes, die
Freuden der Jagd und ländlicher Feste, das trauliche Treiben am winter-
lichen Herde; deutlich vernehmen wir den gedämpften Nachklang der
herrlichen Frühlings- und Winterlieder in Shakespeares love's labour
lost. Doch alsbald stellt er im Penserofo diesen nichtigen Freuden,
dieser Brut der Torheit ohne Vater geboren, das höhere Glück des
Denkers gegenüber, der im Forschen die Welt vergißt, der seine Seele
nährt an den großen Geisteswerken alter Tage und endlich im härenen
Kleide, in moosiger Zelle die erhabene Weisheit des Propheten erlangt.
Beide Gedichte gehören wegen der Pracht und anschaulichen Wahrheit

der Schilderung zu dem Schönsten, was die Zwittergattung beschreiben=
der Dichtung geschaffen; doch keines von beiden gibt rein und unver=
mischt die Stimmung wieder, welche der Titel andeutet. Weil aber
jene schwankende, zweifelnde Verfassung des Gemüts, welcher die Ge=
dichte Ausdruck geben, mehr nachdenklich als heiter erscheint, so hat das
allgemeine, selbst von Macaulay geteilte Urteil irrigerweise dem Pense=
roso den Preis zuerkannt. Ungleich deutlicher spricht Miltons puri=
tanische Gesinnung aus der Hymne auf Christi Geburt, dem Ge=
dichte, das von seinen Jugendwerken den reinsten Eindruck hinterläßt,
weil nur hier die wunderbare lyrisch=musikalische Begabung des Mannes
zur freien Geltung gelangt. Wohl wirft er da einen wehmütigen
Blick auf den Untergang der reichen Welt heidnischer Schönheit, aber
ihr verführerischer Glanz verbleicht vor dem reinen Lichte, das von der
Wiege des Erlösers ausgeht; die lockenden Gesänge der Nymphen
müssen verstummen vor den feierlichen Harfenchören der Seraphim.

Immer aufs neue drängt sich des Dichters puritanischer Eifer her=
vor. Ein Freund stirbt ihm; er legt einem dorischen Hirten ein Klage=
lied in den Mund, und selbst in diese Elegie (den vielbewunderten
Lycidas) mischt er Zornreden wider die ungetreuen Hirten, welche Gottes
Herde verwahrlosen: er droht, schon sei das zweischneidige Schwert er=
hoben, das die Pfaffen treffen werde. In offenem Kampfe tritt er der
unzüchtigen Bühnendichtung entgegen mit dem Maskenspiele „Comus"*).
Wie oft hatten die Großen des Hofes den Triumph des Verführers im
frechen Mummenschanz dargestellt! Der puritanische Poet feiert den
Sieg der Keuschheit über die Versuchung. Die ausgelassenen Geister
der Nacht, Comus und sein Gefolge, umschwärmen verlockend ein un=
schuldiges Mädchen, sie preisen die Wonne süßer Sünden, sie rufen das
köstliche Narrenwort: „Was hat die Nacht mit dem Schlaf zu tun?"
Doch der Dichter ist mitnichten gemeint, den zügellosen Geistern, wie
es ihnen gebührt, den kurzen Rausch eines selig=trunkenen Daseins zu
gönnen; sie müssen das ernst=moralische Lob der Keuschheit aus dem
Munde der Jungfrau hören und nehmen ein Ende mit Schrecken wie
in der Kinderfabel. Gewiß, diese nüchterne Moral wirkt erkältend, sie
ist das Gegenteil echter Kunst, und wenn es erlaubt ist, von genialen
Pedanten zu reden, so trifft dieser Name unseren Dichter. Doch diesem

---

*) Diese tendenziöse Bedeutung des Comus hat zuerst überzeugend nachgewiesen
A. Schmidt, Miltons dramatische Dichtungen. Königsberg 1864.

England tat not, daß endlich einmal in das wiehernde Gelächter der
Lüsternheit die Stimme eines Sängers hineinklang, dem es heiliger
Ernst war mit jedem seiner Worte. Dies Maskenspiel ward auf=
geführt in dem Hause des Grafen von Bridgewater; und Milton
verstand sich anzueignen, was allein in jenen abligen Kreisen der
Nachahmung wert war — ein feines, weltmännisches Betragen. Mit
seinen Ansichten und seiner Liebe hing er nach wie vor an den Mittel=
klassen. Wie alle reformatorischen Köpfe Englands, von Wicliffe bis
herab zu dem verwegenen Demagogen des neunzehnten Jahrhunderts
William Cobbet, fühlte er sich mit Stolz als ein Angelsachse. Dem
Volksglauben getreu verehrte er in dem guten Sachsenkönig Edward
den Gründer englischer Freiheit; von den Dichtern seines Landes liebte
er besonders den alten eifrigen Sachsen Chaucer, und nie hat er sich
zu dem Eingeständnis entschlossen, daß sein Sachsenvolk von den Nor=
mannen unterworfen worden.

In all diesen vielverheißenden kleinen Gedichten offenbarte sich das
Talent eines großen Hymnen= und Elegiendichters, dazu ein Gedanken=
reichtum und eine plastische Kraft der Zeichnung, die in der beschreiben=
den Poesie ihresgleichen nicht finden. Aber noch hatte Miltons Genius
sein heimisches Feld nicht betreten. Immerhin genügten diese
Werke, seinen Namen berühmt zu machen, denn trostlos arm war die
Zeit an echten Künstlern. Damals gerade brach Deutschlands uralte
Kultur zusammen, als unser Volk für die religiöse Freiheit des ganzen
Weltteils blutete; mit Tasso war der letzte von Italiens Klassikern
gestorben, und noch hatten die großen Tage der französischen Dichtung
nicht begonnen. So war Milton ein berühmter Reisender, als er im
Jahre 1638, tief erschüttert durch den Tod seiner Mutter, Italien be=
suchte, das noch immer wie in Shakespeares Tagen den Briten als das
goldene Land der Künste galt. Seine Aufnahme war glänzend; denn
man verehrte in ihm den Dichter und den urbanen Gelehrten, und —
als erkenne man in ihm eine den Romanen verlorene Lauterkeit des
Sinnes und der Sitten — der geistige Adel des Landes kam dem jugend=
frischen und jugendlich reinen Inglese mit jener Innigkeit entgegen,
welche noch heute den Verkehr der feineren italienischen und germani=
schen Geister belebt. Dort im Süden schaute Milton eine Farbenpracht
und festliche Freudigkeit des Daseins, die der finstere Ernst seiner Heimat
verwarf; an der Decke der Sixtinischen Kapelle sah er das verlorene
Paradies von Buonarottis Pinsel verherrlicht; auf den zahlreichen

Bühnen trat ihm eine kecke Luſt an ſchönem Spiel und freier, form=
vollendeter Nachahmung entgegen, die England ſelbſt gekannt, aber
längſt wieder verloren hatte. In den Akademien der vornehmen Welt
atmete er den Zauber feinſter geſelliger Unterhaltung. Er dichtete
im eleganten poetiſchen Wettkampfe lateiniſche Elegien und italieniſche
Sonette, ohne doch über der kunſtvollen Nachahmung die Kraft ſelb=
ſtändigen Schaffens zu verlieren, und ließ ſich gefallen, daß ſeine zier=
lichen Freunde ſein Dichterlob mit romaniſcher überſchwenglichkeit
ſangen; ja in Rom, ſo wird erzählt, war er nahe daran, ſein Herz zu
verlieren an die ſchöne Sängerin Leonora Baroni. Dennoch vermochte
die Verführung epikuräiſchen Genuſſes nicht ſeinen fertigen Charakter
zu biegen oder die durchbringende Schärfe ſeines Blickes abzuſtumpfen.
Als er in dem Hauſe des Marcheſe Manſo, eines Freundes Taſſos,
weilte, ward ihm klar, daß dies Geſchlecht von Epigonen, trotz aller
Fruchtbarkeit ſeiner Maler, in der Dichtkunſt jeder ſchöpferiſchen Kraft
entbehrte. Durch ſolche Einſicht ſtählte er ſich in ſeinem Lieblings=
glauben, daß ſtaatliche Freiheit unentbehrlich ſei auch für die geiſtige
Größe eines Volkes. Denn mit Erſtaunen und Beſchämung erfuhr er,
daß England — das England Karls I. — dieſer unglücklichen Nation,
die unter dem Joche der Spanier ſeufzte, als ein beneidetes Reich der
Freiheit galt. Und wie wertlos erſchien dem Puritaner alle künſt=
leriſche Herrlichkeit Italiens, als er die römiſche Hure in ihrem eigenen
Babel aufſuchte und den Pomp des Papſttums, „dies ſchwerſte aller
Gerichte Gottes‟, vor Augen ſah! In der Stadt des „dreifachen
Tyrannen‟ wappnete er ſich mit dem ganzen Stolze eines kühnen
Ketzers; den Rat vorſichtiger Freunde verſchmähend, gab er laut ſeinen
Abſcheu kund über das Treiben der Jeſuiten. Voll Ehrfurcht beſuchte
er den greiſen Galilei, das erlauchte Opfer pfäffiſchen Geiſteszwanges.
Und mächtiger denn alles, was ihm Italien bot, wirkte auf Milton ein
Geſpräch zu Paris mit Hugo Grotius, dem Dichter und Denker, dem
Vorkämpfer religiöſer und bürgerlicher Freiheit.

So vollendete Milton während drei reicher Jahre in Italien ſeine
äſthetiſche Ausbildung. Aber noch immer ſuchte ſeine Dichterkraft un=
ſicher taſtend umher. Der Mann des Bürgertums trug ſich, angefeuert
durch die Erinnerung an Taſſo, bereits mit dem Plane eines ritterlichen
Heldengedichts von König Artur und ſeiner Tafelrunde. Da riß ihn
der Sturm des Völkerkampfes aus ſeinen künſtleriſchen Träumen. Das
engliſche Volk begann jenen Streit, in welchem ſich offenbaren ſollte,

daß der Protestantismus, nachdem er lange als ein von außen aufgebrungenes Gut nur in den Institutionen des Landes bestanden, jetzt endlich nach langer, stiller, geistiger Arbeit in den Herzen der Nation festgewurzelt, ihr sittliches Eigentum geworden sei. Die große Kunde traf den Dichter, da er eben nach Griechenland, dem teuersten Lande seiner Sehnsucht, überzufahren gedachte. Alsbald kehrte Milton in die Heimat zurück, denn ihm galt es für „schmählich, fern zu weilen, derweil seine Mitbürger für die Freiheit stritten". Ihm war, als sehe er seine „edle und mächtige Nation gleich einem Riesen sich vom Schlummer erheben und ihre Simsonslocken schütteln". Noch ein kurzer, herzstählender Aufenthalt in Genf, der hohen Schule und dem Musterstaate der streitbaren Jünger Calvins; dann betrat er die heimische Insel, die ihm als die Wiege der Reformation galt und nun die letzten blutigen Siege des Protestantismus schauen sollte. Jetzt erfuhr er, welch ein Segen für den Poeten darin liegt, wenn er auch der ungebundenen Rede mächtig ist, damit er nicht nötig habe, die Muse zu mißbrauchen für die endlichen Zwecke, zu deren Verfolgung die Härte des Lebens unerbittlich zwingt: Milton hat kaum je einen satirischen Vers geschrieben, um die persönlichen Händel auszufechten, in welche sein Wirken als Publizist ihn verflocht. —

Wollen wir diesen Streitschriften gerecht werden, womit er während eines Vierteljahrhunderts die drei Grundlagen jedes menschenwürdigen öffentlichen Lebens, die religiöse, die häusliche und die politische Freiheit, verteidigte, so müssen wir uns des gewaltigen Abstandes der Zeit lebhaft bewußt bleiben. Die meisten der Beweisgründe, welche er damals allen zur Überraschung zuerst aussprach, sind im Verlaufe des langen Kampfes um die Freiheit der Völker zu Gemeinplätzen, zu Vorurteilen aller Gebildeten geworden. Eine Eigentümlichkeit der Epoche ist die Form, eine Eigenheit des Volkes ist die Breite der Darstellung, welche Milton mit allen Gliedern dieser Nation lakonischer Sprecher sonderbarerweise teilt. Auch sein Mangel an historischem Sinn bei einer Fülle historischen Wissens wird uns nicht befremden, wenn wir bedenken, daß das Verständnis für die Geschichte, obwohl der Idee nach im Wesen des Protestantismus enthalten, damals noch unentwickelt war. Die berufene, gewaltige Heftigkeit seiner Polemik endlich, welcher es auf ein pecus oder stultissimum caput nicht ankam, erklärt sich von selbst aus den Sitten einer Zeit, deren göttliche Grobheit noch heute in den Streitschriften der Theologen fortwirkt, aus dem natürlichen Ingrimm

eines Kampfes gegen mächtige Gegner, welche das Verbrennen durch
Henkershand als die geeignete Antwort auf mißliebige Schriften an=
sahen, und aus Miltons persönlichen Erlebnissen. Denn ein hartes
Geschick vereinigte in ihm wie in einem Brennpunkte die Leiden, Hoff=
nungen und Kämpfe seines Volkes. In seinem eigenen Hause sollte er
die großen Schmerzen der Zeit erfahren; darum redet eine dramatische
Wahrheit aus seinen Schriften. Der gemeinen Mittelmäßigkeit der
Menschen ist der Ausdruck einer Meinung wichtiger als die Meinung
selber; deshalb ist Milton, der gemäßigte Ansichten mit schonungsloser
Ehrlichkeit aussprach, der törichten Nachrede verfallen, er zähle zu den
Schwarm= und Rottengeistern, den Demagogen des Protestantismus.

Ausgerüstet für seine Aufgabe war Milton mit einer allseitigen
Bildung und einer schöpferischen Gewalt über die Sprache, deren Prosa
er mit einer Fülle altertümlich kräftiger Worte bereichert hat. Und
was mehr sagen will: er war durchaus getränkt von dem echten Geiste
protestantischer Freiheit. Daß, wer erlöst sein will, seinen eigenen
persönlichen Glauben haben müsse, blieb seine erste Überzeugung, und
er stritt für sie mit reinen Händen. Was auch seine erbosten Gegner
über die unlauteren Beweggründe seines Handelns fabelten: jede neue
historische Forschung beweist immer klarer, daß nie etwas Niedriges,
Unreines, Schwächliches in seine Seele Eingang fand. Vielmehr liegen
Miltons Fehler auf der entgegengesetzten Seite — es sind die Sünden
kühner, aufstrebender Menschen. Obwohl kein eigentlicher Parteimann,
besaß er doch die ganze jüdische Starrheit der Puritaner, er war voll=
kommen unfähig, die relative Berechtigung seiner Feinde zu begreifen.
Er sah in ihnen nur Götzendiener, Hurer, Despoten, Priester des
Bauches; und nie begegnet uns in seinen Schriften jenes überlegene,
objektive Lächeln, das wir von einem genialen Menschen selbst im Feuer
des Parteikampfes dann und wann erwarten. Auch Milton hatte das
Schmettern der Posaunen und die frohe Botschaft des Engels ver=
nommen: „Sie ist gefallen, sie ist gefallen, Babylon, die große, und
eine Behausung der Teufel geworden"; auch ihn, wie die Verwegensten
der Puritaner, trieb ein heiliger Eifer, das Volk Gottes zu mahnen
zum Auszuge von Babel, „auf daß ihr nicht teilhaftig werdet ihrer
Sünden, auf daß ihr nicht empfanget etwas von ihren Plagen". In
jedem seiner Bücher liegt sein Innerstes ausgesprochen. Nur die
Stimme seines wachen Gewissens hieß ihn die Waffen der Publizistik
ergreifen — ihn, der sich immer bewußt blieb, daß er zu Höherem ge=

boren sei und in dem kühlen Elemente der Prosa nur den Gebrauch seiner linken Hand behalte. Doch gerade deshalb verfiel er in den alten Irrtum harmonischer, tief-gewissenhafter Naturen. Er fand einen objektiven Zusammenhang zwischen seinen politischen und religiösen, ästhetischen und sittlichen Meinungen, während dieser Zusammenhang doch nur subjektive Wahrheit haben konnte, nur für ihn, den ganzen einheitlichen Menschen bestand. „Religion und Freiheit hat Gott unzertrennlich in eins verwebt, die christliche Religion befreit die Menschheit von den zwei schrecklichsten Übeln, Furcht und Knechtschaft." Auf diese Sätze gestützt, gebrauchte er dreist religiöse Argumente für politische Zwecke, und umgekehrt — eine Verirrung, die freilich einer Partei sehr natürlich zu Gesicht stand, welche für die Freiheit des Staates und der Kirche zugleich auftrat. Daher hat er das scharfe philosophische Scheiden der Begriffe nicht verstanden, und er so wenig wie irgend ein Brite besitzt die Gabe der deutschen und hellenischen Philosophen, die Dinge auf ihre letzten Gründe zurückzuführen.

Der unvergängliche Wert seiner prosaischen Schriften liegt in der unermüdlichen Durchführung der ewigen Wahrheit, daß die sittliche Tüchtigkeit eines Volkes die Vorbedingung bleibt für seine staatliche Größe, die Blüte seiner Kunst und die Reinheit seines Glaubens. Auch darin zeigt sich der glaubenseifrige Puritaner, daß er nicht glänzen will durch einen großen Reichtum von Ideen, sondern überzeugen will durch fortwährende Vertiefung und Klärung weniger, aber mit ganzer Seele ergriffener Gedanken. Nur eines tritt als ein störendes, unharmonisches Werk in seinen Werken hervor. Selbst dieser freie Geist hat, wie alle seine Zeitgenossen und wie noch heute die ungeheure Mehrzahl der Briten, nicht gewagt, die letzten Konsequenzen der protestantischen Freiheit zu ziehen. Auch sein Denken ist theologisch gebunden, ist wesentlich scholastisch. Ihm gilt als selbstverständlich, daß die Forderungen der Vernunft mit den Aussprüchen der heiligen Schrift stets übereinstimmen müssen, und wird der Widerspruch gar zu handgreiflich, so hilft er sich mit dem verzweifelten Ausspruche: „So Unvernünftiges kann die Bibel gar nicht behaupten wollen." Diese theologische Verbildung und die jüdische Härte des puritanischen Wesens entfremdet Miltons Werke gar oft uns Söhnen eines geistig freieren Volkes. Wer den ungeheuren Abstand zwischen deutscher Freiheit und englischer Befangenheit des Geistes ermessen will, der vergleiche Milton mit einem beliebigen Buche unseres Luther. Welche milde, menschenfreundliche

Weisheit verbreitet sich in Luthers Tischreden über alle Höhen und Tiefen des Lebens! Wie herzlich weiß sich der Reformator das Leben der heiligen Familie auszumalen, er sieht es vor Augen, wie die Mutter Maria auf dem Zimmerplatze ängstlich auf ihren Knaben wartet und ihn fragt: Wo bist du denn so lang geblieben, Kleiner? Wie pedantisch erscheint neben diesem traulichen Bilde der Jesus Miltons, der die kindlichen Spiele kalt verschmäht und als Knabe schon sich mit dem „öffentlichen Wohle" beschäftigt! Sicher, der deutsche Theolog predigt eine reinere, weltlich freiere Menschlichkeit, er redet uns auch heute noch lauter und freundlicher zum Herzen als der weltlichste und kühnste Kopf der Puritaner, der uns um anderthalb Jahrhunderte nähersteht.

Der Protestantismus war gefährdet, seit die Kreaturen König Karls versuchten, die anglikanische Kirche durch Verschärfung der bischöf= lichen Verfassung dem Katholizismus wieder anzunähern. Gegen diesen Grundschaden der englischen Reformation erhob sich Milton in fünf Streitschriften, welche nach seiner Rückkehr in die Heimat in den Jahren 1641 und 1642 erschienen. Mit dem sicheren, praktischen Blicke seines Volkes, den er bei all seinem idealistischen Schwunge durchaus besaß, eiferte er zunächst nur gegen die Verfassung der Kirche. Durch ihn ward zuerst in vornehmer Sprache den Gebildeten der Nation be= wiesen, was die eifrigen Apostel der Puritaner schon längst auf den Gassen gepredigt hatten, daß die bischöfliche Kirche — diese „ephesische Göttin" der Götzendiener — nur eine neue, nicht minder unevangelische Hierarchie an die Stelle der gestürzten römischen gesetzt habe. Ab= schaffung des Prälatentums, Beseitigung der Häufung der Pfründen in einer Hand, welche bereits eine „Verteuerung der geistigen Speise" hervorgerufen, endlich Wahl der Seelsorger durch die Gemeinden — in diesen Forderungen gab er den Wünschen der Mittelstände klaren Ausdruck. Wie alle echten Jünger der Reformation mahnte er zur Rückkehr in die Armut und Einfachheit des apostolischen Zeitalters. Wie vordem Dante und mit Dantes Worten erklärte er die Schenkung Konstantins, welche den weltlichen Reichtum der Kirche gegründet, für „die wahre Büchse der Pandora". Er stützte sich auf jenes goldene Wort, das die Summe aller protestantischen Weisheit über kirchliche Verfassungsfragen enthält: „Wo zwei oder drei von euch versammelt sind in meinem Namen, da bin ich mitten unter ihnen." Alsbald stürzten die Bischöfe sich auf ihn mit dem furchtbaren Rüstzeuge jener perfiden Mittel, welche nur gereizter Pfaffenhochmut nicht verschmäht.

Weil Milton in seiner eifrigen Strenge einmal von falschen Bärten und Nachtschwärmern gesprochen, so ward die fleckenlose Reinheit seines Wandels verleumdet; denn nur wer Bordelle und Spielhäuser besuche, könne Kunde haben von solchen Dingen. Steinigt diese hündische Mißgeburt zu Tode, auf daß ihr nicht selbst verderbet, — das war der Ton, den die Bischöfe Hall und Usher anschlugen, um den kecken Reformator zu züchtigen. Doch die Entrüstung gegen die Prälaten ward allgemein; und nach seiner kühnen Weise, der es nur in den Vorder= reihen der Streiter wohl war, verschmähte Milton jetzt, noch ferner teilzunehmen an einem Kampfe, dessen Ende nicht mehr zu ver= kennen war.

Als er nach Jahren (1659) wieder über kirchliche Fragen zu schreiben begann, war sein Denken bereits kühner, sein Standpunkt freier. Er hatte erfahren, daß auch die Presbyterianer, denen er selbst zum Siege über die Bischöflichen verholfen, sich nicht frei hielten von jenen theokratischen Neigungen, deren jede organisierte Kirche voll ist. Man weiß, auf welchen zähen Widerstand Cromwell stieß, als er den finsteren Fanatismus seiner Gläubigen zur Duldung bewegen wollte. Milton hatte nicht gesäumt, seinen großen Freund in diesen Kämpfen zu bestärken und anzufeuern, „denn auch der Frieden hat seine Siege". Er sang ihm zu: „Befrei' die Seelen von der Mietlingsrotte, die ihrem Magen frönt als ihrem Gotte." Nach dem Tode des Protektors, da die Gefahr religiöser Verfolgung wieder nähergerückt war, richtete er an das Parlament die Denkschrift „über Regierungsgewalt in kirchlichen Dingen" — eine Verherrlichung der Duldung. Jetzt wagt er das kühne Verlangen „Trennung von Staat und Kirche"; denn der Ver= mischung dieser beiden Gewalten verdanken wir alle Kriege des letzten Jahrhunderts. Der Staat, der seinem Wesen nach nur „die Wirkung, nicht den Sitz der Sünde" treffen und strafen kann, verzichte fortan auf die väterliche Gewalt, die der Kirche gebührt. Die Kirche verschmähe, obrigkeitliche Rechte zu üben, „sie ist zu hoch und würdig, um sich gleich einer Weinrebe am Stamme des Staates emporzuranken". — Freilich, wenn die Kirche nicht von dieser Welt ist, so besteht und wirkt sie doch unzweifelhaft in dieser Welt; diese bittere Wahrheit hatte schon Luther erfahren. Noch im siebzehnten Jahrhundert war niemand, auch Milton selber nicht, fähig, den ganzen Sinn des großen Wortes „Trennung von Staat und Kirche" zu begreifen und zu erfüllen. Auch Milton beurteilt den Staat nach religiösen statt nach rechtlichen Begriffen, und — seine Duldung hat ihre Grenzen. Sie umfaßt alle Sekten, deren Menge er als ein Zeichen des zunehmenden Denkeifers freudig begrüßt, sogar die Sozinianer, welche unseren deutschen Lutheranern geradezu als Heiden erschienen; nur eines umfaßt sie nicht — popery and open superstition. Der Katholizismus ist ihm eine politische Partei, welche unter dem Scheine einer Kirche die priesterliche Tyrannei anstrebt. Selbst die Gottesleugner mag der Staat ertragen, nur diese Papisten nicht, denen der Papst jederzeit einen Freibrief für alle Verbrechen ausstellen kann. Milton so wenig wie nach ihm der Skeptiker Bayle wollte begreifen, daß mit dieser einen Ausnahme der Befreiung der Kirche vom Joche des Staates die Spitze abgebrochen wird. Fürwahr, wenn jede reinere Menschensitte von den Völkern nur auf Umwegen erreicht wird, so sind die Irrgänge der religiösen Duldung die seltsamsten von allen. Wie in Preußen die Toleranz, die köstliche Frucht der inneren Freiheit der Menschen, damit begann, daß sie den widerstrebenden Predigern vom Staate anbefohlen ward, so ward in England das friedliche Leben der Konfessionen nebeneinander erst dadurch möglich, daß man die aggressive Macht der römischen Kirche eine Zeitlang von der allgemeinen Duldung ausschloß. Selbst ein Idealist wie Milton konnte sich dieser handgreiflichen Notwendigkeit nicht verschließen. Sein starker Geist, gewohnt, die historischen Dinge in der ganzen Schärfe ihrer Gegensätze zu begreifen, bekannte sich zu dem Worte: Wer Autorität sagt, sagt Papst, oder er sagt gar nichts — zu jenem schrecklichen Worte, welches nur darum nicht wahr ist, weil der müden Mehrzahl der Menschen der Mut fehlt, ihren Glauben bis in seine letzten Spitzen zu verfolgen. Ein Ketzer ist in Miltons Augen nur, wer in Sachen des Glaubens menschlichem Ansehen folgt; das allein galt ihm als die wahre Sünde wider den heiligen Geist. Und es scheint nicht überflüssig, daran zu erinnern, daß diese Meinung mit den Lehren der ältesten Kirche, ja sogar noch der päpstlichen Dekretalien sehr nahe verwandt ist.

So war Milton unter die kühnsten religiösen Reformer, unter die Independenten getreten, und eine neue, noch im selben Jahre erschienene Schrift „Gegen die Mietlinge in der Kirche“ gab davon Zeugnis. Hatte er vordem nur den Lippendienst der Agende bekämpft, weil sie die lebendige Kraft des freien Gebetes verdränge, so wendet er sich jetzt gegen die Geistlichkeit selber, den neuen Stamm Levi. Er versteht das Priestertum der Laien, dies Palladium der Protestanten, im verwegensten Sinne, er verwirft die Bildung einer theologischen Kaste und heischt das Recht des Predigens für jeden Bibelkundigen. Hatte er einst die harte puritanische Kirchenzucht verteidigt, so weiß er nun geistliche und weltliche Dinge klarer zu scheiden und erkennt die Aus= schließung als die einzige gerechtfertigte kirchliche Strafe. Während seiner reifsten Jahre hat der fromme Dichter nie mehr eine Kirche be= treten. Noch im hohen Alter stellte er sich nach den Worten der Bibel eine christliche Dogmatik zusammen und wahrte sich damit sein pro= testantisches Recht auf einen persönlichen Glauben. Freilich, hätte er vermocht, die Fesseln der Scholastik abzustreifen, so mußte er noch einen Schritt weiter gehen. Denn er bekannte sich zwar im ganzen und großen zu den Lehren des Kalvinismus: vereinigte doch diese Kirche damals, da die schöpferische Kraft des Luthertums erloschen schien, in sich alle treibenden, fortschreitenden Mächte, allen Freiheitsmut des Protestantismus. Aber ein wahrhaft unbefangener Blick in sein Inneres mußte ihm sagen, wie vieles ihn von diesem Glauben trennte. Nicht nur hielt er sich rein von den pfäffischen Verirrungen der Gott= seligen, welche, gleich vielen Frommen unserer Tage, mit dem Gott= seibeiuns auf weit vertrauterem Fuße lebten als mit dem Herrgott selber; sondern als ein rechter Apostel der Freiheit verwarf er auch die entsetzliche Lehre von der Vorherbestimmung. Ohne die Freiheit des Willens war ihm das Leben des Lebens nicht wert: die Notwendigkeit, „der Rechtsgrund der Tyrannen", fand keine Stelle in seinem Katechis= mus. Ja, in seinen letzten Jahren erkannte er bereits die Unvergäng= lichkeit der Materie, die Untrennbarkeit von Leib und Seele und die Immanenz Gottes. Noch mehr, in Worten und in Werken fügte er den mehr negativen Tugenden des Christentums die positiven des antiken Heidentums hinzu. Wie ehrlich gestand er, daß die ersten christlichen Jahrhunderte einen argen Rückschritt in den Sitten zeigen gegen die großen Tage der Hellenen und Römer! Mit welchem naiven Stolze, mit wie heidnischer Unbefangenheit sprach er, gleich dem moder= nen Heiden Skaliger, von seinem eigenen Werte! Und wie ganz „unchristlich" — nach den theologischen Begriffen der Zeit — war seine Auffassung der Moral: wir sollen zu stolz sein, uns zu hoch halten für die Sünde! „Alle Bosheit ist Schwäche"; er findet nicht Worte genug die Kleinheit, die Verächtlichkeit der Sünde zu schildern. Mit diesen Zügen durchaus antiker Sittlichkeit vermischen sich in seiner Seele die herbsten Gedanken christlicher Askese, eine tiefe Weltverachtung und die

heilige Überzeugung, alles Wissen, alle Kunst der Menschen sei wert=
los, wenn sie nicht gerabeswegs hinführen zu bem „Leben in Gott" —
nur daß er selber dieser Widersprüche nimmer sich bewußt warb. Nach
bem geistreichen Holländer Coornhert war Milton ber erste Denker,
welcher vermochte, in einer Zeit bes konfessionellen Hasses ben Geist
bes Christentums in gläubiger Seele zu hegen, ohne sich bem Dogma
einer Konfession völlig anzuschließen. —

Inzwischen hatten sorgenvolle Erlebnisse Milton zum Nachbenken
geführt über einen anberen Grundpfeiler bes Völkerglückes, über bie
häusliche Freiheit. Der strenge Mann, ber nie ein Liebesgebicht ge=
schrieben, fühlte boch nach Art stolzer, spröber Naturen sehr lebhaft das
Bebürfnis der Liebe. Er war vielleicht zu sehr ein in abstrakten Be=
griffen befangener Gelehrter, um jene bämonische Anziehungskraft zu
besitzen, welche bie Naturgewalt großer Künstler auf bie Gemüter der
Frauen ausübt; immerhin war er wohl imstande, ein Weib zu be=
glücken, bas tief und innig genug empfunden hätte, um bie Schroffheit
bes Gatten zu tragen und zu milbern. Leiber fand er in seiner Gattin
Mary Powel nur bas platt Alltägliche. Die oberflächliche, vergnügungs=
lustige Tochter eines lustigen Lanbebelmannes sehnte sich balb hin=
weg aus der ernsten Einförmigkeit bes stillen Gelehrtenhauses. Und
Milton empfand bie traurigste Nachwirkung politischer Kämpfe: bie
Wirren bes Staates störten ben Frieden seines Hauses. Die an=
erzogenen royalistischen Grundsätze seiner Gattin lehnten sich auf gegen
bas Puritanertum bes Mannes. Nach Verlauf eines Monats entfloh
sie zu ihrem Vater, und nachbem Milton vergeblich versucht, sie zurück=
zuführen, unterfing er sich, bie Gesetzgebung seines Landes von einem
Makel zu befreien, dessen Schwere er an sich selbst erfahren. Er ver=
faßte jene vier Schriften über die Ehescheibung (1643—1645), welche
der sittlichen Bildung seiner — und leider auch unserer — Tage weit
vorauseilten. Die ganze Kühnheit dieses Schrittes begreifen wir erst,
wenn wir uns erinnern, wie allgemein dieses Zeitalter — Milton selbst
nicht ausgeschlossen — der Unart ergeben war, hinter jeder überraschen=
den Meinung unlautere persönliche Motive bes Schriftstellers zu wit=
tern. Von alters her war bie Freiheit der Ehe ein Lieblingsthema
jener sinnlichen Naturen, welche ber laren Moral ein bequemes Lotter=
bett bereiten wollen. Der puritanische Denker bagegen warb ein Ver=
teidiger der Ehescheidung, weil seine stolze Tugend sehr streng und
vornehm dachte von bem Wesen der Ehe.

Milton war hier in der mißlichen Lage, allgemeine Regeln aufzu=
suchen für Fälle, welche als Ausnahmen von der natürlichen Ordnung
nur eine individuelle Beurteilung dulden; aber er löste seine Aufgabe
mit der Logik eines schlagfertigen Denkers und mit dem Mute eines
guten Gewissens. Er will die Welt, wie von der Last des Aberglaubens
in der Kirche, so von den eingebildeten Schrecken der Sünde im Kreise
des Hauses befreien. Siegreich zeigt er die Sinnlichkeit des kanonischen
Rechts, das nur durch fleischlichen Ehebruch die Ehe gelöst wissen will.
Sein protestantisches Gewissen empört sich gegen die leichtfertigen Dis=
pensationen vom Gesetz, welche solche übertriebene Härte notwendig
veranlaßt. So streitet Milton, ihm selber vielleicht unbewußt, für die
harmonische Gleichmäßigkeit der Sitte, die wir modernen Menschen
verehren, und gegen die Roheit jener alten Tage, die zwischen Zwang
und Ausschweifung haltlos taumelten. Mit ergreifenden Worten
schildert er das Glück, das ihm selber versagt war, das Glück der Ehe
als einer göttlichen, bürgerlichen und leiblichen Gemeinschaft. Freilich,
diese leibliche Gemeinschaft ruhig zu würdigen, war den Männern der
Reformation nicht gegeben. Auch Milton haftet noch an der lutheri=
schen Meinung, der natürliche Trieb sei sündhaft, wenn nicht Gottes
absonderliches Erbarmen seinen Mantel darüber decke. Der Beruf des
echten Liebesgottes, ruft der Puritaner, beginnt und endet in der Seele.
Ist jene göttliche Gemeinschaft gebrochen, so ist die leibliche wertlos,
so sind die Kinder „Kinder des Zorns“. Der Zweck der Ehe ist das
Glück der Gatten — und „kein Vertrag kann binden, wenn seine Aus=
führung dem Zwecke des Vertrages widerspricht“. Damit ist einer
jener radikalen Sätze gesprochen, die mit ihrem schneidenden Klange die
träge Welt aus dem Schlafe rütteln und ihr bei den verschiedensten
Anlässen immer und immer wieder in die Ohren gellen: hat doch in
unseren Tagen der Freistaat Venezuela genau mit denselben Worten
seine Unabhängigkeit gerechtfertigt.

So bringt dieser reine Mensch in allem, was er ergreift, auf das
Wesen, auf den sittlichen Kern der Dinge. Nur leider hindert ihn auch
hier seine theologische Verbildung, die köstlichsten Früchte seines Denkens
zu ernten. Er ahnt diese höchst persönlichen Fragen durch die Auf=
stellung gesetzlicher Scheidungsgründe niemals gelöst werden können.
Aber statt daraus zu folgern, daß sie billigerweise dem Wahrspruche
eines Schwurgerichts von Standesgenossen unterliegen sollten, verwirft
er kurzweg jede Einmischung der Gerichte in eheliche Verhältnisse; ja, er

will die Entscheidung über die Trennung der Ehe dem Gewissen des Mannes anvertrauen und so unsere milderen Sitten verbessern durch die brutalen Rechtsbegriffe der Juden, welche die Menschenwürde des Weibes nicht fassen konnten!

Abweichend von der dürren Jurisprudenz der Zeitgenossen, aber übereinstimmend mit den großen Staatslehrern unter den Alten, sah Milton in der Familie die Grundlage des Staates. Um dem häuslichen Leben nach allen Seiten hin gerecht zu werden, schrieb er — damals beschäftigt mit der Erziehung der Kinder einiger Freunde — sein Buch „über Erziehung". Vielleicht hat in jenen Tagen nur der Deutsche Samuel Hartlieb diese Schrift, welche der englische „Schulmeister" ihm widmete, ganz verstanden; so wenig hatte der Miltonische Plan eines freien, wahrhaft klassischen Jugendunterrichts mit den theologischen Begriffen des Jahrhunderts gemein. — Die häusliche Freiheit ward nicht zur Wahrheit, solange nicht „die Geburt des Gehirns ebenso frei war wie die Geburt des Leibes", solange der Staat die Preßfreiheit verkümmerte. Die Presbyterianer hatten im langen Parlament die Oberhand gewonnen, aber nach dem Siege bewiesen sie die gleiche Unduldsamkeit wie die gestürzten Bischöflichen, sie beschlossen (1644), daß für den Druck jeder Schrift eine Lizenz eingeholt werden müsse. Da erkannte Milton die Gefahr, daß der große Freiheitskampf seiner Nation mit dem Siege einer Partei über die andere kläglich ende. Er richtete an das Parlament die Areopagitica, die berühmte schwungvolle Rede zum Schutze der Preßfreiheit, unzweifelhaft die schönste seiner prosaischen Schriften. Hier ist Miltons großartiger Idealismus an der rechten Stelle, hier redet sein freudiger, zweifelloser Dichterglaube an die Allmacht der Wahrheit, die — ein umgekehrter Proteus — nur aller Fesseln ledig Worte des Heiles kündet. Ein gutes Buch ist wie eine Phiole voll der reinsten Lebenskraft des schaffenden Geistes; wer einen Menschen erschlägt, tötet ein vernünftiges Wesen, wer ein Buch vernichtet, tötet die Vernunft selber, denn allerdings ist möglich, daß eine Wahrheit, einmal gewaltsam unterdrückt, nie wiederkehre in der Geschichte. Mit der Vernunft hat uns Gott die Freiheit der Wahl gegeben. Daß ein Mensch durch freie Wahl zur Tugend gelange, frommt der Welt mehr, denn daß zehn durch Zwang dazu getrieben werden. — Die Rede vermochte zwar nicht die Herrschsucht der siegreichen Partei zu belehren; doch an einzelnen tieferen Naturen fand der Apostel der Preßfreiheit schon jetzt willige Hörer. Ein Zensor legte sein Amt freiwillig nieder,

weil er durch Milton die Verächtlichkeit seines Wirkens und den päpst=
lichen Ursprung der Zensur kennengelernt hatte. Erst ein Jahrhundert
später ging Miltons Saat auf. Seine Rede ward eine Macht in
jenen Kämpfen, welche unter Georg III. die Unabhängigkeit der eng=
lischen Presse endgültig entschieden, und kurz vor der Berufung der
französischen Nationalversammlung übersetzte Mirabeau die Areopagitica für seine Landsleute und schrieb dazu: nicht seine Verfassung
hat den englischen Staat so hoch erhoben, sondern die Durchführung
der Miltonischen Ideen, die Achtung vor der öffentlichen Meinung.

Als diese Händel unter steigender Erbitterung der Geistlichkeit
durchgefochten waren, verbrachte Milton vier Jahre (1645—1649)
in stiller Muße, schrieb an seiner Geschichte Englands in der angel=
sächsischen Epoche und folgte mit Spannung der anschwellenden Flut
der Ereignisse. Das Königtum von Gottes Gnaden wurde von seinem
Verhängnis ereilt. Ein Ausspruch Jacobs I. mag die Bedeutung des
Kampfes bezeichnen — jenes blasphemische Wort aus der Thronrede
vom Jahre 1609: „Gott hat Gewalt zu schaffen und zu zerstören,
Leben und Tod zu geben. Ihm gehorchen Seele und Leib. Dieselbe
Macht besitzen die Könige. Sie schaffen und vernichten ihre Unter=
tanen, gebieten über Leben und Tod, richten in allen Sachen, selber
niemand verantwortlich denn allein Gott. Sie können mit ihren Unter=
tanen handeln als mit Schachpuppen, das Volk wie eine Münze er=
höhen oder herabsetzen." Zwischen dieser frivolen Selbstvergötterung
eines durchaus ungermanischen Despotismus und dem gekränkten Rechts=
gefühle eines gläubigen Volkes war jede Vermittlung unmöglich. Die
Entscheidung mußte der Partei zufallen, welche allein den Mut hatte,
ehrlich mit dem Königtume zu brechen, der Partei der Independenten,
die nach dem eigenen Geständnis der Royalisten durch den Glanz ihrer
Talente im Lager und im Rat alle anderen Parteien verdunkelte.
Milton hatte ehemals Englands Heil gesehen in dem ehrlichen Befolgen
der alten Verfassung mit ihrem „freien Parlamente unter einem freien,
nicht bevormundeten Könige". Er hatte dann sich zu Cromwells
Meinung bekehrt, der von Anfang an die Dinge mit königlichem Blicke
beherrschte und den Nagel auf den Kopf traf, als er erklärte, mit dem
falschen versteckten Stuart sei jedes Verhandeln vergeblich.

Wie sollte ihn, der den Zauber einer tieferen Poesie im Herzen
trug, der romantische Reiz der ritterlichen Kavalierehre blenden? Eine
edle Freundschaft verband ihn jetzt mit Cromwell. Er erkannte in dem

Helden, „der Gottes Schlachten schlug", der voran stand, „als des Messias großes Banner flog", den geborenen Herrscher, dem die von Gott gewollte Regierung der Besten zufallen müsse. Wie verschieden geartet die beiden auch waren: der schöne, feingebildete Dichter und der plumpe, wetterfeste, nüchterne Mann des Krieges und der Geschäfte begegneten sich in dem tiefen Ernste ihres Glaubens, in ihrer Verachtung des Scheines, und beide standen hoch genug, um keiner Partei sich gänzlich zu verpfänden. Solche grundverschiedene Naturen mit gleicher Überzeugung schließen sich leicht aneinander zu dauernder, werktätiger Freundschaft. Milton ward der Anwalt der großen Rebellion, er ward nach Dante der einzige große Dichter, der als politischer Schriftsteller sich einen Kranz errungen hat. An ihm mag man die Nüchternheit des gesunden Menschenverstandes verlernen, der schon bei dem Worte „Dichter und Politiker" selbstgefällig zu lächeln beginnt. Sicher, Milton war ein Idealist von verwegenster Kühnheit, er konnte an unabweislichen Tatsachen der Wirklichkeit mit einer, in dieser Nation von Baconianern unerhörten Gleichgültigkeit vorübergehen. Doch es ist gefährlich, zu spotten über die Weissagungen des Genius, denn noch ist keiner als ein falscher Prophet erfunden worden, der an das Edle in der Menschheit glaubte. Wenn die klugen Leute jener Tage des Dichters lachten, der die Befreiung von Griechenland und Italien träumte, mit welcher Ehrfurcht sollen wir vor solcher Sehergabe stehen! Wohl irrte er, wenn er meinte, „der Deutschen männliche Kraft" werde für den Freiheitskampf der Briten in die Schranken treten, denn unser Volk lag damals tief danieder` in philisterhafter Verzagtheit und sah in den Puritanern nur eine unbändige Rotte wilder Mörder, — aber wie nun, wenn Milton heute lesen könnte in den Herzen der edelsten Deutschen?

Rasch nacheinander hatte der Sturm der Revolution die bischöf= liche und die presbyterianische Partei daniedergeworfen. König Karl stand als Angeklagter vor dem Hause der Gemeinen; das Gemeinwesen von England war gegründet. Aus freiem Antrieb begann Milton, noch während der Prozeß des Königs schwebte, die Schrift „über die Stellung der Könige und Obrigkeiten" und ließ sie kurz nach Karls Hinrichtung erscheinen. Jetzt, da das Wohl des Staates eine große Tat gebieterisch forderte, schien es ihm feig und müßig, nach Präzedenzfällen und Grün= den des positiven Rechts zu fragen. Er gab eine unbedingte Recht= fertigung der furchtbaren Tat nach Gründen des Naturrechts. Der

Erfolg war ungeheuer bei Freund und Feind. Die neue Republik ernannte ihren feurigen Verteidiger zum lateinischen Staatssekretär, und im Auftrage des Staatsrats führte er nun den Federkrieg gegen die Kavaliere. Alsbald nach der Hinrichtung des Königs ward offenbar, wie schwere Wunden diese Tat der Sache der Freiheit geschlagen. Der Spruch war gefällt wider das Recht des Landes, in der Person des Königs schien die Sicherheit jedes Bürgers bedroht. Der königliche Märtyrer, der doch „nur für sich, nicht für die Wahrheit Zeugnis abgelegt", fand sentimentale Bewunderer unter denen, welche dem lebenden Tyrannen gefucht, und die Kavaliere säumten nicht, diese weinerliche Stimmung zu benutzen. Der Bischof von Exeter verfaßte die berufene Schrift „Eikon Basilike, das Bildnis seiner geheiligten Majestät in seiner Einsamkeit und Qual". Das Buch, voll gefühlvoller Todesbetrachtungen und frommer Wünsche für England, erschien anonym und gab sich für ein nachgelassenes Werk des Königs selber. Es ward bald in 47 Auflagen im Lande verbreitet, und ihm vornehmlich ist zu verdanken, daß der meineidige, herzlose Stuart fortan als ein edler, großmütiger Herr in dem Herzen der Masse lebte. Unverzüglich antwortete Milton mit seinem grimmigen Eikonoklastes. Dieser Bilderstürmer enthüllte unbarmherzig den plumpen Betrug, welcher jenem königlichen Bilde zugrunde lag. Er sprach goldene Worte wider die weibische Schwäche, welche die großen öffentlichen Sünden eidbrüchiger Fürsten vergißt über den kleinen Tugenden ihrer Häuslichkeit — goldene Worte, welche die harmlosen Bewunderer des musterhaften Familienlebens deutscher Kleinkönige noch heute nicht beherzigt haben.

Ein neuer Anwalt des absoluten Königtums und der bischöflichen Kirche trat auf. Der bekannte philologische Polyhistor Claude Saumaise, der noch vor kurzem das Bistum als eine papistische Einrichtung verdammt hatte, schrieb jetzt „für den Judaslohn von hundert Jakobstalern" die defensio regia. Mit gutem Grunde spottete Milton: wenn Karl Stuart sich den Verteidiger des Glaubens nannte, so mag sich auch Salmasius den Verteidiger des Königs nennen, denn beiden ist eigen, daß sie zerstören, was sie verteidigen wollen. In der Tat, nicht unglücklicher konnte die Sache des Königtums verfochten werden. Wie leicht war es, die Unverantwortlichkeit des Königs als einen umstößlichen Grundsatz des englischen Rechts aufzuweisen! Ja, selbst die absolutistischen Gewalttaten König Karls boten einem gewandten Sachwalter einen sehr dankbaren Stoff. Keine Frage, sie hatten das

Land an den Rand des Verderbens geführt, aber dem positiven Rechte
widersprachen sie keineswegs so unzweifelhaft, wie man gemeinhin be=
hauptet. Hatten doch die Tudors hundert Jahre lang ungestraft ein
nicht minder absolutes Regiment, freilich zum Ruhme des Landes und
zum Besten der niederen Stände geführt. Aber der Streit zwischen
Volk und Krone von England war längst ein großer Prinzipienkampf
geworden. So stützte sich denn Salmasius, statt auf die schwer zu
widerlegenden Gründe des positiven Rechts, auf das Naturrecht. Er
erweiterte die fluchwürdige Politik der Habsburger, das „novus rex,
nova lex" Ferdinands II., zu einem Systeme des Meineids. „Die
Kreuzigung Christi war eine unschuldige Kleinigkeit im Vergleich zu
Karls Hinrichtung. Wie der einzelne sich freiwillig in ewige Sklaverei
verkaufen kann, so auch die Völker. Darum bindet den König kein
Schwur, kein Gesetz; seine Gewalt ist göttlich, väterlich, schrankenlos."
— So furchtbar war die Verblendung und Erbitterung der Parteien,
daß selbst ein solches Werk der jungen Republik gefährlich scheinen
mußte. Milton schrieb zur Erwiderung die defensio pro populo
Anglicano, das berühmteste seiner prosaischen Werke, und brachte
damals seinem Lande ein Opfer, würdig der großen Taten römischer
Bürgertugend, ein Opfer, schmerzlicher vielleicht als die Hingabe des
Lebens. Längst schon war durch die wiederholte Anstrengung der
Nachtarbeit die Gesundheit seiner Augen untergraben. Das eine
Auge war bereits trübe geworden, und jetzt gerade erklärten ihm die
Ärzte, daß auch das Licht des anderen sich nur erhalten lasse durch
sorgsame Schonung. Aber Salmasius hatte die Streiter Gottes ein
Volk von Räubern und Mördern genannt: Milton ermaß die ganze
Schwere des drohenden Verlustes, tröstete sich an dem Bilde des
homerischen Achill, wählte gleich ihm ein schmerzenreiches Leben voll
Ruhmes, schrieb die Verteidigung seines Volkes und — erblindete
für immer. So offenbart sich in Milton in idealer Vollendung,
was auch den Weltlichsten mit immer neuer Bewunderung zu diesem
finsteren Heiligen hinzieht — die Macht eines Glaubens, der Berge ver=
setzen mag. Die Feinde frohlockten, sie erkannten in Miltons Er=
blindung Gottes sichtbare Rächerhand und schilderten ihn als das
monstrum horrendum informe ingens cui lumen ademptum.

Er aber schrieb einem Freunde: „Was hält mich aufrecht in so
schwerem Leid? Nur dies Gefühl: ich gab mein Augenlicht als Opfer
hin für jenen hehren Streit, von dem die Welt im Nord und Süden

spricht." Das kleine Buch, geschmückt mit dem Wappen der neuen Republik — dem roten Kreuz und der irischen Harfe — ging von Hand zu Hand; die defensio wurde das politische Erbauungsbuch der Puritaner. Wohl ward das Werk in Paris und Toulouse von Henkers= hand verbrannt, aber Salmasius erlag dem Fluche des Lächerlichen, den Miltons erbarmungslose Polemik auf ihn herabgerufen. Um den Anwalt der Freiheit drängten sich preisend die Staatsmänner von England und die Gesandten der fremden Mächte. Noch in mehreren kleinen Flugschriften verfocht Milton die Sache der Republik. Das Kriegsrecht herrschte in England; ihn beirrte es nicht. In greuel= vollem Kampfe ward Irland unterworfen, also daß die irische Mutter noch heute mit dem Namen Cromwell ihr weinendes Kind zur Ruhe schreckt; dem Dichter aber war kein Zweifel, wider Papisten und Rebellen müsse der Streiter Gottes das Schwert Gideons gebrauchen.

In allen diesen politischen Streitschriften Miltons offenbart sich zunächst, welchen mächtigen Schritt die staatliche Einsicht vorwärts ge= tan durch die Arbeit der Reformatoren. Der Staat war endlich zu seinen Jahren gekommen, er ward gewürdigt nach seinem eigenen Rechte und galt nicht mehr, wie.in den Tagen des Papsttums, als ein Reich des Fleisches, als ein dienendes Anhängsel der Kirche. Hatte Luther einst, wie er gern von sich rühmte, als der Erste gezeigt, was Stand und Würde christlicher Obrigkeit sei, so war der Glaube an die Selb= ständigkeit des Staates nunmehr allen Protestanten in Fleisch und Blut gedrungen. Unmöglich konnte die neue Kirche auf die Dauer sich be= ruhigen bei der lutherischen Lehre vom leidenden Gehorsam; wer die von Gott eingesetzten Oberhirten der Kirche nicht mehr anerkannte, mußte schließlich auch das unbeschränkte Königtum bekämpfen. Den Kalvinisten bleibt das Verdienst, daß sie die letzten politischen Konse= quenzen des Protestantismus gezogen. Seit den Greueln der Bar= tholomäusnacht ließ sich die Frage nicht mehr abweisen, wann das Recht des Widerstandes gegen tyrannische Obrigkeiten in Kraft trete. In schlagfertigen Schriften verfochten die hugenottischen Politiker, die Hotoman, la Boëtie, Languet, das Recht des Volkes, den König, den es sich selber gesetzt, im Falle des Mißbrauchs der Gewalt wieder ab= zusetzen. Sie alle waren, wie schon früher der Schotte Buchanan, be= herrscht von der kalvinistischen Vorstellung, daß der Herr Zebaoth einen Bund, einen covenant, mit seinem gläubigen Volke geschlossen habe. Aber aus einem Wuste unklarer theologischer Begriffe brach doch bereits

jene Lehre hervor, welche zwar noch der festen wissenschaftlichen Begren=
zung beburfte, doch in ihrem Kerne rechtlich und sittlich unanfechtbar
bleiben wird, solange freie Männer leben. Hubert Languet faßte das
Gleichgewicht der Pflichten und Rechte, die wahre Grundlage des Rechts=
staates, in dem klassischen Worte zusammen: „Wir wollen uns vom Könige
beherrschen lassen, wenn er sich von dem Gesetze beherrschen läßt."

An diese Denker knüpft Milton an, und er verhält sich zu ihnen wie
die Puritaner überhaupt zu den Hugenotten: er ist kühner, tief=
sinniger, aber auch härter, fanatischer. Die unbequemen Tatsachen
der Geschichte schiebt der Idealist mit einigen kühnen Griffen zur Seite:
das Veto des Königs ist unvernünftig und hat daher wohl niemals
in England zu Recht bestanden, das Unterhaus ist sicherlich älteren
Ursprungs als das Haus der Lords! Osiris, Saul und David, die
Erhebung der Schmalkaldener wider Karl V. werden als Präzedenzfälle
für die Hinrichtung Karl Stuarts angeführt. Der Schwerpunkt
seiner Beweisführung liegt durchaus in dem großartigen Idealismus
einer naturrechtlichen Doktrin. Angeboren ist die Freiheit den Men=
schen; kein Volk kann für immer darauf verzichten. Der König leitet
seine Gewalt vom Volke her und darf sie nur üben innerhalb der
Schranken des Gesetzes. Ein Tyrann ist nicht mehr König, nur die
Larve eines Königs, er verfällt demselben Strafgesetze wie jeder an=
dere Bürger, denn das Volk ist älter, mächtiger als der König. Doch
nicht der Pöbel, zu welchem Milton den Abel und die niederen Klassen
zählt, soll herrschen; von dem Kerne der Nation vielmehr, von dem ge=
bildeten Mittelstande wird das christliche Gemeinwesen von England
geleitet. Damit, offenbar, ist ohne jede Rücksicht auf die Verschieden=
heit der Staatsformen die den Staat auf den Kopf stellende viel=
deutige Lehre der Volkssouveränität verkündet — das Kind einer Epoche,
welche alles zu fürchten hatte von dem Mißbrauche fürstlicher Gewalt.
Sie hat seitdem ruhigeren Theorien das Feld räumen müssen, welche
auch erwägen, wie das Königtum zu schützen sei gegen die Übergriffe
des Volkes. Dauern aber für alle Zeiten werden jene schlagen=
den Sätze, womit Milton das göttliche Recht des Königtums wider=
legt: „Daß ein Staat bestehe, ist Gottes Ordnung, die Wahl der
Staatsformen aber ist in der Menschen Hand gelegt. Es ist mehr
Göttliches in einem Volke, das einen ungerechten König entsetzt, denn
in einem Könige, der ein unschuldiges Volk unterdrückt." Eben jetzt
war überall in Europa das absolute Königtum im Aufsteigen; doch all=

mählich begann in den Gemütern die Miltonische Lehre Wurzel zu schlagen: „Es gibt keine Götter mehr von Fleisch und Blut," und Crom= well durfte das stolze Wort sprechen: „Der Wahn, das Volk gehöre dem Könige, die Kirche und das Heilige dem Papste und den Geistlichen, wie ihr sie nennt — beginnt in der Welt ausgepfiffen zu werden."

Hier wieder indes verfällt Milton seinem tragischen Lose, daß in den Ursachen seiner Größe zugleich die letzten Gründe seiner Irrtümer enthalten sind. Dieselbe Kraft und Innigkeit des religiösen Glaubens, welche allein ihn und seine Genossen befähigte, den Despotismus zu Boden zu schlagen, stürzte ihn auch in die entsetzlichen Lehren des jüdischen Rechts der Rache. Milton hat allerdings, wie Cromwell, die ganze schreckliche Verkettung der Umstände gewürdigt, welche für die Sicherung der Freiheit kaum einen anderen Ausweg offen ließ als die Hinrichtung des Königs. Aber der Beweggrund, welcher · seinen Entschluß wirklich bestimmte, war ersichtlich seine tiefe Überzeugung von der Wahrheit der hebräischen Lehre „Aug' um Auge, Zahn um Zahn". Dieser glänzende Geist dachte im Grunde der Seele nicht an= ders als jene gottseligen Dragoner, welche das Parlament bestürmten, „den Blutmann Karl Stuart zur Rechenschaft zu ziehen für das vergossene Blut". — Die Anhänger des konstitutionellen Königtums waren vorderhand verstummt; nur die feilen Verfechter des frivolen Absolutismus traten dem Dichter entgegen. Was Wunder, daß Milton, solchen Feinden gegenüber, in eine streng republikanische Rich= tung hineintrieb? Er verdammt jetzt schlechthin die Monarchie. Unter den Menschen ragt kein Geschlecht durch seine Tugenden so unzweifel= haft hervor, wie unter den Pferden die Rasse von Tutbury; unter Gleichen aber — schon Aristoteles sagt es — darf keiner herrschen. Daß gerade die schreiende Ungleichheit unserer Bürger, die Macht unserer sozialen Gegensätze die Monarchie notwendig hervorruft — die Bedeutung dieser verwickelten wirtschaftlichen Tatsache vermag der starre moralische Rigorismus des Puritaners nicht zu begreifen. Er erklärt jede Staats= verfassung kurzerhand aus dem Volkscharakter; lebt ein Volk in einem unfreien Staate, so fehlt ihm eben jener edle Mut, welcher die Frei= heit mit der Armut dem behaglichen Luxus der Knechtschaft vorzieht.

Um dieser tief=sittlichen Auffassung des Staates willen stehen Milton und alle die protestantischen Verteidiger der Volkssouveränität, welche die britischen Dissidenten gern als die „liberty authors" an= führen, hoch über den Jesuiten, den Suarez und Mariana, welche dem

Wortlaute nach eine sehr ähnliche Lehre verfochten, aber ohne Glauben an die sittliche Würde, an das selbständige Recht des Staates, lediglich zum Zwecke der Herrschaft der Kirche über den Staat. Selbst jene milden Freidenker, welche später, gehoben durch den glücklichen Erfolg der zweiten Revolution, für Englands Volksrechte stritten, selbst Locke und seine Schüler haben zwar die Probleme der Staatslehre mit dem Lichte einer unvergleichlich reicheren Erfahrung erhellt; aber wie weit bleibt ihr mattherziger Versuch, das Gefühl an die Stelle der Tugend zu setzen, zurück hinter Miltons mannhafter, sittlicher Strenge! Wieder und wieder mahnt der blinde Seher seine Landsleute, daß es in ihrer Hand liege, die ungeheure Umwälzung sittlich zu rechtfertigen. „Wenn ihr jetzt nicht alles von euch abweist, was klein und niedrig, wenn ihr jetzt nicht all euer Denken und Tun auf das Große und Erhabene richtet, dann ist jedes Schmähwort des Salmasius bewährt!" Die Tyrannei trachtet, die Bürger möglichst schafmäßig im Geist und Willen zu machen; ein freies Volk aber soll den Tyrannen im eigenen Busen niederkämpfen und den Staat also gestalten, daß er einem großen Christenmenschen gleiche.

Es läßt sich nicht verkennen: Miltons schwungvoller Idealismus, weil er so hoch denkt von dem Wesen des Staates, vermag nicht die Aufgabe des Staates in festen Grenzen zu halten, er vermengt Recht und Sittlichkeit, er führt in die moderne Politik antike Begriffe ein, welche die soziale Freiheitsliebe der Neueren niemals ertragen wird. Jeder scharfe Kopf mußte fragen, wie denn der Staat eine so ausgedehnte erziehende Gewalt üben könne, wenn es wirklich — wie Milton meint — nur eine religiöse Sittlichkeit gibt, die Religion aber dem Staate nicht unterworfen ist. Sehr erklärlich also, daß der geistreichste Gegner der Puritaner, Thomas Hobbes, mit der souveränen Verachtung eines mathematischen Kopfes auf die Widersprüche der Miltonischen Lehre herabschaute. Zu dem Streite des Salmasius mit Milton meinte er in seiner grimmigen Weise, er wisse nicht, bei welchem von beiden die schönere Sprache und die schlechteren Gründe zu finden seien. Wieviel folgerichtiger wußte Hobbes seine Staatslehre auszuführen, indem er dem alles verschlingenden Leviathan, dem Staate, die ausschließlich höchste Entscheidung über alle menschlichen Dinge zuwies: „Gut und böse, heilig und teuflisch ist, was die Staatsgewalt dafür erklärt." Der Verfechter der schrankenlosen Staatsallmacht dachte ebenso niedrig, materialistisch von der menschlichen Natur, wie Milton vornehm, idealistisch; die beiden redeten zwei Sprachen. Jede Verständigung zwischen den zwei größten politischen Denkern, welche England damals besaß, war unmöglich. Das mochten sie selber empfinden, sie haben beide weislich vermieden, sich miteinander zu messen. Am letzten Ende liegt die welthistorische Bedeutung Miltons darin, daß er kühner, eindringlicher denn irgend einer zuvor, die Freiheit als ein angeborenes Recht der Völker verkündete, während die Völker noch immer nach mittelalterlicher Weise hergebrachte Freiheiten als einen privatrechtlichen Besitz verteidigten. Insofern war der Dichter wirklich einer der Pioniere einer neuen Zeit, deren Morgengrauen wir heute erst schauen, und es ist erklärlich, daß noch in den Tagen der heiligen Allianz ein übersetzer der defensio in der Schweiz hart bestraft ward. Er selber kannte die Größe seines Wirkens. „Mir ward auferlegt," ruft er, „eine edlere Pflanze als jene, die Triptolemus von Land zu Land trug, von meiner Heimat aus unter den Völkern zu verbreiten, eine freie und bürgerliche Menschensitte in den Städten, den Reichen, den Nationen auszusäen."

Mit schöner Schwärmerei schaute Milton auf den Helden, welchem er nun diente. Seit Cromwell das Ruder der Republik ergriffen, sah die Welt endlich wieder eine wahrhafte Politik der Ideen. Nach innen freilich konnte das kühne Gebäude der Republik nur durch eine eiserne militärische Zucht vorläufig und notdürftig gestützt werden. Man bewegte sich in der unfruchtbaren, rein negativen Staatskunst eines Gemeinwesens „ohne König und Oberhaus". Denn gar zu gewaltsam war der Zusammenhang einer uralten Verfassung zerschnitten, gar zu sehr entfremdet waren die Herzen der Stände, welche die Selbstregierung der Grafschaften vorzugsweise tragen, und gar zu schmerzlich vermißten die geängsteten Gemüter der Menschen in der strengen Ordnung des Freistaates jene belebende Kraft, deren auch der Staat nimmer entbehren kann — die Freude, den harmlos-fröhlichen Genuß der Stunde. Um so großartiger und freier entfaltete sich des Protektors Politik nach außen: der Protestantismus hatte wieder einen gewaltigen Schirmherrn gefunden. Die Staatsschriften, welche Milton im Dienste dieser erhabenen Staatskunst schrieb (ein Teil der unter dem Namen Epistolae Pseudosenatus Anglicani bekannten Sammlung), fesseln nicht bloß durch ihr klassisches Latein, sie reden auch eine Sprache voll Kraft und Wahrheit, welche wie voller mächtiger Glockenklang das dürftige Gezwitscher des „möchte" und „dürfte" gemeiner diplomatischer Redeweise übertönt.

Cromwells Hoffnung war, „den gesamten protestantischen Namen in brüderlicher Eintracht zusammenknüpfen" und diese gesammelte Macht dem Hause Habsburg entgegenzustellen. Unermüdlich mahnte Milton den Großen Kurfürsten von Brandenburg zum Frieden mit Schweden, die Lutheraner und Kalvinisten Deutschlands zum Beilegen des Bruderstreites. Alle protestantischen Höfe rief er in die Schranken zum Schutze der verfolgten Waldenser; ihm schwoll das Herz von Grimm — ein schönes Sonett bezeugt es — wenn er diese ehrwürdige Heimat der Ketzerei mißhandelt sah, „dies Volk, das schon den wahren Gott bekannte, als unsere Väter noch vor Klötzen knieten". So glänzend hatte der Inselstaat seit langem nicht dagestanden als jetzt, da Cromwell durch gebieterische Drohungen den Papst zur Herausgabe englischer Schiffe zwang und von dem Könige von Spanien seine „beiden Augen" — Abschaffung der Inquisition und freien Handel in Westindien — forderte. Freilich, diese protestantische Tendenzpolitik erschien zu spät. Schon begannen andere, rein politische Gegensätze die Welt zu erschüttern, schon hatte die Freiheit Europas mehr zu fürchten von dem begehrlichen Frankreich als von dem tief gedemütigten Spanien, und der Große Kurfürst mußte wohl, warum er in dem protestantischen Schweden seinen Todfeind sehen mußte. Reiche, angeregte Stunden verlebte Milton an dem Hofe des letzten Helden des Protestantismus im Verkehre mit Waller, Georg Wither und Selden; dann und wann erschien Cromwell mit der Lady Protectreß in Miltons Hause und lauschte dem Orgelspiele des Dichters. Und doch lebte man in schwülen Tagen. Nie hatte das englische Volk die Herrschaft eines ruchlosen Königs so unruhig getragen wie das Regiment seines größten Beherrschers. Die Aufstände wollten sich nicht legen, das Pamphlet Killing no murder verlangte die Ermordung des Protektors. Und bald ist Milton selbst, wie es scheint, irr geworden an seinem Helden. Von jenen wüsten Träumern freilich, welche das Nahen des tausendjährigen Reiches erwarteten, schied den eleganten Gelehrten schon sein guter Geschmack. Aber der die Wiedergeburt der antiken Freistaaten gehofft hatte, vermochte sich nicht zu befreunden mit der Fortdauer der Diktatur. Er begann den Staatsmann nicht mehr zu verstehen, welcher den Mut hatte, das Notwendige zu wollen, und das Königtum, das unentbehrliche, neu zu gründen trachtete.

Seinem republikanischen Staatsamte ist der Dichter bis nach Cromwells Tode treu geblieben; und auch in den politischen Federkrieg

trat er wieder ein, als die Zügel des Regiments, den schwachen Händen
Richard Cromwells entgleitend, schlaff am Boden hingen, als der Frei=
staat verlassen ward von dem Glauben des Volkes und immer lauter
und zuversichtlicher ·der Ruf der Kavaliere erklang: the king shall
rejoice his own again. Da erfüllte sich Miltons Prophetenwort:
die Briten waren „unversehrt durch das Feuer gegangen, um dann
an dem Qualm zu sterben". Keine Spur der harten Tugenden,
welche das gefährdete Gemeinwesen heischte: überall die verzweifelte
Müdigkeit, die der Anspannung ungeheurer Taten zu folgen pflegt.
In offenen Briefen und in der Schrift „Der mögliche und leichte
Weg, ein freies Gemeinwesen herzustellen" stritt Milton als der
letzte für die „gute alte Sache". Nach der Weise solcher hellsehenden
Naturen im einzelnen irrend, aber im großen und ganzen untrüglich,
meinte er einen glatten Heuchler wie Monk durch den Hinweis auf
die sittliche Reinheit der Republik zu rühren, und zugleich sprach er
die tiefsinnigen Worte, daß ein zurückkehrendes Königtum die schlimmste
der Gewaltherrschaften sei, daß Englands Volk noch einmal für sein
Recht werde bluten müssen.

Eben jetzt, da die kleinen Menschen an dem Gemeinwesen ver=
zweifelten, erhob sich sein Idealismus zum verwegensten Fluge. War
nicht mit Cromwells Tode die Gefahr der Tyrannis verschwunden
und die Möglichkeit gegeben, den Staat nach den höchsten An=
forderungen protestantischer Freiheit umzugestalten, eine feste Burg des
Protestantismus, ein westliches Rom zu gründen? Et nos consilium
dedimus Sullae, demus populo nunc, schrieb Milton und entrollte
den Plan seines Staatsideals. Alle Standesunterschiede sollen schwinden,
vornehmlich muß die Anhäufung des Grundbesitzes in wenigen Händen,
welche die normannische Eroberung verschuldet, durch eine Ackerver=
teilung vernichtet und also der Schwerpunkt des Staates, der Mittel=
stand, gestärkt werden. Unbedingte Freiheit des Glaubens, des Wissens,
des Verkehrs. Aber mit nichten wollte Milton, der auf die
Masse mit dem vornehmen Stolze aller feineren Geister herab=
schaute, daß diese demokratisierte Gesellschaft auch demokratisch
regiert werde. Auch er bewunderte jene seegewaltige Republik des
Protestantismus, welche Cromwell durch einen ewigen Bund mit
England zu vereinigen dachte. Ein lebenslänglicher Senat, ähnlich
den Generalstaaten im Haag, sollte den verjüngten Freistaat regieren,
Großbritannien sollte sich umgestalten zu einem Bunde freier Pro=

vinzen und Gemeinden nach dem Muster der Vereinigten Niederlande, nur mit einer ungleich stärkeren Zentralgewalt. Noch niemals waren die demokratischen Ideen des Kalvinismus so kühnlich
durchgeführt worden. Doch dies königliche England war nicht gesonnen, den Träumen seines Dichters zu lauschen. Erst hundert
Jahre später, unter den Männern, die ihren puritanischen Glauben
über das Weltmeer gerettet, trat das Staatsideal des Independenten
ins Leben; aber auch die Union von Nordamerika hat jenen Adel
der Geistesbildung nicht entfaltet, welchen der Dichter von der vollendeten
Demokratie erwartete.

Das waren die letzten Worte der sterbenden Freiheit. Milton
selber verglich sich dem Propheten, der von den tauben Menschen
sich abkehrend die schweigende Welt anruft: „O Erde, Erde, Erde!"
Höher und höher schwoll „die Sündflut dieses epidemischen Wahn-
sinns", man hatte die traurigste der Künste gelernt, die ein Volk
niemals lernen soll, die Kunst, das Unwürdige zu vergessen. Ohne
jede Bedingung ward der Staat einem Stuart ausgeliefert, „auf
den Knien ihrer Herzen" begrüßten die Gemeinen von England
den legitimen König. Die „Rückkehr nach Ägyptenland" war vollbracht. Das Volk, entledigt des puritanischen Zwanges, tanzte
jubelnd um das goldene Kalb, und in den Ratsälen der Cromwell
und Bradshaw tummelte sich die Gemeinheit eines verwilderten Hofes.
Als jetzt das Gericht der Rache verhängt ward über die großen
Rebellen, als man die Leiche des Protektors aus dem Grabe riß,
da ward auch Milton von den Verfolgern ereilt. Am 16. Juni
1660 verbrannte der Henker die defensio, und nur der Verwendung
einflußreicher Freunde gelang es, den bereits verhafteten Dichter zu
befreien. Aber wenn man meinte, der verstockte Rundkopf werde sich
freuen, so billigen Kaufes zu entkommen, so kannte man wenig den
unbeugsamen Rechtssinn des Mannes: nicht eher schied er aus dem
Gefängnis des Hauses der Gemeinen, als bis er eine Klage ein-
gereicht gegen den serjeant at armes, welcher ihm zu hohe Gebühren
angerechnet.

Und nun stand der Letzte der Puritaner allein, das England
Karls II. hatte keinen Platz für einen Milton. Alles, was ihm heilig,
war ein Spott der Buben geworden, und jene wunderbare Fügung,
welche unter die Herrschaft des verächtlichsten Königs den Beginn des
gesicherten konstitutionellen Regiments in England verlegte — er sollte

sie nicht mehr erkennen. Den ganzen Schmerz eines Patrioten, der an der Würde seines Volkes verzweifelt, legte er nieder in den trost= losen Worten eines Briefes an einen Freund: „Meine kindliche Liebe zum Vaterlande hat mich endlich ohne ein Vaterland gelassen." War es möglich, daß ein römischer Bürger das Verderben seines Landes über den Freuden seines Hauses vergessen konnte, so sollte Milton auch dieser Trost versagt bleiben. Häusliches Unglück, das Los der meisten großen Dichter Englands, war auch das seine. Seine ungetreue Gattin hatte nach mehrjähriger Abwesenheit endlich zu Miltons Füßen sich niedergeworfen und die Verzeihung des Sanft= mütigen erfleht. Dann waren die beiden bis zu Marys Tode neben= einander hingegangen, ohne daß ihre Seelen sich fanden. Darauf, in den Tagen seines politischen Wirkens, ward ihm das Glück, in Catharina Woodcock ein Weib nach seinem Herzen zu finden — doch nur für ein kurzes Jahr. Wie oft ist dann die liebliche Gestalt der Toten mit ihrem gütigen Lächeln durch seine Träume geschritten, bis ein trauriges Erwachen ihn zurückführte in die kalte Nüchternheit seiner Vereinsamung: „Ich wache — und der Tag bringt meine Nacht zurück." Endlich ließ sich der fünfzigjährige hilfsbedürftige Blinde durch das Zureden seiner Freunde zu einer dritten Heirat be= wegen. Den der gewaltige Wechsel der Völkergeschichte zu Boden geschmettert, er sollte jetzt noch durch die Nadelstiche alltäglicher kleinlicher Leiden gepeinigt werden. Die rohe, derbe Haushälterin Elisabeth Minshull blieb seinem Herzen ebenso fremd wie die un= holde Kälte seiner älteren Töchter. Und wie sehr mußte er den etwas willigeren Gehorsam seiner jüngsten Tochter Deborah ausbeuten, wenn er sie die unverstandenen griechischen Werke vorlesen ließ oder ihr buchstabenweise seine lateinischen Briefe diktierte. Sein Vermögen war in den Wirren des Bürgerkrieges verloren, sein Haus von dem großen Londoner Brande vernichtet worden. Nur einige armselige Gesellen, wie der Quäker Elwood, wagten noch den ge= miedenen Puritaner aufzusuchen, wenn er abends im ärmlichen Zimmer seine Tonpfeife rauchte. Am schwersten aber lastete auf seiner tatenlustigen Natur das Gefühl seines Leibesgebrechens. Wenn die verzärtelte Prüderie der Gegenwart dem Dichter gern das Reden über höchstpersönliche Leiden untersagen möchte, so empfand Milton bei allem Stolze viel zu einfach und sicher, um sich die natürlichste der Klagen zu verbieten. Sein Sonett „On his blindness" gehört zu den schönsten Klageliedern aller Zeiten: auf die vorwurfsvolle Frage, warum sein Pfund so frühe sich vergrabe, findet der fromme Poet die tröstliche Antwort, daß der Herr in seinem königlichen Haushalt tausend bereite Diener habe,

und die nur stehn und harren, dienen auch.

Freilich, wie verstand sein feuriger Geist dies „stehn und harren"! Ein Teil seiner selbst geworden war das freudigste aller Bibelworte: „daß denen, die Gott lieben, alle Dinge zum Besten gereichen". Auch er, wie alle edleren Naturen, ward durch das Körperleid geadelt, gehoben. Eine Zeit der Schande war gekommen, da jedes ernste, fromme Wort den Schriftsteller in den Verdacht rebellischer Gesinnung brachte. Abermals, und frecher noch als unter Karl I., ward die Unzucht der Bühne vom Hofe begünstigt. Weder Drydens zierliche Reime, noch jene unflätigen Späße, womit Butler in seinem Hudibras die geschlagenen Puritaner bewarf, konnten den Kopf eines Milton beschäftigen. Aus dieser Welt der Flachheit und Gemeinheit flüchtete er unter die unvergänglichen Schätze, die er seit langem im Geiste trug. In den stillen Stunden einsamer Sammlung fühlte er die Kräfte seiner Seele wachsen; laut und lebendig in ihm wurden der Geist der Bibel und die Nachklänge jener großen Dichterwerke, welche die Liebe seiner Jugend gewesen. Während sein leibliches Auge geschlossen war, schwebten vor seiner Seele die reinen Gestalten einer höheren Welt und mahnten ihn, sie festzuhalten. So wurden ihm die Tage körperlicher Leiden, häuslichen Kummers und staatlichen Elends verklärt von einem Glücke, das seinen sonnigsten Jugendtagen so schön nicht gelächelt hatte. Allnächtlich — er selber erzählt es — erschien vor seinem Lager seine Muse, der Geist Gottes, und hauchte ihm himmlische Melodien zu. Der alternde Milton schuf das Verlorene Paradies, und mit gerechtem Stolze durfte er sich selbst der Nachtigall vergleichen, die im Dunkel am herrlichsten singt.

Fünfundzwanzig Jahre lang hatte das Feuer unter der Asche geschlafen, das jetzt in hellen, geläuterten Flammen hervorbrach. Nur selten hatte er die harte politische Arbeit unterbrochen und eines jener Sonette hingeworfen, welche darum so tief und unvergeßlich wirken, weil in ihnen der lange verhaltene Strom poetischer Empfindung mit gesammelter Kraft hervorbricht. Eine alte Schuld war einzulösen, denn wiederholt war in seinen prosaischen Schriften verkündet, daß er sich mit dem Plane eines großen Epos trage.

Wenn andere, ausschließlicher als er für das Schöne geschaffene, Künstler sich weislich hüteten, den Zauber vorlaut zu stören, der über einem werdenden Gedichte wacht, so hatte Milton solche Vorsicht nicht nötig. Die Aufgabe des Dichters war ihm nicht wesentlich verschieden von dem Berufe des Predigers: „er soll die Tugend und öffentliche Gesittung in den Massen pflegen, die Unruhe des Herzens stillen und die Leidenschaften in harmonischen Einklang bringen". Um einen Gentleman in Tugend und Edelmut zu erziehen, versichert Milton, ist unser weiser und ernster Dichter Spenser ein besserer Lehrer als Scotus oder Thomas von Aquino. — Man darf in dieser Meinung nicht bloß die moralisierende Befangenheit des Puritaners sehen. Wenigstens eine Eigentümlichkeit der Kunst ist damit aufs klarste erkannt: die wunderbare Tatsache, daß die Kunst, indem sie ein Äußerliches darstellt, dennoch den Menschen sammelt und auf sich selber zurückführt, während das Äußerliche der Wirklichkeit uns zerstreut. In diesen Aussprüchen Miltons über den Beruf des Dichters besitzen wir einen Schlüssel, der uns das Verständnis des Paradise lost besser erschließen wird, als der jedes theologische Gedicht verwerfende Christenhaß der Enzyklopädisten oder die borniert Salbung jener englischen Kritiker, welche, um das „christliche" Gedicht recht hoch zu erheben, allen anderen Dichtern nur eine uninspired inspiration zuerkennen.

Wie unendlich viel hatte doch das englische Leben an Farbenpracht, an Lebenslust und kerngesunder Freude in dem halben Jahrhundert zwischen Shakespeares und Miltons Tagen verloren! Nie bewährte sich unbarmherziger und schneidender das traurigste und tiefsinnigste der historischen Gesetze, wonach jeder Fortschritt der Völker zugleich notwendig einen Verlust enthält. Der protestantische Glaube war ein Gemeingut des Volkes geworden; aber so gänzlich war in dem besseren Teile der Nation die alte glückliche Lust am künstlerischen Spiel erstorben, daß ein Genius wie Milton in die embryonische Form der Allegorie zurückfallen konnte, wenige Jahre, nachdem sein Volk das vollendete Kunstwerk des Dramas geschaffen! Und so gänzlich hatte frostige Gelehrsamkeit unter den Puritanern die heitere Natürlichkeit der Sitten bewältigt, daß Milton es noch für nötig hält, das Dichten in englischer statt in lateinischer Sprache ausdrücklich zu entschuldigen! Verschwunden war das merry old England der jungfräulichen Königin, vollzogen jene harte Ernüchterung des

Volkscharakters, welche noch heute Englands Epos und Drama in dem engen Kreise des Sittenbildes festgebannt hält. Wie später Byron — der einzige englische Dichter, der nach Milton den Mut fand, den Kothurn zu führen — zu solcher Kühnheit nur durch das Beispiel der deutschen Muse begeistert worden ist, so ward Milton nur auf den Flügeln der Religion, der biblischen Dichtung über die prosaische Kälte seiner Zeitgenossen emporgehoben.

Es konnte nicht fehlen, eine Richtung, so überschwenglich reich an geistigen Kräften wie der Protestantismus, mußte auch nach künstlerischer Verklärung ihrer Ideen streben. Bereits hatte Shake-speare in Gestalten von unerreichter Großheit jene sittliche Welt-anschauung des Protestantismus verkörpert, welche den Schwerpunkt der Welt in das Gewissen verlegt, die Idee der Pflicht über alle anderen stellt. Doch solche echte dramatische Kunst, von Grund aus sittlich und dennoch sinnlich schön, konnte dem konfessionellen Eifer einer religiös hochaufgeregten Epoche nimmermehr genugtun. Die junge Kirche bedurfte einer religiösen Dichtung, welche der Stimmung der gläubigen Gemüter hinreißenden Ausdruck gab, die Glaubens-wahrheiten des gereinigten Christentums verherrlichte. Wunderbar glücklich entsprach diesem Drange das deutsche Kirchenlied — das Herrlichste, was die spezifisch-religiöse Poesie der Evangelischen auf-zuweisen hat, denn nur die Lyrik vermochte dem spiritualistischen, durchaus unsinnlichen Wesen des Protestantismus gerecht zu werden. Aber nicht umsonst lebte man in einer gelehrten Epoche. Hatten die Heiden des Altertums ihre falschen Götter in Epen und Dramen verherrlicht, so sollte auch die religiöse Poesie der Protestanten diesen höheren Flug wagen. Der edle Hugenott Salluste du Bartas war der erste, der dieses widerspruchsvolle Unternehmen versuchte. Sein Epos La Semaine de Création besang die alttestamentarische Schöpfungs-geschichte — ein Werk voll hohen sittlichen Ernstes, an einzelnen Stellen schwungvoll, doch im ganzen prosaisch, lehrhaft, ein dem modernen Leser unerquickliches Gemisch von christlicher Moral und klassischer Mythologie, worin der Herr Zebaoth friedlich neben Venus und dem paphischen Bogenschützen prangt. Das Gedicht fiel zündend zur rechten Stunde mitten hinein in die Erregung der Hugenotten-kriege. Mit überschwenglicher Bewunderung dankten die Streiter Gottes ihrem Sänger. Er war der „Fürst der französischen Dichter", sie verhießen ihm au lieu d'un mort laurier l'immortelle couronne und bezeichneten also mit unbewußter Ironie die Zwitternatur seiner Dichtung. Dem gefeierten Vorgänger folgten glaubenseifrige Dichter in allen Ländern des Kalvinismus — alle überragend Hugo Grotius mit seinem Christus patiens und anderen lateinischen Tragödien aus der heiligen Geschichte.

Auch Milton lebte des Glaubens, daß ein biblischer Stoff „ein heroischerer Gegenstand sei als der Zorn des Achilles". Alle Pläne weltlicher Dichtung, die er vor Zeiten gehegt, stieß er von sich. Dem Höchsten sollte jetzt sein Dichten gelten. Um Beistand und Erleuchtung rief er an „den Geist des Herrn, der mit gespreizten Schwingen gleich einer Taube ob dem Chaos schwebte — den Geist, dem ein aufrechtes, reines Herz willkommner ist als stolzer Tempelbau". Und nicht durch einen Zufall lenkte sich der Sinn des harten Puritaners auf eine Erzählung aus dem Alten Bunde. Aus dem milderen Neuen Testamente hat nur eine Schrift seinen Dichtergeist mächtig erregt — die Offenbarung Johannis; sie fesselte ihn durch ihren phantastischen Schwung und durch ihren starren, judenchristlichen Fanatismus. Von allen Mythen des Alten Testamentes wählte er den schrecklichsten: wie durch den Fall der ersten Menschen der Tod in die Welt kam — und nur kurz verkündet in den letzten Gesängen der Engel des Herrn die Botschaft der Versöhnung, daß „ein größerer Mensch" erscheinen und das verlorene Paradies wiederfinden werde. — Wenn die theologische Einseitigkeit der Briten, sogar eines Hallam, in diesem Stoffe, welcher jeden Nichtgläubigen kalt läßt, das menschlichste Thema aller Dichtung finden will, so können wir nicht entschieden genug betonen, daß das Paradise lost ein symbolisches Werk ist. Milton schafft nicht Bilder, in denen eine Idee ungesucht ihren vollkommenen Ausdruck findet, sondern seinen Bildern hat der religiöse Glaube eine ihnen ursprünglich fremde Idee untergeschoben.

Er war zu sehr Dichter, um gleich seinem trockenen Freunde Harrington einen puritanischen Staatsroman zu schreiben, aber er war zu sehr Theolog, um ein reines Epos zu schaffen. Sein Zweck ist didaktisch, er will

> die Wege Gottes dieser Welt erklären
> und Zeugnis geben von der ew'gen Vorsicht.

Während die naiven Epiker der Alten den Helden zuerst nennen, dem ihre Gesänge gelten, bekennt der Dichter des Verlorenen Paradieses gleich in der Anfangszeile den abstrakten Inhalt seines Gedichtes:

of man's first disobedience ufw. Der harte Sohn eines Jahr=
hunderts der Kriege, will Milton seine Leser aus dem dumpfen Ge=
nußleben des Alltagslebens emporreißen zu der grandiosen Vorstellung,
daß die Geschichte der Welt anhebt mit dem Kampfe Gottes wider
den Bösen. In der katholischen Zeit hatte der Volksglaube seine
derben Possen getrieben mit dem dummen, dem geprellten Teufel.
Seit Luther erschien der böse Feind als eine beängstigende, schreck=
liche Macht. Milton war der erste Dichter, der diesem finsteren
Teufelsglauben der Protestanten einen erhabenen Ausdruck gab. Vor
seiner Seele schwebten die Bilder der Apokalypse von dem Kampfe
der Seraphim mit den gefallenen Engeln: „Michael und seine Engel
stritt, und der Draht stritt und seine Engel." Er macht Ernst mit
den Ideen der Zend=Religion, welche das Judentum in sich aufge=
nommen. Ihm ist der Teufel der Ahriman, der Fürst der Finsternis.
Die Fülle des Wissens und des Könnens leiht er seinem Satan,
also daß der jüngere Pitt an der prachtvollen Rhetorik dieses
Höllenfürsten sein Rednertalent schulen konnte. Herrliche Worte des
Titanentrotzes, unbeugsamer Willenskraft läßt der Sänger seinen Teufel
sprechen, und es ist bekannt, wie oft besiegte Helden im Unglück
sich an dem unbezähmbaren Mute des Miltonischen Satans erhoben
und getröstet haben; dem frommen Dichter aber erschien der
Heldenmut, der nicht dem Himmel dient, als das schlechthin Böse.
Er kann sich kaum genug tun in der Schilderung der finsteren
Herrlichkeit der Hölle. Thrones, Dominations, Princedoms, Virtues,
Pow'rs redet Satan die Fürsten des Pandämoniums, die Millionen
der Dämonen mit den flammenden Schwertern an. Wohl wird der
König der Finsternis zuschanden vor dem Herrn der himmlischen
Heerscharen, und der Fluch, welcher auf Adams Samen haftet,
wird hinweggenommen durch den Gottessohn, der das Nahen des
himmlischen Reiches verkündet. Aber noch wird die Jahrtausende
hindurch die Sünde eine Macht sein unter den Menschen, klein die
Zahl der Treuen, die inmitten des Abfalls und der Bosheit zu dem
Herrn halten und hienieden schon die Seligkeit des göttlichen Friedens
genießen. Und nun zieht der Dichter mit dem ungeheuren Stolze
selbstgewisser Tugend die gesamte Menschengeschichte vor seinen
Richterstuhl und scheidet die Böcke von den Schafen, spendet durch
den Mund seines Engels Segen und Fluch. Erbarmungslos geht
er ins Gericht mit seinen Zeitgenossen. Die spitzfindigen Dogma=

tifer der Hochkirche, die gewandten, gottlosen Künstler des Königs-
schlosses von Whitehall sitzen zu den Füßen Satans in Miltons
Hölle. Die Frechheit der entfesselten Begierde, die am Hofe Karls II.
ihre Orgien feierte, geht gräßlich zugrunde in der Sintflut, die
der zornige Herr über die entartete Welt ergießt. Wahrlich, milb
ist sie nicht, die Muse des Puritaners.

Nach alledem wird deutschen Lesern einleuchten, daß das Verlorene
Paradies ein echtes Epos nicht ist. In der Tat, das siebzehnte
Jahrhundert, in welchem gewaltige Gegensätze des staatlichen und des
kirchlichen Lebens in bewußtem Kampfe aufeinander prallten, war
himmelweit entfernt von jener Einfachheit und naiven Unmittelbarkeit
der Empfindung, welcher die epische Dichtung entströmt. Nur mit
Wehmut können wir das Los des zu spät geborenen großen Dichters
betrachten. Nicht einmal von dem Beifalle seiner Glaubensgenossen
warb er getragen. Wenn die Helden der Hugenottenkriege den Sänger
der „Woche der Schöpfung" auf den Schild hoben, so stritt Milton
für eine leidende Sache. Er stand

in argen Tagen, unter bösen Zungen,
blind, einsam, von Gefahren rings umdroht,
doch nicht allein.

Noch in einem tieferen Sinne ist das Verlorene Paradies ein
zu spät geschäffenes Werk, ein Anachronismus. Der protestantische
Glaube kann und darf keine Mythen bilden, und auch Milton ist
an diesem Versuch gescheitert. Wenn die unvollkommenen Götter des
Homer, die in Milton den gleichen prosaischen Unwillen hervor-
riefen wie in Platon, unsere volle menschliche Teilnahme heraus-
fordern, so sind die reinen religiösen Begriffe des Christentums
poetisch ganz wertlos. Denn was wir blöden Sterblichen so gern
als den Fluch unseres Geschlechtes beklagen, die Schwäche, die Beschränktheit unserer Kräfte — das ist in Wahrheit der Kern alles
Lebens. Statt geistlos nachzubeten, was Englands Essayisten uns
vorgesagt, sollen wir ehrlichen deutschen Ketzer uns ein Herz fassen
und gerad heraus bekennen: dem Satan Miltons, seinen Kämpfen
und Sünden folgen wir mit dem lebendigsten Mitgefühle, aber kalt
und teilnahmlos blicken wir auf den poetischen Gott Vater und
Gott Sohn, die nicht fehlen, nicht irren, alles wissen und dennoch
kämpfen, deren unfaßbares, zwischen Besonderheit und Allgemeinheit
hinschwankendes Wesen mit Gewalt die prosaischen Bedenken der

Logik, das monumentale omnis determinatio est negatio in uns
wachruft.

Nicht ungestraft verachtete Milton die Sinnlichkeit, welche dem
Dichter ist was den Fischen das Wasser. Sein Bemühen, das Un=
sinnliche, das Ewige poetisch zu gestalten, mußte oft scheitern, ja,
dann und wann in das Komische umschlagen: so wenn Adam dem
Gott Vater die Langeweile seiner Einsamkeit klagt, und dieser er=
widert: „Was denkst du denn von mir, der ich in Ewigkeit allein
bin?" Auf den ersten Blick mag es scheinen, als böte eine Welt,
wo alles Wunder ist, der Phantasie ungeheuren Spielraum. Doch
schauen wir schärfer zu, so waren auf dem Gebiete der christlichen
Mythologie der schöpferischen Kraft des Dichters sehr enge Grenzen
gesetzt. Dem bibelfesten Protestanten ist es schwerer, trockener Ernst
mit seinem Glauben; selbst den Wortlaut der heiligen Schrift sieht
er nicht gern durch dichterische Änderungen gestört. Wir würden
dies noch stärker empfinden, wäre das Paradise lost in deutscher
Sprache geschrieben. Die lutherische Bibelübersetzung ist mit unserem
Volke gewachsen und wir mit ihr; wer als Kind die herzerschüttern=
den Worte der lutherischen Bibel in seine Seele aufgenommen hat,
der überwindet nie gänzlich das Gefühl des Befremdens, wenn ihm
die biblische Weisheit in poetischer Umbildung entgegentritt. Auch
Milton selber hätte es für eine Blasphemie gehalten, die Glaubens=
lehren der protestantischen Kirche aus ästhetischen Gründen umzu=
gestalten. Die theologischen Fanatiker Englands sind in ihrem guten
Rechte, wenn sie den Dichter wegen seiner arianischen Lehren ver=
ketzern; denn allerdings, wäre Milton nicht als ein Arianer über=
zeugt gewesen, daß kein Zeilchen in der Bibel von der göttlichen Natur
Christi rede, nimmermehr hätte er in seinem Gedichte den Gottes=
sohn als einen Menschen dargestellt. Nun aber ist jeder Dichter
notwendig Polytheist; schon Goethe gestand dies mit jener edeln
Unbefangenheit, welche unsere frommen Leute „heidnisch" nennen.
Auch Milton fühlte die Notwendigkeit, den öden protestantischen
Himmel zu bevölkern. Die katholischen Heiligen verwarf sein evan=
gelischer Eifer; so blieben ihm nur die Gestalten der Engel und
Teufel und einige allegorische Figuren wie „Urania und ihre Schwester,
die himmlische Weisheit" — frostige Abstraktionen, welche durchaus
den Eindruck lebloser Maschinerie hinterlassen. Ja selbst das Los
des ersten Menschenpaares wird durch das Einwirken überirdischer

Mächte der menschlichen Teilnahme entrückt. Nur für frei handelnde
Menschen empfinden wir Mitgefühl. Wenn aber Gott Vater zu
Adam spricht: Alles ist vorher bestimmt, und dennoch deiner freien
Wahl anheimgestellt — so erweckt der Dichter philosophische Zweifel,
die jedes ästhetische Interesse ersticken. Desgleichen, daß ein gering=
fügiger Ungehorsam grenzenlosen Jammer über die Menschheit bringt,
ist, als freie Erfindung betrachtet, widersinnig und muß, je nach der
Stimmung des Lesers, Gelächter oder Empörung erregen; nur der
religiöse Glaube führt über diese Widersprüche hinweg. Mögen also
die englischen Eiferer und jene Deutschen, welche die Geistesfreiheit
unseres Volkes wieder zu der Beschränktheit englischer Rechtgläubig=
keit zurückzuführen denken — mögen sie immerhin versichern, es gehe
bei dem „HErrn" des blinden Dichters „gar zu menschlich" her*)!
Der unverbildete Schönheitssinn unseres Volkes wird sich nicht
wieder von der goldenen Wahrheit trennen, daß die Poesie nur das
Menschliche darstellen kann und Miltons Epos eben deshalb keine
ungetrübte Freude erregt, weil diese übersinnliche Welt zu wenig
menschlich ist.

Und dennoch ist das Verlorene Paradies ein unvergängliches
Werk, das nicht mit dem Maße der ästhetischen Theorie allein ge=
würdigt werden kann. Als Mulciber, der Künstler der Hölle, den
Prachtbau des Pandämoniums gegründet, da — erzählt Milton —
„bewunderten die Einen das Werk, die Andern den Meister des
Werks" — eine Unterscheidung von Lessingscher Schärfe, die auch
Lessings warmen Beifall fand. Wenden wir dies Wort auf Miltons
Gedichte selber an, so ist kein Zweifel, daß dem Meister des Werkes
der größere Ruhm gebührt. Vergessen wir bei Homer den Dichter
völlig über seinen Helden, so empfängt das Verlorene Paradies seinen
ganzen Wert von dem erhabenen Charakter des Dichters, der hinter
jeder Zeile hervorschaut. Nie wirkt Milton gewaltiger, als wenn
er unter fremdem Namen sein eigenes Leben und Leiden schildert,
wenn er den Noah, den Abdiel vorführt, — „der getreu erfunden
ward unter den Ungetreuen, er allein getreu" — oder den Adam
neben der reuig vor ihm niedersinkenden Gattin. Die schönsten
Stellen des Gedichtes sind jene, wo der Dichter die Schranken des
Epos geradezu überspringt, seinem lyrischen Genius die Zügel schießen

---

*) So Dr. L. Wiese, Milton's Verlorenes Paradies. Berlin 1863.

und einen mächtigen Choral zum Himmel steigen läßt. Das Paradise
lost ist ein Werk von wunderbarer subjektiver Wahrheit: in seiner
ernsten Hoheit, seiner herben Strenge ein lebendiges Bild des heldenhaften Mannes, der, leidend für eine große Sache, noch den Mut
fand, die Geschichte aller Zeiten dem Richterspruche des Puritaner-
tums zu unterwerfen. Es ist unsterblich, als das Werk eines reinen
und reichen Menschen, der selbst „die letzte Schwachheit edlerer
Naturen", den Durst nach Ruhm, lächelnd überwunden hatte und
seine schöpferischen Gedanken nur noch in den höchsten und heiligsten
Regionen schweifen ließ,

> hoch ob dem Lärm und Qualm des trüben Punkts,

> den Menschen Erde nennen.

Und nicht bloß die Person des Dichters, auch die Leiden und
Kämpfe des puritanischen England treten uns aus den Versen des
Paradise lost entgegen. Kein Gesang darin, der nicht mahnend,
strafend, begeisternd auf die Nöte des Jahrhunderts wiese. Wenn
Milton das Heer des Erzengels wider die Dämonen der Hölle ausziehen läßt, so meinen wir sie mit Händen zu greifen, jene „Männer,
wohlgewappnet durch die Ruhe ihres Gewissens und von außen
durch gute eiserne Rüstung, feststehend wie ein Mann" — jenes
gottbegeisterte Heer, welchem England seine Freiheit dankt. Wir
sehen vor Augen das Schlachtfeld von Dunbar, wir schauen, wie
die Eisenseiten Oliver Cromwells ihr blutiges Schwert in die Scheide
stecken und das Haupt entblößen und über das leichenbedeckte Feld
das Siegeslied des streitbaren Protestantismus erschallt: „Lobet den
Herrn, alle Helden, preiset ihn, alle Völker!" Dieser Hintergrund
einer großen Geschichte verleiht dem Gedichte Miltons jenen Reiz
dramatischer Wahrheit, welchem auch Goethe nicht widerstehen konnte.

In diesem subjektiven Sinne ist selbst dies Werk didaktischer
Kunst ein Werk harmonischer Schönheit. Denn wie oft wir auch
bei den herrlichen Dialogen des Gedichtes die Frage aufwerfen möchten,
warum Milton nicht, seinem ersten Plan getreu, ein wirkliches Drama
geschaffen, so kehren wir doch immer wieder zu der Einsicht zurück,
daß ihm die Berechnung des Momentes, der weltliche Sinn, die bewegliche Raschheit des Dramatikers gänzlich fehlte, daß er der tiefen
Innerlichkeit seines Wesens nur in einem philosophischen Gedichte
gerecht werden konnte. So wenig ein natürlich empfindender Mensch
ein Gedicht zum Lebensbegleiter wählen wird, das uns fortwährend

spannt und emporträgt über Raum und Zeit: so wird gewiß jeden
das volle Gefühl menschlicher Kraft und Größe überkommen, der in
einer trüben Stunde der Abspannung oder Verwirrung einen Gesang
des Paradise lost aufschlägt, um den Heldenmut eines ganzen
Mannes zu schauen, welcher „in Worten mächtiger war, als seine
Feinde in Waffen".

Haben wir so den nur bedingten — den mehr historischen und
subjektiven als rein-ästhetischen — Wert des Verlorenen Paradieses
begriffen, so dürfen wir um so freudiger die gewaltige Dichterkraft
bewundern, welche einen widerstrebenden Stoff so sicher beherrscht.
Milton hat in diesem Werke das Höchste und Edelste von allem
niedergelegt, was ihm je Kopf und Herz bewegte. In poetischer
Form kehren hier wieder seine Ideen über das Verhältnis des Menschen
zu Gott, über die Freiheit des Willens und die Notwendigkeit eines
selbsterrungenen persönlichen Glaubens. Auch der zweite Ideenkreis,
der seine Mannesjahre beschäftigte, lebt hier wieder auf — seine Gedanken über das Verhältnis von Mann und Weib. An jenem unsterblichen Gesang, welcher erzählt, wie Eva — „der Himmel war in ihren
Augen" — dem Manne entgegentritt, wie die beiden geschaffen waren

he for God only, she for God in him —

an der ganzen Darstellung des ersten Menschenpaares mag man erkennen, wie warm und innig der strenge Poet von der Seligkeit der
Ehe dachte. Nur leider war der alternde Dichter doch einer der
wunderlichen Heiligen (das Wort scheint recht eigentlich für die Puritaner geschaffen). Er ist imstande, dicht auf die feurigsten Schilderungen die trockensten moralischen Betrachtungen folgen zu lassen —
so jene Rede des Engels, welche dem Abam the rule of not too
much einschärft. Er predigt geradezu, die Liebe sei erlaubt, doch
nicht die Leidenschaft — was doch nur sagt, das Feuer solle nicht
brennen. Milton war nicht bloß verbittert durch schwere persönliche
Erfahrungen; er sah auch, wie der Übermut unzüchtiger Weiber
Unheil über das Land brachte. Daß die Frauen durch den Reiz
der Sinne den Mann und die ganze Welt beherrschen, war ein Lieblingsthema der schmutzigen Poesie des Tages, so der letzten Gesänge
von Butlers Hudibras. Nur um so fester hielt der Puritaner seine
finstere Meinung, der Mann entwürdige sich, der das Weib als
seinesgleichen gelten lasse. Endlich hat Milton auch den Kern
seines politischen Nachdenkens in dem Gedichte ausgesprochen. Ganze

Stellen seiner prosaischen Schriften wiederholen sich in poetischer Umschreibung, die staatliche Freiheit wird verherrlicht als die Belohnung
der Tugend der Völker, und das Glaubensbekenntnis des Republi-
kaners ausgesprochen in dem berühmten Worte:

man over men God made not lord.

Nicht allein die Früchte seines eigenen Nachdenkens, auch das
Köstlichste von fremder Geistesarbeit hat Milton hier versammelt.
Aus jedem Gesange tönen uns Anklänge an die Werke älterer Dichter
entgegen, ganze Kapitel der Bibel werden umschrieben. Darum hat
die kleinmeisterliche Altklugheit der Kritiker des achtzehnten Jahrhunderts das Verlorene Paradies oft als eine Schatzkammer voll ge-
raubter Kleinodien verdammt. Für uns erledigt sich die Frage durch
die eine Tatsache, daß Miltons Werk lebt und leben wird, derweil die unzähligen geistlichen Gedichte, die er ausbeutete, längst der
Vergessenheit verfielen. Dem englischen Sänger fällt nicht ein Blatt
aus seinem vollen Kranze, wenn man uns nachweist, daß schon vor
ihm der gelehrte deutsche Jesuit Jakob Masenius ein lateinisches
Epos Sacrotis schrieb, zur Übung der Jesuitenschüler in der lateinischen Verskunst, und darin die Versammlung der höllischen Geister
des Pandämoniums schilderte. Uns, die wir zurückschauen auf eine
so lange Arbeit frischen, vollkräftigen Künstlertums, steht hoffentlich jene Auffassung des geistigen Eigentums fest, welche zu Recht
bestehen wird, solange rüstige Künstler schaffen: der ohnmächtige
Schwächling, dem eine gute Idee über Nacht gekommen, hat nicht
das mindeste Recht zur Klage, wenn ein schöpferischer Kopf sie seiner
unfähigen Hand entreißt und lebendig verkörpert. Miltons Talent
war lyrisch und, was die Charakterzeichnung anlangt, dramatisch.
Die Kraft des Dramatikers aber liegt im Gestalten, die des erzählenden Dichters im Erfinden. Darum haben Shakespeare, Calderon, Molière kraft göttlichen Rechtes mit höchster Unbefangenheit
fremde Dichtungen benutzt. Es scheint, als müßten manche große
Stoffe der Poesie erst durch viele Hände gehen, bevor das Eisen zu
Stahl wird und nun ein echter Künstler die schneidige Klinge schmieden
kann. Darum ist auch Milton durchaus original: die fremden
Zieraten sind von einer nicht minder energischen, selbständigen
Künstlerhand neu geschaffen wie die harmonischen Helden in Troilus
und Kressida; sie fügen sich so harmonisch in die Dichtung ein wie
die antiken Kapitäle der Säulen an alten romanischen Kirchen.

In gleicher Weise verfuhr Milton auch mit jenem Gedichte, das ihm offenbar die erste Anregung zu seinem Epos gab, mit der Tragödie Adamus exul von Hugo Grotius. Die Holländer, arm wie sie sind an großen Dichtern, hatten dies Jugendwerk ihres großen Landsmanns schon bei seinem ersten Erscheinen, 1601, mit dem enthusiastischen Zurufe nationalen Stolzes begrüßt, und sie pflegen noch heute nicht selten das Verlorene Paradies für eine Kopie des Vertriebenen Adam zu erklären. Unter den Deutschen könnte dies Märchen nicht so oft nachgesprochen werden, wenn nicht die Tragödie des Grotius zu den literarischen Seltenheiten gehörte. Wer sie kennt, wird zwar die getragene, an Vergil gemahnende Würde der Darstellung preisen und an einzelnen kraftvollen Sentenzen sich erfreuen, indessen das Ganze doch nur als die Schulübung eines geistreichen Jünglings und eleganten Lateiners gelten lassen. Dürr und prosaisch dehnt sich das Stück, in lehrhafter Breite und doch ohne jene Fülle des poetischen Details, die den Dichter bezeichnet. Wie reizlos ist die Eva des Grotius, ein gewöhnliches, schwaches Weib, während sie bei Milton trotz aller Gebrechen nie den Adel, die zauberische Hoheit der Ahnmutter unseres Geschlechtes verleugnet. Rücksichtsloser, als heute dem Dichter gestattet wird, hat Milton einzelne Stellen des Holländers verwendet, doch der Raub wird zur Beschämung für den Beraubten. Wenn der Satan des Grotius sagt:

> alto praeesse Tartaro siquidem juvat
> caelis quam in ipsis servi obire munia —

so spricht er bei Milton kurz und wuchtig:

> better to reign in hell than serve in heav'n.

Dies eine Beispiel sagt mehr als eine lange Betrachtung. Gerade an der Tragödie des Niederländers mag man lernen, wie grundprosaisch dies siebzehnte Jahrhundert empfand, wie einsam Miltons Künstlergeist in solchen Tagen stand. Aus der Heimat des guten Geschmacks und der eleganten Gelehrsamkeit schreibt Grotius seine Vorrede an den Prinzen von Condé und rühmt die Nützlichkeit seines Gedichtes, da viele Verse für den Theologen und Metaphysiker, den Astrologen und Geographen Belehrung böten, welche Stellen dann auch im Index säuberlich verzeichnet stehen! — Dann und wann freilich zeigt sich selbst Milton angekränkelt von dieser prosaischen Schwerfälligkeit seiner Zeit; die ungeheure Gelehrsamkeit des Dichters stört den künstlerischen Eindruck. Wir begreifen leicht, wie

der Klang großer historischer Namen dem blinden Sänger, der das
wache Traumleben der Erinnerung führte, eine Welt glänzender
Bilder vor die Seele führen mußte. Da geschieht es denn, daß
„Dame Gedächtnis", die er die Muse schlechter Dichter nennt, auf
Augenblicke auch seine Muse wird: oft füllt er ganze Verse mit
mächtig tönenden Namen, und nur des jungen Macaulay blinde
Schwärmerei konnte diese Schwäche bewundern. Auch die ausführliche
Schilderung der Kämpfe der Engel ist einer gelehrten Grille
entsprungen. Es war die Meinung der Ästhetiker der Zeit, das
kunstgerechte Epos bedürfe der mit Ariostischer Breite ausgeführten
Schlachtszenen. Man wußte nicht, daß Ariost und seine Leser als
Freunde der schönen Fechtkunst den Kampfschilderungen ein Kenner-
interesse entgegenbrachten, welches im siebzehnten Jahrhundert nicht
mehr bestand.

Wie das Werk um seiner subjektiven Erregtheit willen ganz
einsam dasteht unter den epischen Gedichten, so ist auch die gedrungene Knappheit der Komposition das gerade Gegenteil der behaglichen Breite epischer Darstellung. Auch der reimlose blank verse,
den Milton zum Erstaunen der Zeitgenossen zuerst in das Epos ein-
führt, ist der Vers des Dramas; er gewährt dem sprachgewaltigen
Dichter volle Freiheit, hebräische, griechische, altenglische Redewendungen
zu gebrauchen. Schon oft wurde das musikalische Gefühl des
Dichters bewundert, der durch seine Erziehung, seine Bibelkunde,
seine Blindheit und seinen Glauben gleich sehr auf die „christlichste
der Künste" geführt ward. Merkwürdiger noch, wie mit dieser
musikalischen Innigkeit eine solche Prägnanz der Sprache, eine solche
plastische Kraft der Schilderung sich paaren. Denn Milton mußte,
wie Shakespeare, das reiche Erbteil der altenglischen Mysterien-
spiele zu verwerten: er ist Meister im anschaulichen Personifizieren
abstrakter Begriffe. Mit so dämonischer Kraft reißt er uns in seine
Welt hinein, daß wir den bloß symbolischen Gehalt derselben oft
gänzlich vergessen: eine ästhetisch so unbedeutende Tat wie der Apfel-
biß berührt uns mit dem ganzen Schauder eines ungeheuren Welt-
ereignisses. Freilich kommt es Milton dabei zugute, daß die wenigsten Leser imstande sind, solche von dem Glauben von Jahrtausen-
den getragene Mythen mit bloß ästhetischem Blick zu betrachten.

Den ganzen Farbenreichtum seiner Einbildungskraft verschwendet
der blinde Dichter, wo es gilt, die Herrlichkeit der Erde zu schildern,

die an goldener Kette dicht bei dem saphirnen Wall des Himmels
schwebt — der Erde, deren Pracht auch den vom Himmel nieder=
steigenden Engel noch mit Bewunderung erfüllt. Die Schrecken der
Hölle dagegen liebt er mit anderen, mehr geistigen Mitteln darzu=
stellen. Zwar verschmäht er nicht, seinen diabolischen Figuren jene
halb menschliche, halb tierische Mißgestalt zu geben, welche schon
die Alten als das Grauenhafteste erkannten. Aber den tiefsten Schauder
ruft er hervor durch den sittlichen Ekel; nichts scheußlicher, als jene
Reihe von Inzesten, wodurch Tod und Sünde mit Satan verwandt
geworden. Die Unmöglichkeit, eine Welt zu schildern, „wo Länge,
Höhe, Breite, Zeit und Raum verloren sind", weiß er dadurch
zu überwinden, daß er das unseren Sinnen Hohnsprechende
recht laut und entschieden betont: die berühmten Darstellungen der
„sichtbaren Finsternis" und „des festen Feuers" wirken wie die leib=
haftigsten Bilder. Auch Milton allerdings ist nicht immer glücklich
mit diesen Versuchen, das Grenzenlose, Unbestimmte, Formlose dar=
zustellen: oft tragen wir statt des Genusses nur einen unklaren
panischen Schrecken davon und erinnern uns der echten Künstler=
worte Goethes, daß das Gefühl der Wasserwage und des Perpen=
dikels den Menschen erst zum Menschen macht. Noch weniger ver=
mag der puritanische Eiferer die tief=gemeinen, diabolischen Geister in
objektiver Wahrheit vorzuführen. Der Charakter des Satans mit
seinem erhabenen Ehrgeiz, seiner gewaltigen politischen Leidenschaft
ward von Milton verstanden und lebendig verkörpert, aber die
niedrigen sinnlich=lüsternen Geister, die Mammon und Belial, wußte
er nur mit tendenziöser Bitterkeit zu schildern. Die größte Kunst
entfaltet der Dichter in der Schilderung des Paradieses. Hier ge=
lingt ihm das Unmögliche, in das ermüdende Einerlei ungetrübten
Glückes einiges Leben zu bringen. Zur rechten Zeit immer weiß
er den Schauplatz zu wechseln; nur der kontrastierende Reiz der
himmlischen, irdischen, höllischen Szenen macht dem Leser möglich,
die überstarke Anspannung. der Seele, die der Poet ihm auferlegt,
zu ertragen. — Der wahre Zauber des Gedichts, wir wiederholen
es, liegt in dem Charakter des Dichters, in dem tief=melancholischen,
weltverachtenden Geiste, der das Ganze überschattet.

So wird die Welt dahingehn
Den Guten feindlich und den Bösen hold,
Aufstöhnend unter ihrer eignen Last —

dies der Weisheit letzter Spruch, die der erzählende Engel aus der
Betrachtung der Historie zieht. Und selbst der am Ende des Ge=
dichts auftauchende Hinweis auf die Erlösung des Menschengeschlechts
vermag nicht den Eindruck dieser ernsten Stimmung zu verwischen.

Durch solche strenge Hoheit des Sinnes ist Milton nahe ver=
wandt mit dem ersten großen christlichen Epiker, Dante. Beide
Männer von ungeheurer Willenskraft und sprödem Stolze, durch
das untrügliche Bewußtsein eines großen Berufes über die gemeinen
Nöte des Lebens emporgehoben, hatten beide die beste Kraft der
Mannesjahre an die politischen Kämpfe einer tiefbewegten Zeit ge=
wendet und eine geniale Begabung nicht zu gut gehalten für das
Handwerk des Tagesschriftstellers. Und der glühende Verteidiger
der kaiserlichen Monarchie, der den Brutus erbarmungslos in die
Hölle verstößt, steht dem radikalen Anwalt des Königsmordes, dem
Feinde der Cäsaren in seinen politischen Schriften näher, als der
oberflächliche Blick erkennen mag. Denn der eine wie der andere
lehrte, daß die Obrigkeit besteht um des Volkes willen, eiferte für
die Rückkehr der Kirche zur ursprünglichen Einfachheit und Reinheit
und ahnte, ohne doch zu den letzten Folgesätzen zu gelangen, die
große Wahrheit der Trennung geistlicher und weltlicher Dinge. Nach
Bürgerpflicht ergriffen beide Partei, aber der Überlegenheit dieser
Köpfe blieben die Sünden ihrer Genossen unverborgen: wie Milton
aus reiner Höhe vornehm herabschaute auf die plumpe Unduldsam=
keit der Puritaner, so mahnte der ghibellinische Dichter: „Mit an=
dern, andern Waffen zieh zum Streit der Ghibelline; jeden wird's
gereuen, der trennt den Aar von der Gerechtigkeit." Dann sahen
beide ihr eigenes Lebensglück in den Schiffbruch ihrer vaterländischen
Hoffnungen hineingerissen; gleich schwer vom Schicksal heimgesucht
steht der blinde verfolgte Puritaner neben dem landflüchtigen Floren=
tiner, der mit Tränen lernte, wie gesalzen das Brot aus fremden
Händen schmeckt, und wie bitter es ist, fremde Treppen zu steigen.
Nun sammelten sich beide in ihren reifsten Tagen, um in einem
religiös=allegorischen Gedichte die Bilderfülle ihrer stürmischen Lauf=
bahn in dem plastischen Stile Vergils darzustellen, ihre religiösen
und politischen Ideale zu verkörpern und die große Summe ihres Lebens
zu ziehen. Beiden erschien der Cherub, der einst den Mund des Propheten
gesegnet, und sprach: „Siehe, hiermit sind deine Lippen gerühret, daß
deine Missetat von dir genommen und deine Sünde versöhnet sei."

Also von Gott geweiht, sprachen beide ihren Wahrspruch über
die Geschichte der Welt, und noch kühner sogar als der Stolz des
Protestanten erscheint die hohe Sicherheit der Seele des mittelalterlichen Menschen, der sich vermaß, er, der katholische Christ, das Tun
aller Päpste, Kaiser und Könige zu verdammen oder zu begnadigen
und von seinem Gedichte also redete: „Gegenstand ist der Mensch,
wie er durch Sündigen oder Gutestun nach freiem Willen der Gerechtigkeit der Strafe oder des Lohnes verfällt." Beide legen ihrem
Werke ein festgeschlossenes System von Glaubenslehren zugrunde,
das nicht bloß poetisch wahr sein soll, beide erkennen in der „Hinaufläuterung des Sinnlichen zum Himmlischen" den Sinn alles Lebens
und glauben, der Gerechte werde schon hienieden der Seligkeit teilhaftig. Der eine wie der andere übersieht das gesamte geistige Vermögen seiner Epoche und legt in seinem Gedichte einen Schatz von
neu geschaffenem fremdem Wissen und Denken neben seinem eigenen
nieder; doch weder Milton noch Dante vermag die lehrhafte
Tendenz zu verleugnen und Massen prosaischen Wissens vollkommen
in schöne Gestalten umzugießen. Beide verstehen die Eintönigkeit
eines übersinnlichen Stoffes reizvoll zu machen, indem sie den Schauplatz und den Ton der Darstellung wechseln. Beide halten eine un-
übersehbare Fülle von Bildern durch eine kraftvolle Komposition zusammen, nur daß der Bau des Kunstwerkes bei dem modernen Sänger
dramatisch, bei dem mittelalterlichen in scholastische Formen gebannt
ist. Aber der Florentiner gibt in seinen Selbstgeständnissen zugleich
ein vollkommenes Abbild des innersten Wesens seines Zeitalters.
Die tiefsinnige Mystik der göttlichen Komödie, ihr phantastischer
Frauenkultus, ihr halb antiker, halb kirchlicher Ideengehalt entspricht
den tiefsten Herzensgeheimnissen der zwiegeteilten mittelalterlichen
Bildung. Die harmonische Gesittung einer protestantischen Zeit dagegen konnte in einem allegorischen Werke nimmermehr ihren vollen
Ausdruck finden.

Vor diese beiden christlichen Epen trete jeder, der verstehen
will, was dem Dichter der Glaube seines Volkes bedeutet. „Der
war in der Hölle!" raunten sich die Veroneser erschrocken zu, wenn
die düstere Gestalt des verbannten Florentiners majestätisch durch
die Straßen schritt. Das Kind einer solchen Zeit erscheint Dante
— so seltsam es klingen mag — neben Milton als ein naiver
Künstler. Gänzlich unbefangen weist er die Zeitgenossen und die

Menschen vergangener Tage der Hölle oder dem Fegefeuer zu; er nennt sie beim Namen, erzählt ihr Geschick, schildert sie ab vom Wirbel bis zur Zehe. Solche Kühnheit durfte Milton inmitten der skeptischen modernen Welt nicht mehr wagen: die Weltgeschichte betrachtet er in Bausch und Bogen in raschem überblick, und den Zeitgenossen gegenüber muß er sich mit Anspielungen behelfen: wir erraten nur, daß unter den grübelnden Dämonen des Pandämoniums die Dogmatiker der Hochkirche gemeint sind. Dergestalt ist das Gedicht des Italieners ungleich reicher an echt historischem Gehalt. Jeder Gesang der „Hölle" führt uns in monumentaler Großheit ein erschütterndes Bild von Menschenschuld und Menschenleiden vor Augen; und solange warme Herzen schlagen, werden die Erzählungen von Ugolino, von Francesca von Rimini auch jene Leser im Innersten ergreifen, welche für die symbolische Bedeutung des Gedichts, für Dantes mystische Weltanschauung kein Verständnis haben. Solche Szenen von rein-menschlicher Schönheit sind im Paradise lost weit seltener zu finden. Und wieviel würdiger eines Dichters war Dantes Geschick! Sein Italien war das Herz der Welt; alle Schönheit, alle Tugenden und Laster der Zeit drängten sich zusammen in den gewaltigen Städten seiner Heimat, und über dieser farbenreichen Erde prangte noch der katholische Himmel mit seiner Fülle glänzender Gestalten. In dieser Welt lernte Dante den Reichtum des Lebens und des Menschenherzens in ganz anderer Weise kennen als der einseitige Puritaner.

Freier, klarer zum mindesten mögen Miltons sittliche Ideen sein; doch um Dantes Haupt schwebt jener Zauber, welcher der großen Künstlerseele die höchste Weihe gibt, der Zauber der Liebe. Der finstere Sänger, der die Greuel der Stadt der Qualerkorenen kündete, er rühmte sich auch, daß er auf alle Liebestöne lausche, er hat auch — menschlicher als der puritanische Weiberfeind — die schmelzende Weise gesungen; „die ihr die Liebe kennt, ihr edeln Frauen". Der Gedanke der Hinaufläuterung des Fleisches zum Geiste ist für Milton ein philosophischer Satz; Dante erfaßt ihn inniger, künstlerischer, er besingt, wie die irdische Liebe sich zur himmlischen verklärt. Der Puritaner wußte mit kühlerem Gleichmute als der leidenschaftliche Romane den schweren Wandel seines Geschickes zu tragen; gleichmäßig, stetig wuchs er auf, er hat nicht wie dieser einen Tag von Damaskus erlebt. Aber Dante vermag auch den vollen Sturm der Leidenschaft durch seine Verse brausen zu lassen und das Herz des Hörers sogar noch mächtiger als Milton aufzuregen. Der Florentiner wagte, Gott und göttliche Dinge in der mißachteten Sprache der Frauen zu besingen und erweckte seiner Nation das helle Bewußtsein ihres Volkstums; ja, der gesamten Dichtung der modernen Welt wies er die Bahn, denn sein Gedicht ist das erste seit dem Altertume, das die scharfen Züge eines eigenartigen Menschen zeigt; durch ihn gelangte die Persönlichkeit in der Kunst wieder zu ihrem unendlichen Rechte. Dem englischen Sänger fiel ein härteres Los: als ein Spätling erschien er am Ende einer großen Kunstepoche, und erst lange nach seinem Tode, auf fremdem Boden gab seine Dichtung den Anstoß zu einer neuen Entwickelung der Literatur.

Das große Werk, das dem Dichter zweimal fünf Pfund Sterling einbrachte, hatte Mühe, der Zensur zu entrinnen. Keine Zeile in dem Gedichte, die den Fanatikern der Restauration nicht staatsgefährlich erscheinen mußte, und doch — da ja das Völkchen den Teufel nie spürt — waren es nur zwei Verse, welche der Zensor hochbedenklich fand und nach langem Verhandeln endlich freigab. Noch bei Miltons Lebzeiten ward das Werk viel gelesen, freilich nur von der aufstrebenden Jugend und den Stillen im Lande, die sich daran ihren puritanischen Glauben stärkten. Unter die anerkannten Größen der englischen Dichtung ist das Paradise lost erst eingetreten, seit Addison seine Landsleute darauf hinwies, wie Milton ihrer Sprache neue Kraft und Würde gegeben. Seitdem ward die — leider mehr erbauliche als ästhetische — Bewunderung von Miltons Genius in England so allgemein, daß selbst der arge Spötter Voltaire bei seinem Londoner Aufenthalte den christlichen Dichter bewundern lernte und in Ferney das Bild des Puritaners neben Franklins Porträt bewahrte. Noch mächtiger wirkte Miltons Vorbild in Deutschland. Nachdem einmal der gerade Weg verlassen war, den Shakespeare der modernen Dichtung gezeigt, fand er zuerst wieder den Deutschen einen Pfad, auf dem sie fortschreiten konnten, um die Fülle und Tiefe ihres Gemütslebens in erhabenen Gestalten zu verkörpern. Von ihm erbten unsere Bodmer und Klopstock den Mut, Schwung und Empfindung unserer ernüchterten Sprache wiederzubringen, und nur die Gottsched und Genossen schreckten zurück vor dem, was sie Miltons Überschwenglichkeit nannten. Unfähig, das

Wesen der volkstümlichen Dichtung — also auch des echten Epos — zu verstehen, sah unser achtzehntes Jahrhundert, selbst Lessing nicht ausgeschlossen, in Milton das Urbild des epischen Dichters. Dann verdrängte Shakespeare den puritanischen Sänger aus den Herzen der Deutschen. Erst die politische Bewegung der neuesten Zeit zeigt wieder einige Teilnahme für Milton den Bürger, und eben jene Härte des Charakters, welche die Menschen des achtzehnten Jahrhunderts erschreckte, erwirbt ihm heute Verehrer.

Hatte in dem Verlorenen Paradiese Milton, der Dichter und der Denker, sein volles Selbstbekenntnis abgelegt, so ist in den beiden Gedichten seines Greifenalters je eine dieser beiden Seiten seines Wesens gesondert zur Darstellung gebracht. Das Wiedergefundene Paradies wird immer aufs neue das Befremden erregen, wie doch ein frommer Christ von den heiligsten Glaubenssätzen der christlichen Kirche so weit abweichen und wie doch ein großer Dichter ein Kunst= werk von so geringem poetischem Werk schaffen konnte. Nicht das Leiden und Sterben und die Auferstehung Christi war für Milton das Bedeutungsvollste in dem Wirken des Erlösers. In allen theo= logischen Schriften des Puritaners wird dieser letzte, für die Kirche wichtigste Teil des Lebens Jesu nur kurz berührt. In Miltons Glauben ist nichts von Mystik, nichts von Liebe. Ein Mann der Tat, erfüllt von dem alttestamentarischen Gedanken der Gerechtigkeit, sieht er in Jesus vor allem den makellosen, den gerechten Menschen. Das Paradies ward verloren, weil das erste Menschenpaar der Ver= suchung des Teufels erlag, es wird wiedergewonnen, weil ein ge= rechter Mensch alle Verführungskünste des bösen Feindes abschlägt. Paradise regained ist die Erzählung von der Versuchung Christi durch Satan. Nicht ästhetische Gründe bewogen den Dichter, zu dem Paradise lost dies Gegenbild zu schaffen; die Idee des Werkes — die Erlösung der Welt — lag ja bereits poetisch genugsam aus= gesprochen in den letzten Gesängen des Verlorenen Paradieses. Nur seine Gedanken über die Nichtigkeit und Schalheit weltlichen Tuns und weltlicher Lust wollte er aussprechen; zu diesem didaktischen Zwecke ergriff er den biblischen Stoff und ließ in langen Gesprächen den Erlöser und den Satan den Wert weltlicher Größe philosophisch erörtern.

Schon der Mangel jeder Steigerung des Interesses beweist, daß Milton — ein Meister in der Komposition — gar nicht daran dachte, seine Leser ästhetisch zu befriedigen. Die Versuchungsgeschichte ist von Matthäus sehr einfach und sehr wirksam dargestellt: dreimal, und mit immer steigender Kühnheit, versucht Satan den Menschensohn zu betören. Diese einfache Form der Erzählung, die sich dem Dichter von selber empfahl, hat Milton verschmäht. Er folgt der weit künstlicheren Schilderung des Lukas und schiebt in die Darstellung des Evangelisten neue, selbsterfundene Versuchungen ein: er will den beiden Disputierenden Gelegenheit geben, ihr Thema, den Unwert irdischer Herrlichkeit, nach allen Seiten hin zu erschöpfen. Und schrecklich, grausam sind die Weisheitssprüche dieses Miltonischen Jesus. Immer mehr verbitterte sich der Geist des einsamen Puritaners inmitten einer verworfenen Zeit, immer tiefer lebte er sich ein in die unmenschliche Härte des Alten Testamentes. Die herbsten, die düstersten Stellen des Paradise lost kehren umschrieben im Paradise regained wieder. In den zwei Büchern de doctrina Christiana, die in diesen Jahren zusammenstellte, verteidigte er sogar die Vielweiberei als eine von Jehovah den Patriarchen gestattete Sitte. Selbst die Gedichte seiner Griechen erscheinen ihm jetzt leer, eitel, weltlich gegenüber den heiligen Gesängen Davids. Ja er läßt seinen Jesus das für einen Dichter entsetzliche Wort sprechen:

Die Schönheit wird allein bewundert
von schwachen Seelen, die sich kirren lassen!

Offenbar, ein so trocken lehrhaftes und zugleich so finsteres Gedicht kann keine ästhetische Freude erregen. Daher ist einer unserer geistreichsten Literaturkenner J. W. Loebell, auf die Vermutung gekommen, das Paradise regained sei ein Bruchstück, Milton habe ursprünglich das Leben des Erlösers weiterführen wollen bis zu der Auferstehung, der rechten Wiedereroberung des Paradieses*). Loebell erklärt, nur die Faulheit der Literaturhistoriker, die einander gedankenlos abschreiben, haben diese unzweifelhafte Tatsache übersehen können. Nun, der Vorwurf gegen die Literaturhistoriker ist nicht grundlos; es steht zu fürchten, daß in Zukunft die Behauptung, das Paradise regained sei unvollendet, aus dem Loebell abgeschrieben werde. Darum will ich in Kürze nachweisen, daß diese Vermutung sich nicht halten läßt. Wir wissen, das Wiedergewonnene Paradies war dem Dichter

---

*) Loebell, Vorlesungen über die Entwicklung der deutschen Poesie seit Klopstock. 1856. I, 185.

das liebſte ſeiner Werke, alle Lebensweisheit ſeines Alters hatte er
darin niedergelegt. Iſt es wahrſcheinlich, daß er dies Lieblingswerk
unvollendet gelaſſen hätte, da er doch nachher noch den Samſon und
proſaiſche Schriften verfaßte? Gehen wir an die erſte Quelle, zu der
ausgeſprochenen Abſicht des Dichters ſelber zurück. Milton ·eröffnet
das Gedicht mit den Worten: „Ich habe vordem beſungen, wie das
Paradies durch eines Menſchen Ungehorſam verloren ward: jetzt will
ich ſingen, wie es wiedergewonnen ward durch eines Menſchen feſten,
in jeder Verſuchung erprobten Gehorſam, wie der Verſucher abge=
ſchlagen und Eden wieder aufgerichtet ward in der weiten Wildnis.“
Nun folgt die Verſuchungsgeſchichte. Auf das Wort Jeſu: „Es ſteht
geſchrieben: verſuche nicht den Herrn, deinen Gott“, bricht Satan zu=
ſammen und ſtürzt hinab zur Hölle. Engelſcharen erſcheinen, tragen den
Erlöſer auf ihren Schwingen in ein blumiges Tal und ſingen ihm zu:

> Now, thou hast avenged
> supplanted Adam, and by vanquishing
> Temptation, hast regain'd lost Paradise —

und weiter „ein ſchöneres Paradies iſt jetzt gegründet“. — Ich be=
greife nicht, wie man nach dieſen Worten noch beſtreiten kann, der
Dichter habe die Aufgabe, welche er ſich ſelbſt geſtellt, wirklich zu
Ende geführt. Loebell erklärt es für unmöglich, daß ein Milton ein
Gedicht mit den Worten ſchließen konnte:

> he (Jesus) unobserved
> home to his mother's house private return'd.

Gewiß, dieſe Verſe ſind ſteif und unſchön, aber kein unpaſſender
Schluß einer Erzählung. Der Held tritt ab — jene Worte ſind das
epiſch ausgeführte exeunt omnes des Dramatikers, ja ſie bilden er=
ſichtlich eine Parallelſtelle zu dem Schluſſe des Paradise lost, wo
der Dichter ebenfalls die Helden, Adam und Eva, abtreten läßt:

> they hand in hand, with wand'ring steps and slow
> through Eden took their solitary way.

Und wie dieſe ſchönen melodiſchen Zeilen ſich zu jenen hölzernen
Verſen verhalten, genau ſo verhält ſich der poetiſche Wert des Ver=
lorenen zu dem des Wiedergewonnenen Paradieſes; jenes iſt ein herr=
liches Epos mit einzelnen didaktiſchen Stellen, dieſes ein ernſthaftes
Lehrgedicht in epiſcher Einkleidung. Allerdings, nachdem die Engel
dem Menſchenſohne Glück gewünſcht, weil er das Paradies wieder
erobert habe, ſchließen ſie ihr Lied mit den Worten:

Queller of Satan, on thy glorious work
now enter and begin to save mankind —

Worte, welche in die Zukunft hinausdeuten. Aber wir wissen bereits
aus dem Paradise lost: durch die Erscheinung und den straflosen
Wandel eines vollkommenen Menschen war, nach Miltons Glauben,
der Fluch hinweggenommen, den Adam über unser Geschlecht gebracht;
die Vollendung der Erlösung, die Gründung des Reiches Gottes
sollte sich erst im Verlaufe der Weltgeschichte, durch fortwährendes
Ringen der Gläubigen mit dem Bösen, vollziehen. Wer Milton
zutraut, er habe die Leidensgeschichte Christi besingen wollen, der
setzt bei dem Puritaner die Gesinnung nicht eines Milton, sondern
eines Klopstock voraus.

Dieser Dritte der großen christlichen Epiker nämlich ging zwar
gleich dem Puritaner auf die religiöse Erbauung seiner Leser aus, er
war beseelt von grenzenloser Verehrung für den englischen Dichter,
dessen Bild er „weinend angestaunt wie Cäsar das Bild Alexanders".
Aber wie gänzlich hatte sich inzwischen der Protestantismus verwandelt! Das erstarrte Luthertum war, dank den Pietisten von
Halle, neu belebt. Eine tief-gemütliche, innige Religiosität beseligte
die gläubigen Seelen, und diese Stillen im Lande betonten gerade
jene christlichen Dogmen von dem Leiden und Tode des Erlösers,
welche Milton kalt ließen. Von diesen deutschen Pietisten, welche „in
tätiger, brüderlicher und gemeiner Liebe das Evangelium leben" wollten,
ging Klopstock aus. Sein Gott ist der Gott der Gnade, des Erbarmens,
Miltons Herr der gerechte, zürnende Jehova der Juden. Erschrecken
wir oft vor Miltons Härte, so lachen wir Söhne einer derberen Zeit
bereits herzlich über die zerflossene Empfindelei in Klopstocks Versen:

eine getreue Zähre der Huld — die seh' ich noch immer —
netzte sein Antlitz; ich küßte sie auf.

Jede Vergleichung des Verlorenen Paradieses mit Klopstocks Messias
richtet sich selbst. Beide Dichter freilich waren wesentlich lyrische
Genien, aber Milton besaß zugleich jene plastische Gestaltungskraft
des Epikers, welche Klopstock versagt war. Während Klopstocks
lyrische Gedichte in den Herzen seines Volkes fortleben, hat der
Messias heute nur noch historische Bedeutung. Was man auch sagen
möge — er ist unlesbar für die moderne Welt; es schwirrt uns
vor den Augen, wenn wir ein Epos lesen, das keine Gestalten enthält. Nur eines darf der deutsche Dichter als einen Vorzug für

sich beanspruchen: das humane Lächeln einer milderen Epoche blickt aus Klopstocks Versen.

Seit Jahren lebte Milton wieder wissenschaftlichen Arbeiten, auch in dem Paradise regained war überwiegend sein Verstand tätig gewesen. Da ergoß sich noch einmal alle Leidenschaft des Dichters glühend aus seiner gequälten Brust. Er schrieb das Drama Samson Agonistes.

Die Briten, gewohnt, an jede Tragödie den Maßstab der Shakespearischen Dramatik anzulegen, sind gegen Miltons letztes Werk ebenso ungerecht, wie sie seine anderen Gedichte in der Regel überschätzen. Sie vergessen, daß die Reinheit der Dichtungsart, welche sie in diesem lyrischen Drama vermissen, bei Milton überhaupt nirgends zu finden ist. Und sie bedenken nicht, daß Milton von dem Shakespearischen Drama in bewußter Absicht sich entfernte: die Einmischung des Komischen schien ihm eine Entwürdigung der Tragödie, und er bekannte sich bereits zu der mißverstandenen aristotelischen Lehre von den dramatischen Einheiten. Das Gedicht zeigt Spuren jener manierierten Schreibweise, welche alternde Künstler selten vermeiden. Auch gelehrte Grillen kehren wieder: nach der wunderlichen Art der lateinischen Dramendichter jener Zeit benutzt Milton die Versmaße der Chöre der Alten ohne ihre Musik. Trotzdem bleibt der Samson ein wunderschönes Gedicht, ein Werk aus einem Gusse, wie es Milton sonst nie gelungen, von der ersten bis zur letzten Zeile ein Mark und Bein erschütterndes Klagelied. Der auserwählte Streiter Gottes, der, geblendet und mißhandelt von den Unbeschnittenen, sich zur letzten Tat heiliger Rache emporrafft, um die Heiden und Lästerer zu Jehovas Ehren in den Staub zu schmettern — wahrlich, das war ein Held, zu dessen Preise dem blinden verfolgten Puritaner die Verse von selbst zuströmen mußten. Hier ist Milton ganz Leidenschaft; die Weisheitssprüche, die auch diesmal nicht fehlen, werden mit einer fanatischen Heftigkeit hervorgestoßen, welche ihnen die lehrhafte Trockenheit nimmt. Die Götzendiener, die ihn mißhandelt, sollten es hören, daß der Tag der Vergeltung nahe; nicht ihn, den Herrn selber hatten sie beleidigt —

der Kampf ist zwischen Gott und Dagon nun allein.

Und wie gewaltig rauschen die Klagen dahin, von dem ersten Ausbruche des Schmerzes:

O Dunkel, Dunkel, Dunkel! Mitten im Mittagsglanz
unwiederbringlich Dunkel! Ewige Finsternis —
und nimmer wird es tagen!
Warum gilt mir nicht Gottes erst Gebot:
Es werde Licht! — und Licht ward's überall? —

bis zu dem finsteren, eines Hiob würdigen Chorgesange über die
Falschheit der Weiber und der schweren Frage: was ist der Mensch,
wenn die Helden, so Gott feierlich erhoben, dem Schwert der Heiden
wehrlos vorgeworfen sind? — Nicht als ein Drama, wohl aber als
ein erhabener Hymnus in dialogischer Form ist der Samson das
ästhetisch vollendetste von Miltons Gedichten. Schlägt unser Urteil der Meinung der berühmtesten englischen Kritiker ins Gesicht,
so steht uns dafür ein deutscher Geistesverwandter Miltons zur
Seite: durch den Samson Agonistes ließ Händel sich anregen zu
seinem unsterblichen Oratorium.

Dies Werk des Hasses und der Klage war das letzte Gedicht des
Sängers, der am 8. November 1674 verschied.

Wir verwerfen die Unart der modernen Kritik, welche nur allzu
geneigt ist, die Frage nach dem Kunstwerte eines Gedichts zu ver-
mengen mit der Frage nach dem sittlichen Werte des Dichters. Wir
wissen sehr wohl, daß eine geheimnisvolle Fügung gar oft den
lauteren Wein der Dichtkunst in unreine Schläuche füllt. Wenn aber
ein Dichter die Aufgabe, welche Milton dem Künstler zugewiesen,
wirklich löst und sein Leben selbst zu einem wahren Gedichte zu gestalten weiß, dann scheint uns das Höchste gelungen, was dem Menschen
zu erreichen beschieden ist. Als ein solcher Mann ist Milton „durch
des Lebens eitles Maskenspiel" geschritten. Sein Name wird leben,
solange die edeln Geister aller Nationen das große Evangelium
der Freiheit singen und sagen werden, solange das Wort eine
Wahrheit bleibt:

no sea
swells like the bosom of a man set free.

Leffing.

(Leipzig 1863.)

Allein die Zeitgenoffen winden dem Dichter den schönsten der Kränze.
Gerechter vielleicht mag die Nachwelt richten, als einen Seher=
blick des Genius mag sie Einzelnes preisen, was den Mitlebenden
unverstanden vorüberschwebte; doch jene fraglose unwillkürliche Rührung
der Seelen, die der Künstler als edelsten Lohn erstrebt, wird er am
gewaltigsten in seiner Zeit erregen. Wie könnte heute ein Jüngling
von den Leiden des jungen Werther so schmerzlich ergriffen werden
wie damals, da die Werther noch auf unseren Straßen verkehrten?
Und hat je eine moderne Hörerschaft den Scherzen der Narren Shake=
speares ein so herzliches, baucherschütterndes Gelächter entgegengebracht,
wie es dem Dichter zuscholl aus den Reihen der Gründlinge seines
Parterres? Immer wird heute inmitten der jubelnden Menge ein
Nüchterner stehen und meinen: so, ganz so empfinden wir nicht mehr.
Alle Welt weiß, wie wenigen Dichtern beschieden ward, noch in der Zu=
kunft vom Volke geliebt, nicht bloß durchgrübelt zu werden von den
Fachgelehrten. Warum aber ist bei den Deutschen die Zahl der Dichter
so auffällig gering, welche den Jahrhunderten getrotzt? Denn wer
außer dem Forscher liest noch, was über die Literaturbriefe, über die
Werke von Leffings Mannesalter hinausliegt? Es ist wahr, weit
später als anderen Völkern ist den Deutschen der Tag der Dichtung er=
schienen, und in dem Jahrhundert, seit jener Morgen graute, hat unser
Volk erstaunlich rasch gelebt. Aber ist mit solcher Antwort das Rätsel
gelöst? Warum erfreut sich der Brite noch an seinem Spenser,
während Klopstock und Wieland unserem Volke nur Namen sind? Hat
doch auch über den Glanz von Spensers Dichtung sein großer Nach=
fahr Shakespeare seinen breiten Schatten geworfen, und ungeteilte
Freude kann der derbe Realismus der Gegenwart an jenen zierlichen Alle=
gorien so wenig empfinden wie unser aufgeregtes Wesen an dem ruhigen
Flusse des Epos. Offenbar, wir müssen eine andere Antwort suchen.

Ein Märchen ist es, erfunden in philisterhaften Tagen, als könne je ein vorwiegend literarisches Volk bestehen. Zuerst nach dem Ruhme seiner Fahnen schaut ein Volk aus, wenn es seiner Vergangenheit gedenkt, und gern vergißt es die Mängel, das Veraltete eines Kunstwerkes, wenn die Glorie einer großen Zeit aus der alten Dichtung redet. Nie genug werden wir die Briten um jenes vornehmste Zeichen ihrer Gesundheit und harmonischen Kraft beneiden, daß ihnen die Kunst auf dem festen Boden staatlicher Größe reifte. Liest der Engländer die Verse von der Feenkönigin, so steigt vor seinen Augen auf das Bild der großen Elisabeth, er sieht sie reiten auf dem weißen Zelter vor jenem Heere, dem die unüberwindliche Armada wich, und hinter den kriegerischen Scharen der Engel in Miltons Verlorenem Paradiese erblickt er kämpfend Cromwells gottselige Dragoner. So tritt auch dem Spanier aus den Dichtungen seiner Lope und Cervantes das Weltreich entgegen, darin die Sonne nicht unterging. Also erhalten durch die Wucht erhabener politischer Erinnerungen diese Werke einen monumentalen Charakter. Wo aber fand die deutsche Dichtung des achtzehnten Jahrhunderts solch ein Fußgestell staatlicher Größe, daraus sie sich sicher emporheben konnte? Von einem gesunkenen, verachteten Reiche, von einem mißhandelten Volke gingen unsere Sänger aus, und wie ihnen im Leben keines Mediceers Güte lächelte, so auch im Tode sind sie, was sie sind, durch sich selbst allein. Als Lessing sein letztes Drama schrieb, fragte er zweifelnd, ob die Tage reiner Menschensitte so bald erscheinen würden, die dies Werk auf der Bühne ertrügen; Heil und Glück rief er dem Orte zu, der zuerst die Aufführung des Nathan schauen würde. Und — vor zwanzig Jahren ging in Konstantinopel der Nathan in neugriechischer Bearbeitung über die Bretter. Als dann vor den verwunderten Türken die edeln Worte erklangen: „Es strebe von euch jeder um die Wette, die Kraft des Steins in seinem Ring an Tag zu legen", und die rechtgläubigen Moslemin in lauten Beifall ausbrachen, da mochte wohl ein Deutscher stolzer den Nacken heben. Denn hier, weit über die Grenzen christlicher Gesittung hinaus, wo keiner des Dichters Namen kannte, keine volkstümliche Erinnerung des Gedichtes Zauber erhöhte — hier strahlte siegreich die Macht des deutschen Genius allein, das weltbezwingende Lächeln der Menschenliebe.

Durch sich selbst allein wirken jene Künstler auf die Nachgeborenen. Noch mehr, sie selbst erst sind die Schöpfer eines freieren öffentlichen Lebens in unserem Volke, sie standen unbewußt im Bunde mit jenen Staatsmännern, die dem deutschen Staatswesen ein menschlicheres Dasein bereitet haben. Wie sich von selbst versteht in einer Zeit, wo das häusliche Leben die beste Kraft der Deutschen erschöpfte, geschah dies Hinüberwirken Lessings auf unser öffentliches Leben vornehmlich durch seine Person, durch die souveräne Selbständigkeit seines Charakters. Erst vor wenigen Jahren ist ein gutes Bild des Knaben Lessing bekannt geworden, und mit schalkhaftem Behagen sehen wir den Mann vorgebildet in den Zügen des Kindes. Da sitzt Theophilus Lessing, sittsam, ernst, in priesterlich langem Gewande, ehrbarlich ein Lämmchen fütternd, daneben der aufgeweckte Bruder, „mit einem großen, großen Haufen Bücher", in der eleganten roten Tracht der Zeit; auch der Unkundige kann erraten, daß jenem bestimmt sei, zu leben als dunkler Ehrenmann und Konrektor, diesem — als Gotthold Lessing. Kraft und Wahrhaftigkeit spricht aus den derben Zügen des Knaben, und wahrlich, hart gebettet hat die Zeit den starken und wahren Mann. Sein Puls schlug bei voller Gesundheit so schnell wie der Puls anderer im Fieber, er besaß im höchsten Maße jene Lebhaftigkeit des Redens, welche die Obersachsen vor anderen Deutschen auszeichnet. Wie rasch jagen sich da Fragen, Ausrufe, schnell wiederholte abgebrochene Worte, und er fand den Mut also zu schreiben, wie seine Landsleute dachten und sprachen. Nie hat ein Schriftsteller getreuer jenes Wort erfüllt, das seltsam genug zuerst ausgesprochen ward in einer Nation, die es nicht versteht — das Wort: le style c'est l'homme. Dramatisch bewegt wie das Leben selber strömt sie dahin, diese schmucklose, wasserklare Prosa — dem Unkundigen ein Kind der Laune, des Augenblicks, dem Tieferblickenden ein Werk vollendeter Kunst, die schwierigste aller Schreibweisen, denn unerträglich verletzend muß jeder triviale Gedanke, jede falsche Empfindung sich verraten unter dieser leichten, nichts verbergenden Hülle.

Und dieser Natürlichste der Menschen wuchs empor in einer Umgebung, wo jedes einfache menschliche Gefühl in feste, herzlose, beengende Formen gebannt war, in einem Vaterhause, wo hart abweisend der Befehl der Eltern, unterwürfig und in schnörkelhaftem Ausdruck die Antwort der Kinder erklang. Der ganze Schmerz um eine verbildete Jugend spricht aus dem Ausruf des Mannes: „Der Name Mutter ist süß, aber Frau Mutter ist wie Honig mit Zitronensaft." Als er dann in Leipzig sich herausriß aus der dürftigen Buchgelehrsamkeit der Schule und jenes Doppelwesen seiner Natur, das

schon das Bild des Kindes ahnen läßt, sich entfaltete — der Ge=
lehrte, der in jedem Buche der Wittenberger Bibliothek geblättert,
der an schlechten Büchern mit Vorliebe seinen Scharfsinn übte, und
der Weltmann von feinen Formen, der sich gern in Lärm des Tages
tummelte, um die rasche Wallung seines Blutes zu übertäuben: —
da brach jener schwere Kampf aus mit seinen Eltern, der längst
schon gedroht. Man kennt jenes bittere Wort, das Lessing am Abend
seines Lebens schrieb: „Ich wünsche was ich wünsche mit so viel vor=
her empfindender Freude, daß meistenteils das Glück der Mühe über=
hoben zu sein glaubt, den Wunsch zu erfüllen." Seiner Jugend
vornehmlich gilt diese Klage wider das karge Glück. Auch der Ge=
duldigste unter uns ertrüge nicht mehr die Öde des Daseins jener
Tage: ein Volk ohne Vaterland, darum gezwungen im Hause jede Freude
zu suchen, und dennoch unfrei sogar im häuslichen Leben.

Sie werden freilich immer wiederkehren, am heftigsten in frucht=
baren, aufstrebenden Zeiten, jene traurigen Zerwürfnisse von Vater
und Sohn, herzergreifend traurig, weil jeder Teil im Rechte ist
und das alte Geschlecht die junge Welt nicht mehr verstehen darf.
Aber in Lessings Leben — wie herzlich er auch von seinem Vater
sprach, wie groß immer die innere Verwandtschaft der beiden Strei=
tenden war — in Lessings Leben erscheint dieser Kampf unmäßig
hart, das alte Geschlecht ungewöhnlich klein und gehässig. Denn der
Hader bewegte sich nicht um politische und religiöse Fragen, die doch
nur mittelbar den Frieden des Hauses berühren; eine große gesell=
schaftliche Umwälzung vielmehr begann sich zu vollziehen, die Ehre
des väterlichen Hauses ward bloßgestellt durch die soziale Stellung
des Sohnes. Bis dahin war, wer hinausstrebte aus der Erwerbs=
tätigkeit des Bürgertums, in den Dienst des Staates oder der
Kirche gegangen. Die regsamsten Kräfte des Adels und der Mittel=
klassen hatte das Beamtentum und jene Zunftgelehrsamkeit des
Katheders verschlungen, die kaum noch den Namen der akademischen
Freiheit kannte. Höchstens dem bildenden Künstler ward gestattet
seiner Kunst zu leben, im Gefolge eines Hofes ein Unterkommen zu
suchen. Da wagte der Sohn des ehrenfesten Pastorenhauses, was
vordem nur verdorbene Talente zu ihrem Unsegen versucht hatten,
er wurde der freie Schriftsteller, der erste deutsche Literat — nicht
in klarer Absicht, nein, wie die Menschen werden, wozu der Geist
sie treibt, weil er nicht anders konnte, weil dieser freie Kopf den

Zwang des Amtes nicht ertrug. Wie er also unserem Volke eine neue ungebundene Berufsklasse erschuf, so wandte er auch zuerst mit Bewußtsein sich an ein neues Publikum. Nimmermehr mochte er der unfreien Weise der Mehrzahl seiner Vorgänger folgen, die nur geziert für die Höfe, plump für das Volk zu schreiben wußten. Wohl dachte er groß und menschlich von den niederen Ständen, von „dem mit seinem Körper tätigen Teile des Volkes, dem es nicht sowohl an Verstand als an Gelegenheit ihn zu zeigen fehlt", er wünschte ihnen als Tröstung Gedichte zum Preise der „fröhlichen Armut". Er selber indes suchte sich andere Leser. Wie er sich hinausgerettet aus dem Bannkreise der alten Stände, so sprach er auch zu einem gebildeten Publikum, das keine Stände kennt, und half also diesen Kern unseres Volkes erziehen, der in der Literatur zuerst, dann im Staate zur entscheidenden Macht emporwachsen sollte.

Zum ersten Male sahen die Deutschen das ruhelose und doch nie würdelose Leben eines abenteuernden Schriftstellers. „Lessing," sagt Goethe, „warf die persönliche Würde gern weg, weil er sich zutraute, sie jeden Augenblick wieder ergreifen und aufnehmen zu können." Wie geistvoll hier der Herzenskündiger geurteilt, das bezeugt ein erst vor kurzem wieder aufgefundenes Epigramm aus Lessings Studienzeit; Goethe hat es nie gekannt, und doch stimmt es wörtlich mit seinem Urteile überein. Achtlos, übermütig wirft der Dichter in den ersten Zeilen seine Würde hin, um sie am Ende gefaßt wieder aufzunehmen — in den Versen:

Wie lange währt's, so bin ich hin
und einer Nachwelt untern Füßen.
Was braucht sie, wen sie tritt, zu wissen,
weiß ich nur, wer ich bin.

Worte, überaus bezeichnend für Lessings rasche, ungestüme Weise des Lebens — denn er vor allen besaß jenen gemeinsamen Charakterzug aller vorwärtsstrebenden Geister, die Gleichgültigkeit gegen seine eigenen Werke, sobald sie vollendet waren — aber bezeichnender noch für die Meinung, welche unseres Volkes beste Männer von dem Werte des Nachruhms hegten. Ist den hellen Köpfen der Romanen der Nachruhm das eingestandene höchste Ziel des Schaffens, so leben die Deutschen des Glaubens: der Ruhm sei, wie die Liebe, wie jedes echteste und höchste Glück des Lebens, eine Gnade des Geschickes, die wir in Demut hinnehmen, doch nimmermehr erstreben sollen. Und noch immer hat unser Volk sich jener Männer mit der wärmsten Liebe erinnert, die am wenigsten davon redeten, daß sie ein solches Gedächtnis erhofften. Einen leisen Schatten freilich hat diese harte, kampferfüllte Jugend in Lessings Wesen zurückgelassen. Jener prosaische, nüchterne Zug, der Lessing von späteren glücklicheren Dichtern in ähnlicher Weise unterscheidet, wie Friedrich der Große einem Cäsar, einem Alexander gegenübersteht, läßt sich nicht allein aus der Naturanlage des Dichters erklären. In den Tagen, wo das Gemüt jede Härte am schmerzlichsten empfindet, hat kein Frauenauge gütig über ihm gewaltet, allein die streng abweisende Mutter, die lieblos meisternde Schwester trat ihm entgegen. Die innige Zartheit der Empfindung aber, die ein hartes Geschick dem Jüngling verkümmerte — wie vermöchte der Mann sie je aus sich heraus zu entfalten?

Also hinausgetreten aus den altgewohnten Kreisen des bürgerlichen Lebens hat er mit unverwüstlichem Mut seinen Kampf geführt wider die falschen Götzen der literarischen Welt. Die Freude am Kampfe, am Widerspruch — vergeblich hat man es leugnen wollen — blieb die herrschende Leidenschaft in ihm, der von früh auf liebte, „Rettungen" verkannter Charaktere zu schreiben, der das Bekenntnis streitlustigen Stolzes niederlegte in dem Worte: „Auf wen alle losschlagen, der hat vor mir Frieden." Wie die Schwäche und zugleich die Größe der modernen Kulturvölker gutenteils darin gelegen ist, daß sie nicht vermögen, wieder ganz jung zu werden, so offenbarte auch die unreife deutsche Dichtung jener Tage alle Mängel der Kindheit und des Greisenalters zugleich. Eine Weltliteratur mag man sie nennen, wenn das widerstandslose Aufnehmen fremdländischer Ideale und Formen zu solchem Namen berechtigt. Und doch war die in festen überlieferten Formen erstarrte Dichtung nicht einmal der korrekten Redeweise mächtig. Von beiden Schwächen hat Lessing unsere Dichtung geheilt. Man erfaßt nur eine Seite seines kritischen Wirkens, wenn man in ihm lediglich den trotzigen Streiter wider die règles du bon goût erblickt, wenn man ihm nicht folgt in jene ersten Jahre, da er mit der peinlichen Strenge des Pädagogen die kläglichen Übersetzungsfehler armseliger Gesellen rügte.

Kein Wunder aber, daß jener Kampf mit den Regeln der französischen Ästhetik allein noch haftet in dem Gedächtnis der Nachwelt. Denn das erste dauernde seiner Werke schuf er erst, da er in den Literaturbriefen auf die zuversichtliche Behauptung: „Niemand

wird leugnen, daß die deutfche Schaubühne einen großen Teil
ihrer erften Verbefferung dem Herrn Profeffor Gottfched zu danken
habe" — feinen kecken Schlachtruf erfchallen ließ: „Ich bin diefer
Niemand." Allerdings der Zorn des tiefempörten nationalen Stolzes
redet aus diefer Polemik. Wider den Dünkel der Kritik lehnt der Kri=
tiker fich auf und hält ihr das Recht des Künftlers entgegen, der fich
felber feine Bahnen bricht. Doch fchärfer noch befehdet der Deutfche
die Anmaßung des fremden Volkes, das jeden anderen Volksgeift in die
Enge feiner konventionellen Empfindungen zu bannen gedachte. Wer
hört nicht das fchadenfrohe Gelächter des nationalen Selbftgefühles
aus jenen erbarmungslofen Zeilen, die der untrüglichen franzöfifchen
Äfthetik beweifen, daß fie die Regeln des Ariftoteles nicht verftanden,
die Voltaires Dramatik enthüllen wie fie ift — gefucht, gemacht, der
Natur entfremdet, „fo fteif, als wäre jedes Glied an einen be=
fonderen Klotz gefchmiedet?" Mochten die einen im derben Liede den
Alten Fritz preifen, der fich auf die Hofen klopft und die Franzofen laufen
läßt, die andern Beifall rufen, wenn der deutfche Kritiker Voltaires
Blöße zeigt: beide feierten Siege eines wiedererwachenden Volkstums.

Wucht und Nachdruck erhielten jene kritifchen Schläge erft durch
Leffings Dichtertaten. Auch er hatte fich geübt in den überlieferten
Formen und Empfindungen anakreontifcher Dichtung, und lange Zeit
lockte feinen Scharffinn, der zu fpielen liebte, das Grenzgebiet zwifchen
Dichtung und Profa: Fabel und Sinnfpruch. Doch zur rechten Geltung
gelangte das ihm eigene fchöne Gleichgewicht ordnenden Verftandes
und fchöpferifcher Phantafie in dem Drama. Das Gleichgewicht, fage
ich. Denn jene noch heute oft nachgefprochene romantifche Torheit, die
dem Dichter der Minna von Barnhelm die echte poetifche Kraft ab=
fprechen will, ift längft im voraus widerlegt durch den Denker, den
Leffing felber als den größten der Äfthetiker verehrte. Ariftoteles fagt: Zum
Dichten gehört ein Genius, ein kräftig und ebenmäßig gefchaffener Geift
(εὐφυής), der von Natur fchon das Schöne und Wahre findet — oder
auch ein Geift von erregbarer, enthufiaftifcher Phantafie (μανικός).
Wenn in Leffings Seele der lichte Verftand unleugbar vorherrfchte,
diefer ekftatifche Raufch feinem nüchternen Wefen fremd blieb, fo befaß
er dafür jenes Höhere: die harmonifche Kraft des Genius, die nichts
unternimmt, was fie nicht ganz vollbringen kann. Wie er fchon als
Student an der wirklichen Bühne fich gefchult, ja feine Rollen gedichtet
hatte für beftimmte Schaufpieler aus der Truppe der Neuberin, die

uns als die Vorläuferin der modernen Schauspielkunst gilt: so kamen seine dramatischen Anschauungen zur Reife im Verkehr mit jener Hamburger Bühne, die heute als die erste Erscheinung des neuen deutschen Schauspiels bezeichnet wird. Und wie er damals schon unter den Franzosen sich die natürlichere Schule Marivaux' zum Muster wählte, so führte er die germanische Dichtung auf den geraden Weg zurück, brachte ihr die Naturwahrheit, die freie Bewegung des Shakespearischen Dramas. Aber ein Reformer — wie der maßvollen Natur des Künstlers ziemt — nicht ein Revolutionär — wie sollte er sich vermessen, auf unsere verwandelte Bühne den ungebundenen Szenenwechsel des altenglischen Schauspiels einzuführen? Der so viele falsche Götzen gestürzt, wie sollte er sich selber Shakespeare als neuen Götzen setzen — was ihm die Gedankenlosen noch heute nachsagen? In der Charakterzeichnung allerdings folgte er Shakespeares Spuren; doch der Bau seiner Dramen wich nur wenig ab von der Weise der Franzosen, die mit ihrer klaren Verstandesschärfe dem Gegner doch sehr nahe standen und in ihm einen billigen Richter fanden. Sogar die Rollen, welche das französische Schauspiel uns überliefert, hat er sorglich beibehalten, nur daß jetzt statt des Liebhabers, des edeln Vaters, der Buhlerin die Tellheim, Odoardo, Orsina erschienen, lebendige Menschen mit dem unendlichen Recht der Persönlichkeit. Auch die dramatischen Probleme, die er sich stellt, sind die höchsten nicht; gewaltigere Kämpfe von reicherem tragischem Gehalt sind seitdem über unsere Bretter gegangen. Doch in seinem engen Kreise schaltet er mit einer dialektischen Kunst und einem Reichtum der Erfindung, die allen Zeiten bewundernswert bleiben werden. Er reißt seine Charaktere in eine leidenschaftliche dramatische Bewegung hinein, die keiner seiner Nachfolger übertroffen hat.

Wenn alle diese gemeinsamen Charakterzüge der Dramen Lessings die Bühne umgestalteten, wie hat doch jedes einzelne davon noch seinen besonderen Einfluß geübt auf unser öffentliches Leben! Schon Sarah Sampson, dies erste bürgerliche Trauerspiel der Deutschen, konnte nur gedichtet werden in einem Volke, dessen Mittelstände sich erhoben, und wirkte belebend zurück auf das Selbstgefühl dieser Klasse. Welch ein Griff aber mitten hinein in das nationale Leben der Gegenwart, als Lessing sich des Stiefkindes unserer Dichter, des Lustspieles, erbarmte und in Minna von Barnhelm — mit Goethe zu reden — ein Werk schuf von spezifisch nationalem Gehalt! Hier klingt etwas wider von dem Lärm des schlesischen Winterlagers, von dem Trommelwirbel der

Grenadiere des alten Dessauers, den der Knabe schon vor den Fenstern von St. Afra gehört. Wie lange hatten unsere Dichter, wenn sie die Form suchten für den unfertigen, nach Gestaltung ringenden Gehalt ihrer Seele, sich hinweg geflüchtet aus der armen Gegenwart und die Heroen einer Vergangenheit, die so nie gewesen ist, „auf des Sittenspruchs geborgte Stelzen steigen" lassen! Jetzt endlich wagte ein Dichter das Gemüt der Gegenwart dramatisch zu verkörpern und gab ein Werk, volkstümlich sogar in seinen Schwächen, in der Breite der komischen Szenen, und eben darum ein Werk für alle Zeiten. Denn wie das Erzbild in freier Luft im Laufe der Jahre sich verschönt, so haben manche veraltete Wendungen in diesem Lustspiele für uns Nachlebende einen neuen schalkhaften Reiz gewonnen. Als ein Gott aus der Maschine tritt in dieses Drama noch der Große König hinein, mit seinem Herrscherwort die erregten Gemüter versöhnend.

Wie anders schon der politische Sinn in Emilia Galotti! Nicht allein das Kunstwerk erquickt uns, das, nach Goethe, „gleich der heiligen Insel Delos aus der Gottsched-Weiße-Gellertschen Wasserflut emporstieg, um eine kreißende Göttin barmherzig aufzunehmen". Keiner unter uns, der nicht den sittlichen Zorn wider höfische Tyrannei und Verderbnis aus diesem Drama vernommen hätte. Und doch, wer hätte vor der Katastrophe der Emilia nicht empfunden, daß der Sinn unseres Volkes seitdem herzhafter und stolzer geworden, daß auch Lessing von der Schüchternheit einer unfreien Zeit sich nicht völlig befreien konnte? Ein Knabe hat mir einst gesagt: Aber warum schlägt der Odoardo nicht lieber den Prinzen tot? — und ich fürchte nicht, daß man dies Wort belächeln werde. Lernen wir erst wieder jene Bescheidenheit Lessings, der vor einem Kunstwerke seiner Empfindung nicht traute, „wenn sie von niemandem geteilt würde", fassen wir den Mut, unbekümmert um literarhistorische Pedanten, zu bekennen, was wir fühlen, und sagen wir gerad heraus: wir verstehen diesen Mann nicht mehr, der in gerechter Sache die mißhandelte, freilich in ihrem Herzen nicht mehr schuldlose Tochter opfert, statt den frechen Dränger zu töten. Angeekelt von dem falschen Pathos der französischen Tragödie strebte Lessing vor allem die Leidenschaft in seinen Charakteren zu erregen, im schärfsten Gegensatze zu Corneille wies er die Bewunderung aus dem Drama hinweg, und wenn es ihm unfehlbar gelingt, unser Mitleid für seine Helden zu erwecken, so bemerkt er nicht immer, daß unser Mitgefühl mit einem leidenschaftlich bewegten Menschen auch ein achselzuckendes Mitleib fein kann. Aber dürfen wir ihm eine Unsicherheit des Gefühles nicht vorwerfen, die einem staatlosen Volke natürlich war, so bleibt ihm allein der Ruhm einer Kühnheit, die unsere freiere Zeit kaum mehr zu würdigen weiß. Welchen Schrecken mußte es in ängstliche Gemüter werfen, daß ein Dichter die sittliche Fäulnis der Mächtigen auf der Bühne erscheinen ließ — wenige Jahre nachdem ein abliges Haus seiner Heimat ein prunkendes Hochzeitsfest gehalten, weil seine Tochter zur Mätresse des Landesherrn erhoben war! Wenn er absichtlich vermied, seine Fabel mit dem staatlichen Leben zu verknüpfen, wenn er nur durch das persönliche Schicksal seiner Heldin die Hörer erschüttern, nur „eine bürgerliche Virginia" schaffen wollte, so hat seitdem die Geschichte seinem Drama einen großen Hintergrund gegeben. Wer hört das Schlußwort des Prinzen, jenen Ausbruch ohnmächtiger, leichtfertiger Reue, und denkt dabei nicht an das gräßliche après nous le déluge? Wer sieht nicht hinter den Gestalten Marinellis und der Orsina die Schreckensmänner der Revolution emporsteigen?

Und was war, blicken wir zurück, mit diesem kritischen und dichterischen Wirken erreicht? Gebrochen war der Aberglaube an fremde Weisheit, den Deutschen der Mut zurückgegeben, in der Kunst sich eigene Pfade zu suchen. Selbständige Werke der Dichtung waren unserem Volke geschenkt, welche aller Glorie der französischen Dramatik vollauf die Wage hielten. Das Kunstverständnis endlich unseres Volkes ward geläutert, die Reinheit der Gattungen in der Kunst wiederhergestellt, der Vermischung von Dichtung und bildender Kunst in der beschreibenden Poesie, der Vermischung von Poesie und Prosa in dem Lehrgedichte ein Ziel gesetzt. Und noch der Lebende sollte die Früchte seines Schaffens schauen; denn nie wieder wagte unter uns ein Mann von Geist ein Lehrgedicht zu schreiben, und sah Lessing auf die jungen Stürmer und Dränger, so hörte er die Deutschen mit Stolz, ja mit übermut wegwerfend reden von den einst vergötterten Franzosen.

Auch durch die beherrschende Vielseitigkeit seiner Bildung ist Lessing ein Bahnbrecher der gegenwärtigen Gesittung geworden. Der den theologischen Beruf entschieden von sich gewiesen, sollte der Theologie seit Luther die erste nachhaltige Umbildung bringen. Die Freiheit, die wir Luther dankten, die Begründung des Glaubens auf die heilige Schrift, war selber eine neue Knechtschaft geworden. Lessing aber erkannte in den Schriften des neuen Bundes den Beleg, nicht die Quelle des christlichen Glaubens, und leitete also auf den Weg, den die wissenschaftliche

Evangelienkritik der neuen Zeit weiter verfolgt hat. Nicht völlig neu
war dieſe Richtung; freut ſich doch ſelbſt jener harmloſe Hamburger
Naturdichter Brockes, derſelbe, der neun Bände lang das irdiſche Ver=
gnügen in Gott beſungen, im ſtillen an den geheimgehaltenen Streit=
ſchriften des Reimarus wider den Offenbarungsglauben. Neu aber
war der Mut, herauszuſprechen, was Tauſende meinten, Schmach und
Unglimpf zu ertragen von den „kleinen Päpſten", denen Leſſing zuerſt
das tauſendmal nachgeſprochene Wort entgegenwarf: Lieber einen großen
Papſt als dieſe vielen kleinen — jener Mut, der am ſchneidigſten
aus der „ritterlichen Abſage" an Goeze ſpricht: „Schreiben Sie, Herr
Paſtor, und laſſen Sie ſchreiben, ſoviel das Zeug halten will; ich
ſchreibe auch. Wenn ich Ihnen in dem geringſten Dinge, was mich und
meinen Ungenannten angeht, recht gebe, .wo Sie nicht recht haben,
dann kann ich die Feder nicht mehr rühren!" Aber vergleichen wir
ſelbſt die heftigſten dieſer Streitſchriften mit den gleichzeitigen An=
griffen der Franzoſen auf die Kirche, ſo nehmen wir mit Erſtaunen
wahr, daß der deutſche Denker in der Sache die Romanen an Verwegen=
heit überbietet, in der Form hingegen jenes edle Maß einhält, welches,
eine ſchöne Frucht deutſcher Duldung, unſere freien Geiſter davor be=
wahrt, Freigeiſter zu werden in dem von Leſſing gebrandmarkten Sinne.
Und läßt ſich nicht aus dieſem maßvollen Weſen des Denkers das
Rätſel erklären: warum doch er, der hinwegſchaute über alle geoffen=
barten Religionen, für den alten Gedanken einer Union der chriſtlichen
Kirchen ſich erwärmen konnte? Es iſt ein großes Ding, die Weiſſagung
des Genius; nicht heute, nicht morgen, nicht ſo erfüllt ſie ſich, wie der
am Buchſtaben haftende Deuter ſie auslegt. Jene Union, belächelt als
ein Unding von denen, die an der Oberfläche der Dinge verweilen —
alltäglich, ſtündlich ſchreitet ſie vorwärts, ſeit die Bildung des Pro=
teſtantismus, die Ideen Leſſings beginnen das Eigentum unſeres ganzen
Volkes zu werden. Auf eine ſolche Union, die alle kirchlichen Schranken
überwunden hat, auf ein ſolches „neues Evangelium" deutet das
reifſte Werk dieſer theologiſchen Kämpfe Leſſings, die Erziehung des
Menſchengeſchlechts. Seine erſten Schriften liegen noch jenſeits der
Grenze deſſen, was modernen Menſchen lesbar ſcheint; mit dieſer
tritt er bereits mitten hinein in die neue Wiſſenſchaft. Denn löſen wir
ab, was uns befremdet, die paraboliſche Hülle, und wir ſchauen als
Kern: eine Philoſophie der Geſchichte; wir hören die Lehre von dem
Fortſchreiten der Menſchheit und von dem Gott, der die ganze Welt

beseelt, wir finden jenen historischen Sinn der Gegenwart, der in den positiver Religionen „den Gang des menschlichen Verstandes" erkennt und seinen stolz=demütigen Ausdruck erhält in Lessings Worten: „Gott hätte seine Hand bei allem im Spiele, nur bei unseren Irrtümern nicht?" Wohl mochte er empfinden, daß diesem kühnsten Fluge seines Geistes die Zeitgenossen nicht folgen konnten; darum bat er: Lasset mich stehen und staunen, wo ich stehe und staune.

Auch die Dichtung, welche diesen Kämpfen entsproß, ragt hinaus über das Verständnis seiner, und soll ich nicht auch sagen: — unserer Zeit. Denn wohl in tausend Herzen lebt jenes Evangelium der Duldung Nathans des Weisen. Aber vor diesem Werke am schmerzlichsten empfinden wir, daß die besten Männer unseres Volkes Helden des Geistes waren; hier gerade tut sich vor uns auf eine unselige Kluft zwischen den Gedanken unseres Volkes und seinem politischen Zustand. Erst wenn die Ideen des Nathan in unserer Gesetzgebung sich vollständig verkörpert haben, dann erst dürfen wir uns rühmen, in einer gesitteten Zeit zu leben. Wie man auch denken möge über den Inhalt von Lessings theologischem Systeme — in einem mindestens ist er schon jetzt der anerkannte Lehrer unseres ganzen Volkes: er hat die sittliche Gesinnung vorgezeichnet, daraus alle wissenschaftliche Forschung entspringen soll. Er sagte: „Ich weiß nicht, ob es Pflicht ist, Glück und Leben der Wahrheit zu opfern. Aber das weiß ich, ist Pflicht, wenn man Wahrheit lehren will, sie ganz oder gar nicht zu lehren." Zum Gemein=platze geworden sind seine Aussprüche über das Recht der freien Forschung, und noch hat keiner die Kühnheit jenes Wortes überboten: „Es ist nicht wahr, daß Spekulationen über Gott und göttliche Dinge der bürgerlichen Gesellschaft je nachteilig geworden; nicht die Speku=lationen — der Unsinn, die Tyrannei ihnen zu steuern."

Und alle diese Werke in einer durchsichtigen Form, daraus überall das leuchtende Auge des Denkers hervorblickt. Komisch beinahe, wie in seinen ersten Werken das leidenschaftlich bewegte Herz ankämpft gegen die Steifheit des überlieferten Verses. Wie anders der der un=gebundenen Rede aufs nächste verwandte Jambus des Nathan und jene Prosa, die gar nicht anders kann als die augenblickliche Stim=mung des Schreibers getreulich widerspiegeln! Die augenblickliche Stimmung, sage ich, denn wenn so häufig geklagt wird über die Wider=sprüche in Lessings Schriften, über die Schwierigkeit, aus seinen Briefen seine Herzensmeinung herauszulesen, so kann ich in dieser

5*

Klage nur den ſicherſten Beweis für die Wahrhaftigkeit, die Unmittel=
barkeit ſeiner Schreibart finden. Wie ihm zumute war, hat er ge=
ſchrieben, jede Regung der Neckerei, des Widerſpruchsgeiſtes, jeden
Einfall eines halbfertigen Gedankenganges rückſichtslos herausgeſpro=
chen, jeder Übertreibung übermütig eine andere entgegengeſtellt. Und
eben weil ihn beim Schreiben nie der Gedanke ſtörte, als könne je die
Nachwelt über ſeinen Schriften grübeln, eben darum iſt es ſo leicht,
den einen ganzen Menſchen aus allen ſeinen Widerſprüchen heraus=
zufinden.

Fragen wir endlich, wie Leſſing ſich ſtellte zu dem größten Gegen=
ſtande männlicher Arbeit, zum Staate, ſo ließe ſich wohl dawider
fragen: iſt es nicht genug an den politiſchen Taten, die ich ſoeben ge=
ſchildert? Waren es nicht politiſche Taten, als er die Schranken der
beſtehenden Stände durchbrach, als er ein Erzieher wurde des modernen
Bürgertums, als er unſerem Volke ein ſtarkes Selbſtgefühl zurückgab
gegenüber der Kunſt der Fremden und einer Nation gedrückter Klein=
bürger den unendlichen Geſichtskreis der Humanität erſchloß? Ge=
wiß, nur jene ſich liberal dünkenden Pedanten, welche alles ſtaat=
liche Leben allein in beſtimmten Verfaſſungsformen enthalten glauben,
werden hierauf mit einem kurzen Nein antworten. Aber auch zu einem
herzhaften Ja werden ſich nur wenige zwingen. Denn gelernt haben
wir endlich, jeden Mann zu fragen, ob er ein Vaterland habe, ob er
das Wohl und Weh des Gemeinweſens als ſeine Luſt und ſein Leid
empfinde? Hier aber erſcheint modernen Augen eine Lücke in Leſſings
Bildung. Wer ſtimmt ihm nicht zu, wenn er die Freunde Ramler und
Gleim tadelt, daß in ihren preußiſchen Kriegsliedern der Patriot den
Dichter überſchreie? Wer entſchuldigt es nicht, daß dem Mitlebenden
der welthiſtoriſche Sinn des ſiebenjährigen Krieges verſchloſſen blieb,
und er darin allein den großen Genius des Königs zu bewundern fand?
Und doch, ſtellet eine Ode Ramlers oder das Lied des preußiſchen
Grenadiers: „Auf einer Trommel ſaß der Held" neben jenen geiſt=
ſprühenden Brief Leſſings, der in ſolchem Patriotismus nur „eine
heroiſche Schwachheit" ſah — und ihr werdet geſtehen, daß auf dieſem
Gebiete Leſſing jene ärmeren Geiſter um ihren Reichtum beneiden
konnte: ſie waren reicher um die große Empfindung der Vaterlands=
liebe.

Selbſt in Tagen, die des freien politiſchen Lebens entbehren, ent=
zieht ſich keiner gänzlich der Einwirkung des Staates. So läßt ſich

auch von Lessing manches Wort und manche Tat aufweisen zum Be=
lege, daß er die Unfreiheit, die Kleinheit des deutschen Staatslebens
empfand: wie er gleich seinem Geistesverwandten Thomasius hinaus=
stürmte aus der Zahmheit und Enge des kursächsischen Wesens, wie er
mit überlegenem Lächeln auf den Gegensatz des Sachsentums und
Preußentums hinabsah, wie er das engherzige Mäzenatentum des
Pfälzer Kurfürsten hochsinnig zurückwies, wie auch ihm die Klage sich
entrang: wann werde Deutschland je einem Beherrscher gehorchen?
Aber blicken wir von solchen vereinzelten Zügen auf jene Freiheits=
tragödie Henzi, die von blinden Verehrern als ein ganz modernes Werk
gepriesen wird, so erkennen wir sofort, wie ganz anders als die Gegen=
wart Lessings Tage sich zu den Kämpfen des Staatslebens stellten.
Welche Armut der Motive hier bei ihm, der uns überall sonst durch
den Reichtum poetischer Details entzückt! Wie künstlich wird doch die
lebendige Fülle des Parteiwesens zugespitzt zu dem kahlen abstrakten
Gegensatze von Tyrannei und Freiheit! Nicht bloß die Jugend des
Dichters ist schuld an solcher Armut, die Gesinnung eines Bürger=
tums vielmehr spiegelt sich darin wider, das die werktätige Teil=
nahme am Staate noch nicht kannte und darum von dem Inhalt poli=
tischer Kämpfe noch keine Anschauung besaß. Offenbar hat Lessings
Denken die politischen Fragen nur berührt, an wenigen Stellen berührt.
Den Publizisten von Gewerbe rief er sogar, seinem praktischen Wesen
getreu, die Mahnung zu, solche Dinge zu überlassen „dem Staatsmanne
und vornehmlich demjenigen, den die Natur zum Weltweisen machen
wollte, weil sie ihn zum Vorbilde der Könige machte".

Trotzdem sind jene hingeworfenen politischen Gedanken Lessings
keineswegs überlebt, nicht einmal erlebigt. Denn wie man von der
Humanität der Deutschen des achtzehnten Jahrhunderts gesagt hat, sie
sei herabgestiegen vom Himmel auf die Erde, so hat auch Lessing, der
die alltäglichen Pflichten des Staates übersah, einige der höchsten Pro=
bleme der Staatskunst beleuchtet, die erst eine ferne Zukunft lösen wird.
Die Gesittung der Gegenwart steht zugleich über und unter den Ideen
der Humanität unserer Väter. Sie blickt hernieder auf ein Volk von
Privatmenschen, das den Patriotismus nicht kannte, aber demütig
schaut sie empor zu jenen Weisen, die, menschlichen Sinnes voll, nach
der Grenze fragten, „wo Patriotismus Tugend zu sein aufhört". Mit
der traurigen Wirklichkeit, die Lessing umgab, mit dem Elend der Not=
staaten, darin er lebte, entschuldigen wir es, daß auch ihm, wie allen

deutſchen Denkern ſeiner Zeit, ſehr ſchwer ward, die Notwendigkeit des Staates zu verſtehen, daß auch ihn jene Frage beſchäftigt hat, die ein Volk mächtiger und glücklicher Bürger nie lange betrachten mag, die Frage: iſt die Abſchaffung des Staates möglich oder zu wünſchen? Desgleichen in die überwundene Epoche vorherrſchenden Privatlebens verweiſen wir ſeine Lehre, daß der Staat, obwohl er erſt „den Anbau der Vernunft möglich mache", doch nur ein Mittel ſei für die Bildung des einzelnen Menſchen. Aber weit hinaus über den Geſichtskreis der Nachwelt ſelber ſchweift er wieder, wenn er in den Freimaurergeſprächen das tiefſinnige Problem durchdenkt: wie laſſen ſich die Übel der Be= ſchränktheit und der Härte heben, die das Beſtehen mehrerer Staaten notwendig hervorruft? Wie iſt eine Verbindung möglich aller guten Menſchen ohne Anſehen des Standes, des Landes und des Glaubens zum Zweck rein menſchlicher Geſittung? In dieſen Worten, fürwahr, eröffnet ſich die Ausſicht auf einen menſchlichen Verkehr der Völker= geſellſchaft, den erſt ferne Tage ſchauen werden. Wie aber? Steht nicht dies Weltbürgertum ein Todfeind gegenüber dem erſten und be= rechtigtſten Streben der Gegenwart, dem Drange nach nationaler Staatenbildung? Ich denke, nein. So tiefſinnig, ſo überſchwenglich reich iſt das Leben der Staaten, daß niemals eine Geiſtesrichtung allein darin herrſchen kann. Noch heute leben ſie, jene Gedanken von dem Weltbürgertume, und eben jene dürfen ſich heute Leſſings getreueſte Diener nennen, die — ſeinem Geiſte, nicht dem Klange ſeiner Rede folgend — am rührigſten für den nationalen Gedanken wirken. Wenn erſt von den großen Kulturvölkern jedes zerriſſene ſich geeint, jedes ge= knechtete aus ſeinem Volksgeiſte heraus ſeinen Staat ſich geſtaltet hat, wenn damit verſchwunden ſind die größten, die gefährlichſten Anläſſe des Haders, die bisher Staat mit Staat verfeindet: dann erſt wird jener geſicherte Verkehr der Menſchen, jenes Weltbürgertum ſich vollenden in einem tieferen, reicheren Sinne als Leſſing meinte, und allüberall wird man reden von ſeinem Sehergeiſte. Dann auch wird die Welt den Kern der Wahrheit herausfinden aus einem Worte, das in dem ſchwer ringenden Menſchengeſchlechte niemals ganz ſich verwirk= lichen darf — aus dem himmliſch milden: was Blut koſtet, iſt gewiß kein Blut wert.

Und Leſſing ahnte, daß Zeiten harten, aufreibenden ſtaatlichen Kampfes unſerem Volke kommen würden. Das bezeugt ſein gehalt= volles Urteil über die Geſchichte. Wie ſicher begreift er das der

Kunſt verwandte Weſen der Geſchichtſchreibung, wenn er die Bildung des „Gelehrten und des ſchönen Geiſtes zugleich" von dem Hiſtoriker fordert. Und ſollte wirklich nur eine ſkeptiſche Laune und nicht viel= mehr eine Ahnung der politiſchen Bedeutung hiſtoriſcher Wiſſenſchaft ſich ausſprechen in ſeinem vielgeſcholtenen Paradoxon: im Grunde könne ein jeder nur die Geſchichtſchreiber ſeiner eigenen Zeit ſein —? So ſcheinen ihm alle Vorteile umfaſſender archivaliſcher Forſchung nichtig gegen die Vorzüge des zeitgenöſſiſchen Geſchichtſchreibers, daß er ſeinen Menſchen bis in Herz und Nieren blicken, daß er ſeine Leſer durch die Erzählung von ihrer eigenen Schuld und Strafe im Innerſten ergreifen und — vor allem — daß er eine Macht werden kann ·unter den Lebenden.

Soll ich noch ſchildern, wie wenig die Mitlebenden ihm dankten, wie ſchwer das Geſchick bis zum Ende ihn heimſuchte? Das widrige Sprichwort, das in jenen weichlichen Tagen von Mund zu Munde ging, das Wort: „Geteilter Schmerz iſt halber Schmerz" hatte der Jüng= ling ſchon mit der ſtolzen Gegenrede abgewieſen:

> Was nutzt mir's, daß ein Freund mit mir gefällig weine?
> Nichts, als daß ich in ihm mir zwiefach elend ſcheine.

Einſam iſt er durch das Leben geſchritten, und ſein alle Weichheit des Gefühls mißachtender Sinn neigte ſich zu dem Grundſatze antiker Sitt= lichkeit, der Weiber und Sklaven von den höchſten Forderungen des Sittengeſetzes ausſchloß. Dann hat ihm der klare und heitere Geiſt ſeiner Eva König jene treue und tiefe Neigung erweckt, die mit ihrem verſtändigen, derb bürgerlichen Weſen in den Herzensgeſchichten der Dichter ihresgleichen nicht findet. Ein Jahr einer glücklichen Ehe lehrte ihn größer von den Frauen zu denken; dann am Abend ſeines Lebens entrang ſich ihm jene ſchreckliche Klage: „Meine Frau iſt tot, und dieſe Erfahrung habe ich nun auch gemacht. Es iſt mir lieb, daß mir viele ſolche Erfahrungen nicht mehr übrig ſein können, und ich bin ganz leicht." Wenn er aber aus dem tiefen Schmerze hinausblickte in ſein Haus und in die Welt der Kunſt, ſo hat er ſicher empfunden, daß ſeine Saat aufging. Die Kinder ſeines Weibes hörte er verkehren in dem Tone ſchlichter offener Herzlichkeit, er ſah eine ſegensreiche Ver= wandlung des häuslichen Lebens und durfte ſich ſagen, daß er ſelber ein Großes daran gewirkt. Und in der Kunſt, deren Feſſeln er gebrochen?

Da ſtürmte Götz von Berlichingen über die Bretter, und die Jünglinge
klagten in überſtrömender Empfindung um die Leiden des jungen Wer=
ther. Mochte der Maßvolle der regelloſen Weiſe des jungen Geſchlechtes
zürnen und ſpotten über die weichen Gefühle, die ſeinen helleniſchen
Sinn nie berührt, und die Rechte der Kultur verteidigen wider Rouſ=
ſeaus Naturſchwärmerei: — mit freudigem Verſtändnis hat er doch
den Genius begrüßt, als Goethe jene grandioſe Fabel beſang, die zu
ewig neuen Liedern den Sinn der Sterblichen begeiſtern wird, die Fabel
von dem Lichtbringer Prometheus.

Und das Todesjahr Leſſings ging von der Einſiedelei in Sansſouci
die denkwürdige Schrift aus „über den Zuſtand der deutſchen Literatur".
Zu ihr möchte ich alle jene führen, die noch immer das Tendenzmärchen
wiederholen, dem großen König habe das Herz gefehlt für unſer Volk.
Iſt es nicht genug an dem einen Fluche der Deutſchen, der noch heute
gewaltig fortwirkt in allen Zweigen unſeres Volkslebens bis hinab in
die Sprache und die traulichen Umgangsformen des Hauſes — daß
Luther der einen Hälfte der Nation der geprieſene Erretter, der anderen
ein Greuel iſt? Noch fern iſt die Zeit — doch auch ſie wird erſcheinen —
wo alles, was deutſche Zunge redet, den deutſchen Helden in Luther
begrüßen wird. Schon jetzt aber iſt die Stunde gekommen, den anderen
Mann, der nächſt Luther am gewaltigſten für die neueren Deutſchen
gewirkt, von den Schmähungen zu entlaſten, womit blinde Parteiwut
ihn bedeckt hat. Nicht die preußiſche Neigung des heutigen Liberalis=
mus hat unſerem großen König den Ruhm eines nationalen Helden an=
gedichtet; kein anderer als Goethe ſprach das gute Wort: Friedrich der
Große erſt habe durch ſeine Taten unſerem Volksleben jenen großen
heroiſchen und nationalen Inhalt gegeben, den Leſſing in ſchöne Formen
bildete. Ihn, der alſo den Stoff geboten für die neu erſtandene Dich=
tung — hören wir ihn reden über die Kunſt der Deutſchen! Klagen,
bittere Klagen über die form= und zuchtloſe Sprache, Klagen, daß unſere
Sprache noch nicht in die Schnürbruſt eines Wörterbuches der Akademie
eingezwängt ſei, daß die Dramen Shakeſpeares „würdig der Wilden
von Kanada", und die „abſcheulichen Plattheiten" des Götz von Ber=
lichingen das rohe Volk erfreuen! Wir erſtaunen über dieſen unerhörten
Beweis der franzöſiſchen Bildung des Königs und ſeiner gänzlichen
Unkenntnis der deutſchen Dichtung; doch leſen wir weiter in derſelben
Schrift, ſo redet uns mächtig zum Herzen die deutſche Empfindung

desselben Mannes, der bewegte Ausdruck des Zornes und der Scham über solche Armut der Kunst seines Volkes, das frohe Aussprechen endlich einer großen nationalen Hoffnung. Nicht an Geist gebreche es den Deutschen; schon sei der Ehrgeiz der Nation erwacht, „und vielleicht werden, die zuletzt kommen, alle Vorhergehenden übertreffen. Ich bin wie Moses," ruft der König am Ende, „ich sehe das gelobte Land aus der Ferne, doch ich bin zu alt, um es je zu betreten."

Nun halte man neben diese Worte des Königs Leffings berufene Klage: der Charakter der Deutschen sei, keinen eigenen Charakter haben zu wollen — in wie seltsamem Irrtum verfingen sich doch die beiden! Der König erwartet den Glanz unserer Dichtung von den französischen Regeln, und siehe, er kam durch die Freiheit. Der König meint in der Ferne das gelobte Land zu sehen, und siehe, er selbst stand mitten darin. Desgleichen der Dichter, der so schmerzlich fragte nach dem Nationalcharakter der Deutschen — hätte er lesen können in der Seele jener preußischen Soldaten, die bei Roßbach die Franzosen warfen und bei Leuthen in der Winternacht das „Herr Gott dich loben wir" sangen, gewiß er hätte begriffen: die lebendige Staatsgesinnung, die er suchte, sehr unreif war sie, doch sie war im Werden. So standen die beiden im Nebel der Nacht: der König, der einen Leffing suchte für unsere Kunst, und der Dichter, einen Friedrich suchend für unseren Staat. Inzwischen ist es Tag geworden, die Nebel sind gefallen, und wir sehen die beiden dicht nebeneinander auf demselben Wege: den Künstler, der unserer Dichtung die Bahn gebrochen, und den Fürsten, mit dem das moderne Staatsleben der Deutschen beginnt.

Und wäre es denn ein Zufall, daß achtzig Jahre nach Leffings Tode gerade sein Bildnis den Anstoß gab zu einem heilsamen Umschwunge unserer Bildnerkunst? Versuchen wir uns zu versenken in die Seele des Künstlers, dem jene Aufgabe ward. Sollte er Leffing bilden in der Toga — ihn, der das gespreizte Römertum der Franzosen erbarmungslos verspottete? Oder in dem beliebten Theatermantel — ihn, der im Leben jeden falschen Schein verschmähte? Da blieb kein Ausweg: kraftvoll, schlicht und wahrhaft wie er selber — oder gar nicht mußte Leffings Bild erscheinen. Und der glückliche Entschluß einmal gefaßt, hat unserem Rietschel jedes Glück des Genius gelächelt, aus jeder Not ward ihm eine Tugend. Der steife Haarbeutel ward ihm ein Anlaß, die vollendeten Linien des wallenden Haares zu

zeichnen, und die Enge des kurzen Beinkleides erlaubte ihm, die ge=
drungene Kraft der Glieder zu zeigen. So sehen wir Lessings Bildnis
vor uns — die erste Bildsäule der Deutschen, darin der entschlossene
wahrhaftige Realismus der Gegenwart sich in höchster Ehrlichkeit offen=
bart — schmucklos und stark, gehobenen Hauptes, und diese trotzigen
Lippen scheinen zu reden:

Was braucht die Nachwelt, wen sie tritt, zu wissen,
weiß ich nur, wer ich bin.

Heinrich von Kleist.

(Leipzig 1858.)

Wer unter den Hellenen nicht verstand, eine feste Stelle zu ge=
winnen in der gegebenen Ordnung des Staates und der Sitte, der
ging zugrunde, verachtet und vergessen. Der strenge Bürgergeist der
Alten verdammte den Einzelwillen, der sich erdreistete, etwas zu gelten
neben dem Willen des Ganzen; ihr auf das Große gerichteter Sinn
blickte gelassen hinweg über die geheimsten Schmerzen der ringenden
Menschenseele; ihre Schamhaftigkeit scheute sich den Schleier zu heben,
der diese Abgründe des Herzens verhüllt. Erst die moderne Welt zeigt
ein liebevoll mitleibiges Verständnis für die Fülle des Elends, die in
dem Worte liegt: ein verfehltes Leben! Und sie hat guten Grund zu
solchem Mitleid. Sie läßt den einzelnen aufwachsen in fast schranken=
loser Ungebundenheit: mag er nachher selber zusehen, wie dies junge
trotzige Ich nach hartem Kampfe sich einfüge in die handelnde Gemein=
schaft der Menschen. Nicht in den brausenden Jünglingsjahren, deren
glückselige Torheit allein den philisterhaften Sittenprediger erschreckt
— erst später, um die Mitte der zwanziger Jahre, wenn die Zeit des
Schaffens anhebt, pflegen dem modernen Menschen die schwersten, die
gefährlichsten Stunden zu kommen. Welcher Mann von halbwegs
reicher Erfahrung hätte nicht an dieser Markscheide des Lebens einen
geliebten Genossen seiner Jugend zugrunde gehen sehen und schmerz=
voll mit Heinrich von Kleist gerufen:

> Die abgestorbene Eiche steht im Sturm,
>   doch die gesunde stürzt er schmetternd nieder,
>   weil er in ihre Krone greifen kann.

Die fette Mittelmäßigkeit schwimmt behaglich obenauf, doch manche
der Besten sinken unter, weil ihr reicher Geist sich nicht fügen will dem
Gebote des Lebens: du sollst einen Teil deiner Gaben ruhen, verküm=
mern lassen — einem Gebote, dessen Härte der Gedankenlose gar nicht
fühlt. Wie viele flattern dahin ihr Leben lang wie mit gelähmter

Schwinge, weil ein Mißgriff, ein Körpergebrechen, ein alberner Zufall
sie ausschließt von dem Wirkungskreise, in dem sie ihr Höchstes, ihr
Eigenstes leisten konnten. Unter allen, die nicht wurden was sie wollten,
leidet niemand so furchtbar wie der hochstrebende Geist, der sich durch
sein ganzes Sein, durch eine unwiderstehliche innere Stimme in einen
bestimmten Beruf — und nur in diesen — getrieben fühlt und schließ=
lich doch entdeckt, daß seine Kraft nicht ausreicht. Solche Grausamkeit
der Natur trifft am härtesten die reizbare Seele des Künstlers; denn er
vermag weniger als irgend ein anderer Arbeiter die Mängel der Be=
gabung durch die Kraft des Willens zu ersetzen, und die Kunst kennt
keine Mittelstraße, sie kennt nur vollendete oder verfehlte Werke. — In
Vischers Ästhetik, einem der besten und bestbestohlenen Werke unserer
Literatur, wird sehr richtig neben dem Genius, der sich selber die Regel
ist, und dem Talente, das auf geebneter Bahn frisch und kräftig vor=
wärts schreitet, noch eine dritte Form der künstlerischen Anlage unter=
schieden: das partielle Genie — die Begabung jener tief unglücklichen
Geister, welche dann und wann in seligen Augenblicken mit der Kraft
des Genius das Klassische, das Ewige schaffen, um alsbald ermattet
zurückzusinken und sich zu verzehren in heißer Sehnsucht nach dem
Ideale. Solche Naturen gleichen einem herrlichen, großgedachten Ge=
mälde, das irgendwo an auffälliger Stelle durch eine Lücke, eine widrige
Verzeichnung verunstaltet wird, sie besitzen alles, was den unsterblichen
Meister bildet, bis auf jenen kleinen Punkt über dem i, der den Buch=
staben fertig macht. Die deutsche Dichtung, die nicht emporwuchs aus
einer reifen Volksgesittung, sondern ihr voranging, zählt eben deshalb
solcher unfertiger, unglücklicher Genies nur allzu viele, und unter ihnen
ragt Heinrich von Kleist als der Gewaltigste, der Wahrhaftigste hoch
empor. „Die Hölle gab mir meine halben Talente, der Himmel schenkt
dem Menschen ein ganzes oder gar keines" — so bezeichnet er den Fluch
seines Lebens, und nur er selber darf also reden, denn die Halbheit,
die Armut seiner Gaben genügt vollauf, um eine Handvoll tüchtiger
Künstler mit überschwenglichem Reichtum zu segnen.

Wir Deutschen rühmen uns, daß von den Helden unseres Geistes
nicht so unbedingt wie von den meisten Dichtern anderer Völker gesagt
werden darf: des Künstlers Leben sind seine Werke. Es ist ein echt
deutscher Spruch, den Schiller einmal hinwirft: „Den Schriftsteller
überhüpfe die Nachwelt, der nicht größer war als seine Werke." Selbst
vor Goethes Faust überkommt uns die stolze Ahnung, daß der Dichter

noch immer eine Fülle überschüssiger Kraft zurückbehalten hat in seiner reichen Seele. Darum lassen wir uns die Freude nicht nehmen, den größeren Mann zu suchen hinter den großen Werken, und auch wer die Vorliebe der Gegenwart für die Briefe und Papierschnitzel unserer Dichter nicht teilt, darf das berechtigte Gefühl nicht verkennen, das diesem Übermaß zugrunde liegt. Die düstere Gestalt Heinrich Kleists verbietet uns solchen Genuß. Während seine Werke oft den Tadel, immer das Lob entwaffnen, einige darunter bis zu den Höhen menschlichen Schaffens hinaufreichen, ist sein Leben doch nur eine entsetzliche Krankheitsgeschichte. Zweifel und Kämpfe, wie sie niemals grausamer ein Menschenherz gepeinigt, Siechtum des Leibes und der Seele, der ungerechte Kaltsinn der Zeitgenossen, der Zusammenbruch des Vaterlandes und die gemeine Not um das liebe Brot — das alles vereinigt sich zu einem erschütternden Bilde; dem Betrachter bleibt zuletzt nur ein Gefühl grenzenlosen Mitleides und der wehmütige Hinblick auf die von dem Unglücklichen so oft angerufene „Gebrechlichkeit der Welt". — Die Biographie steht darum dem reinen Kunstwerke so nahe, weil in dem Dasein jedes bedeutenden und gesunden Mannes die Geschichte seiner Zeit wie in einem Mikrokosmos erscheint. Kleists Leben aber, wie mächtig auch die Stürme des Jahrhunderts diesen tiefen Geist erschütterten, ist die Geschichte höchstpersönlicher Leiden, ein psychologisches Problem.

Wir kennen nicht die Züge seines Gesichts; denn das einzige erhaltene Porträt — ein greisenhafter Knabenkopf, den ein Gottverlassener, dicht auf der Grenze zwischen dem Maler und dem Weißbinder stehend, zusammengepinselt hat — erweckt keinen Glauben. Von den geheimen Kämpfen seiner Seele hat er selbst ein treues Bild gegeben in den Briefen an seine Schwester, die mit ihrer dämonischen Leidenschaft, ihrem verzehrenden Schmerze in unserer Literatur einzig dastehen; wohl nur Mirabeaus Jugendbriefe schildern mit gleich schreckhafter Wahrheit den Aufruhr in einem großen Menschengeiste. Aber selbst wer diese rückhaltlosen Geständnisse kennt, steht zuletzt doch traurig vor einem Unbegreiflichen, vor einer krankhaften Naturanlage, die dem Dichter selbst ein Rätsel blieb. In allen seinen Irrgängen begegnet uns kein Zug, der nicht ehrlich, hochherzig, bedeutend wäre. Er ringt nach der Erkenntnis des Wahren und des Schönen, nach den Kränzen höchsten Dichterruhms; an den platten Freuden des Lebens geht er vorüber mit einer stolzen Verachtung, die unserem genußsüchtigen Zeitalter

faſt unfaßbar erſcheint, kaum daß dann und wann die Sehnſucht, nicht
nach dem Behagen, ſondern nach dem Frieden des Hauſes ſich in ſeine
Klagen miſcht. Für ihn wie für wenige Menſchen gilt das Wort: ihn
ganz verſtehen heißt ihm ganz verzeihen.

Geboren am 10. Oktober 1776 zu Frankfurt an der Oder tritt
der feurige junge Menſch nach dem Brauche ſeines Soldatenhauſes
frühzeitig in die Armee. Während er teilnimmt an den rheiniſchen
Feldzügen, erſchüttern die Ideen des philoſophiſchen Jahrhunderts ſein
Herz. Er ſehnt ſich hinaus in die Freiheit, in das unendliche Reich
des Wiſſens, er will „die Zeit, die wir hier ſo unmoraliſch töten, durch
menſchenfreundliche Taten bezahlen". In ſeinem zweiundzwanzigſten
Jahre fordert er ſeinen Abſchied und kehrt als überreifer Student in
ſeine Vaterſtadt zurück. Er wird der Lehrer, der geiſtige Mittelpunkt
für einen heiteren Kreis junger Verwandten, er verſchlingt die Bücher
in raſtloſer Arbeit und meint mit ſeinem Forſchen bis in den Kern der
Nuß einzubringen. Aber ſchon nach Jahresfriſt treibt ihn eine ver=
zehrende innere Unruhe hinweg von den Studien, von ſeiner kaum ge=
fundenen Braut. In Berlin ſodann trifft ihn wie ein Wetterſtrahl
die Lehre Kants, daß der Menſch nicht die Dinge kennt, nur ſeine An=
ſchauung von den Dingen. In maßloſem Schmerz bricht der junge
Himmelsſtürmer zuſammen vor dieſer Erkenntnis. Die Verzweiflung
an aller Wahrheit, an allen Geſetzen des ſittlichen Lebens klagt fortan
ſchauerlich in ſeinen Briefen: „Daß wir ein Leben bedürften, um zu
lernen, wie wir leben müßten! — Und ſo mögen wir am Ende tun
was wir wollen, wir tun recht!" Und dazwiſchen immer von neuem
die glühende Sehnſucht nach dem Ewigen: „Zwiſchen je zwei Linden=
blättern, wenn wir abends auf dem Rücken liegen, eine Ausſicht an
Ahndungen reicher, als Gedanken faſſen und Worte ſagen können!"

Schon in früher Jugend quält ihn die überfeine Zartheit des Ge=
wiſſens, welche wir ſo gern als ein Zeichen innerer Reinheit begrüßen
möchten, während ſie doch in den meiſten Fällen nur der Vorbote iſt
eines verdüſterten, ſelbſtquäleriſchen Alters. Mit unbarmherzigem Auge
verfolgt er ſelbſt jeden ſeiner Schritte, wie ein Geiſteskranker belauſcht
er ſich; ſelbſt über ſeine tollſten Streiche, ſeine finſterſten Seelen=
kämpfe gibt er ſich und anderen Rechenſchaft — das alles ganz un=
befangen, ganz wahrhaftig, ganz frei von jedem Streben ſich intereſſant
zu machen. Darüber gehen ihm natürlich viele jener Augenblicke
verloren, wo der Menſch, ganz mit ſich einig, ohne Wahl und Frage

sein Bestes schafft. Das Doppelleben, das so viele Künstler führen, wird ihm zur verzehrenden Krankheit. Nicht genug, daß seine Stimmung in jähen Sprüngen von kindlich harmloser Fröhlichkeit zu finsterem Unmut, von rasch auflobernden Stolze in kleinmütige Verzagtheit umschlägt, daß seine Unbeständigkeit ihm den bitteren Ausruf entringt, Gleichmut sei die Tugend nur des Athleten; nicht genug, daß seine schneidende Verstandesschärfe ungesellig steht neben einer glühenden Einbildungskraft und einem weichen Gemüte; auch seine Phantasie bringt ihm keinen Trost. Der so viele mit dem reichen Spiele seiner Erfindung entzückt, ihm bleibt selbst das harmloseste Vorrecht des Künstlers versagt. Nicht einmal Luftschlösser kann er bauen, nicht einmal im Geiste sich zu seinen Lieben versetzen; es ist, als sei seine Phantasie für das tägliche Leben nicht vorhanden. Er haßt die Menschen; denn sein Herz und Nieren prüfender Scharfblick zeigt ihm ihre Kleinheit, und sein düsterer Sinn vermag nicht, mit überlegenem, freundlichem Lächeln das Recht solcher Kleinheit zu würdigen. „Vielleicht" — so schreibt er einmal seiner Braut — „hat die Natur Dir jene Klarheit zu Deinem Glück versagt, jene traurige Klarheit, die mir zu jeder Miene den Gedanken, zu jedem Worte den Sinn, zu jeder Handlung den Grund nennt." Fremd, beklommen steht er in den höheren Kreisen der Gesellschaft, wo das Verbergen jedes starken Gefühls für gute Sitte gilt; und doch kann er des Beifalls der Mißachteten nicht entbehren. Die Welt beginnt die Achsel zu zucken über sein zielloses Träumen, er fühlt die spöttischen Blicke seiner Umgebung auf seinen Wangen brennen. Der Drang nach Taten erwacht und lastet auf ihm „wie eine Ehrenschuld, die jeden, der Ehrgefühl hat, unablässig mahnt"; er will schaffen, rastlos, unermüdlich: „der Mensch soll mit der Mühe Pflugschar sich des Schicksals harten Boden öffnen". Auch seine Freunde, seine Braut, seine geliebte Schwester Ulrike drängen und fragen ihn, was er denn werden, was er leisten wolle. O ihr Erinnyen mit eurer Liebe! ruft er außer sich.

Wer hätte nicht einmal in schweren Stunden erfahren, wie qualvoll solche zudringliche Einmischung der Welt uns bedrückt, wenn eine ernste Entscheidung vor unsere Seele tritt? Und eben jetzt, da jedermann ihm von seinen wissenschaftlichen Plänen spricht, ist Heinrich Kleist schon verekelt an aller Wissenschaft, er ahnt, daß Gelehrte und Künstler Antipoden sind und — daß er selber ein Dichter sei. Auch dies müssen wir schweigend hinnehmen als ein psychologisches Rätsel, daß in einem

solchen Dichtergeiste die Ahnung seines Berufes so unbegreiflich spät
erwachte. Kein Liebeslied, kein rhetorischer Dithyrambus hat ihm, wie
anderen glücklicheren Künstlern, die holde Schwärmerzeit des Lebens
verschönt; die Erstlinge seiner Muse sind — seine schmerzbewegten
Briefe an Ulrike. Wir fühlen nach, wie das Ohr des Künstlers sich
erfreut an diesen verhaltenen Gedichten, an dem vollen Klange dieser
leidenschaftlichen Klagen. Zuweilen tritt schon die Sehnsucht nach dem
Schönen klarer hervor; er schildert die Reize der Natur in prächtigen
Farben, er ruft: „Wir sollten täglich wenigstens ein gutes Gedicht lesen,
ein schönes Gemälde sehen, ein sanftes Lied hören oder ein herzliches
Wort mit einem Freunde wechseln." — Dann stürmt er hinaus in die
Ferne; jahrelang, auf unsteten Wanderfahrten durch Deutschland,
Frankreich und die Schweiz jagt er dem Traumbilde des Dichterruhmes
nach, das flammend vor seiner Seele steht. Er will der größte der
Kleiste werden — denn ein naiver Familienstolz liegt in seinem Geiste
dicht neben der Schwärmerei für die Gleichheit der Menschen. Das
Sprichwort der märkischen Vettern „jeder Kleist ein Dichter" soll sich
glorreich erfüllen, der Lorbeer des alten Ewald Kleist soll verwelken
neben dem seinen. Er berauscht sich an Goethes Werken, Schillers
ideales Pathos ergreift diesen durch und durch realistischen Kopf nur
wenig. Zugleich sagt ihm eine geheimnisvolle Ahnung, daß in ihm
selber eine Gewalt dramatischer Leidenschaft schlummere, die Goethes
harmonischer Genius so nicht kannte: ich will ihm den Kranz von der
Stirne reißen, ruft er frevelnd. Was hat er nicht ausgestanden bei
dem wohlweisen Lächeln der Philister um ihn her, die ihm seine „Versche"
nicht verzeihen können; wie soll das armselige Volk erstaunen, wenn er
einst heimkehrt als der erste der deutschen Dichter!

Und schon ist der Plan gefunden, der alle Wunder von Weimar mit
einem Schlage überbieten soll: das Drama Robert Guiscard. Auf
diesen einen Wurf setzt er sein Alles: gelingt ihm dies Gedicht, „das
der Welt Deine Liebe zu mir erklären soll", — dann will er sterben,
so schreibt er der Schwester. In dem geheimnisvollen Ringen um dieses
Werk verzehrt sich die edelste Kraft seiner Jugend. Bald schwelgt er
in „der Erfindung, diesem Spiele der Seligen", bald umflattern die
werdenden Gestalten des Gedichts sein Haupt wie ein verfolgendes
Dämonengeschlecht, also daß er mitten in froher Gesellschaft mit halb-
lauter Stimme zu dichten beginnt. Wieder und wieder vernichtet er
das Werk, das seinen glühenden Wünschen nie genügt. Dann klagt er

das Schicksal an, warum es nicht die Hälfte seiner Gaben zurückgehalten habe, um ihm dafür Selbstvertrauen und Genügsamkeit zu schenken; dann überfällt ihn die Reue um die verlorenen Stunden, die ungenossenen wie die ungenützten, und eine tiefe Verachtung des Lebens: „Wer es mit Sorgfalt liebt, moralisch tot ist er schon, denn seine höchste Lebenskraft, es opfern zu können, modert, indem er es pflegt." Und bald strahlt er wieder von kecker Siegeszuversicht und ruft gleich seinem Prinzen von Homburg: O Cäsar Divus, die Leiter setz' ich an deinen Stern! Sein äußeres Leben in diesen angstvollen Tagen schildert er selbst in der Klage: „An mir ist nichts beständig als die Unbeständigkeit." Er wandert und wandert, schließt Bekanntschaften mit bedeutenden Männern, um sie ebenso schnell zu lösen, entwirft neue Lebenspläne, um sie sogleich fallen zu lassen. Er will als ein Landsmann in der Schweiz sich eine stille Hütte bauen und bricht mit seiner Braut, weil sie ihm nicht folgen will; er versucht einmal, inmitten der Pracht der Alpen, auf einer Insel in der Aar, mit einem anmutigen Schweizermädchen ein beschauliches Künstlerleben zu führen — und das alles zieht an ihm vorüber wie ein Traum, leer und nichtig neben dem einen, was ihm wirklich ist — neben dem Dichterschmerz um sein Drama. Da endlich erfolgt die Enttäuschung, deren schneidenden Jammer nur die eigenen Worte des Unglücklichen schildern können. Am 5. Oktober 1803 schreibt er der Schwester:

„Der Himmel weiß, meine theuerste Ulrike (und ich will umkommen, wenn es nicht wörtlich wahr ist), wie gern ich einen Blutstropfen aus meinem Herzen für jeden Buchstaben eines Briefes gäbe, der so anfangen könnte: „Mein Gedicht ist fertig." Aber Du weißt, wer nach dem Sprichwort mehr tut, als er kann. Ich habe nun ein Halbtausend hinter einander folgender Tage, die Nächte der meisten mit eingerechnet, an den Versuch gesetzt, zu so vielen Kränzen noch einen auf unsere Familie herabzuringen: jetzt ruft mir unsere heilige Schutzgöttin zu, daß es genug sei. Sie küßt mir gerührt den Schweiß von der Stirne und tröstet mich, „Wenn jeder ihrer lieben Söhne nur eben so viel thäte, so würde unserem Namen ein Platz in den Sternen nicht fehlen." Und so sei es denn genug. Das Schicksal, das den Völkern jeden Zuschuß zu ihrer Bildung zumißt, will, denke ich, die Kunst in diesem nördlichen Himmelsstrich noch nicht reifen lassen. Thöricht wäre es wenigstens, wenn ich meine Kräfte länger an ein Werk setzen wollte, das, wie ich mich endlich überzeugen muß, für mich zu schwer ist. Ich trete vor Einem zurück, der noch nicht da ist, und beuge mich ein Jahrtausend im Voraus vor seinem Geiste. Denn in der Reihe der menschlichen Erfindungen ist diejenige, die ich gedacht habe, unfehlbar ein Glied, und es wächst irgendwo ein Stein schon für den, der sie einst ausspricht. Und so soll ich denn niemals zu Euch, meine theuersten Menschen, zurückkehren? O niemals! Rede mir nicht zu. Wenn Du es thuſt, ſo kennſt Du das gefährliche Ding nicht, das man Ehrgeiz nennt. Ich kann jetzt darüber lachen, wenn ich mir einen Prätendenten mit Anſprüchen unter einem Haufen von Menſchen denke, die ſein Geburtsrecht zur Krone nicht aner= kennen; aber die Folgen für ein empfindliches Gemüth, ſie ſind, ich ſchwöre es Dir, nicht zu berechnen. Mich entſetzt die Vorſtellung. Iſt es aber nicht unwürdig, wenn ſich das Schickſal herabläßt, ein ſo hülfloſes Ding, wie der Menſch iſt, bei der Naſe herumzuführen? Und ſollte man es nicht faſt ſo nennen, wenn es uns gleichſam Kurse auf Goldminen gibt, die, wenn wir nachgraben, überall kein ächtes Metall enthalten?" —

Gleich darauf eilt er nach Frankreich, um unter Bonapartes Fahnen in England zu landen und — dort „den ſchönen Tod der Schlachten zu ſterben. Unſer aller Verderben lauert über den Meeren. Ich frohlocke bei der Ausſicht auf das unendlich prächtige Grab". Eine ſchwere Krankheit rettet ihn aus dieſem Anfalle des Wahnſinns; doch die Narben aus jenen Kämpfen bleiben unvertilgbar ſeinem Geiſte auf= geprägt. Von neuem beginnen die unſteten Wanderfahrten; über lange Abſchnitte ſeines Lebens ſind wir noch heute ohne ſichere Kenntnis. In dieſem reichen Geiſte arbeiten dämoniſche Kräfte, die über die Enden des Menſchlichen hinausgreifen, er ſchwankt zwiſchen ſeinem Urbild und ſeinem Zerrbild, zwiſchen dem Gott und dem Tier. Sein poetiſcher Genius bricht ſich endlich ſeine Bahn durch alle dieſe Leiden, entfaltet ſich ſtolz und ſicher, ſtetig anwachſend. Dann bringt das Unglück des Vaterlandes ſeinem verwüſteten Leben wieder einen neuen reichen Inhalt: mit der inbrünſtigen Liebe eines großen Herzens klammert der Dichter ſich feſt an ſein verſinkendes Volk, und während er die herr= lichen Werke ſchreibt, die ihn an die Spitze unſerer politiſchen Sänger ſtellen, trägt der Unbegreifliche jenen finſteren Lebensüberdruß mit ſich umher, der ihn ſchließlich zum Selbſtmord treibt.

Es hieße an jeder Freiheit des Willens verzweifeln, wollte man in einem ſo unſeligen Leben keine Schuld finden. Aber wer iſt ſo ver= meſſen, nach den dürftigen Nachrichten das Maß ſeiner Verſchuldung und das Maß ſeines Unglücks abzuwägen? Nur einige widrige Um= ſtände, an denen Kleiſts Wille wenig ändern konnte, ſeien erwähnt. Durch ſeinen frühzeitigen Eintritt in den Soldatenſtand ward ſein Entwicklungsgang unterbrochen, ſeine ganze ſpätere Bildung auto= didaktiſch und verwirrt. Und wie unentbehrlich war nicht eine ſtrenge Geiſteszucht gerade einem ſo erregbaren, ſo leicht und vielſeitig auf= faſſenden Kopfe! Ein geborener Edelmann war er hinabgeſtiegen zu einem Berufe, der jenen Tagen noch für bürgerlich galt, und vermochte doch den stetigen, folgerechten Fleiß des bürgerlichen Arbeiters sich niemals anzueignen. Noch tiefer und unheilvoller mußte auf ihn wirken, daß das Leben seinem Gemüte so wenig Freuden bot. Eine wahre, beglückende Liebe hat er nie genossen. Und wenn wir seine Richtung auf das Drama, sein für jene Zeit wunderbar lebendiges Interesse am politischen Leben bedenken, wenn wir uns fragen: welch ein Geist mußte es sein, der in dem Käthchen von Heilbronn, in der willenlos sich hingebenden Liebe sein weibliches Ideal finden konnte? — so erkennen wir, daß, bei aller Reizbarkeit, das männliche, ja das männische Wesen der hervorstechende Charakterzug seiner Natur war, so verstehen wir auch, wie schmerzlich dieser stolze Mann den Mangel teilnehmender Liebe empfinden mußte. Seine Braut hat ihn nie beglückt, das bezeugen seine Briefe. Diese Liebesbriefe eines Dichters, die uns mit einer Flut dürrer, doktrinärer Prosa überschütten, seien allen denen empfohlen, welche nicht begreifen können, aus wie seltsamen, widerstrebenden Stoffen der Mensch gemischt ist. Jeder Brief beginnt mit einigen zärtlichen Worten, deren abstrakte Methaphern starke Zweifel an der Tiefe der Empfindung erregen; darauf folgt eine regelrechte Schul= stunde; er fordert seine Braut zu Denkübungen auf, er legt ihr Fragen vor, wie: was ist prächtig? was niederschlagend? Kurz, er liebt sie nicht, er will sie erst bilden, und auch eine reiche Phantasie kann eine solche Täuschung des Gefühls nicht mit poetischem Zauber verklären.

Ulrike Kleist hat mit rührender Hingebung ihr Vermögen, ihr Glück, ihr Alles dem Bruder geopfert, doch sie war nur die Schwester, zudem mit ihrem männlichen exzentrischen Wesen dem Dichter allzu verwandt: „es läßt sich an ihrem Busen nicht ruhen". Auch eine zweite Geliebte, die er zu Dresden in Körners Hause fand, verstand nicht in die Launen seines herrischen Geistes sich zu fügen, und er stieß sie von sich. Wer ein Ohr hat für die leisen Schwingungen des Gefühls, der errät auch aus den Werken mannhafter Dichter, ob ihr Herz verödet blieb oder ob sie einmal wahr und rein und glücklich liebten — ein feiner und tiefer Unterschied, der mehr in der Form als im Wesen der Empfindung sich kundgibt. Wenn es lichte Geister gibt, die in der Einsamkeit des schaffenden Genius erhaben sind über solcher Bedürftig= keit — Kleist zählte nicht zu ihnen. Ergreifend klingt seine Klage: „So viele junge blühende Gestalten, mit unempfundnem Zauber sollen sie an mir vorübergehn? O dieses Herz! Wenn es nur einmal noch erwarmen könnte!" Er schildert die Liebe selten unbefangen als die

welterhaltende Macht, die in dem Stammeln des Kindes als die erste
Regung der Menschlichkeit erscheint und den Trotz des Mannes zu der
Natur zurückführt; er stellt sie gern dar als eine Krankheit des Leibes
und der Seele und verirrt sich zuweilen in die Mysterien des geschlecht=
lichen Lebens, die der Kunst schlechthin verschlossen sind. Er schildert
gern das Nackte, und seine lebensvolle Sinnlichkeit berührt oft die zarte
Grenze, welche die schöne Wärme der Leidenschaft von der fliegenden
Hitze des Gelüstes trennt.

Auch der Freunde besaß er wenige. Einige ausgezeichnete Männer
unter seinen Kriegskameraden, wie Rühle und Pfuel, standen seinem
Dichterschaffen allzu fern; und der Verkehr mit dem anmaßenden
Phantasten Adam Müller verwirrte nur sein Urteil. Erscheint es
nicht fast tragikomisch, daß der berbe, grundprosaische Zschokke und der
jüngere Wieland, den die Nachwelt nur als einen warmherzigen
Patrioten kennt, die einzigen Poeten waren, mit denen ihn eine gewisse
Gemeinschaft künstlerischer Arbeit verband? Die Stunden der Andacht
und Penthesilea! — Was frommte ihm der Beifall des alten Wieland,
der schon mit einem Fuß im Grabe stand? Der eine, zu dem er empor=
blickte, Goethe, konnte das Grauen vor den krankhaften Zügen dieses
leidenschaftlichen Talentes nicht verwinden; und die lauten Stürmer
der romantischen Schule, die mit ihren formlosen Experimenten den
Markt beherrschten, verziehen ihm seine Tugenden nicht, sie verachteten
den prosaischen Sinn des Mannes, der den Mut besaß festzuhalten
an der strengen Kunstform des Dramas. Den christlichen Poeten des
Tages war der erste Bekenner Kantischer Sittlichkeit unheimlich: wenn
Fouqué mit ihm zusammentraf, so sprachen sie selbander — über die
Kriegskunst. Von solchen Stimmungen beherrscht erwies die Lesewelt
den Werken Kleists eine unbelehrbare Mißgunst; kein einziger froher
Erfolg verschönte sein Leben. Als er einst einer Freundin einige seiner
Verse rezitierte und jene voll Bewunderung nach dem Verfasser fragte,
da schlug er sich verzweifelnd an die Stirn: „Auch Sie kennen es nicht?
O mein Gott, warum mache ich denn Gedichte?“ Man mag einen
jungen Poeten verachten, der die Kraft nicht findet, das unvermeidliche
Schicksal eines Erstlingswerkes zu ertragen; doch hier erschüttert uns
die gerechte Klage des verkannten Genius. Fester und fester spann er
sich ein in sein einsiedlerisches Treiben: das Leid, sprach er stolz, drückt
um so schwerer, wenn mehrere daran tragen. Der Fluch der Einsamkeit
kam über ihn: sie nährte sein mißmutiges Grübeln, sie gewährte ihm

nur zu viel Muße, die Dinge wieder und wieder zu bedenken, also daß
jeder Entschluß, kaum gefaßt, ihm alsbald zum Ekel ward. Und wenn
wir schaudern vor den frevelhaften Spielen der Phantasie, die in solchen
Stunden sein Hirn betörten, so sollen wir doch auch unbarmherzig die
Mitschuld seiner Zeit bekennen: dies Künstlervolk ließ den Sänger des
Prinzen von Homburg verhungern, während Kotzebue und Zacharias
Werner als große Dichter gefeiert wurden.

Es liegt am Tage, daß ein so qualvoll ringender Dichtergeist unwillkürlich Probleme von subjektiver Wahrheit wählen mußte. Kleist
wußte wohl, warum er die Frage aufwarf, die ihm viele begabte
Dramatiker nachgesprochen haben: ob es denn nicht möglich sei, die
Frauen mindestens für einige Abende vom Theaterbesuche auszuschließen.
Seine edelsten Werke sind Bekenntnisse, ganz verständlich nur dem reifen
Manne, dem verwandte Kämpfe die Seele erschütterten. Wer sich aber
hineingefunden hat in diese subjektive Welt, den umfängt sie auch wie
ein Zauberkreis. Kleist besitzt eine dramatische Energie, welche dem
gemütvollen, gern in die Weite schweifenden deutschen Wesen fast unheimlich erscheint und von keinem anderen unserer Dichter erreicht wird.
Ein hoher dramatischer Verstand wirft alles zur Seite, was aufhalten,
was den Sinn des Hörers von dem Wesentlichen ablenken könnte.
Unaufhaltsam, wie in den Effektstücken gedankenloser Bühnenpraktiker,
flutet die Handlung dahin; und doch ist nichts bloß gedacht und gedichtet, alles erlebt und angeschaut. Mit wunderbarer Sicherheit weiß
er jederzeit die Stimmung in uns zu erwecken, die sein Stoff verlangt;
mit ein paar Worten versetzt er uns in jede fremde Welt. Vor der
Wahrheit seiner Charaktere verstummt die Kritik: diese Menschen leben,
und wenn der Sturm der Leidenschaft sie packt, dann verliert selbst der
nüchterne Hörer die Besinnung. In Kleists reiferen Stücken sind auch
die geringfügigen Nebenpersonen des Studiums der tüchtigsten Schauspieler würdig: der Knecht Gottschalk im Käthchen war eine der glänzendsten Rollen Ludwig Devrients. Freilich verführt ihn die Fertigkeit,
sich selbst zu belauschen, auch in der Zeichnung seiner Charaktere oft zu
virtuoser Kleinmalerei. Er wagt manchmal, jene flüchtigen Gedanken-
blitze darzustellen, die uns wider Willen durchzucken, die nur durch ihr
augenblickliches Verschwinden erträglich werden und darum jeder Darstellung sich entziehen; dann haben wir den Eindruck, als redeten seine
Menschen im Traume. In jenen Augenblicken der höchsten Wut, wo
in der Wirklichkeit die Leidenschaft stumm bleibt, oder nur zerrissene

Reden ausstößt, verschmäht Kleist oft das schöne Vorrecht des Dichters, der mächtigen inneren Bewegung Worte zu leihen; solche Szenen machen bei ihm, weil er sich zu sehr an die Natur hält, nur den Eindruck des Richtigen, nicht der poetischen Wahrheit.

Die maßlose Leidenschaft, daran des Dichters Leben sich verblutete, dringt oftmals störend auch in seine Werke: er liebt das Schreiende, Gräßliche, verfolgt jedes Motiv gern bis zur äußersten Spitze, seine Helden jagen ihrer Sehnsucht nach so ungestüm, so unersättlich wie er selber dem Traumbilde seines Robert Guiscard. Als Kleist zu dichten begann, hatte er schon zu Vieles, zu Ernstes erlebt, um zu meinen, es ließen sich die großen Widersprüche der Welt mit einer „schönen Stelle" lösen. Aber selbst diese echt künstlerische Tugend wird an ihm oft zum Fehler: er haßt nicht bloß die Phrasen, er flieht die Ideen. Als einen Mangel müssen wir es bezeichnen, daß die von Lessing verpönten lang= weiligen Aushilfen verlegener Dichter in seinen Dramen fast gänzlich fehlen. Das Trauerspiel hohen Stils verlangt solche Worte der Weis= heit, nur daß sie natürlich aus Handlung und Charakter sich ergeben müssen; der Hörer atmet bei ihnen auf, er ahnt den hellen Dichtergeist hinter den Schrecken des tragischen Schicksals. Nicht Mangel an Genie erschwerte ihm, den idealen Gehalt seiner Fabeln an den Tag zu bringen, wohl aber Mangel an Ruhe: seine Stoffe lasteten auf ihm in noch ganz anderer Weise, als jedes unfertige Bild den Künstler bedrückt. Er besaß andauernder Begeisterung genug, um fast nur größere Werke zu schaffen, er arbeitete langsam und kehrte mit gewissenhaftem Fleiße immer wieder zu dem Geschaffenen zurück. Er schildert jede Einzelheit mit peinlicher Genauigkeit; und doch fühlen wir aus der Mehrzahl seiner Werke die innere Rastlosigkeit des Dichters heraus, seinen Drang, des Stoffes ledig zu werden. Man lese die „Episode aus dem letzten Feldzuge", ein keckes Reiterstück, die einfachste Geschichte von der Welt. Wie ein Husar in einem von den Franzosen bedrohten Dorfe unbeküm= mert um die Bitten des Wirtes behaglich ein paar Gläser trinkt, dann mit einem wilden Fluche davonsprengt und sich durch die Feinde durch= haut — das wird auf mehreren Seiten geschildert, keine Handbewegung des Reiters wird uns erlassen. Und trotzdem kommen wir dabei nicht einen Augenblick zur ruhigen Betrachtung, so atemlos ist die Erzählung.

Auf Kleists Schaffen paßt Wort für Wort die Klage, die Schiller einmal über die Aufgabe des Dramatikers schlechthin ausspricht: „Ich muß immer beim Objekt bleiben; jedes Nachdenken ist mir versagt,

weil ich einer fremden Gewalt folge." Und fragen wir, warum Heinrich
Kleist mit aller Schöpferkraft seiner Phantasie doch hinter dem Genius
Schillers weit zurückbleibt, so lautet die Antwort: Schiller ist ein
Klassiker, er sucht Probleme, die für alle Zeiten wahr sind, und löst sie
mit der Sicherheit eines Geistes, der in den Ideen lebt; und weiter:
Schiller steht seinen Werken frei gegenüber — trotz jener Selbstanklage,
die ihn nicht trifft. Kleist aber wird in der Tat oft unfrei, willenlos
fortgerissen von der Gewalt seines Stoffes; ja wir fühlen nicht selten,
wie eine glänzende Erscheinung vor ihm aufsteigt, wie sie Macht gewinnt über seinen Geist und ihn zwingt, sie zu gestalten, auch wenn die
Harmonie seines Planes darunter leiden sollte. Einzelne traumhaft
schöne Bilder kehren in seinen Gedichten immer wieder, fast wie fixe
Ideen, die er nicht abschütteln kann.

Trotzdem ist Kleist ein denkender Künstler. Zwar kommt ihm
niemals bei, in seinen Briefen über die Gesetze seines Künstlerschaffens
zu sprechen, ja in einem Aufsatz voll köstlichen zynischen Humors verhöhnt er alle Kunsttheorien und meint, „daß es, nach Anleitung unserer
würdigen alten Meister, mit einer gemeinen, aber übrigens rechtschaffenen
Lust an dem Spiel, deine Einbildungen auf die Leinwand zu bringen,
völlig abgemacht ist". Doch in seinen Werken ist solcher Naturalismus nicht zu finden: gewissenhaft hat der Mann, dem die Schule der
Bühne verschlossen blieb, nachgedacht über die Gesetze des Dramas;
sorgfältig hält er die Kunstformen auseinander. In seinen Dramen ist
alles Handlung, in den Novellen alles Erzählung, also daß selbst
der Dialog zumeist in indirekter Rede berichtet wird. Man vergleiche
das lange Gedicht an die Königin Luise, das Graf York vor kurzem in
den Grenzboten mitteilte, mit dem schönen prägnanten Sonette, das
offenbar aus jenem Entwurf entstanden ist, und man wird ahnen, wieviel Gedankenarbeit in diesen wenigen Zeilen liegt. Auch in der Form
seiner Gedichte bewährt sich der bewußte Künstler. Die ganze Tonleiter
der Empfindung steht dem Sprachgewaltigen zu Gebote, doch am glück-
lichsten gelingt ihm der Ausdruck der stürmischen Leidenschaft; er kennt
die Laute des edeln Heldenzornes wie der tierischen Wildheit. Sein
Stil ist höchst persönlich, von unverkennbarer Eigenart und eben darum
echt deutsch: eine knappe, markige Sprache, auch in der Prosa allein
aus dem deutschen Wortschatz geschöpft, reich an volkstümlichen, anschaulichen Wendungen, und wenn es sein muß derb und grob, so wie
er einst im Regimente gegen seine „Kerls" gewettert hatte. Der me-

lobische Tonfall lyrischer Rede reizt ihn nicht; ihn kümmert's wenig, ob seine Jamben zuweilen hart, zerhackt, durch häßliche Flickwörter entstellt erscheinen; nur dramatisch, ausdrucksvoll, ein treuer Spiegel des Inhalts sollen sie sein, und sie sind es.

Mag ihn die Literaturgeschichte immerhin zu der romantischen Schule zählen — die stolze Ursprünglichkeit dieser Erscheinung wird durch einen Gattungsnamen mit nichten erschöpft. Jedes Gedicht Kleists entspricht der Mahnung, die er einst den nachahmenden Künstlern zurief: die Werke der alten Meister sollten „die rechte Lust in euch erwecken, auf eure eigene Weise gleichfalls zu sein". Er hat die Märchenpracht der Romantik mit ahnungsvoller Zartheit besungen, ja der Kantianer sehnte sich auf Augenblicke nach dem Frieden, den nur die Formenschöne des katholischen Kultus gewähren könne; aber dicht neben diesen phantastischen Träumen liegt in seinem Geiste der strenge Realismus, die Freude an dem Schlicht-Natürlichen, die Verstandesklarheit des protestantisch-norddeutschen Wesens. Der uns soeben die gaukelnden Gestalten einer Wunderwelt geschildert, führt uns im nächsten Augenblick in die Kämpfe des politischen Lebens, läßt uns in vollen Zügen die frische, scharfe Luft der Zeitgeschichte atmen. So steht der wunderliche Grübler vereinsamt wie ein Fremder in einer Zeit, deren Kämpfe und Leiden er doch tiefbewegt im Inneren mitempfindet; und wir Nachlebenden wissen nicht zu sagen, ob wir ihn beklagen sollen als einen Spätling oder als einen zu früh Geborenen. Er erschien zu spät — denn dem geistigen Vermögen einer jeden Epoche ist ein festes Maß gesetzt, es war unmöglich, daß die deutsche Kunst noch bei Lebzeiten Goethes jenen neuen Stil hätte finden können, von dem Kleist träumte. Und wieder: er kam zu früh, denn erst der Bürgersinn, der realistische Zug der Gegenwart beginnt den Kern dieses Dichtergeistes zu verstehen, erst den Dramatikern unserer Tage sind seine Werke ein Vorbild.

Nur der Torso des ersten Aufzuges läßt uns ahnen, welch ein Werk der „Robert Guiscard" zu werden bestimmt war; doch weder das Bruchstück selbst noch die Überlieferung der Normannengeschichte gibt uns einen klaren Begriff von dem Plane. Wir vermuten lediglich, wenn wir „das Volk" als Masse reden und klagen hören, daß dem Dichter eine Erneuerung des antiken Chors in ganz moderner, dramatischer Form, eine Verbindung des charakteristischen und des idealisierenden Stiles vorgeschwebt haben mag. Eine wunderbare, von Kleist selber nie wieder erreichte Pracht der Sprache hebt uns sofort auf die Höhen des Menschenlebens; hier ist sie wirklich, die gorgeous tragedy in sceptred pall, die Tragödie der Könige und Helden. Wir blicken in das wogende Gewimmel eines Völkerlagers, und wie der alte Löwe Robert Guiscard soeben majestätisch unter die klagenden Normannen tritt, da brechen die Szenen ab, die einzigen, welche Kleist nach der Vernichtung des Werkes zu erneuern gewagt hat, und traurig legen wir die Blätter aus der Hand, an denen das Herzblut eines edeln Mannes haftet.

Noch während dieser Plan auf der Seele des Dichters lastete, ver= suchte er sich an einem bescheideneren Werke, dem Drama „Die Familie Schroffenstein". Neben seiner großen Tragödie erschien ihm das kleinere Gedicht bald armselig, wie „eine elende Scharteke"; fast gewaltsam mußten ihn die Freunde überreden, das Drama zu vollenden. Kein Wunder, daß die Kritik mit diesem Erstlingswerke nichts anzufangen wußte; der Dichter war, da er als Neuling auf den Markt trat, längst in der Stille durch eine harte Schule dramatischer Arbeit gegangen, längst hinaus über die rhetorische überschwenglichkeit der Jugend. Der Bau der ersten Akte ist mit der Sicherheit eines gereiften Ver= standes entworfen; die Charaktere, voll gewaltiger, wortkarger Leiden= schaft, sind gezeichnet mit jener unerbittlichen Wahrheit, welche die Frauen so leicht von Kleists Werken zurückschreckt; das Ganze ein Bild finsterer, blutiger Kämpfe, ohne jede Spur einer höheren Idee. Wenn Hegel recht hätte mit seinem Satze, daß ein idealistischer Anfang in der Kunst immer bedenklich sei, so müßte man dies Erstlingswerk mit dem günstigsten Auge betrachten. Und doch liegt gerade in dem Mangel jedes idealen Momentes der Grund seines Fehlschlagens.

Kleist schildert den ererbten Haß zweier verwandter Häuser, deren Kinder sich lieben und endlich durch den Frevel der Väter untergehen. In Shakespeares Romeo und Julie wird der Haß der Familien vor= ausgesetzt, der Schwerpunkt liegt in der Schuld der Liebenden. Bei dem deutschen Dichter erscheint das Leiden der Liebenden nur als eine Episode, als das heitere Gegenbild der finsteren Fabel, freilich als ein Bild von rührender Innigkeit und bezaubernder sinnlicher Wärme. Der Kern seiner Aufgabe ist, zu entwickeln, wie die lang gehegte Er= bitterung der beiden Geschlechter durch ein Nichts, einen leeren Verdacht zum finsteren Haffe gesteigert wird, wie der Wahnsinn des Argwohns die beiden Stammeshäupter — zwei grundverschiedene und doch in ihrem zähen, schweren Wesen nahe verwandte Naturen — übermächtig packt und sie fortreißt von Untat zu Untat. Und dies ist dem Künstler so vollständig gelungen, wirkliche und vermeinte Schuld, Schein und Wahrheit verschlingen sich so fest ineinander, daß der Hörer und schließlich auch der Dichter die Klarheit seines sittlichen Urteils verliert. Dem Dichter selbst wird „das Gefühl verwirrt" wie seinen Helden, er steht ratlos vor dieser jämmerlichen und doch so furchtbaren Kleinheit der Menschen, die in ihrem Grimm befangen nicht rechts noch links von ihrem Wahn hinwegzublicken weiß; er meint zuletzt, die durch den Aberwitz der Sterblichen verschuldete Verwicklung durch einen Aberwitz des Schicksals lösen zu dürfen. Durch einen grundhäßlichen Zufall erschlägt jeder der Väter, in der Meinung, das Kind des Feindes zu treffen, sein eigenes Kind. Vor den unschuldigen Opfern kommt endlich die Nichtigkeit des Argwohns, der all dies Unheil herbeigeführt, an den Tag, und die schuldigen Väter feiern eine weder glaubhafte noch erhebende Versöhnung. Mit sichtlicher Unlust hat der Dichter den Schluß zu diesem krankhaftesten seiner Dramen auf das Papier geworfen; es ist sein eigenes verstörtes Gemüt, das durch den Mund seines Helden verzweifelnd gen Himmel schreit:

Gott der Gerechtigkeit,

sprich deutlich mit dem Menschen, daß er's weiß,

auch was er soll! —

Als endlich sein Geist sich langsam erholte von dem Zusammenbruch seiner liebsten Träume, da begann er eine Neuschöpfung des Molièreschen Amphitryon. Eine Neuschöpfung, sage ich, denn bloß zu übersetzen war diesem trotzigen Dichter unmöglich; in ihm lag nichts von weiblicher Empfänglichkeit, und selbst die Aufgabe, das Werk Molières umzugestalten, hätte ihn schwerlich gereizt, wenn nicht die unharmonische Natur des Stoffes jedem neuen Bearbeiter einen weiten Spielraum eröffnete. Die berühmte Fabel, wie Zeus in der Gestalt Amphitryons dessen Weib Alkmene erkennt, bietet in der tollen Verwechslung der Personen, in der Figur des geprellten Ehemanns, diesem zweideutigen Liebling des Lustspieles aller Zeiten, überreichen Stoff zu komischen Szenen; aber, zu grausam für einen Scherz, zu lächerlich, um tiefere Empfindungen zu erregen, kann sie nie einen reinen Eindruck hervorbringen. Als ein Meister hat Molière verstanden die bedenkliche Kehrseite der Handlung zu verdecken, mit herzerquickendem Selbstgefühl stellt er sich als ein moderner Mensch der antiken Welt gegenüber — so übermütig wie nur Shakespeare in Troilus und Cressida. Er verflacht absichtlich den nationalen Gehalt des Stoffes, er will nichts wissen von dem religiösen Schauer, den die Erscheinung des Götter= vaters in der Brust des gläubigen Hellenen erweckt. Seine Götter sind ein lebenslustiges, übermütiges Völkchen, von den Menschen nur durch ihre Macht verschieden und sehr geneigt, diese Übermacht zu mißbrauchen. Er beginnt mit einem Prologe voll köstlicher Laune: Merkur fordert die Nacht auf, einige Stunden länger über Theben zu verweilen, damit Zeus seine Freude bis auf die Hefe genießen könne; sie weigert sich, denn man müsse „das Dekorum der Göttlichkeit" wahren, doch gibt sie nach, als er ihre Neigung für galante Abenteuer, wovon sie sich allerdings nicht freisprechen läßt, ihr vorhält. Mit diesen Späßen und dem possenhaften Wortspiele Bon jour, la Nuit — adieu, Mercure, das den Prolog schließt, gelangen wir sofort zu der leichtfertigen, lustigen Stimmung, die der Dichter verlangt. Nun folgt ein buntes Durcheinander lächerlicher Szenen. Merkur in der Gestalt des Sklaven Sosias zankt sich mit dem wahren Sosias über sein Ich, zerprügelt ihn wiederholt mit göttlicher Urkraft; und zu diesen alten Witzen, wo= durch schon der Amphitryon des Plautus und des Kamoens ihre Hörer entzückten, tritt eine neue glückliche Erfindung hinzu: der eheliche Zwist im Hause des Fürsten wiederholt sich possenhaft im Hause des Sklaven. Die gewollte Oberflächlichkeit seiner Charakterzeichnung wird dem Dichter erleichtert durch den Genius seiner Sprache: die fran= zösische Leidenschaft tritt in viel zu rhetorischer Form auf, als daß sie uns tief ergreifen könnte. Mit leichtfertiger Grazie schlüpft er über die ernsten Auftritte dahin, so daß wir nie zum Nachdenken, nie aus dem Gelächter herauskommen.

Der tiefe Gegensatz deutschen und französischen Kunstgefühles tritt uns vor die Augen, wenn wir nunmehr den deutschen Dichter in seiner Werkstatt belauschen, wie er das fremde Gebilde zu packen und auf den Kopf zu stellen wagt. In den rein komischen Szenen reicht Kleist, trotz der ersichtlichen Bemühung, sie mit lustigen Einfällen zu bereichern, an die schalkhafte Leichtigkeit seines Vorbildes nicht heran; dafür versucht er, die ernste Seite des Dramas zu vertiefen, zu bereichern durch die Macht und Glut deutscher Leidenschaft. Als Amphitryon seinem Weibe nicht glauben will, daß er selbst sie am vergangenen Abend besucht, da ruft sie ihm nicht, wie bei Molière, seine transports de tendresse, seine soudains mouvements — und wie sonst die französischen Phrasen lauten — ins Gedächtnis: leibhaftig vielmehr tritt der Vorgang vor

uns hin, wie Alkmene in der Dämmerung am Rocken saß, wie der ver=
meinte Gatte heimlich ins Zimmer schlich und sie auf den Nacken küßte
— und so folgen wir Schritt für Schritt dem Entzücken jener seligen
Nacht. Bezeichnend genug liegt bei dem romanischen Dichter der Schwer=
punkt des Stückes in den Situationen, bei dem Deutschen in den Cha=
rakteren. Alkmene, bei Molière eine sehr gewöhnliche Erscheinung, ist
bei Kleist ein herrliches Weib, „so urgemäß dem göttlichen Gedanken in
Form und Maß, in Sait' und Klang"; sie bleibt rein in der Um=
armung des fremden Mannes, denn „alles was sich dir nahet ist Amphi=
tryon". Kleist schildert nicht die noble Passion eines galanten großen
Herrn, sondern den geheimnisvollen Zauber eines begeisterten Festes
der Liebe. Er wagt noch mehr: der christliche Mythus von der unbe=
fleckten Empfängnis der Maria schwebt ihm vor Augen, und er erkühnt
sich, der alten Heidenfabel ihren religiösen Inhalt wiederzugeben. Sein
Zeus ist der Gott, das irdische Haus muß sich geehrt, begnadigt fühlen
durch den Besuch des Allmächtigen. Dergestalt haben zwar die ernsten
Szenen unendlich gewonnen. Wie in den Gesprächen mit Alkmene das
göttliche Wesen des Zeus durch die irdische Hülle hindurchbricht, wie er
endlich mit dem Donnerkeil in der Hand aus dem Gewölke tritt und zu
den in heiligem Schrecken zusammenbrechenden Sterblichen redet, das
sind Auftritte voll Majestät. Aber das Wesentliche, die Einheit des
Stückes, geht verloren. Diese erhabenen Bilder stehen in grellem Wider=
spruch zu dem possenhaften Treiben der beiden Sosias; es ist un=
möglich, Mitleid zu empfinden mit dem tiefen Schmerze des Amphi=
tryon, den wir soeben erst seinen Sklaven in höchst prosaischer Weise
prügeln sahen; und· mit aller Pracht der Sprache gelingt dem Dichter
nicht, uns die Göttlichkeit eines Wesens glaubhaft zu machen, das so
groß spricht, aber so grausam und zweideutig handelt wie dieser Zeus.
Die zerrissenen, nichtssagenden Reden, womit das Volk zuletzt die Kunde
von der seltsamen Gnade des Gottes aufnimmt, beweisen, daß Kleist
selbst nicht daran glaubte. Recht behält die faunische Weisheit des Mo=
lièreschen Sosias: surtelles affaires toujours le meilleur est de ne
rien dire.

Wie anders der fast zur selben Zeit vollendete „Zerbrochene Krug",
das einzige selbständige Lustspiel des Dichters — ein Werk aus einem
Gusse, rund und fertig, harmonisch bis in die letzte Zeile. Kleist hatte
sich einst in der Schweiz mit Zschokke und Ludwig Wieland an einem
Kupferstiche ergötzt, der einen plumpen, dicken Richter darstellte inmitten

hitziger Parteien, die um die Scherben eines Kruges sich streiten. Die jungen Leute wählten dies zum Thema eines literarischen Wettkampfes, und als nun der Grübler sich in das Bild vertiefte, da kam ihm ein Einfall, so einfach, daß er unserem blasierten Publikum kaum auffällt, und doch so glücklich, so echt komisch, daß wir in der armen Geschichte des deutschen Lustspieles nur wenige seinesgleichen finden: der Richter selber hat den Krug zerbrochen bei einem unsauberen Liebesabenteuer und muß, indem er verhört, sich selbst entlarven. Mit virtuoser Kühn= heit macht sich Kleist die Arbeit so schwer als möglich; er hält sich genau an das Bild: das ganze Lustspiel stellt, bis auf eine einleitende Szene, nur die eine auf dem Kupferstiche wiedergegebene Situation dar, und zum überfluß spielt die Handlung in Holland unter breitspurigen Menschen, die mit umständlichem Phlegma jedes Nichts erörtern. Der entscheidende Hergang rollt sich nicht vor unseren Augen ab, er wird nachträglich enthüllte; die Entwicklung des Dramas ist analytisch, sie erinnert an die Komposition vieler antiker Tragödien. Doch der Dichter hat wirklich die Not zur Tugend gemacht, er weiß den Gang des Verhöres so gewandt zu entwickeln, daß wir auf das Geschehene nicht minder gespannt sind wie in anderen Lustspielen auf das Künftige. Und welch ein psychologisches Meisterstück — dieser Richter Adam, wie er sich festlügt mit frecher Stirn, wie er dann aufgescheucht wird aus allen Schlupfwinkeln seiner dummdreisten Schlauheit, wie er sich nach und nach entpuppt als ein Ungetüm von feiger Unverschämtheit, ein holländischer Falstaff. — Wieviel Kraft des Willens lag doch in Kleists Seele, wenn er seinen düsteren Sinn zwingen konnte zu der ausdauern= den Heiterkeit der Komödie! Nur an einzelnen Stellen verrät der ge= preßte künstliche Ton des Scherzes, daß der Dichter diese berblustigen Gestalten schuf, um sein selbst zu vergessen.

Durchaus nicht auf der Höhe seiner Dramen stehen Kleists Er= zählungen. Nicht als ob ihm das erzählende Talent gefehlt hätte: seine Virtuosität in der Detailmalerei konnte sich hier vielmehr am freiesten tummeln. Aber die lose Kunstform legt seinem stürmischen Geiste die Zügel nicht an, deren er bedarf; alle krankhaften Neigungen seines Wesens, welche die ideale Strenge des Dramas mäßigte, lassen sich hier haltlos gehen. Es scheint nicht überflüssig dies hervorzuheben: unsere besten Dichtertalente sind heute auf dem Felde der Erzählung tätig; dabei laufen wir Gefahr, den natürlichen Wert der Kunstgattung zu vergessen. Nimmermehr hätte Kleist in dramatischer Form so ganz Ver=

fehltes geschaffen wie die häßlichen Schauergeschichten „Der Findling" und „Das Bettelweib von Locarno", oder gar die weinerliche Legende von der heiligen Cäcilie. Nur die Manier der Erzählung, nicht das Talent verrät, daß diese verunglückten Versuche aus derselben Feder flossen, welche das „Erdbeben in Chili" und „Die Verlobung in St. Domingo" schrieb. Das fürwahr sind echte Novellen im Stile der alten Italiener: das neue unerhörte Ereignis, das launische Spiel des Schicksals, nicht der Kampf in der Seele des Menschen gilt dem Dichter als das Wesentliche. In leidenschaftlicher Hast stürmt die Erzählung vorwärts, wunderbar glücklich stimmt die schwüle Luft der indischen Welt zu dem rasenden Wechsel der Geschicke; dem Leser wird zumute, als ob ihm selber die Glut der Tropensonne sinnbetörend auf den Scheitel brenne. Am meisten gerundet in der Form ist die Novelle „Die Marquise von O." Aber alle Kunst des Dichters bringt uns nicht dahin, daß wir den schändlichen und — was schlimmer ist — grundhäßlichen Ausgangspunkt der Erzählung verwinden, daß wir dem Helden einen Frevel an einem bewußtlosen Weibe vergeben. Immerhin bleibt erstaunlich, wie der natürliche Adel des Talents selbst beim Ringen mit einem widerlichen Stoffe sich nicht verleugnet. Kleists Freund Zschokke mißbrauchte dasselbe Motiv zu einer Novelle voll fauler Späße; unser Dichter schreitet über das Gemeine rasch hinweg, um sich in eine feine und ernste Seelenschilderung zu vertiefen.

Noch stärker überwiegt das psychologische Interesse in der großen Erzählung „Michael Kohlhaas". Nur der Deutsche empfindet ganz die tragische Macht dieser einfachen Geschichte: wie ein schlichter Mann, in seinem Rechte gekränkt, vergeblich den Schutz des Gesetzes anruft und dann, verzweifelnd an der Ordnung der Welt, in unbändiger Rachgier Frevel auf Frevel häuft, bis endlich der überfeine Rechtssinn des Rechtsbrechers an der Kleinheit seines Gegenstandes sich selbst die Spitze abstößt. Wir meinen den Schleier fallen zu sehen von einem Herzensgeheimnis des deutschen Mittelalters. Die Unersättlichkeit, die Wollust der Rache konnte so wahr, so überzeugend nur ein Dichter schildern, dem selber das Hirn wirbelte bei dem Gedanken an die Vernichtung des Landesfeindes, der selber soeben seinem Volke zurief:

> wenn der Kampf nur fackelgleich entlodert,
> wert der Leiche, die zu Grabe geht!

Aber während die modernen Novellisten sich zumeist in eine Seelenmalerei verlieren, welche der Aufgabe des Dichters ebensosehr widerspricht wie die breite Naturschilderung, und mit peinlicher Langsamkeit das Herz ihres Helden zerfasern und zerschneiden, bleibt Kleist unwandelbar der Erzähler. Sein Held ist immer in Bewegung, obgleich wir jeden seiner Gedanken erfahren, der Fluß der Ereignisse stockt niemals, obschon uns kein Nebenumstand erlassen wird — bis wir leider plötzlich entdecken, daß dem Dichter die Kraft versagt, die Gestalten unter seinen Händen zerfließen und die so herrlich begonnene Fabel in willkürlichen Visionen endet. Die Erzählung lehrt zugleich, wie übermütig der echte Dichter umspringen darf mit jener „historischen Treue", deren Wert von der überbildeten Gegenwart so wunderlich mißverstanden wird. Dem Bilde, das wir alle von Johann Friedrich dem Großmütigen im Herzen tragen, schlägt Kleist fast mutwillig ins Gesicht; das moderne Dresden wird mit größten Sorgfalt in das sechzehnte Jahrhundert zurückversetzt, während wir doch wissen, daß die Handlung in Dresden gar nicht spielen konnte. Und doch drängt sich uns nicht der mindeste Zweifel auf: so lebendig tritt uns alles vor die Augen, und so glücklich trifft der Erzähler jenen derben, biederen Ton der Rede, der uns die Weise unserer Altvordern weit eindringlicher schildert, als die sorgfältigste Zeichnung des Kostüms vermöchte. Erst von dem Augenblicke an, wo den Dichter die poetische Kraft verläßt, wo er sich in nachtwandlerische Träume verliert, werden unsere historischen Bedenken wach. Und nochmals erhebt sich die Frage: warum Kleist nicht, nach dem Rate seines Freundes Pfuel, diesen köstlichen Stoff zu einem Drama verwendet hat? In seinen Dramen tritt „die Unart seines Geistes", das schlafwandlerische, phantastische Wesen zuweilen störend, nie zerstörend auf; hier in der Erzählung läßt er sich gehen, und das schöne Gedicht, ein Werk seiner reifsten Jahre, wird ganz und gar verwüstet.

Verfolgen wir sein dramatisches Schaffen weiter, so beobachten wir fortan ein mächtiges Aufsteigen seiner dichterischen Kraft, zunächst an der Tragödie Penthesilea. Man erzählt von Hegel, daß er einst, als Tieck den Othello vorlas, entsetzt ausrief: „Wie zerrissen mußte dieser Mensch, Shakespeare, sein, daß er den Jago so darstellen konnte" — worauf Tieck entgegnete: „Herr Professor, sind Sie des Teufels?" Die Schnurre ist wenn nicht wahr, doch gut erfunden. Wer der Kunst nicht lebt, nur zuweilen aus der befriedeten Welt des Gedankens sich in ihren Zauberkreis hinüberstiehlt, wird sich leicht versucht fühlen, den Künstler, der ein krankes Menschenherz schildert, selber für krank zu halten. Und

freilich, solange Kleists Briefe noch verborgen lagen, blieb die Penthe=
silea, das subjektivste seiner Werke, unverständlich wie der Traum eines
Fiebernden; seit wir jene Geständnisse kennen, erscheint gerade diese
wilde Dichtung als der Anfang seiner Genesung. Er faßte sich endlich
das Herz, den Kämpfen seiner letzten Jahre ins Gesicht zu sehen, er
wagte sie zu einem Kunstwerke zu gestalten, und sobald ein Dichter sein
Leid gesteht, beginnt er schon es zu überwinden. Die Erlösung freilich,
die reine dauernde Versöhnung, welche ein Goethe in solchem Geständnis
seiner Qualen fand, sollte dieser Unglückliche niemals erreichen. Der
ganze Schmerz und Glanz seiner Seele, so sagte er selbst, ist nieder=
gelegt in der Penthesilea; sein eigenes Ringen und Leiden, jene wilde
Jagd nach dem Ruhm, dem vollendeten Kunstwerk, und sein fürchter=
licher Fall erschüttern uns in dem Schicksal dieser Königin der Amazonen,
die den Schönsten, den Herrlichsten der Männer zu ihren Füßen nieder=
zwingen will und nach kurzem Rausche des Übermuts in rasendem
Toben untergeht — denn nicht dem Speer des Feindes,

dem Feind in ihrem Busen wird sie sinken!

Wie glücklich fühlt sich der Dichter, „einmal etwas recht Phantastisches
zu schreiben", die einfache Großheit des Achilleus und des Diomedes
inmitten der Farbenpracht einer traumhaften Wunderwelt zu schildern!
Wie dürr und kahl erscheinen neben dem Duft und Glanz dieser Verse
die gleichzeitigen, durchweg unglücklichen Versuche der Romantiker, das
Altertum auf ihre Weise wiederzubeleben — ganz zu geschweigen jener
langweiligen Penthesilea, welche Tischbein damals auf die geduldige
Leinwand sündigte. An seine Heldin verschwendet der Dichter alle
Schätze seines Herzens, denn er liebt sie, und oft klingt uns aus seinen
Worten die unbefangene Sinnlichkeit der Heiden entgegen. Er wagt
sich an das unheimliche Geheimnis der Schönheit, das schon Vater
Homer kannte, er will ein Weib schildern, so entzückend schön, daß jedes
sittliche Urteil vor ihr verstummt. Ihm ist zumute wie jenen Greisen
von Troja, die auf den Mauern sitzend das Verderben bejammern, das
um eines Weibes willen über ihr Volk kam — und da die Unheilvolle
plötzlich unter sie tritt, wagen sie doch nicht zu zürnen, so schrecklich
(αἰνῶς) packt sie der Anblick der schönen Helena.

Aber selbst die Kraft unseres Dichters wird zunichte vor der Un=
natur seines Stoffes. Schon vor einer antiken Amazonenstatue verweilen
wir mit seltsam befremdeter Empfindung, und doch darf die bildende
Kunst in diesem Falle mehr wagen als die Dichtkunst. Unser Erstaunen

steigert sich zum Grauen, sobald uns das Seelenleben eines Mann-
weibes, dies wilde Durcheinanderwogen von Heldenstolz und Kampflust,
von edler Liebe und roher Brunst in der hellen Beleuchtung eines modernen Dramas entgegentritt. Nun gar das Umschlagen der Wollust
in Blutgier, dies allerscheußlichste Rätsel des Menschenherzens, an
einem Weibe zu beobachten, wer könnte das ertragen? Was gilt uns
die prachtvolle Schilderung der Rosenfeste von Themiskyra, wo die .
kriegerischen Amazonen, seligen Schauers voll, die besiegten Jünglinge
bekränzt zum Altare der Aphrodite führen? Von dem Liebeswahnsinn
dieser Jungfrau, die ihre Zähne in den zuckenden Leichnam des Bräuti-
gams schlägt, wendet sich jedes natürliche Gefühl. Und sogar die
schöne Form leidet zuletzt unter der Verkehrtheit der Idee, da die
Raserei der Königin in läppischen Irrsinn übergeht.

Wir fühlen, wie krampfhaft das Herz noch zuckte, dem diese wilden
Verse entströmten, aber auch wie erleichtert der Dichter aufatmen
mußte, da er also seinen Schmerz bekannt hatte. Endlich einmal schien
das Geschick dem Unglücklichen freundlich zu werden; er gründete in
Dresden eine literarische Zeitschrift, den Phöbus, hoffte zuversichtlich,
sich jetzt einen ehrenvollen Platz in der Künstlerwelt zu erobern, trat den
geselligen Freuden wieder näher. Schon mehrmals früherhin hatte der
„arme Brandenburger" seinen Wanderstab ruhen lassen auf diesem
lieblichen Winkel deutscher Erde und stundenlang die Madonnenbilder
der Galerie betrachtet und die dunkeln Waldgründe durchstreift, die in
das lachende Elbtal münden, und droben von der Brühlschen Terrasse
träumend hinabgeschaut auf die sanften Windungen des Flusses und
das alles in entzückten Briefen der Schwester geschildert. Es war
noch das alte Dresden, die prächtige und doch stille Stadt, die Cana-
letto gemalt hat, so recht ein Platz zum Träumen und zum Dichten, noch
nicht der abgetretene Spaziergang blasierter Touristen. Und — so seltsam
spielt der Reiz des Kontrastes in dem Künstlergemüte — gerade
hier in dem Schmuckkästlein des Rokokostils erwachte dem Dichter
der Sinn für die heimische Vorzeit; sein Geist, der so lange in die
Ferne geschweift, kehrte ein in die Fülle des deutschen Lebens, um
seine schönsten und reifsten Werke aus dieser reinen Quelle zu be-
fruchten. Er fühlte sich jetzt Mannes genug, einen neuen Herzens-
kummer, der ihn traf, sofort als Künstler zu überwinden. All die
Träume von Liebesglück, die ihm so schmerzlich zerronnen waren,
rief er wach, um im Gedichte ein Weib zu schaffen, wie er es

ersehnte und nie finden sollte, und alle sanften, glücklichen Er=
innerungen seines Lebens versammelte er um sich, um dem geliebten
Bilde eine freundliche Umgebung zu bieten. Die alte gotische Kirche
stieg wieder vor ihm auf, die seinem Vaterhause gegenüberstand, mit
ihrem schweren Turme und den geborstenen roten Backsteinzinnen, die der
Knabe so oft ahnungsvollen Blickes betrachtet; er sah die finsteren Tore
und die steilen Giebelhäuser in der alten Oberstadt; jene zarten Bilder
von dem „Cherub mit gespreizter Schwinge", von dem „süß duftenden
Holunder", die in seinen älteren Gedichten flüchtig wie ein Sonnen=
blick aus dichtem Gewölk erschienen, erwachten wieder und mahnten ihn,
sie reich und fertig zu gestalten. Also schuf der seltsame Mann, der in
allem von der Regel abweicht, in seinem zweiunddreißigsten Jahre das
jugendlichste seiner Werke: das Käthchen von Heilbronn.

Wir fühlen ihm nach, wie er mit der naiven Freude des Entdeckers
vor den wundersamen Gestalten steht, die er in der Vorzeit seines Volkes
aufgefunden; ein frischer Duft weht uns an wie der Erdgeruch aus dem
umgebrochenen Acker. Seine Heldin nennt er selbst „die Kehrseite der
Penthesilea, ihren anderen Pol, ein Wesen, das ebenso groß ist durch
Hingebung wie jene durch Handeln". Noch nicht sechzig Jahre sind ver=
flossen, seit dies Werk zuerst an der Wien vor die Lampen trat; und
schon mutet es uns an wie eine Sage aus uralter Vorzeit, kaum mehr
verstanden von der hellen, strengen Gegenwart. In jedem Volke be=
gegnen uns einzelne Dichtungen, welche, ohne den Stempel klassischer
Vollendung zu tragen, doch unantastbar dastehen, weil sie geweiht sind
durch die Liebe eines vergangenen Geschlechts; sie fordern, daß der
Nachlebende sie dankbar hinnehme wie ein Gebilde der Natur. So
dies Gedicht; aus ihm reden alle jene holden, traulichen Träume, die
unseren Müttern die Jugend beseligten, die Herzenssehnsucht einer Zeit,
die unser kälterer Verstand zugleich übersieht und um die Innigkeit
ihres Gefühls beneidet. Ich kann nicht ohne Rührung der Stunden
denken, da mir meine Mutter von ihren ersten Gängen zum Theater
erzählte: wie glückselig hat dies unschuldige Mädchengeschlecht dem
Käthchen gelauscht, wenn sie unter dem Fliederbusch ihre keusche Liebe
träumt! Der Dichter aber, der so glücklich einen Schatz aus dem Gemüte
seiner Zeit zutage gefördert, er war längst nicht mehr, als das Käthchen
endlich auf allen Bühnen sich einbürgerte; wir meinen oft seinen
Schatten zu sehen, wie er niederschaut auf diese verspäteten Erfolge und
bitter lachend wie sein Prinz von Homburg die Achseln zuckt:

Nur ſchade, daß das Auge modert,
das dieſe Herrlichkeit erblicken ſoll!

Selbſt heute noch können wir die Kraft des einfachen Märchens
erproben: in unſeren Vorſtadttheatern weilt ein Publikum, zu arm an
Bildung und zu ſchwer bedrückt von den Sorgen des eigenen Lebens,
um die Gewalt des tragiſchen Schmerzes zu ertragen, doch nach
deutſcher Art zu geſetzt, um allein dem Luſtſpiele zu huldigen. Hier iſt
der rechte Tummelplatz für das ernſte Drama mit glücklichem Aus-
gange; hier hat das Femgericht noch ſeine Schrecken, hier findet
der erbärmliche Darſteller des wackeren Gottſchalk noch ſeine Bewunderer, die Kunigunde ihre leidenſchaftlichen Feinde. Wir müßten ſehr
niedrig denken von dem ſittlichen Berufe der Kunſt, wollten wir ſolche
Erſcheinungen über die Achſel anſehen; danken wir Gott, daß das
Pariſer Hetärendrama noch nicht überall ſein Szepter ſchwingt. Es iſt
nicht bloß der ritterliche Lärm und Pomp, was dieſe braven Leute ſo
tief ergreift; noch mächtiger wirkt die Kraft der volkstümlichen Sprache,
die Innigkeit des Gemüts, die aus jeder Zeile redet, die Anſchaulich-
keit der einfach verſtändlichen Motive. Selbſt der Haß, ſonſt der
deutſchen Gutmütigkeit ſo ſchwer faßlich, erklärt ſich hier von ſelbſt.
„Der Menſch wirft alles, was er ſein nennt, in eine Pfütze, nur kein
Gefühl" — das verſteht auch der gemeine Mann, nicht die Worte,
doch den Sinn.

Freilich muß das Drama von kundigen und rückſichtsvollen Händen vorgeführt werden, mit Pietät nicht vor den ſchwachen Nerven
der Hörer, ſondern vor der kräftigen Eigentümlichkeit des Dichters.
Welche Barbarei, wenn der zartſinnige Regiſſeur die Szene, wo Graf
Wetter vom Strahl dem Käthchen mit der Peitſche droht, verletzend
findet, ſtatt der Roheit eine Niederträchtigkeit einfügt und den Grafen
das Schwert zücken läßt auf die Wehrloſe! Freilich muß man die An-
ſprüche der abſoluten Kritik daheim laſſen. Iſt die hingebende Liebe
des Käthchens nicht ſchon ſelbſt wunderbar genug? Iſt es nicht bare
Tautologie, das größere Wunder durch ein kleineres zu erklären? Verliert Käthchens Liebe nicht an Wert durch den zwingenden Zauber, der
ſie an den Ritter kettet? Und geht nicht zuletzt der ideale Gehalt des
Gedichts geradezu verloren, da nicht das arme Bürgerkind durch die
Macht der Liebe über den Stolz des Ritters triumphiert, ſondern die
Kaiſerstochter dem Grafen ihre ebenbürtige Hand reicht? Solche unwiderlegliche Einwände vergeſſen nur das Entſcheidende, daß ein

7*

Märchen, ein dramatisch behandelter epischer Stoff nicht unbedingt den Gesetzen des Dramas gehorchen kann; liegt es doch im Wesen des Märchens, die Wunder des Herzens durch die Aufhebung der Ordnung der Natur zu erklären, Lohn und Strafe in der allersinnlichsten Form erscheinen zu lassen. Der zarte Duft des volkstümlichen Stücks verfliegt, wenn wir mit so derber Hand daran treten. Wir beklagen nur, was der Dichter selbst aufs bitterste bereut hat, daß er dem märchenhaften Charakter des Stücks nicht treu geblieben. Rücksicht auf die Ansprüche der Bühne, denen das Käthchen doch niemals völlig genügen kann, verleitete ihn, statt der zaubergewaltigen Fee Kunigunde jenes nüchterne rationalistische Scheusal zu schaffen, das so widerwärtig erscheint hier in der heiteren Fabelwelt, wo höhere Geister noch gern mit dem farbenreichen Menschenleben verkehren. Die maßlose Heftigkeit des Dichters verführt ihn auch diesmal, jedes Motiv zu Tode zu hetzen. Er kann sich nicht genug tun in der Schilderung seiner Heldin, er jagt sie durch alle Stufen der Erniedrigung hindurch, und während er ihr eine übermenschliche Demut leiht, die der Selbstentwürdigung zuweilen nahe kommt, häuft er auf ihre Feindin Kunigunde eine ganz unmögliche Last der Schändlichkeit. Er litt noch unter dem Schmerze um seine verlorene Braut und meinte sich berechtigt, ein Weib ohne Herz mit seinem Hasse zu zeichnen.

Während Kleist so liebevoll die Gestalten der deutschen Vorwelt schilderte, war in ihm längst der heilige Schmerz erwacht um die Gegenwart des Vaterlandes. Er hatte wohl einst über seinem Dichterleide die weite Welt und Deutschland mit ihr vergessen, den Tod gesucht, wo es auch sei. Sobald er sich selber wieder angehörte, regte sich doch der preußische Offizier. Der Künstler steht der Natur näher als der Denker; löst er sich ab von seiner Heimat, so geschieht ihm wie dem starken Baume, der in fremden Boden verpflanzt die Schollen des mütterlichen Erdreichs an seinen Wurzeln mit sich nimmt. Der freie Geist des Dichters hatte das öde Einerlei des Garnisondienstes nicht ertragen, er mochte zuweilen von der Höhe seiner philosophischen Bildung mitleidig herablächeln auf die militärischen Barbaren daheim. Die stolzen kriegerischen Erinnerungen seines Vaterhauses, dem des Königs Rock als das Kleid der Ehre galt; die glänzenden Bilder des preußischen Waffenruhms, die durch die Träume seiner Kinderjahre geschritten waren, hafteten doch weit fester, als er sich selbst gestand, in seinem treuen Gemüte; und als das Verderben an seinen Staat herantrat, da erwachte der Stolz des Preußen, des Deutschen, die angelernten philantropischen Ideen fielen zu Boden. Schon während des Feldzugs von 1805 fragt er bitter, warum der König nicht sofort, nachdem die Franzosen durch Ansbach marschiert, seine Stände zusammenberufen und durch einen kühnen Krieg die Verletzung des preußischen Gebiets gerächt habe. Immer häufiger erklingt fortan in seinen Briefen die Klage über die finstere Zeit, wo das Elend jedem in den Nacken schlägt. Auf die erste Kunde von der Schlacht von Jena schreibt er mit dem ganzen Stolze und der ganzen Verblendung eines friderizianischen Offiziers: „20 000 Mann auf dem Schlachtfeld und doch kein Sieg!" Dann erfährt er wie ein Betäubter die volle schreckliche Wahrheit, dann übergibt ein Mann, der seinen Namen führt, die erste Festung Preußens schimpflich an den Feind, dann sieht der Dichter in Königsberg aus nächster Nähe den tiefen Fall des Hofes und des Staates, und endlich muß er die Faust des Unterdrückers noch an seinem Leibe empfinden. Sein scharfer Verstand hatte schon vor Jahren, da er umnachteten Sinnes durch Frankreich irrte, die prahlerische Nichtigkeit der eiteln Welteroberer unbarmherzig durchschaut; auch ihre Roheit sollte er jetzt erfahren, da er während des Feldzuges von 1807 durch ein Mißverständnis als Spion gefangen und nach Frankreich geschleppt wurde. Er saß dann durch lange finstere Wochen auf dem Schlosse Joux hoch im Jura, auf derselben Festung, wo einst Mirabeau die wildesten Stunden seiner Jugend verlebt hatte.

Nun kehrte er heim in sein geschändetes Vaterland, mit dem vollen Verständnis für die Größe der Zeit, er sah „Ungeheures, Unerhörtes nahen", eine Macht des Unheils heranfluten wider jedes Heiligtum der Menschheit. Und diese Empfindung wuchs und wuchs, sie wurde etwa seit der Vollendung des Käthchens (1808) die herrschende Macht in seinem Geiste, also daß Dahlmann den Selbstmord des Dichters kurzweg aus der Verzweiflung am Vaterlande erklärt. Wer kennt nicht eine jener einsiedlerischen Naturen, die in tiefer Stille mit der ganzen Macht ihrer unzerstreuten Leidenschaft alle Zuckungen der vaterländischen Geschicke mitempfinden? So lebte auch Kleist in seinem einsamen Zimmer ein hocherregtes historisches Leben: prächtig, eine himmelhohe Flamme schlug dann das entfesselte Gefühl aus seiner verschlossenen Brust empor. Er brauchte nicht erst, wie die zum Vaterlande zurückkehrenden Gelehrten, die Fichte und Arndt, auf den weiten Umwegen des Gedankens die Idee des Volkstums und ihr Recht sich

felber zu erklären. Er liebte Deutschland, wie dem Dichter anfteht,
unwillkürlich, unmittelbar, „weil es mein Vaterland ift" — fo läßt er
in feinem patriotifchen Katechismus einen deutfchen Knaben fprechen.
Die glorreiche Fahne, die er einft in feinen jungen Händen getragen,
da lag fie im Staube. Ihre Ehre war die feine. Ihre Schmach zu
rächen greift er zu jeder Waffe, er fchreibt Pamphlete, Satiren und
ohne jedes äfthetifche Bedenken Gedichte. Er hätte fie nicht verftanden,
die armfelige Frage, die in einer fpäteren müden Zeit unter uns auf=
geworfen ward, die Frage, ob eine Poefie des Haffes ein Recht habe zu
fein. Er wußte, daß die Dichtung jedes berechtigte Gefühl der Menfchen=
bruft fchildern darf und daß in diefen Tagen der Haß die letzte und
höchfte Empfindung des deutfchen Mannes war. Es galt das Dafein
der Nation; die Begeifterung der Ideologen, die Stimme des natür=
lichen Gefühls und die Berechnung des Staatsmannes fielen in eines
zufammen; nur eine folche Zeit konnte einen fo ganz in der Anfchauung,
der Empfindung lebenden Geift zur politifchen Dichtung führen.

Kleift ward, nach dem alten Gleim und den Poeten des Siebenjährigen
Krieges, der erfte unferer neueren Dichter, der feine Mufe den politifchen
Zwecken des Augenblickes dienen ließ, der erfte, dem dies Wagnis völlig
glückte. Er weiß und will nur eines — den Kampf der Waffen,
augenblicklich, unverzüglich. Er lacht der „Schwätzer", der Tugend=
bündler und Philofophen, die von einem Kampfe der Gedanken fafeln,
wirft ihnen Spottverfe ins Geficht ganz fo ungefchlachtet und ungerecht
wie·jene, die er einft gegen Goethe gefchleudert hatte. Es leidet ihn
nicht mehr im Norden, als der Krieg von 1809 beginnt, er eilt hinaus
nach dem Schlachtfelde von Afpern, und da auch diesmal die Heere der
Feinde fiegen, faßt er in vollem Ernft den Gedanken auf, mit dem
die erbitterte Jugend jener Tage fpielte: er will durch die Ermordung
Napoleons das Vaterland befreien und — mit einer großen Tat fein
eigenes zerrüttetes Dafein beenden. So·berichtet eine nicht ftreng be=
glaubigte, aber keineswegs unglaubhafte Überlieferung; allem Anfchein
nach hat nur ein Zufall den gräßlichen Plan vereitelt. Und derfelbe
dämonifche Haß, diefelbe fürchterliche Wildheit tobt auch durch feine
patriotifchen Gedichte. Feuriger hat nie ein Sänger zu unferem Volke
gefprochen als Kleift in der mächtigen Ode „Germania an ihre Kinder":

Schlagt ihn tot, das Weltgericht
fragt euch nach den Gründen nicht!

Die Luft der Vergeltung, unzertrennlich von jeder Erhebung eines miß=

handelten Volkes, hat auch in unserem Freiheitskriege mächtiger gewaltet, als wir nach den verblaßten Schilderungen der Nachlebenden gemeinhin annehmen; schrieb doch Gneisenau nach dem Tage von Leipzig frohlockend wie ein antiker Held: „Wir haben die Nationalrache in langen Zügen genossen." Wollen wir Kleists furchtbare Zeilen: „alle Triften, alle Stätten färbt mit ihren Knochen weiß" geschichtlich verstehen, so müssen wir uns der Stimmung erinnern, die im Jahre 1813 in den unteren Schichten unseres Volkes lebte: — der wilden Kriegsweise der Landwehrmänner: „Schlag ihn tot, Patriot, mit der Krücke ins Genicke"; der gefangenen Rheinbundsoffiziere, denen der preußische Soldat die französischen Orden von der Brust riß; des gräßlichen lautlosen Würgens in der ersten Landwehrschlacht, bei Hagelberg, und all der rohen Auftritte, welche des Krieges Gefolge bilden.

Nur diese Glut der Leidenschaft erlaubt unserem Dichter das Unmögliche: ein Poet zu bleiben, indem er die allerbestimmteste Tendenz verfolgt. Seine Lieder halten sich ganz in der Sphäre der reinen Empfindung und streifen nie über in das Gebiet der Reflexion, der Phrase, wohin seine Nachfolger, die Sänger der Freiheitskriege, sich nicht selten verirren. Zwar, dem Manne, der seinen Hermann sagen läßt, einen Gallier, einen Deutschen könne er sich wohl als Weltherrscher denken, „doch nimmer diesen Latier, der keine andre Volksnatur verstehen kann" — ihm wird man nicht vorwerfen, er habe die Idee des großen Kampfes nicht verstanden. Auch vermag er zuweilen sein erregtes Gefühl zu gehaltenem, maßvollem Ausdrucke zu zwingen; wie würdig und edel stellt er die sittliche Größe des gedemütigten preußischen Staates dem rohen Hochmut des Siegers gegenüber, indem er den nach Berlin heimkehrenden König also anredet:

Blick auf, o Herr, du kehrst als Sieger wieder,
wie hoch auch jener Cäsar triumphiert! ·

Doch der Grundton, der vorherrschende Charakterzug seiner patriotischen Poesie bleibt nichtsdestoweniger der Haß, und darum stellt sie nur eine Seite der großen Erhebung dar, welche ein Jahr nach des Dichters Tode begann. Denn Gott sei Dank, nicht so nach Spanierart, wie dieser Dichter träumte, sollten die Deutschen in den Entscheidungskampf hineinstürmen. Von dem sittlichen Pathos und der religiösen Begeisterung der jungen Freiwilligen, von der Gutherzigkeit und dem Edelmute, die unser Volk auch in seinem wilden Hasse sich bewahrte — von diesen herzgewinnenden Tugenden, wodurch die deutschen Freiheits

Kriege in der gesamten modernen Geschichte einzig dastehen und all=
mählich selbst die Bewunderung ihrer eiteln Feinde erwecken — von
alledem ist in Kleists Gedichten wenig zu spüren. Er redet die Sprache
einer gequälten Zeit, die sich in wilden Träumen hinaussehnt nach dem
Kampfe und nur den einen Gedanken zu denken vermag: „zu den
Waffen, zu den Waffen, was die Hände blindlings raffen". Erst mit
der Erhebung, mit der Gewißheit des Sieges konnte die patriotische
Leidenschaft Maß und Haltung gewinnen. Und wer darf bezweifeln,
daß Kleist, hätte er den Tag der Befreiung erlebt, fähig gewesen wäre,
mit einzustimmen in die reineren und freieren Klänge jener glücklichen
Zeit? Wer fühlte nicht, daß der Haß des Dichters nur die Kehrseite
ist einer innigen Liebe?

Derber, roher noch redet der Ingrimm in den prosaischen Schriften.
Mit unbeschreiblich grausamem Spott wird das märkische Edelfräulein
geschildert, das sich von einem französischen Gecken verführen läßt,
der sächsische Offizier, der mit patriotischem Hochgefühl unter den
Fahnen des Rheinbundes weiter dient. Dann folgen Anekdoten aus
dem letzten Kriege, kleine Züge preußischen Soldatenmuts, die den Geist
des Heeres beleben sollen, vorgetragen im allerderbsten Wachstubentone,
mit zynischem, wildem Humor; der Erzähler weiß sich vor Entzücken
kaum zu halten, wenn seine Helden noch sterbend mit „einem ungeheuren
Witze" die Franzosen verhöhnen. Auch die erhabene Rhetorik Arndts,
den Ton des „Geistes der Zeit" versucht der Dichter in einzelnen pa=
thetischen Aufsätzen nachzuahmen. Ganz unbefangen wiederholt er die
Bilder und Wendungen seiner Gedichte in den prosaischen Schriften.
Mit vollem Rechte; denn der Wert dieser unförmlichen Versuche liegt
allein in der wilden Naturkraft einer patriotischen Leidenschaft, welche
in unserer gesamten Literatur kaum ihresgleichen findet. — Was
immer uns erschrecken und empören mag an diesem erregten Tun, wir
freuen uns doch, den Dichter also zu sehen. Sein Auge, das so lange
in unfruchtbarem Mißmut nur in sich hineingeschaut, blickt freier,
offener in die Welt hinaus; die krankhaften Züge seines Wesens treten
zurück vor der Hoheit einer großen Leidenschaft.

Schon vor dem Kriege von 1809 hatte Kleist in seiner „Hermanns=
schlacht" ein Bild des Befreiungskampfes gezeichnet, wie er ihn
sich dachte. Wir überschauen mit einem Blicke das Aufsteigen unseres
Volkes von der lyrischen zur dramatischen Empfindung, wenn wir dies
mächtige Werk, wo selbst die „See, des Landes Rippen schlagend, Frei=

heit brüllt", mit Klopſtocks Hermannsſchlacht vergleichen. Nichts mehr
von dem unbeſtimmten Pathos, das bisher immer den Schilderungen
der germaniſchen Urzeit angehaftet hatte; leibhaftig, in voller ſinnlicher
Wahrheit tritt dieſe fremde Welt vor uns hin, ausgemalt bis in den
kleinſten Zug und doch ohne alle gelehrte Genauigkeit. Nichts mehr
von dem „Bardengebrüll" abſtrakter Heroengeſtalten; wir ſehen den
Hermann der Geſchichte, den ſtaatsmänniſchen Barbaren, der um des
Vaterlandes willen keine der argen Künſte römiſchen Truges verſchmäht.
Er ſucht den Tod im Freiheitskampfe, und nichts ſoll ihn bewegen,
„das Aug' von dieſer finſtern Wahrheit ab buntfarb'gen Siegesbildern
zuzuwenden"; nichts iſt ihm haſſenswürdiger, als was ſein Herz er-
weichen, dem großen Werke entfremden könnte: „Was brauch' ich Latier,
die mir Gutes tun?" Seines Landes Blüte, die Gefühle ſeines Weibes,
die Treue des gegebenen Wortes opfert er ohne Bedenken; der geborene Herrſcher, wohin er tritt, ſpielt er voll übermütigen Humors
mit ſeiner Umgebung; doch an der religiöſen Andacht, womit er ſeinen
Plan betreibt, mag man erkennen, wie zartbeſaitet das Gemüt dieſes
rauhen Helden iſt. Nur einem Boten vertraut er die verhängnisvolle
Botſchaft an Marbod, denn „wer wollte die gewaltigen Götter alſo ver-
ſuchen"? — und als endlich die große Stunde erſcheint, als die Barden ihren erhabenen Geſang beginnen, da bricht der eiſerne Mann,
jedes Wortes unfähig, in tiefer Bewegung zuſammen. Wie in über-
mütiger Laune, in bewußtem Gegenſatze zu den leeren Tugendmuſtern
der Klopſtockſchen Muſe zieht der Dichter das Idealbild der Thusnelda
in die Kleinheit des zeitgenöſſiſchen Lebens herab; er ſchildert ſie „wie
die Weiberchen ſind, die ſich von den franzöſiſchen Manieren fangen
laſſen", als eine Geiſtesverwandte jenes märkiſchen Edelfräuleins.

Das Gelungene nimmt der Leſer hin als ſelbſtverſtändlich; wenige
fühlen, welcher Künſtlerweisheit der Dichter bedurfte, um einen ſo
ganz unäſthetiſchen Stoff zu geſtalten. Die Römer werden durch be-
rechneten Verrat in das Verderben gelockt; die Gefahr liegt nahe, daß
unſere Teilnahme von den Unterdrückten ſich zu den Unterdrückern
wende. Aber der frevelhafte Übermut dieſer Fremdlinge macht jedes
Mitleid mit ihrem Untergange unmöglich; und doch iſt der Römerſtolz
zu anziehend geſchildert, als daß ſie uns äſthetiſch beleidigen könnten.
Der Grimm des Helden ſteckt uns an; wir glauben, wir verzeihen alles
der Wahrhaftigkeit dieſes Haſſes, wir rufen mit ihm:

Die ganze Brut, die in den Leib Germaniens
sich eingefilzt wie ein Insektenschwarm,
muß durch das Schwert der Rache jetzo sterben!

Der epische Stoff gestattet nicht eine wahrhaft dramatische Verwicklung. Die ersten vier Aufzüge enthalten nur die Exposition, und der Schluß, die Teutoburger Schlacht, kann, da das Drama der epischen Massen= bewegung nicht mächtig ist, dem weit ausholenden Anlaufe nicht ganz entsprechen. Auch diesen unheilbaren Mangel weiß der Dichter durch kunstvolle Steigerung mindestens zu verdecken: wir folgen dem An= schwellen der Volksbewegung mit wachsender Spannung, wir sehen die schwarzen Wasser Zoll für Zoll emporsteigen und zittern dem Augen= blicke, da die Flut über den Damm hinüberschlagen muß, mit einer Angst entgegen, welche der echten dramatischen Spannung sehr nahe kommt. Darum bleibt immerhin möglich, daß das Werk noch einmal dauernd für die Bühnen gewonnen werde. Allerdings nur für die zwei oder drei Bühnen, welche noch ein erträgliches Ensemble zustande bringen; denn ewiger Vergessenheit möge er anheimfallen, der zähne= fletschende, in einem Löwenfelle einherstolzierende Unhold, der sich vor einigen Jahren auf einem namhaften Theater böswillig für Hermann den Cherusker ausgab: — und wo ist der Schauspieler zweiten Ranges, der sich an die kleine Rolle des Varus wagen darf? der den ge= knickten Stolz des Römerfeldherrn, die Ahnung des hereinbrechenden Verderbens, das Grauen vor den Schicksalsworten der Alraune in einem Monologe von vier Versen veranschaulichen könnte?

In einigen Zügen maßloser Wildheit verrät sich wieder der Sänger der Penthesilea. Man mag die gräßliche Szene ertragen, wo der alte Germane sein geschändetes Kind ersticht: der Dichter hat mit glücklicher Ahnung erkannt, daß Verbrechen wider die Frauen bei allen edeln Völkern jederzeit ein Haupthebel großer Empörungen waren. Doch schlechthin empörend bleibt der Auftritt, wo Thusnelda ihren römischen Verehrer von der Bärin zerfleischen läßt — unerträglich schon, weil diese Thusnelda solcher Rache nicht wert ist. Die Tendenz des Gedichts tritt mit solcher Unbefangenheit hervor, daß wir auf die Rheinbundskönige unter den Germanenfürsten mit Fingern weisen können; aber die Tendenz liegt in dem Stoffe selbst. Und stehen wir selber denn heute, da die alte Blutschuld der Könige von Napoleons Gnaden noch immer nicht gesühnt ist, den Leidenschaften dieser napoleo= nischen Zeit ganz freien Gemüts gegenüber? Darf der Deutsche gänz=

lich untergehen in dem Ästhetiker? Darf er nicht auch seine patriotische
Freude haben an der erhabenen poetischen Gerechtigkeit, welche dieser
Hermann vollstreckt? Ich bekenne gern, daß ich niemals ohne herzliche
Erquickung lesen kann, wie dem Ubierfürsten Friedrich von Württem=
berg der Kopf vor die Füße gelegt wird.

Wie der Dichter einst der finsteren Erscheinung der Penthesilea
die rührende Gestalt des Käthchens hatte folgen lassen, so trieb ihn
jetzt ein glücklicher Geist, diesem Gemälde seines patriotischen Hasses
ein heiteres Bild der Heimatliebe entgegenzustellen. Er schuf das
reifste seiner Werke, den Prinzen von Homburg, und knüpfte schöne
Hoffnungen daran. Aber die kalte Aufnahme des Werkes sollte ihm
zeigen, wie wenig eine politisch bewegte Zeit fähig ist zu begreifen, daß
eine patriotische Idee dem Künstler selten mehr sein kann als ein
Motiv. Er sollte erfahren, wie wenige Leser in jeder Zeit imstande sind,
das Ganze eines Kunstwerks zu fassen. Wir hofften, hieß es, einen
Helden zu schauen voll Kraft und edler Gedanken, der alles besitzt,
was unserem gedrückten Geschlechte fehlt; und nun bringst du uns
diesen wächsernen Achilles, so schwach und menschlich wie wir selbst?
Und doch ist Kleists Prinz von Homburg die idealste Verherrlichung
des deutschen Soldatentums, welche unsere Dichtung besitzt. Seltsam
genug schreibt das große Publikum dem „Lager Wallensteins" dies
Verdienst zu. Weil Schiller uns selbst unter der ruchlosen Soldateska
des Friedländers heimisch macht, weil die seltene Erscheinung seines
Humors hier in glänzenden Funken sprüht, so hat man sich gewöhnt,
dem nur dramatisch Gültigen absoluten Wert beizulegen. Unsere Sol=
daten singen das ganz dramatisch gedachte Reiterlied so harmlos, als
wäre die rohe Kampfwut einer entsetzlichen Horde ein passendes Gefühl
für unser Volk in Waffen. Wie bei so vielen Gedichten Schillers ist
auch hier durch den langen Gebrauch der wahre Sinn verlorengegangen.
Nun gar was sich heute Soldatenpoesie nennt — jene witzelnden
Klatschgeschichten aus der Langeweile des Rekrutendrillens und des
Parademarsches — das ist jedem rechten Soldaten ein Greuel. Hier
aber redet jener schöne Idealismus des Krieges, der jedem rechten Deut=
schen unverwüstlich im Blute liegt. In jeder Zeile kriegerisches Feuer,
überall die kecke, frische deutsche Reit= und Schlaglust, und doch so gar
nichts von dem polternden Säbelgerassel der Franzosen. Es ist als
ob der Dichter vor= und rückschauend ein ideales Durchschnittsbild ge=
zogen hätte aus der Geschichte der preußischen Armee von Fehrbellin

bis Königgrätz. Tapfere Krieger, geschart um einen heldenhaften
Fürsten, in fester Manneszucht geschult, und doch freie Männer, deutsche
Naturen, die auch unter der harten Ordnung des Gesetzes sich noch ein
selbständiges Herz bewahren und dem Herrscher aufrecht die Wahrheit
sagen — so war, so ist das Heer, das Deutschlands Schlachten schlug,
und hier wird es uns geschildert mit einfacher Treue, mit jener an-
heimelnden Wärme, welche nur das Selbsterlebte dem Dichter in die
Seele haucht.

Von diesem bewegten Hintergrunde nun hebt sich ab eine fein
und tief gedachte dramatische Verwicklung. Jetzt endlich ist Kleist ganz
Dramatiker; nachdem er sich so oft in epische Stoffe verloren, hält er
sich hier streng in den Schranken seiner Kunstform. Er zeigt uns, wie
der Jüngling vom Manne träumt und dann zum Manne wird — ein
Problem, althergebracht in den Romanen und leicht zu lösen für den
Romandichter, doch überaus schwierig für den Dramatiker. Und wieder
wie in der Penthesilea, aber milder, heiterer als dort, erzählt uns der
Dichter die Geschichte seines Herzens; er leiht seinem Helden seine
eigene wundersame Empfindung, diese jähe, stürmische Leidenschaft, die
dann plötzlich wie in Zerstreutheit innehält, sich verliert in süße Selbstvergessenheit. Der Prinz erscheint zu Anfang als ein unreifer, über-
mütiger Jüngling, er lebt wie einst der Dichter selbst immer in der
Zukunft, nie dem Augenblicke; begehrlich schweifen seine stolzen Träume
den Taten um eine Welt voraus; mit all seiner Liebenswürdigkeit ist
er doch noch erfüllt von jener naiven Selbstsucht der Jugend, die den
Gedanken der Pflicht, des Gesetzes nicht fassen kann. In solcher Stimmung unternimmt er in der Schlacht von Fehrbellin gegen den Befehl
des Kurfürsten den kecken Angriff, der den Sieg entscheidet. Und hier
weiß der Dichter mit bewunderungswürdigem Künstlerverstande selbst
die dramatisch ganz unbrauchbare rührende Geschichte von dem Opfertode des Stallmeisters Froben als einen Hebel der Entwicklung zu verwenden. Der Kurfürst gilt für tot, man hat sein weißes Schlacht-
roß im Getümmel fallen sehen. Der Prinz fühlt sich darum als den
Führer des Heeres, als den Beschützer des verwaisten Hofes, er bekennt
der Prinzessin Natalie seine Liebe und steigt zum Gipfel des über-
mutes empor: alle Kränze des Ruhmes und der Liebe wähnt er mit
einem Griffe auf seine trunkene Stirn herabzureißen — gleich dem
Dichter des Guiscard. Da erscheint der totgeglaubte Kurfürst wieder.
Dem Jüngling tritt der Mann entgegen, so groß und so schlicht, so

streng und so weich, eine herrliche Fürstengestalt, von der wir nur be=
wundernd sagen können: das ist deutsche Herrschergröße. Der vor=
witzige Knabe soll jetzt den Ernst des Gesetzes empfinden, der ungehor=
same General wird zum Tode verurteilt. Unbarmherzig, wie immer,
wenn es gilt einen tiefen Gedanken bis auf die Hefe auszuschöpfen,
treibt nun der Dichter den aus seinen Träumen Aufgestörten hinab in
die tiefste Entwürdigung. Der Prinz bettelt um sein Leben, und erst
als er endlich die Gerechtigkeit des harten Spruchs erkennt, sein Haupt
freiwillig dem beleidigten Gesetze zur Sühne darbietet, wird Gnade und
Versöhnung dem Jüngling zuteil, den wir vor unseren Augen in fünf
kurzen Akten zum Manne heranwachsen sahen.

Haben wir also die Idee des Dramas begriffen und uns befreundet
mit der ungewohnten Erscheinung eines Bühnenhelden, welcher nicht
fertig vor uns hintritt, sondern erst wird, dann verstehen wir auch,
daß der Dichter in dieser scheinbar höchstpersönlichen Seelengeschichte
einen höheren Gedanken darstellen wollte als das Recht der militärischen
Subordination: er gab ein Bild von dem Werden des Mannes, hier
zum ersten Male gelang ihm eine typische Gestalt. Dann erscheint auch
die seltsame Schlafwandlerszene am Eingang lediglich als ein phan=
tastisches Beiwerk, das den Sinn des Sängers gefangen hielt wie ein
schöner Traum und doch den Gang des Dramas nicht wesentlich beirrt.
Nur ein Mißklang stört das herrliche Gedicht: jene verrufene Szene,
die uns den Prinzen in feig unwürdiger Todesfurcht vorführt. Gewiß,
die Demütigung des Helden ist unerläßlich für den Plan des Dramas,
und ihre poetische Wahrheit empfindet jeder, dem jugendliche Stoiker
verhaßt sind. Hundertmal lieber diese hellenische Natürlichkeit, dies
naive Schaudern vor dem Tode, als jene gespreizten Eisenfresser der
Nachahmer Schillers, welche zur selben Zeit auf allen Bühnen pathe=
tisch bejammerten, daß der Mensch nur einmal den Heldentod sterben
kann. Aber die ungestüme Hast unseres Dichters hat leider versäumt,
die Hörer, deren tief eingewurzelte Ehrbegriffe er verletzen will, auf
das Unerwartete vorzubereiten: wir sahen den Prinzen zuletzt aufgeregt,
doch in männlicher Haltung, und plötzlich ohne jeden Übergang windet
sich derselbe Mensch jämmerlich im Staube. So jähe Sprünge erträgt
die Seele des Hörers nicht. Dazu tritt die unleugbare Versündigung
gegen das historische Kostüm. Uns beirrt nicht das prosaische Be=
denken, ob im Jahre des Heils 1675 ein brandenburgischer General
also denken durfte? Doch wir fragen ungläubig: wie kann dieser Kurfürst,

dieſer Oberſt Kottwiß, der hier auf der Bühne vor uns ſteht, dem
Prinzen einen ſo häßlichen Verſtoß gegen alle ritterliche Haltung ver=
zeihen? In ſolcher Umgebung erſcheint der Prinz mit ſeiner antiken
Naivität allerdings wie eine Geſtalt aus einer anderen Welt.
Jedes echte Kunſtwerk iſt unerſchöpflich, bietet einen Ausblick in
das Unendliche. In die leitende Idee des Dramas ſpielt noch eine
zweite Gedankenreihe hinein, welche freilich aus dem haſtigen Tun des
Helden nicht klar hervortritt, deſto klarer aus den Reden der Offiziere.
Der Dichter verherrlicht das Recht des freien Heldenmuts, der retten=
den Tat neben der toten Regel. Und hören wir die ſchönen Worte
des alten Kottwiß:

> Herr, das Geſetz, das höchſte, oberſte,
> das wirken ſoll in deiner Feldherrnbruſt,
> das iſt der Buchſtab deines Willens nicht,
> das iſt das Vaterland, das iſt die Krone,
> das biſt du ſelber, deſſen Haupt ſie trägt —

wer ſollte da den Sehergeiſt des Dichters nicht bewundern? Denn
geradeſo dachten drei Jahre ſpäter die Männer des oſtpreußiſchen Land=
tags, als ſie, ohne den Ruf des Königs abzuwarten, für ihn und für
das Vaterland ſich erhoben.

Noch vor wenigen Jahren wurde auf der Leipziger Bühne der
Schlußvers des Dramas, der Schlachtruf der Offiziere: „in Staub mit
allen Feinden Brandenburgs", nicht geduldet. Er lautete dort, obſchon
der mißhandelte Jambus ſich heulend wider den Frevel verwahrte, „in
Staub mit allen Feinden Germaniens"! Ich aber glaube, daß eine
nahe Zukunft den „preußiſchen Partikularismus", welcher der königlich
ſächſiſchen Vaterlandsliebe ſo anſtößig erſchien, dem Dichter zum
Ruhme anrechnen wird. Der Prinz von Homburg darf noch auf ein
langes Bühnenleben zählen, denn er iſt, kurz und gut, das einzige ge=
lungene hiſtoriſche Drama hohen Stils, das ſeinen Stoff aus der neuen
deutſchen Geſchichte ſchöpft — aus der Geſchichte, die noch in Wahrheit
die unſere iſt, aus der Geſchichte, die mit der derben Proſa ihrer Lebens=
formen uns doch traulicher zum Herzen redet als die phantaſtiſche Pracht
des Mittelalters. Wir atmen die freie Luft des hiſtoriſchen Lebens
und fühlen uns doch behaglich wie in unſerem Hauſe: niemand unter
uns, der nicht einmal ſeine Freude gehabt hätte an dem ehrlichen grauen
Schnurrbart eines wirklichen Oberſten Kottwiß. Wer ganz empfindet,
wie von Grund aus das Gemüt unſeres Volkes ſeit den Stürmen des

Dreißigjährigen Krieges sich verwandelt hat, der weiß diesen glücklichen Griff des Dichters auch ganz zu würdigen. Und jetzt, da endlich unter dem Segen des preußischen Heerwesens die alte stolze Waffenfreudig= keit unseres Volkes überall in Deutschland wieder erwacht ist, wird auch dies schönste Werk deutscher Soldatendichtung zu Ehren kommen, und selbst die Schwaben und Obersachsen werden dem Sänger verzeihen, daß er ein Preuße war. In dem großen Zusammenhange unserer neuen Geschichte erhält Kleists Gedicht eine noch tiefere Bedeutung. Fast anderthalb Jahrhunderte hindurch stand das Heer der Hohen= zollern und sein kriegerischer Adel verständnislos und unverstanden der wieder aufblühenden Kunst und Wissenschaft der kleinen Staaten gegen= über. Wohl berührten sich einmal leise die beiden Gegensätze, als das Heldentum des großen Königs der deutschen Dichtung einen neuen Inhalt schenkte, als der Dichter des Frühlings, Ewald Kleist, „für Friedrich kämpfend niedersank" wie seine Grabschrift sagt — und die preußischen Offiziere in Leipzig dem alten Gellert ihre Verehrung be= zeigten. Doch hier zum ersten Male ward der Waffenruhm der Preußen von einem Sohne des märkischen Adels mit der vollen Pracht der deut= schen Dichtung gefeiert, und dies erscheint dem Nachlebenden wie die erste Annäherung zweier Mächte der deutschen Geschichte, die beide gleich einseitig der Ergänzung bedurften.

Wie frei und glücklich schwebt des Sängers Geist über dem selbst= empfundenen Leibe, das er in diesem Gedichte uns darstellt! Wie sollte der Dichter nicht endlich selber die Versöhnung gefunden haben, die er so heiter an seinem Helden geschildert? Und doch stand es anders, ganz anders um den Unglücklichen; nur für kurze Stunden war ihm das heitere Spiel der Kunst ein Labsal. Er hatte weder aus seinem edeln Werke den selbstgewissen Frohmut des Künstlers geschöpft, noch im Verkehr mit Dahlmann die patriotische Zuversicht gelernt, welche so fest und mannhaft aus der ruhigen Versicherung des Freundes sprach: Napoleon wird fallen, wenn wir nur ausharren! Er sah das Reich des „Höllensohnes" wie ein nimmersattes Ungetüm ein Glied nach dem anderen vom Leibe unseres Vaterlandes reißen, und allenthalben wo= hin er schaute — so sagt die erschütternde Klage seines „letzten Liedes" —

kommt das Verderben mit entbundnen Wogen
auf alles was besteht herangezogen.

Er sah vor sich ein ruhmloses, sorgenvolles Leben, ohne Liebe, ohne Hoffnung. Noch einige schlechte Novellen, einige kleine Anekdoten, um

wenig Geld für ein Berliner Winkelblatt haſtig auf das Papier ge=
worfen, dann wird er matt und matter
      und legt die Leier tränend aus den Händen.

Ich laſſe mir nicht einreden, die Schätze dieſes Geiſtes, der bis dahin
durch Pein und Krankheit hindurch unaufhaltſam zu immer ſchöneren
Werken aufgeſtiegen war, ſeien ſchon erſchöpft geweſen. Was dieſem
Dichter fehlte, war ein gehobenes, ein großes Vaterland. Ein einziger
Sonnenblick des Glücks — und wenn auch nur der Brief Dahlmanns,
der den Freund gaſtlich nach Kiel lud, in die rechten Hände gekommen
wäre! — und der Unſelige konnte auch dieſen Anfall des Siechtums
wie ſo viele vordem überſtehen, um in einer ſchöneren Zeit ſein freies
Vaterland mit edeln Gedichten zu entzücken. Es ſollte nicht ſein. Eben
jetzt, da der Trieb der Selbſtzerſtörung wieder in ihm wühlt, tritt ihm
eine Freundin näher, welche krank wie er, ſich nach dem Grabe ſehnt,
und abermals überfällt ihn der gräßliche Gedanke, den er einſt der
Schweſter ſchrieb: „Das Leben hat doch immer nichts Erhabeneres als
nur dieſes, daß man es erhaben wegwerfen kann.“ — Erhaben weg=
werfen! Ach, wenn auch nur ein Zug der Erhabenheit zu ſpüren wäre
in dem jämmerlichen Ende des Dichters. Gleichmütig wie ein Mann,
der abends aus einem Zimmer in das andere geht, um ſich zur Ruhe zu
legen, mit der ganzen ſchrecklichen Gelaſſenheit des Irrſinns gab Hein=
rich Kleiſt der Freundin und ſich ſelbſt den Tod (21. Nov. 1811).

Die Gerechtigkeit der Geſchichte hat auch ſeine Schuld geſühnt.
Grauſamer ſtrafte ſie keinen als dieſen Träumer, der zu früh verzwei=
felte an ſeinem Volke. Noch ſproßte kaum der Raſen auf dem einſamen
Grabe am Ufer des Havelſees, da brachte das Schickſal den glühenden
Wünſchen deſſen, der dort ruhte, die überſchwengliche Erfüllung. Da
klirrte durch die Marken der Lärm der Waffen; da wies ein anderer,
ein größerer Prinz von Homburg durch eine rettende Tat unſerem
Volke den Weg zum Siege; da dröhnten über das befreite Land die
Donner einer anderen Hermannsſchlacht, die herrlicher, menſchlicher
war als des Dichters Traumbild. Vielleicht daß einmal unter den
preußiſchen Offizieren ein Wort des Mitleids fiel um den treuen Kame=
raden, der nicht warten konnte und nicht den Tod des Helden ſtarb.
Doch was fragten die Hunderttauſende, die zur Freiheit erwachten, nach
einem gebrochenen Herzen? Sie ſtürmten vorwärts, dem Siege ent=
gegen, und brauſend klang es um die alten Fahnen:
      „In Staub mit allen Feinden Brandenburgs!“

Fichte und die nationale Idee.

(Leipzig 1862.)

In rascher Folge haben sich in den jüngsten Jahren die Feste gedrängt, welche das Andenken der großen Männer unseres Volkes feierten. Aber laut und schneidend klingen in den Jubel der Menge die fragenden Stimmen der Mahnung und des Spottes: ob wir denn gar nicht müde werden, uns behaglich die Hände zu wärmen an dem Feuer vergangener Größe? Ob uns denn gar zu wohl sei in dem Bewußtsein einer epigonenhaften Zeit? Ob wir denn ganz vergessen, daß alle Straßen und Plätze von Athen prunkvoll geschmückt waren mit den Standbildern seiner großen Männer, zur Zeit da Griechenland des Eroberers Beute ward? — Nicht ein Wort mag ich erwidern auf den Vorwurf, daß wir in einem Zeitalter der Epigonen lebten. Denn mit solchem Willen soll eine jede Zeit sich rüsten, als ob sie die erste sei, als ob das Höchste und Herrlichste gerade ihr zu erreichen bestimmt sei; und ruhig mögen wir einem späteren Jahrhundert überlassen zu entscheiden, ob unser Streben ein ursprüngliches gewesen — wie ich denn sicher hoffe, es werde unseren Tagen dies Lob bereinst nicht fehlen. Aber wohl gebührt sich eine Antwort auf den anderen Vorwurf der Selbstbespiegelung. Nein, nicht die Eitelkeit, nicht einmal jene ehrenwerte Pietät, die andere Völker treibt, ihre großen Toten zu ehren — ein tieferes Bedürfnis der Seelen ist es, was gerade jetzt unser Volk bewegt, seiner Helden zu gedenken mit einer Innigkeit, die von den Fremden vielleicht nur der Italiener versteht.

Auf uns lastet das Verhängnis, daß wir staatlosen Deutschen die Idee des Vaterlandes nicht mit Händen greifen an den Farben des Heeres, an der Flagge jedes Schiffes im Hafen, an den tausend sichtbaren Zeichen, womit der Staat den Bürger überzeugt, daß er ein Vaterland hat. Nur im Gedanken lebt dies Land; erarbeiten, erleben muß der Deutsche die Idee des Vaterlandes. Jeder edlere Deutsche hat entscheidungsvolle Jahre durchlebt, da ihm im Verkehre mit

Deutschen aus aller Herren Ländern die Erkenntnis anbrach, was
deutsches Wesen sei, bis endlich der Gedanke, daß es ein Deutschland
gebe, vor seiner Seele stand mit einer unmittelbaren Gewißheit, die
jedes Beweises und jedes Streites spottet. Wachsen wir so erst im
Verkehre mit den Lebendigen zu Deutschen heran, so begreift sich das
Volk als ein Ganzes in seiner Geschichte. Und das ist der Sinn jener
Feste, deren die politisch tiefbewegte Gegenwart nicht müde wird, daß
wir, rückschauend auf die starken Männer, die unseres Geistes Züge
tragen, erfrischen das Bewußtsein unseres Volkstums und stärken den
Entschluß, daß aus dieser idealen Gemeinschaft die Gemeinschaft der
Wirklichkeit, der deutsche Staat erwachse. Darum fällt die Feier solcher
Tage vornehmlich jenen als ein unbestrittenes schönes Vorrecht zu,
die sich nicht genügen lassen an dem leeren Worte von der Einigkeit
der Deutschen, sondern Kopf und Hände regen zum Aufbau des deut=
schen Staates. — Und das auch ist ein rühmliches Zeichen für das lebende
Geschlecht, daß aus der langen Reihe von Jahrhunderten, welche dies
alte Volk hinter sich liegen sieht und in der Gegenwart gleichsam neu
durchlebt, keine Epoche uns so traulich zum Herzen redet, uns so das
Innerste bewegt, wie jene siebzig Jahre seit der Mitte des vorigen
Jahrhunderts, da unser Volk sich losrang zuerst von der Geistes=
herrschaft, dann von dem politischen Joche unheimischer Gewalten.
Erst heute werden die Helden jener Zeit von ihrem Volke verstanden,
besser oft verstanden als von den Zeitgenossen; und wenn es ein Herr=
liches war, eine Zeit zu schauen, die einen Stein und Goethe gebar,
so mögen wir auch als ein Glück preisen, in Tagen zu leben, die
diesen Männern zuerst ganz gerecht geworden.

Ein gesegneter Winkel des obersächsischen Landes fürwahr, der in
kaum hundert Jahren den Deutschen Lessing, Fichte, Rietschel schenkte
— drei Geister im Innersten verwandt, wie fremd sie sich scheinen, der
kühne Zertrümmerer der französischen Regeln unserer Dichtung, der
tapfere Redner und der weiche sinnige Bildhauer — jeder in seiner
Weise ein Träger der besten deutschen Tugend, der Wahrhaftigkeit.
Ein Dorfwebersohn, wuchs Fichte auf in dürftiger Umgebung, in der
altfränkischen Sitte der Lausitzer Bauern. Frühzeitig und stark arbeitet
er im Innern mit dem Verstande und mehr noch mit dem Gewissen.
Der so begierig lernt, daß er eine Predigt nach dem Hören wiederholen
kann, wie rüstig kämpft er doch gegen die Dinge, die so lebendig auf
ihn eindringen! Das schöne Volksbuch vom hörnernen Siegfried wirft

er in den Bach als einen Versucher, der ihm den Geist ablenkt von der
Arbeit. Als ihm dann durch die Gunst eines Edelmannes eine gelehrte
Erziehung auf der Fürstenschule zu Pforta zuteil wird, stemmt sich
der eigenwillige Knabe wider jene Verkümmerung des Gemüts, welche
der familienlosen Erziehung anhaftet, sein waches Gewissen empört sich
gegen die erzwungene Unwahrhaftigkeit der Gedrückten. Er gesteht
seinen herrischen Oberen den Entschluß der Flucht; er flieht wirklich;
auf dem Wege, im Gebete und im Andenken an die Heimat kommt
das Gefühl der Sünde über ihn; er kehrt zurück zu offenem Bekenntnis. So früh sind die Grundzüge seines Wesens gereift, wie zumeist
bei jenen Menschen, deren Größe im Charakter liegt. Der Knabe
schon bezeichnet seine Bücher mit dem Sinnspruch, den der Mann bewährte: Si fractus illabatur orbis, impavidum ferient ruinae.

Schwerer, langsamer entscheidet sich die Richtung seiner Bildung.
Kümmerlich schlägt er sich durch die freudlose Jugend eines armen
Theologen, und sein Stolz — „die verwahrlosteste Seite meines Herzens" — schämt sich bitterlich der Armut. Erst in seinem siebenund-
zwanzigsten Jahre wird ihm das Schicksal gütiger. Er sammelt auf
der weiten Fußwanderung nach einer Hauslehrerstelle in Zürich eine
für jene Zeit ziemlich ausgedehnte Erfahrung von dem Elend des
armen leidenden Volkes, er wird in der Schweiz mit der großen Arbeit
der deutschen Literatur vertraut, er lernt in Zürich das schmucklose
Wesen eines ehrenhaften Freistaates verstehen, das seinem schlichten
Stolze zusagt, und findet dort endlich in Johanna Rahn, einer Nichte
Klopstocks, das herrliche Weib seiner Liebe. Eine verwandte Natur,
sehr ernsthaft, wirtschaftlich nach Schweizer Weise, nicht gar jung
mehr und längst schon gewohnt, ihr warmes Blut in strenger Selbst-
prüfung zu beherrschen, tritt sie ihm fertig und ruhig entgegen, und
oftmals mochten ihre Augen strenge unter dem Schweizerhäubchen her-
vorblicken: „Höre, Fichte, stolz bist du. Ich muß dir's sagen, da
dir's kein anderer sagen kann." Auch in der abhängigen Stellung
des Hauslehrers weiß er sich seine feste Selbstbestimmung zu wahren;
er zwingt die Eltern, die Erziehung bei sich selber anzufangen, führt
ein gewissenhaftes Tagebuch über ihre wichtigsten Erziehungsfehler.
Nach zwei Jahren sieht er sich wieder in die Welt getrieben; eine Fülle
schriftstellerischer Pläne wird entworfen und geht zugrunde.

Da endlich erschien seines inneren Lebens entscheidende Wendung,
als er, bereits achtundzwanzigjährig, in Leipzig durch einen Zufall

Kants „Kritik der reinen Vernunft" kennenlernte. „Der Hauptend=
zweck meines Lebens ist der," hatte er früher seiner Braut geschrieben,
„mir jede Art von (nicht wissenschaftlicher, ich merke darin viel Eitles,
sondern) Charakterbildung zu geben. Ich habe zu einem Gelehrten von
Metier so wenig Geschick als möglich. Ich will nicht bloß denken, ich
will handeln, ich mag am wenigsten denken über des Kaisers Bart."
Und mit der gleichen Verachtung wie auf die Gelehrten von Metier
schaute er hinab auf die „Denkerei und Wisserei" der Zeit, auf jene
Nützlichkeitslehre, welche nur darum nach Erkenntnis strebte, um durch
einzelne hastig und zusammenhanglos aufgegriffene Erfahrungssätze
die Mühsal des Lebens bequemer, behaglicher zu gestalten. Der rechte
Gelehrte sollte gar nicht ahnen, daß das Wissen im Leben zu etwas
helfen könne. Sein Trachten stand nach einer Erkenntnis, die ihn
befähigte, „ein rechtlicher Mann zu sein, nach einem festen Gesetze und
unwandelbaren Grundsätzen einherzugehen". Aber woher diese Sicher=
heit des Charakters, solange sein Gemüt verzweifelte über der Frage,
die vor allen Problemen der Philosophie ihn von früh auf quälend be=
schäftigte, über der Frage von der Freiheit des Willens? Sein logi=
scher Kopf hatte sich endlich beruhigt bei der folgerichtigen Lehre Spi=
nozas, wie Goethes Künstlersinn von der grandiosen Geschlossenheit
dieses Systems gefesselt ward. Sein Gewissen aber verweilt zwar
gern bei dem Gedanken, daß das Einzelne selbstlos untergehe in dem
Allgemeinen, doch immer wieder verwirft es die Idee einer unbedingten
Notwendigkeit, denn „ohne Freiheit keine Sittlichkeit". Welch ein
Jubel daher, als er endlich durch Kant die Autonomie des Willens
bewiesen fand, als er jenes große Wort las, das nur ein Deutscher
schreiben konnte: „Es ist überall nichts in der Welt, überhaupt auch
außerhalb derselben zu denken möglich, was ohne Einschränkung für
gut könnte gehalten werden, als allein ein guter Wille." Über Kants
Werken verlebt er jetzt seine seligsten Tage; all sein vergangenes Leben
erscheint ihm ein gedankenloses Treiben in den Tag hinein, der Weis=
heit Kants verdankt er „seinen Charakter bis auf das Streben, einen
haben zu wollen". Der Verkündigung dieser Lehre soll nun sein Leben
geweiht sein; „ihre Folgen sind äußerst wichtig für ein Zeitalter, dessen
Moral bis in seine Quellen verderbt ist". Und zum sichersten Zeichen,
daß er hier einen Schatz von Gedanken gefunden, der seinem eigensten
Wesen entsprach, entfaltete sich jetzt seine Bildung ebenso rasch und
sicher, als sie schwer und tastend begonnen hatte. Eine Reise nach Polen

und Preußen führte ihn zu dem Weisen von Königsberg, dem er ehr=
fürchtig naht, „wie der reinen Vernunft selbst in einem Menschen=
körper". Bei ihm führt er sich ein durch die rasch entworfene Schrift
„Kritik aller Offenbarung, 1791".

Damit beginnt sein philosophisches Wirken, das näher zu betrachten
nicht dieses Orts noch meines Amtes ist, so reizvoll auch die Aufgabe,
zu verfolgen, wie die Denker, nach dem Worte des alten Dichters, die
Leuchte des Lebens gleich den Tänzern im Fackelreigen von Hand
zu Hand geben. Es genüge zu sagen, daß Fichte die Lehre von der
Selbständigkeit und Unabhängigkeit des Willens mit verwegenster
Kühnheit bis in ihre äußersten Folgesätze hindurchführte. Weil die
Bestimmung unseres Geistes sich nur verwirklichen läßt im praktischen
Handeln, das praktische Handeln aber eine Bühne fordert, deshalb und
nur deshalb ist der Geist gezwungen, eine Außenwelt aus sich heraus=
zuschauen und als eine wirkliche Welt anzunehmen. „Ich bin ja wohl
transzendentaler Idealist," gesteht Fichte, „härter als Kant, denn bei
ihm ist noch ein Mannigfaltiges der Erfahrung; ich aber behaupte mit
dürren Worten, daß selbst dieses von uns durch ein schöpferisches Ver=
mögen reproduziert wird." Hatte Kant die große Wahrheit gefunden,
daß die Dinge sich richten nach der Beschaffenheit unseres Erkenntnis=
vermögens: sein Nachfolger schreitet weiter und behauptet getrost: „Die
Dinge werden erst durch unser Ich geschaffen; es gibt kein Sein, son=
dern nur Handeln; der sittliche Wille ist die einzige Realität." Allein
an der Kühnheit dieser Abstraktionen, der verwegensten, die deutscher
Denkermut zu fassen wagte, können wir den aufrechten Trotz des
Mannes ermessen. Zuversichtlich glauben wir ihm, daß „seine wissen=
schaftliche Ansicht nur die zur Anschauung gewordene innere Wurzel
seines Lebens" selber war; denn „was für eine Philosophie man
wählt, richtet sich danach, was für ein Mensch man ist". In sicherem
Selbstgefühle faßt der Mann sich jetzt zusammen, als die namenlose
Schrift des Anfängers für ein Werk des Meisters Kant gehalten wird
und der triviale Lärm seichter Lobreden ihn rasch die Nichtigkeit der
literarischen Handwerker durchschauen läßt.

So steht sein Charakter vollendet, mannhaft, fast männisch, des
Willens, die ganze Welt unter die Herrschaft des Sittengesetzes zu
beugen, gänzlich frei von Schwächen, jenen kleinen Widersprüchen
wider die bessere Erkenntnis — und eben darum zu einem tragischen
Geschicke bestimmt, zu einer Schuld, die mit seinem Wesen zusammen=

fiel, die er selber unwissend bekannte, indem er sich also verteidigte: „Man paßt bei einer solchen Denkart schlecht in die Welt, macht sich allenthalben Verdruß. Ihr Verächtlichen! Warum sorgt ihr mehr dafür, daß ihr euch den andern anpaßt, als diese euch und sie für euch zurechtlegt?" — Andere für sich zurechtlegen — das ist die herrische Sünde der idealistischen Kühnheit. Als in der Not des Krieges von 1806 sein Weib, einsam zurückgeblieben in dem vom Feinde besetzten Berlin, voll schwerer Sorge um den fernen Gatten, in Krankheit fällt, da schreibt ihr der gewaltige Mann: „Ich hoffte, daß Du unsere kurze Trennung, gerade um der bedeutenden Geschäfte willen, die Dir auf das Herz gelegt waren, ertragen würdest. Ich habe diesen Gedanken bei meiner Abreise Dir empfohlen und habe ihn in Briefen wieder eingeschärft. Starke Seelen, und Du bist keine schwache, macht so etwas stärker — und doch!" So hart kann er reden zu ihr, die ihm die Liebste ist; denn er glaubt an die Allmacht der Wahrheit. Ihm ist kein Zweifel, wo die rechte Erkenntnis sei, da könne das rechte Handeln, ja das rechte Schicksal nicht fehlen, und jeden Einwand menschlicher Gebrechlichkeit weist er schroff zurück. Darum keine Spur von Humor, von liebenswürdigem Leichtsinn, nichts von Anmut und Nachgiebigkeit in ihm, der das derbe Wort gesprochen: „Eine Liebenswürdigkeitslehre ist vom Teufel." Nichts von jener Sehnsucht nach der schönheitssatten Welt des Südens, die Deutschlands reiche Geister in jenen Tagen beherrschte. Unfähig, ungeneigt sich liebevoll zu versenken in eine fremde Seele, verkündet er kurzab, er lehre alle Dinge nur von einer Seite zu betrachten, „nämlich von der rechten".

Entfremdet der Natur, die ihm nur besteht, um unterjocht zu werden von dem Geiste, mahnt er zur Hingebung, zur Selbstvergessenheit eine sinnliche, selbstsüchtige Zeit: auch essen und trinken sollen wir nur um Gottes willen. Nicht die leiseste sinnliche Vorstellung soll uns den erhabenen Gottesgedanken trüben: „Ein Gott, der der Begierde dient, ist ein Abgott. Gott will nicht, Gott kann nicht das Gute, das wir gern möchten, uns geben außer durch unsere Freiheit; Gott ist überhaupt nicht eine Naturgewalt, wie die blinde Einfalt wähnt, sondern ein Gott der Freiheit." Die Freuden des Himmels, die bequeme Tröstung schwacher Gemüter, müssen schwinden vor einer geistigeren Auffassung: „die Ewigkeit kommt der neuen Zeit mitten in ihre Gegenwart hinein"; die vollendete Freiheit, die Einheit mit Gott ist schon im Diesseits möglich.

Beseelt von solchen Gedanken der Ertötung alles Fleisches, der asketischen Sittenstrenge, ist Fichte ein unästhetischer Held geblieben, wie groß er auch dachte von der Kunst, die der Natur den majestätischen Stempel der Idee aufdrücke. Auch in ihm, wie in allen edleren Söhnen jener an den Helden Plutarchs gebildeten Tage, wogte und drängte ein großer Ehrgeiz; er gedachte an seine Existenz für die Ewigkeit hinaus für die Menschheit und die ganze Geisterwelt Folgen zu knüpfen; aber, fährt er fort, „ob ich's tat braucht keiner zu wissen, wenn es nur geschieht!" Jene hohe Leidenschaft, die dem strengsten aller Dichter, Milton, nur als die letzte Schwäche edlerer Naturen erscheint, der Durst nach Ruhm, wird scharf und schonungslos als eine verächtliche Eitelkeit verworfen von dieser selbstgewissen Tugend, welche leben will aus dem erkannten rein Geistigen heraus. In Augenblicken des Zweifels — als gelte es Schillers witziges Epigramm zu bewähren — prüft der gestrenge Mann, auf welcher Seite seine Neigung stehe, um dann mit freudiger Sicherheit des anderen Weges zu gehen. Selber folgerichtig im Kleinsten wie im Größten, sagt er den Zeitgenossen erbarmungslos auf den Kopf zu, welches die notwendigen Folgen ihrer weichlichen Grundsätze seien. Trocken spricht er: „Dies weiß man gewöhnlich nicht, gibt es nicht zu, ärgert sich daran, glaubt es nicht; aber es kann alles dieses nichts helfen, so ist's." Er findet unter den Menschen nur wenige bösartig und gewalttätig — „denn hierzu gebricht es bei der Mehrzahl an Kraft: — sondern sie sind in der Regel bloß dumm und unwissend, feige, faul und niederträchtig". In diese Welt tritt er ein mit dem stolzen Bewußtsein eines apostolischen Berufs: „So bin ich drum wahrhaft Stifter einer neuen Zeit — der Zeit der Klarheit — bestimmt angebend den Zweck alles menschlichen Handelns, mit Klarheit Klarheit wollend. Alles andere will mechanisieren, ich will befreien." — Wenn Goethe fürchtete, der eigenrichtige Mann sei für sich und die Welt verloren: für den Philosophen war das Widerstreben der Welt gar nicht vorhanden. „Wenn ich im Dienste der Wahrheit stürbe," sagt er einfach, „was täte ich dann weiter als das, was ich schlechthin tun müßte?" —

Eine Eloge zu halten ist nicht deutsche Weise, und in Fichtes Geiste am wenigsten würde ich handeln, wenn ich nicht trotzig sagte, wie gar fremd unserer Zeit, die an sich selber glaubt und glauben soll, dieser Idealismus geworden ist, der so nur einmal möglich war und keinen Schüler fand. Seit jenen Tagen ist das Leben unseres Volkes ein großer Werkeltag gewesen. Wir haben begonnen in harter Arbeit den Gedanken der Welt einzubilden und sind darüber der Natur freundlich nähergetreten. Sehr vieles nehmen wir bescheiden hin als Ergebnis der Natur und Geschichte, was Fichte dem Sittengesetze zu unterwerfen sich vermaß. Mit dem steigenden Wohlstande ist ein hellerer Weltsinn in die Geister eingezogen; ein schönes Gleichmaß von Genuß und Tat soll uns das Leben sein. Wer unter uns bezweifelt, daß die Sittlichkeit der Athener eine reinere war als die Tugend der Spartaner und dem Genius unseres Volkes vertrauter ist? Seitdem ist auch die gute Laune wieder zu ihrem Rechte gelangt, wir heißen sie willkommen selbst mitten in der Spannung des Pathos; die kecke Vermischung von Scherz und Ernst in Shakespeares Gedichten ist erst dem realistischen Sinne der Gegenwart wieder erträglich geworden. Doch eben weil jener Idealismus Fichtes unserem Sinne so fern liegt, weil längst der Zeit verfiel, was daran vergänglich war, weil Lust und Not des rastlosen modernen Lebens uns von selber ablenken von jeder Überspannung des Gedankens — ebendeshalb gereicht es unseren fröhlicheren Tagen zum Segen, sich in diese weltverachtenden Ideen weltverachtender Sittlichkeit zu versenken wie in ein stählendes Bad der Seele, Selbstbeherrschung daran zu lernen und zu gedenken, daß ein tatloses Wesen dem Humor anhaftet und der Dichter sicher wußte, warum er seinem Hamlet die Fülle sprudelnden Witzes lieh. Wie beschämt muß all unsere heitere Klugheit verstummen vor dem einen Worte: „Nur über den Tod hinweg, mit einem Willen, den nichts, auch nicht der Tod, beugt und abschreckt, taugt der Mensch etwas."

Noch immer, leider, werden übergeistreiche Beurteiler nicht müde, das Bild des Denkers in eine falsche Beleuchtung zu rücken. Man nennt ihn einen Gesinnungsgenossen der Romantiker — ihn, dessen spartanische Strenge so recht den Gegensatz bildet zu der vornehm spielenden Ironie der Romantiker — ihn, der, obwohl nicht frei von mystischen Stimmungen, dennoch als ein herber Protestant für alle katholisierenden Richtungen nur Worte schärfster Verachtung hatte. Auch Fichte genoß ein wenig von dem Segen jener schönen, reizvollen Geselligkeit, welche die Gegenwart nicht mehr kennt; geistreiche Frauen saßen zu seinen Füßen und stritten sich um die Ehre, ihm Famulusdienste zu leisten, wenn er über die höchsten Gegenstände der Erkenntnis sprach. Und doch ist nie ein Mann freier gewesen von jeder romantischen Vergötterung der Frauen. Abhängigkeit, Bedürftigkeit war ihm das Wesen des Weibes. Leidenschaftslos, voll warmer, treuer Zuneigung steht er ehrenfest neben seinem Weibe, gleich einem jener derben Bürger auf alten deutschen Holzschnitten; kein schöneres Lob weiß er ihr zu sagen als „männlichere Seele, Johanna"! — Das Ärgste aber in der Umkehrung der Wissenschaft hat Stahl geleistet; er nennt Napoleon das verkörperte weltschaffende Ich Fichtes. Also, in dem Helden der souveränen Selbstsucht wäre Fleisch geworden das System des deutschen Denkers, der unermüdlich eifert, es sei die Seligkeit des Ich, sich der Gattung zu opfern?! — Auch das ist vielen ein Rätsel gewesen, wie dieser schroffe, schneidige Charakter gerade aus dem obersächsischen Stamme hervorgehen konnte. Er selber sagt von seiner Heimat, sie berge „einen Grab von Aufklärung und vernünftiger Religionskenntnis, wie ihn in dieser Ausdehnung gegenwärtig kein Land in Europa besitzt". Doch das alles sei „durch eine mehr als spanische Inquisition eingezwängt. Daraus entsteht denn eine knechtische, lichtscheue, heuchlerische Denkungsart." In der Tat, alle Voraussetzungen echter Geistesfreiheit, eine Fülle von Bildungsmitteln, eine weit verbreitete Volkskultur waren vorhanden in dem Mutterlande der Reformation. Aber Druck von oben und das Übermaß geistigen Schaffens, dem kein großes politisches Wirken das Gegengewicht hielt, hatten in dem ohnedies mehr elastischen als massiven Stamme endlich jene Schmiegsamkeit und Höflichkeit erzeugt, welche schroffe, reformatorische Naturen nur schwer erträgt. Nächst dem schwäbischen hat das obersächsische Land die größte Zahl von Helden des deutschen Geistes geboren; aber Obersachsen verstieß die Mehrzahl seiner freieren Söhne. In allen diesen Heimatlosen, in Pufendorf und Thomasius, in Lessing und Fichte, erhebt sich der freie Geist, der solange mit der zahmen Sitte seiner Umgebung gerungen, zu schroffem Stolze; rücksichtsloser Freimut wird ihnen allen zur Leidenschaft. —

Dem Vielgewanderten kamen endlich frohere Tage, als eine Änderung seiner äußeren Lage ihm erlaubte, seine treue Johanna heimzuführen, und der Ruf ihn traf zu der Stelle, die ihm gebührte, zum akademischen Lehramte in Jena. Schon der erste Plan des jungen Mannes war der kecke Gedanke gewesen, eine Rednerschule zu gründen in einem Volke ohne Rednerbühne. Nach seiner Auffassung der Geschichte wurden alle großen Weltangelegenheiten dadurch entschieden, daß ein freiwilliger Redner sie dem Volke darlegte, und er selber war zum Redner geboren. Zur Tat berufen sind jene feurigen Naturen,

denen Charakter und Bildung zusammenfallen, jede Erkenntnis als ein
lebendiger Entschluß in der Seele glüht; doch nicht das unmittelbare
Eingreifen in die Welt konnte den weltverachtenden Denker reizen.
Von ihm vor allem gilt das Stichwort des philosophischen Idealismus
jener Tage, daß es für den wahrhaft sittlichen Willen keine Zeit gibt,
daß es genügt, der Welt den Anstoß zum Guten zu geben. Auf den
Willen der Menschen zu wirken, des Glaubens, daß daraus irgendwo
und irgendwann die rechte Tat entstehen werde, das war der Beruf
dieses eifernden, geselligen Geistes. Daher jener Brustton tiefster
Überzeugung, der, wie alles Köstlichste des Menschen, sich nicht
erklären noch erkünsteln läßt. Daher auch der Erfolg — in diesem
seltenen Falle ein sehr gerechter Richter — denn was der große Haufe
sagt: „Ihm ist es Ernst," das bezeichnet mit plumpem Wort und
feinem Sinn den geheimsten Zauber menschlicher Rede. Vergeblich
suchen wir bei Fichte jene Vermischung von Poesie und Prosa, womit
romanische Redner die Phantasie der Hörer zu blenden lieben. Sogar
die Neigung fehlt ihm, freie Worte als ein Kunstwerk abzuschließen;
der Adel der Form soll sich ihm gleich der guten Sitte ungesucht er=
geben aus der vollendeten Bildung. Nur aus der vollkommenen Klar=
heit erwächst ihm jede Bewegung des Herzens; die Macht seiner Rede
liegt allein begründet in dem Ernste tiefen gewissenhaften Denkens,
eines Denkens freilich, das sichtbar vor unseren Augen entsteht.

Er strebt nach der innigsten Gemeinschaft mit seinen Hörern; an
der Energie seines eigenen Denkens soll ihre Selbsttätigkeit sich ent=
zünden; er liebt es, „eine Anschauung im Diskurs aus den Menschen
zu entwickeln". „Ich würde," sagt er schon in einer Jugendschrift, „die
Handschrift ins Feuer werfen, auch wenn ich sicher wüßte, daß sie die
reinste Wahrheit, auf das bestimmteste dargestellt, enthielte, und zu=
gleich wüßte, daß kein einziger Leser sich durch eigenes Nachdenken davon
überzeugen würde." Diese Selbstbesinnung des Hörers zu erwecken,
ihn hindurchzupeitschen durch alle Mühsal des Zweifels, angestrengter
geistiger Arbeit — dies ist der höchste Triumph seiner Beredsamkeit,
und es ist da kein Unterschied zwischen den „Reden" und den Druck=
schriften; alle seine Werke sind Reden, das Denken selber wird ihm
alsbald zur erregten Mitteilung. Ein Meister ist er darum in der
schweren Kunst des Wiederholens; denn wessen Geist fortwährend und
mit schrankenloser Offenheit arbeitet, der darf das hundertmal Gesagte
noch einmal sagen, weil es ein neues ist in jedem Augenblicke, wie jeder

Augenblick ein neuer ist. Doch vor allem, er denkt groß von seinen Hörern, edel und klug, zugleich hebt er sie zu sich empor, statt sich zu ihnen herabzulassen. Die Jugend vornehmlich hat dies dankend empfunden; denn der die Menschheit so hoch, das gegenwärtige Zeitalter so niedrig achtete, wie sollte er nicht das werdende Geschlecht lieben, das noch rein geblieben war von der Seuche der Zeit? Der stets nur den ganzen Menschen zu ergreifen trachtete, er war der geborene Lehrer jenes Alters, das der allseitigen Ausbildung der Persönlichkeit lebt, bevor noch die Schranken des Berufs den Reichtum der Entwicklung beengen. Endlich — fassen wir die Größe des Redners in dem einen von tausend Hörern wiederholten Lobe zusammen — was er sprach, das war er. Wenn er die Hörenden beschwor, eine Entschließung zu fassen, nicht ein schwächliches Wollen irgend einmal zu wollen, wenn er die Macht des Willens mit Worten verherrlichte, die selbst einem Niebuhr wie Raserei erschienen: da stand er selber, die gedrungene überkräftige Gestalt mit dem aufgeworfenen Nacken, den streng geschlossenen Lippen, strafenden Auges, nicht gar so mild und ruhig, wie Wichmanns Büste ihn zeigt, welche die Verklärung des Toten verkörpert, voll trotzigen Selbstgefühles und doch hoch erhaben über der Schwäche beliebter Redner, der persönlichen Eitelkeit — in jedem Zuge der Mann der durchdachten Entschließung, die des Gedankens Blässe nicht berührte. Darum hat sich von allen Lehrern, die neuerdings an deutschen Hochschulen wirkten, sein Bild den jungen Gemütern am tiefsten eingegraben; sein Schatten ist geschritten durch die Reihen jener streitbaren Jugend, die für uns blutete und in seinem Sinne ein Leben ohne Wissenschaft höher achtete denn eine Wissenschaft ohne Leben.

Jene „mehr als spanische Inquisition" seiner Heimat sollte endlich auch ihn ereilen. Eine pöbelhafte Anklage bezichtigte Fichte bei dem kursächsischen Konsistorium des Atheismus und vertrieb ihn aus Jena, weil er nicht instande war, den Schein des Unrechts auf sich zu nehmen, wo sein Gewissen ihm recht gab. Da wollte eine glückliche Fügung, daß der Rat des Ministers Dohm ihn nach Preußen führte, in den Staat, der gerade diesem Manne eine Heimat werden mußte. Der Staat Preußen hat den Lehrer und Philosophen zum Patrioten gebildet.

Ein strenger Geist harter Pflichterfüllung war diesem Volke eingeprägt durch das Wirken willensstarker Fürsten, fast unmenschlich schwer die Lasten, die auf Gut und Blut der Bürger drückten. Was andere schreckte, Fichte zog es an. Nur das eine mochte ihn abstoßen, daß jener Sinn der Strenge schon zu weichen begann, daß zu Berlin bereits ein Schwelgen in weichlichen unpoetischen Empfindungen, eine seichte, selbstzufriedene Aufklärung sich brüstete, deren Haupt Nikolai unser Held bereits in einer seiner totschlagenden humorlosen Streitschriften gezüchtigt hatte. Ein rührender Anblick, wie nun der Kühnste der deutschen Idealisten den schweren Weg sich bahnt, den alle Deutschen jener Tage zu durchschreiten hatten, den Weg von der Erkenntnis der menschlichen Freiheit zu der Idee des Staates: wie ihn, dem die Außenwelt gar nicht bestand, die Erfahrung belehrt und verwandelt. Noch zur Zeit der Austerlitzer Schlacht konnte er schreiben: „Welches ist denn das Vaterland des wahrhaft ausgebildeten christlichen Europäers? Im allgemeinen ist es Europa, insbesondere ist es in jedem Zeitalter derjenige Staat in Europa, der auf der Höhe der Kultur steht. Mögen doch die Erdgeborenen, welche in der Erdscholle, dem Flusse, dem Berge ihr Vaterland erkennen, Bürger des gesunkenen Staates bleiben; sie behalten, was sie wollten und was sie beglückt. Der sonnenverwandte Geist wird unwiderstehlich angezogen werden und hin sich wenden, wo Licht ist und Recht. Und in diesem Weltbürgersinne können wir über die Handlungen und Schicksale der Staaten uns beruhigen, für uns selbst und für unsere Nachkommen bis an das Ende der Tage." Dann ward durch den Wandel der Weltgeschicke auch der Sinn des weltverachtenden Philosophen nicht verwandelt, aber vertieft und zu hellerem Verständnis seiner selbst geführt. Kein Widerspruch allerdings, aber eine höchst verwegene Weiterentwicklung, wenn Fichte jetzt erkennt, daß der Deutsche Licht und Recht nur in Deutschland finden könne. Er begreift endlich, daß der Kosmopolitismus in Wirklichkeit als Patriotismus erscheine, und verweist den einzelnen auf sein Volk, das „unter einem besonderen Gesetze der Entwicklung des Göttlichen aus ihm" stehe. —

Längst schon war der Philosoph der freien Tat durch das Wesen seines Denkens auf jene Wissenschaft geführt worden, welche den nach außen gerichteten Willen in seiner großartigsten Entfaltung betrachtet. Aber sehr langsam nur lernte er die Würde, den sittlichen Beruf des Staates verstehen. Auch er sah — gleich der gesamten deutschen Staatswissenschaft, die ihre Heimat noch allein auf dem Katheder fand — im Staate zuerst nur ein notwendiges Übel, eine Anstalt des Zwanges, gegründet durch freiwilligen Vertrag, um das Eigentum

der Bürger zu schützen. Unversöhnlichen Krieg kündete er dem Ge=
danken an, daß der Fürst für unsere Glückseligkeit sorge: „Nein, Fürst,
du bist nicht unser Gott; gütig sollst du nicht gegen uns sein, du sollst
gerecht sein." Diese Rechtsanstalt des Staates aber soll sich ent=
wickeln zur Freiheit, also daß jeder das Recht habe, „kein Gesetz an=
zuerkennen, als welches er sich selbst gab"; der Staat muß das Prinzip
der Veränderung in sich selber tragen. — Der also dachte, war längst
gewohnt, von dem vornehmen und geringen Pöbel sich einen Demo=
kraten schelten zu lassen. Und radikal genug, mit dem harten rheto=
rischen Pathos eines Jakobiners, hatte er einst die Revolution begrüßt
als den Anbruch einer neuen Zeit, und die staatsmännische Kälte, womit
Rehberg die große Umwälzung betrachtete, gröblich angegriffen. Mit
grimmiger Bitterkeit hatte er dann die Denkfreiheit zurückgefordert
von den Fürsten; denn die einzigen Majestätsverbrecher sind jene, „die
euch anraten, eure Völker in der Blindheit und Unwissenheit zu lassen
und freie Untersuchungen aller Art zu hindern und zu verbieten."

Doch im Grunde ward sein Geist nur von einer Erscheinung der
Revolution mächtig angezogen: von dem Grundsatze der Gleichheit des
Rechts für alle Stände. Privilegien fanden keine Gnade vor diesem
konsequenten Kopfe: aus seinen heftigen Ausfällen wider den Adel
redet der Zorn des sächsischen Bauernsohns, der eben jetzt seine miß=
handelten Standesgenossen sich erheben sah gegen ihre abligen Be=
drücker. Sehr fern dagegen stand er den Ideen der modernen Demo=
kratie, welche die freieste Bewegung des einzelnen im Staate verlangen;
eine harte Rechtsordnung sollte jede Willkür des Bürgers bändigen.
Dieser despotische Radikalismus trat in seiner ganzen Starrheit her=
vor, als er jetzt das Gebiet des „Naturrechts" verließ und das wirt=
schaftliche Leben der Völker betrachtete. In sozialistischen Ideen ist
jederzeit der verwegenste Idealismus mit dem begehrlichsten Materia=
lismus zusammengetroffen. Durch die Mißachtung des banausischen
Getriebes der Volkswirtschaft wurde Platon auf das Idealbild seiner
kommunistischen Republik und die Alten alle zu dem Glaubenssatze ge=
führt, daß der gute Staat des Notwendigen die Fülle besitzen müsse;
durch die Überschätzung der materiellen Güter gelangten die modernen
Kommunisten zu ihren luftigen Lehren. Und wieder die Verachtung
alles weltlichen Genusses verleitete den deutschen Philosophen zu dem
vermessenen Gedanken: der Staat, als eine lediglich für die niederen
Bedürfnisse des Menschen bestimmte Zwangsanstalt, müsse sorgen für

die gleichmäßige Verteilung des Eigentums. Solchem Sinne entsprang
die despotische Lehre von dem „geschlossenen Handelsstaate", der in
spartanischer Strenge sich absperren sollte von den Schätzen des Aus=
landes und das Schaffen der Bürger also regeln sollte, daß ein jeder
leben könne von seiner Arbeit.

Auf dem Gebiete des Rechtes und der Wirtschaft gelang es dem
Idealisten wenig, die Welt für sich zurechtzulegen. Indessen sank der
Staat der Deutschen tiefer und tiefer. „Deutsche Fürsten," ruft
Fichte zornig, „würden vor dem Dey von Algier gekrochen sein und den
Staub seiner Füße geküßt haben, wenn sie nur dadurch zum Königs=
titel hätten kommen können." In diesen Tagen der Schmach brach
ihm endlich die Erkenntnis an von dem Tiefsinn und der Größe des
Staatslebens. Er sah vor Augen, wie mit dem Staate auch die Sitt=
lichkeit der Deutschen verkümmerte, er begriff jetzt, daß dem Staate
eine hohe sittliche Pflicht auferlegt sei, die Volkserziehung. Auf diesem
idealsten Gebiete der Staatswissenschaft hat Fichte seine tiefsten
politischen Gedanken gedacht. Wir fragen erstaunt: wie nur war es
möglich? Ist doch dem Politiker die Erfahrung nicht eine Schranke,
sondern der Inhalt seines Denkens. Hier gilt es, nach Aristoteles'
Vorbild, mit zur Erde gewandtem Blicke eine ungeheure Fülle von
Tatsachen zu beherrschen, Ort und Zeit abwägend zu schätzen, die
Gewalten der Gewohnheit, der Trägheit, der Dummheit zu berechnen,
den Begriff der Macht zu erkennen, jenes geheimnisvolle allmähliche
Wachsen der geschichtlichen Dinge zu verstehen, das die moderne Wissen=
schaft mit dem viel mißbrauchten Worte „organische Entwicklung"
bezeichnet. Wie sollte er dies alles erkennen? Er, dessen Bildung
in die Tiefe mehr als in die Breite ging, der die Menschheit zur
Pflanze herabgewürdigt sah, wenn man redete von dem langsamen
natürlichen Reifen des Staates? Er hat es auch nicht erkannt;
nicht einen Schritt weit kam sein Idealismus der Wirklichkeit ent=
gegen. Aber er lebte in Zeiten, da allein der Idealismus uns
retten konnte, in einem Volke, das, gleich ihm selber, von den Ideen
der Humanität erst herabstieg zur Arbeit des Bürgertums, in einer
Zeit, die nichts dringender bedurfte als jenen „starken und gewissen
Geist", den er ihr zu erwecken dachte. Mit der Schlacht von Jena
schien unsere letzte Hoffnung gebrochen; „der Kampf — so schildert
Fichte das Unheil und den Weg des Heils — der Kampf mit den
Waffen ist beschlossen; es erhebt sich, so wir es wollen, der neue

Kampf der Grundsätze, der Sitten, des Charakters." Wohl mögen
wir erstaunen, wie klar der Sinn des nahenden Kampfes in diesen
Tagen der Ermannung von allen verstanden ward, wie diese Worte
Fichtes überall ein Echo fanden. Die Regierung selber erkannte, daß
allein ein Volkskrieg retten könne, allein die Entfesselung aller Kräfte
der Nation, der sittlichen Mächte mehr noch als der physischen —
„einer der seltenen, nicht oft erlebten Fälle," sagt Fichte rühmend, „wo
Regierung und Wissenschaft übereinkommen." So, gerade so, auf
dieser steilen Spitze mußten die Geschicke unseres Volkes stehen, einen
Krieg der Verzweiflung mußte es gelten um alle höchsten Güter des
Lebens, eine Zeit mußte kommen von jenen, die wir die großen Epochen
der Geschichte nennen, da alle schlummernden Gegensätze des Völker=
lebens zum offenen Durchbruch gelangen, die Stunde mußte schlagen
für eine Staatskunst der Ideen, wenn gerade dieser Denker unmittel=
bar eingreifen sollte in das staatliche Leben.

Nicht leicht ward ihm, seine Stelle zu finden unter den Männern,
die dieser Staatskunst der Ideen dienten. Denn was den Nach=
lebenden als das einfache Werk einer allgemeinen fraglosen Volksstim=
mung erscheint, das ist in Wahrheit erwachsen aus harten Kämpfen
starker, eigenwilliger Köpfe. Wie fremd stehen sie doch nebeneinander:
unter den Staatsmännern Stein, der Gläubige, der schroffe Aristokrat,
und Hardenberg, der Jünger französischer Aufklärung, und Humboldt,
der moderne Hellene, und Schön, der trotzige Kantianer; unter den
Soldaten die denkenden Militärs, die Scharnhorst und Clausewitz,
denen die Kriegskunst als ein Teil der Staatswissenschaft erschien,
und Blücher, dem der Schreibtisch Gift war, der eines nur verstand
— den Feind zu schlagen, und York, der Mann der alten militärischen
Schule, der Eiferer wider das Nattergezücht der Reformer; unter den
Denkern und Künstlern neben Fichte Schleiermacher, dessen Milde
jener als leichtsinnig und unsittlich verwarf, und Heinrich v. Kleist,
der als ein Dichter mit unmittelbarer Leidenschaft empfand, was Fichte
als Denker erkannte. Ihm zitterte die Feder in der Hand, wenn er in
stürmischen Versen die Enkel der Kohortenstürmer, die Römerüber=
winderbrut zum Kampfe rief. Einen Schüler Fichtes meinen wir zu
hören, wenn Kleist seinem Könige die Türme der Hauptstadt mit
den stolzen Worten zeigt: „Sie sind gebaut, o Herr, wie hell sie
blinken, für beßre Güter in den Staub zu sinken." Und er selber
war es, der Fichte die höhnenden Verse ins Gesicht warf:

Setzet, ihr träft's mit eurer Kunst und zögt uns die Jugend
nun zu Männern wie ihr: liebe Freunde, was wär's?
Wenn er seine Adler geschändet sah von den Fremden, wie mochte
der stolze Offizier ertragen, daß dieser Schulmeister herantrat, die
Nöte des Augenblicks durch die Erziehung des werdenden Geschlechts
zu heilen? Und dennoch haben sie zusammengewirkt, die Männer, die
sich befehdeten und schalten, einträchtig in dem Kampfe der Idee gegen
das Interesse, der Idee des Volkstums wider das Interesse der
nackten Gewalt.

Schon vor der Schlacht von Jena hatte sich Fichte erboten, mit
dem ausrückenden Heere als weltlicher Prediger und Redner, „als Gesandter der Wissenschaft und des Talents", zu marschieren, denn was
— ruft er in seiner kecken, die Weihe des Gedankens mitten in die
matte Wirklichkeit hineintragenden Weise — „was ist der Charakter
des Kriegers? Opfern muß er sich können; bei ihm kann die wahre
Gesinnung, die rechte Ehrliebe gar nicht ausgehen, die Erhebung zu
etwas, das über dies Leben hinaus liegt." Doch das letzte Heer des
alten Regimes hätte solchen Geist nicht ertragen. Die Stunden der
Schande waren gekommen. Fichte floh aus Berlin und sprach: „Ich
freue mich, daß ich frei geatmet, geredet, gedacht habe und meinen
Nacken nie unter das Joch des Treibers gebogen." Auch ihn über-
wältigte jetzt auf Augenblicke die Verzweiflung, da er zufrieden sein
wollte, ein ruhiges Plätzchen zu finden, und es den Enkeln überlassen
wollte zu reden — „wenn bis dahin Ohren wachsen zu hören!"
Nicht die Zuversicht fand er wieder, aber die Stärke des Pflichtgefühls,
als er nach dem Frieden dennoch redete zu den Lebendigen ohne Hoffnung für sie, „damit vielleicht unsere Nachkommen tun was wir einsehen, weil wir leiden, weil unsere Väter träumten". In Stunden
einsamer Sammlung war nun sein ganzes Wesen „geweiht, geheiligt";
der alte Grundgedanke seines Lebens, in eigener Person das Absolute
zu sein und zu leben, findet in dieser weihevollen Stimmung eine neue
religiöse Form, erscheint ihm als die Pflicht „des Lebens in Gott".
Rettung um jeden Preis — dieser ungeheuren Notwendigkeit, die
leuchtend vor seiner Seele stand, hatte er manches geopfert von der
Starrheit des Theoretikers. Er pries jetzt sogar Machiavellis Weisheit der Verzweiflung; denn von der entgegengesetzten, der niedrigsten,
Schätzung des Menschenwertes gelangte dieser Verächter aller her-
gebrachten Sittlichkeit doch zu dem gleichen Endziele, der Rettung des

großen Ganzen auf Kosten jeder Neigung des einzelnen. Gereift und gefestigt ward dieser Ideengang, als Fichte jetzt sich schulte an den großartig einfachen Mitteln uralter Menschenbildung, an Luthers Bibel und an der knappen Form, der herben Sittenstrenge des Tacitus.

Also vorbereitet hielt er im Winter 1807/8, belauscht von fremden Horchern, oft unterbrochen von den Trommeln der französischen Besatzung, zu Berlin die „Reden an die deutsche Nation". Sie sind das edelste seiner Werke, denn hier war ihm vergönnt, unmittelbar zu wirken auf das eigentlichste Objekt des Redners, den Willen der Hörer; ihnen eigen ist im vollen Maße jener Vorzug, den Schiller mit Recht als das Unterpfand der Unsterblichkeit menschlicher Geisteswerke pries, doch mit Unrecht den Schriften Fichtes absprach, daß in ihnen ein Mensch, ein einziger und unschätzbarer, sein innerstes Wesen abgebildet habe. Doch auch der Stadt sollen wir gedenken, die, wie eine Sandbank in dem Meere der Fremdherrschaft, dem kühnen Redner eine letzte Freistatt bot; die hocherregte Zeit und die hingebend andächtigen Männer und Frauen sollen wir preisen, welche des Redners schwerem Tiefsinn folgten, den selbst der Leser heute nur mit Anstrengung versteht. Riesenschritte — hebt Fichte an — ist die Zeit mit uns gegangen; durch ihr Übermaß hat die Selbstsucht sich selbst vernichtet. Doch aus der Vernichtung selber erwächst uns die Pflicht und die Sicherheit der Erhebung. Damit die Bildung der Menschheit erhalten werde, muß diese Nation sich retten, die das Urvolk unter den Menschen ist durch die Ursprünglichkeit ihres Charakters, ihrer Sprache. — Unterdrücken wir strenge das wohlweise Lächeln des Besserwissens. Denn fürwahr ohne solche Überhebung hätte unser Volk den Mut der Erhebung nie gefunden wider die ungeheure Übermacht. Freuen wir uns vielmehr an der feinen Menschenkenntnis des Mannes, der sich gerechtfertigt hat mit dem guten Worte: „Ein Volk kann den Hochmut gar nicht lassen, außerdem bleibt die Einheit des Begriffs in ihm gar nicht rege." — Diesem Urvolke hält der Redner den Spiegel seiner Taten vor. Er weist unter den Werken des Geistes auf die Größe von Luther und Kant, unter den Werken des Staates — er, der in Preußen wirkte und Preußen liebte — auf die alte Macht der Hansa und preist also die streitbaren, die modernen Kräfte unseres Volkstums — im scharfen und bezeichnenden Gegensatze zu Fr. Schlegel, der in Wien zu ähnlichem Zwecke an die romantische Herrlichkeit der Kaiserzeit erinnerte.

In diesem hochbegnadeten Volke soll erweckt werden „der Geist der höheren Vaterlandsliebe, der die Nation als die Hülle des Ewigen umfaßt, für welche der Edle mit Freuden sich opfert, und der Unedle, der nur um des ersteren willen da ist, sich eben opfern soll." Und weiter — nach einem wundervollen Rückblick auf die Fürsten der Reformation, die das Banner des Aufstandes erhoben nicht um ihrer Seligkeit willen, deren sie versichert waren, sondern um ihrer ungeborenen Enkel willen — „die Verheißung eines Lebens auch hienieden, über die Dauer des Lebens hinaus, allein diese ist es, die bis zum Tode fürs Vaterland begeistern kann". Nicht Siegen oder Sterben soll unsere Losung sein, da der Tod uns allen gemein und der Krieger ihn nicht wollen darf, sondern Siegen schlechtweg. Solchen Geist zu erwecken, verweist Fichte auf das letzte Rettungsmittel, die Bildung der Nation „zu einem durchaus neuen Selbst" — und fordert damit, was in anderer Weise E. M. Arndt verlangte, als er der übergeistigen Zeit eine Kräftigung des Charakters gebot. Noch war die Nation in zwei Lager gespalten. Die einen lebten dahin in mattherziger Trägheit, in der lauwarmen Gemütlichkeit der alten Zeit; ihnen galt es eine große Leidenschaft in die Seele zu hauchen: „Wer nicht sich als ewig erklärt, der hat überhaupt nicht die Liebe und kann nicht lieben sein Volk." Das sind dieselben Töne, die später Arndt anschlug, wenn er dem Wehrmann zurief: „Der Mensch soll lieben bis in den Tod und von seiner Liebe nimmer lassen noch scheiden; das kann kein Tier, weil es leicht vergisset." Den anderen schwoll das Herz von heißem Zorne; schon war unter der gebildeten Jugend die Frage, wie man Napoleon ermorden könne, ein gewöhnlicher Gegenstand des Gesprächs. Diese wilde Leidenschaft galt es zu läutern und zu adeln: „Nicht die Gewalt der Arme, noch die Tüchtigkeit der Waffen, sondern die Kraft des Gemütes ist es, welche Siege erkämpft." Ein neues Geschlecht soll erzogen werden fern von der Gemeinheit der Epoche, entrissen dem verderbten Familienleben, erstarkend zu völliger Verleugnung der Selbstsucht durch eine Bildung, die nicht ein Besitztum, sondern ein Bestandteil der Personen selber sei. In Pestalozzis Erziehungsplänen meint Fichte das Geheimnis dieser Wiedergeburt gefunden. War doch in ihnen der Lieblingsgedanke des Philosophen verkörpert, daß der Wille, „die eigentliche Grundwurzel des Menschen", die geistige Bildung nur ein Mittel für die sittliche sei; gingen sie doch darauf aus, die Selbsttätigkeit des Schülers fort und fort zu erwecken. Wenn die Stein und Humboldt

unbefangen den gesunden Kern dieser Pläne würdigten: dem Philosophen war kein Zweifel, der Charakter der Pestalozzischen Erziehungs-
weise sei — „ihre Unfehlbarkeit"; fortan sei nicht mehr möglich, daß
der schwache Kopf zurückbleibe hinter dem starken.

Zu solchem Zwecke redet er „für Deutsche schlechtweg, von Deutschen schlechtweg, nicht anerkennend, sondern durchaus beiseite setzend
und wegwerfend alle die trennenden Unterscheidungen, welche unselige
Ereignisse seit Jahrhunderten in der einen Nation gemacht haben".
„Bedenket — beschwört er die Hörer —, daß ihr die letzten seid, in
deren Gewalt diese große Veränderung steht. Ihr habt doch noch die
Deutschen als eines nennen hören, ihr habt ein sichtbares Zeichen
ihrer Einheit, ein Reich und einen Reichsverband, gesehen oder davon
vernommen, unter euch haben noch von Zeit zu Zeit Stimmen sich
hören lassen, die von dieser höheren Vaterlandsliebe begeistert waren.
Was nach euch kommt, wird sich an andere Vorstellungen gewöhnen,
es wird fremde Formen und einen anderen Geschäfts- und Lebensgang
annehmen, und wie lange wird es noch dauern, daß keiner mehr lebe,
der Deutsche gesehen oder von ihnen gehört habe?" — Auch den letzten
kümmerlichen Trost raubt er den Verzagten, die Hoffnung, daß unser
Volk in seiner Sprache und Kunst fortdauern werde. Da spricht er
das furchtbare Wort: „Ein Volk, das sich nicht selbst mehr regieren
kann, ist schuldig, seine Sprache aufzugeben." So geschieht ihm selber,
was er seinem Luther nachrühmte, daß deutsche Denker, ernstlich suchend,
mehr finden als sie suchen, weil der Strom des Lebens sie mit fortreißt.
In diesem radikalen Satze schlummert der Keim der Wahrheit, welche
erst die Gegenwart verstanden hat, daß ein Volk ohne Staat nicht
existiert. — „Es ist daher kein Ausweg," schließen die Reden —
„wenn ihr versinkt, so versinkt die ganze Menschheit mit ohne Hoffnung einer einstigen Wiederherstellung."

Wir Nachgeborenen haben den bewegenden Klang jener Stimme
nicht gehört, welche die andachtsvollen Zuhörer zu Berlin ergriff, —
und jeder rechte Redner wirkt sein Größtes durch einen höchst persönlichen Zauber, den die Nachwelt nicht mehr begreift — aber noch vor
den toten Lettern zittert uns das Herz, wenn der strenge Züchtiger
unseres Volkes „Freude verkündigt in die tiefe Trauer" und an die
mißhandelten Deutschen den stolzen Ruf ertönen läßt: „Charakter haben
und deutsch sein ist ohne Zweifel gleichbedeutend." — Und welchen
Widerhall erweckten diese Reden in der Welt? Achselzuckend ließ der

Franzose den törichten Ideologen gewähren, gleichgültig erzählte der
Moniteur von einigen Vorlesungen über Erziehung, die in Berlin
einigen Beifall gefunden. Die Fremden wußten nicht, aus wie tiefem
Borne dem deutschen Volke der Quell der Verjüngung strömt, und kein
Verräter erstand, ihnen den politischen Sinn der Reden zu deuten.
Mit wieviel schärferem politischem Blicke hatte einst Machiavelli seinem
Volke den allerbestimmtesten Plan der Rettung mit den bestdurchdachten
Mitteln vorgezeichnet! Aber sein Principe blieb ein verwegenes Traum=
bild, die Reden des deutschen Philosophen wurden einer der Funken,
daran sich die Glut der Befreiungskriege entzündete. Fichte freilich
meinte, sein Wort sei verhallt in den „tiefverderbten" Tagen, sein
ganzes System sei nur ein Vorgriff der Zeit. Denn es ist das tra=
gische Geschick großer Männer, daß sie ihren eigenen Geist nicht wieder
erkennen, wenn er von den Zeitgenossen empfangen und umgeformt
wird zu anderen Gestalten, als sie meinten. Und dennoch war der
Redner an die deutsche Nation nur der Mund des Volkes gewesen, er
hatte nur dem, was jedes Herz bewegte, einen kühnen, hochgebildeten
Ausdruck geliehen. Denn was war es anderes, als jene höhere Vater=
landsliebe, die der noch ungeborenen Enkel denkt — was anderes war
es, das den Landwehrmann von Haus und Hof und Weib und Kindern
trieb, das unsere Mütter bewog, alles köstliche Gut der Erde bis zu
dem Ringe des Geliebten für ihr Land dahinzugeben? Was anderes
war es, als daß sie unser gedachten? In diesem Sinne — denn wer
ermißt die tausend geheimnisvollen Kanäle, welche das durchdachte
Wort des Philosophen fortleiteten in die Hütte des Bauern? — in
diesem Sinne hat Fichtes Wort gezündet, und die Kundigen stimmten
ein, wenn Friedrich Gentz, diesmal wahrhaft ergriffen, sagte: „So
groß, tief und stolz hat fast noch niemand von der deutschen Nation
gesprochen."

Wieder kamen Jahre stiller Arbeit. Unter den ersten wirkte Fichte
bei der Gründung der Berliner Hochschule, die dem erwachenden neuen
Geiste ein Herd sein sollte. Ein Glück, daß Wilhelm Humboldt, als
ein besonnener Staatsmann, an die altbewährten Überlieferungen deut=
scher Hochschulen anknüpfte und die verwegenen Gedanken des Philo=
sophen verwarf; denn mit der ganzen Strenge seiner herrischen Natur
hatte Fichte einen Plan mönchischer Erziehung entworfen, der die
Jugend absperren sollte von jeder Berührung mit den Ideenlosen, doch
in Wahrheit jede echte akademische Freiheit vernichtet hätte. Um so

unerschütterlicher bekämpfte er auf der neuen Hochschule die falsche aka=
demische Freiheit; er fand es verwerflich, grundverderblich, Nachsicht
zu üben mit alten unseligen Unsitten der Jugend. Das wüste
Burschenleben war ihm eine bewußte, mit Freiheit und nach Gesetzen
hergebrachte Verwilderung. In diesen Jahren weihte er seine ganze
Kraft dem Lehramte. Die gewohnte Macht über die jugendlichen Ge=
müter blieb ihm nach wie vor. Er nutzte sie, den Keim zu legen zu
der deutschen Burschenschaft. Er förderte, wie schon früher in Jena,
unter den Studierenden den Widerstand gegen den Unfug der alten
Landsmannschaften und warnte die Gesellschaft der „Deutsch=Jünger"
vor jenen beiden Irrtümern, welche später die Burschenschaften lähmten:
sie sollten sich hüten, mittelalterlich und deutsch zu verwechseln, und
sorgen, daß das Mittel — die Verbindung — ihnen nicht wichtiger
werde als der Zweck — die Belebung deutschen Sinnes. —

Endlich erfüllten sich die Zeiten; dies Geschlecht, das er verloren
gab, fand sich wieder; denn so tief war es nie gesunken, als der Idea=
list meinte. Die Trümmer der großen Armee kehrten aus Rußland
heim, die Provinz Preußen stand in Waffen, der ostpreußische Landtag
harrte auf das Wort des Königs. Der König erließ von Breslau den
Aufruf zur Bildung von Freiwilligenkorps; aber noch war der Krieg
an Frankreich nicht erklärt. Auf der Straße begegneten den franzö=
sischen Gendarmen dichte Haufen still drohender Bauern, die zu den
Fahnen zogen; und Fichtes Schüler zitterten vor Ungeduld, dem Rufe
des Königs zu folgen, doch sie warteten des Lehrers. Wer meinte
nicht, daß in diesen schwülen Tagen der Erwartung ein glühender Auf=
ruf aus Fichtes Munde wie ein Blitzstrahl hätte einschlagen sollen? —
Schlicht und ernst, wie nach einem großen Entschlusse, tritt er endlich
am 19. Februar 1813 vor seine Studenten. Nur selten berichten die
lauten Annalen der Geschichte·von dem Edelsten und Eigentümlichsten
der großen historischen Wandlungen. So ist auch das Herrlichste der
reinsten politischen Bewegung, die je unser Volk erhob, noch nicht nach
Gebühr gewürdigt — jener Geist schlichter, gefaßter Mannszucht, der
das Ungeheure vollzog so ruhig, so frei von jedem falschen Pathos,
wie die Erfüllung alltäglicher Bürgerpflichten. Nichts staunenswürdiger
an diesen einzigen Tagen, als jener ernste, unverbrüchliche Gehorsam,
der unser Volk selbst dann noch beherrschte, da die hochgehenden
Wogen volkstümlicher Entrüstung die Decke sprengten, die sie lange
gehemmt. Ein Heldenmut ist es, natürlich, selbstverständlich in den

Tagen tiefer Bewegung, dem Rohre der feindlichen Kanone freudig ins
Gesicht zu blicken, aber jedes Wort des Preises verstummt vor der
mannhaften Selbstbeherrschung, die unsere Väter beseelte. Als ein
Heißsporn des ostpreußischen Landtags die Genossen fragte: „Wie nun,
meine Herren, wenn der König den Krieg nicht erklärt?" — da erwiderte ihm Heinrich Theodor von Schön: „Dann gehen wir ruhig nach
Hause." Durchaus getränkt von diesem Geiste ernster Bürgerpflicht
war auch die Rede, die Fichte jetzt an seine Hörer richtete. Er habe,
gesteht er, lange geschwankt, ehe er mit solchem Worte vor seine Schüler
getreten sei. Die Wissenschaft allerdings sei die stärkste Waffe gegen
das Böse, und in diesem Kampfe würden Siege erfochten, dauernd für
alle Zeit. Aber zu dem geistigen Streite bedürfe es des äußeren und
des inneren Friedens: und nur darum, weil diese Ruhe des Gemütes
ihn selber, trotz vielfacher Übung in der Selbstbesinnung, zu verlassen
beginne, schließe er jetzt seine Vorlesungen. — Das einfache Wort genügte, die Jünglinge in die Reihen der Freiwilligen zu führen. Noch
einmal ist ihm dann der Gedanke gekommen, als ein Redner in das
Lager zu gehen — noch einmal vergeblich. Dann ist Fichte krank und
halbgelähmt mit den gelehrten Genossen und dem kaum mannbaren
Sohne in den Landsturm getreten; Lanze und Säbel lehnten nun an
der Tür des Philosophen.

Als die Kunde erscholl von den herrlichsten deutschen Siegen, von
den Tagen von Hagelberg und Dennewitz, selbst dann hat er nicht gelassen von der alten tüchtigen Weise, den Dingen nachzudenken bis zum
Ende. Im Sommer 1813 hielt er vor den wenigen Studierenden, die
dem Kampfe fern blieben, Vorlesungen über die Staatslehre. Auch
jetzt noch bewegt er sich ausschließlich im Gebiete der Ideen; seinen
kühnsten Sätzen fügt er stolz abweisend hinzu: „Es gilt vom Reiche (der
Vernunft), nicht von ihren Lumpenstaaten." Noch immer geht er dem
Staate der Wirklichkeit mit radikaler Härte zu Leibe; Erblichkeit der
Repräsentation ist ihm ein absolut vernunftwidriges Prinzip, „die erste
Pflicht der Fürsten wäre, in dieser Form nicht da zu sein," der Wahn
der Ungleichheit ist bereits durch das Christentum praktisch vernichtet.
Aber wieviel reicher und tiefsinniger erscheint ihm jetzt der Staat!
Mit scharfen Worten sagt er sich los von der naturrechtlichen Lehre,
die er bereits in den Reden an die deutsche Nation verlassen hatte. Er
verwirft die „schlechte Ansicht", welche im Staate nur den Schützer des
Eigentums erblickt und darum Kirche, Schule, Handel und Gewerbe

allein den Privatleuten zuweist und im Falle des Krieges die Ruhe für die erste Bürgerpflicht erklärt. Der Staat ist berufen, die sittliche Aufgabe auf Erden zu verwirklichen. In den beiden schönen Vorlesungen, die „von dem Begriffe des wahrhaften Krieges" handeln, stellt er scharf und schroff die sinnliche und die sittliche Ansicht vom Staate einander gegenüber. Nach jener gilt „zuerst das Leben, sodann das Gut, endlich der Staat, der es schützt". Nach dieser steht obenan „die sittliche Aufgabe, das göttliche Bild; sodann das Leben in seiner Ewigkeit, das Mittel dazu, ohne allen Wert, außer inwiefern es ist dieses Mittel; endlich die Freiheit, als die einzige und ausschließende Bedingung, daß das Leben sei solches Mittel, drum — als das einzige, was dem Leben selbst Wert gibt". — Der einst mit dem Mißtrauen des deutschen Gelehrten die Zwangsanstalt des Staates betrachtet, er sieht jetzt mit der Begeisterung eines antiken Bürgers in dem Staate den Erzieher des Volkes zur Freiheit, alle Zweige des Volkslebens weist er der Leitung des Staates zu. Nur in einem solchen Staate ist „ein eigentlicher Krieg" möglich, denn hier wird durch feindlichen Einfall die allgemeine Freiheit und eines jeden besondere bedroht; es ist darum jedem für die Person und ohne Stellvertretung aufgegeben der Kampf auf Leben und Tod.

Schon längst waren seine radikalen Theorien dann und wann erhellt worden durch ein Aufblitzen historischer Erkenntnis; bereits in seiner Jugendschrift über die französische Revolution hatte er Friedrich den Großen gepriesen als einen Erzieher zur Freiheit. Doch erst jetzt beginnt er die historische Welt recht zu verstehen. Er erkennt, daß ein Volk gebildet werde durch gemeinsame Geschichte, und berufen sei, „in dem angehobenen Gange aus sich selber sich fortzuentwickeln zu einem Reiche der Vernunft". Alle Staaten der Geschichte erscheinen ihm jetzt als Glieder in der großen Kette dieser Erziehung des Menschengeschlechts zur Freiheit. Ist diese Erziehung dereinst vollendet, dann wird „irgendeinmal irgendwo die hergebrachte Zwangsregierung einschlafen, weil sie durchaus nichts mehr zu tun findet", dann wird das Christentum nicht bloß Lehre, nein, die Verfassung des Reiches selber sein. In diesem Reiche werden „die Wissenschaftlichen" regieren über dem Volke, denn „alle Wissenschaft ist tatbegründend". So gelangt auch Fichte zu dem Platonischen Idealbilde eines Staates, welchen die Philosophen beherrschen. Und wenn der nüchterne Politiker betroffen zurückweicht vor diesem letzten Fluge des Fichteschen Geistes, so bleibt doch erstaunlich, wie rasch die große Zeit sich ihren Mann erzogen hat: der Held des reinen Denkens wird durch den Zusammenbruch seines Vaterlandes zu der Erkenntnis geführt, daß der Staat die vornehmste Anstalt im Menschenleben, die Verkörperung des Volkstums selber ist.

Näher eingehend auf die Bewegung des Augenblicks schildert er das Wesen des gewaltigen Feindes, der unter den Ideenlosen der Klügste, der Kühnste, der Unermüdlichste, begeistert für sich selber, nur zu besiegen ist durch die Begeisterung für die Freiheit. So stimmt auch Fichte mit ein in die Meinung unserer großen Staatsmänner, welche erkannten, daß die Revolution in ihrem furchtbarsten Vertreter bekämpft werden müsse mit ihren eigenen Waffen. Fast gewaltsam unterdrückt er den unabweislichen Argwohn, daß nach dem Frieden alles beim alten bleibe. Nicht ungerügt freilich läßt er es hingehen, daß man in solchem Kampfe noch gotteslästerlich von Untertanen rede, daß die Formel „mit Gott für König und Vaterland" den Fürsten gleichsam des Vaterlandes beraube. Aber alle solche Makel der großen Erhebung gilt es als schlimme alte Gewohnheiten zu übersehen; „dem Gebildeten soll sich das Herz erheben beim Anbruche seines Vaterlandes". Beim Anbruche seines Vaterlandes — die aus der Ferne leidenschaftlos zurückblickende Gegenwart mag diese schöne Bezeichnung der Freiheitskriege bestätigen, welche die hart enttäuschten Zeitgenossen kummervoll zurücknahmen.

Auch zu einer rein publizistischen Arbeit ward der Denker durch die Sorge um den Neubau des Vaterlandes veranlaßt. Alsbald nach dem Aufrufe des Königs an sein Volk schreibt er den vielgenannten „Entwurf einer politischen Schrift". Die wenigen Blätter sind unschätzbar nicht bloß als ein getreues Bild seiner Weise zu arbeiten — denn hier, in der Tat, sehen wir ihn pochen und graben nach der Wahrheit, den Verlauf des angestrengten Schaffens unterbrechen mit einem nachdenklichen „Halt, dies schärfer!" und die Schlacken der ergründeten Wahrheit emporwerfen aus der Grube — sondern mehr noch, weil uns hier Fichte entgegentritt als der erste namhafte Verkündiger jener Ideen, welche heute Deutschlands nationale Partei bewegen. Schon oft war, bis hinauf in die Kreise der Mächtigsten, der Gedanke eines preußischen Kaisertums über Norddeutschland angeregt worden. Hier zuerst verkündet ein bedeutender Mann mit einiger Bestimmtheit den Plan, den König von Preußen als einen „Zwingherrn zur Deutschheit" an die Spitze des gesamten Vaterlandes zu stellen. Parteien freilich im heutigen Sinne kannte jene Zeit noch nicht, und Fichte am wenigsten hätte sich der Mannszucht einer Partei gefügt; er schreibt seine Blätter nur nieder, damit „diese Gedanken nicht untergehen in der Welt". Aber kein Parteimann unserer Tage mag das tödliche Leiden unseres Volkes, daß es mediatisiert ist, klarer bezeichnen als er mit den Worten, das deutsche Volk habe bisher an Deutschland Anteil genommen allein durch seine Fürsten. Noch immer schwebt ihm als höchstes Ziel vor Augen eine „Republik der Deutschen ohne Fürsten und Erbadel", doch er begreift, daß dieses Ziel in weiter Ferne liege. Für jetzt gilt es, daß „die Deutschen sich selbst mit Bewußtsein machen". — „Alle großen deutschen Literatoren sind gewandert," ruft er stolz; und jenes freie Nationalgefühl, das diese glänzenden Geister trieb, die Enge ihres Heimatlandes zu verlassen, muß ein Gemeingut des Volkes werden, damit zuletzt der Einzelstaat als überflüssig hinwegfalle. Ein haltbarer Nationalcharakter wird gebildet zunächst durch die Freiheit, denn „ein Volk ist nicht mehr umzubilden, wenn es in einen regel= mäßigen Fortschritt der freien Verfassung hineingekommen". Aber auch im Kriege wird ein Volk zum Volke, und hier spricht er ein Wort, dessen tiefster Sinn sich namentlich in Fichtes Heimatlande als pro= phetisch bewährt hat: „Wer den gegenwärtigen Krieg nicht mitführen wird, wird durch ein Dekret dem deutschen Volke einverleibt werden können." Als einen Erzieher zur Freiheit, zur Deutschheit brauchen wir einen Kaiser. Österreich kann die Hand nie erheben zu dieser Würde, weil es unfrei und in fremde undeutsche Händel verwickelt ist; sein Kaiser ist durch sein Hausinteresse gezwungen, „deutsche Kraft zu brauchen für seine persönlichen Zwecke". Preußen aber „ist ein eigent= lich deutscher Staat, hat als Kaiser durchaus kein Interesse zu unter= jochen, ungerecht zu sein. Der Geist seiner bisherigen Geschichte zwingt es fortzuschreiten in der Freiheit, in den Schritten zum Reich (das will sagen: zum Vernunftreiche); nur so kann es fortexistieren, sonst geht es zugrunde."

So — nicht eingewiegt, nach der gemeinen Weise der Idealisten, in leere Illusionen, aber auch nicht ohne frohe Hoffnung ist Fichte in den Tod gegangen für sein Land. Welch ein Wandel seit den Tagen der Revolutionskriege, da er der Geliebten noch vorhielt, daß sie gleich= gültig sei gegen die Welthändel! Der Schwung der großen Zeit, die opferbereite Empfindung weiblichen Mitgefühls führt jetzt Johanna Fichte unter die wunden Krieger der Berliner Hospitäler. Alle guten

und großen Worte des Gatten von der Macht der göttlichen Gnade
werden ihr lebendig und strömen von ihrem Munde, da sie die unbärtigen
Jünglinge der Landwehr mit dem hitzigen Fieber ringen, in letzter
Schwäche, in unbezwinglichem Heimweh die Heilung von sich weisen
sieht. In den ersten Tagen des Jahres 1814 bringt sie das Fieber
in ihr Haus. Einen Tag lang verweilt der Gatte an ihrem Lager,
eröffnet dann gefaßt seine Vorlesungen und findet, zurückgekehrt, die
Totgeglaubte gerettet. In diesen Stunden des Wiedersehens, meint
der Sohn, mag den starken Mann der Tod beschlichen haben. In seine
letzten Fieberträume fiel noch die Kunde von der Neujahrsnacht 1814,
da Blücher bei der Pfalz im Rheine den Grenzstrom überschritt und
das feindliche Ufer widerhallte von den Hurrarufen der preußischen
Landwehr. Unter solchen Träumen von kriegerischer Größe ist der
streitbare Denker verschieden am 27. Januar 1814. Sein Lob mag er
selber sagen: „Unser Maßstab der Größe bleibe der alte: daß groß sei
nur dasjenige, was der Ideen, die immer nur Heil über die Völker
bringen, fähig sei und von ihnen begeistert."

Seitdem ist eine lange Zeit vergangen, Fichtes Name ist im
Wechsel gepriesen worden und geschmäht, ist aufgetaucht und wieder
verschwunden. Als die kriegerische Jugend, heimkehrend von den
Schlachtfeldern, in die Hörsäle der Hochschulen zurückströmte, da erst
ward offenbar, wie tief das Vorbild des „Vaters Fichte" in den jungen
Seelen haftete. „Die Jugend soll nicht lachen und scherzen, sie soll
ernsthaft und erhaben sein," war seine Mahnung, und wirklich, wie
Fichtes Söhne erschienen diese spartanischen Jünglinge, wie sie einher-
schritten in trutziger Haltung, abgehärteten Leibes, in altdeutscher Tracht
hochpathetische Worte voll sittlichen Zornes und vaterländischer Begeisterung redend. Die Ideen, welche diese jungen Köpfe entzückten, lagen
zwar tief begründet in der ganzen Richtung der Zeit, aber unzweifelhaft gebührt den Lehren Fichtes daran ein starker Anteil. Vor
seinem Bilde, dessen lautere Hoheit uns kein Schopenhauer hinweg-
schmähen wird, erfüllt sich das junge Geschlecht mit jenen Grundsätzen
herber Sittenstrenge, die unseren Hochschulen eine heilsame Verjüngung
brachten. Und welch ein Vorbild der „Deutschheit" besaß die Jugend
in ihm, der aus der dumpfen Gemütlichkeit des kursächsischen Lebens
sich emporrang zu jenem vornehmen Patriotismus, welcher nur noch
„Deutsche schlechtweg" kennen wollte und den Kern unserer Nation in
der norddeutsch=protestantischen Welt erblickte. Mochte er immerhin

seinen politischen Ideen die abwehrende Weisung hinzufügen: „Auf
Geheiß der Wissenschaft soll die Regierung jene bändigen und strafen,
welche diese Lehren auf die Gegenwart anwenden": — die Jugend
wußte nichts von solcher Unterscheidung. Die Hoheit seiner Ideen und
der Radikalismus seiner Methode wirkten berauschend auf die deutschen
Burschen. „Der deutsche Staat ist in der Tat einer; ob er nun als
einer oder mehrere erscheine, tut nichts zur Sache" — solcher Worte
diktatorischer Klang drang tief in die jungen Seelen. Die Vorstellung,
daß das Bestehende schlechthin unberechtigt sei und einem deutschen
Reiche weichen müsse, ward durch Fichtes Lehren mächtig gefördert.

Als eine edle Barbarei hat man treffend die Stimmung der
Burschenschaft bezeichnet, und auch an den Sünden dieser edeln Bar=
baren ist Fichte nicht schuldlos. Seine mönchische Strenge spiegelt
sich wider in dem altklugen, unjugendlichen Wesen, das uns so oft zurück=
stößt von der wackeren teutonischen Jugend. Wenn er immer wieder
die Bildung des Charakters betonte, war es da zu verwundern, daß
schließlich die Jugend, die den Wert eines gereiften Charakters noch
nicht zu beurteilen vermag, mit Vorliebe den polternden Moralpredigern
folgte und an alle glänzenden Geister unseres Volkes den Maßstab
der „Gesinnungstüchtigkeit" legte? Wenn er unermüdlich die Jugend
darstellte als den noch reinen Teil der Nation und die „Wissenschaft=
lichen" als die natürlichen Lenker des Volkes: — mußte da nicht endlich
die Anmaßung aufwuchern in der wissenschaftlichen Jugend? —
„Unser Urteil hat das Gewicht der Geschichte selbst, es ist vernichtend!"
— in solchen Reden, die im Burschenhause zu Jena, als Arnold
Ruge jung war, widerhallten, offenbart sich die Kehrseite des Fichteschen
Geistes. Fichte starb zu früh; bei längerem Leben wäre all seine
wache Sorge dahin gegangen, die edle Barbarei der Jugend maßvoll
und bescheiden zu erhalten. Weder Luden noch Oken oder Fries, und
am allerwenigsten der alte Jahn standen hoch genug, um die spartanische
Rauheit des jungen Geschlechts zu mäßigen. — Vornehmlich in
dieser sittlichen Einwirkung auf die Gesinnung des werdenden Ge=
schlechts liegt Fichtes Bedeutung für die Geschichte unserer nationalen
Politik — und wer darf leugnen, daß der Fluch dieses Wirkens tausend=
mal überboten ward von dem Segen? Nimmermehr wird diesem Denker
gerecht, wer ihn lediglich beurteilt als einen politischen Schriftsteller.
Der Publizist mag lächeln über Fichtes ungeübten politischen Scharf=
blick, der „Gelehrte von Metier" mag erschrecken vor seiner mangel=

haften Kenntnis der politischen Tatsachen; aber hoch über die Fach=
gelehrten und die Publizisten hinaus erhebt sich der Redner an die
deutsche Nation, wenn er mit der Kühnheit des Propheten das Ethos
unserer nationalen Politik verkündet, wenn er den zersplitterten Deutschen
den Geist der echten Vaterlandsliebe predigt, der über den Tod hinaus
zu hassen und zu lieben vermag.

Das war mithin kein Zufall, daß der Name dieses Denkers durch
den deutschen Bundestag in den Kot getreten ward. Viel zu milde,
leider, lautet das landläufige Urteil, daß unser Volk mit Undank be=
lohnt worden für die Errettung der Throne, die sein Blut erkauft. Als
ein Verbrechen vielmehr galt zu Wien und zu Frankfurt der Geist des
Freiheitskrieges. Und wer hatte den „militärischen Jakobinismus" des
preußischen Heeres schroffer, schonungsloser ausgesprochen als Fichte in
den Worten: „Kein Friede, kein Vergleich! Auch nicht, falls der zeitige
Herrscher sich unterwürfe und den Frieden schlösse! Ich wenigstens
habe den Krieg erklärt und bei mir beschlossen, nicht für seine Ange=
legenheit, sondern für die meinige, meine Freiheit." Wie sehr mußte die
Woge demokratischen Zornes und Stolzes, welche in diesen Worten
brandet, jene Schmalz und Kamptz erschrecken, die den Freiheitskrieg
für eine Tat gewöhnlichen Gehorsams erklärten, vergleichbar dem
Wirken der Spritzenmannschaft, die zum Löschen befehligt wird! Darum,
als die Zentral=Untersuchungskommission zu Mainz den unbeschämten
Augen des Bundestags die demagogischen Umtriebe darlegte, standen
obenan unter den verbrecherischen Geheimbünden — die Vereine, welche
in den Jahren 1807—13 sich gebildet zum Zwecke der Vertreibung der
Franzosen, und die Liste der Verdächtigen ward eröffnet mit den er=
lauchten Namen von — Fichte und Schleiermacher. Nur mit Erröten
denken wir der Tage, da man in Berlin verbot, die Reden an die
deutsche Nation aufs neue zu drucken.

Mag es sein, daß Fichtes nervige Faust den Bogen zu heftig
spannte und über das Ziel hinausschoß; in der Richtung nach dem
Ziele ist sicherlich sein Pfeil geflogen. Die Zeit wird kommen, die
Sehergabe des Denkers zu preisen, der Preußen die Wahl stellte, unter=
zugehen oder fortzuschreiten zum Reiche. Mag es sein, daß der ver=
wegene Idealist oftmals abirrte in der nüchternen Welt der Erfahrung:
— ein Vorbild des Bürgermutes ist er uns geworden, der lieber
gar nicht sein wollte, als der Laune unterworfen und nicht dem
Gesetz. Und auch das praktisch Mögliche hat der Theoretiker dann

immer getroffen, wenn er handelte von den sittlichen Grundlagen des staatlichen Lebens. Alle Vorwände der Zagheit, all das träge Harren auf ein unvorhergesehenes glückliches Ereignis — wie schneidend weist er sie zurück, wenn er versichert, keiner der bestehenden Landesherren „könne Deutsche machen", nur aus der Bildung des deutschen Volksgeistes werde das Reich erwachsen. Wenn wir willig diesem Worte glauben, so hoffen wir dagegen — oder vielmehr wir müssen es wollen, daß ein anderer Zukunftsspruch des Denkers nicht in Erfüllung gehe. Schon einmal sahen wir ihn, nach der Weise der Propheten, sich täuschen in der Zeit: sechs Jahre schon nach den Reden an die deutsche Nation erhebt sich das Geschlecht, das er gänzlich aufgegeben. Sorgen wir, daß dies Volk nochmals rascher lebe als Fichte meinte, daß wir mit eigenen Augen das einige deutsche Reich erblicken, welches er im Jahre 1807 bescheiden bis in das 22. Jahrhundert verschob. — Wieder ist den Deutschen die Zeit des Kampfes erschienen; wieder steht nicht der Gedanke gerüstet gegen den Gedanken, nicht die Begeisterung wider die Begeisterung. Die Idee streitet gegen das Interesse, die Idee, daß dieses Volk zum Volke werde, wider das Sonderinteresse von wenigen, die an das nicht glauben, was sie verteidigen. Wenn die Langsamkeit dieses Streites, der uns aus sittlichen noch mehr denn aus politischen Beweggründen zu den Fahnen ruft, uns oft lähmend auf die Seele fällt, dann mögen wir uns aufrichten an dem Fichteschen Worte der Verheißung, daß in Deutschland das Reich ausgehen werde von der ausgebildeten persönlichen Freiheit und in ihm erstehen werde ein wahrhaftes Reich des Rechts, gegründet auf die Gleichheit alles dessen, was Menschenangesicht trägt. Damit, fürwahr, sind bezeichnet die bescheidensten, die gerechtesten Erwartungen der Deutschen. Was die Deutschen, wenn sie den Einmut finden, ihren Staat zu gründen, bei mäßiger Macht dennoch hochstellen wird in der Reihe der Nationen, ist allein dieses: kein Volk hat je größer gedacht als das unsere von der Würde des Menschen, keines die demokratische Tugend der Menschenliebe werktätiger geübt.

Mit schönen Worten pries Fichte das Schicksal des großen Schriftstellers: „Unabhängig von der Wandelbarkeit spricht sein Buchstabe in allen Zeitaltern an alle Menschen, welche diesen Buchstaben zu beleben vermögen, und begeistert, erhebt und veredelt bis an das Ende der Tage." Nicht ganz so glücklich ist das Los, das den Werken Fichtes selber fiel; denn nur wenige scheuen nicht die Mühe, den echten Kern seiner Gedanken loszuschälen aus der Hülle philosophischer Formeln, welchen die Gegenwart mehr und mehr entwächst. Doch daß der Geist des Redners an die deutsche Nation nicht gänzlich verflogen ist in seinem Volke, davon gab die Feier seines hundertjährigen Geburtstages ein Zeugnis. Wohl mancher Nicolai verherrlichte an jenem Tage den lauteren Namen des Denkers und ahnte nicht, daß er seinen Todfeind pries. Aber nimmermehr konnte ein ganzes, ehrliches Volk einen Helden des Gedankens als einen Helden der Nation feiern, wenn nicht in diesem Volke noch der Glaube lebte an die weltbewegende Macht der Idee. Und er wird dauern, dieser vielgeschmähte Idealismus der Deutschen. Und dereinst wird diesem Volke des Idealismus eine schönere Zukunft tagen, da eine reifere Philosophie die Ergebnisse unseres politischen Schaffens, unseres reichen empirischen Wissens in einem großen Gedankensysteme zusammenfaßt. Wir Lebenden werden Fichtes Geist dann am treuesten bewahren, wenn alle edleren Köpfe unter uns wirken, daß in unseren Bürgern wachse und reife der „Charakter des Kriegers", der sich zu opfern weiß für den Staat. Die Gegenwart denkt, wenn Fichtes Name genannt wird, mit Recht zuerst an den Redner, welcher diesem unterjochten Volke die heldenhaften Worte zurief: „Charakter haben und deutsch sein ist ohne Zweifel gleich= bedeutend." —

Hans von Gagern.

(München 1861.)

Auch in der Darstellung der Geschichte bewährt sich der Glaubens=
satz jedes Künstlers, daß das Individuelle zugleich das Allgemeine
bedeutet. Aus einer anspruchslosen Skizze von dem Wachsen eines
innerlich ringenden und arbeitenden Charakters treten uns die Wider=
sprüche des Lebens, die Gesetze der menschlichen Entwicklung leicht
unmittelbarer, ergreifender entgegen als aus der Schilderung eines
ganzen Zeitraumes. Sogar einige politische Wahrheiten lassen sich
am klarsten aus dem Leben einzelner Menschen erkennen. Die ganze
Schwere eines staatlichen Übels empfinden wir nie lebhafter, als
wenn wir die Kraft eines wackeren Mannes dadurch verkümmert und
auf falsche Wege geführt sehen. Unter den Staatsmännern der deutschen
Kleinstaaten ist Hans Gagern von keinem in Lauterkeit des Willens, von
wenigen in Einsicht übertroffen worden. Wenn wir dennoch in dem
Leben des edlen Mannes so gar viel des Widerwärtigen erblicken, bald
wahrhaft ungeheuerlichen Irrtum, bald verlorene Arbeit für reine
Zwecke, bald das klägliche Schauspiel vergeudeter herrlicher Kraft im
engsten Kreise: dann überkommt uns überwältigend und beschämend das
Bewußtsein der Unreife, der Verworrenheit, der Kleinlichkeit unserer
Zustände. Und schwer fällt uns Gagerns eigenes Wort auf das Herz:
„Echte und gesunde politische Maximen, wie sie die anderen Nationen
um uns her bereits praktisch befolgen, sind bei uns noch roh, Gegenstand
der Kontroverse." Nur der Unverstand wird sich dieser ernsten Be=
trachtung mit dem leichtfertigen Troste entziehen: weil uns die Irrtümer
der Gründer des deutschen Bundes heute fast unerklärlich erscheinen,
eben deshalb sind wir ihnen entwachsen. Sicherlich haben sich seitdem
unsere theoretischen Überzeugungen wunderbar verwandelt; und nicht
bloß wir, die wir der optischen Täuschung der Nähe unterliegen, — auch
die Nachwelt wird dereinst gestehen, unser Volk habe in diesem halben
Jahrhundert erstaunlich rasch gelebt. Aber noch heute spukt in tausend

Kämpfen der verderblichste Wahn jener alten Zeit, als genüge für den nüchternen Ernst unseres politischen Daseins die gute Gesinnung, der ehrliche Wille, einträchtiglich zu leben. Auch die Institutionen des deutschen Bundes sind die alten geblieben und werden immer wieder die gleichen Verirrungen gebären. Solange wir als Volk politisch noch nicht existieren, solange wir einen deutschen Staat noch nicht besitzen oder nicht mindestens den festen Entschluß gefaßt haben, diesen einen deutschen Staat zu bauen — rund und nett, ohne jeden partikularistischen Vorbehalt: — ebensolange gibt es keine gesunde deutsche Staatskunst. Bis dahin wird die Politik unserer Kleinstaaten nach wie vor in unreinen Händen ein verräterisches Spiel treiben mit dem Vaterlande, in reinen Händen sich verflüchtigen in politischen Dilettantismus oder mit bitterer Enttäuschung endigen. Aus dem Leben des alten Gagern wird sich uns diese Erkenntnis dann ungesucht ergeben, wenn wir es schildern mit jener schlichten Aufrichtigkeit, die ihn selber zierte, aber ohne jene gutmütige Schonung, welche er, oft zur Unzeit, an Freund und Feind übte.

Schon die Erlebnisse seiner Jugend waren ganz dazu angetan, die wohlwollende, versöhnliche Milde des Charakters zu entwickeln, welche dem Reichsfreiherrn Hans Ernst Christoph von Gagern angeboren war. Sein Vater, dem er am 25. Januar 1766 zu Kleinniedesheim bei Worms geboren ward, hatte nach der Weise der Zeit, trotz seines reichsritterlichen Geschlechts, in seiner Jugend im Regimente Royal=Deurponts, unter französischen Fahnen, gefochten und war dann im Zweibrückner Hofdienste zu den höchsten Würden aufgestiegen. Auch der Sohn ward natürlich zuerst von einem französischen Hofmeister erzogen. Dann brachte man den protestantischen Knaben zu den Jesuiten nach Worms, und die geistlichen Herren sorgten, daß der Zögling fleißig lerne, ohne sich um sein ewiges Heil zu kümmern. Endlich ward die Vorbildung des künftigen Weltmannes vollendet auf jener berühmten Schule des alten Pfeffel zu Kolmar, welche so viele tüchtige junge Leute aus guten Häusern nach den unzweifelhaften Grundsätzen deutsch=französischer Aufklärung erzogen hat. Schon im sechzehnten Jahre bezog Gagern die Leipziger Universität, später die hohe Schule der jungen Diplomaten des heiligen Reiches, die Georgia Augusta. Lernte er bei Pütter die damals übliche fable convenue vom deutschen Staatsrechte, so ward sein historischer Sinn geweckt durch Spittlers Vorträge. Es war ein leichter, heiterer Bildungsgang. Von früh auf hatten gewaltige

Kulturgegensätze nach und nebeneinander auf den jungen Mann ge=
wirkt: deutsches und französisches Wesen, protestantische und katholische
Weltanschauung, Religion und Philosophie, die kaiserlichen Traditionen
der reichsritterlichen Häuser wie die kleinstaatlichen Begriffe seines
heimischen Hofes. Seine sanguinische, friedfertige Natur sprang leicht
über diese Widersprüche hinweg. Die humanen Ideen der Zeit wurden
sein Eigentum, als er in emsiger, doch nie gewaltsamer Arbeit an
Herder, Hume, Montesquieu sich begeisterte. Aufrichtig fromm und
herzlich dankbar seinem wohlwollenden Gotte, blieb er ein im guten
Sinne weltlicher Mensch, dem Lichte zugewendet, gänzlich unempfäng=
lich für mystische Ideen. Eifrige, doch leider unmethodische Studien
machten ihn vertraut mit dem politischen Leben aller Völker und Zeiten;
und zu so umfassender wissenschaftlicher Kenntnis sollte bald eine reiche
praktischer Erfahrung hinzutreten. Aber sein rasch fassender, leicht ver=
arbeitender Kopf war nicht original, nicht selbständig genug, um diese
Vielseitigkeit der Bildung zu ertragen. Er mußte sich in seiner Gut=
mütigkeit mit den großen Gegensätzen des Lebens nicht besser abzu=
finden, als indem er versuchte, das Unversöhnliche zu versöhnen.

Das Vermitteln und Beschwichtigen ward ihm im Leben zur Leiden=
schaft, wie der Eklektizismus in seinen ausgebreiteten wissenschaftlichen
Studien. Leibhaftig steht der zart gebaute, bewegliche Mann mit den
feurigen Augen vor uns, wie er, rastlos mit den Armen zuckend, im
lebhaften Gespräche zwischen dem Orthodoxen und dem Ungläubigen
einhergeht, aufmerksam jedem Einwurfe lauschend, froh, bald den Karl
Borromäus, bald einen großen Heiden mit warmen Worten zu preisen,
bis er zuletzt mit seinem gewinnenden Lächeln sagt: „Ich bin Rationalist,
aber ich hasse das kalte ergo, ergo, das endlich zu der Frage führt: wozu
das Gebet? — Also so etwas wie Jacobi!" Das achtzehnte Jahrhundert,
selber überreich an eigenartigen Charakteren, hegte herzliche Vorliebe
für die Biographie; unzähligen seiner Söhne ward die Lebensbeschreibung
eines großen Mannes bestimmend für das eigene Leben. Gagern fand
ein solches Werk in dem Leben Ciceros von Middleton; vor dem Bilde
des römischen Vaters des Vaterlandes kräftigte er den Entschluß, sein
ganzes Sinnen dem Staate zu widmen, und der unselbständige Eklekti=
zismus des römischen Denkers entsprach seiner eigenen Sinnesrichtung.
Mit dieser vermittelnden Neigung vertrug sich sehr wohl ein starkes
Rechtsgefühl, eine vornehme Abwendung von allem Niedrigen und Ge=
meinen. An Gagerns Bilde haftet etwas von dem friedlichen Zauber

des Zeitalters der Humanität. Aber ehrte es die Zeit und den
Menschen, wenn schon der Knabe in der Jesuitenschule an dem Zeit=
alter Ludwigs XIV. nicht den Schlachtenruhm, sondern die Werke
Corneilles und Racines als das Höchste pries, wenn noch der Greis
die Alten des Orients darum rühmte, daß die Priester den Kriegern
voranstanden: so kamen doch eiserne Tage, wo nur die schneidige Ein=
seitigkeit einer leidenschaftlichen Überzeugung retten konnte. Und
leider ist auch in der Zeit des Kampfes Gagerns versöhnliche Natur
oft stärker gewesen als das klare Gebot der Notwendigkeit. Solche
sanguinische, leicht erregbare Menschen ändern wohl später ihre Meinung
über dies und jenes, doch ihre eigentliche Entwicklung schließt früh ab.
Gagern gehört zu jenen Männern, die wir uns am liebsten im Alter
vorstellen; jene milde Weisheit, die an dem jüngeren Manne leicht
fälschlich als Mangel an Grundsätzen erscheint, steht dem alten Herrn,
der in dem Garten von Hornau seine Reben zieht, vortrefflich zu Gesicht.

Von solcher humaner Bildung erfüllt war Gagern, als er in den
Zweibrückner Staatsdienst trat. Er blieb nur kurze Zeit, wenig erbaut
von dem wüsten Regiment. Da traf ihn in seinem einundzwanzigsten
Jahre ein Ruf, welcher über sein Leben entschied. Das Fürstentum
Nassau=Weilburg bedurfte eines Premier=Ministers. Familienverbin=
dungen lenkten die Wahl auf den pfälzischen Assessor. Er schulte sich erst
nach altem Reichsbrauch ein Jahr lang am Wiener Reichshofrate,
widerstand den lockenden Anerbietungen des Fürsten Kaunitz — denn
sein Ehrgeiz war von dem kleinen, ruhigen Dienste der rheinischen
Heimat vollauf befriedigt — und übernahm sein leichtes Amt. Ein
Kollegium alter, bewährter Räte hatte das Ländchen schlicht und recht,
ganz nach dem Sinne des neuen Präsidenten, verwaltet. So gingen
die Dinge im selben Geleise weiter; der brave junge Minister erwarb
sich bald die Liebe des Landes und hatte Muße genug, die ersten Freuden
einer glücklichen Ehe zu genießen. Damals glaubte er die Meinung,
es gebe kein vollkommenes Glück, als einen Wahn zu erkennen.

In diesen Jahren muß auch seine Auffassung der deutschen Politik
sich gebildet haben, jene sonderbare Mischung kaiserlicher und kleinstaat=
licher Gedanken, welche Stein später am treffendsten bezeichnete, wenn
er von dem „Erföderalisten" Gagern sprach. Seines eigenen reinen
Willens sicher, vermochte der wackere Reichsritter keineswegs, in dem
verfaulten heiligen Reiche jenes monstrum politicum zu erblicken,
welches die großen Politiker vor seiner Zeit darin erkannt hatten und

welches die nächste Zukunft jedem unverblendeten Auge offenbaren sollte. Er fand darin sein Lebtag eine heilsame Mischung monarchischer, aristokratischer und demokratischer Elemente. Der Zauber jener historischen Romantik, welcher die Kaiserkrone und die großen Namen des Reichsadels umschwebte, blendete ihn gänzlich, der gegen die Dichtkunst kalt und der religiösen Mystik fremd blieb. Er sah sehr wohl, daß in dieser grauenhaften Wildnis des historischen Naturwuchses seit Jahrhunderten kein bewußter Wille aufgeräumt hatte, daß es keinen klaren Begriff mehr in diesem Reichsrechte gab, daß nicht einmal die Grenzen des Reiches fest bestimmt waren. Aber gerade jenes „lose Band", das Schlesien, Preußen, die Schweiz, die Niederlande an Deutschland kettete, war ihm „der echte Germanismus". „Wer uns zu anderen Formen, zu anderem Sinn bringen will, der drückt und preßt uns wider die Natur." Corpus nomenque Germaniae — in diesen klingenden Worten liegt ihm das Wesen der deutschen Politik. Er sah, daß die Anarchie im Reiche herrschte, die kaiserliche Gewalt ein Possenspiel geworden war. Aber selbst die Eifersucht gegen die kaiserliche Würde war ihm erfreulich; denn sie erhalte eine wachende Politik, die sehr nötig sei in einem Staatskörper, der immer in Gefahr schwebe einzuschlafen. Darum schien ihm der Fürstenbund Friedrichs des Großen, jener anarchische Notbehelf in einem tief verderbten Reiche, ein gutes Zeichen; Preußen sei dazu berufen, immer an der Spitze der Opposition zu stehen. Während die anderen Nationen wie die asiatischen Sklaven sich in große Monarchien zwängen ließen, „sind wir unbesiegt geblieben und der Freiheit Lieblingssöhne". — Wir fassen uns heute an die Stirn, wenn wir solche Worte lesen, und fragen uns, wie es möglich war, daß geistreiche Patrioten jene unselige Libertät der deutschen Stände als einen Vorzug rühmen konnten. Aber ist diese Denkweise, welche damals Tausende teilten, bereits völlig überwunden? Haben wir etwa gelernt, das Abc der Politik auf den deutschen Bund anzuwenden, oder streiten wir nicht vielmehr noch heute alles Ernstes über die Frage, ob die erbliche Opposition von Staat gegen Staat im deutschen Bunde ein Vorzug sei oder ein Übel?

Zu jener Überschätzung des alten Reiches, die den Reichsrittern gemein war, gesellte sich bei Gagern die Vorliebe für die kleinen Staaten. Während von den regsameren seiner Genossen die Mehrzahl sich nach Österreich wandte, wohin sie der Name des deutschen Staates lockte, ging der größte der Ritter des Reiches, Stein, nach Preußen, wo

10*

er das Wesen des deutschen Staates fand; Gagern aber war in einen
jener Kleinstaaten geführt worden, welche bald darauf den Reichsrittern
als die bittersten Feinde galten. Er sah das Ländchen glücklich, er be=
kannte sich zu dem allgemeinen Wahne der Epoche, welche den Klein=
staaten die Förderung der Kultur und des Wohlstandes als eine eigen=
tümliche Tugend nachrühmte, ja er wollte die großen Mächte nur als
ein notwendiges Übel gelten lassen in einer Zeit der Kriege. So
bildete sich ihm der Entschluß, die Kleinstaaten als die getreuesten
Stützen des Reiches zu verteidigen, insbesondere gegen Österreich und
Preußen. Wohl sprach er schon damals mit Achtung, ja oft mit einer
gewissen furchtsamen Scheu von Preußen. Aber der barsche Militärstaat
war ihm unheimlich; das in jener Zeit zu einem vollen Dritteile
slavische Land erschien dem eifrigen Deutschen als eine fremde Macht.
Gedachte er vollends der polnischen Teilung, so überkam ihn ein er=
klärliches Mißtrauen. Wie die Mehrzahl der aufgeklärten Zeitgenossen
wollte er die furchtbare Notwendigkeit dieser Tat nicht erkennen; er
sah darin nicht ein Symptom jener Kabinettspolitik, welche seit Jahr=
hunderten die großen wie die kleinen Höfe beherrschte, sondern eine den
Großmächten eigentümliche Schandtat, die „wahre Büchse der Pan=
dora". — In allen inneren Streitfragen blieb er, der Aristokrat von
Geburt und Gesinnung, den liberalen Ideen der neuen Zeit sehr zu=
gänglich; er wußte sich das konstitutionelle System in seiner Weise zu
idealisieren, dachte es sich mit Montesquieu in den deutschen Wäldern
erfunden und nur während einer Übergangszeit durch einen undeutschen
Despotismus verdrängt. Wie die Zustände der deutschen Gesamt=
heit immerdar um eine Welt zurückblieben hinter der politischen Durch=
bildung der Einzelstaaten, so geschah es auch mit den politischen Ideen
der Zeit. Der Chef der tüchtigen, aufgeklärten Verwaltung eines
Kleinstaates huldigte in der Reichspolitik der hohlsten Phantastik. Der=
selbe vage Idealismus, der den Begriff des Vaterlandes weit über
seine politischen Grenzen, bis zum Texel und zum Genfer See, aus=
dehnte, getröstete sich der gutmütigen Hoffnung, der rechtliche Sinn
der Reichsfürsten werde die zerrüttete Reichsverfassung in jeder Gefahr
erhalten.

Bald sollte dieser Gesinnung eine fürchterliche Probe bereitet
werden. Die Heere der Revolution überschwemmten das Reich, und
mit bitterem Unmute sah der wackere Reichsritter die Schmach seines
Landes wie das Gebaren der Pariser Schreckensherrschaft. In ritter=

licher Begeisterung für die Tochter seiner Kaiser erbot er sich, natürlich
umsonst, Marie Antoinette zu verteidigen; in einem Aufruf beschwor
er seine Landsleute, durch einen Bund der besseren Reichsstände das
Reich zu retten. Der Baseler Frieden ward geschlossen, und in seinem
patriotischen Zorne wollte Gagern nie begreifen, daß dieser Friedensschluß sich von selbst ergab aus der, auch von ihm gepriesenen, erblichen
Opposition Preußens im Reiche. Der Nassauer Hof flüchtete unter
preußischen Schutz. Dort im Exile, auf der Eremitage bei Baireuth,
entstanden Gagerns erste literarische Versuche, zumeist gegen revolutionäre Erscheinungen des Tages gerichtet, darunter ein Sendschreiben an
den jungen Gentz. Gagern erkannte sehr fein den revolutionären Geist,
der in dem berühmten Briefe von Gentz an Friedrich Wilhelm III. —
in der Form mehr als im Inhalt — sich aussprach. Er stellte „den
Berliner" streng zur Rede und hatte später die Genugtuung, daß der
bekehrte Gentz ihm in tiefer Zerknirschung dankte für die wohlverdiente
Züchtigung jener „törichten und heillosen Anmaßung, bei der mich
mein guter Genius ganz und gar verließ". In dieser Zeit begann auch
Gagerns diplomatische Tätigkeit. Nie ward ihm das Glück, in
einem wirklichen Staate die harte Schule einer auf Traditionen und
Interessen ruhenden Politik zu durchlaufen und eine ernste Verantwortlichkeit zu tragen. Mit dem gerechten Bewußtsein, daß er fähig sei, in
der ernsten Zeit ein gutes Wort zu sprechen, aber ohne jeden Rückhalt
an seinem lächerlichen Zwergstaate, trieb der unermüdliche Mann hinein
in vage, allbereite Vielgeschäftigkeit und spielte nur zu oft die Rolle des
ungerufenen Raters, des ungebetenen Vermittlers. So schon jetzt,
als er, um die Wende des Jahrhunderts, nach Wien ging und dem
kaiserlichen Hofe einen Bund der Mindermächtigen als das Heil des
Reiches predigte. Seiner Seele fehlte die große Leidenschaft, der Ehrgeiz, an entscheidender Stelle in einem wirklichen Staate Großes zu
wirken; aber so wenig er daran dachte, das Stilleben des Kleinstaates
gänzlich zu verlassen, Selbstgefälligkeit und wohlmeinender Pflichteifer
reizten ihn doch fortwährend, aus der Ferne keck hineinzureden in die
großen Geschicke der Welt. In solcher schiefen Stellung erscheint der
wackere Mann schonungslosem Urteile oftmals als eine komische Person.

Das Gebot der Not riß ihn aus diesem dilettantischen Treiben.
Die deutsche Fürstenrevolution begann, das heilige Reich brach zusammen. Es galt, dem Hause Nassau seinen Anteil zu sichern an dem
großen Raubzuge der Erbfürsten wider die geistlichen Staaten. Gagern

ging mit unbeschränkter Vollmacht nach Paris. Selbst in dieser er=
niedrigenden Lage wußte er mindestens die äußere Haltung zu bewahren.
Er überließ es anderen deutschen Fürsten und Gesandten, mit dem
Schoßhündchen Talleyrands zu kosen, um sich die Gunst des Mächtigen
zu sichern. Aber die kleinen Mittel der alten Diplomatie verschmähte
er nicht, nicht das glänzende Haus und das eifrige Spiel „als ein
Mittel der Annäherung", nicht die geheimen Verhandlungen in der
Dachstube des Straßburger Matthieu, welcher damals die Geschicke
unserer Fürsten entschied. Dort begründete sich auch die vielfach an=
gefochtene Freundschaft des deutschen Ritters mit Talleyrand. Ein feiner
Kopf, ein tüchtiger Gelehrter, im Grunde des Herzens gutmütig und
ein stolzer Aristokrat, war der verschlagene Franzose dem Deutschen
mehrfach verwandt. Fand sein gewissenloses Handeln an dem deutschen
Freunde einen allzu milden Richter, die kurzsichtige Schlauheit seiner
Staatskunst einen willigen Bewunderer, so lernte er dagegen Gagern
schätzen, als selbst in den Tagen des Rheinbundes der deutsche Klein=
Minister niemals zum Sklaven Frankreichs herabsank. So haben die
beiden manches Jahr, bald in der Rue du Bac zu Paris, bald in
Warschau und Wien Gedanken ausgetauscht, große und kleine Pläne
geschmiedet, und nur allzuoft sollte der Deutsche das arglose Werkzeug
des fremden Ränkeschmieds werden. Sie blieben bis zu Talleyrands
Tode im Verkehr, und der Vielgewandte pflegte im Alter zu sagen, daß
niemand ihn so ganz verstanden habe wie Gagern.

Die Früchte dieser Freundschaft reiften schnell. Gagern durfte sich
rühmen, das Gesamtreich Nassau auf das Doppelte seines Umfangs
gebracht zu haben. In welche seltsamen Widersprüche trieb doch die
harte Zeit den milden Mann hinein! Er war ein Verehrer der kon=
stitutionellen Monarchie, und doch mußte er auch an den absolutistischen
Gewaltstreichen der Epoche teilnehmen. Stücke von Kurtrier waren
an Nassau gefallen. Mit Widerstreben sah sich Gagern gezwungen,
die landständische Verfassung dieser Lande zu beseitigen; gutmütig
erklärte er in derselben Verordnung, welche die Verfassung aufhob,
die Regierung erkenne sehr wohl die Vorzüge „dieser durch legis=
lativische Weisheit und durch die Erfahrung geprüften Verfassungs=
form". Sein Vater war des Reichs vom Adel und hatte noch auf dem
Rastatter Kongresse mit zähem Stolze die Ansprüche der oberrheini=
schen Reichsritterschaft vertreten. Auf den Sohn war vieles über=
gegangen von solcher Gesinnung. Wenn in späteren Tagen die Konser=

vativen der neuen Zeit allzu eifrig redeten von der Legitimität der angestammten Fürstenhäuser, dann brauste das reichsritterliche Blut auf, und er rief: „Ich kenne noch eine andere, bessere Legitimität: die des deutschen Wahlkaisertums und — meine eigene, die freilich nur in der Mitherrschaft in einem Dorfe bestand!" — Und doch schuf er jetzt — „durch seine plastische Hand", wie Stein spottete — aus den Trümmern der alten Legitimität einen neuen Kleinstaat. Noch mehr. Er war Patriot, und doch förderte er im Eifer seiner dynastischen Ergebenheit, obwohl widerwillig, jene schmachvollen Verträge, welche die Linie Nassau-Oranien für den Verlust der Niederlande durch deutsche Länderfetzen entschädigten. So trieb man dem Verderben entgegen.

Das Jahr 1804 sah die Gewaltigen unseres Westens, auch den nassauischen Minister, zu Mainz den Thron des neuen Imperators umgeben. Im folgenden Jahre war Gagern mutig genug, jede unmittelbare Teilnahme am Kriege gegen Österreich zu verweigern. Aber als bald darauf Preußen um Nassaus Bundesgenossenschaft warb, gab man keine Antwort. Damit war Nassaus künftige Stellung gegeben. Zerfallen mit den deutschen Großmächten, Rebellen gegen das Reich, wie sollten die Kleinen zaudern, wenn sie wählen mußten zwischen Rheinbund und Vernichtung? Die Kunde kam, daß der Allgewaltige, nachdem die geistlichen Fürstentümer des heiligen Reichs säkularisiert waren, nunmehr die weltlichen Fürsten und Herren zu mediatisieren gedenke. Alsbald drängten sich die geängsteten Kleinfürsten um den Imperator, flehten ihn an, ihr Schirmherr zu werden oder gar die deutsche Kaiserkrone auf sein Haupt zu setzen. Auch Gagern eilte wieder nach Paris, und wie einige Jahre zuvor in der Mansarde Matthieus, so mußte er jetzt in dem finsteren Hinterzimmer des blinden Pfeffel markten und bitten für sein Fürstenhaus. Zufall und Laune entschied alles. Einmal warf Napoleon den Gedanken hin, Nassau zu mediatisieren. Der Minister des bedrohten Hauses aber vermittelte die Geldgeschäfte Talleyrands mit den deutschen Fürsten. Durch solche unziemliche Beflissenheit rettete Gagern das Dasein seiner Dynastie. Der Handel war für die deutsche Linie des Hauses Nassau um so schmählicher, da Napoleon gleichzeitig die holländische Linie Nassau-Oranien aus einem Teile ihres neuerworbenen deutschen Fürstentums verjagte und die deutschen Nassauer zwang, sich auf Kosten ihrer holländischen Verwandten zu vergrößern. Jede erdenkliche Demütigung ward den beute- und gunstsuchenden deutschen Ministern bereitet; man erlaubte ihnen nicht einmal, sich über die Rheinbundsakte gemeinsam zu beraten. Vom Spieltische hinweg rief Talleyrand eines Abends seinen deutschen Freund, zeigte ihm die fertige Gründungsakte des Rheinbundes — und Gagern unterschrieb. Glänzend bewährte sich Talleyrands Gunst: Nassau, ein neufürstliches Haus, erhielt die Herzogskrone und sogar den Vorsitz in dem Fürstenrate des Rheinbundes.

Da bestand er endlich, jener von Gagern ersehnte „Bund der Mindermächtigen"! Wie anders hatten ihn seine Träume gemalt! Und Gagern hat nie begriffen, daß ein solcher Bund der Kleinen in anderer Weise auf die Dauer nicht bestehen kann. Nichts törichter, als jene wohlfeile Gesinnungstüchtigkeit, welche wegen dieser rheinbündischen Tage über Gagern rasch den Stab bricht. Stein freilich machte damals seinen großen Namen zuerst der Welt ruchbar durch jenen herrlichen Brief an den Herzog von Nassau, worin er die Hoffnung aussprach, auch die Schützlinge Napoleons würden dereinst, wie jetzt die Reichsritter, vernichtet werden, „und Gott gebe, daß ich dieß glückliche Ereigniß erlebe"! Doch Gagern war darum noch kein Verräter, weil er nicht vermochte, sich zu einer Großheit des Sinnes zu erheben, die von den Zeitgenossen kaum verstanden ward. Der treue Diener glaubte in der kritischen Lage seine Dienste seinem Fürsten nicht versagen zu dürfen; und konnte er ihm zur Selbstvernichtung raten in einem Augenblicke, wo sie nur Deutschlands Feinden zugute kommen mußte? Wir Nachlebenden aber sollten, wenn wir beschämt die guten Namen Gagern und Reizenstein unter der Urkunde des Rheinbundes lesen, die furchtbare Wahrheit begreifen, daß für die Ohnmacht unserer kleinen Staaten, sobald sie auswärtige Politik treiben, die Grundsätze der Sittlichkeit nicht vorhanden sind.

Unwillig war er an das häßliche Werk gegangen und hatte jeden Lohn verschmäht. Doch kaum war der Bund gegründet, so begann er auch mit allem Eifer seines leichten Blutes die Gunst der Lage auszubeuten. Die Schlacht von Jena hatte die kleinen Dynasten des Nordens zu Napoleons Füßen geworfen. Jetzt war der Augenblick, sich als Retter der Kleinen zu erweisen. Er eilte über Berlin nach Polen in das französische Hauptquartier, und von Anhalt, von Lippe, von Reuß, Waldeck und den Ernestinern kamen ihm Briefe oder Gesandte oder gar die Fürsten selbst, um Rettung flehend. Auch Friedrich August von Sachsen erschien in Berlin, das leibhaftige Bild der versunkenen alten Zeit, groß geworden in der spanischen Etikette seines alt=

väterischen Hofes, unfähig zu begreifen, „wie man mit diesen Leuten leben solle". Gagern hatte Trost für jeden. Der romantische Reiz der erlauchten Namen und das menschliche Mitleid mit den armen Kleinen mußten seine föderalistische Überzeugung noch bestärken. Er schmeichelte Napoleon und Talleyrand mit der feinen Frage, ob sie als Edelleute aus altem Hause es über sich gewinnen könnten, Deutschlands hohen Adel zu verderben? Auch drängte die Stunde: Napoleon bedurfte neuer deutscher Truppen für den Winterfeldzug. Und zu Gagerns Glück ließ der gutmütige La Besnardière, der jetzt an Matthieus und Pfeffels Stelle Deutschlands Verteilung besorgte, mit sich handeln. „Schenken Sie mir einige Ihrer Fürsten," meinte der Franzose. „Nicht einen! Il faut les avaler, und sollten Sie daran ersticken!" So gelang die rettende Tat, und jene Fürstenhäuser stammten ihren Völkern wieder an — durch ein Mißverständnis, wie wir jetzt aus den Memoiren des Grafen Senfft wissen. Napoleon sagte später zornig, über Lippe, Reuß und Waldeck sei er getäuscht worden; hätte er gewußt, wie es mit ihnen stände, so würden diese Staaten nicht mehr bestehen. In der Tat, ein eigentümliches Zeugnis für Gagerns diplomatische Feinheit.

In eigner Sache hatte der nassauische Minister, wenn wir seiner Versicherung trauen dürfen, Bestechung verschmäht. Zum Besten anderer Dynastien scheute er, jetzt wie vordem in Paris, auch vor diesem Mittel nicht zurück und half sich mit dem leidigen Troste, daß er bloß bezahlt, doch nie gehandelt habe. Über diesen deutschen Händeln verging der Winter. Gagern war glücklich, daß das Unrecht der Teilung Polens durch die Gründung des Großherzogtums Warschau gesühnt sei, er schwärmte für das ritterliche Polen und seine schönen Frauen, und sein scharfer Blick erkannte sofort in dem Tage von Eylau den Wendepunkt des Napoleonischen Glücks. Eine kurze Zeit trug er sich wohl mit dem Gedanken, Napoleon für den Plan eines karolingischen, wesentlich deutschen Reiches zu gewinnen, und noch im Jahre 1808 widmete er dem Kaiser, „dem großen Völkerhaupte meiner Zeit", den ersten Teil seiner Sittengeschichte, allerdings mit dem für einen Rheinbundsminister seltsamen Motto: virtus et in hoste laudanda. Aber das Gefühl der tiefen Unsittlichkeit der rheinbündischen Dinge lastete von Tag zu Tag quälender auf ihm. Stein ward geächtet, sein Besitztum eingezogen, und nur mit Mühe gelang es dem wohlwollenden nassauischen Minister, der bei solchem Werke helfen mußte, die bit-

tere Not abzuwenden von der Familie des Patrioten. Als endlich
das Edikt von Trianon (1811) alle auf dem linken Rheinufer Ge=
borenen für französische Untertanen erklärte, so ergriff er gern diesen
Vorwand und verließ den nassauischen Dienst, um in Wien als ein
freier Mann für die Befreiung des Landes zu arbeiten.

Es war ihm heiliger Ernst mit dieser Arbeit, nur lag in seinem
gutartigen Wesen keine Spur von jenem dämonischen, vernichtenden
Franzosenhasse, dessen die Leiter der Bewegung bedurften, um den
langen Schlaf zu enden. Überhaupt war unter den Männern der
Kleinstaaten eine solche grimmige verzehrende Erbitterung nicht möglich
wie in dem freventlich mißhandelten Preußen. Unsere reinsten Kräfte
wirkten damals, daß die Nation wieder lerne, an sich selbst und ihre
Größe zu glauben. Unter ihnen auch Gagern, als er in Wien seine
„Nationalgeschichte der Deutschen" begann, kein wissenschaftliches Werk
natürlich, aber eine beredte, feurige Schilderung der germanischen Vor=
zeit und — eine Verherrlichung des „echten Germanismus". „Der
Mann wollte noch etwas mehr als ein Buch schreiben," urteilte
Goethe, und der Erfolg des Werkes rechtfertigte die Meinung. Aber
auch diesmal verleugnet sich nicht der Jünger der Humanität. Das=
selbe Buch, das die Nation für den Entscheidungskampf entflammen
soll, preist als das Ideal des Staatsmannes — Probus, den milden
Sieger, der den bezwungenen Völkern das Glück der Reben bringt.

Es war die Zeit, da die Edelsten und Kühnsten das finstere Hand=
werk des Verschwörers trieben, da ein Stein mit chemischer Tinte
schrieb und Pläne entwarf, die Truppen des Rheinbundes in Masse
zum Eidbruche zu verführen. Die Katastrophe von Moskau brach
herein. Da ward auch Gagern in die geheimen Entwürfe der Patrioten
eingeweiht. Erzherzog Johann hegte mit Hormayr und anderen Häup=
tern des Gebirgskrieges von 1809 die Absicht, das einzige zu be=
ginnen, was noch retten konnte, den Volkskrieg zu entzünden in den
Bergländern von Tirol bis Dalmatien. Gagern, der schon während
der Revolutionskriege am Rhein bei den kleinen Höfen das Aufgebot
des Landsturmes empfohlen hatte, nahm teil an der Verschwörung.
Aber treu seinem alten Glauben, daß man die kleinen Dynastien um
jeden Preis erhalten müsse, hoffte er auch jetzt noch zu vermitteln zwi=
schen der drohenden Volkserhebung und den Interessen der Höfe. Er
hatte Verbindungen in München und meinte sehr richtig, Bayern werde
gegen volle Entschädigung auf Tirol verzichten. Noch weit minder

als Gagern selber war das Wiener Kabinett gesonnen, die rhein=
bündischen Höfe durch eine hochbegeisterte Volkserhebung zu zermalmen.
„Dem siegreichen Feinde stopfe ich mit einer Provinz den Mund; aber
das Volk bewaffnen, heißt den Thron untergraben" — diesem alten
Worte Cobenzls war das Haus Habsburg nur ein einziges Mal, im
Jahre 1809, während der kurzen Monde der Verwaltung Stadions,
untreu geworden. Unter Metternich stand die überlieferte Hauspolitik
wieder hoch in Ehren. Kaum erhielt der Hof durch einen Verräter
Kunde von dem Plane der Volkserhebung, so ward das alte Mißtrauen
des Kaisers gegen den Ehrgeiz seiner Brüder geweckt. Die einheimi=
schen Verschworenen verschwanden in Festungen, Erzherzog Johann
in den steirischen Bergen. Gagern ward des Landes verwiesen, aber
Metternich bat ihn (März 1813), in das Hauptquartier der Verbün=
deten zu gehen und Österreichs nahen übertritt insgeheim anzukün=
digen. In diesem Gespräche enthüllte der Staatskanzler die geheimste
Unwahrheit der habsburgischen Staatskunst: die persönliche Bekämp=
fung Napoleons sei die Aufgabe, nicht der phantastische Gedanke der
Wiedererwerbung des linken Rheinufers. Und sein Zuhörer — be=
wunderte die Klugheit des Fürsten und erkannte „sein deutsches Herz
und Gemüt"! Auch als später die Folgen dieser Politik der kleinen
Menschen und der kleinen Mittel sich offenbarten, als mit dem Eintritt
Österreichs in die Allianz der Volkskrieg zusammenschrumpfte zu einem
Kriege der Kabinette, als Österreich in den Verträgen von Ried und
Fulda die Souveränität der Rheinbundskönige anerkannte und somit
jede Aussicht auf eine ernsthafte Neugestaltung der deutschen Verfassung
abschnitt, da murrte der treue Anhänger des alten Reiches wohl über
„so leere, zweideutige Verträge", aber sein Vertrauen auf den Wiener
Meister blieb unerschüttert. Nach dem Frieden fragte ihn Kaiser Franz
mit jener zweifellosen Selbstgefälligkeit, welche den vollendeten Des=
poten bezeichnet: „Schaun's, bin ich nicht viel gescheiter gewesen als
Sie? Hab' ich nicht in Ordnung getan, was Sie in Unordnung
tun wollen?" — und Gagern war so unverzeihlich gutmütig, diese
Zurechtweisung ganz gerecht zu finden.

So voll Vertrauen auf Österreichs edle Absichten, überdies mit
dem glücklichen Bewußtsein, daß er zu Wien die Heirat des Erzher=
zogs Karl mit einer nassauischen Prinzessin vorbereitet — wandte sich
Gagern nach Breslau. Er sah es vor Augen, das Erwachen jener
einzigen Tage, er sah dies Volk hingeben „Gold für Eisen", er sah

die endlosen Züge der Freiwilligen, die einen Volkskrieg ohnegleichen
verkündeten. Aber den ein zweideutiges Gespräch Metternichs von
Österreichs Treue überzeugte, er blieb angesichts solcher Erscheinungen
störrisch bei dem alten Mißtrauen gegen die preußische Habsucht! Schon
auf seiner Reise hatten sich wiederum zitternde Kleinfürsten an den alten
bewährten Retter gewendet; der Erbprinz von Oranien, der Präten-
dent der Niederlande, bedurfte der erprobten Dienste des treuen nassauischen Staatsmannes. Gagern trat als Vertreter dieses Fürsten und
des entthronten Kurfürsten von Hessen in den provisorischen deutschen
Verwaltungsrat unter Steins Befehle. Einsam stand dieser gewaltige
Mensch unter den Genossen, der, hohen Sinnes, die Einheit als das
große Ziel des Kampfes erblickte — „und ist sie nicht möglich, eine
Vermittlung, einen Übergang". Hatte Gagern sich geschmeichelt, „seine
Hochachtung im Sturm zu erobern", so stand er bald ratlos vor „dem
heißen Kopfe und exasperierten Gemüte" des großen Mannes. Wir
wissen heute: war die Hitze dieses Kopfes und die Erbitterung dieses
Gemütes nur um einen Grad geringer, so endete der deutsche Krieg
am rechten Ufer des Rheines „mit einem Possenspiele". Es war
nicht wohlgetan, wenn Gagern jetzt versuchte, seinem Chef „Wasser
in den Wein zu gießen", und Stein gab keine Antwort, als der
Dienstwillige sich erbot, der Melanchthon dieses Luther zu werden.

Aber wie hoch auch Stein emporragte über seine Umgebungen,
so war es gerade für einen Vertreter „rein-deutscher" Staaten sehr
wohl möglich, einen heilsamen Einfluß auf Stein zu üben. Sein in
Rußland gefaßter Plan, die Fürsten des Rheinbundes als betitelte
Sklaven und Untervögte des Eroberers zu behandeln, erwies sich schon
jetzt als unausführbar, weil die Verbündeten selbst vor solcher Kühnheit zurückschraken und mehr noch, weil die Völker damals noch fest
an ihren Dynastien hingen und nirgends wagten, sich wider den
Willen des Fürstenhauses für Deutschland zu erheben. Wenn Gagern
in diesem Falle die wirkliche Lage richtiger beurteilte als Stein, so
begegneten sich beide in der klaren Einsicht, man müsse schon jetzt für
Deutschlands künftige Verfassung bindende Verträge schließen. Am
wichtigsten aber war, dem einzigen entgegenzuwirken, was sich Stein in
dieser Zeit vorwerfen läßt und von Gagern richtig durchschaut wurde,
— seinem allzu großen Vertrauen auf Rußland. Wenigstens versuchen
konnte der rein-deutsche Minister, für die eroberten kleinen Staaten
zu erreichen, was in Altpreußen durch die Schön und Auerswald be-

reits erreicht war — die Verwaltung des Landes durch ausschließlich
deutsche Behörden. Statt dessen begann er wieder mit kleinen dyna=
stischen Bestrebungen. Gagern erwirkte den Beschluß, daß der Kur=
fürst von Hessen sofort in sein Land zurückgeführt werden sollte. Also
geschah es, daß Kurhessen, dank dem unverbesserlichen Geize seines
Fürsten, keinen Anteil nahm an dem Freiheitskriege, und Stein über
den zurückgekehrten Herrscher in die grimmigen Worte ausbrach: „Geben
Sie mir Kanonen, mit Vernunftgründen ist bei dem nichts anzu=
fangen." Zu Gagerns Glück rief ihn, bevor der offene Bruch mit
Stein sich entschied, der Erbprinz von Oranien zu sich nach England.

Damit erschloß sich ihm endlich ein größerer Wirkungskreis, aber
leider nicht auf dem Boden eines wirklichen, sondern in dem luftigen
Bereiche eines erst zu bildenden Staates. Und phantastisch genug
waren die Ideen, die damals in seinem regsamen Geiste entstanden.
„Nassau-Oranien! Je maintiendray" — der historischen Poesie dieser
Klänge vermochte er nicht zu widerstehen. Dieses Haus, dessen deutscher
Zweig längst in Nichtigkeit versunken war, während der holländische
längst aufgehört hatte deutsch zu sein, erschien ihm jetzt als der
geborene Träger der „Politik der rechten Mitte" in Deutschland
und in Europa. Die Zustimmung, die er bei Stein vergeblich ge=
sucht, fand er jetzt bei dem Grafen Münster, der sich in ähnlichen
Spielen einer traumhaften Welfenpolitik gefiel. Während Stein
alle dynastischen Ränke in solcher Zeit verächtlich als Streitigkeiten
der Montecchi und Capuletti verdammte, begegneten sich in den
Tagen, da Napoleons Herrschaft ins Wanken kam, sämtliche Staats=
weise unserer Kleinstaaten in dem einen Gedanken: nicht von Preußen
dürfe Deutschlands Rettung kommen. Daneben trug sich ein jeder
mit der Hoffnung, von seinem Fürstenhause werde die Befreiung
Europas ausgehen. So hoffte der Sachse Senfft, Deutschland werde
befreit werden durch — die Polen, da ja das Haus Wettin in Warschau
regierte oder vielmehr regiert wurde. Vor Gagerns leichterregter
Seele stiegen sinnbetörend die Heldengestalten des schweigsamen und
des dritten Wilhelm von Oranien empor, und Münster träumte von
der Herrlichkeit Heinrichs des Löwen. Während Stein auf den
Staat Preußen und dessen soeben herrlich bewährte Lebenskraft seine
Hoffnungen gründete, bauten die beiden ministeriunculi (wie Stein
in grobem Zorne zu sagen pflegte), weil sie nie in der Zucht eines
wirklichen Staates gelebt hatten, auf die Wunderkräfte zweier fürst=

licher Häuser, die ihrer alten Größe seit langem untreu geworden.
Bei Münster trat dazu ein neidischer Preußenhaß, der Gagerns
ängstliches Mißtrauen weit überbot. Der welfische Staatsmann ge-
dachte — in dem Jahre der Schlachten von Dennewitz und Groß-
beeren! — Altpreußen den Russen zu geben und Preußen auf das
Land zwischen Weichsel und Elbe einzuschränken. Als Preußen sich
erhob, um in blutiger Arbeit die vor sechs Jahren wirklich erlittene
Mißhandlung zu rächen, da polterte er wider die preußische Habgier.
Dafür meinte er die Stunde gekommen, das den Welfen vor sechs
Jahrhunderten (1180) angeblich widerfahrene Unrecht zu sühnen!

Vor solchen Ausbrüchen bösartigen Hasses bewahrte Gagern schon
sein billiger Sinn. Aber als er im Sommer 1813 in England und
Schweden in oranischen Geschäften umherreiste und mit Münster
deutsche Projekte austauschte, mahnte er doch bringend: kein russischer
Bund, aber auch kein preußischer! Darum sollte der deutsche Verwaltungsrat in Hannover seinen Sitz nehmen — in demselben Hannover, dessen Leistungen für den deutschen Krieg auch den geringsten
Anforderungen nicht entfernt entsprachen. Preußen könne je nach Umständen eintreten oder draußen bleiben; dagegen sei es wünschens-
wert, den Wirkungskreis des Verwaltungsrates auf die Schweiz
und die Niederlande auszudehnen! — In London überredete Gagern
auch den Herzog von Braunschweig mit großer Mühe, daß er sich an
Hannover, nicht an die unter preußischem Einflusse stehende deutsche
Zentralverwaltung anschließe. Die Projekte der beiden Staatsmänner
erweisen sich schon deshalb als verkehrt, weil beide von groben tat-
sächlichen Irrtümern ausgingen. Gagern nämlich gefiel sich in dem
vertrauensseligen Wahne, kein deutscher Fürst habe den Rheinbund
wirklich gewollt, man denke in München ebenso gut deutsch als in
Berlin usf. Münster aber ahnte nicht die gewaltigen sittlichen Bande,
womit ein ruhmreicher Staat seine Glieder umschlingt; er war
bitterlich enttäuscht, als das Volk aufstand für „den preußischen
Prügel und Ladestock" und nirgends die Sehnsucht sich regte nach der
„welfischen Freiheit". — Gern wenden wir den Blick von diesem
kleinen Treiben in großer Zeit und freuen uns, den tüchtigen Patrioten
wieder zu erkennen in der Schrift „Berichtigung einiger politischer
Ideen". In dem Augenblicke, da man im Hauptquartiere der Verbündeten ernstlich daran dachte, am Rheine stehenzubleiben, forderte
er mutig die avulsa imperii, Elsaß und Lothringen, zurück; das sei

der Weg für Österreich zur Kaiserkrone, für Preußen zu unbeneideter Vergrößerung.

Gegen Ende des Jahres sandte ihn sein Souverän in das wieder= gewonnene oranische Land Dillenburg. Dort leitete Gagern ein Jahr lang die Verwaltung, wirkte redlich für die Heeresrüstungen und erfuhr schon jetzt, wie die Oranier die „Politik der rechten Mitte" verstanden. Im November erhob sich das holländische Volk und rief das oranische Haus zurück; im Laufe des Winters wurden die Festungen des Landes vornehmlich durch preußische Waffen den Franzosen entrissen. Der Erb= prinz erlangte von der begeisterten Nation die Souveränität in den Niederlanden — also mehr, als sein Haus je besessen hatte — und dennoch forderte er, der für die Befreiung der Welt durchaus nichts ge= tan, mit maßloser Begehrlichkeit noch außerdem die für die verlorenen Niederlande vormals empfangenen deutschen Entschädigungslande — die Sache und den Preis, wie Gagern ihm mahnend vorstellte. Der Oranier hoffte, die Niederlande durch deutsche Gebiete am Niederrhein also zu vergrößern, daß die Länder der deutschen und der holländischen Nassauer eine zusammenhängende Masse — ein Groß=Nassau von Bieberich bis zum Texel — bildeten. Doch beirrten solche Erfah= rungen den deutschen Staatsmann keineswegs in seiner dynastischen Gesinnung.

Erfüllt von ausschweifenden oranischen Entwürfen kam er auf den Wiener Kongreß als Gesandter des Erbprinzen und des Gesamthauses Nassau. In Wien rühmte man bald sein gastfreies Haus, den Koch aus Bérys Schule und die edeln Nassauer Weine. Zu Deutschlands Unheil traf er hier seinen alten Freund Talleyrand, der jetzt mit eiserner Stirn unter dem Banner der Lilien dieselben Pläne französischen Ehrgeizes verfolgte, welche er vordem unter dem kaiserlichen Adler betrieben hatte. Arglos trat Gagern abermals mit dem argen Feinde unseres Volkes in vertrauliche Verbindung. Den zweiten Gesandten Frankreichs, Emmerich Dalberg, einen deutschen Überläufer, dem alle Deutschen mit herber Mißachtung begegneten, nahm er gutmütig unter seinen Schutz; er verwunderte sich, was man denn an dem witzigen, unterhaltenden Manne zu tadeln finde. Nach allen Seiten hin knüpfte er Verbindungen an und begann eine unermüdliche Tätigkeit. Der Boden für die oranischen Hoffnungen war der günstigste. Da Öster= reich sich entschieden weigerte, die Herrschaft in Belgien wieder anzu= treten, so hatten sich die Mächte schon während des Winterfeldzuges in

Frankreich dahin verständigt, die hergestellten Niederlande durch Bel=
gien und vielleicht auch durch einen Teil des linken Rheinufers (das
Roer=Departement mit Köln und Aachen) zu vergrößern. England
war der große Gönner des neuen Staates, denn die Kolonien Hollands
waren in seiner Hand; auch die Flotte, welche im Antwerpener Hafen
durch überwiegend deutsche Truppen erbeutet worden, war nach England
abgeführt; und das Kabinett von St. James durfte nur dann hoffen,
diese reiche Beute zu behalten, wenn man die Niederlande auf dem
Kontinente entschädigte. Man gefiel sich zu London in der von den
Oraniern schlau genährten Hoffnung, Belgiens Industrie und den
Hafen von Antwerpen durch solche gehäufte Wohltaten der englischen
Handelspolitik dienstbar zu machen. Auch trug man sich eine Zeitlang
mit dem Gedanken, den Prinzen von Oranien mit der Erbin des eng=
lischen Thrones, der Prinzessin Charlotte, zu vermählen.

Welch eine Gelegenheit für Gagern, die luftigsten Pläne zu spinnen!
Schien sie nicht wiederzukehren, die Zeit, da der dritte oranische Wilhelm
England und Niederland und mit ihnen den Weltteil lenkte? Ward nicht
durch den Bund der beiden Seemächte eine schon von Blackstone gepriesene
„Ur= und Fundamentalidee der englischen Verfassung" erneuert? — Die
anderen Mächte huldigten wieder dem schwächlichen Gedanken der alten
Barrierenpolitik. Mit einigem Scheine ließ sich beweisen, daß man
im Norden an einer ähnlichen strategisch wichtigen Stelle ein ähnliches
neutrales Bollwerk zwischen Deutschland und Frankreich einschieben
müsse wie im Süden die ebenfalls vielsprachige und konfessionell ge=
spaltene Schweiz. So wurden die Niederlande das „Schoßkind der
Mächte", das sie nach Metternichs Geständnis „mit wahrer Affen=
liebe" großzogen. Gagern verschloß sich nicht der Einsicht, daß diese
Barrierenpolitik lediglich hervorgerufen werde „durch die überlegen=
heit der französischen Einheit über die deutsche Vielheit". Die Frage
endgültig zu lösen, indem man der französischen Einheit eine deutsche
Einheit gegenüberstellte — dieser Gedanke war damals unausführbar
und hätte an Gagern, dem Verehrer der Kleinstaaterei, einen Gegner
gefunden. Einen anderen Weg schlug bald nach dem Frieden Alexander
Everett vor, der als Gesandter der Vereinigten Staaten im Haag die
innere Schwäche des neuen Staates scharf durchschaute. Wollte man
Deutschland wirklich vor Frankreich schützen, meinte der Amerikaner mit
dem sicheren Menschenverstande seines Volkes, so mußte man Preußen
die Herrschaft über ganz Norddeutschland einräumen. Auch dies war

auf dem Wiener Kongreſſe unmöglich, nachdem Preußen bereits in die
Wiederherſtellung und Vergrößerung von Hannover und Kurheſſen ge=
willigt hatte. Und Gagern am wenigſten hätte dieſen Gedanken ge=
billigt: bei der „politiſchen Exaltation des preußiſchen Volkes" ſchien
es ihm eine ſchwere Gefahr für den Frieden der Welt, wenn die
kriegeriſchen Staaten Frankreich und Preußen aneinander grenzten.
Dies zu verhindern durch einen bazwiſchen geſchobenen friedfertigen
Staat galt ihm als „die wohltätigſte und weiſeſte Maßregel des
Kongreſſes".

So gar einfach, wie die Tagespolitiker heute meinen, lag die nieder=
ländiſche Frage freilich nicht; eine Löſung derſelben nach dem Grund=
ſatze der Nationalität war und iſt unmöglich, denn drei, nicht zwei
Stämme wohnen dort zuſammen: Holländer, Wallonen und die von
dieſen durch das Blut, von jenen durch Religion und Geſittung ge=
trennten Flaminger. Doch eben dieſen unverſöhnlichen Gegenſatz der
belgiſchen und holländiſchen Geſchichte überſah Gagern gänzlich — mit
jenem leichtblütigen Eifer, der ihm eigen war, ſobald einmal ein Plan
ſich ſeines lebhaften Hirns bemächtigt hatte. Kecklich leugnete er, daß
jemals Haß beſtanden habe zwiſchen beiden Ländern. Sogar die Teilung
des Reiches Karls des Großen mußte ihm als ein Beweis dienen
für die Notwendigkeit eines Deutſchland und Frankreich trennenden
Zwiſchenreichs. Über ſolchen hiſtoriſchen Phantaſien überhörte er den
lauten Widerſpruch des franzöſiſchen, des belgiſchen und des holländi=
ſchen Volkes. Auch in Deutſchland fehlte es nicht an tadelnden Stim=
men. Wiederholt warnte der Rheiniſche Merkur, und ein bewährter
Kenner der niederdeutſchen Dinge, Ludwig v. Vincke, urteilte kurzab:
die Belgier werden ſich nie gutwillig dem neuen Reiche fügen! Und
wahrhaftig, auch die Holländer wußten ſehr wohl, warum ſie die Ver=
größerungspläne der Oranier nur widerwillig duldeten. Die Republik
der Niederlande war eine Großmacht geweſen, ſolange die Landpolitik
der Oranier durch die Seemacht von Holland unterſtützt ward; ſie war
ausgeſchieden aus der Reihe der ſelbſtändigen Mächte, ſeit ihre Flotte
verfiel und der Staat allein geſchützt ward durch die Barriere der Land=
feſtungen. Jetzt vollends, da die Flotte geraubt und der größte Teil
der Kolonien verloren war, lag der Staat gelähmt danieder und konnte
nicht hoffen, eine widerſtrebende Provinz zu bändigen.

Teilte Gagern dieſe Täuſchungen mit den meiſten ſeiner Ge=
noſſen, ſo trifft dagegen ihn allein der harte Vorwurf, den Stein ihm

zurief: „Vergessen Sie über dem Batavisieren das Germanisieren nicht.“ Getreu der phantastischen Grille vom echten Germanismus sah er in den Niederlanden zwar nicht den „Bundesgenossen“, aber den „Bundes= verwandten“, der in die „Gesamtmacht“, aber nicht in die inneren Ver= hältnisse Deutschlands eintreten müsse. Er hoffte von Hollands See= macht eine starke maritime Stellung für Deutschland, er meinte Hol= land berufen, unsere Kleinstaaten um sich zu versammeln, sie zu schützen gegen die deutschen Großmächte. Dies alles sollte sich erreichen lassen, ohne daß die Niederlande in den deutschen Bund einträten; denn natür= lich die Holländer und das Haus Oranien widerstrebten dem hart= näckig, und Gagern selber gesteht: „Mir schien weder das alte Reich so liebenswürdig und achtbar, noch die neuen Machinationen so ein= ladend, daß den Niederlanden, besonders dem holländischen Teile, damit ein besonderer Dienst und Gefallen getan würde.“

Wie aber konnte trotzdem das neue Königreich Einfluß auf Deutsch= land ausüben? In seiner Verlegenheit verfiel Gagern auf einen höchst außerordentlichen Ausweg: er „opinierte weder für die gänzliche Ver= bindung noch für die gänzliche Sonderung“. Lag nicht „das Beispiel Dänemarks“ so nahe, das nur mit einem Teile seiner Länder dem Bunde angehörte? Nun hatte der gewandte oranische Unterhändler soeben das Großherzogtum Luxemburg sehr vorteilhaft eingetauscht gegen die „urnassauischen Lande“ Dillenburg=Siegen; jetzt sorgte er rüstig, daß Luxemburg wirklich in den Bund eintrat. Er handelte damit den Absichten seines Fürsten zuwider und tröstete den Oranier durch die Notlüge: „On a insisté et j'ai laissé faire.“ Mit hoher Befriedigung beschaute er das Vollbrachte: „die wesentlichen Zwecke des Bundes, des Zusammenseins, der Verpflichtung zur Verteidigung von Luxemburg, des Austausches der Ideen und Ansichten, der Mitwissenschaft, des Ein= flusses und der Beredung wurden dadurch fast ebenso vollständig er= reicht!“ Er beklagte als einen „immensen Fehler“, daß nicht auch die Schweiz in ein ähnliches Zwitterverhältnis zum deutschen Bunde ge= bracht wurde. Nach Jahren noch tröstete er die deutschen Unzufrie= denen: alles, was Deutschland an die Fremden verloren habe, werde reichlich ersetzt durch die segensreiche Verbindung Hannovers mit Eng= land, Holsteins mit Dänemark, Luxemburgs mit den Niederlanden!

Sicherlich, der Eintritt des gesamten belgisch=niederländischen Staates in den deutschen Bund konnte beiden Teilen nur zum Unsegen ge= reichen, nur eine neue Unwahrheit in das deutsche Bundesrecht ein=

fügen. Aber nicht minder unselig war jene halbe Verbindung, welche Gagern bewirkte. Nicht umsonst, leider, hatte der wohlwollende Mann in Talleyrands Schule das frivole Markten um Land und Leute gelernt: nach dem Willen der verhandelten Völker zu fragen, kam ihm nicht in den Sinn. Daß Holland seit zweihundert Jahren sich vollständig und mit hellem Bewußtsein dem deutschen Wesen entfremdet hatte, wollte er nicht begreifen. Er ließ den geliebtesten und begabtesten seiner Söhne in holländische Dienste treten, ohne zu ahnen, daß er ihn in die Fremde schickte. Alles Ernstes wähnte er als ein guter Deutscher zu handeln, wenn er ein Stück nach dem andern vom deutschen Reiche, sogar Preußisch-Geldern für den Fremden verlangte. Und regte sich ihm ja einmal die Frage: ob er nicht leichtsinnig eine Verbindung als bereits vorhanden annehme, welche vielleicht in ferner Zukunft der deutsche Staat, wenn er besteht, wieder wird schließen können? — dann tröstete er sich: „Die Hauptsache liegt nicht in solchen Distinktionen, sondern daß es treu und fest gemeint sei und so nach der Gestaltung gemeint sein müsse." So stellte ein Staatsmann die ernsteste Machtfrage auf den guten Willen der Oranier, deren schlechten Willen gegen Deutschland er täglich vor Augen sah. Ihnen zuliebe bot der leidenschaftliche Besitzer der Kleinstaaten sogar die Hand zur Mediatisierung des Fürstentums Bouillon — denn „der kleine Staat dort taugte nichts". Dabei beherrschte ihn wieder die Angst vor Preußens Habsucht — vor jener preußischen Habsucht, welche in den jüngsten zwanzig Jahren das Haus Oranien zweimal gerettet und öfter noch bis zum Übermaße beschützt und gefördert hatte. Darum tat er im Bunde mit Hannover sein Bestes, um Holland von einer „erschreckenden" Nachbarschaft zu befreien und Preußen fernzuhalten von der Maas, vom linken Rheinufer und von der Nordseeküste, die doch allein durch Preußen für Deutschland gesichert werden kann. Den Umtrieben Gagerns dankt Deutschland, daß unser Rheinland gegen Holland eine schlechthin lächerliche Grenze hat und von der Wasserstraße der Maas abgeschnitten ist.

Widersetzte sich Gagern schon jenen Gebietserweiterungen Preußens, welche zu Deutschlands Sicherung unumgänglich nötig waren, so kam vollends ein heiliger Eifer über ihn, als über Preußens Ansprüche auf Sachsen verhandelt ward. Schon einmal sahen wir den Allbereiten für das Haus Wettin wirken; der friedfertige alte Friedrich August blieb dem humanen nassauischen Staatsmanne immerdar eine hochehrwürdige Erscheinung. Gänzlich unberufen, ja sogar gegen Willen und Interesse seines Souveräns, mischte sich der geschäftige Mann in den Handel, denn er meinte die heiligsten Grundsätze des Rechts bedroht. Und sicherlich war auch sein Rechtsgefühl mit im Spiele, wenn er Castlereagh beschwor, den Umsturz eines legitimen Thrones zu hindern. Aber predigte er wirklich Rechtsgrundsätze, wenn er den österreichischen Staatsmännern versicherte, jener kaiserliche Minister verdiene das Schafott, der nach den Erfahrungen des Siebenjährigen Krieges Preußen zu den Pässen des Erzgebirges vordringen lasse? Vor wenig Monden noch, als Preußens Fahnen auf dem Montmartre wehten, hatte der Weltteil einmütig gestanden, daß Preußen das Größte getan für die Befreiung Europas, und niemand wagte laut zu widersprechen, als der Dichter sang: „Tapfre Preußen, tapfre Preußen, Heldenmänner, seid gegrüßt! Beste Deutsche sollt ihr heißen, wenn der neue Bund sich schließt!" Seitdem schien die Welt verwandelt. Dieselben Rheinbundskönige, die vor kurzem flehentlich um Aufnahme in die große Allianz gebeten hatten, wagten jetzt die offenkundigen Tatsachen der jüngsten Vergangenheit zu leugnen, sie schilderten Preußen als eine Macht, die „erst kürzlich das Mitleid der Alliierten angefleht habe", sie stellten diesen Staat dar als den Störenfried Europas, weil er das in dem gerechtesten der Kriege eroberte Sachsen behaupten wollte. Talleyrand ergriff die willkommene Gelegenheit, um den verlorenen Einfluß Frankreichs auf Deutschlands Geschicke wiederzuerlangen. Er nannte Frankreich den geborenen Beschützer der mindermächtigen deutschen Staaten — jener Staaten, welche von Thiers als „so sanfte, so angenehme, so freundschaftliche Nachbarn Frankreichs" belobt werden — das will sagen: er versuchte, den Rheinbund in modernerer Form herzustellen. Er, der sich selber vordem als den Henker des alten Europa bezeichnet hatte, erfand jetzt das Zauberwort „Legitimität" und predigte salbungsvoll wider die Zerteilung der Völker. Alle geheimen Anhänger des Bonapartismus sammelten sich unter seinen Fahnen. „Zum ersten Male, seit die Welt steht, predigen die Franzosen Prinzipien, und man hörte sie nicht!" — klagte der badische Minister Hacke. Auch Gagern hielt treulich zu dem alten Freunde.

Es war doch eine gar zweideutige Gesellschaft, welche den wackeren Mann jetzt aufnahm. Denn wahrlich, wenn die Persönlichkeiten der streitenden Parteien allein den Ausschlag geben könnten, dann wäre die sächsische Frage ebenso leicht zu entscheiden, wie sie in Wahrheit schwer

zu beurteilen ist. Mit Talleyrand zusammen wirkten Prinz Anton von
Sachsen, der die gemütliche Teilnahme seines Schwagers, des Kaisers
Franz, für Friedrich August zu erregen versuchte, und der sächsische
Gesandte Schulenburg, der alles Ernstes die Vernichtung Preußens
verlangte. Auch Münster meinte, der Staat, der Hannover gerettet
hatte, müsse zerstört werden; er jubelte: „Wir spielen eine partie en
trois; ist der Feind geschlagen, geht es gegen den Freund." Vor allen
hatte Gagern seine Freude an dem bayrischen Marschall Wrede, der in
polternden Drohungen das Äußerste leistete und, mit dem Säbel klir=
rend, sich vermaß, das preußische Heer zu schlagen. Schnell hatte Öster=
reich erkannt, der Augenblick sei gekommen, sein an Preußen ver=
pfändetes Wort zu brechen. Lord Castlereagh ward durch Münsters und
Gagerns Belehrungen für die Sache der Feinde Preußens gewonnen.
So schloß denn am 3. Januar 1815 Kaiser Franz mit England und
Frankreich das berufene geheime Bündnis wider die Gäste seines Hauses,
die Herrscher von Preußen und Rußland. Gagern eilte, für die
Niederlande dem Bunde beizutreten. Die schlechtesten Mittel wurden
von seinen Genossen in Bewegung gesetzt. In München druckte man
gefälschte Aktenstücke, welche Preußens gefährliche Pläne enthüllen
sollten, und wer ein Ohr hatte, mußte aus den wütenden Schimpf=
reden der bayrischen Blätter gegen Preußen die wohlbekannten Laute
des Bonapartismus heraushören. Das alles beirrte den Helden der
Kleinstaaterei nicht. Aus reiner Begeisterung für Deutschlands Recht
und Ehre bot er die Hand dazu, daß die französischen Heere abermals
in Deutschland einfallen sollten!

Die großen Mächte, welche die Verantwortung eines Krieges selbst
zu tragen hatten, stießen endlich die kleinen bilettantischen Politiker zur
Seite. England zuerst erkannte, daß der Krieg allein dem französischen
Interesse zugute kommen konnte. Auch dem milden Gagern ward bei
der drohenden Kriegsgefahr unheimlich zumute: er dachte nach seiner
Weise wieder an eine Vermittlung. Zuletzt einigte man sich — wie
in den meisten Fragen, welche den Kongreß beschäftigten — über ein
jammervolles Kompromiß. Die Mittelmäßigkeit triumphierte: anstatt
der harten Züchtigung eines bonapartistischen deutschen Fürsten beschloß
man ein schweres Unrecht gegen ein deutsches Land. Gagern klagte
bitter, doch er trug selbst einen guten Teil der Schuld; ja nach seiner
sanguinischen Art tröstete er sogar die murrenden Preußen: ihr erhaltet
ja doch ein Stück des Landes! Immerhin war er von den Widersachern

Preußens einer der redlichsten, freilich auch der unklarsten einer. Denn
vergeblich fragen wir: wo sollte denn nach Gagerns Meinung Preußen
das Verlorene wiedergewinnen? Daß Preußen sein Franken, sein Ostfriesland und Hildesheim nicht zurückfordern dürfe, verstand sich dem
Freunde der Kleinstaaten von selbst. Am Rhein wie in Sachsen schien
ihm Preußens Macht gefährlich. Hielt er wirklich für heilsam, daß
Preußen sich mit den unseligen polnischen Landen wieder belaste?
Oder meinte er wirklich, der Staat, der uns gerettet, solle aus einem
siegreichen Kampfe kleiner hervorgehen denn zuvor? Schien es ihm
heilsam, daß, wie es in der Tat geschah, Preußen mit dem schwierigen
Amte des Grenzhüters am Rheine betraut ward, ohne daß man diesem
Staate die nötigen Mittel dazu gewährte? Eine sichere Antwort ist
nicht möglich, und wir denken nicht Gagern allein diese Verworrenheit
vorzuwerfen. Die Schärfe der deutschen Stammesgegensätze wurde
damals von aller Welt maßlos überschätzt — auch von Preußens
Staatsmännern, wenn sie Sachsen nur durch eine Personalunion mit
Preußen zu verbinden dachten. Und Gagern hat die Attraktionskraft
des preußischen Staates auch später nie begriffen; als ein rechter Sohn
des achtzehnten Jahrhunderts blieb er blind für die Verschmelzung
unserer Volksteile, die sich vor unseren Augen so stetig und sicher vollzieht. Noch im Jahre 1826 konnte er meinen, der erste deutsche
Nationalkrieg müsse, um des guten Gewissens willen, mit der Wiederherstellung Sachsens beginnen! Von den Grundsätzen der deutschen
Politik, welche dem alten Geschlechte als unumstößlich galten, hatte in
den Tagen der Not keiner sich bewährt; und die einzige neue Wahrheit,
welche die letzten Jahre zu predigen schienen, die notwendige Freundschaft der deutschen Großmächte, erwies sich schon jetzt als ein Wahn.
Was Wunder, wenn in solcher Zeit der Gärung aller politischen Ideen
die Diplomaten der Kleinstaaten in die leersten Projekte sich verirrten?
Der schwerste Vorwurf vollends, welchen die freiere Gesittung unserer
Tage gegen diesen sächsischen Handel erheben muß, wäre von den
Diplomaten der alten Schule nicht einmal verstanden worden: fand
man es recht, diesen Friedrich August zu entthronen, so durfte man ihn
nimmermehr entschädigen. Denn war er unwürdig des sächsischen
Thrones, — welche frivole Mißachtung der Völker konnte dann wagen,
ihn für ein anderes deutsches Land gut genug zu finden?

Vor allen anderen Fragen lag Gagern die Neubildung der deutschen Verfassung am Herzen, und hier bewährte er sich als einer der

bravsten und — soweit die Unreife der Zeit es gestattete — auch der einsichtigsten Streiter. Noch gab es kaum die Keime wirklicher Partei= meinungen über die deutsche Frage. Das Bild, welches selbst die Denkenden von der deutschen Verfassung sich entwarfen, war nicht viel klarer als jener Plan eines deutschen Reichswappens, den damals der Rheinische Merkur besprach: der Doppelaar den schwarzen Aar „zärtlich umhalsend" und der bayrische Löwe „frieblich dazugesellt". Den meisten galt es für kleinlich, in den großen Tagen der nationalen Wieder= geburt um Verfassungsfragen zu sorgen. Die ungeheuerlichste aber der Selbsttäuschungen der Zeit offenbarte sich, wenn die Patrioten wieder und wieder versicherten, das Volk sei in seinen Wünschen voll= kommen einig, wisse ganz genau, was es wolle! Blindlings trieb man hinein in die Beratung über die deutsche Verfassung, bevor man noch wußte, für welche Länder dies neue Staatsrecht gelten sollte. In der Nation fand keiner der zahlreichen Reformpläne überwiegende Unter= stützung, und kein Einzelstaat war mächtig genug, um die Verhand= lungen nach seinem Sinne zu leiten. In solcher Lage mußten die Be= ratungen notwendig dazu führen, daß man eine Restauration des Zustandes vor dem Rheinbunde — oder vielmehr: die gesetzliche An= erkennung des augenblicklich Bestehenden — beschloß. Die souveränen Fürsten standen gleichberechtigt nebeneinander; die Nation dagegen war seit Jahrhunderten mediatisiert; und da überdies die Verhand= lungen in den althergebrachten Formen des völkerrechtlichen Verkehrs, durch Vertreter der Fürsten, gepflogen wurden, so ließ sich voraussehen, daß Deutschland als ein Bund der Fürsten, nicht der Völker konstituiert werden würde. Gagern freilich griff mit seiner Restaurationslust in eine noch weiter entlegene Vergangenheit zurück. Der Reichsritter verlangte die Herstellung des alten Reiches mit Beseitigung des Un= möglichen, also namentlich der geistlichen Fürstentümer. Schon im Beginne des Feldzuges von 1813 hatte er an Metternich geschrieben, die Kaiserwürde müsse von selbst wieder aufleben. Mit solcher kaiser= lichen Gesinnung vertrug sich diesmal sehr glücklich seine Vorliebe für die kleinen Staaten.

Eigenmächtig hatten die beiden Großmächte, Hannover, Bayern und Württemberg einen Ausschuß zur Beratung der deutschen Ver= fassung gebildet. In diesem Fünferkomitee offenbarten Bayern und Württemberg sofort das von Stein gebrandmarkte rheinbündische Sy= stem „der Vereinzelung gegen den Bund, des Ehrgeizes gegen die Klei=

nen, des Despotismus gegen ihre Länder". „Aus verschiedenen Völker=
schaften, z. B. Preußen und Bayern, sozusagen eine Nation zu bilden,
könne nicht die Absicht sein" — so klang Württembergs Antwort
auf den Vorschlag einer kräftigen Zentralgewalt. Mit um so verdäch=
tigerem Eifer ergriff der Württemberger Despot den Gedanken einer
Kreisverfassung; insbesondere der Südwesten schien ihm eines kräftigen,
mit voller Militärgewalt ausgestatteten Kreisobersten bringend bedürf=
tig! So trat schon während der Geburtswehen des Bundes die seit=
dem niemals gänzlich erstorbene Ansicht hervor, das Chaos der deut=
schen Dinge zu vereinfachen, die Vielheit der Staaten zu wenigen
größeren Gruppen zusammenzufassen. So natürlich schien dieser Ge=
danke der Kreisteilung Deutschlands, daß sogar Wilhelm Humboldt
ihn auf dem Kongresse wiederholt verteidigte. Und doch konnte man
billigerweise weder an Baden noch an Darmstadt das Verlangen stellen,
daß sie sich den Befehlen Württembergs unterordnen sollten. War doch
Württemberg kaum minder ohnmächtig als jene Staaten selbst, und
welche Aussicht auf Ränke der unlautersten Habsucht erschloß sich, wenn
man den in der Schule des Rheinbundes erzogenen Kleinkönigen die
leicht zu mißbrauchende Gewalt eines Kreisobersten in die Hand gab!
Gagern allerdings, der begeisterte Verehrer des alten Reichsrechts,
mußte wissen, daß im heiligen Reiche sowohl die Kreisverfassung als
auch die höhere Berechtigung der mächtigeren Fürsten — des Kur=
fürstenkollegiums — bestanden hatte. Doch wo er seine teuren Klein=
staaten gefährdet sah, da vergaß er gern die Bedenken des korrekten
Reichsjuristen. Rührig schürte er den Unwillen der Kleinen wider die
deutsche „Pentarchie".

Am 14. Oktober versammelte er die kleinstaatlichen Genossen zu
einem munteren Frühstück in seinem Hause, mahnte sie, das einseitige
Vorgehen der Fünf zu „rektifizieren" und stiftete den Verein der deut=
schen souveränen Fürsten und freien Städte zur Wahrung der Rechte
der Kleinstaaten. Zuversichtlich meinte er noch in späteren Jahren:
„die Mindermächtigen, zusammenhaltend, hätten die Eintracht der
Mächtigen nicht erfleht, sondern geboten"! Der Widerwille gegen
Österreich und Preußen beherrschte ihn völlig. Nicht die von dem
Ehrgeiz Bayerns und Württembergs den Kleinen wirklich drohende Ge=
fahr bestimmte sein Verfahren; vielmehr sah er in dem Ausschusse der
Fünf nur „die verhüllte Zweiherrschaft" der Großmächte, die Gefahr
der Zweiteilung des Vaterlandes. Im Eifer seines Batavismus und

seines Mißtrauens gegen die „Löwengesellschaft" mit Österreich und
Preußen stellte er die Wahl: entweder gleichmäßige Teilnahme aller
Staaten an der Verfassungsberatung — oder ein Bund der Klein=
staaten allein ohne Österreich und Preußen, aber mit Dänemark und
den unvermeidlichen Niederlanden! So zerrannen dem wunderlichen
Manne die gesundesten Gedanken unter den Händen. Eben diese
Schwäche Gagerns ward von Stein durchschaut. Stein bewog also
hinter Gagerns Rücken den Verein der neunundzwanzig Kleinstaaten,
am 16. November an Österreich und Preußen eine Note zu richten:
die beiden Großmächte wurden darin gebeten, der Beratung aller
Staaten einen Verfassungsplan, der die Herstellung des Kaisertums
enthielte, vorzulegen. Die Note war im wesentlichen nach Gagerns
Sinne, nur daß er nimmermehr die Initiative an Österreich und Preußen
übertragen wollte. Uns freilich erscheint es heute nahezu lächerlich,
daß man dies verjüngte Preußen einem habsburgischen Kaiser zu unter=
werfen und Deutschland abermals mit jenem österreichischen Wahlkaiser=
tum zu belasten gedachte, das so lange unser Fluch gewesen. Aber was
berechtigt uns, die Anschauungen unserer Tage in jene Zeit zurück=
zutragen? Die besten gerade der deutschen Patrioten, auch Stein, for=
derten damals die Herstellung des Kaisertums, schon damit der Name
des Reichs nicht untergehe. An jeder Tafelrunde der jungen germa=
nischen Schwärmer klang es feierlich: „Woll'n predigen und sprechen
vom Kaiser und vom Reich", und noch zwei Jahre nach dem Kongresse
urteilte der wackere F. G. Welcker mit größter Zuversicht, alle Übel,
daran Deutschland kranke, besonders das Raubsystem der souveränen
Staaten, rührten daher, „daß dem verfallenen Deutschland kein Kaiser
werden sollte"! Zwar haben einzelne der kleinstaatlichen Gesandten
später gestanden, daß ihnen zunächst nur darum zu tun war, das Fünfer=
komitee zu sprengen, und Gagerns Gutmütigkeit wollte nicht sehen,
daß einigen seiner Genossen der vage Kaiserplan lediglich als frivoler
Vorwand diente. Doch die Mehrzahl der Kleinfürsten war von dem,
der Schwäche natürlichen, Wunsche beseelt, daß eine starke Reichsgewalt
sie schützen möge gegen die Übergriffe der Stärkeren. Der nebelhafte
Plan enthielt einzelne sehr bestimmte, sehr heilsame Vorschläge, die
Gagerns ganzen Beifall hatten: die Kleinen waren bereit, ihren Unter=
tanen ausdrücklich bezeichnete landständische Rechte zu gewähren, nicht
minder Einschränkungen ihrer Souveränität im Innern und nach außen
zu ertragen.

Der Widerstand der Kleinen trug wesentlich dazu bei, daß der Rat der Fünf sich auflöste. Im selben Augenblicke ward durch die sächsischen Händel der Fortgang der deutschen Beratungen überhaupt unterbrochen. Im Verlauf des Winters einigte man sich in der Stille, wer in den Bund aufzunehmen sei. Auch Gagern begriff, ungern genug, daß eine Wiederherstellung aller kleinen Herren nicht möglich sei, und der Anwalt aller Kleinfürsten verwies jetzt klagende Mediatisierte trocken auf „das Anerkenntnis der Mächte und den Besitzstand". Seine Kaiserpläne erledigten sich durch jene merkwürdigen Noten, worin Capodistrias und Stein mit unwiderleglichen Gründen die Notwendigkeit der Kaiserwürde bewiesen und Humboldt nicht minder schlagend die Unfähigkeit Österreichs zu dieser Würde dartat. Das einfache logische Ergebnis dieses Für und Wider zu finden, war dieser Zeit noch nicht gegeben. Immer neue, immer schwächere Bundespläne tauchten auf; in bringenden Erinnerungsnoten mahnte Gagern mit seinen Getreuen, daß man endlich die Beratungen aller beginne. Ein anderer, gewaltigerer Dränger erschien, der rückkehrende Napoleon. Man stand an der Schwelle eines neuen Krieges, der König von Württemberg ersehnte bereits die Rückkehr unter Napoleons ruhmvolle Fahnen. Offenbar, das war die Stunde nicht, Deutschlands Verfassung zu gründen. Verschob man die Beratungen bis nach dem Siege über Napoleon, wie Hardenberg vorschlug, so durfte man hoffen, die Rheinbundskönige, die eben jetzt trotzig das Haupt erhoben, gebeugt zu finden und eine Schmälerung ihrer Souveränität durchzusetzen. Gagern dagegen und seine kleinstaatlichen Genossen bestanden mit unüberlegtem Eifer darauf, daß der Bund sofort gegründet werde, und Metternich stimmte bei; denn gerade jener halb hastigen, halb verzweifelnd müden Stimmung, welche jetzt der Gemüter sich bemächtigt hatte, bedurfte er für seine Pläne. Das Stichwort des Kongresses: „c'est une question vide" ward jetzt auch auf die wichtigste der europäischen Fragen, auf die deutsche Verfassung, angewendet: man beschloß kleinmütig, sich mit den „Grundzügen" der Bundesverfassung zu begnügen — mit Grundzügen, deren Ausbau von vornherein rechtlich unmöglich war, da er nur durch einstimmige Beschlüsse der Bundesstaaten erfolgen konnte! Stein und jene Monarchen, von denen sich ein ernsthafter Widerstand gegen den Partikularismus erwarten ließ, hatten Wien bereits verlassen.

Da endlich, im Mai und Juni, erfolgten die Beratungen aller über jene „Grundzüge" der Bundesverfassung: die Entscheidung über unsere

Zukunft ward im Submissionswege ausgeboten und schließlich jenen zugeschlagen, welche das Geringste leisten wollten. Bis zum Ende suchte Gagern zu retten, was zu retten war. Er beantragte zu dem berüchtigten Artikel 13 („In allen Bundesstaaten soll eine landständische Verfassung stattfinden"), daß statt des „nackten, unbefriedigenden: soll" eine Angabe der landständischen Rechte gesetzt werde. Der Edelmann hatte früher gesorgt, daß die Bundesakte der Reichsritter des linken Rheinufers gedachte: mit gleichem Eifer vertrat er jetzt die Rechte des Volkes. Ihm war kein Zweifel, mit dem Worte Landstände seien „alle Konsequenzen" gemeint, welche die „Mutation der Zeit" mit sich führe. Während Münster in hochpathetischen Noten gegen den fürstlichen Absolutismus bonnerte, aber mit allen seinen großen Worten lediglich die Herstellung des selbstherrlichen hannoverschen Junkertums, der feudalen Stände von Calenberg-Grubenhagen, bezweckte, verlachte Gagern diese höfische Lehre von der „deutsch-rechtlichen" Vertretung ständischer Korporationen als hohlen Mystizismus. Vergebliche Worte. Man beschloß, statt jenes „soll" das verhängnisvolle „wird", statt eines Befehles eine Prophezeiung zu setzen, — und unsere Fürsten sorgten dafür, daß sie als falsche Propheten erfunden wurden. Ein böser Unstern ließ endlich Gagern ganz zuletzt ein unbedachtes Wort von schwersten Folgen sprechen. Als am 5. Juni die letzte Äußerung über die Bundesakte eingefordert ward, erklärte er Luxemburg bereit zum Beitritt „zu diesem gemeinschaftlichen Bande, das Zeit und Erfahrung erst bessern müssen": — doch unter der Voraussetzung, daß der Bund ganz Deutschland umfasse. Er hatte sicherlich ganz arglos geredet; der Vorbehalt verstand sich von selbst, denn nach der ausdrücklichen Erklärung der Mächte hing es nicht von der Willkür der Einzelstaaten ab, ob sie dem Bunde beitreten wollten. Aber in diesem kritischen Augenblicke, wo man einen neuen Sieg Napoleons befürchtete, wurde das arglose Wort des Guten ein willkommener Vorwand für die Bösen. Die Vorbehalte gleichen Sinnes mehrten sich, und in der Angst, es könne endlich gar kein Bund entstehen, gab man Bayern zuliebe auch das Bundesgericht, das will sagen die Rechtsordnung in Deutschland, dahin.

So entstand die Bundesakte, und nie ist ein vollendetes Werk von seinen Werkmeistern mit trübseligeren Worten begrüßt worden. Besser immerhin ein so unvollkommener Bund als gar keiner! — also trösteten die Staatsmänner Preußens und Hannovers die verstimmte Nation. Aus dem Munde des Mannes, der oftmals irrend, doch brav und unermüdlich an der entstehenden Bundesakte arbeitete, stammt auch das schlagendste Urteil über das vollendete Werk. Nach den Karlsbader Konferenzen schrieb Gagern an seinen Freund, den Mecklenburger Plessen, der zu Wien mit ihm die Gesandten der Kleinstaaten geleitet hatte: „Sie sprechen von der bestehenden Ordnung der Dinge. Ich suche vergeblich den Bestand. Ich sehe eine Bundesakte, die wir zu entwickeln zu Wien uns erst vornahmen und die Sie zu entwickeln sich jetzt abermals vorgenommen haben; einen Artikel 13, von dem Sie bald behaupten, daß er klar sei, und bald, daß er nicht klar sei; dazu Souveränität, die so höchst schwer zu definieren ist!" — Das Urteil gilt noch heute, und eher nicht sind wir reif zur nationalen Reform, als bis wir den ganzen Ernst dieses guten Wortes begriffen haben: was man uns preiset als die deutsche Ordnung, das ist einfach die konstituierte Anarchie!

Trotz so heller Einsicht in die Mängel des Beschlossenen fand der gutmütige Mann bald wieder einen Trostgrund. „Zu Wien," meinte er, „war sicher die Idee vorherrschend, das Bessere zu suchen." Ob man wirklich das Bessere auch nur suchte, das ließ sich bezweifeln nach so mancher Erfahrung, die Gagern an seinem eigenen Fürstenhause machte. Noch während des Kongresses verkaufte das deutsche Haus Nassau ein Bataillon an seine holländischen Vettern — oder vielmehr, wie die Zeitungen beschwichtigend erklären mußten, diese deutschen Truppen wurden nicht verkauft, sondern bloß „verliehen". — Gagerns dynastischer Eifer fand bei seinem königlichen Herrn schlechten Lohn. Dem offenen Hause, das Gagern in Wien gehalten, verdankte er einen guten Teil seiner Erfolge; aber es war nicht befohlen gewesen, der Aufwand ward ihm nicht ersetzt. Alle Rührigkeit des Gesandten vermochte die Ländergier des Oraniers nicht zu befriedigen. „Es scheint, als würden meine Herren Agnaten besser bedient als ich," schrieb der König einmal an Gagern; darauf der Reichsritter: „Ich habe die Ehre Ihnen zu bemerken, daß Ihre Kammerdiener und Schreiber Sie bedienen; angesehene Edelleute und Staatsmänner dienen Ihnen. Eine solche Behandlung ist der sicherste Weg, sich Verräter zu bereiten. Mögen Ew. Kgl. Majestät keine schlimmeren Verräter finden als die Gagern!" — Der König erkannte sein Unrecht, erklärte, er wollte den Handel der Vergessenheit übergeben, und die dynastische Ergebenheit seines gutherzigen Diplomaten war vollauf zufriedengestellt.

Alsbald sollte Gagern mit Schmerz erfahren, was Deutschlands Macht von der „nicht bestehenden" Verfassung zu erwarten habe.

Deutschland führte seinen ersten Bundeskrieg. Oder vielmehr keinen Bundeskrieg. Denn als die kleinen Fürsten schon im März 1815 verlangten, unter Zustimmung der Großmächte, daß der Krieg „bundesmäßig" begonnen werde, da war der Bund noch gar nicht vorhanden! Und wäre auch der Krieg erst nach dem Abschluß der Bundesakte ausgebrochen, so war damit die Führung eines Bundeskrieges noch keineswegs entschieden. Hatte doch Gagern selbst mit erlebt, wie man zu Wien sich nicht einigen konnte über die Frage, was ein Bundeskrieg sei! Um doch etwas zu tun, waren endlich in den Art. 11 der Bundesakte die Worte aufgenommen worden: „Bei einmal erklärtem Bundeskriege darf kein Mitglied einseitige Unterhandlungen mit dem Feinde eingehen!" — Worte, die unter solchen Umständen jedes Sinnes entbehrten. Die kleinen Staaten mußten sich begnügen, einzeln durch Akzessionsverträge in die Allianz der großen Mächte aufgenommen zu werden. Also war entschieden, daß der deutsche Bund auf dem bevorstehenden Friedenskongresse keine Vertretung haben werde, und stillschweigend gestanden, daß er überhaupt nicht imstande ist, ernsthafte auswärtige Politik zu treiben. — Man kennt Blüchers Toast nach Waterloo: „Mögen die Federn der Diplomaten nicht wieder verderben, was das Schwert der Völker mit so großen Anstrengungen errungen!" Die Wahrheit ist: sie hatten bereits alles verdorben, noch bevor das Schwert aus der Scheide flog. Wieder ward versäumt, den Preis des Sieges im voraus zu nennen; man erklärte den Krieg an — den Usurpator Bonaparte und erschwerte sich also den Weg zur Verstärkung Deutschlands auf Frankreichs Kosten. Zwei Jahre zuvor fanden wir Gagern mit harmloser Bewunderung zuhören, wie Metternich diese gleißnerische Lehre von der persönlichen Bekämpfung Napoleons predigte. Inzwischen hatte er gelernt von der großen Zeit. Schon zu Wien protestierte er förmlich gegen solche falsche Großmut. Er schrieb dem englischen Gesandten: „Des unruhigen Frankreichs Kräfte entfalten sich, um uns Provinzen zu nehmen. Um es zu strafen, entfalten sich die unsrigen in derselben Absicht. Unsere Grenzen sind ungünstig, man muß sie verbessern." Selbst von den Franzosen ward diese entschiedene Offenheit des Verfahrens an dem Feinde rühmend anerkannt. Auf dem Marsche in Heidelberg errang Gagern wenigstens den halben Erfolg, daß in der Proklamation der Verbündeten an das französische Volk nach den Worten „l'Europe veut la paix" das bedenkliche „et rien que la paix" gestrichen wurde. Anfangs hatte Gagern, und gleich ihm die Mehrzahl

der rheinbündischen Minister dahin gestrebt, daß die deutschen Klein=
staaten, die den erdrückenden Oberbefehl Preußens oder Österreichs
fürchteten, unter niederländischem Kommando in den Krieg ziehen
sollten. Diese Hoffnung freilich warb zuschanden; aber auf dem
Schlachtfelde von Belle=Alliance bewährte sich ein Teil der Armee des
neugeschaffenen Königreichs als brauchbar. Mit der besten Absicht,
den Sieg zu Deutschlands Heile zu benutzen, ging Gagern nach Paris.

Man weiß, wie schroff auf dem Friedenskongresse die Mächte ein=
ander gegenüberstanden. England und Rußland hatten von Frankreich
keine Landerwerbung zu erwarten und wetteiferten in dem Streben, den
Besiegten durch Großmut auf Deutschlands Kosten an sich zu fesseln.
Gewandt wußten die Franzosen die unselige Kriegserklärung gegen den
Usurpator Bonaparte auszubeuten; sie erklärten dreist, ein Friedens=
schluß sei nicht nötig, denn niemand sei mit Frankreich im Kriege ge=
wesen, und die Parteiwut deutscher Legitimisten stimmte ihnen zu.
Adam Müller schrieb damals aus dem österreichischen Hauptquartiere
an Gentz: werde der Krieg gegen Napoleon als ein Krieg gegen Frank=
reich angesehen, dann sei „das lächerliche Recht der Völker, eine Art
von Willen zu haben, anerkannt"! Solcher selbstmörderischen Ver=
blendung trat Preußen im Bunde mit der Mehrzahl der Mittelstaaten
ernsthaft entgegen. Humbold vernichtete mit schneidiger Dialektik die
legitimistischen Trugschlüsse. Eine württembergische Denkschrift berührte
die geheimste Wunde des deutschen Bundes, indem sie geradezu gestand,
was späterhin König Wilhelm von Württemberg dem Herrn von Bis=
marck mündlich wiederholte: Versäumt man, das Elsaß wieder zu er=
werben, so treibt man früher oder später den deutschen Südwesten in
einen neuen Rheinbund! Gagern bot seinen Einfluß bei Wellington auf,
um England von den Bourbonen hinweg auf die deutsche Seite zu ziehen.
Er mahnte, jetzt sei die Zeit, Europas Gebietsfragen dauernd zu ordnen,
wie weiland im westfälischen Frieden. Den Legitimisten sagte der
Kenner des Völkerrechts: „Die Nationen sind es, die sich bekämpfen,
mögen ihre Häupter Kaiser oder Könige, Senatoren oder Landammänner
heißen. Darum vermeiden wir in der neuen Zeit die Könige oder die
Völker zu nennen; wir sagen: die Mächte." Sehr alte Wahrheiten,
schon anderthalb Jahrhunderte zuvor von Cromwell behauptet, aber
sehr kühne Worte in der legitimistischen Verbildung dieser Tage! So
wenig scheute Gagern zurück vor den letzten Folgesätzen seiner nüchternen
Erkenntnis, daß er sogar Neys Abfall von den Bourbonen zu ver=

teidigen wagte: „Solche Eide sind nie persönlich, gelten dem Staate, enthalten notwendig eine reservatio mentalis."

Indes weder der unwiderlegliche Beweis, daß Frankreich büßen müsse, was Frankreich verschuldet, noch die klare Notwendigkeit der Sicherung unserer Grenzen vermochten durchzubringen. Wohl klang es stattlich, wenn Gagern ausrief: „Ich höre sagen: es gibt kein Deutsch=land. Es scheint mir jedoch, daß wir nicht übel bewiesen haben, es gebe ein solches, ein Deutschland sowohl als Deutsche, ein Deutschland, das man nicht reizen und beleidigen darf, ein Deutschland, das seine Art von öffentlichem Geiste besitzt." Aber wie ärmlich erschien solches Pathos patriotischer Worte gegenüber der harten Tatsache, daß weder ein deutscher Staat noch eine gesamtdeutsche Politik existierte! Öster=reich war nicht gesonnen, die Wiedererwerbung von Elsaß und Loth=ringen ernstlich zu fördern; denn weder dem norddeutschen Großstaate noch seinem beneideten Bruder Erzherzog Karl gönnte Kaiser Franz einen Ländererwerb im Westen, und Metternich zitterte wieder vor dem „bewaffneten Jakobinismus" des preußischen Heeres. Die Staats=männer der Mittelstaaten selber wußten nicht, wem die Beute zufallen sollte; Gagern verfiel sogar auf den wunderlichen Vorschlag, Elsaß und Lothringen in die Eidgenossenschaft aufzunehmen. Und was konnten die Gründer des deutschen Bundes erwidern, wenn Castlereagh höhnend frägte: wird ein so loser Bund, wie der deutsche, das Elsaß behüten können? War sie nicht allzu wahr, die Klage des Dichters: „Ganz Frankreich höhnt uns nach, und Elsaß, du entdeutschte Zucht, höhnst auch, o letzte Schmach"?

Die Entscheidung konnte Gagern nicht hindern. Hier in Paris zeigte sich wieder klar, daß das moderne Staatensystem aristokratisch gestaltet ist: die Großmächte allein erledigten den Handel, die Klein=staaten blieben von den Konferenzen ausgeschlossen, obgleich einige derselben kraft ihrer Allianzverträge Teilnahme an den Beratungen verlangen konnten. Der Anwalt der Kleinstaaten grollte schwer, er meinte: „Der Begriff Großmächte ist mir unverständlich." Doch das Notwendige vermochte er nicht zu ändern. Und als die Kleinen ver=langten, daß die Niederlande an der Spitze der Mindermächtigen gegen die einseitige Entscheidung der Großmächte feierlich protestierten, da mußte er den Vorschlag von der Hand weisen. „Das Schoßkind der Mächte" durfte so kühne Schritte gegen seine Erzeuger nicht wagen. Übrigens blieb er diesmal ganz frei von batavischen Phantasien;

es schreckte ihn nicht mehr, Lothringen und sogar Luxemburg in preu=
ßische Hände kommen zu lassen. In der gemeinsamen Arbeit für das
deutsche Recht trat er den preußischen Staatsmännern näher, er sorgte
mit ihnen, daß die geraubten Kunstschätze aus den napoleonischen
Museen nach Deutschland zurückkehrten. Auch Stein begann sich dem
alten Widersacher zu versöhnen. Der unglückliche Friede ward ge=
schlossen; — und seitdem hat sich Europa mit Recht gewöhnt, den
deutschen Bund in der großen Politik als nicht existierend zu betrachten.

Sobald die Würfel gefallen waren, begann Gagerns unsterbliche
Vertrauensseligkeit sich wieder über das Unabänderliche zu trösten. Er
hörte, wie Gentz dem deutschen Volke verkündete, Lothringen und Elsaß
seien legitime Besitzungen Frankreichs, und die deutschen Mächte hätten
nie daran gedacht, sie ihrem legitimen Könige zu entreißen! Er hörte
denselben Gentz, als diese Behauptung bezweifelt wurde, mit der Zu=
versicht des guten Gewissens erklären: wenn unsere Erzählung falsch
ist, „so haben wir das Publikum aus Unwissenheit oder geflissentlich
falsch berichtet"! Und trotzdem vermochte Gagern später über den
zweiten Pariser Frieden zu sagen: „Selbst voll guten Sinnes, durfte
man sich auf den guten Sinn der Nachkommen verlassen!" Eine un=
vergeßliche Erfahrung hatte ihn auf dem Wiener Kongresse in den Geist
der Gründer des Bundes eingeweiht. Er sah dann die heilige Allianz
entstehen, und der feine Kopf des Jüngers der Aufklärung erkannte so=
fort in der frommen Urkunde den „orientalischen Stil". Er hörte täglich
in den höfischen Kreisen die modischen Deklamationen wider den Geist
der Revolution und verwarf sie kurz und sicher: „Revolution ist jede
starke Änderung." Damals schrieb er schwer besorgt an Metternich:
„Ich bin keineswegs blind über die Gefahren einer ständischen Ver=
fassung. Aber wir entgehen ihnen nicht; sie sind verheißen, sie sind sehn=
lich erwartet und begehrt. Damit die Nation hingehalten zu haben, über
die Folgen möchte ich meine Hände in Unschuld waschen." Treffliche
Worte; doch wie mochte er ernstlich eine deutsche Politik erwarten von
einem Österreicher, dem er selber zurief: „Für Eure Fürstliche Gnaden
ist immer die Notwendigkeit da, sich aus Ihrer Stelle, aus der Rolle
und dem Standpunkte des Österreichers, hinauszudenken!" Nach solchen
Augenblicken ernster Sorge fiel Gagern immer wieder zurück in seine
alten rosigen Erwartungen, und er stand mit diesem naiven Vertrauen
keineswegs allein. Selbst in den Kreisen der Opposition täuschte man
sich in unglaublicher Weise über die leitenden Personen; fand doch der
Rheinische Merkur einen Franz II. „rührend wahr"!

Der Bundestag ward endlich eröffnet, und der König der Nieder=
lande schickte Gagern dahin als Gesandten für Luxemburg. Schon zu
Wien hatte ihm der Staatssekretär Falck gesagt, der Bund mit Deutsch=
land sei hoffnungslos und unbequem für Holland; die Minister
rühmten sich, von den deutschen Dingen nichts zu verstehen. Er aber
ließ jetzt seine oranischen Ideen, obwohl er sie nie gänzlich aufgab, zur
Seite liegen und dachte, einfach als Mann von Wort und guter
Deutscher für die Ausführung der Bundesakte zu wirken. So erlebte
man gleich beim Beginn des Bundes das seltsame Schauspiel, daß der
Gesandte einer halbfremden Macht lediglich durch die Kraft und den
Ernst seines persönlichen Willens die anderen „zu einem lebhafteren
Schwunge wenigstens anregte", wie die Allgemeine Zeitung ihm nach=
rühmte. Obwohl er von Wien her wissen mußte, daß die Absicht der
Stifter nur auf einen losen völkerrechtlichen Bund ging, obwohl
Metternich schon in der ersten Instruktion für seinen Gesandten die
deutsche Staatsform ausdrücklich als den Gegensatz des Bundesstaates
bezeichnete, wollte sich der Reichsritter nicht von dem Glauben trennen,
der deutsche Bund sei ein Bundesstaat. Der Bundestag repräsentierte
ihm die fürstliche Hoheit in ihrer höchsten Vernunft; Krone und Szepter
sollten auf seinem Tische liegen. Ein Staatenbund war ihm ein non-
sens, er kannte kein Drittes zwischen dem Bundesstaate und der vorüber=
gehenden Allianz. So trug er hoffnungsvoll seine gute Meinung in die
schlimme Wirklichkeit; und vollauf entschuldigt wird dies sanguinische
Verfahren durch die arge Unklarheit der Bundesakte selbst und die nicht
geringere der öffentlichen Meinung. Denn schrecklich trat jetzt an den
Tag, wie weit die Staatswissenschaft hinter unserer übrigen gelehrten
Bildung zurückstand. Die Schriften, womit Fries und Heeren den
deutschen Bundestag begrüßten, beweisen, daß jene Lebensfragen des
öffentlichen Rechts der Föderativstaaten, welche die ungelehrten Ameri=
kaner bereits glorreich in Theorie und Praxis durchgefochten hatten,
den gelehrten Deutschen noch durchaus fremd waren.

Überschwenglich, wie Gagerns Begriffe von der rechtlichen Natur,
war auch seine Anschauung der Machtstellung des Bundes. Die
„Attribute einer europäischen Gesamtmacht" gebührten dem Bunde;
Frankfurt war „Zentrum und Bühne" für eine großartige Politik neben
und mit Österreich und Preußen — ganz wie Heeren in dem Bundes=
tage den „europäischen Senat" begrüßte. Gagern sagte nicht mit dürren
Worten, was die Logik unserer Sprache zu sagen verbietet; aber seine

unbescheidene Meinung, welche noch zur Stunde einen großen Teil der
Nation beherrscht, ging dahin, Deutschland solle mit dem Einfluß und
Ansehen dreier Mächte und dennoch als eine Macht in die Völkergesell=
schaft eingreifen. Er erlebte noch am Bundestage, wie die europäische
Gesamtmacht bittend an die deutschen Großmächte und diese bittend
an die Seemächte sich wandten, um die Schiffe der Hanseaten vor der
Raubgier der Barbaresken zu schützen. Er erlebte noch, daß die Ver=
träge, welche die deutschen Grenzen ordneten, dem „europäischen Se=
nate" nicht einmal zur Ansicht vorgelegt wurden. Ja, sogleich bei der
Eröffnung des Bundestages durfte der französische Gesandte zu der
„Gesamtmacht" ungescheut sagen: Wenn die Bundesakte abgeändert
werden sollte, dann haben die Gesandten von Frankreich und Rußland
ein Recht, den Beratungen beizuwohnen! — Nicht minder ausschwei=
fend dachte Gagern von der Kompetenz des Bundes im Innern. „Alles,
was deutsch ist," gehöre vor das Forum des Bundestages; sei dieser
einmal nach dem Wegfall des Bundesgerichtes leider eine zugleich rich=
terliche und politische Behörde geworden, so müsse er auch wirklich als
der supremus judex Deutschlands auftreten. Mit kurzen Worten: er
gedachte, einem Gesandtenkongresse die Befugnisse einer Staatsgewalt
einzuräumen.

Solcher Gesinnung voll trat er in die erlauchte Versammlung,
welche gleich im Anfang jenem Fluche des Lächerlichen verfiel, der seit=
dem auf ihr haften blieb. Schon vor dem Beginn des Bundestages
hatte der Pöbel oftmals gespottet über die tatlos in Frankfurt harren=
den Gesandten. Welch ein Eindruck aber, als jetzt Graf Buol den deut=
schen Senat mit einem sinnlosen Redeschwall leerer Allgemeinheiten er=
öffnete, dessen k. k. Satzbau jedem deutschen Ohre unverständlich blieb!
Der k. k. Gesandte begann mit einer Charakteristik der Deutschen im
allgemeinen: „Im Deutschen als Menschen, auch ohne alle willkürlichen
Staatsformen, liegt schon das Gepräge und der Grundcharakter desselben
als Volk;" er schilderte sodann den Verfall Deutschlands während der
letzten Jahrhunderte: „Ich fahre fort den Weg zu verfolgen, wohin
mich der berührte neigende Gipfel geschwächter Nationalität führt;" er
gab ferner die bekannte Erklärung, daß Österreich den Vorsitz am
Bunde lediglich als ein Ehrenrecht betrachte, und schloß mit der brün=
stigen Versicherung seiner „Deutschheit". Die meisten anderen Gesandten
begnügten sich darauf, „sich der Gewogenheit sämtlicher Gesandt=
schaften zu empfehlen", oder die kühne Hoffnung auszusprechen, „daß

der heutige Tag schon übers Jahr und bis in späte Zeiten den für
das deutsche Gesamtvaterland erfreulichsten möge beigezählt werden".
Gagern jedoch erwiderte in längerer Rede, die von ihm selber später
ein Quodlibet genannt ward, aber nach der Rhetorik des Präsidial=
gesandten immerhin ein Labsal war. Er rühmte den deutschen Sinn
seines Königs, der ja einen Deutschen in den Bundestag gesendet. Er
versuchte die historische Berechtigung des niederländischen Reichs nach=
zuweisen, das der natürliche Vermittler in Deutschland sein solle. Als=
dann schien es ihm angemessen, „in diesem erlauchten deutschen Senate,
fast nach Art jenes merkwürdigen alten Volkes, ein Totengericht zu
halten": so erinnerte er denn an den Fürsten von Nassau=Weilburg, an
die für Deutschland gefallenen Welfen, und „damit man mir nicht vor=
werfe, daß ich der Fürstlichkeit allein huldige", auch an Andreas Hofer
und Palm. Zum Schluß fehlte nicht das teuere „je maintiendray".
Nach so wunderlichem Anfange folgte eine sehr ernste, freilich auch an
Verirrungen reiche Tätigkeit.

Vor allem verlangte Gagern die Erfüllung des Versprechens land=
ständischer Verfassung, er forderte sie als Pflicht, nicht als Gnade.
Sein gerader Sinn vermochte den Unterschied nicht zu finden zwischen
dem „wird" und „soll" in jenem Art. 13. Unsere Fürsten selbst, meinte
er harmlos, würden erröten zu behaupten, daß sie Napoleon zu Despoten
gemacht habe. Bald sollte er diese fürstliche Gesinnung besser kennen=
lernen. Karl August von Weimar gab, als der erste der deutschen Sou=
veräne, seinem Lande die verheißene Verfassung, um, wie er edel sagte,
die für Deutschland aufgegangenen Hoffnungen in seinem Lande zu ver=
wirklichen, und die Weimaraner, „beglückte Untertanen in einem eng=
begrenzten Lande", jubelten „dem altfürstlichen Gemüte" ihres großen
Herzogs zu. Gagern war hocherfreut, daß die Erfüllung des Ver=
sprechens in einem seiner geliebten Kleinstaaten begonnen, er beantragte
den Dank des Bundes für „diesen Vorgang, der eine Triebfeder mehr für
andere Fürsten sein werde". Aber schon überwog in der Versammlung
das Mißtrauen gegen den erlauchten Beschützer der Burschenschaft.
Gagerns Vorschlag ward verworfen, und der König von Württemberg
schalt den Antragsteller einen Revolutionär. Auch die wenigen anderen
„Rechte der Deutschheit", welche die Bundesakte in unbestimmten Wor=
ten gewährte, wollte der Wackere redlich und bis zu den letzten Konse=
quenzen durchgeführt wissen. Um das Versprechen der Freizügigkeit ein=
zulösen verlangte er sogar — was Preußen zur Zeit noch unmöglich

zugeben konnte — daß jedem Deutschen gestattet werde, seiner Militär=
pflicht in diesem oder jenem Bundesstaate zu genügen: „Das Vaterland
wird hier und dort verteidigt." Verlorene Worte. Um die preis=
gegebene Rechtsordnung mindestens auf Umwegen wiederzuerlangen,
beantragte er eine permanente Austrägalinstanz — vergeblich. Er
mahnte an die heiligsten Pflichten, als während der Hungersnot von
1817 die Mauthlinien das Elend noch erhöhten; er forderte die ver=
heißene Ordnung des deutschen Handels und mußte den unwiderleg=
lichen Einwurf hören, der Bundestag sei schon wegen seiner Unwissen=
heit zu jeder technischen Verwaltung unfähig.

Während er also täglich erfuhr, wie der Bundestag nicht imstande
war, seine unzweifelhaften Obliegenheiten zu erfüllen, wollte er doch den
Wirkungskreis desselben fort und fort erweitern, und es ist schwer zu
sagen, was in Gagerns Reden erstaunlicher sei: die Wärme wohlmeinen=
den Eifers oder die Unklarheit der Rechtsbegriffe. Sogar der Name
des Reichs sollte wiederhergestellt werden. „Ich kenne wohl," rief er
als ein rechter Legitimist, „eine kaiserliche Abdikation, nicht die des Reichs
oder derer, die es zunächst anging. Man nehme den Fall, daß zwei
deutsche Fürsten einander bekriegen: nun, nach vorigen Begriffen, blieben
sie Reichsgenossen; aber werden wir sie, mitten in den Schlachten be=
griffen, noch Bundesgenossen nennen? In der Idee des Reichs lag schon
das Prinzip ihrer Wiedervereinigung." — In seiner pfälzischen Heimat
hatte Gagern die Anfänge der deutschen Auswanderung gesehen und
schon im achtzehnten Jahrhundert, einer der ersten in Deutschland, die
wachsende Bedeutung dieses Hergangs erraten. Jetzt hatte der Uner=
müdliche einen Agenten „im Dienste der menschlichen Gattung" über das
Meer geschickt, um die Lage unserer Auswanderer zu untersuchen. Er
verlas dessen Berichte, verlangte Ordnung der Sache von Bundes wegen
— und die Bundesversammlung ermannte sich zu einem Dankvotum.

Trotz alledem sah er die deutschen Dinge im heitersten Lichte. Als
der Bundestag im Sommer 1817 zum ersten Male seine berühmten
Ferien begann, hielt Gagern eine lange, hoffnungsvolle Rede zur Be=
ruhigung der Unzufriedenen: „Was wir gewonnen haben?" rief er be=
geistert — „daß die Mutter heiterer das Kind unter ihrem Herzen trägt,
der Sorge und Angst enthoben, einen Sklaven zu erziehen, sondern im
Vorgefühle, daß sie einen freien Mann dem Vaterlande darbringen
wird." Einem Volke, das seit tausend Jahren immer politisch ver=
bunden gewesen, mutete er jetzt zu, sich mit dem Bewußtsein zu be=

gnügen, „daß das Wesentliche dieser Union nichts anderes ist als eben diese Union". Der deutsche Bund sei „weniger fürchtend als furchtbar", also die Wärme und der Eifer weniger sichtbar"! Dann gab er sein politisches Glaubensbekenntnis, er verherrlichte das seit Polybios' und Ciceros Tagen von allen unselbständigen Geistern gepriesene Wahnbild des „gemischten Staates". Er lobte die Monarchie, desgleichen die Aristokratie als das notwendige „Temperament" der guten Verfassung; „und nachdem ich diesen gerechten Tribut der Monarchie und Aristokratie gebracht habe, bin ich nicht minder auch Demokrat. Ich bekenne mich dazu so unumwunden, daß ich manche Herren an der Donau vielleicht damit in Erstaunen setzen werde." Die Wirkung dieser Rede war nach beiden Seiten hin unglücklich. Die öffentliche Meinung schaute längst mit Ekel auf den Bundestag, sie wollte den Ruf des Beschwichtigers nicht hören. Von Luden mußte Gagern die bittere Gegenfrage vernehmen: „Was wir verloren haben? Den Glauben an die Redlichkeit aller Häupter und Führer." Freilich, nach wenigen Jahren war die Erbitterung der Gemüter gegen den Bundestag so hoch gestiegen, daß man sich zurücksehnte nach der schönen Zeit, wo noch solche Reden im Bundestage gehalten wurden*). Noch weniger verziehen die Herren an der Donau das Lob der Demokratie. Als Gagern nach dem Wiederbeginne der Sitzungen die Veröffentlichung der Bundesprotokolle verteidigte, antwortete die k. k. Gesandtschaft mit Drohungen.

Eine kleine Minderheit, die Plessen, Smidt, Eyben, hielt sich zu ihm; die Mehrheit aber der Gesandten verabscheute an seinen Reden den abspringenden, schwer zu verfolgenden Vortrag, mehr noch den Reichtum an Wissen und Gedanken, und am meisten, daß sie überhaupt gehalten wurden. An dem „Ultra" erkannte man mit Schrecken, daß sogar im Bundestage ein unerschrockener Mann zwar nichts fördern, wohl aber das Gefühl des Mangels wach halten konnte. Er erfuhr jene gesellschaftlichen Beleidigungen, welche in diplomatischen Kreisen dem politischen Dissenter nie erspart bleiben. Eben jene partikularistische Presse des Südwestens, welche weiland in der sächsischen Frage getreulich zu dem Staatsmanne der Kleinstaaten gehalten, schmähte jetzt auf den „blauen Dunst" der Reden des „Unitariers". Der holländische Hof am wenigsten begriff das Treiben seines deutschen Gesandten. So von allen Seiten bedrängt, erbat und erhielt er im April 1818 seine

---

*) Lindner, Geheime Papiere. Stuttgart 1824.

Abberufung und versicherte dem Bundestage, der Grund seines Ausscheidens sei „mehr eine zu hohe Würdigung von meiner Seite als ein Verschmähen meines Amtes". Der ehrliche Föderalist hatte sich am Bunde nicht halten können. An seinem Nachfolger, einem Holländer, der die deutschen Dinge so gründlich kannte, daß er sich mit dem Vorschlage trug, Frankreich für das Elsaß in den Bund aufzunehmen — an diesem Grafen Grünne fand am Bundestage niemand etwas zu tadeln. Seine beste Kraft hatte Gagern eingesetzt, um den kleinen Dynastien ihre Throne zu erhalten. Jetzt sollte er die argen Früchte seines Wirkens schauen. Seine politische Vergangenheit brachte ihn mit Nassau, sein Grundbesitz mit Hessen-Darmstadt in Verbindung; in beiden Staaten lernte er nun die Kleinstaaterei von ihrer häßlichsten Seite kennen. Sein Nassau sah er in den Händen des Ministers Marschall, des willigsten von allen Werkzeugen der Wiener Politik, das nassauische Volk zerfiel in „Dienerschaft und Bürgerschaft"; verständiger, aber kaum minder scharf bureaukratisch war das Regiment in Darmstadt. Von den kleinen Fürsten, die Gagern zwölf Jahre zuvor Rettung erflehend umdrängten, ward er nun gemieden. Bald wollte auch der Hof zu Wiesbaden den Gründer des Nassauer Gesamtreiches nicht mehr sehen. Und die deutsche Gesinnung der Oranier, die seine Träume so herrlich malten, erwies sich vor der Welt, als dies durch preußische Waffen gerettete Fürstenhaus zuerst durch harte Landzölle, dann durch das unvergeßliche jusqu'à la mer den Volkswohlstand des preußischen Rheinlandes in gehässiger Absicht lähmte.

Unter solchen Erfahrungen verfaßte Gagern die Schrift „über Deutschlands Zustand und Bundesverfassung 1818" — zur Versöhnung der öffentlichen Meinung mit dem Bundestage! Wenn er auf ein Buch über den Bundestag das Motto schrieb: Ut ameris amabilis esto, so war, was uns als ein raffinierter Hohn erscheint, in seinem Munde ehrliche, wohlgemeinte Mahnung. Er mahnte die Jungen, zu lassen von dem „Grobianismus und Barbarismus" teutonischer Sitten, und versicherte gemütlich: „Kotzebue war nicht mehr Spion als sein Sohn (der Weltumsegler), der auch fremde Länder durchforschte." Den Alten zeigte er die Vorzüge, den vaterländischen Sinn der Burschenschaft: „So möchte ich wohl noch einmal jung sein!" „Besteht!", rief er aus — „besteht wahrer föderalistischer Sinn unter den deutschen Fürsten, was könnte uns noch zu dem Wunsche nach dem Einheitsstaate bewegen?" — Sogar noch später, als jedermann schon wußte, daß der

Bund nur dann handelnd auftreten konnte, wenn er durch Ausnahme=
gesetze seine eigene Verfassung brach: auch da noch suchte der immer
Hoffnungsvolle zu beschwichtigen. Mitten unter solchen weichherzigen
Versuchen, das Volk mit dem Unerträglichen zu versöhnen, stehen dann
wieder so feine durchdachte Worte wie dies prophetische: „Die Sehn=
sucht nach neuen Erwerbungen, wenn auch den Kabinetten fremb, wird
in den Völkern rege, wenn für sie die Last zu schwer wird, wenn der
eine die Kosten trägt, der andere gar nichts. Das gilt insbesondere
von Preußen!" — Wer über solche Widersprüche vornehm lächeln mag,
der bedenke: es war nicht die schlechteste Seite dieses seltsamen Cha=
rakters, daß seine Taten klarer, entschiedener waren als seine Worte,
während den großen Durchschnittsschlag der Diplomaten das Gegen=
teil bezeichnet.

Dem an rastlose Tätigkeit Gewöhnten fiel es gar schwer, in noch
kräftigem Alter in die Muße des Landlebens sich zurückzuziehen. Er
tat es in der, damals sehr seltenen, gewissenhaften Überzeugung,
„daß die Deutschen sich gewöhnen müssen, nicht wie die Kletten am
Amte zu hängen". Doch unmöglich mochte er es in seinem Monsheim
und Hornau bloß bei ländlicher Arbeit, beim „Sammeln und Medi=
tieren" über literarischen Werken bewenden lassen. Wieder und wieder
trieb ihn sein Pflichtgefühl ebensosehr wie die alte Gewohnheit und die
Selbstgefälligkeit hinaus in die große Welt. War er schon im Dienste
als Vertreter von Kleinstaaten oftmals der unbeteiligte Unterhändler
gewesen, so gewöhnte er sich jetzt vollends an vielgeschäftiges Dilet=
tieren; er begnügte sich mit dem Grundsatze, den der Staatsmann nicht
kennen darf: Dixi et salvavi animam meam. Der Bundestag war
und ist der rechte Herd der diplomatischen Commerage, der Quell, der
alle kleinen Höfe mit großen und kleinen politischen Klatschereien tränkt;
und nicht umsonst hatte Gagern in der Eschenheimer Gasse geweilt.
Mochte er immerhin versichern, ihm sei am wohlsten in seiner länd=
lichen Einsiedelei: er konnte es doch nicht lassen, mit Max Joseph von
Bayern zusammenzutreffen und diesem seinem munteren Duzbruder
fröhliche Pfälzer Geschichten zu erzählen, oder später zu König Ludwig
nach München zu fahren, um den angehenden Selbstherrscher in den
guten Vorsätzen konstitutioneller Regierung zu bestärken. Gebeten und
ungebeten erschien er jetzt bei Capodistrias, um über die orientalische
Frage Ideen auszutauschen; dann bei Itzstein, dem Diplomaten des
Liberalismus, um Versöhnlichkeit zu predigen. Selbst die Ruchlosen, so

den Herzog Karl von Braunschweig, ereilten des Unermüdlichen mahnende Briefe. Umsonst warnte sein klarblickender Sohn Friedrich, nur Interessen, nicht Prinzipien ließen sich vermitteln; nicht an Einsicht, sondern an gutem Willen oder an Macht fehle es den Fürsten. Friedfertig von Natur und mehr noch durch das Alter, gewöhnt an die milden Formen der vornehmen Welt, konnte er heute in Hernsheim seinen französischen Schützling Dalberg besuchen und ruhig anhören, wie Talleyrands Nichte von der Größe des Empire schwärmte, und morgen mit Stein verkehren, der gern, wenn auf die Franzosen die Rede kam, mit einem grimmigen „Hol' sie alle der Teufel!" herausfuhr. Gleichzeitig entstanden zahlreiche Flugschriften und Zeitungsartikel — natürlich in der Augsburger Allgemeinen Zeitung, welche schon damals die Kunst verstand, der Sprechsaal aller zu scheinen und das servile Werkzeug des einen in Wien zu sein. Leicht begeistert ergriff er jedes Ding: wie er „gut arabisch" war, als er für seine Sittengeschichte den Koran las, so ward er „gut griechisch", als der griechische Freiheitskampf ausbrach. Er war der erste, der in einem deutschen Landtage für die Sache der Griechen ein mutiges Wort sprach. Die Philhellenen jubelten ihm zu, und Krug widmete dem „nicht bloß hoch- und wohlgebornen, sondern auch hoch- und wohlgesinnten" Freiherrn sein Buch über Griechenlands Wiedergeburt. Auch diesmal verließen ihn die alten Lieblingsgrillen nicht. Obwohl er die Kehrseite des griechischen Kampfes sehr wohl erkannte und warnend auf die von Rußland drohende Gefahr hinwies, so träumte er doch wieder oranische Pläne, wollte die wiedergeborenen Hellenen in holländischen Seeschulen bilden, den Prinzen Friedrich der Niederlande zum griechischen Könige erheben. Er wünschte, die Türkei möge in Kleinstaaten zerfallen, welche dem Kindersegen deutscher Kleinkönige ein standesgemäßes Unterkommen bieten würden usw. Und doch liegt in diesem wunderlichen Gebaren ein ehrwürdiger Zug, der auch dem Frivolen zu lachen verbietet. Wohl nur einmal hat die Schlaffheit der Zeit dem alten Gagern ein so schlaffes Wort entrungen wie dieses: „Und ist in der europäischen Sitte nicht so ein Schlendrian, der einstweilen doch die Sachen so so in ihrem Esse erhält?" Sonst ist in diesem langen Leben alles Frische, Mut, Rüstigkeit, und wenn uns im Mißmut über Deutschlands Elend Haupt und Hände sinken, dann mögen wir aus den Briefen des alten Herrn lernen, was es heißt, nicht müde zu werden!

Gagerns Ausscheiden war der erste Schritt auf der Bahn jener „Epuration" des Bundestages, welche endlich damit endete, daß die

Herrschaft der Habsburger in Deutschland auch in den Personen der Bundesgesandten sich widerspiegelte und der k. k. Gesandte einer Schar schmiegsamer Diener gegenüberstand. Als nun Österreich zu Karlsbad mit dämonischem Geschick die Nation in ihrem Heiligsten und Liebsten, in Schrift und Wissenschaft, verwundete, da riß auch dem Langmütigsten die Geduld. Gagern schrieb jenen trefflichen Brief an Plessen, woraus wir schon das Urteil über den deutschen Bund mitteilten. Er kündete dem alten Freunde, der mit zu Karlsbad gewesen, „offene Fehde" an, er beklagte seine eigene und der anderen Sorglosigkeit, die zu Wien die „Grundzüge" des Bundes nicht entwickelt hatten. „Hintergehen Sie Ihre Herren nicht, bringen Sie ihnen nicht den Wahn bei, daß das, was jetzt vorgeht, Neuerungssucht, von seiten der Fürsten nur Langmut und Gnade sei. Sagen Sie ihnen, daß die Beurteilung der deutschen Staatsformen von jeher ganz frei war." Hätte Gagern das große Geheimnis des Jahres 1819 gekannt, hätte er gewußt, was die Nation erst im Jahre 1861 durch die Privatarbeit eines wackeren Professors erfahren hat, daß die Karlsbader Beschlüsse nur durch eine Minderheit im Bunde zum Gesetze erhoben und die Deutschen mit einem Gaukelspiele sondergleichen belogen wurden: sein Zorn würde noch andere Worte gefunden haben und so schnell nicht verflogen sein, wie er leider in der Tat verrauchte.

Bald vertraute er wieder den Mächtigen. Stein und Gagern sollten das „Cogitat, ergo est Jacobinus" an ihrem Leibe erfahren, sie galten in Frankfurt als Häupter des rheinischen Liberalismus. Als einige Burschenschafter die jungen Gagern zu Hornau besucht hatten, da prangte der Name Hans Gagern in den Akten der Bundes=Unter= suchungskommission zu Mainz. Stein schlug um sich in gewaltigem Zorne „über eine solche viehische Dummheit, eine solche teuflische Bos= heit, einen solchen nichtswürdigen, aus einem durchaus verfaulten Herzen entstehenden Leichtsinn". Gagern aber lachte der Torheit, und von dem Urheber alles dieses Unheils vermochte der alte Kämpe des Föderalismus bis zu seinem Ende sich nicht ganz zu trennen. Die Be= suche auf dem Johannisberge waren ihm ein Bedürfnis. Da gab es wohl Stunden, wo er den Fürsten durchschaute und ihn „nur den Augen= blick berechnend, kurz zu leicht" fand und ihm nachsagte, er mache keinen Unterschied zwischen Boudoir und Kabinett; ja, im Jahre 1823 schrieb er dem Fürsten: „Wenn Sie dahin geführt würden, einen rückläufigen Gang, was Sie Stabilität nennen, zu wollen, den Artikel 13 zu ent=

stellen, uns zu entnationalisieren, unser Bundessystem zu entfärben und
zu zersetzen — dann, verlassen Sie sich darauf, werden Sie in mir
einen entschiedenen Feind haben, ich werde Haupt der Opposition sein."
Aber als nun das System der Entfärbung und Entstellung und Zer=
setzung wirklich nackt vor aller Augen lag, da konnte sich die deutsche
Gutmütigkeit immer noch nicht zum Bruche entschließen, da meinte er
beschwichtigend: „Wir sind in den Grundsätzen einverstanden, nur über
die Anwendungen denken wir verschieden." Er fragte Metternich arg=
los: „Sagen Sie selbst, gab es nicht eine Zeit, wo Sie mit dem Bunde
zufriedener waren als jetzt?" — und erhielt die tiefsinnige Antwort:
„Allerdings. Aber es sind inzwischen Dinge vorgegangen, welche dem
entgegenwirkten." Gleich den meisten Zeitgenossen bewunderte er im
stillen die Festigkeit des Metternichschen Systems und erkannte nicht,
daß der Schein der Konsequenz das unsterbliche Vorrecht der Beschränkt=
heit ist. Und wieder trägt von solcher Halbheit die größere Schuld
nicht der Mann, sondern Deutschlands Lage. Denn wo war, bevor es
einen preußischen Landtag gab, bei uns die Stätte für eine Opposition
in großem Stile? —

Näher, natürlicher war das Verhältnis zu seinem Nachbar Stein,
dem Gagern, der erste, ein Denkmal setzte, als er (1833) Steins
Briefe herausgab und das undankbare, über den Rhein hinüberblickende
Volk an seinen edeln Toten mahnte. Gar seltsam stehen sie neben=
einander, die Briefe Steins, schroff, rücksichtslos, ein bestimmtes Ziel
wie mit einem Keulenschlage treffend — und Gagerns Schreiben, an=
regend, sprudelnd von Einfällen, moderner, billiger im Urteil, weil
ihnen die große Leidenschaft des anderen abgeht. Leise scheint hindurch
jener Gegensatz des altpreußischen, mehr auf die Verwaltung, und des
süddeutschen, mehr auf die Verfassungsfragen gerichteten, politischen
Sinnes, welcher erst in einem deutschen Staate die notwendige leicht
erreichbare Ausgleichung finden kann. „Sie finden uns geschieden durch
Glauben und Preußentum," schreibt einmal Stein, „das heißt ge=
schieden für Zeit und Ewigkeit." Den einen Vorwurf durfte Gagern
leicht hinnehmen: „A tout prendre halte ich mich für einen bessern
Christen als Sie," schrieb er dem Orthodoxen, „weil ich zufriedener
bin." Von Preußen aber begann er allmählich größer zu denken; auch
er empfand endlich das Elend der Kleinstaaterei, beneidete den Freund
um seinen großen Staat und den weiten Gesichtskreis, erkannte, daß
ein Kleinstaat nur dann erträglich sei, wenn er bescheiden dem laisser

faire huldigte, und bedauerte zu Zeiten, daß ihn das Glück nicht unter den schwarzen Adler geführt. Zu einer entschiedenen Umkehr freilich von der föderalistisch-kleinstaatlichen Richtung konnte der Alternde sich nicht mehr bekehren. Als der Zollverein im Entstehen war und der souveräne Dünkel der norddeutschen Mittelstaaten durch unhaltbare Sonderbünde unsere wirtschaftliche Einigung zu hindern versuchte, da dachte auch Gagern, der alte Gegner der Binnenmauten, an ein „tertium aliquid" neben dem preußischen Zollvereine. Wenn Stein kategorisch schrieb: „Nassau muß beitreten" — der Mann der Kleinstaaten wollte dies „muß" nimmermehr zugeben. Nach alledem wollte eine rückhaltlose Freundschaft zwischen den beiden nicht gedeihen, am wenigsten jetzt, da in dem gealterten Stein die großartige Einseitigkeit und Härte des Charakters immer schärfer hervortrat. Er liebte wohl, mit dem beweglichen, geistreichen Nachbar einige Stunden in anregendem Gespräche zu verbringen, doch mit unveränderter, grenzenloser Verachtung sah er auf die dynastischen Ränke der kleinstaatlichen Diplomatie herab. „Einem preußischen General," warf ihm Gagern vor, „haben Sie mich vorgestellt als einen quidam und leiblichen politischen Schriftsteller, statt zu sagen: einen Mann von richtigem Blick und edelm Herzen, meinen werten Freund!" — Als Gagern aus dem Bundestage ausschied, sah er in einer „alles verzehrenden Hauptstadt" ein Unglück für Deutschland. „Nur fortgesetzte Torheiten, nur die Wahrnehmung, daß Deutschland bei solcher Trennung Beute, Zielscheibe der Feinde oder der Eroberer bleiben müsse, könnte meine Sinnesart ändern." Die Torheiten häuften und häuften sich; ohne das Schwert zu ziehen, ließ sich der Bund, unwürdiger als das heilige Reich in seinen unwürdigsten Tagen, das halbe Luxemburg entreißen — und der ewig Vertrauende vertraute noch immer dem „nicht bestehenden" Bunde.

Jene luxemburgische Schmach mußte gerade ihn aufs tiefste erschüttern, denn mit der belgischen Revolution war das Lieblingswerk seiner Mannesjahre zuschanden geworden, und die Männer der Bewegung hatten seinen Vermittlungsversuch von der Hand gewiesen. Schier teilnahmlos schaute die deutsche Nation dem Abfalle des Grenzlandes zu: so wenig hatte Gagerns künstliche Länderteilung Wurzeln geschlagen in der Seele des Volkes. Nicht bloß persönliches Interesse erregte seinen Zorn; er sah, was heute nur die wenigsten glauben wollen, daß auch die gegenwärtige Lage eine definitive Lösung der niederländischen Frage nicht gebracht hat. Für Luxemburgs Verteidigung

stritt er in seinen „Vaterländischen Briefen". Aber nur ein Jahr
nachdem der Bund das Bundesland preisgegeben, noch im Jahre 1840
träumte Gagern wieder, so überschwenglich wie nur je in den Honig=
monden des Bundestags, von großer Bundespolitik und empfahl die
Kolonisation der Balkan=Halbinsel der Bundes=Militärkommiſſion zur
Beratung.

Mit einiger Scheu sprach er selbst dann und wann von den „ge=
stählteren Sprößlingen des neunzehnten Jahrhunderts". In der Tat,
ein neues Geschlecht wuchs heran, ein Geschlecht, dem die kleinen
dynastischen Sorgen der alten Zeit bald nur wie ein neckischer Traum
erschienen. Eine Ahnung dieser anderen Tage mochte den alten Herrn
wohl überkommen, wenn er umschaute in seinem eigenen Hause. Es
war ein schönes Bild deutschen Lebens, dies alte Haus. Man hat oft
gespottet über die „Familienpolitik" der Gagern. Gewiß, ein Lord
aus alter Whigfamilie hat ein Recht zu fragen, wie man von Familien=
politik reden könne in einem Hause, das vom Unitarier bis zum Ultra=
montanen fast alle Schattierungen des Parteilebens darstellte. Aber
in der Unreife der deutschen Dinge war es schon ein Großes, wenn der
Alte auch nur die Pflicht, für Deutschland zu wirken — sein Spartam
nactus es, hanc exorna — den Söhnen fort und fort einschärfte.
Wachte ein Sinn, wie der des alten Reichsritters, in vielen unserer
vornehmen Häuser, — es stünde anders um den deutschen Adel. Dabei
ein Geist der Duldung in der konfessionell gespaltenen Familie, wie er
nur unter Deutschen möglich ist. Ob auch die diplomatischen Freunde
den Vater bei seinem makellosen Namen zur Strenge mahnten, sein
Heinrich durfte unbehelligt seine liberalen Wege gehen. Daß den Lieb=
ling Fritz der Alte nicht störte, verstand sich ohnehin; denn mehr
empfangend als gebend stand der Vater früh schon der überlegenen
Nüchternheit dieses groß angelegten Kopfes gegenüber.

Aber auch zu geben wußte er redlich. Sogar für seine Schriften
dachte er sich am liebsten seine Söhne als Leser. Er schrieb den Stil
sanguinischer, anempfindender Naturen; seine Rede ist unruhig, zerhackt,
wimmelt von Winken, Zitaten, Ausrufungen, sie sticht gar seltsam ab
von jener knappen, sachgemäßen, schmucklosen Darstellungsweise, welche
den Schriften seines tatkräftigen Sohnes Friedrich einen unwider=
stehlichen Reiz gibt. Mit hohem Selbstgefühle schaute er selber auf
seine Werke: „Ich bilde mir fürwahr ein, Richtiges, Geschichtliches, Zu=
sammenhängendes, Erhabenes zutage zu fördern, auf klassisches Alter=

tum und seine Weltweisen und auf der Vorfahren ritterlichen Geist ge=
stützt." Wer über die absichtlich aphoristische Form seiner Bücher klagte,
den schalt er kurzweg einen gelehrten Pedanten; und doch leidet der
schlichte Leser am schwersten darunter, muß manche der Schriften als
ein Buch mit sieben Siegeln hinweglegen. Wer aber schärfer hinein=
blickt in dies krause Durcheinander, findet eine Fülle gelehrten Wissens,
geistreicher, oft überraschend feiner Bemerkungen und trotz mancher eklek=
tisch matter Worte überall ehrenhaften Mut, eine herzgewinnende
Milde. Mit dem Werke „Mein Anteil an der Politik" genügte Ga=
gern einer Pflicht, die er mit Recht der Muße des Staatsmannes zu=
mutete, füllte an seinem Teile durch diese Memoiren eine Lücke, welche
die deutsche Literatur damals noch zu ihrem Nachteile von dem Schrift=
schatze der Fremden unterschied. Leider hinderten ihn hundert wirkliche
und eingebildete Rücksichten, die Ereignisse, wie er sie kannte, vollstän=
dig zu enthüllen. Durch solche Zurückhaltung verdiente er sich aller=
dings das Lob Metternichs, daß seine Werke immer „den Ton der
guten Gesellschaft" zeigten; dem Historiker aber ist diese rätselhafte
Weise zu erzählen ein rechtes Kreuz. Nur die Geschichte der rheinbün=
dischen Zeit und des zweiten Pariser Friedens wagte er etwas rück=
sichtsloser zu schildern. Durch den größten Teil seines Lebens zog
sich die Arbeit an den „Resultaten der Sittengeschichte". Die ersten
Bände handeln vom Staate: sie betrachten historisch die Staatsformen,
geben jeder das Ihre, der Demokratie freilich das mindeste, denn mit
Unrecht werde die Demokratie darum gepriesen, weil sie Spielraum für
alle Talente gewährte: „Der Staat ist nicht die Maschine für das Ta=
lent und seine Demonstration." Das Werk mußte allen Parteien miß=
fallen. Wie wenig aber das eklektische Buch darum ein gesinnungsloses
sei, das erkennt auch der Mißwollende an dem Abschnitt über den ver=
fassungsmäßigen Gehorsam. Über dies gefährliche Thema verkündet
der an den Höfen Auferzogene mutig die von den Fremden gelernten
Lehren. Sehr einsam steht er also neben seinen deutschen Vorgängern;
denn nur mit Scham erinnert sich der Deutsche, welche knechtische Weis=
heit einst unsere lutherische Kirche über diese Grundfrage staatlicher
Freiheit gepredigt hatte. An den letzten Bänden über Freundschaft
und Liebe geht der moderne Leser schweigend vorüber; wir verstehen sie
nicht mehr, diese altväterische Weichheit zerfließender Empfindung.

Das wissenschaftlich bedeutendste, zugleich das allein vollendete von
Gagerns größeren Werken ist die „Kritik des Völkerrechts" (1840).

Hier redet wieder der Mann der Kleinstaaten. Leyden, Zürich, Hamburg sind ihm der Herd des Völkerrechts, die Lehre vom Gleichgewicht sein Ideal. Schlechterdings kein Unterschied zwischen potestas und auctoritas großer Staaten über kleine; nur in gänzlich unbeschränkter Souveränität kann der Kleinstaat seinen Beruf als der rechte Hüter friedlicher Kultur erfüllen; schlechthin verwerflich also ist das Recht der Intervention. Aber man fühlt, der alte Herr hat Seeluft geatmet, sein Blick hat in Holland gelernt einen weiten Horizont zu umfassen, den deutsche Stubengelehrsamkeit selten umspannt. Er bespricht Kolonisation, Auswanderung, Negerhandel, das Nächste und das Fernste so anregend, daß es schwerlich ein Zufall war, wenn kurz nach dem Erscheinen dieses Werkes die seit langem erstarrte deutsche Völkerrechtswissenschaft wieder erwachte und zu neuen unerwarteten Erfolgen gelangte. Das Buch ist reich an scharfsinnigen Urteilen über Menschen und Dinge. Auf die europäische Bedeutung jenes Vertrags vom 3. Januar 1815, den er selbst dereinst im Eifer für die unantastbare sächsische Krone gefördert, hat meines Wissens Gagern zuerst aufmerksam gemacht: er erkannte, daß seitdem die alten Bundesgenossenschaften des Weltteils sich verschoben, die lange verfeindeten Westmächte in ein Verhältnis der entente cordiale traten, das bisher sich auf die Dauer nicht wieder gelöst hat. Über den Prätendenten Ludwig Napoleon sagte der alte Diplomat: „Er ist offenbar mehr aus der Schule des Oheims als des Vaters." — Ein geschlossenes juristisches System aufzubauen lag seinem Sinne fern; verständiges Wohlwollen ist ihm das Prinzip des Völkerrechts.

Auch den kirchlichen Dingen dachte er zeitlebens eifrig nach. Obschon er gegen Stein seinen Deismus wacker verteidigte, manchmal überkam ihn doch „ein kleiner Neid, daß ich so nicht glauben konnte". Mit tiefem Bedauern sah er die aristokratische Verfassung der katholischen Kirche Deutschlands zerfallen. Schon während der Freiheitskriege schlug er vor, mindestens die Reichserzkanzlerwürde und den deutschen Orden wiederherzustellen, und vom Bundestage verlangte er Ordnung der kirchlichen Verhältnisse von Bundes wegen. Aus allen Richtungen des Katholizismus wußte der duldsame Mann das Ehrenwerte herauszufinden. In Rom verkehrte er freundschaftlich mit seinem Wiener Genossen, dem Kardinal Consalvi. Er — wohl der erste Ketzer, dem solche Ehre widerfuhr — hörte mit Erbauung eine Ansprache des Papstes an die Kardinäle. Ungleich mehr reizten ihn die Ideen

Wessenbergs; auch er dachte die Reformpläne des fünfzehnten Jahr=
hunderts zu erneuern und hoffte auf eine deutsche Nationalkirche. Gern
berief er sich auf jenes Wort des heiligen Bernhard, daß die den Erd=
kreis richten, auch durch den Erdkreis gewählt werden sollen; er ver=
langte Mitwirkung aller Nationen bei der Besetzung des Kardinalkolle=
giums. Noch einen anderen Lieblingstraum der milderen Geister seiner
Zeit, den Traum der Vereinigung aller Konfessionen, hat Gagern mit=
geträumt. Sehr ernst nahm der korrekte Mann des Reichsrechts die
Klausel des Westfälischen Friedens: donec per Dei gratiam de re-
ligione ipsa convenerit, und weil ihm immer leicht fiel zu glauben
was er wünschte, so fand er auch, die katholische Kirche sei protestan=
tischer geworden, der Protestantismus aber „katholisiert" und der
bischöflichen Gewalt bedürftig. Er wähnte, ein von allen Konfessionen
beschicktes Konzilium könne den Zwiespalt leicht beilegen. Suchte er
doch die Größe der christlichen Religion in ihrem „elastischen Cha=
rakter". War er doch selber elastisch genug, um den Marienkultus
und das Klosterleben zu verteidigen. So folgte er, wie nach ihm
Friedrich Wilhelm IV. und Max II. von Bayern, unsicher tastend den
Spuren der Grotius und Leibniz und ahnte nicht, daß die humane,
rein=weltliche Geistesfreiheit der modernen Zeit innerlich bereits zur
Hälfte verschmolzen hat, was Gagern äußerlich versöhnen wollte.

Solchen frieblosen Träumen hing der Einsiedler von Hornau un=
gestört nach, solange der milde Kirchenfürst, Steins Freund, Graf
Spiegel die Kirche des Rheinlandes leitete. Nach dessen Tode brach
der Streit zwischen Staat und Kirche gewaltsam aus. Abermals wie
in den Tagen des heiligen Reichs ward Köln eine Hochburg der ultra=
montanen Partei; die Krone Preußen sah sich gezwungen, Spiegels
ungleichen Nachfolger, den Erzbischof Droste=Bischering, gefangen zu
setzen. Jetzt erst kam an den Tag, welche schwierige Lage die Länder=
verteiler des Wiener Kongresses dem preußischen Staate bereitet hatten.
Bald nachher begann die deutsch=katholische Bewegung, unklar,
geistlos von Haus aus, aber ein unvermeidlicher Rückschlag gegen den
Übermut der Ultramontanen. Gagern war entsetzt, daß wiederum
die Zornrufe konfessionellen Haders in Deutschland widerhallten —
„so alte, so arge übel, die wir gänzlich beseitigt glaubten"! In
München spannen Gagerns alte Genossen im Kampfe wider Preußen
von neuem ihre dunkeln Ränke, sie gedachten das Rheinland mit einem
katholischen Throne zu segnen. Görres schickte seinen grimmigen

Athanasius in die Welt wider den preußischen Staat, den „unge-
schlachten, starren Knochenmann", der eine Staatsreligion nach dem
Muster der Chinesen zu gründen trachte. Brandschriften der belgischen
Ultramontanen reizten das Rheinland zum Aufruhr, und Papst
Gregor XVI. sprach die unvergeßlichen Worte: „Aus dem Wahn, daß
man in jedem Glauben selig werden könne, fließt der Wahnsinn, daß
jedem Menschen Gewissensfreiheit gebühre." Inmitten dieses wüsten
Taumels entfesselter Leidenschaften hoffte Gagern Versöhnung zu
predigen. Er schrieb die beiden „Ansprachen an die Nation wegen der
kirchlichen Wirren" (1838 und 1846). Nicht umsonst war er bei
Stein in die Schule gegangen: er verteidigte das Recht der Notwehr
der preußischen Krone und mahnte die Rheinländer, sich ihrem Staate
zu fügen. Aber wie ahnt er doch so gar nichts von der Schroffheit
der Gegensätze, die hier aufeinander prallten! Den plumpen Fanatiker, der sich als Märtyrer gebärdete, spricht er an: „Sie sind Erzbischof, Deutscher, Europäer und Mensch!" — während doch Droste
weder Europäer noch Mensch und am allerwenigsten ein Deutscher sein
wollte. Den Geist der Verfolgung meint er zu beschwichtigen, wenn
er mahnt, jeder Priester solle „ein Lichtfreund" sein! Die Glaubenseifrigen denkt er zu versöhnen, wenn er für jeden Auswuchs des Katholizismus irgend eine gutmütige Entschuldigung findet; den alten Deisten
verdroß es nicht, seine frommen Enkelinnen zum heiligen Rock nach
Trier zu begleiten. Er sieht nicht, daß gegen gewisse Krankheiten der
katholischen Kirche die schonungslose Derbheit des trivialen Rationalismus durchaus im Rechte ist; er fühlt nicht, daß einer grundsätzlich unduldsamen Macht gegenüber die Toleranz leicht zur Schwäche
wird. Sehr fein allerdings erkennt er den Hauptgrund des Wieder-
erwachens einer starken ultramontanen Partei, indem er zweifelnd fragt:
„Wäre es Folge der Säkularisationen, daß der deutsche Sinn aus den
Bischöfen wiche?" — und dennoch empfiehlt er die Gründung einer
deutschen Nationalkirche in einem Augenblicke, da die Kirchenhäupter
jeden Gedanken daran mit Abscheu zurückwiesen! — Der wohlmeinende
Vermittler vermochte den Sturm nicht zu beschwören, er erntete Vorwürfe von beiden Seiten.

Auch ein Feld für praktisch-politisches Wirken fand der vom Bundestage Verwiesene wieder in der Darmstädtischen Volksvertretung. Zunächst in der zweiten Kammer. Doch schon nach der zweiten Sitzungs-
periode gelangten die gesinnungstüchtigen Wähler von Pfeddersheim

— so recht im Geist der verbissenen Opposition jener Tage — zu der
Einsicht: ein Mann, der Orden trug, ja, schnöde genug, den Exzellenz-
titel führte, könne nimmermehr das freie Volk vertreten. Die Regierung
besann sich noch einige Jahre, bis sie Gagern auf den Platz in der ersten
Kammer rief, der ihm längst gebührte. Raum für sein Talent fand er
auch hier nicht. Denn es waren die kleinstaatlichen Volksvertretungen
jener zwanziger Jahre, da die politischen Bestrebungen in Nord und
Süd noch nach den verschiedensten Zielen gingen, dasselbe, was sie heute,
seit ein preußischer Landtag besteht, wieder geworden sind — bescheidene
Provinziallandtage. Und als nach der Julirevolution der französische
Liberalismus der Zeit die Kammern des Südwestens zu vorübergehender
unnatürlicher Bedeutung emporhob, blieb der alte Gagern der neuen
Richtung fremd. Er durfte anfangs hoffen, den Beruf der „vernünftigen
Mediation", den er dem niederen Adel zuwies, zu erfüllen. Tagten
doch in diesem kleinen Herrenhause zahlreiche Standesherren, denen die
wirtschaftlichen und historischen Voraussetzungen eines echten Adels
keineswegs fehlten. Um so mehr mangelte in ruhiger Zeit der vornehme
Opfermut, und in den Tagen der Not sogar der triviale Mut, der
den Bauer treibt, sein Besitztum zu verteidigen. In solcher Umgebung
blieb der Wackere einsam. „Ich bin Tory und Royalist, ganz so wie die
echte oranische Partei es versteht" — so hatte er selbst seine Parteistellung bezeichnet; und bald beargwohnten ihn die vornehmen Genossen
als einen Jakobiner, da es galt, die soziale Reform des flachen Landes
durchzuführen, und er den Bevorrechtigten — auch sich selber — sein
„Pätus, es schmerzt nicht" zurief. Man kam bis zu persönlichen
Händeln, als er dem präsidierenden Grafen Solms-Lich und dem Minister Linde den treffenden Vorwurf zuschleuderte: „Es kommen uns
vorzüglich aus dem Norden allerlei mystische sophistische Behauptungen
zu, die wie die Nebel von den Sonnenstrahlen des natürlichen Verstandes zerstreut werden." Manche Sitzung hat der Alte gemieden oder
vor der Zeit verlassen, weil die Quälereien im höfischen Kreise kein
Ende nahmen. Am wenigsten verziehen ihm die Genossen, daß er die
Emanzipation der Juden verteidigte und die Wut der Partei wider
das rheinische Recht nicht teilte. Der in den Freiheitskriegen von dem
gerechten Hasse des Volkes nur leicht berührt worden, wie hätte er nun
mit einstimmen sollen in den verbissenen Haß der Kaste? Er tat das
Seine, daß den Rheinhessen ihr Code erhalten blieb.
    Was aber seine Wirksamkeit in der Kammer zumeist untergrub —:

jenem Zweige des Staatslebens, den er am gründlichsten kannte, der
auswärtigen Politik, blieb die klägliche Enge eines kleinstaatlichen
Parlaments verschlossen. So stand er außerhalb der Parteien wie der
Dinge und begnügte sich wieder mit löblicher Gesinnung. „Vaterland,
ein großes Vaterland, Nationalität, deutsche Ehre, Ansehen, Zusammenhang, Kraft, Kultur, Entwicklung" — diesen Zielen sollten
seine Reden gelten. Und körperlos, traumhaft, wie das Vaterland der
Deutschen war und ist, war auch das vaterländische Wirken des Föderalisten. Er sprach mit Vorliebe in der Adreßdebatte, nur selten über
bestimmte Gegenstände: so mehrmals gegen die Heimlichkeit des
Bundestages und mit schöner Wärme für die Begnadigung der Opfer
der Demagogenverfolgung. Welche bedeutende rednerische Begabung
aber unter der Ungunst der deutschen Zersplitterung verkümmerte, das
erfuhr man, wenn einmal eine Rechtsverletzung zur Sprache kam, so roh
und frech, daß der Mut des bösen Gewissens allein genügte, sie sittlich
zu vernichten. Das erfuhr widerwillig der hessische Adel, als der alte
Herr sein lautes Zornwort sprach wider den großen Verfassungsbruch
in Hannover. Solche Augenblicke, da die Presse ihn wieder feierte,
gingen rasch vorbei. Er blieb doch fremd der verwandelten Zeit, er sah
die Welt „rettungslos hin- und herschwanken zwischen Despotismus
und Revolution", eiferte alternd wider die „lockeren Blätter" und das
Treiben der Demagogen.

So fand ihn die deutsche Revolution. Der Staatsmann wollte
kein Vertrauen fassen zu dem neuen Wesen, dem Vater mochte wohl
das Herz groß werden, wenn er den Namen seines guten Hauses aus
jedem Munde preisen hörte. Eine Stunde noch lächelte ihm die Gunst
des Volkes, die nie gesuchte, als in bewegter Volksversammlung zu
Wiesbaden ein Redner an die Männer der Vergangenheit erinnerte
und die Masse den Besten, den sie kannte, herbeiholte, und die Freiheitsredner den Aristokraten umringten, ihm die Hände küssend. Es
war die flüchtige Wallung einer unklaren Empfindung gewesen. Die
Bewegung ging ihren furchtbaren Gang; nur wenige Wochen, und der
General Friedrich Gagern fiel als der deutschen Revolution edelstes
Opfer. Das brach dem Greise den Lebensmut. Noch einmal ist er auf
den Markt getreten mit einer Allokution an das Volk; hier schweigt das
politische Urteil; uns bleibt nur die unvergleichliche Güte dieses Herzens
zu bewundern, das von der milden Lehre der Versöhnung auch dann nicht
lassen wollte, als ihm sein Liebstes entrissen war. Dann sah er den

schnell errungenen Ruhm der Söhne schneller noch verbleichen, und der Lebenssatte mußte noch sein Weib begraben. Am 22. Oktober 1852 starb Hans von Gagern. Sehr ernste Gedanken werden uns rege, wenn wir zurückschauen auf dies bewegte Leben. Wie reich ist es an Geist und Mut und herzlicher Güte, und doch wie trostlos arm an dauernden Erfolgen, an folgerichtigem Wirken! Denn was blieb übrig von den politischen Werken, denen der Unermüdliche sein emsiges Schaffen weihte? Was anders als — das Gesamtreich Nassau! In die vagsten Träume sahen wir den edeln Patrioten sich verirren, weil er zu geistreich war für die dürftige Routine kleinstaatlichen Lebens und nie in der Schule eines großen Staates lernte, daß auch in der Staatskunst erst die Beschränkung den Meister zeigt. Hören wir sie einzeln, die klein= staatlichen Lieblingsgedanken, welche den alten Föderalisten beherrschten, so läßt sich mit einem jeden rechten; denn eine bare Torheit zu sagen war Gagern außerstande, und die meisten jener Ideen sind bloß Anachronismen, keineswegs an sich verkehrt. Aber bitterer Unmut übermannt uns, wenn wir sie zusammen finden, eng beieinander in dem Leben eines Mannes, alle diese ungeheuern Widersprüche: den Aberglauben an die kulturfördernde Macht der Kleinstaaten, während Gagern seine eigene Bildung darunter verkümmern sieht und an ge= fährdeter Grenzstelle selbst zur Mediatisierung schreiten muß; diese Angst vor einer alles verschlingenden Hauptstadt, während ihn selber die Sehnsucht verzehrt nach einem Zentrum, einer Bühne deutscher Politik; dies begehrliche Hinüberschweifen der patriotischen Phantasien nach den entfremdeten Töchtervölkern unseres Landes, derweil das Vaterland eine „Union", und in Wahrheit nicht einmal diese, bleiben muß; dies Pläneschmieden für die fremden Häuser der Oranier und Welfen, während Preußen von ehrlichen Patrioten an jeder Abrundung gehindert wird und eben dadurch, zum Erstaunen der Mißgünstigen, immer tiefer hineinwächst in Leib und Seele der Nation. Beschämt gestehen wir bei solchem Anblick: Grillen, Launen, recht eigentlich Steckenpferde sind es, die uns hindern wieder einzutreten in die Reihe der Nationen. Wie die Praxis des deutschen Bundes in dem Zustande embryonischer Staaten verharrt und hochwichtige Staatszwecke durch Sonderbünde erreichen muß, als lebten wir noch in den Tagen des Faustrechtes: so sind auch unsere Meinungen über deutsche Politik zuchtlos, kindlich, unreif geblieben.

13*

Unstet hat in den letzten Jahrzehnten die Meinung der Menschen über den alten Föderalisten hin- und hergeschwankt. Wie ein Patriarch ward er verehrt, solange sein Sohn Heinrich als der Held des nationalen Gedankens galt. Heute, seit wir die Verdienste der Söhne ruhiger zu würdigen beginnen, ist man sehr geneigt, den alten Gagern kurzab zu den falschen Götzen einer überwundenen Epoche zu werfen. Solche Meinung ist unhistorisch, sie würdigt zu wenig, wie sehr dem Deutschen, vornehmlich dem Nichtpreußen, noch vor zwei Menschenaltern erschwert war, die Macht der Phrase von sich zu schütteln. Und doch begrüßen wir diese ungerechten Urteile mit Freuden; sie sind uns ein Zeichen, daß wir allmählich von jener Krankheit genesen, welche sich in dem alten Gagern gleichsam verkörpert: von der echt deutschen Sünde vertrauensseliger Gutmütigkeit. Im Leben der einzelnen eine liebenswürdige Schwäche, wird sie im öffentlichen Wirken ein schweres Unrecht, ja, dem deutschen Bunde gegenüber, die ärgste Verschuldung, die ein Staatsmann auf sein Haupt laden kann. Neben einem Metternich erscheint der alte Gagern zu Zeiten würdelos in der Arglosigkeit seines Hoffens. Weil wir gehofft und vertraut während eines halben Jahrhunderts, eben deshalb ward die deutsche Politik so gründlich verdorben, daß an eine Ausführung der „Grundzüge" der Bundesverfassung nicht mehr zu denken, nur von einem Neubau noch ein Heil zu erwarten ist. Wir durchblättern Gagerns Sittengeschichte und lesen kopfschüttelnd die Widmungsblätter: an Napoleon, an Erzherzog Karl, an Friedrich Wilhelm III., an Stein! So haltlos ward der milde, vielseitige Mann von den hochgehenden Wogen einer stürmischen Zeit hin- und hergeworfen. Lernen wir von Gagern, mit gleicher Einheit des Sinnes, gleicher Unermüdlichkeit, aber mit einer ganz anderen Kraft des Hasses und der Liebe die vaterländischen Dinge zu ergreifen, bei gleichem Vertrauen zur menschlichen Gattung um vieles nüchterner und härter zu werden gegen die Personen. Denn noch streiten wir um die fürchterliche Frage, ob diese Nation existieren solle. In solchem Kampfe wird zur ernsten Pflicht jene herbe Strenge des Urteils, welche vermag, was Gagern nie vermochte, die schönen Reden des Partikularismus kalt und stolz zu verachten.

Karl August von Wangenheim.

(Leipzig 1863.)

Noch haben wir Deutschen kein Recht zur Klage, wenn der Eng=
länder mit absprechender Unwissenheit das undurchdringliche Dunkel
der deutschen Politik belächelt. Denn wie mögen wir fordern, daß der
Fremde — gewöhnt an bestimmte Parteigegensätze und an eine alte,
dem ganzen Volke heilige Rechtsordnung — den männlichen Wider=
willen gegen alles Kleinliche und Unklare überwinde und mit dem
Wirrwarr der deutschen Bundesgeschichte sich vertraut mache? Schon
das Treiben der Parteien im Innern der deutschen Staaten wird er
kaum verstehen. Betreten wir vollends das Gebiet, wo alle diese
Parteibestrebungen sich durchkreuzen, das Gebiet der deutschen Bundes=
politik, so enthüllt sich ein Chaos von Widersprüchen, dessen ganzen
Widersinn ein Teil der Nation noch immer · nicht begriffen hat. Wir
sahen und sehen, wie dieselben Landtage, welche die feste Einigung der
Nation unermüdlich fordern, dennoch der einzigen nationalen Behörde,
die wir besitzen, unablässig widerstreben. Und blicken wir um einige
Jahrzehnte zurück, so begegnet uns ein noch erstaunlicheres Schauspiel.
Jener Reformplan, der nach der deutschen Revolution von allen Ein=
sichtigen als eine Kinderei oder als ein Deckmantel des Landesverrats
verworfen wurde und erst während der grenzenlosen Verwirrung der
jüngsten schleswig=holsteinischen Bewegung in einigen unklaren Köpfen
wieder aufgetaucht ist — der Triasgedanke, ward in den zwanziger
Jahren mit redlichem vaterländischem Eifer verteidigt von denselben
liberalen Staatsmännern des Südwestens, denen wir es danken, daß
die feindseligen Absichten des Wiener Kabinetts nur zur Hälfte in Er=
füllung gingen. Die Erklärung so unnatürlicher Erscheinungen liegt in
zwei allbekannten Tatsachen. Der Frankfurter Bundestag war, statt
eines Brennpunktes deutscher Macht, ein Denkmal deutscher Schande,
das gehaßte Werkzeug österreichischer Fremdherrschaft geworden, und

der Staat, welchem die Pflicht oblag, dies Joch zu zerbrechen, Preußen,
hat während langer Jahre dieses Amtes nicht mit voller Kraft gewartet.
Denn keine Frage: von den politischen Sünden, welche die deutsche
Revolution heraufbeschworen, fällt ein großer Teil auf die Schultern
von Preußen. Ist dies Geständnis beschämend, so springt uns doch auch
ein Quell des Trostes und der Hoffnung aus der Einsicht, daß dieses
Staates Schuld und Verdienst, Tun und Lassen notwendig Deutsch=
lands Geschicke bestimmt. Gänzlich unterblieben freilich wären die
gefährlichen Versuche, in dem „reinen Deutschland" einen Bund der
Mindermächtigen zu bilden, gewiß auch dann nicht, wenn Preußens
Staatsmänner jener hochherzigen deutschen Staatskunst treu geblieben
wären, die sie noch auf dem Wiener Kongresse verfochten. Aber
nimmermehr konnten redliche Patrioten sich auf die Dauer mit den ver=
schlagenen Ränkeschmieden des mittelstaatlichen Partikularismus ver=
bünden, nimmermehr — um das unseligste Übel der Zeit vor dem
Jahre 1848 in einem Satze zu bezeichnen — nimmer konnte der deutsche
Liberalismus während langer Jahre wider Wissen und Willen eine
antinationale Richtung verfolgen, wenn Preußen seinen Beruf erfüllte,
als der Vorkämpfer Deutschlands der österreichischen Fremdherrschaft
entgegenzutreten.

Die Stürme der Revolution haben inzwischen die Luft gereinigt,
sie haben die Regierenden im ganzen unbelehrt gelassen, aber größere
Klarheit und Gesundheit in das Parteileben des Volkes gebracht.
Sichernde Gewähr für die Volksfreiheit wird heute am entschiedensten
von jenen gefordert, welche das Banner des Einheitsstaates in Händen
halten. Seit also Unitarier und Liberale sich einander genähert haben,
können wir unbefangen einen Staatsmann würdigen, der es vermochte,
zugleich ein vorurteilsfreier Liberaler und ein Helfer mittelstaatlichen
Dynastendünkels, zugleich ein leidenschaftlicher deutscher Patriot und
ein Todfeind Preußens zu sein. Sehen wir ab von Wilhelm
v. Humboldts flüchtigem Erscheinen zu Frankfurt, so hat vor der
Revolution wohl kein begabterer Staatsmann in der Eschenheimer
Gasse getagt als der Freiherr von Wangenheim. Das anerkannte Haupt
der deutschen Opposition in jenen verhängnisvollen Tagen am Anfang
der zwanziger Jahre, welche den sittlichen Untergang des Bundestages
entschieden, hat er ein denkwürdiges Zeugnis abgelegt für die Stärke
des gesunden politischen Triebes in unserem Volke. Denn er wagte das
Vermessene: das Bollwerk volksfeindlicher Fürstengewalt, den Bundes=

tag selber, in eine Pflegstätte der nationalen Gedanken zu verwandeln. In Hans von Gagern schilderten wir einen Staatsmann, der mit dem Gedanken eines Bundes der Kleinstaaten dilettantisch spielte. Jetzt stellen wir ihm einen Genossen gegenüber, der diesen Plan zu verwirklichen trachtete und — noch bei Lebzeiten von seinem Volke vergessen — für immer bewies, daß jeder Versuch einer deutschen Reform ohne Preußen nur neue Zwietracht säen kann und notwendig enden muß in einer kläglichen Sonderbündelei, von der das Volk sich widerwillig wendet. Was aber in jenen Tagen ein beklagenswerter Fehler war, ist seitdem nach schweren Erfahrungen ein unverzeihlicher Frevel geworden, und wenn wir Wangenheims politische Irrtümer zu verstehen suchen, so sind wir keineswegs gemeint, die politischen Sünden der Beust und Pfordten damit zu entschuldigen oder die schwere Verschuldung jener Verblendeten abzuleugnen, welche jüngst in der Krone Bayern den Retter Deutschlands begrüßten.

Von alters her hat das alte, doch überaus zahlreiche und darum unvermögende Geschlecht der Wangenheim den Hof- und Staatsdienst der thüringischen Kleinfürsten als seine erb- und eigentümliche Versorgungsstätte betrachtet. So trat auch Karl August v. Wangenheim (geb. in Gotha 14. März 1773) in den Dienst des Hauses Koburg-Saalfeld, nachdem aus dem unbändig wilden Knaben, ein glänzender Kavalier geworden war, eine hohe vornehme Gestalt, sprudelnd von Geist und Leben. Unter dem alten Döring in Gotha, der so viele Männer von tüchtiger klassischer Bildung auf seinem Gymnasium erzogen, war er mit dem Gedankengange des Rationalismus vertraut geworden. Als er darauf in Jena und Erlangen studierte, ohne eines bedeutenden Lehrers Schüler zu werden, ließ er mit unersättlicher Wißbegierde alle Strömungen deutschen Geisteslebens auf sich wirken, vornehmlich die Lehren der noch jugendlichen romantischen Schule, und brachte nun in den Dienst des bescheidenen Kleinstaates eine ungebührliche Fülle von Talent und ungeordnetem Wissen. Erfreut und verwundert begrüßte man anfangs am Hofe die befremdende Erscheinung des jungen Mannes, der bald in der Hitze des Gesprächs, fortgerissen von seiner unsteten Phantasie, sich mit nie versiegender Redseligkeit über alle Höhen und Tiefen des Wissens verbreitete, bald mit rücksichtsloser burschikoser Offenherzigkeit seine heftigen Empfindungen herauspolterte. Aber die Landesväter von Koburg-Saalfeld hatten dafür gesorgt, daß diese sorglose Ehrlichkeit in den verwickelten und verfaulten Zuständen ihres

Ländchens nicht Wurzeln schlagen konnte. Seit einem Menschenalter hauste eine kaiserliche Debitkommission im Lande, ordnete von Reichs wegen das verworrene Schuldenwesen. Der Minister v. Thümmel, der einst auf seinem hohen Posten die Muße gefunden hatte, die „Inokula= tion der Liebe" zu schreiben, war längst aus dem Staatsdienste ge= schieden, um die mittägigen Provinzen Frankreichs zu bereisen. Als dann die Wende des Jahrhunderts einen neuen Herzog brachte, meldeten sich ungestüm neue Gläubiger. In solcher Bedrängnis berief man als Er= löser den Minister v. Kretschmann, der in preußischen Diensten wohl die philanthropischen Grundsätze und die durchgreifende Entschlossen= heit, nur leider nicht die Ehrlichkeit des altpreußischen Beamtentums sich angeeignet hatte. Alle guten Köpfe, Wangenheim voran, wandten sich gläubig dem neuen Sterne zu. Es war eine Lust, den großen Faiseur reden zu hören von dem neuen unfehlbaren Steuersysteme, dem wohlgeordneten Straßennetze und der koburg=saalfeldischen Landesbank. Als nun gar Jean Paul an den Hof von Koburg gezogen ward und dem aufgeklärten Minister mit schwärmerischer Verehrung sich anschloß, da verlebte Wangenheim in den ersten Jahren einer glücklichen Ehe, in geistreichem, heiterem Umgange frohe hoffnungsvolle Tage. Unschwer erkennen wir noch in Wangenheims späteren Schriften die Nachklänge jener übermütigen Stunden, die er damals mit dem Altmeister des spielenden Witzes beim edeln Frankenweine verbrachte.

Die Täuschung nahm ein Ende, sobald der junge Rat, zum Vize= präsidenten der Landesregierung ernannt, sich ein selbständiges Urteil bilden konnte über das neue Regiment und ein gewissenloses fiskalisches Aussaugungssystem, ja den frechsten Betrug kennenlernte. Da war „die Schlange losgerissen von seinem Herzen". Gestützt auf die Zu= stimmung der Agnaten und aller Rechtlichen im Lande, versuchte er schonungslos dem Fürsten die Augen zu öffnen. Der Herzog aber sah, nach deutscher Fürstenweise, in Wangenheims Enthüllungen einen An= griff auf „Unsere eigene höchste Person", entließ ihn schimpflich des Dienstes. In jenen Tagen sollten die Charaktere des kleinen Landes sich erproben; auch der Vater des trefflichen Freiherrn v. Stockmar hat damals mit gelitten unter den Gewaltstreichen des erbitterten allmäch= tigen Ministers. Doch noch gab es in Deutschland, in den Kleinstaaten mindestens, einen Rechtsweg wider fürstliche Willkür. Wangenheim wandte sich klagend an den Reichshofrat zu Wien und trat überdies mit seiner guten Sache auf den Markt hinaus. In zwei umfänglichen

Bänden belehrte er, sehr scharf und überzeugend, aber auch sehr wort=
reich und mit dem ganzen hochtrabenden Pathos der guten alten Zeit,
das Publikum über „die Organisation der koburg=saalfeldischen Lande".
Es waren böse Tage. Soeben war ihm ein Kind gestorben, ein zweites
lag auf dem Tode; da wurde der Vater von dem ergrimmten Hofe des
Landes verwiesen. Auf der altehrwürdigen Bettenburg in Franken ge=
währte ihm der Freiherr v. Truchseß nach alter Ritterweise Schutz
und Herberge, und der Schüler der Romantik erfreute sich an dem biber=
ben Wesen dieser vielgefeierten Blume der Ritterschaft. Inzwischen
hatte der Reichshofrat sein Urteil gefunden. Schon war der Kurfürst
von Sachsen durch das Reich beauftragt, den koburgischen Präsidenten
wieder in sein Amt einzusetzen. Da brach das heilige Reich zusammen,
der souveräne Herzog von Koburg=Saalfeld hatte keinen Herrn mehr
über sich. Wangenheim harrte vergeblich seines Rechtes, und erst nach
Jahren ward ihm die traurige Genugtuung, daß sein Feind Kretsch=
mann als ein feiler Helfer der rheinbündischen Staatskunst den Haß
von ganz Thüringen auf seine Schultern lud.

Bald darauf wurde Wangenheim von der Herzogin von Hildburg=
hausen zu König Friedrich von Württemberg geschickt, um einen häus=
lichen Zwist ihrer mit einem württembergischen Prinzen vermählten
Tochter beizulegen. Den leicht erregbaren, für alles Starke und Mu=
tige empfänglichen Mann fesselte das geistvolle, willenskräftige Wesen
des Despoten, des letzten aus jener langen Reihe kraftstrotzender Ty=
rannengestalten, welche das Haus Württemberg aufweist. Voll Sehn=
sucht nach einem großen Wirken ließ er sich bereden, die Leitung der
Finanzen des neuen „Reiches" zu übernehmen, und versuchte schon jetzt
jene Reform des Rechnungswesens, welche weit später nach seinen Ent=
würfen durchgeführt wurde. Abermals also trat ein Mann voll hoher
Begabung und reinen Willens mitten unter die verächtlichen Werkzeuge
der Lüste König Friedrichs und hoffte, wie vor ihm Spittler, unter
diesem Fürsten ein wohlmeinendes Regiment zu begründen. Aber am
wenigsten in diesen Jahren, da der Selbstherrscher sich in dem stolzen
Gefühle der kaum errungenen Souveränität aufblähte, vermochte er
einen unabhängigen Mann zu ertragen. Der stolze Reichsfreiherr ward
dem Hofe bald unbequem und endlich mit der Kuratur der Universität
Tübingen abgefunden. Das war kein leichtes Amt, denn soeben erst
(1811) war das Selbstgefühl der akademischen Korporation durch will=
kürliche bureaukratische Eingriffe bitterlich gereizt worden. Der liebens=

würdige, selber unablässig mit wissenschaftlichen Forschungen beschäftigte Mann verstand bald ein glückliches Verhältnis herzustellen. Noch lange nachher wußte man an der Hochschule zu erzählen von dem gast= freien Wangenheimschen Hause, von des Kurators lebenslustiger und doch nachdenklicher, heftiger und doch milder Weise und von dem freund= lichen Rate, den Lehrer und Studenten jederzeit bei ihm fanden. Eine verständnisvolle Förderung echter Wissenschaft vermochte er freilich, bei dem groben Materialismus der rheinbündischen Politik, von der Regierung nicht zu erlangen.

Oftmals sah man den Nachfolger Spittlers unter den Studenten zu den Füßen eines Lehrers sitzen; mit allen bekannten Namen, mit Gustav Schwab, Uhland und vielen anderen stand er in lebhaftem Verkehre. Der Vermittlung Wangenheims dankte der junge Uhland, daß die Cottasche Buchhandlung sich entschloß, seine Gedichte zu ver= legen. Von den Tübinger Gelehrten fesselte den Kurator keiner so mächtig, wie der wunderliche Eschenmayer, der damals die Grundsätze der modischen Naturphilosophie auf die Staatswissenschaft anwendete. War sie nur lächerlich, diese Philosophie, wenn sie in der Rechtslehre von der „heiligen Dreifaltigkeitsblume Glaube, Liebe und Hoffnung" geheimnisvolle Worte sprach, so wirkte sie gefährlich und verführerisch auf ungeschulte Köpfe, wenn sie ihre tolle Mystik unter mathematischen Formeln verbarg und in der Staatswissenschaft von Sphären und Gleichungen, Abszissen und Ordinaten faselte. Auch Wangenheim wider= stand nicht dem Zauber dieser ungesunden Vermischung von lebloser Poesie und phantastischer Prosa. Er schwur mit dem Feuereifer des Dilettanten auf die Worte des Meisters, trug einige Ergebnisse seiner geschäftlichen Erfahrung hinzu und bildete sich so ein doktrinäres Sy= stem der Politik, ein wüstes Durcheinander von Grundsätzen der Epoche deutsch=französischer Aufklärung, die er in seiner Jugend eingesogen, von guten Beobachtungen aus dem Leben und vornehmlich von „Anschau= ungen" der Naturphilosophie, die das Erkennen als eine Arbeit prosaischer Naturen mißachtete. Ihm war kein Zweifel, ein nach solchen Ideen geleiteter Staat müsse ebenso sicher zu einem gedeihlichen Ende ge= langen „wie ein regelrechter Syllogismus". Zweimal schon hatte er despotischer Willkür mannhaft widerstanden und den Beifall aller Guten geerntet. In Koburg mußte er die Geistesarmut der meisten in seiner Umgebung belächeln, in Tübingen fühlte er den Gelehrten gegenüber die überlegenheit des Weltmannes. Was Wunder, daß sein leicht=

blütiges Selbstgefühl sich hoffnungsvoll erhob, daß er die Kräfte über=
schätzte, welche er weder in der harten Schule ernsthafter wissenschaft=
licher Arbeit, noch in einem großen politischen Wirkungskreise hatte
messen können? Er dachte sich Mannes genug, mit seinem zugleich
schulgerechten und weltmännischen politischen Systeme die Leiden der
Zeit zu heilen.

Bald sollte die neue Heimat eines solchen Retters bedürfen. Die
Folgen der alten Untaten waren schrecklich über König Friedrich herein=
gebrochen. Keine Hand im Lande hatte sich gerührt, als er einst das
Wort des schwäbischen Volkswitzes zur Wahrheit machte, König von
Schwaben wurde und dann, Napoleons Weisung „chassez les bou-
gres" getreulich befolgend, die alten Stände auseinander trieb. Nur
zwei Beamte, darunter Wangenheims Freund Georgii, hatten damals
dem Selbstherrscher den neuen Eid verweigert. Seitdem aber war durch
des Königs beispiellose Willkürherrschaft die Stimmung des Volkes von
Grund aus verwandelt. Die vormals herrschenden Klassen sehnten sich
zurück nach dem Genusse der alten Vorrechte. Dem Volke war, unter
dem härteren Drucke der Gegenwart, die Erinnerung an die Leiden der
alten Zeit abhanden gekommen. Alle Tüchtigen sahen tief empört die
Mißhandlung des Landes, und während der König auf dem Wiener
Kongresse für die unumschränkte Fürstenmacht stritt, entsannen sie sich
wieder, daß einst Fox die Verfassung des alten Württemberg der eng=
lischen verglichen, und daß das alte gute Recht des Landes auf freiem
Vertrage beruhe. Der unverbesserliche Dynastendünkel bewog den König
endlich zu einem versöhnenden Schritte. Er fürchtete, der Kongreß
oder gar der deutsche Bund möchte ihm die Grundsätze seines öffent=
lichen Rechts vorschreiben; er fürchtete mehr noch, daß Preußen, dessen
militärischen Jakobinern die kleinen Höfe damals die verwegensten
Pläne zutrauten, durch die Gewährung von Reichsständen die Bundes=
genossen überflügeln werde. Darum gab er seinem Reiche eine Ver=
fassung napoleonischen Stiles. Aber in der Ständeversammlung brach
der lange verhaltene Groll des Volkes furchtbar aus. Solange die
starke Hand Napoleons den König schirmte, hatte das Land geschwiegen
zu allem, was die sacra regia majestas beschloß. Jetzt war der Eid=
schwur kaum verklungen, den König Friedrich auf die neue Verfassung
ablegte, und drohend mahnten ihn die Stände an jenen älteren Eid, den
er bereinst auf das altwürttembergische Landesrecht geschworen hatte.
Einmütig wurden die Vorlagen des Königs verworfen, in einer langen

Beschwerdeschrift die Klagen des Landes niedergelegt. Feste Männer sah man weinen, da sie verlesen ward und es zutage kam, daß in einem Oberamte 21,584 Mann zur königlichen Jagdfrone aufgeboten worden. Die Welt erfuhr: es war bitterer Ernst gewesen, wenn dieser König oftmals Nero und Tarquinius als die Vorbilder starken Fürstentums gepriesen hatte. Nach erbittertem Streite ward die Versammlung vertagt, und der König ließ seine Reiter um Ludwigsburg streifen, um das in Massen mit seinen Bitten und Klagen heranziehende Landvolk zu zerstreuen.

Aufmerksam hatte Wangenheim diese Wirren verfolgt. War doch bereits auf dem Kongresse unter seiner stillen Mitwirkung von seinem Freunde, dem weltgewandten und schon damals durch seine Hamburger und Augsburger Zeitungen mächtigen Cotta, für die Herstellung eines rechtlichen Zustandes in Württemberg gearbeitet worden. Jetzt schien ihm der Zeitpunkt gekommen, ein wohlgemeintes Wort der Vermittlung zu sprechen; im Sommer 1815 schrieb er die Schrift: „Die Idee der Staatsverfassung in ihrer Anwendung auf Württembergs alte Landesverfassung." Lassen wir uns nicht beirren durch das elegische Schlußwort: „So gehe denn hin, mein Buch, und wirke auf das Leben. Vermagst du es nicht, so betrübe dich deswegen nicht. Wärst du auch nur ein Traum, so hast du doch den Träumer beglückt und veredelt. Grüße mir die teilnehmenden Freunde in den verschiedenen deutschen Landen herzlich" usw. Solche Reden sind zwar überaus bezeichnend für den Geist der Zeit, der sich in dilettantischen Schriftwerken meist am getreuesten abspiegelt. Doch diese Gefühlsinnigkeit, die von dem kurz angebundenen Wesen der Gegenwart so seltsam absticht, vertrug sich damals sehr wohl mit tatkräftigem Ehrgeiz. Einen praktischen Zweck hatte der Verfasser im Auge, als er in dem seltsamen Buche ein treffendes Urteil fällte über die altwürttembergische Verfassung, welche die Stände zurückforderten.

In der Tat, es war kein Zufall, daß in Deutschland außer Württemberg fast allein Mecklenburg im achtzehnten Jahrhundert die alte Macht der Stände sich bewahrt hatte. Denn was Mecklenburgs Verfassung für die Vorrechte des Junkertums leistete, das tat das altwürttembergische Landesrecht für die Sonderrechte einer bürgerlichen Oligarchie von Theologen und Juristen, oder, wie der Schwabe sagt, von Helfern und Schreibern. Wie dort jeder Edelmann sich selbst vertrat, so war hier, in dem Gebiete des starrsten Lokalpatriotismus, jedes

kleinste Kirchturminteresse gewahrt durch die überzahlreiche Ständever=
sammlung. Diese Landschaft, seit langem vorwiegend vertreten durch
permanente, sich selber ergänzende Ausschüsse, erhob und verwendete
die Steuern ebenso selbständig wie der Kirchenrat das große Ver=
mögen der alleinherrschenden lutherischen Landeskirche. Wie oft hatte
der ständische Ausschuß tiefe Griffe getan in die geheime Truhe der
Stände, um seine Klagen gegen den Landesherrn zu fördern oder auch
um seine Mitglieder zu bereichern. Es war dafür gesorgt, daß in
diesem Lande des vetterschaftlichen Zusammenhaltens nur die Söhne
der Familien der „Ehrbarkeit" die dankbare Laufbahn durch das
Schreiberamt in die Stände und von da in die Ausschüsse durchmaßen.
Immer wieder erscheinen unter den Häuptern des altschwäbischen Be=
amtentums, des „Herrenstandes", die Namen Pfaff, Stockmaier und
Teuffel, sowie die drei jedem strebsamen deutschen Jünglinge wohlbe=
kannten: Tafel, Schwab und Osiander. Selbst der tüchtigste Bestand=
teil dieses Landesrechtes, das nach oben unabhängige Gemeinwesen,
war verkümmert und in die Hände oligarchischer Magistrate gefallen.
In Wahrheit, was ursprünglich eine Staatsverfassung gewesen, war
allmählich ein Vertragsverhältnis zwischen Herzog und Landschaft ge=
worden, ein Vertrag, aufrechterhalten durch fortwährende Klagen beim
Reichshofrate und durch das Einschreiten der garantierenden Mächte
Preußen, Dänemark und Hannover, welche auch jetzt wieder von den
Männern des guten alten Rechts angerufen wurden. Über diesen
Wust alter Mißbräuche waren nun acht Jahre der Fürstenallmacht
dahingegangen, — eine kurze Frist freilich, aber eine Zeit weltver=
wandelnder Geschicke. Zu dem protestantischen, bürgerlichen alten Lande
war das größere Neu=Württemberg mit seinen zahlreichen Edelleuten
und Katholiken hinzugekommen, und 2300 selbstherrliche Reskripte
hatten in diesem Gemisch von mehr als siebzig selbständigen Staaten
und Staatsanteilen die alten Rechte gänzlich beseitigt, sie alle zu
einem Staate verschmolzen.

Es fiel dem geistvollen Manne nicht schwer zu zeigen, wie unver=
einbar das alte Landesrecht mit den modernen Staatsbegriffen sei und
wie unmöglich seine Zurückführung in dem neuen Staate, dessen größere
Hälfte nicht einmal das Recht hatte, das alte Recht zurückzufordern.
Aber in wie seltsamer Form ward die Aufgabe von Wangenheim durch=
geführt! Die landläufige Montesquieusche Lehre von dem Gleich=
gewicht der Gewalten wird in den spielenden Formeln der Naturphilo=

sophie vorgetragen. Das demokratische Element zeigt sich in der Masse
nur als Vorstellungskraft, in den Gemeinden bereits als Einbildungs=
kraft, während es in den Ständen als Begehrungsvermögen (Petitions=
recht) sich entfaltet. Dem gegenüber steht das aristokratische Element
des Gutsadels (Gefühl), der Gelehrten (Verstand) und der Geistlichen
(Gemüt). Über beiden aber thront das autokratische Element, das
im Ministerium als Staatsvernunft, in dem Hofstaat als Staatsphan=
tasie erscheint und in dem Regenten, dem Staatswillen, gipfelt. Zu
dieser untrüglichen Staatsidee soll das alte Landesrecht hinaufgebildet
werden. Indes bestreitet Wangenheim das Recht der Altwürttemberger
auf ihre Verfassung keineswegs; er gesteht auch, daß dieselbe, trotz des
Veralteten, so viel Treffliches enthalte wie kaum ein Staatsrecht der
Welt, während die vom Könige oktroyierte Verfassung wegen ihrer
groben Mängel nur als eine Proposition gelten könne.

Was mochte nun den König, der alle Gelehrten als „Schreiber,
Schulmeister und Barbierer" verachtete, zu dem Verfasser dieses doktri=
nären Buches hinziehen? Fühlte er sich dem Manne verwandt, der
eine heilige Gewissenssache dieses Volkes mit einigen abstrakten Sätzen
zu lösen wagte und also von dem innersten Wesen des schwäbischen
Stammes, von der rührenden Liebe zum Alten und zur Heimat, so
wenig verstehen mußte wie der König selber? Oder hoffte er in dem
Verherrlicher des „Staatswillens" ein Werkzeug seiner Laune zu finden?
Oder wollte er durch die Berufung eines Staatsmannes von liberalem
Rufe eine versöhnliche Absicht beweisen? Vermutlich wirkten alle diese
Beweggründe zugleich, als der König dem Schriftsteller, der ihn damals
fast allein in der Presse unterstützte, das Werk der Vermittlung mit den
Ständen übertrug. Höher denn je flogen jetzt Wangenheims frohe Er=
wartungen. Nicht nur den Verstand und Mut, auch den guten Willen
des Königs — dieses Königs! — sah er jetzt im hellsten Lichte, und nach
Jahren noch hat er den König Friedrich als einen gehässig verkannten
edeln Charakter geschildert. Der aber fand sich geschickt und sicher in
die ungewohnte Rolle des freisinnigen Fürsten. Er schüttelte wohl den
Kopf zu der überschwenglichen, phantastischen Weise seines Ministers,
nannte ihn lachend „mein Student"; doch der gescheite Mann erkannte,
die Zeit sei vorüber, da er hochfahrend seinen Ständen alle „Diszepta=
tionen über Verfassungsangelegenheiten" verboten hatte. Er ließ sich
durch Wangenheims zuversichtliche Beteuerung, der Friede mit den
Ständen könne gar nicht ausbleiben, zu einem entschlossenen Bruche mit

ſeiner beſpotiſchen Vergangenheit bewegen. Schon war Württemberg
den Plänen Wangenheims zu eng; das ganze Deutſchland ſollte ihm
zujubeln, wenn er das erſte deutſche Verfaſſungswerk, eine Verkörperung
aller geſunden politiſchen Ideen der Zeit, zuſtande gebracht. Und allerdings ſehr verſtändlich waren die 14 Artikel, welche er im Herbſt 1815
den wiederberufenen Ständen als Grundlage für ihre Beratungen
vorlegte. Sie enthielten ſehr bedeutende Zugeſtändniſſe: unbedingtes
Steuerbewilligungsrecht, Einkammerſyſtem, Reviſion aller in der acht-
jährigen Willkürherrſchaft erlaſſenen Geſetze. Denn in dieſem origi-
nellen Kopfe lagen die feinſten und klarſten Gedanken dicht neben phantaſtiſchen Grillen; und vielleicht bedurfte er nur der Schule eines großartigen Staatslebens, ſo wären, wie bei ſo vielen anderen Staatsmännern, dieſe abenteuerlichen Neigungen auf eine unſchuldige Liebhaberei abgelenkt worden, ſeine politiſche Tätigkeit aber davon frei
geblieben. Nach ſo großen Gewährungen wandte ſich ein Teil der
deutſchen Preſſe dem Könige zu, und die unbefangenſten, einſichtigſten
Nicht-Württemberger, wie Stein und Gagern, verſuchten die Stände
zum Entgegenkommen zu bewegen. Über die Stimmung des Landes
dagegen hatte Wangenheim ſich gröblich getäuſcht. Nach ſeiner doktrinären Weiſe hielt er ſich überzeugt, die Staatsvernunft dürfe ſich nie
auf eine Fraktion ſtützen, müſſe über allen Parteien ſtehen; die göttliche Macht der Wahrheit werde von ſelber durchbringen.

So trat er den Ständen mit kavaliermäßiger Zuverſicht und bur-
ſchikoſer Derbheit entgegen. Wie ſollten die trockenen Juriſten dieſer
Kammer zu einem Miniſter ſich ſtellen, der ihnen alſo ihr eigenes Bild
im Spiegel zeigte: „Ein Schreiber iſt ein Subjekt, das vom Himmel
und Erde nichts weiß als Rechnungen zu machen, die niemand verſteht
als wieder ein Schreiber!" Sie prieſen ihr Landesrecht mit bündigen
Worten als „ein Werk menſchlicher Vollkommenheit"; und er nannte
die alte Verfaſſung das ausſchließliche Eigentum einiger Wenigen, er
warf der Landſchaft vor, ſie habe es nur mit ſich ſelber gut gemeint und
das unmündige Volk zugleich gegängelt und ausgeſogen! Erkaufen wollte
er ſich eine Oppoſition, hatte er trotzig gemeint, wenn er ſie nicht fände.
Doch eine Oppoſition nicht bloß, eine gehäſſige Feindſchaft vielmehr
begegnete nun ihm, in dem die Stände den Verächter des alten Brauches
haßten. Vergeſſen war ſein jahrelanges ſegensreiches Wirken im würt-
tembergiſchen Dienſte. Er galt nur noch als ein Nachfolger jener begehrlichen mecklenburgiſchen Abligen, der Mandelsloh, Jasmund, Lühe,

die der König vordem als willige Diener wider sein Land benutzt hatte.
Der schwäbische Partikularismus, damals noch selbstgefälliger denn
heute, schmähte den fremden Eindringling; man eiferte wider die ge=
mütlose Glätte von Wangenheims hochdeutscher Aussprache. Seine
Schrift erschien als ein boshaftes Pasquill, und an den kabbalistischen
Formeln der Naturphilosophie übte sich der stumpfe Witz der harten
Köpfe, der Zahn und Feuerlein, welche die trefflichen Gedanken des
Buches nicht zu fassen vermochten und herablassend fragten, ob es auch
der Mühe wert sei, solche wertlose Einfälle „des württembergischen
Solon" zu widerlegen. Hatte er in seinem Buche die Zahl der Württem=
berger angegeben, welche 8000 fl. an Vermögen besaßen, so überhäufte
ihn der Parteihaß und die philisterhafte Engherzigkeit seiner Gegner
darob mit Vorwürfen: welchen Gebrauch könne ein einrückendes feind=
liches Heer von dieser Mitteilung machen! Die verlebten Ansprüche
aus den alten Tagen des Feudalismus und die gärenden demokratischen
Gedanken der neuen Zeit verbanden sich in diesem ersten Verfassungs=
kampfe der modernen deutschen Geschichte zu einer höchst buntscheckigen
Opposition.

Zu den steifen Juristen der alten Schule, die in den Formeln des
alten Landesrechts lebten und webten, gesellte sich der erbitterte Standes=
egoismus des reichsunmittelbaren Adels, der jetzt endlich das durch die
Rheinbundfürsten erlittene Unrecht zu rächen gedachte. Allen voran
jener mit Wangenheim tödlich verfeindete hochadlige Demagog Graf
Waldeck, der hartnäckig versicherte, das hochgräflich limpurgische Haus
habe die Abdankung des letzten römischen Kaisers noch nicht anerkannt.
Durch den ganzen Südwesten, vielleicht selbst über die deutsche Grenze
hinaus, reichten die Verbindungen jenes Adelsvereins, der unter Wal=
decks Führung den modernen, auf den Trümmern des heiligen Reiches
emporgestiegenen Staatsbau zu erschüttern trachtete. Ungleich stärker
als diese konservativen waren die demokratischen Elemente der Oppo=
sition, welche den ständischen Ausschuß und seine Kasse als ein not=
wendiges Bollwerk gegen fürstliche Willkür aufrechterhalten wollten.
Woher, fürwahr, sollte das Vertrauen kommen zu den guten Worten
dieses Königs? Noch in den Tagen der Leipziger Schlacht hatte er
herrisch seinen Dienern befohlen, „nur diejenige Sache, für welche ihr
Souverän sich erklärt, für die wahre und gute zu halten", noch bei der
Eröffnung der Stände frohlockend hingewiesen auf Napoleons Rück=
kehr von Elba. Man wußte im Lande, daß sich Württemberg in scham=

loſer Selbſtſucht von den Verhandlungen über die Gründung des deut=
ſchen Bundes zurückgezogen hatte; doch das Land erfuhr nicht, daß
der König nachträglich dem Bunde noch beitrat. Vielmehr glaubte man
im Volke bis zu ſeinem Tode, er bleibe dem deutſchen Gemeinweſen
fremd, und dieſe Feindſchaft des Königs gegen Deutſchland war ein
Grund mehr, um die Vertreter des altſchwäbiſchen Bürgertums, die
Weishaar und Bolley, in ihrem harten Schwabentrotze gegen die Krone
zu beſtärken. Die kindliche Unreife unſerer politiſchen Bildung während
jener Erſtlingsverſuche des konſtitutionellen Lebens trat kläglich zutage,
da mit den Wortführern des oberdeutſchen Junkertums jener aben=
teuerliche Oberſt Maſſenbach treulich zuſammenging, der mit den
Gemeinplätzen des demokratiſchen Naturalismus unverdroſſen um ſich
warf, den Adel aufforderte „ſich bürgerlich taufen zu laſſen“ und hart=
näckig verſicherte: „So weit muß es kommen, daß jeder Staatsbürger
ſeinen Beitrag zur Staatshaushaltung ſelbſt berechnen kann.“ Zu all
dieſen Unzufriedenen trat noch eine ſtarke Beamtenpartei, welche das
ſchlechthin Unmögliche erſtrebte und jene geſicherte Selbſtändigkeit, die
der altſtändiſche Staat den Beamten gewährte, auch im konſtitutionellen
Staate bewahren wollte.

Dieſe ſo ſeltſam gemiſchte Partei ward getragen von dem Beifall
des ganzen Volkes. Ein ſchöner, echt menſchlicher, echt ſchwäbiſcher Zug
in der Tat, daß das tiefbeleibigte Gewiſſen des Volkes, dem launiſchen
Despotismus gegenüber, der alles Heilige mit Füßen getreten, keinen
Fußbreit von dem alten Rechtsboden laſſen wollte. Mit Recht durften
die Stände ſagen: „Das Volk erhebt ſich nicht auf den Standpunkt der
Politik, die Anſichten des Privatlebens trägt es auch auf das öffentliche
Leben über. Der Württemberger iſt gewohnt, an ſeinen Herrn unter
den Formen der alten Verfaſſung mit Liebe zu denken. Nimmt man ſie
hinweg, ſo iſt die beſte Stütze des Thrones geſunken.“ Einem ſolchen
tiefernſten Volksgefühle, das durch die glückliche Erinnerung an den
guten Herzog Chriſtoph ſich verſtärkte, mußte man mit der zarteſten
Schonung begegnen. Wie warm und heilig ſprach es doch aus den
Liedern jenes Uhland, der damals entſchloſſen war, die geliebte Heimat
zu verlaſſen, wenn das alte Recht verlorenginge; wie ehrenfeſt und
wahrhaftig ſprach es aus den Reden jenes Georgii, der jetzt von ſeinem
alten Freunde ſich zornig wandte! Wenn Wangenheim in den monate=
langen Händeln der geheimen Sitzungen den rechtlichen Ausführungen
der Stände immer nur den Beweis entgegenſtellte, daß ſein doktrinäres

System weit vortrefflicher sei als das alte Recht, so erschien er den Erbitterten notwendig als ein frivoler Sophist und verdiente sich so den Vorwurf des Dichters:

„Was unsre Väter schufen
zertrümmern ohne Scheu,
um dann hervorzurufen
das eigne Luftgebäu — —
die alten Namen nennen
nicht anders als zum Scherz,
das heißt, ich darf's bekennen,
für unser Volk kein Herz."

Während in den Ständen nur zwei Männer, allerdings die welt= erfahrensten von allen, dem Vermittler zur Seite standen, begann be= reits seine festeste Stütze zu wanken, die Gunst des Königs. Als die sanguinischen Verheißungen des Ministers sich nicht erfüllten, brach das böse Wesen des Despoten wieder aus und offenbarte sich im Größten wie im Kleinsten, in willkürlichen Steueredikten wie in dem Verbote jedes Vivatrufes im Lande, als das Volk dem Grafen Waldeck ein Hoch gebracht hatte. Welchen dankbaren Boden mußten in der arg= wöhnischen Seele dieses Fürsten die Anklagen Schmalz' wider die geheimen Bünde finden! Wangenheim eilte, die arge Saat zu zer= stören, bewies dem Könige in einem, bald veröffentlichten, Briefe (12. Januar 1816), eine Verfassung sei das einzige Mittel gegen die Geheimbünde. Er schmeichelte dem begehrlichen Sinne des Fürsten, indem er versicherte, in Preußen und Bayern allerdings gärten ge= fährliche Elemente, das kerngesunde Württemberg aber sei gesichert. Dies schrieb er in demselben Augenblicke, da von allen Deutschen eben nur die Württemberger von fieberischer politischer Erregung ergriffen waren! Dann fuhr er fort: bestände, wenn in Preußen ein Aufstand ausbräche, ein deutscher Staat mit einer freien Verfassung, gehoben von der Gunst der öffentlichen Meinung, dann wäre ein Umschwung der Dinge möglich, wie ihn die kühnste Phantasie kaum erfinden könnte! Und darauf folgten die schonungslosesten Urteile über deutsche Re= gierungen, folgte — dem Rheinbundskönige ins Angesicht — die treu= herzige Bemerkung, der Jakobinismus sei der Vater des Bonapartismus, folgte endlich das offene Aussprechen des allerdings richtigen Gedankens, die ständische Opposition sei aus grundverschiedenen Elementen gemischt und werde schließlich durch gegenseitiges Mißtrauen gesprengt werden.

So lag denn der „beliebte Plan des Freiherrn von Wangenheim", durch Teilung zu herrschen, nackt vor den Blicken der argwöhnischen Stände. Und auch der Arglosefte mußte dem Minister jetzt die gehässigsten Pläne zutrauen, als er, in diesen Tagen heilloser Verwirrung, das einzige in Frage stellte, worüber bisher alle Teile einig gewesen, — das Einkammerfystem. Im September 1816 gab er die Schrift heraus: „über die Trennung der Volksvertretung in zwei Abteilungen." Schon in der „Idee der Staatsverfassung" fand sich der Gedanke, man müsse „in dem aristokratischen Element das Hypomochlion suchen, in welchem die Last der Demokratie mit der Kraft der Autokratie in ein oszillierendes Gleichgewicht komme". Seitdem war der deutsche Adel rührig gewesen und an den Höfen die Meinung zur Herrschaft gelangt, nur durch das Zweikammerfystem werde das konstitutionelle Wesen ungefährlich für die Throne. Ein großer Teil der Liberalen freilich begünstigte diese Lehre in jener Zeit der politischen Unschuld aus dem entgegengesetzten Grunde. Der Kronprinz von Württemberg wünschte zwei Kammern, damit nicht in einer Kammer der unruhige Adel — der damals in allen Rheinbundsstaaten als das gefährlichste Element der Opposition galt — den friedsamen Bürger und Bauersmann aufstachele! Offenbar jedoch war es weniger die staatskluge Rücksicht auf die Stimmung der Höfe, als die Vorliebe für seine eigene Doktrin, die Schwärmerei für die heilige Dreizahl der Naturphilosophie, was Wangenheim bewog, zur ungünstigsten Stunde die Teilung der Volksvertretung zu verteidigen. Er tat es nach seiner wunderlichen Weise, in allgemeinen philosophischen Sätzen, welche dann auf Württemberg angewendet wurden und ihren Abschluß fanden in der Lehre: „Der Adel soll den Gegensatz zwischen Regierung und Volk vermitteln, der Regent aber soll durch seine Minister den Gegensatz zwischen Adel und Volk regulieren." In diesem Satze voll Widerspruchs war ein Grundirrtum der deutschen Konstitutionellen ausgesprochen, welcher seitdem — genährt an den wunderbar nachhaltig fortwirkenden Lehren Montesquieus und an Englands mißverstandenem Beispiele — auf das zäheste festgehalten wurde, obgleich die Erfahrung in allen deutschen Kleinstaaten ihn alltäglich unbarmherzig widerlegt. Weil die englische Aristokratie von alters her ein mächtiger Schirmer der Volksrechte gewesen, so ist der Aberglaube entstanden: keine gesicherte Freiheit ohne einen kräftigen Adel. Im Glauben an dies bedingungslose politische Ideal beklagt man die demokratische Gestaltung der deutschen Gesellschaft, während wir doch der sehr gleichmäßigen Verteilung unseres Volksvermögens, der aufstrebenden Kräfte unseres Bürgertums uns freuen sollten, und übersieht, daß die Geschichte des deutschen Adels monarchisch ist, nicht parlamentarisch. Wenn Niebuhr kurz zuvor in seinem Verfassungsentwurfe für die Niederlande geraten hatte, in jenen Provinzen, wo der Adel fehle, müsse man ihn zu schaffen suchen, so stimmte der Gegner des vulgären Liberalismus fast wörtlich überein mit dem Satze des württembergischen Doktrinärs: „Werden Primogenitur und Fideikommisse eingeführt, so kann es in Württemberg an einem Adel nicht fehlen, wie ihn die Idee einer Staatsverfassung unbedingt zu fordern scheint!" Den Ständen natürlich mangelte jedes Verständnis für das aristokratische Hypomochlion. Sie argwöhnten in der ersten Kammer eine Körperschaft, welche unter dem Scheine der Vermittlung „dem Sonnenwagen zum Trabanten dienen solle", und verlangten nach gut mittelalterlicher Weise einen ungeteilten Landtag, der aber in Teile gehen sollte, sobald die Sonderrechte einzelner Stände zur Sprache kämen! So stand hier wieder — wie in dem ganzen unseligen Streite — der Minister als ein Liberaler mit modernen Ideen einer mittelalterlichen Staatsgesinnung gegenüber, während er leider dem großen Haufen als ein Verfechter fürstlicher Willkür erschien. Denn allerdings die Meinung der Masse ward von den deutschen Burschen ausgesprochen, als sie auf der Wartburg Wangenheims erste Schrift mit den Worten verbrannten: „Der Mensch knechtet und front dem Zwingherrn klar und offenbar." Die argwöhnische Menge witterte bonapartistische Neigungen, als Wangenheim im Rheinischen Merkur überzeugend nachwies, den Mediatisierten in Württemberg dürfe nimmermehr gestattet werden, Staaten im Staate zu bilden. Und die Fechterkünste, mit denen Hegel, auf des Ministers Veranlassung, jetzt die Sache des Königs verteidigte, konnten die arge Meinung nur verstärken.

Jedes Hindernis schien plötzlich aus Wangenheims Wege zu schwinden, als König Friedrich starb (30. Oktober 1816) und den neuen König weit über Württembergs Grenzen hinaus ein Jubelruf begrüßte, so hoffnungsvoll und ungeteilt, wie er seitdem, nach den herbsten Enttäuschungen, selbst aus dem gutmütigen Herzen unseres Volkes keinem Kleinfürsten wieder erklang. Der „Prinz Wilhelm, der edle Ritter", den die schwäbischen Poeten gefeiert, der Freund Steins, der Held von Troyes und Montereau, brachte auf den Thron den guten Willen, den Verfassungskampf durch reiche Gewährung zu enden. Sein unruhiger Ehrgeiz, genährt durch die Verschwägerung mit Rußland und die überschwenglichen Zeichen der Volksgunst, schweifte bereits planend über das enge Land hinaus. Endlich wieder sah Württemberg ein rechtschaffenes Regiment. Der byzantinische Prunk, die freche Unsittlichkeit des alten Hofes verschwand; ein Soldat und nüchterner Mann der Geschäfte, wandte der König seine ernste Sorge dem Heere und der Pflege des Landbaues zu. Verständige Reformen in der Verwaltung, Erleichterungen des geplagten Volkes bezeichneten den Beginn des neuen Wesens. Wangenheim, erhoben zu dem Posten des Kultusministers, der seinem Talente am meisten entsprach, begeisterte sich für die freisinnigen Absichten des Hofes, und sicherlich ist nie wieder in Schwaben so wohlmeinend und eifrig regiert worden wie von dem „Reform=Ministerium" Wangenheim=Kerner. Man entwarf Pläne, um das bonapartistische System in Gemeinden und Oberämtern durch die Selbstverwaltung zu verdrängen, und der Unermüdliche beschäftigte sich wieder liebevoll mit der Pflege der Tübinger Hochschule. Es reifte der ebenso glücklich gedachte als verkehrt ausgeführte Plan, eine eigene Fakultät der Staatswirtschaft zu gründen; Friedrich List bestieg den ersten Lehrstuhl der praktischen Staatswissenschaft. Zugleich knüpfte der vielseitige Minister Verbindungen mit Sulpiz Boisserée an, um die schönste Sammlung altdeutscher Gemälde für Schwaben zu gewinnen.

Doch es war kein Glück bei diesem löblichen Tun. Den unseligen, in Wahrheit tragischen Widerspruch in Wangenheims Stellung erkennen wir am sichersten an der Haltung der regsameren Köpfe unter der schwäbischen Jugend. Friedrich List und Schlayer, der spätere Minister, spotteten des Eigensinns der „Altrechtler" und lernten unter dem verehrten geistvollen Minister die Elemente moderner Staatsverwaltung. Uhland dagegen hielt nach wie vor zu dem alten Rechte. Niemand wird bestreiten, daß List und Schlayer als praktische Staatsmänner den edeln·Dichter weitaus überragten. Aber ebenso gewiß war Uhland ein weit getreuerer Vertreter der schwäbischen Denkungsart als jene beiden, und auch die einsichtigste Regierung wird niemals ungestraft außerhalb ihres Volkes stehen. Der König, den kein Eid an das alte Recht band, mußte jetzt büßen für den Eidbruch des Vaters. Weder er, der den Soldaten nie verleugnen konnte, noch Wangenheim mit seinem kecken Übermute fand den rechten Ton, als der Landtag aber=

mals berufen und ihm ein neuer Verfassungsentwurf vorgelegt ward. Abermals, während die gesamte politische Einsicht Deutschlands jetzt auf seiten des Königs stand, scheiterte jeder Vermittlungsversuch an der Starrheit der Stände. Sie fuhren fort, das mit dem modernen Staate durchaus Unverträgliche, eine ständische Steuerkasse, zu verlangen, und konnten noch immer auf die Zustimmung der Menge zählen. Noch in späten Jahren bewahrte Wangenheim andächtiglich den alten Käslaib, der ihm damals bei einem Volksauflaufe durch das Fenster flog.

Jetzt endlich, nach dieser neuen Niederlage des Ministers, wagte sich eine neue Partei aus dem Dunkel hervor, die bureaukratische. Der Freiherr von Maucler bewog den König, hinter Wangenheims Rücken den Ständen ein Ultimatum vorzulegen. Eine sehr freisinnige Gewährung freilich, das Liberalste, was vor der Revolution ein deutscher Fürst seinem Volke geboten hat; aber wie mochte man hoffen, von diesen Ständen die Annahme binnen acht Tagen zu erlangen? Und wie deutlich verriet doch der barsche Ton der königlichen Botschaft, daß König Wilhelm, der zu vergessen niemals lernte, den Ständen ihren Eigensinn in gekränkter Seele nachtrug! Die Vorlage fiel, und die Abstimmung des Freiherrn von Varnbüler bezeichnete schlagend den pessimistischen Eigensinn der Versammlung: „Ich ziehe es vor, das württembergische Volk unter der Regierung des jetzigen Königs ohne Verfassung zu sehen, als demselben für künftige Zeiten das Recht, seine von seinen Voreltern ererbte Verfassung zu reklamieren, zu vergeben."

Nun schritt der König selbständig vor mit dankenswerten Reformen. Er trennte die Rechtspflege von der Verwaltung, gestaltete das Gemeindewesen unabhängiger, erleichterte die bäuerlichen Lasten nach den Grundsätzen, die Wangenheim längst vorgezeichnet. Aber die Stellung des Ministers, bereits erschüttert durch jene Ränke des Beamtentums, sollte bald einen letzten Stoß erhalten. Der König, in diesen Tagen seiner aufstrebenden Entwürfe eifrig bemüht, Talente an sich zu ziehen, berief — wieder hinter Wangenheims Rücken — den wohlbekannten weiland westfälischen Minister Malchus, um eine Reorganisation der Finanzen und des Beamtentums vorzunehmen. Die Vorschläge des rheinbündischen Staatsmannes waren, wie sich erwarten ließ, im Geiste der romanischen, ebenso logischen als ungeschichtlichen Zentralisation entworfen. Da widersprach Wangenheims maßvoller Freisinn. Mit gewohnter Offenheit gestand er, sein Widerspruch gründe sich weniger auf die Worte als auf die Grundsätze selber. Nicht einen neuen Staat habe man zu gründen, wie einst in Westfalen, sondern anzuknüpfen an das Bestehende. Der König mißachtete jetzt die Stimme seines alten Vertrauten in einer Weise, welche, nach Wangenheims eigenen Worten, „sein menschlichstes Gefühl verletzen mußte". Getreu seinem Ausspruche, daß ein Minister das Gute, das er gewirkt, dem Könige zuschreiben, alle Vorwürfe auf seine Schultern nehmen und im Falle der Meinungsverschiedenheit zurücktreten müsse, forderte Wangenheim (November 1817) seinen Abschied und gab damit als der erste das von den Staatsmännern des deutschen Bundes selten begriffene Beispiel für das Verhalten konstitutioneller Minister. Der König hatte sich inzwischen von seinen ersten liberalen Anwandlungen abgewendet, er erschrak über seinen eigenen Freisinn und bat in der Stille den österreichischen Hof um Hilfe gegen seine Stände. Da näherte sich endlich die Bureaukratie der Opposition der Bureaukratie des Ministeriums. Kaum zwei Jahre noch, und dieselben Stände, die dem aufrichtigen Liberalen so störrisch widerstanden, empfingen — inmitten eines ermüdeten Volkes und in der Angst vor den Karlsbader Beschlüssen — aus König Wilhelms Händen in übereilter Hast eine Verfassung, welche, redigiert von der gewandten Hand des aufgeklärten Absolutisten v. Groß, nur die Formen, nicht das Wesen der politischen Freiheit gewährte. — Das also war das traurige Ergebnis des ersten deutschen Verfassungskampfes. Das Schreiberregiment, darunter Württemberg seit grauen Zeiten seufzte, lebte wieder auf in moderner Gestalt in dem neuwürttembergischen Beamtentume, der wohlgeschulten „Garde" des Freiherrn v. Maucler. Durch die boshafte Verfolgung, welcher bald nachher Friedrich List zum Opfer fiel, sollte die Welt erfahren, daß Schwaben, nachdem Wangenheims Reformen gescheitert, abermals von einer oligarchischen Kaste beherrscht ward. Und leider weit über Württembergs Grenzen hinaus erstreckte sich die verderbliche Wirkung des Starrsinns der Stände. Durch lange Jahre blieb jener unbeugsame schwäbische Landtag ein abmahnendes Schreckbild für jeden deutschen Fürsten, dem der Ruf nach Verfassung zu Ohren drang. Selbst wohlmeinende Staatsmänner, wie Eichhorn, zogen daraus die Lehre, ein Fürst könne wohl eine Verfassung verleihen, doch niemals dürfe er mit einer Volksvertretung über eine künftige Verfassung verhandeln.

Hatte Wangenheims ehrenhaftes, aber durch doktrinäre Grillen und
die Ungunst der Verhältnisse entstelltes Verfahren ihm bisher fast nur
den zweideutigen Beifall seiner Freunde in der Presse eingetragen,
so eröffnete sich ihm jetzt die Bahn zur ungeteilten Gunst des Liberalismus. Im Innern seines Landes wußte der König mit dem rücksichtslosen Liberalen nichts zu beginnen, aber den Großmächten gegenüber
galt es, den verwegensten Freisinn zu zeigen. Wangenheim ward zum
Gesandten am Bundestage ernannt, und welchen brauchbareren Mann
konnte man für die unfertigen, der gestaltenden Hand noch harrenden
Zustände des Bundes wählen als diesen unruhigen, ewig neue Pläne
gebärenden Kopf? Ein warmer Bewunderer der Freiheitskriege, war
Wangenheim dennoch, gleich den meisten Süddeutschen jener Zeit, nicht
in tiefster Seele getränkt von dem Geiste der großen Bewegung und,
wie sein König, betört von dem Dunstkreise partikularistischer Märchen und Ansprüche, welcher die Höfe der Mittelstaaten umnebelt. Er
beteuerte, gleich dem eifrigsten Rheinbundsmanne, die von Napoleon
den Mittelstaaten geschenkte Souveränität sei nichts anderes als die
Bestätigung eines Rechtes, das diesen Höfen seit Jahrhunderten zu-
gestanden.

Lediglich ein Gegensatz der Gesinnung ist es, der die Mittelstaaten
von den Kleinstaaten abscheidet, - nicht eine wesentliche Verschiedenheit
der Macht. Steht doch die Unfähigkeit, sich durch eigene Kraft zu erhalten — das will sagen, der Mangel jener Gabe, welche einen Staat
in Wahrheit zum Staate macht — allen diesen politischen Miß-
bildungen gleich deutlich auf der Stirn geschrieben. Suchen wir nach
einem klaren Sinne für jene gedankenlose Unterscheidung von Mittelstaat und Kleinstaat, so finden wir nur die eine Antwort: In den Kleinstaaten ist das Gefühl der eigenen Ohnmacht stärker als das Widerstreben der dynastischen Eitelkeit gegen das Eingeständnis dieser Schwäche.
In den Mittelstaaten dagegen lebt noch die Erinnerung an jene Zeit,
da Welfen, Wettiner, Wittelsbacher Deutschlands Geschicke bestimmten
— bis die Geschichte über sie alle hinwegschritt, weil sie sämtlich das
Wohl ihres Hauses der Pflicht gegen den deutschen Staat voranstellten.
Selbst das Haus Zähringen, dessen große Tage um ein halbes Jahrtausend zurücklagen, warf in der napoleonischen Zeit begehrliche Blicke
auf „das Erbe seiner Väter", die Schweiz. An diesen stolzen Erinnerungen und an dem Flitterglanze der neugewonnenen anmaßlichen
Titel nährt sich der gemeinsame Haß gegen den lachenden Erben ihres

vormaligen deutschen Einflusses, gegen Preußen, nährt sich jener ver=
blendete Dünkel, welcher die handgreifliche Tatsache nicht einsehen will,
daß in der aristokratischen Gestaltung der neueren Völkergesellschaft die
Bedeutung der Mittelstaaten, trotz ihrer vermehrten Quadratmeilenzahl,
erheblich gesunken ist. Und mit solcher Selbstüberhebung ist ein Geist
der Lüge in diese Höfe eingezogen, der kaum noch einen ehrlichen Cha=
rakter zu ertragen vermag. Nirgendwo sonst wird ein so trügerischer
Götzendienst getrieben mit den zweideutigen Größen der Landesgeschichte,
den Kurfürsten Moritz und August, dem Feldherrn Wrede und dem
Staatsmann Münster; nirgendwo sonst prahlt man so schamlos mit
dem schimpflichen Waffenruhme, der im Kampfe gegen unser Volk ge=
erntet ward; nirgendwo sonst fördern die Höfe so eifrig die National=
hymnen und Nationalkokarden und das gleißnerische Gerede von dem
angestammten Fürstenhause.

Zu solchen fables convenues der Höfe traten, vornehmlich in den
Staaten des Südwestens, sehr berechtigte Gründe des Selbstgefühls.
Die uralte Heimat deutscher Bildung, waren diese gesegneten Lande
mit ihrer dichten, geistvollen Bevölkerung, mit ihrer bürgerlichen, dem
Feudalismus herzhaft und siegreich widerstehenden Gesittung aus den
Stürmen der Kriege hervorgegangen als konsolidierte Staaten, die nicht
wie Preußen und Hannover einer zweiten Gründung bedurften und
weit weniger als der Norden von den Feldzügen heimgesucht waren.
Und sie erhielten jetzt, nachdem die Staatsmänner des Rheinbundes die
mittelalterlichen Formen der Gesellschaft durchbrochen, von ihren Fürsten
(aus den unlautersten Motiven freilich) konstitutionelle Verfassungen,
während man im Norden vorderhand mit der Neubildung der Ver=
waltung vollauf zu schaffen hatte. So fühlte sich der Südwesten dem
Norden gegenüber als das Land der Aufklärung und Freiheit. Wie ein
Wunder ward zu Beginn der zwanziger Jahre Max Joseph von Bayern
in Dresden angestaunt, der konstitutionelle König, der in dem Lande
der spanischen Hofetikette es wagte, wie ein Sterblicher die Straßen zu
Fuß zu durchstreifen. Wir verstehen kaum noch, wie unsicher in jenen
Tagen das nationale Selbstgefühl, wie matt und unklar das Bewußt=
sein der Gemeinsamkeit der Stämme war. „Eher werden Bären und
Adler miteinander Hochzeit halten, als Süd= und Nordländer sich ver=
einigen" — so schrieben die Soldschreiber Montgelas', ohne ernsthaften
Widerspruch in der bayrischen Presse zu finden. Man weiß, wie zähe
sich dies Bewußtsein der Überlegenheit im Süden durch lange Jahre er=

hielt, wie einsam Paul Pfizer unter den Liberalen stand, denen es un=
möglich erschien, „die Bewohner des lichten Rheinlandes" mit dem
Maße der Freiheit abzufinden, das für Pommern passe, und wie unaus=
rottbar bis heute in den Köpfen der Franzosen und Engländer die Vor=
stellung spukt, Preußens halbbarbarische Zustände stünden der Gesittung
des „reinen Deutschland" weit nach. Als vollends Preußen auf dem
Kongresse zu Karlsbad ein Helfer der österreichischen Herrschaft ge=
worden war, da verschlangen sich in Süddeutschland die ehrenhaftesten
mit den nichtswürdigsten Meinungen: der verstockte Preußenhaß der
Rheinbundstage mit der Mißachtung des Liberalismus wider die
„deutschen Russen", der gerechte Unwille über die Sünden Preußens
und über die Tyrannei der heiligen Allianz mit dem kleinstaatlichen
Widerstreben gegen jede straffe Bundesgewalt. So grundverschiedene
Gesinnungen, genährt durch die im Süden leider noch heute vorherr=
schende Unkenntnis der norddeutschen Zustände, erzeugten dann den
unseligen Gedanken eines süddeutschen Sonderbundes.

Wenn sogar im Norden manche wohlmeinende Patrioten hoffnungs=
voll auf Hannover und die Niederlande blickten als auf ein Gegen=
gewicht gegen die „preußischen Raubtiere", so schien im Süden der
Triasgedanke in der Luft zu schwirren. In wenigen Jahren waren
die gutmütigen Hoffnungen verflogen, womit man dereinst den Bundes=
tag begrüßt. Er hatte sich nicht, wie man gewähnt, zu einem Parla=
mente erweitert, vielmehr enthüllte sich in seiner Mitte aller Welt zum
Spotte die Zwietracht zwischen den Großmächten und den Staaten
des alten Rheinbundes. Also erschien das Zusammenhalten der kon=
stitutionellen Staaten als das letzte verzweifelte Auskunftsmittel für
jeden, der nicht in träger Entsagung sich mit der völligen Vereinzelung
der deutschen Staaten begnügen wollte. Nicht · bloß das berüchtigte
Blatt des Bonapartismus, die Münchener Alemannia, bewies jetzt die
Notwendigkeit, Preußen auf sein natürliches Gebiet, die slavischen
Länder jenseits der Elbe, zu beschränken. Auch ein Anselm Feuerbach
sah in den beiden Großmächten „die natürlichen Gegner, nicht gerade
Deutschlands, aber der Freiheit und Selbständigkeit der kleinen deut=
schen Staaten", und träumte von einem deutschen Fürstenbunde, der
das feindliche Preußen in zwei Hälften zerreißen sollte! Das warme
Brutnest dieser tollen Pläne war der Stuttgarter Hof. Nach der über=
lieferung seines Hauses ein Feind Österreichs, fortwährend in Sorge,
das Haus Habsburg möge Württemberg zum vierten Male unter sein

Szepter bringen, hatte sich der König früher mit Begeisterung dem preußischen Staate zugewendet; damals schrieb er sich noch Friedrich Wilhelm. Seit er die Königskrone trug, war die Neigung für die nordischen Waffenbrüder verschwunden. Begehrlicher dynastischer Ehrgeiz bildete fortan den Kernpunkt seiner Politik; getragen von der liberalen öffentlichen Meinung, gedachte er sein Geschlecht zu herrlicher Machtfülle zu erheben. Denn obwohl sein Haus die glänzenden Erinnerungen nicht kannte, welche die Phantasie der Wettiner und Wittelsbacher betörten, so gaben doch die Grafen von Württemberg und Teck jenen berühmten Geschlechtern an dynastischem Stolze nichts nach. Zugleich gefiel er sich, vornehmlich im Gespräche mit dem exzentrischen Prinzen von Oranien, in kühnen liberalen Reden, hörte befriedigt, daß die Staatsmänner der Bierbank ihn als den Kaiser der Deutschen zu preisen liebten, und ward in solchen Träumen bestärkt durch den Zuspruch seiner russischen Gemahlin.

Die Frivolität, die vaterlandslose Gesinnung dieser dynastischen Ehrsucht ist erst in neuester Zeit völlig entlarvt worden. Im Jahre 1820 erschien das berüchtigte „Manuskript aus Süddeutschland", das Programm der Triaspolitik. Die Schrift stellt ein fratzenhaftes Zerrbild des heimatlosen und charakterlosen norddeutschen Wesens dem kerndeutschen, seßhaften süddeutschen Volke gegenüber. In Summa: — Berlin hat die besten Schneider, Augsburg die besten Goldschmiede! Der schlaue ränkesüchtige Handelsmann des Nordens ist im Felde nur als Husar und Freibeuter zu verwenden, der feste süddeutsche Bauer bildet den Kern unserer regulären Truppen. Eine polnische Teilung ist unbemerkt an Deutschland vollzogen, neunzehn von neunundzwanzig Millionen Deutschen sind an die fremden Mächte Österreich, Preußen, Dänemark, Holland verkauft. Seine schönsten Häfen sind ein hors d'oeuvre am deutschen Körper geworden, einer Kaste von Kaufleuten in die Hände gefallen, die in Englands Solde steht (beiläufig, ein Satz, welcher die damals im Süden herrschende Meinung über die Hansestädte getreulich widerspiegelt). Der Rest — das reine Deutschland — muß geschützt werden durch einen engeren Bund, der auf die Kernstämme der Alemannen und Bayern sich stützt; doch läßt uns die Schrift ohne Belehrung über die Frage, wie in diesem engeren Bunde der weltbürgerliche Kaufmann von Hannover und Mecklenburg sich mit dem seßhaften Bayern vertragen sollte. Eine Torheit ist es (und hier offenbart sich jene diabolische Mischung von Wahrheit und Lüge, welche die ganze Richtung bezeichnet), ein Widersinn, daß die Bundesakte durch Formeln der Stärke und Schwäche gleiche Rechte zu sichern meint. Die Bahn der deutschen Staatskunst ist bereits vorgezeichnet durch das Verhalten jener Staaten des Südens, welche „aus Liebe zu Deutschland Frankreichs Freunde wurden". Dann wird Montgelas als großer Staatsmann gefeiert und dem Süden geraten, das von Gott eingesetzte demokratische Prinzip in Ehren zu halten.

Die ganze Zukunft dieses Landes beruhte darauf, daß Nord und Süd sich zu schöner Ergänzung zusammenfanden, der Süden sich erfüllte mit der nationalen Gesinnung des Nordens, der Norden die bürgerliche Gesittung Oberdeutschlands sich aneignete. Bis zu solcher Versöhnung war noch ein weiter Weg. Vorderhand ward die Kluft mächtig erweitert durch jenes geschickte Pamphlet, das in Niederdeutschland, vornehmlich in den Hansestädten, laute Entrüstung erregte, während in Bayern und Schwaben dies widrige Gemisch von Bonapartismus, hohlem Radikalismus und dreistem Partikularismus zahlreiche Verehrer fand. Als Verfasser der pseudonymen Schrift nannte man allgemein Friedrich Ludwig Lindner, einen am Stuttgarter Hofe wohlgelittenen norddeutschen Publizisten. Dieser Mann, der in jenen Tagen unter den Liberalen als ein Patriot galt, konnte schon während des Feldzugs von 1814 schreiben: „Der Zweck der Russen, Österreicher, Preußen und Engländer liegt klar am Tage, was aber haben die Deutschen in diesem Kriege zu suchen?" Seit der Stiftung der heiligen Allianz hatte sich ihm seine Denkweise bis zur Wut verhärtet; er säte jetzt mit grobem Zynismus in der Presse Zwietracht zwischen Süd und Nord, wie denn jederzeit — von Lindner bis herab auf Hermann Orges — norddeutsche Überläufer dies Gewerbe auf das eifrigste betrieben haben. Der traurige Ruhm der Urheberschaft des Manuskriptes gebührt jedoch nicht ihm allein. Als die Großmächte von dem Stuttgarter Hofe Bestrafung des Pamphletisten verlangten, da weigerte sich König Wilhelm und gestand seinem Minister Winzingerode im tiefsten Vertrauen, daß er selber die Gedanken, Lindner nur die Form der Schrift geschaffen habe, daß er selbst der Verfasser des Manuskriptes sei*). So war denn der vaterländische Fürst, den Wangenheim in begeisterten Briefen als den Martin Luther unserer politischen Reformation feierte, zu einem Lobredner des Vaterlandsverrats geworden!

---

*) Graf Heinrich Levin Winzingerode, ein Württemberger Staatsmann. Von Wilko Graf Winzingerode. Gotha 1866. S. 69.

Für solche sonderbündlerischen Pläne fand der König ein brauch=
bares Werkzeug in dem neuen Bundestagsgesandten. Wangenheim,
der über das Manuskript oft in wegwerfenden Worten sprach, ahnte
schwerlich, wer der Verfasser sei, und er teilte nicht völlig die Voraus=
setzungen dieser bruderfeindlichen Staatskunst. Stammte er doch aus
jenen mitteldeutschen Landen, welche, glücklich genug, die Tendenzlüge
von dem Gegensatze norddeutscher und süddeutscher Art gar nicht ver=
stehen, weil sie nicht wissen, zu welchem dieser beiden „Völker" sie selber
sich zählen sollen. Um so eifriger war er den Schlußsätzen der Trias=
politik zugetan. In unseliger Weise trafen sie leider zusammen mit
seinen naturphilosophischen Spielereien. Das „Schema" seiner Idee
der Staatsverfassung gedachte er auch auf Deutschland anzuwenden,
das autokratische und demokratische Element so gut wie das aristo=
kratische Hypomochlion. Und auch in das autokratische Element der
Bundesgewalt mußte die heilige Dreizahl eingeführt werden. So
gänzlich zur fixen Idee war ihm dieser brahminische Aberglaube ge=
worden, daß er meinte: sollte Österreich je ausscheiden, so müßte
Bayern an Österreichs, Sachsen aber, als der Führer der Minder=
mächtigen, an Bayerns Stelle aufrücken. Um die Unabhängigkeit der
Kleinstaaten von den beiden Großmächten zu wahren, schien ihm selbst
das „immerhin bedenkliche" Anrufen der auswärtigen Garanten der
Bundesakte erlaubt! Einen praktischen Inhalt erhielt dieser doktrinäre
Luftbau durch jenen maßlosen Preußenhaß, den jede Zeile von Wangen=
heims Schriften predigt — am lautesten dann, wenn er versucht ihn
zu leugnen, wenn er versichert, daß seine Gattin eine Freundin der
Königin Luise gewesen, drei seiner Brüder in preußischen Diensten
gestorben seien. Suum cuique rapit war ihm die Devise des schwarzen
Adlers. Immerdar ängstigten ihn „die erbkaiserlichen Gelüste einer
traditionellen preußischen Kabinettspolitik", und selbst die hochsinnige
Staatskunst Preußens in den Freiheitskriegen erschreckte ihn, weil sie
um Volksgunst gebuhlt und kein Mittel der Einschüchterung gescheut
habe! Was habe Preußen im Grunde anderes getan im Jahre 1813
als den Satz durchführen: ôte-toi que je m'y mette!?
    Drei grobe Irrtümer, sicherlich, bildeten die Grundlage dieser mittel=
staatlichen Politik. Es war ein Wahn, daß Ohnmacht zur Ohnmacht
gesellt jemals eine Macht bilden könnte. Denn erstünde auch aus
diesem Sonderbunde das Unmögliche, die einheitliche Organisation,
so würde ihm doch immerdar jene sittliche Kraft fehlen, welche die

Staatsmänner der Mittelstaaten nie anerkennen, weil sie dieselbe widerwillig an Preußen bewundern müssen — das Bewußtsein des Zusammengehörens, der Stolz auf eine große Geschichte, mit einem Worte: die lebendige Staatsgesinnung. Daß von solcher Staats= gesinnung kein Hauch lebendig sei in den Seelen dieser mittelstaatlichen Sonderbündler, ward bewiesen durch jenen schamlosen Hinweis auf die Hilfe des Auslandes, der als letzte Drohung hinter allen ihren Plänen lauert. Wohl klang es hart, wenn eine preußische Staatsschrift v. J. 1822 Wangenheim geradezu der Verbindung mit fremden Mächten be= schuldigte. Aber lagen nicht die unwürdigen Erfahrungen aus den Tagen Ludwigs XVI. und Napoleons als ein furchtbar mahnendes Beispiel vor aller Augen? Hatte nicht sogar der ohnmächtige Hof Ludwigs XVI. die Kleinstaaten gewarnt vor dem preußischen Fürstenbunde, sie ermahnt, einen Sonderbund unter französischem Schutze zu schließen? Und wer sollte an die redliche Vaterlandsliebe der Männer der Trias glauben, wenn Schriften von dem Schlage des Manuskripts aus ihren Reihen hervorgingen und jeder ihrer Schritte gegen die heilige Allianz in eifrigen Pamphleten verteidigt ward von dem Bonapartisten Bignon, einem der Stifter des Rheinbundes? — Es war ferner eine Täuschung, die Einigung der Nation zu erwarten von einer Gruppenbildung, welche notwendig die zentrifugalen Kräfte verstärkt und die der Einheit ge= neigten kleinsten Staaten einer partikularistischen Obergewalt unter= wirft. — Endlich überschätzte man blindlings die Bedeutung der süd= westdeutschen Verfassungen. Denn wie unverzeihlich immer Preußens Unterlassungssünden waren: die sozialen Zustände der deutschen Staaten, welche keine Gesetzgebung gänzlich umstürzen kann, sind einander so nahe verwandt, daß niemals ein deutscher Staat allein durch seine freie Ver= fassung das Übergewicht über die anderen erlangen wird. Auch an dem absolutistischen Preußen fand der Süddeutsche noch des Herrlichen viel zu beneiden: die Macht, den Ruhm, eine freie Volkswirtschaft und eine selbständige Bewegung der Gemeinden, welche auf dem Boden des Rheinbundes nicht gedeihen wollten. Und eine sehr kurze Erfahrung offenbarte, daß auch im Süden die Volksrechte ungesichert waren und in den Überzeugungen der Menge noch keineswegs tiefe Wurzeln geschlagen hatten.

Alle diese Verirrungen, die wir rückschauend leicht erkennen, lassen sich allenfalls entschuldigen mit der Unklarheit der Epoche, aber ein unverzeihlicher Fehler tritt hinzu. Auch in dem Triasplane bewährte sich die alte Erbsünde der Politiker der Kleinstaaten, ihre gänzliche Unfähigkeit, die Bedeutung der Macht zu begreifen. Man rechnete dreist mit Faktoren, welche nirgends vorhanden waren. Man plante über einem Sonderbunde der konstitutionellen Staaten, und doch wußte Wangenheim, daß die süddeutschen Höfe nur widerwillig den Zwang der neuen Verfassungen ertrugen, daß Großherzog Ludwig von Baden und der Herzog von Nassau eben jetzt sich mit dem Gedanken befreundeten, ihr Landesgrundgesetz aufzuheben. Auch in der Bevölkerung der Mittel= staaten war von einem lebendigen Bedürfnisse des Zusammenhaltens nichts zu spüren. In Sachsen, Kurhessen, Mecklenburg, Hannover ging das altständische Wesen seinen trägen Gang weiter, das dem konstitu= tionellen Systeme des Südwestens noch ungleich ferner stand als der moderne Absolutismus in Preußen. Zudem hegte jeder Mittelstaat noch seine absonderlichen geheimen Hegemoniegelüste: Bayern hatte den Ge= danken einer Oberherrschaft im Südwesten nicht aufgegeben, Sachsen betrachtete sich als den natürlichen Schirmer der thüringischen Lande. So blieb als das einzige gemeinsame Band der Mittelstaaten nur der Widerwille ihrer Souveräne gegen jede Beherrschung durch die Groß= mächte, und Wangenheims ehrliche Vaterlandsliebe sah sich also ange= wiesen auf die gemeinste Leidenschaft des Partikularismus! Ja sogar auf sein heimisches Kabinett konnte er nicht sicher zählen. Zwar die zunächst beteiligten Beamten im Ministerium, v. Trott und Hartmann, hielten zu ihm, und der Münchener Hof ward von dem schwäbischen Gesandten von Schmitz=Grollenburg in Wangenheims Sinne bearbeitet. Der Minister des Auswärtigen dagegen, Graf Wintzingerode, war ein zu klarer Kopf, um die phantastischen Sonderbundspläne zu billigen. Vol= lends der König schwankte zwischen despotischen Neigungen und liberali= sierendem Ehrgeiz, zwischen kühnen Entwürfen und jähem Verzagen.

Trotz alledem haben wir kein Recht, über jene liberale mittelstaat= liche Politik kurzweg den Stab zu brechen. Sie war keineswegs jenes politische Ideal, welches die Liberalen der zwanziger Jahre verherr= lichten, aber auch nicht bloß jener Bodensatz des Rheinbundes, wofür Radowitz sie später ausgab. Vergessen wir nicht, in welchen windigen Phrasen sich die Bundespolitik jener Tage durchgängig bewegte. Konnte doch Fürst Hardenberg in einer Verbalnote auf dem Wiener Kongresse einige schlechte Verse aus dem Rheinischen Merkur als ein befolgens= wertes politisches Programm zitieren:

> „Es horste auf derselben Rieseneiche
> der Doppeladler und der schwarze Aar,

es sei fortan im ganzen deutschen Reiche

    ein Wort, ein Sinn, geführt von jenem Paar —"

und Wangenheim pries das als ein Zeichen echter Staatskunst! Auf diesem Tummelplatze der Phrasen mußte die Erbsünde der mittelstaat-lichen Politik üppig wuchern: das vielgeschäftige dilettantische Projekte-machen. Denn werden in wirklichen Staaten dem Staatsmanne durch Interessen und Überlieferungen feste Bahnen vorgeschrieben, so bleibt in den politischen Zwitterbildungen, welche vernünftigerweise auf die große Politik verzichten sollten, alles der erfinderischen Willkür der Diplomaten überlassen. Und tragen die bedeutenden Staatsmänner der Schweiz, Englands, Preußens das Gepräge ihres Staates, so zeigen die mittelstaatlichen Diplomaten, von Malchus und Wangenheim bis herab auf Beust und Pfordten, fast durchgängig ein heimatloses Wesen: sie sind diplomatische Landsknechte, nicht geleitet von dem Lebensgesetze eines bestimmten Gemeinwesens, sondern bereit, jedem Staate, der dem Ehrgeiz ein Feld bietet, ihre geschäftige Tätigkeit zu widmen. So offenbart auch die mittelstaatliche Politik jener Tage ein unklares, widerspruchsvolles Wesen — einen Januskopf. Boshaft war sie, ränkevoll, unwürdig, wenn sie in nackter Selbstsucht das natürliche Übergewicht der Macht, das den Großstaaten zukommt, zu brechen versuchte. Aber ein bleibendes Verdienst hat sie sich erworben, als sie die Grundlagen des modernen Staatslebens gegen die Eingriffe des Wiener Kabinetts verteidigte.

Mißtrauisch begrüßte man in Frankfurt den liberalen Minister, und allerdings sehr abweichend von der gewohnten Art eines Diplo-matenkongresses klang der doktrinäre Ton seiner Antrittsrede: „Der einzelne geht sicher unter, sobald er bloß in sich sein will, allein ebenso wird ein zügelloses Streben nach Allgemeinheit zur Leerheit und zum Tode führen; daher wollen die deutschen Staaten frei und ungehindert ihr besonderes Leben selbständig ausbilden, allein die Bürgschaft ihres eigentümlichen Lebens nur in dem kräftigen Leben aller finden." Doch im persönlichen Verkehre ließ Wangenheim von doktrinärem Wesen nichts spüren. Man rühmte ihm nach, daß sein freies, leichtes, heiteres Wesen den Ausländern vorzüglich gefalle. In der Stadt ward er rasch bekannt, nahm teil an jeder gemeinnützigen Unternehmung, an Steins Gesellschaft für deutsche Geschichtskunde wie an dem Auf-rufe für das Goethedenkmal. Diese liebenswürdige Weise, seine Ge-schäftskunde und unermüdliche Tätigkeit erschlossen ihm bald den Weg

in die wichtigsten Ausschüsse. Noch war der Bundestag reich an fein=
gebildeten aufgeklärten Staatsmännern, und diese Oppositionspartei
der Gagern, Aretin, Lepel, Harnier war den Gesandten der Groß=
mächte, den Buol und Goltz, und ihren ergebenen Dienern Leonhardi
und Marschall überlegen durch ihre Talente und ihre Einigkeit. Schon
damals trieb der österreichische Gesandte das häßliche Spiel, heimlich
den Gegnern zu versichern, man hege selbst die freisinnigsten Absichten,
habe jedoch dem Drängen des unbequemen preußischen Kollegen nicht
widerstehen können. Nach dem Ausscheiden Gagerns, „dieses ritterlichen
Mannes", übernahm Wangenheim die Führung der Opposition, ebenso
wortreich wie jener, aber minder gutmütig und mit bestimmteren Zielen.

Der Streit zwischen Bayern und Baden über den Besitz der Pfalz
war soeben wieder auf das heftigste entbrannt, bereits stand das ba=
dische Heer unter den Waffen, und unter dem Schutze des deutschen
Bundes drohte der Bürgerkrieg auszubrechen zwischen Deutschen und
Deutschen. Tatlos sah man in Frankfurt allem dem zu. Als dann auf
dem Kongresse von Aachen die heilige Allianz diese rein=deutsche An=
gelegenheit vor ihr Forum zog, als der weiße Zar die Frage entschied
und in Baden mit Jubel als der Retter des Landes begrüßt ward, da
regte sich freilich an den kleinen Höfen das brennende Gefühl einer
nationalen Demütigung. Aber wie mochte König Wilhelm seinem
russischen Schwager offen widerstehen? Wangenheim begnügte sich, im
Kreise der befreundeten Gesandten über die Übergriffe des heiligen
Bundes zu murren. Inzwischen hatte er mit den Genossen den Plan
eines engeren Bundes eifrig besprochen. Er gefiel sich darin, in den
Verhandlungen wie im geselligen Leben den Grafen Goltz und Buol
seine Überlegenheit taktlos und schonungslos, oft in der ausgelassensten
Weise, zu zeigen; man erzählte sich lachend in Frankfurt, daß er einst
den preußischen Gesandten durch einen Toast auf die Republik gekränkt
habe. Da forderte eine ernste Note des Wiener Kabinetts vom Stutt=
garter Hofe Rechenschaft über das gefährliche Treiben des Gesandten,
und Wangenheim enthüllte in einem Privatbriefe dem Fürsten Metter=
nich, arglos wie immer, seine geheimsten Gedanken (September 1818).
„Die Bundesakte ist nichts, gar nichts, ohne Institutionen, welche die
Anwendung des Gesetzes und seine Vollziehung verbürgen. Die Ein=
heit Deutschlands sucht und findet ihre Garantie ausschließlich in dem
gleichgewichtigen und gleichzeitigen Einfluß von Österreich und Preußen."
Darum nimmermehr eine Teilung der Herrschaft in Deutschland nach

dem Laufe des Mains — ein Plan, der schon auf dem Wiener Kon=
gresse die Kleinstaaten geängstigt hatte und von Wangenheim immerdar
als die unseligste Wendung der deutschen Geschicke betrachtet ward. Um
den Gedanken der Mainlinie für immer zu beseitigen, muß ein Bund
im Bunde bestehen, der die Zerspaltung Deutschlands ebenso verhindern
soll, wie Österreich und Preußen eine barrière inexpugnable für den
Ehrgeiz Rußlands und Frankreichs bilden. Daß dieser Bund jemals
dem Ausland in die Arme getrieben und „etliche und dreißig Staaten
in Kleinoktav und Duodez" über einen Eroberungsplan gegen Öster=
reich und Preußen einig werden sollten, ist eine „läppische Besorgnis
politischer Don Quichottes". —

Die hochtrabende Sprache dieses Briefes bildet einen unbegreif=
lichen Widerspruch zu den gleichzeitigen diplomatischen Schritten des
Stuttgarter Hofes. Wenige Monate vorher hatte König Wilhelm durch
seine Gesandten in Wien und Frankfurt den Wunsch ausgesprochen,
daß der Bundestag eine authentische Interpretation des Art. 13 der
Bundesakte (über die Landstände) erlassen und dergestalt allen über=
mütigen Forderungen des Volkes einen Damm entgegensetzen möge.
Fürst Metternich, der bisher der konstitutionellen Bewegung tatlos
und gedankenlos zugeschaut, ward erst durch diese württembergischen
Klagen zur Tätigkeit aufgestachelt. Es ist nicht anders, die reaktionäre
Strömung, welche jetzt begann und bald auf den Karlsbader Konferenzen
weit über die von König Wilhelm erstrebten Ziele hinausschlagen sollte,
hat ihre erste Quelle in den geheimen Umtrieben des liberalen Königs
und in den Hilferufen des konstitutionellen Münchener Hofes.

Auch dem teutonischen Treiben der Burschenschaft vermochte der
König nicht ohne Zittern zuzuschauen. Bereits im Frühjahr 1818
klagte er in seinen Briefen an den russischen Hof, wie Deutschland einer
fanatischen Partei von Ruhestörern anheimgefallen sei. Bald sollte
diese trübe Auffassung der deutschen Dinge die herrschende an den deut=
schen Höfen werden. — Karl Sand hatte in Tübingen häufig in Wan=
genheims Hause verkehrt und sich belehren lassen von den mäßigenden
Worten des Kurators. Als der Unglückliche jetzt auf seiner verhäng=
nisvollen Reise nach Mannheim ihn besuchte und verfehlte, da trieb
eine unbestimmte schreckliche Ahnung den Gesandten, dem Wanderer in
den Odenwald nachzureiten. Er traf ihn nicht, und die Ermordung
Kotzebues geschah. Die Raserei der Angst, welche jetzt die Höfe er=
füllte, ward von dem Fürsten Metternich ausgebeutet. Oftmals ist

gestritten worden über die Frage, ob die Männer des Wiener Kabinetts, von törichter Furcht verblendet, wirklich glaubten, die Throne seien gefährdet durch eine fieberische Aufregung der Nation, oder ob sie diesen Glauben nur heuchelten, um die deutschen Höfe für ihr System zu ge= winnen. Mir scheint, keine der beiden Behauptungen trifft das Rechte. Vielmehr war in der Tat Österreichs Herrschaft in Deutschland schwer, wenn auch erst von ferne, bedroht. Wohl offenbarte die öffent= liche Meinung noch eine knabenhafte Unreife. Das Burschenfest auf der Wartburg ward in zahlreichen begeisterten Flugschriften als „die Morgenröte eines neuen deutschen Nationallebens" gefeiert. Nach Sands unseliger Tat, die durch nichts merkwürdiger war als durch ihre zwecklose Torheit, predigten deutsche Lehrer ihren Schülern von Harmodios und Aristogeiton, und das ganze Land hallte wider von den Rufen schwächlichen, unklaren Mitgefühls. Aber aus all diesem wirren Treiben, aus all den machtlosen Ausfällen der süddeutschen Kammern wider den Bundestag sprach doch die eine ernste Tatsache: der Geist der Freiheitskriege war noch immer nicht erstorben. Ließ man die patriotische Presse und die begeisterte Jugend gewähren, so mußte früher oder später dies Volk zum lebendigen Bewußtsein seiner Einheit ge= langen, und dann ward Österreichs Stellung in Deutschland unhalt= bar. Fürst Metternich begriff also seine Lage sehr richtig, wenn auch seine nervöse Ängstlichkeit oft allzu schwarz sehen mochte. Es war ein Meisterstück österreichischer diplomatischer Kunst, daß man die Mehrzahl der deutschen Höfe dahin brachte, die deutschen Dinge mit österreichischen Augen anzusehen und an eine Gefahr zu glauben, welche allerdings die Herrschaft Österreichs, aber damals noch nicht die deutschen Dynastien bedrohte. Schon im Juli 1819 stellte Österreich in Frankfurt die Behauptung auf: wenn ein vorgeschlagenes Grundgesetz die verfassungs= mäßig notwendige Einstimmigkeit am Bunde nicht gefunden habe, dann solle die Mehrheit der Bundesglieder berechtigt sein, den abgelehnten Vorschlag dennoch provisorisch für sich auszuführen! Der Vorschlag, der die liberalen Staaten mediatisiert hätte, ward zunichte durch Wangen= heims entschlossenes Nein. Damit war erwiesen, daß am Bundestage ein Staatsstreich sich nicht durchführen ließ, und Fürst Metternich berief die Minister der größeren Staaten zu den Besprechungen von Karlsbad. Metternichs Hauptplan, den Artikel 13 der Bundesakte (das Ver= sprechen der Landstände) im Geiste Friedrich Gentz' zu erklären und die Kammern Süddeutschlands in Postulatenlandtage nach österreichi=

schem Muster zu verwandeln, scheiterte dort an dem erbitterten Widerstande des Grafen Wintzingerode, der ihm das boshafte Wort entgegenwarf: „Die Regierungen haben im Art. 13 den Grundsatz der Volkssouveränität angenommen, sie haben geglaubt, diesen Point vergeben zu
können; die Partie ist angefangen, sie muß ausgespielt werden." Aber
auch das wirklich Beschlossene — die Knechtung der Presse und der
Hochschulen, die Einleitung der Demagogenverfolgungen — war ein
Angriff auf das Allerheiligste unseres Volkstums, zugleich eine Verletzung der Landes= und Bundesgesetze.

König Wilhelm ließ seine Hofzeitung gegen die Karlsbader Beschlüsse zu Felde ziehen; er reiste klagend zu seinem Schwager nach
Warschau, fand aber keinen günstigen Empfang: notre homme à
Stuttgart — schreibt ein k. k. Diplomat — n'a pas trop à se louer
de ses succès à Varsovie. Wie anders, wenn ein wahrhaft königlicher Wille zu Stuttgart geboten, wenn in Frankfurt auch nur ein
Gesandter von schlichtem, unerschrockenem Mannesmute getagt hätte!
Was Württemberg durch verwerfliche geheime Umtriebe im Auslande
versuchte, das ließ sich erreichen auf dem Wege des Gesetzes, wenn
auch nur ein Staat sein von der Bundesakte gewährtes Recht gebrauchte. Die Beschlüsse der in Karlsbad versammelten Minister
einiger deutscher Staaten, eine bundesrechtlich gänzlich ungültige Urkunde, wurden am 16. September 1819 dem Bundestage vorgelesen.
Vier Tage darauf erfolgte die Abstimmung, während das Gesetz eine
vierzehntägige Frist verlangt. Die Annahme geschah, ohne daß die
gesetzlich notwendige Beratung vorherging, durch einen Mehrheitsbeschluß im engeren Rate, während die Bundesakte Einstimmigkeit und
Abstimmung im Plenum vorschrieb. Da war es heilige Pflicht des
Mannes, der sich so gern den getreuesten Verteidiger des Bundesrechts
nennen hörte, gegen diesen vierfachen Rechtsbruch zu protestieren und
die österreichischen Ränke, wie er es bundesgesetzlich durfte, an seinem
Nein zerschellen zu lassen. Ein Aufschub von wenigen Tagen mußte
gegen Österreich entscheiden, da das unwürdige Werk allein durch die
Überraschung gelang. Mit vollem Rechte sahen die kleinen Höfe ihre
Selbständigkeit — und wahrlich nicht zugunsten der nationalen Einheit — bedroht, seit Fürst Metternich in Karlsbad dem Minister eines
Kleinstaates mit dürren Worten erklärt hatte, die einzige Bedingung
der Fortdauer der kleinen Staaten sei allein der Bund!

Mit einstimmiger Entrüstung erhob sich die öffentliche Meinung
wider die Karlsbader Verschwörung. Bignon verglich die neue Mainzer

Untersuchungskommission mit den berüchtigten Prevotalhöfen der Bour=
bonen; die französischen Blätter zürnten, man wolle den Deutschen das
Schicksal Polens bereiten, sie ausstoßen aus der Menschheit; und welche
Stimmung den Süden Deutschlands beherrschte, davon gab bald nach=
her die Adresse einer Offiziersversammlung in Ulm an König Wilhelm
ein denkwürdiges Zeugnis. Sie forderte offen den Krieg gegen jene
„fremden Regierungen, welche das Glück des württembergischen Volkes
mit Schmähsucht betrachten, ohne ihren eigenen Untertanen das näm=
liche zu gönnen. — Auch ist das Heer Ew. königl. Majestät keines=
wegs als eine unzureichende Streitmacht zu betrachten, denn das ganze
Volk wird begeisterungsvoll unsere Reihen verstärken." Nicht bloß
vor dem Bürgerkriege, auch vor der schlicht=gesetzlichen Pflichterfüllung
der einfachen Wahrhaftigkeit schrak der Stuttgarter Hof zurück. Würt=
temberg widersprach zwar mehreren Artikeln der Karlsbader Beschlüsse,
aber Wangenheim duldete, daß das öffentliche Protokoll der Nation
die einstimmige Annahme der neuen Bundesgesetze vorlog und Würt=
tembergs Widerspruch in einer geheimen Registrande verborgen wurde.
Nun hatte er kein Recht mehr, zu klagen, wie er es liebte, über das
Geheimhalten der Bundesberatungen. — Seit drei Jahren harrte die
Nation vergeblich auf ein Lebenszeichen ihrer höchsten Behörde. Jetzt
erschien es, und die erste wichtige Tat des Bundestags war — die
provisorische Aufhebung mehrerer der wichtigsten Bestimmungen der
Bundesakte. Es war ein Hergang, so einzig, so unbegreiflich, daß die
Presse sofort die Vermutung aussprach, die Einstimmigkeit des Bundes=
tags sei entweder erzwungen oder eine Lüge.

Wohl durfte die österreichische Partei jubeln und Graf Buol den
Bundestag am Abend jenes unseligen 20. Septembers zu einem glän=
zenden Feste vereinigen. Durch diese ersten Unterlassungssünden war
der liberalen Opposition am Bundestage der Boden unter den Füßen
hinweggezogen und das zugleich widrige und lächerliche Schauspiel
der deutschen Politik in den nächsten Jahren vorgezeichnet. Fürst
Metternich umging nun den Bundestag, an dem er die Langsamkeit
des Geschäftsganges und noch mehr die überlegenheit der liberalen
Gesandten scheute. Um den Ausbau des Bundesrechts, welcher in
Wahrheit eine Durchlöcherung des Rechtes war, zu vollführen, ver=
sammelte er die deutschen Minister zu Wien, und der engherzige Parti=
kularismus der Mittelstaaten vergönnte ihm mindestens einen halben
Erfolg. Der unklare Begriff des „monarchischen Prinzips" ward in

das Bundesrecht eingeführt, und die Gesandten der Mittelstaaten nahmen ihn an; denn trotz aller liberalen Redensarten war diesen Regierungen hoch willkommen, eine Waffe für den Notfall gegen ihre Kammern zu besitzen. Sie meinten genug getan zu haben, als sie wenigstens ihre eigenen Verfassungen durch den Artikel 56 der Wiener Schlußakte gesichert hatten, welcher die Abänderung der bestehenden Verfassungen auf nicht verfassungsmäßigem Wege verbot. Dergestalt steht in der gesamten Schlußakte immer ein Artikel von absolutistischer Färbung einem anderen von konstitutionellem Inhalte gegenüber. Die Mehrzahl der Höfe des Südwestens konnte die gänzliche Beseitigung ihrer Landesverfassungen nicht wünschen; denn eben unter dem Schutze dieser Verfassungen reifte allmählich jener badische, darmstädtische, württembergische Partikularismus, der den dynastischen Gelüsten der Höfe in die Hände arbeitete. Nicht die Höfe, wahrlich, grollten, wenn der Bewohner der konstitutionellen „Musterstaaten" im Süden mit selbstgefälligem Stolze auf die preußischen Barbaren herabschaute. Mit herzlicher Freude berichtete kurz darauf der badische Minister v. Berstett nach Wien, das konstitutionelle Wesen im Süden habe keineswegs größere Einheit „im Sinne unserer Deutschtümler" hervorgerufen, sondern „eine stets zunehmende abgesonderte Eigentümlichkeit, wodurch die einzelnen Regierungen offenbar an Stärke gewinnen". Die beiden Feinde, der Absolutismus von Wien und der konstitutionelle Partikularismus der kleinen Höfe, schlossen vorzeitig einen unwahren Frieden, gleichwie dereinst im Augsburger Religionsfrieden die hadernden Konfessionen sich vor der Zeit die Hände reichten, bevor sie sich innerlich versöhnt hatten. Heißsporne des Absolutismus, wie der Freiherr v. Blittersdorff, erklärten darum die Schlußakte für den nachteiligsten Friedensschluß, den Österreich seit langem geschlossen. Und wie der Augsburger Friede den Dreißigjährigen Krieg in seinem Schoße trug, so sollte das faule Kompromiß von Wien die deutsche Revolution gebären.

Dann ertrug Württemberg widerwillig, daß die Schlußakte dem Bundestage einfach zur Sanktion ohne jede Debatte vorgelegt ward, und Wangenheim mit seinen liberalen Genossen sah sich also jede Gelegenheit zum Widerspruch versperrt. Berücksichtigen wir auch billig die abhängige Stellung eines Gesandten und die Wirkungen brutaler Einschüchterung: der Vorwurf bleibt auf Wangenheim haften, daß er seine Entlassung nicht forderte, als das Bundesrecht mit Füßen getreten ward. Vier Jahre lang arbeitete nun die liberale Minderheit zu Frankfurt an dem undankbaren Versuche, die Wirksamkeit jener Karlsbader und Wiener Beschlüsse zu untergraben, welche durch die Nachgiebigkeit der Minderheit selbst zu Bundesgesetzen erhoben waren. In solchem Kampfe konnte der beste Erfolg nur ein halber Sieg sein, und Gentz hatte guten Grund, damals triumphierend zu schreiben, er sei „innerlich quasi teuflisch erfreut, daß die sogenannten großen Sachen zuletzt ein so lächerliches Ende nehmen".

Das bewährte sich bereits bei Wangenheims Angriffen wider die Mainzer Zentral-Untersuchungskommission. Da Württemberg sich geweigert, einen Abgeordneten nach Mainz zu schicken, so war der liberalen Minderheit jede Einsicht in den Gang der Untersuchungen verschlossen. Der Präsident des Bundestags stand in geheimem Briefwechsel mit dem Vorsitzenden der Kommission, und die letztere verharrte in würdigem Stillschweigen, als Wangenheim mit seinen Freunden wiederholt Berichterstattung forderte. Nach dritthalbjährigem Harren verlangten endlich sieben der kleinen Höfe sofortige Auflösung der verhaßten „schwarzen Kommission", und Wangenheim wies in einer sehr bitteren Denkschrift nach, daß die Behörde völlig nutzlos sei, da „noch kein irgend bedeutendes Individuum verhaftet" worden und jeder Bundesstaat selbst die Mittel zur Unterdrückung demagogischer Umtriebe besitze. Nun endlich erschien der verlangte Bericht, die Kommission bemerkte jedoch, mit boshaftem Hinblick auf die liberalen Regierungen, über die noch schwebenden Untersuchungen enthalte sie sich jeder Mitteilung, weil sie eine vorzeitige Bekanntmachung befürchte! Graf Buol gab den Bericht seiner Getreuen in Mainz unentsiegelt an seine Getreuen in Frankfurt, d. h. an eine Kommission des Bundestags, welche nur aus Gesandten jener Staaten bestand, die auch in Mainz vertreten waren. Durch solche offene Feindschaft der Mehrheit blieben Württemberg, Kurhessen, Mecklenburg, die Ernestinischen Länder u. a. ohne Kenntnis der Mainzer Akten. Erst in weit späterer Zeit haben diese Staaten sichere Kunde erlangt von dem ganzen Umfange jener beispiellosen Verdächtigung der Nation, von dem Unglimpf wider Fichte und die Helden der Freiheitskriege. Sie wußten nicht, daß die Demagogenverfolgungen nach dem eigenen Geständnisse der Untersuchungskommission lediglich hervorgerufen waren durch ein „weniger in bestimmten Tathandlungen als in Versuchen, Vorbereitungen und Einleitungen sich aussprechendes politisches Treiben". Sie ahnten nicht, daß eine „offenen Aufruhr predigende Schrift" von der Kommission selber als

„die beinahe einzige in unseren Akten vorgekommene positive Hand=
lung" bezeichnet wurde.

Nachdem der schwäbische Verfassungsstreit beendet war, hielt es
König Wilhelm wieder für zweckmäßig, auf die Ausführung der im Ar=
tikel 13 verheißenen Verfassungen zu bringen; und bei diesen Verhand=
lungen trat Wangenheims gediegene Tüchtigkeit stattlich hervor. Man
lernte von ihm zu Frankfurt, was gründliche und rechtliche Beurtei=
lung staatsrechtlicher Fragen sei. Immer wieder klagen die Bundes=
protokolle über die sehr ausführlichen Gutachten Württembergs — nicht
ohne Grund: der rechthaberische Mann war imstande, den Streit
über eine Nebenfrage bis zur Duplik zu treiben, und sich kurz zu fassen
hat er nie gelernt. In einer cause célèbre jener Tage, in dem
Lippeschen Ständestreite, zeigte Wangenheim, wie wenig er in Würt=
temberg gemeint gewesen, mit dem alten Rechte ein leichtfertiges Spiel
zu treiben. Auch in Lippe stand eine landständische Vertretung des
„schädlichen Feudal=Aristokratismus" mit ihren ritterlichen und bürger=
meisterlichen Virilstimmen einer Regierung gegenüber, welche kraft ihrer
neugewonnenen Souveränität dem Lande eine „den Begriffen der Zeit
entsprechende" Vertretung gewähren wollte. Wangenheim bewies das,
trotz der Auflösung des Reiches, unzweifelhafte rechtliche Fortbestehen
der alten Verfassung, aber auch die Befugnis der Regierung, das Re=
präsentationsrecht der Untertanen auszudehnen, solange die Rechte
der nur sich selbst, nicht das Land vertretenden alten Stände gewahrt
blieben. Der Hader ist dann nach altheiligem Bundesbrauche durch
lange Jahre hingezerrt worden; aber durch das Gutachten Wangenheims,
der sich sogar auf Klüber, den gefürchteten „gefährlichen Theoretiker",
berief, ward sein Bruch mit der österreichischen Partei unheilbar.

Das wurde vollends unzweifelhaft, da die schleswig=holsteinische
Frage zum ersten Male in bescheidener Gestalt an den Bundestag
herantrat. Im Jahre 1822 wandten sich Prälaten und Ritterschaft
von Holstein mit der berühmten, von Dahlmann verfaßten Beschwerde=
schrift an den Bund und baten, allerdings nicht mit unbestreitbaren
Rechtsgründen, um Wiederherstellung der alten Landesverfassung. In
einem sorgfältigen Gutachten behauptete Wangenheim die Pflicht des
Bundes, in Holstein einzuschreiten. Hoffte Dänemark mit der Ver=
sicherung durchzuschlüpfen, der König=Herzog sei willens, den Herzog=
tümern dereinst eine Verfassung zu geben, so wies Wangenheim nach,
es handle sich um bestehendes Recht, und das Versprechen des Königs

sei wertlos, wenn der Bund ihm nicht eine feste Frist von wenigen Monaten setze für die Vollführung. Gegen diese Ketzerei erhob sich zornig Österreich: „Se. Apostolische Majestät werde niemals dulden, daß den deutschen Souveränen Fristen gesetzt würden zur Erteilung von Verfassungen." Das will sagen: Österreich war entschlossen zu verhindern, daß die Verheißungen der Bundesakte jemals etwas anderes würden als eine gleißnerische Phrase. Als Wangenheim schon nicht mehr in Frankfurt weilte, ist dann der bekannte Abweisungsbeschluß gefaßt worden.

Der unversöhnliche Gegensatz der staatsrechtlichen Anschauungen Wangenheims und der österreichischen Partei enthüllte sich ganz nackt, als der Kurfürst von Hessen die von „seinem Verwalter Jerome" verkauften Domänen wieder eingezogen hatte und die Klagen der schamlos beraubten Käufer den Bundestag zu jahrelangen Verhandlungen zwangen. In den ersten halbwegs erträglichen Jahren des Bundestags war die Meinung der Höfe dem klaren Rechte ziemlich günstig. Sehr einsam stand Hannover mit seiner zynischen Ansicht, „man müsse zum voraus den Untertanen die Lust benehmen, dem eindringenden Feinde behilflich zu sein"! Als der Kurfürst in einem groben Briefe sich das auffallende Benehmen des Bundestags verbat, da antwortete Graf Buol ernst und würdig, „die Bundesversammlung stehe nie und nirgends unter einem Gliede des Bundes". Der Verweis aus Wien ob solcher Keckheit ließ nicht auf sich warten, und nach dieser abschreckenden Erfahrung riß unter den Bundesgesandten mehr und mehr die Sitte ein, für jede kleinste Angelegenheit daheim Instruktionen zu erbitten. Seitdem wurde die Stimmung der Mehrheit am Bunde gleichgültig, endlich feindselig gegen die unglücklichen Domänenkäufer. Mit wackerem Zorne erhob sich Wangenheim wider jene Verordnung des Kurfürsten, welche den Landesgerichten das Urteil über diese Rechtsfrage verbot. „Die Staatsgewalt," meinte er, „berechtigt das regierende Subjekt nur dazu, wozu sie dasselbe verpflichtet." Also Verweisung der Kläger an die Gerichte und Verbot an den Kurfürsten, den Rechtsweg zu stören. Über das Recht der Kläger wiederholte er die von Pfeiffer und Klüber ausgesprochenen Rechtssätze — entsetzliche Lehren für das Ohr von Diplomaten, welche gewohnt waren, den Thron für alles, den Staat für nichts zu halten. Der Staat sei ewig, hieß es in Wangenheims Gutachten, denn sein wesentlichster Bestandteil, das Volk, dauere fort und habe das Recht, sich einem anderen Oberhaupt zu unterwerfen, wenn die rechtmäßige Dynastie am Regimente verhindert sei. Da stürzte sich der Grimm der Legitimisten auf den Frechen, der das monarchische Prinzip „in seiner Grundfeste" angetastet. Ce pitoyable personnage, schrieb Metternich einem Vertrauten, a mis par ce travail le sceau à sa réprobation. Österreich erklärte, Se. Apostolische Majestät müsse die Theorien des Württembergers „als höchst bedenklich, ja in mancher Rücksicht als gefährlich betrachten", die Autorität aber von „derlei Rechtslehrern", die der Berichterstatter für sich angeführt, förmlich verwerfen. Damit, natürlich, war die Abweisung der Domänenkäufer entschieden, und dem Freimute Wangenheims dankt der Deutsche noch heute ein in der Geschichte zivilisierter Völker beispielloses Gesetz. Die österreichische Partei wollte sich für die Zukunft die Widerlegung wohlbegründeter Rechtslehren ersparen; der Bundestag beschloß am 11. Dezember 1823 — bald nachdem Wangenheim ausgeschieden war — daß wissenschaftlichen Lehren in der Gesetzgebung des Bundes keine Autorität zustehe, ja nicht einmal eine Berufung darauf gestattet sei. So wurde die klärende und mäßigende Einwirkung der Wissenschaft auf die Gesetzgebung verboten in einem Lande, das sie, bei dem Ernste seines wissenschaftlichen Lebens, am leichtesten ertragen kann und, bei der dürftigen und zweideutigen Fassung der Bundesgesetze, dieses Beistandes gelehrter Kräfte am dringendsten bedarf. Die Absperrung des Bundestages von dem geistigen Leben der Nation war vollendet.

Rastlos wie in diesen Fragen arbeitete Wangenheim für alle jene Pläne gemeinsamer deutscher Gesetzgebung, welche damals noch am Bunde angeregt wurden. Er schöpfte unermüdlich Wasser in das Faß der Danaiden, schrieb Gutachten über einen deutschen Münzfuß, bewies ausführlich, daß die Sittenlehre des modernen Judentums sich mit unseren Gesetzen sehr wohl vertrage, also die Emanzipation der Juden erfolgen müsse. Auch in Fällen, wo das selbstsüchtige Interesse seiner Heimat sich mit dem allgemeinen Wohle Deutschlands nicht vertrug, ließ der Wackere sich nicht abschrecken. Er wirkte eifrig für eine gemeinsame Gesetzgebung gegen den Nachdruck, obgleich dies Gewerbe bisher in Württemberg viele Hände beschäftigt und als eine wichtige Quelle des Volkswohlstandes gegolten hatte. Ja er erreichte sogar eine für den lächerlichen Geschäftsgang des neuen polnischen Reichstags wichtige Reform. Man beschloß, wenigstens die Vorfrage, ob der Bundestag über einen Gegenstand in Beratung treten solle, sei durch

Mehrheitsbeschluß, nicht durch Einstimmigkeit, zu entscheiden. Wangen=
heims Attaché, der junge Robert Mohl, hat damals an dem redlichen
Wirken seines Chefs gelernt, was es bedeute, die träge Masse des
Bundestags durch kraftvollen Willen immer aufs neue in Fluß zu
bringen. Die segensreichste Frucht seines Wirkens läßt sich nur zwischen
den Zeilen der Bundesprotokolle herauslesen: durch den entschlossenen
Widerspruch der Partei Wangenheims ward einige Jahre lang ver=
hindert, daß der Bundestag zu jenem willenlosen Diener des Wiener
Hofes herabsank, dessen Fürst Metternich bedurfte.

Doch wie anders erscheint Wangenheims Gebaren, wenn wir uns
zu den Streitfragen wenden, bei welchen das Urteil des mutigen
Patrioten durch Preußenhaß und Trias=Doktrin getrübt ward! Nur
der Haß und die Verblendung konnten gegen Preußen Partei ergreifen
in jenem Handel, welcher in den zwanziger Jahren von allen Rhein=
bundmännern ausgebeutet und noch weit später als ein Beweis an=
geführt ward für Preußens unersättliche Habgier. Wir meinen den
preußisch=anhaltischen Zollstreit — dies erste unheimliche Symptom
der Krankheit unseres Parteilebens, der antinationalen Richtung des
deutschen Liberalismus.

Auf dem Wiener Kongresse hatte Preußen den großen, seit der
Epoche nationalen Aufschwungs zu Beginn des 16. Jahrhunderts nicht
wieder aufgetauchten Plan eines deutschen Reichszollwesens angeregt.
Er scheiterte an dem Partikularismus der Mittelstaaten. So blieben
die deutschen Staaten getrennt durch zahlreiche Mautlinien; die
Deutschen konnten, so spottete man in der Fremde, nur durch Gitter
miteinander verkehren. Dagegen standen unsere Fabriken, seit die
Kontinentalsperre gefallen, fast schutzlos gegen das Ausland, vornehm=
lich gegen die englischen Waren, welche jetzt den deutschen Markt
überschwemmten und den deutschen Gewerbefleiß an den Rand des Ver=
derbens brachten. Zu dem Jammer der Binnenmauten und der ge=
hässigen, auch die Sittlichkeit des Volkes verderbenden Retorsionen trat
hinzu: die Absperrung des britischen Getreidemarktes durch die Korn=
gesetze, das Steigen des Arbeitslohnes — eine notwendige Folge der
Hungerjahre — endlich der Abfluß der edeln Metalle zu den großen
finanziellen Unternehmungen der britischen Regierung. Aus solchem
Elend wucherten die seltsamsten Meinungen empor: bei den einen die
Verwerfung aller Zölle als eines absoluten Übels, bei den anderen
die Theorie des rohen Merkantilsystems, welche Deutschlands Verar=

mung von dem vielen für die Kolonialwaren gezahlten Gelde herleitete,
bei allen Parteien endlich ein leidenschaftliches Verlangen nach Bes=
serung des Bestehenden. Die Unfähigkeit des Bundestags, in der
Zollfrage etwas zu fördern, lag am Tage, seit er, vornehmlich durch
Österreichs und Bayerns Schuld, nicht einmal in dem Hungerjahre
1817 eine Aufhebung der brudermörderischen Ausfuhrverbote bewirken
konnte. Er gelangte erst im Jahre 1818, nachdem die Hungersnot
vorüber war, zu dem Ausspruche, eine Vereinbarung über diese Fragen
müsse der Zukunft vorbehalten bleiben.

Indessen begann unter den Kaufleuten und Fabrikanten eine nach=
haltige Bewegung. Schon im Jahre 1816 ward auf der Leipziger
Messe der Gedanke einer deutschen Zolleinigung ausgesprochen. Zwei
Jahre darauf wandten sich die Industriellen des Rheinlandes mit einer
Bitte gleichen Sinnes an den Staatskanzler, und um dieselbe Zeit for=
derte Nebenius in seiner Schrift über Englands Staatswirtschaft ein
deutsches Mautsystem. Die Bewegung wuchs, seit im Jahre 1819
der deutsche Handelsverein unter der Führung Friedrich Lists zusammen=
trat. Wangenheim ward durch diesen seinen jugendlichen Schüler in
jene Bestrebungen eingeweiht und stand ihnen so nahe, daß er oft,
mit Unrecht, als der Urheber des Handelsvereins angesehen wurde.
Die Eingabe des Vereins an den Bundestag ward von dem Bericht=
erstatter, dem verdienten Publizisten v. Martens, mit schnöden Worten
zurückgewiesen, obgleich die thüringischen Staaten in richtiger Voraus=
sicht mahnten, die Heilung der materiellen Not sei das sicherste Mittel,
die Ruhe in Deutschland zu erhalten. Die Frankfurter Staatsmänner
sahen in den handelspolitischen Bestrebungen eines Vereines großer
Kaufleute nur das vorlaute Besserwissen unberufener Privatleute. Sie
meinten, selbst unter dem heiligen Reiche habe man höchstens an eine
Ermäßigung der Binnenzölle gedacht; jetzt, nachdem die deutschen Staa=
ten souverän geworden, sei auch dies nur ein frommer Wunsch. Un=
geschreckt, als ein Demagog im besten Sinne, wie Deutschland keinen
zweiten wieder sah, bearbeitete List die öffentliche Meinung durch seine
Zeitschrift, das „Organ des deutschen Handels= und Gewerbestandes".
Er sah das Ziel — die Beseitigung der Binnenmauten — klar vor
Augen; der Weg dahin blieb ihm, wie dem gesamten Liberalismus,
dunkel. Man steifte sich auf den Artikel 19 der Bundesakte und ver=
langte einheitliche Ordnung des Handels durch den Bund, dem zu sol=
chem Werke sowohl Macht als Mut mangelte.

Inzwischen hatte Preußen das Ei des Kolumbus zum Stehen ge=
bracht. Alle europäischen Mächte huldigten noch dem Schutzzollsysteme;
daher war vorderhand der erste Schritt zur volkswirtschaftlichen Er=
starkung für Deutschland — der Schutz gegen das Ausland. Preußen
tat diesen notwendigen Schritt, es erließ jenes meisterhafte, von einem
Huskisson als unübertrefflich gepriesene Zollgesetz vom Jahre 1818 —
die liberalste Zollgesetzgebung jener Zeit, die Grundlage des heutigen
Zollvereins. Auf dieser Bahn schritt Preußen rühmlichst vorwärts und
erwirkte bald eine Milderung der britischen Navigationsakte. Die
alten Einfuhrverbote Preußens fielen hinweg, die meisten Zollsätze
waren erheblich gemildert, jedoch die erniedrigten Zölle wurden fortan
wirklich erhoben, eine strenge Grenzbewachung kämpfte wider den alten,
tief eingewurzelten Schmuggelhandel. Was schien einfacher als der
Gedanke, dies Zollsystem, unter dessen Schirm die Hälfte Deutschlands
wirtschaftlich neu aufblühte, durch Verträge zwischen Staat und Staat
von Grenze zu Grenze über alle Kleinstaaten auszuspannen? Dieser
Plan, der im preußischen Kabinett von Anfang an gehegt ward, blieb
vorderhand unausführbar, angesichts der unbegreiflichen Verblendung
der Kabinette wie der öffentlichen Meinung. Preußen durfte an Dif=
ferentialzölle zugunsten der deutschen Bundesgenossen nicht denken,
wenn es nicht seine Volkswirtschaft der Feindseligkeit des Auslandes
preisgeben wollte. Der Staat mußte sich also durch Zollinien gleich=
mäßig gegen die deutschen Nachbarn wie gegen das Ausland decken.
Er tat damit nur auf verständige Weise, was die anderen deutschen
Staaten planlos und systemlos taten, aber bei dem weiten Umfange
und den zerrissenen Grenzen des Staates mußte das preußische Zoll=
system mehr als die übrigen Binnenmauten zahlreiche Interessen der
Nachbarn verletzen. Mit einstimmiger Entrüstung erhob sich die
Nation außerhalb Preußens wider dies angeblich bundesfeindliche, ja
bundesgesetzwidrige Verfahren. F. List war mit den Anhängern Met=
ternichs darüber einig, daß der norddeutsche Großstaat unseren Handel
und Wandel zugrunde richte. Kurhessen begann ein gehässiges Re=
torsionssystem, das Preußen lange mit unerschöpflicher Gutmütigkeit
ertrug. Vor allem ward als ein Verbrechen getadelt, daß Preußen
jetzt seine eigenen Gesetze ehrlich ausführte. Aus Sachsen ertönten
die bittersten Klagen; war doch sein Gewerbefleiß bisher wesentlich durch
den Schmuggel nach Preußen gediehen. Aus dem Kreise jener wässe=
rigen, gedanken= und gesinnungslosen politischen Vielschreiber, welche

damals, ein getreues Spiegelbild des altsächsischen Staatslebens, in Leipzig ihr Lager aufgeschlagen — aus dem Kreise der Krug und Pölitz erklang der Ruf: Wäre das preußische Zollgesetz selbst eine Wohltat für die Nachbarlande, welcher Staat hat denn das Recht, seinen Nachbarn Wohltaten aufzudrängen? Die gesamte liberale Presse, erbittert über die preußischen Demagogenverfolgungen, wütete blind auch gegen das beste Werk, das die deutsche Staatskunst jener Tage geschaffen, und schalt auf Preußens engherzige Isolierung, wie sie später, als Preußen aus dieser Einsamkeit hinausschritt, auf seine Hegemoniegelüste schmähte.

Auf den Wiener Ministerkonferenzen vom Jahre 1820 entlud sich jählings dieser Groll aller Parteien gegen Preußen. F. List erschien nebst einigen Abgeordneten des Handelsvereins, um die Zolleinigung Deutschlands und die Beseitigung des preußischen Gesetzes zu erbitten. Nicht minder unter den Ministern war nur eine Stimme, daß die Ausführung des Artikels 19 der Bundesakte lediglich durch Preußens Eigensinn gehindert werde. Ein Günstling Metternichs, der nassauische Minister v. Marschall, hatte sogar die Stirn, zu verlangen, daß das preußische Gesetz von Bundes wegen aufgehoben werde. Fürst Metternich sah mit stillem Wohlgefallen diesen Krieg der Kleinen wider Preußen; denn natürlich, das Prohibitivsystem des Kaiserstaates ließ der Tadel der patriotischen Kleinen unangetastet, da niemand dessen Beseitigung zu hoffen wagte. Vergeblich erklärte Graf Bernstorff, daß bei der losen Verfassung des Bundes nur Verhandlungen von Staat zu Staat ein praktisches Ergebnis versprächen. Auch die Vorschläge einer genialen Arbeit von Nebenius, die von dem badischen Minister überreicht ward und die Zolleinigung auf der Grundlage einer dem preußischen Gesetze sehr nahe kommenden Regel empfahl, blieben unbeachtet. Graf Bernstorff mußte inmitten dieser leidenschaftlichen Angriffe auf alle weitergehenden Pläne verzichten und sich mit der Verteidigung des preußischen Gesetzes begnügen. Man einigte sich endlich, in der Schlußakte dem Bundestage abermals die Obsorge für Deutschlands Handel einzuschärfen, zu deutsch: alles auf die griechischen Kalenden zu verschieben. Offener trat Preußen mit seinen Absichten heraus auf der Elbschiffahrtskonferenz zu Dresden, wo sein Bevollmächtigter erklärte, mindestens die norddeutschen Staaten hätten die Sicherung ihres Daseins und gemeinnützige Anstalten allein von Preußen zu erwarten, seien also sittlich verpflichtet, sich dem Zollwesen des großen Nachbarstaates anzuschließen. Die österreichische Partei erkannte mit Schrecken die nationale Richtung der preußischen Handelspolitik. Eine merkwürdige ungedruckte Note Marschalls vom 6. September 1820, die den befreundeten Regierungen mitgeteilt ward, denunzierte das Berliner Kabinett dem Wiener Hofe: „die Umsturzpartei" herrsche in Preußen und verfolge mit ihrer Zollpolitik dasselbe Ziel der deutschen Einheit, das den teutonischen Jakobinern der Burschenschaft vorschwebe! Die Liberalen ahnten nichts von alledem. Sie fuhren fort, ihre Hoffnungen auf den Bund zu setzen und den Widerstand der nord= deutschen Kleinstaaten gegen das preußische Zollgesetz zu unterstützen. Sicherlich ward diesen preußischen Enklaven das Übergewicht des Nach= bars sehr lästig. Nur der Herzog von Anhalt=Köthen begrüßte in dem preußischen Gesetze die willkommene Gelegenheit, seinem Anhalt eine eigentümliche Handelspolitik zu schaffen. Der fromme Herr stand in regem Verkehr mit dem alten ultramontanen Ränkeschmied Adam Müller, der als österreichischer Konsul in Leipzig weilte und bald, zur Belohnung seiner Umtriebe, als österreichischer Geschäftsträger bei den anhaltischen Höfen beglaubigt wurde. In dieser gläubigen Konvertiten= gesellschaft entstand der Plan, in Köthen dem preußischen Schmuggel ein Asyl zu gründen. So frech ward nun unter landesväterlichem Schutze das schlechte Handwerk betrieben, daß die Verzehrung von Baumwollwaren in Köthen und Preußen sich verhielt wie 165:1000, während die Bevölkerung beider Staaten sich wie 9:1000 stellte. Als später Köthen in die preußische Zollinie aufgenommen ward, hob sich die Zolleinnahme in den Provinzen Brandenburg und Sachsen sofort um nahezu 25 Prozent! Preußen mußte diesem höhnischen Unfug steuern und belegte nun alle Waren, welche, angeblich nach Köthen bestimmt, in Preußen eingingen, mit der preußischen Verbrauchssteuer, unter dem Vorbehalt der Rückvergütung für den Fall, daß das Ver= bleiben dieser Waren in Köthen wirklich nachgewiesen würde. Diese Maßregel Preußens war hart, ohne Frage, ja sie widersprach sogar den Bestimmungen der Wiener Kongreßakte, wonach bis zur endgültigen Regelung der Elbschiffahrt der status quo auf der Elbe aufrecht bleiben sollte. Aber durfte die durchdachte segensreiche Gesetzgebung eines Großstaates durch die räuberischen Ränke eines enklavierten Zwergfürsten zuschanden werden? Oder sollte Preußen die Ordnung seines Zollwesens aussetzen bis zu dem gar nicht abzusehenden Zeit= punkte, da die Elbuferstaaten sich endlich einigen würden? — Der

Herzog hatte schon auf den Wiener Konferenzen leidenschaftliche Be=
schwerden gegen Preußen erhoben, ja gedroht, den Beistand der aus=
ländischen Garanten der Bundesakte anzurufen. Jetzt wandte er sich
nach Frankfurt mit Gründen, die einer solchen Sache würdig waren.
Er versuchte nachträglich gegen die Teilung Sachsens zu protestieren,
welche Anhalt zur preußischen Enklave herabgewürdigt, er beschuldigte
Preußen, daß es die „Mediatisierung des uralten Hauses Anhalt" be=
absichtige. Die Vermittlungsvorschläge des Nachbarstaates wies er von
der Hand und verlangte entweder einen Austausch seines Landes gegen
ein nicht von Preußen umschlossenes Territorium oder die Zurückver=
legung der preußischen Zollinie so weit, daß Anhalt in den „faktischen
Besitz der Souveränität" trete. Ohne diesen gäbe es für Anhalt keine
Bundes= und Schlußakten. Das alles in einer pöbelhaften Sprache
und vermischt mit hochtrabenden Reden von der anhaltischen Handels=
politik, welche bei jedem anderen Volke der Welt die Antwort gefunden
hätten nicht in parlamentarischen Worten, sondern in dem allein zu=
treffenden „quod licet Jovi, non licet bovi".

In diesem erbärmlichen Handel, der selbst den alten Preußen=
feind Gagern auf die Seite des Berliner Kabinetts trieb, stellte sich
Wangenheim an die Spitze der Gegner Preußens. Ein unverbesserlicher
Doktrinär, wollte er Macht und Ohnmacht mit gleichem Maße messen.
Die Belästigung, welche den Kleinstaat traf durch seine eigene Schuld
und durch die Notwendigkeit der geographischen Lage, schien ihm
ein ruchloser Eingriff in die Souveränität der deutschen Staaten.
Wiederum schaute er im Hintergrunde den drohenden Plan der Main=
linie, der allerdings in jenen Tagen viele Staatsmänner Preußens be=
schäftigte, und — was sichtlich seinen Entschluß zumeist bestimmte —
er sah durch Preußens Verfahren seinen eigenen Lieblingsplan eines
Sonder=Zollvereins für das „reine Deutschland" gefährdet. Die ge=
samte liberale Presse stand auf Wangenheims Seite. Und abermals
verfocht Bignon die Sache der Kleinstaaterei, denn „notre nation
devine ce qu'elle no sait pas"; so erriet er denn, daß der preußische
Tarif, den die Schutzöllner als ein Zeichen der Schwäche gegen das
Ausland angriffen, ein unerhört hoher sei. Das Selbstgefühl deutscher
Kleinfürsten fühlte sich befriedigt, wenn der Franzose harmlos fragte:
Warum sollte es unmöglich sein, die Hohenzollern durch das Haus
Anhalt zu unterdrücken? Ohne die Eitelkeit Friedrichs I. wäre ja
Preußen noch heute eine Macht zweiten Ranges! — Lange währte der

mit höchster Bitterkeit geführte Zank, den wir heute belächeln würden, eröffneten uns nicht die Ränke der Nachfolger Wangenheims die trostlose Aussicht auf ähnlichen Haber in der Zukunft. Endlich geschah, was seitdem für alle wichtigen Fragen zur Regel ward: die Sache wurde dem Bundestage aus der Hand gespielt. Österreich, das Preußens Hilfe in den europäischen Händeln nicht entbehren konnte, wollte den offenen Kampf nicht wagen, und Anhalt sah sich genötigt, in die preußische Zollinie einzutreten. Dieser Zollvertrag mit seiner überzärtlichen Schonung der Souveränität des uralten Hauses Anhalt offenbarte unwidersprechlich, wie nichtig die Furcht vor Preußens Eroberungslust gewesen. Die Freiheit der Elbschiffahrt, die Wangenheim gefährdet meinte, ward in Wahrheit durch den Streit nicht berührt. Auf den gleichzeitigen Elbschiffahrtskonferenzen zu Dresden bewährte das verklagte Preußen den besten, das klagende Anhalt den schlechtesten Willen zur Erleichterung des Stromverkehrs. Immerhin blieb der Haber für Wangenheim und seine Genossen ein lange anhaltendes, überaus wirksames Mittel, die unbelehrte öffentliche Meinung aufzuregen wider die freiheitsfeindlichen und eroberungslustigen Großmächte.

Noch häßlicheren Zwist erregten die Verhandlungen über das Bundesheerwesen. Spät und bitter rächte sich die Langsamkeit der Verhandlungen des Wiener Kongresses über die Bundesverfassung. Als der Feldzug von 1815 begonnen ward, bestand der deutsche Bund noch nicht. Darum war auch zu dem zweiten Pariser Frieden der inzwischen gegründete Bund nicht zugezogen worden, und eigenmächtig hatten die vier verbündeten Großmächte Deutschlands künftige Bundesfestungen bestimmt. Ein schwerer Fehler, jetzt ein willkommener Anlaß für Wangenheim, um mit Ostentation zu erklären, der Bund habe ein Recht, diese Festungen als ein aufgedrungenes Geschenk abzuweisen! Ein häßlicher Zank begann über die Ernennung der Kommandanten der Festungen, und Wangenheim beharrte in dieser reinen Machtfrage nach seiner doktrinären Weise hartnäckig auf der „vollkommenen Gleichheit aller Bundesstaaten". Gemahnte es ihn nicht, daß er selber die Mittelstaaten in der Zeit des Rheinbundes oftmals gröblich dem Frosche verglich, der sich zur Größe des Ochsen aufblasen will?

Während nun das selbstsüchtige Preußen die französischen Entschädigungsgelder und eine hohe Summe aus seinen eigenen Mitteln nichtswürdigerweise zur Erfüllung seiner Bundespflicht, zur Befestigung

des Niederrheins verwendete, wucherte das Haus Rothschild jahrelang
mit den bei ihm unverzinslich niedergelegten 20 Millionen Franks,
die für die Befestigung des Oberrheins bestimmt waren! Die größte
Schuld an diesem schmutzigen Verfahren fällt unzweifelhaft auf die
Schultern des Königs von Württemberg und der liberalen Patrioten
im Süden. Sie forderten wörtliche Ausführung der Pariser Verträge,
deren Verbindlichkeit für den deutschen Bund sie doch, wie wir vorhin
sahen, in einem Atem in Abrede stellten! Taub für den von Preußen
unwiderleglich geführten Beweis, daß Ulm als großer Waffenplatz für
Oberdeutschland ungleich wichtiger sei, verlangte Württemberg die Be=
festigung von Rastatt. König Wilhelm sah in Ulm nur eine „Vormauer
für Österreich" und bat abermals den russischen Schwager um Schutz.
War den preußischen Offizieren in der Militärkommission des Bundes
zu verargen, wenn sie Wangenheim als den Genossen Frankreichs
haßten? Nochmals schrieb Bignon, der Unaufhaltsame, für die Klein=
staaterei, und liebevolle Fürsorge für Deutschlands Macht war es doch
schwerlich, was den Bonapartisten bewog, gegen die Befestigung von
Ulm zu protestieren. Endlich gab Württemberg nach und verlangte die
gleichzeitige Befestigung beider Plätze, aber jetzt widersprachen Österreich
und mehrere Kleinstaaten. So zogen sich die Dinge hin, bis im Jahre
1841 König Friedrich Wilhelm IV. den General Radowitz nach Wien
und an die süddeutschen Höfe schickte, um die Befestigung beider Plätze
durchzusetzen. Auch dann gewährte Württemberg erst seine Zustimmung,
nachdem die uralte Angst vor Österreich beschwichtigt und das Ver=
sprechen gegeben war, Österreich werde keine Garnison in Ulm halten.
Um solcher Nichtigkeiten willen blieb Oberdeutschland — wesentlich
durch Wangenheims Mitschuld — während eines Menschenalters ohne
genügenden militärischen Schutz.

Den geheimen Sinn dieses ränkesüchtigen Widerstandes erkennen
wir erst aus den Verhandlungen über die Einteilung des Bundes=
heeres. Es war bitterer Ernst mit dem „Bunde im Bunde", dem
„Heere im Heere" für das „reine Deutschland". Die Gründung einer
einheitlichen und furchtbaren kriegerischen Macht blieb freilich undenk=
bar, solange zwei Großmächte im Bunde weilten. Bescheidener als
der kleinste Kleinstaat hatte der Bundestag von Anbeginn seine mili=
tärische Aufgabe aufgefaßt: „Es gelte nicht, eine gebietende Stellung im
Staatensysteme einzunehmen, sondern eine verteidigende mit Würde
zu behaupten." Und Bayern setzte gleich zu Anfang durch, daß die

Sorge für Landwehr und Landsturm den einzelnen Staaten vorbehalten blieb. Mochte Preußen die Steuerkraft seines Volkes zum Schuße der Kleinstaaten anstrengen: Bayern zog vor, eine Landwehr auf dem Papier, die allbekannten „Fronleichnamssoldaten", zu halten. Welches Gewebe unsauberer Ränke ließ sich vollends erwarten, seit Kaiser Franz in den Bundeskriegssachen sich leiten ließ durch den vormals sächsischen General Langenau, der berufen war durch seine geheimen Umtriebe für die Herstellung Friedrich Augusts von Sachsen! Immerhin konnte ein Blick auf die Landkarte lehren, daß mindestens Norddeutschland sich, man darf sagen mit Naturnotwendigkeit, dem Oberbefehl Preußens fügen mußte. Dahin waren ursprünglich Preußens Absichten gegangen. Sie mußten fallen vor dem einstimmigen Widerspruch der Mittelstaaten. Diese waren darin einig, jeden preußischen Vorschlag grundsätzlich zu verwerfen, und gedachten, die Armeen des „reinen Deutschlands" in zwei, höchstens drei Korps zu scharen, welche zusammen ein selbständiges Heer bilden sollten. Den Mittelstaaten ward der Triumph, daß nicht bloß die Truppenzahl möglichst niedrig angesetzt wurde, sondern auch Österreich und Preußen nur je drei Armeekorps zum Bundesheer stellten. Das deutsche Bundesheer ward absichtlich geschwächt, nicht um den nationalen Charakter des Heeres rein zu erhalten — denn ausdrücklich war bestimmt, daß auch die deutschen Brüder aus Venedig und der Bukowina zu den Bundestruppen zählen könnten — sondern lediglich, damit das „reine Deutschland" durch das Heranziehen größerer Kräfte von den Großmächten nicht erdrückt würde! Darauf ein unsäglich kleinlicher Streit über die gemischten Armeekorps. Von Kurhessen behauptete Wangenheim beharrlich, daß es zu Süddeutschland gehöre, und König Wilhelm ergrimmte persönlich, als Preußen auf den Vorschlag, diesem hessisch=württembergischen Korps Mannheim zum Sammelplatz anzuweisen, die boshafte und treffende Bemerkung machte: „Hat doch niemand erlebt, daß, wenn ein Krieg mit Frankreich gedroht hat, die Schwaben nach der Pfalz marschiert sind, und solches wird ihnen immer bedenklich vorkommen, solange nicht mathematisch erwiesen, daß der Schweizerboden neutral bleiben wird."

In dieser Frage mußte Wangenheim endlich nachgeben. Dagegen ist die lächerliche Machtlosigkeit des Bundesoberfeldherrn wesentlich sein und der Seinigen Werk. Der deutsche Bund darf sich einer parlamentarischen Einrichtung rühmen, die kein Volk der Welt besitzt — eines parlamentarischen Hauptquartiers, in welchem die Interessen der

Armeekorps, ja sogar der Divisionen durch Bevollmächtigte vertreten sind. Diese parlamentarische Segnung ist ein Geschenk der liberalen Mittelstaaten. — Darauf folgte bitterer Hader über die Erleichterung der Militärlasten der kleinsten Staaten. Oldenburg klagte, für die Großmächte sei die Aufstellung eines Heeres „eine Selbstbefriedigung", für die Kleinen aber „eine bloß passive Pflicht". Nun ward gestritten, ob „die zwei Pioniers und Pontonniers, sowie die drei reitenden Artilleristen Sr. Landgräflichen Durchlaucht von Hessen-Homburg" durch eine größere Anzahl von Infanteristen ersetzt werden sollten, und Wangenheim ahnte nicht, welch ein beißendes Epigramm auf seine gesamte Tätigkeit in der Militärfrage er niederschrieb, als er sagte: „Kann das Bedürfnis, solche Trümmer zu etwas größeren Trümmern zu gestalten, ein wesentliches genannt werden?" Durch König Friedrich Wilhelm IV. kam später einige Bewegung in das Bundeskriegswesen, wenn anders wir von Bewegung reden dürfen in einem faulen Sumpfe. Aber auch dann noch blieb das einzige Verdienst der von den Mittelstaaten geschaffenen Bundeskriegsverfassung dieses: Jedermann weiß, sie werde, sobald ein Krieg ausbricht, sofort über den Haufen stürzen.

Während in Frankreich für das „Heer im Heere" gewirkt ward, baute man außerhalb des Bundestags an dem Zollvereine für das „reine Deutschland". Nachdem auf den Wiener Konferenzen das gehoffte Bundeszollwesen gescheitert war, hatte noch zu Wien die Mehrzahl der Kleinstaaten sich über die Stiftung eines Sonderzollvereins vorläufig verständigt. Dieselben Staaten, welche Preußens neues Zollgesetz als ein Verbrechen wider das Bundesrecht verdammten, waren jetzt am Werke, sich selber ein gleiches Gesetz zu geben! Man sprach sogar ernstlich von kräftigen Retorsionen gegen den Bundesgenossen im Norden. Im September 1820 versammelte man sich zu dem Darmstädter Handelstage. Der Freund von List und Nebenius, der Patriot und der „reindeutsche" Doktrinär zugleich ward hier aufs freudigste erregt; Wangenheim wurde die Seele dieses Kongresses, und wenn er erkrankte, sind die Verhandelnden zu dem Unermüdlichen nach Frankfurt hinübergekommen. Mit großem Talent wußte er sich in diese schwierigen Fragen einzuarbeiten. Die Parteistellung der Verhandelnden ergab sich von selbst aus der Lage ihrer Volkswirtschaft. Die handeltreibenden Rheinuferstaaten, vortrefflich vertreten durch Nebenius, wünschten die höchstmögliche Annäherung an die Handelsfreiheit; denn Nebenius verlor das große Ziel eines allgemeinen deutschen

Zollvereins keinen Augenblick aus den Augen, er erkannte, daß hohe Schutzzölle im Süden den späteren Anschluß an den Norden erschweren müßten. Wangenheims alter Bundestagsgenosse Aretin dagegen be= stand auf hohen Schutzzöllen für den bayrischen Gewerbefleiß und — auf einem idealen Stimmenverhältnis, damit Bayern sein politisches Übergewicht in dem „reinen Deutschland" bewahre! Württemberg stand politisch und wirtschaftlich in der Mitte, wenn auch näher an Bayern. Sein Gesandter, unterstützt von den rührigen Agenten des Listschen Handelsvereins, Miller von Immenstadt und Schnell, spielte inmitten dieses heftigen Streites der Interessen mit Eifer die Rolle des Versöhners.

Gleichwie List bei seinen volkswirtschaftlichen Arbeiten ein hohes politisches Ziel im Auge hatte und in einem deutschen Zollbunde den Keim einer Konstitution für Deutschland sah, so dachte Wangenheim, aus der handelspolitischen Einigung der Kleinstaaten werde der er= sehnte Bund im Bunde erstehen. Solcher Hoffnung froh wollte der Leichtblütige den in Wahrheit sehr schlechten Fortgang des Werkes nicht erkennen. Bereits hatten die thüringischen Staaten sich zurückgezogen und Sonderberatungen in Arnstadt eröffnet. Bayern warf in den Wirrwarr der Meinungen einen neuen Streitpunkt hinein, den naiven Vorschlag, Preußen zum Beitritt aufzufordern. Als Preußen ver= dientermaßen keine Antwort gab, schwelgten die Diplomaten der Klein= staaten in patriotischer Entrüstung. Darmstadt mahnte zur Eile und drohte andernfalls abzufallen, da sein Landtag rasche Ordnung des Zollwesens verlange. Trotzdem meinte Wangenheim im Sommer 1823 sich am Ziele und war höchlich überrascht, als Darmstadt seine Drohung wahr machte und sich zurückzog. Unter heftigen Klagen und Gegen= klagen löste der Kongreß sich auf, und der ganze Grimm seines Leiters ergoß sich — auf Preußen, das durch seine Ränke Darmstadts Verrat verschuldet habe. Wo aber sein Preußenhaß mitspielt, da ist dem Worte des leidenschaftlichen Mannes nicht zu trauen. Versicherte er doch heilig, die Mainzer Kommission habe Geheimbünde entdeckt, welche Deutschland für Preußen erobern wollten, und die jetzt ver= öffentlichten Akten erweisen dies als eine Unwahrheit. Allerdings arbeitete der preußische Gesandte in Darmstadt, Frhr. v. Otterstedt, auf eigene Faust insgeheim gegen den süddeutschen Zollverein, und auch Öster= reich nahm an diesen Ränken teil. Die unglaubliche Trägheit und Unwissenheit in allen volkswirtschaftlichen Fragen, welche den Hof des

Kaisers Franz auszeichnete, ließ dort den Gedanken, daß Österreich jemals in einen deutschen Zollverein treten könne, gar nicht aufkommen. Gentz verwarf den Plan eines Bundesgrenzzolles als ein reines Hirngespinst; ihm war, als wolle man den Mond in eine Sonne verwandeln. Fürst Metternich hielt jene lächerlichen Provinzialzölle, welche die Kronländer des Kaiserstaates voneinander absperrten, für eine musterhafte Einrichtung, empfahl sie noch in späteren Jahren dem preußischen Gesandten als ein Vorbild für Preußen. Daher sah Österreich den gegen Preußen gerichteten Darmstädter Sonderbund anfangs mit günstigen Augen an. Aber bald regte sich in Wien die Furcht, der gehaßte Württemberger werde in Darmstadt den politischen Bund der Mindermächtigen gründen. In unzähligen Briefen mußte der getreue Berstett in Karlsruhe dem Fürsten Metternich beschwichtigend versichern, von politischen Plänen sei keine Rede. Indes der entscheidende Beweggrund für Darmstadts Abfall lag in den volkswirtschaftlichen Zuständen des Großherzogtums, das als Grenzland gegen den Norden und als Ackerbauland sich von dem Sonderbunde keinen Vorteil versprechen konnte.

Fünf Jahre nur, und was man in Berlin erwartet, geschah: die Kleinstaaten wandten sich einer nach dem anderen nach Berlin, um dem bundesfeindlichen preußischen Zollsysteme beizutreten. In weiser Zurückhaltung verschmähte das preußische Kabinett die Genossen einzuladen, was den souveränen Dünkel nur erbittert hätte. Man wartete, bis die wirtschaftliche Notwendigkeit die bekehrten Feinde in das preußische Lager trieb und dergestalt die alten Pläne des preußischen Beamtentums unter dem Wehgeschrei der unbelehrten Liberalen ins Leben traten. Als die neue Größe des Zollvereins erstanden war und der preußische Staat, trotz der kurzsichtigen Abmahnungen seines Handelsstandes, die größte nationale Tat vollbracht hatte, welche die Geschichte des deutschen Bundes aufweist: da blieb von den Bundestagsverhandlungen über das Mautwesen und von den Darmstädter Konferenzen nichts übrig als eine denkwürdige Lehre. Sie lautet: die widerstrebenden wirtschaftlichen Interessen der Bundesstaaten lassen sich allein versöhnen in einem Bunde der sämtlichen kleinen Staaten unter Preußens Führung; denn am Bundestage scheitert jede Einigung an Österreichs fremdartigem Staatsbau, ein Gruppensystem aber fordert die gleichen Opfer wie ein Bund unter Preußens Führung, ohne einen einzigen seiner Vorteile zu gewähren. Es gereicht Wangenheim und seinem

Könige zu hoher Ehre, daß beide in dieser Frage um Deutschlands willen ihre Abneigung gegen Preußen endlich überwanden. Während die schwäbischen Liberalen vor den Fallstricken des preußischen Absolutismus warnten und Rotteck das Fernbleiben des Südwestens vom Zollvereine für eine Lebensfrage des konstitutionellen Deutschlands erklärte, unterstützte Wangenheim zu Beginn der dreißiger Jahre eifrig die Bestrebungen König Wilhelms für den Anschluß Württembergs an den preußischen Zollverein. Freies volkswirtschaftliches Urteil hat der alternde Staatsmann freilich nie erlangt. Der Freund Lists blieb übereifriger Schutzzöllner und schmähte zur Zeit der deutschen Revolution tapfer auf Preußens „selbstsüchtige" Freihandelspolitik.

Noch während dieser Zollverhandlungen nahm Wangenheim teil an dem Neubau der katholischen Kirche im Südwesten, in der ausgesprochenen Absicht, daß die gegen Rom vereinigten Südstaaten dereinst den politischen Kern „des reinen Deutschlands" bilden sollten. Leider war die hochwichtige Sache bereits auf dem Wiener Kongresse verdorben, wo des wackeren Heinrich Wessenberg Bemühungen für eine selbständige deutsche Nationalkirche gewichtigen Widerstand fanden an dem Partikularismus Bayerns, „das sich selbst genug" war, und zugleich an den ultramontanen „Oratoren" des deutschen Klerus. Preußens Vorschlag, der katholischen Kirche Deutschlands von Bundes wegen eine gemeinsame Verfassung zu verbürgen, ward erst durch Österreich abgeschwächt, dann durch Bayerns Ränke beseitigt. Daß Österreich nunmehr an gemeinsamen Verhandlungen mit Rom nicht teilnahm, verstand sich ohnehin. Auch Bayern erklärte um die Wende der Jahre 1815 und 1816 seinen Entschluß, als katholische Macht selbständig bei der Kurie vorzugehen, und man weiß, welch klägliches Ende diese Selbständigkeit nahm in dem Konkordate vom Jahre 1817. Überdies hatte der Fürst-Primas Dalberg voreilig auf seine weltliche Macht verzichtet, und wer mochte Preußen verargen, wenn es den Primat dieses napoleonischen Satrapen nicht wiederherstellen wollte?

Also war nicht mehr zu denken an die volle Ausführung des Wessenbergischen Planes einer deutschen Kirche unter einem Primas und einer Nationalsynode. Die paritätischen Staaten, oder (wie Rom, der alten Tradition getreu, zu sagen liebte) die akatholischen Fürsten Deutschlands standen jetzt allein. Daß auch sie nicht zusammengingen, das ward bewirkt zum Teil durch die Schuld der oberrheinischen Staaten, zum Teil durch Preußens ablehnende Haltung, am meisten aber durch die plötzliche Umwandlung der Kirche selbst und der kirchlichen Meinungen. Denn wunderbar hatte das Geschick den römischen Stuhl aus tiefster Entwürdigung zu den verwegensten Ansprüchen empor= gehoben. Vor wenigen Jahren erst war Napoleons stolzes Wort er= klungen, die Vermischung des Wohles und Wehes der Kirche mit den Interessen eines Staates vom dritten Range — „dieser Skandal" — sei zu Ende. Im Gefühle der Ohnmacht berief sich der Papst gegen die Tyrannei der Rheinbundsfürsten auf den, von ihm selber feierlich verworfenen, westfälischen Frieden; und von der deutschen Kirche, deren Bistümer bis auf vier verwaist waren, sagte Graf Spiegel: „Die Glaubenslehren abgerechnet, sei alles andere daraufgegangen." Nach solcher Not folgte plötzlich die triumphierende Rückkehr des Papstes in die heilige Stadt; der heilige Vater las die Messe an dem Altar St. Ignatius' von Loyola, und im Süden Frankreichs ward zu Ehren der alleinseligmachenden Kirche ein blutiger Glaubenskrieg gegen die Protestanten geführt. Die romantische Schule beherrschte die Höfe, und den Fürsten des heiligen Bundes durfte der fromme Fürst Hohen= lohe sagen: Nicht mehr durch Waffen würden die Ideen der Revolution besiegt, die Erziehung gelte es zu wandeln, die Jugend zurückzuführen in den Schoß der Kirche!

Selbst die schweren Verluste der Revolutionszeit erwiesen sich jetzt als ein Sieg für die Kurie. Eine bewunderungswürdige Kraft des Duldens und des Harrens hatte Rom in den napoleonischen Tagen der Bedrängnis bewährt. Der Heiligenschein des Martyrtums war gewonnen, ein kleiner Teil des Klerus durch das Unglück vielleicht wirklich veredelt. Und vor allem, der deutsche Klerus war heimat= los geworden und durch die Säkularisation der geistlichen Staaten der römischen Partei in die Arme getrieben. Der heilige Stuhl wußte diese Niederlage ebenso geschickt auszubeuten, wie er später die vor= mals als die „feinste Verfolgung der christlichen Kirche" verworfene Freiheit aller Kulte für sich zu benutzen verstand. Wohl ertönte noch zur Zeit des Wiener Kongresses aus den Reihen des deutschen Klerus häufig das Verlangen nach einer deutschen Liturgie, und unter den Laien erhoben sich viele für die Abschaffung des Zölibats, für eine Nationalkirche oder für ein System der Staatsallmacht, dem der Geist= liche nur als ein „höchst ehrwürdiger Staatsdiener" erschien. Aber das Gestirn Roms war im Aufsteigen, und zum Niedergange neigte sich die den Römlingen verhaßteste Schule der van Espen und Hont=

heim, die um „das goldene Kalb der Nationalität tanzte". Sehr verlassen, in Wahrheit, sah sich Wessenberg jetzt in der deutschen Kirche;
fast allein die Liebe seiner Diözese zu der apostolischen Reinheit seiner
Persönlichkeit hielt ihn aufrecht. Die scharfen Denker unter den Laien
freuten sich zwar seiner Milde, wenn er in den Protestanten nur die
„Kirche linker Seite" sah, und seiner Kühnheit, wenn er das Papst-
tum ein Gemisch von gesetzlichem Judentum und selbstgeschaffenem
Heidentum nannte. Jedoch sie mußten seine Inkonsequenz belächeln,
wenn er trotzdem „die maßlose Subjektivität" der ehrlichen Protestanten verwarf, und sie verharrten also in der alten Gleichgültigkeit
gegen alle kirchlichen Dinge. Die Masse des Volkes natürlich, wo sie
noch Sinn zeigte für die Kirche, war in der Hand der römischen Eiferer.
Und unter dem Klerus — wo waren sie noch, jene stolzen altadligen
reichsunmittelbaren Prälaten, welche dereinst zu Osnabrück den von
Rom verdammten Frieden unterzeichnet, zu Ems die Unabhängigkeit
der Erzbischöfe verfochten hatten?

Seine einzigen mächtigen Bundesgenossen mußte Wessenberg, bei
der Kälte der öffentlichen Meinung, auf der Seite der Regierungen
suchen. Und die oberrheinischen Staatsmänner allerdings huldigten
der Lehre des Episkopalsystems. Wangenheim stand in dieser Frage,
wo die Grillen der Naturphilosophie ihn nicht beirrten, fest auf dem
Boden der Aufklärung des achtzehnten Jahrhunderts, welcher doch die
mütterliche Erde seiner Bildung blieb. Ohne tiefere Kenntnis dieser
Verhältnisse, ließ er sich leiten durch den Rottenburger Domdekan Jau-
mann und einen vormaligen Domherrn, Schmitz-Grollenburg, zwei
eifrige Josephiner, welche die Kirche nur im Zustande tiefster Demütigung gekannt hatten und den neuen Aufschwung der Macht Roms nicht
begriffen. Einen schweren Mangel an historischem Sinne verrieten
diese Männer der josephinischen Aufklärung, wenn sie die im fünfzehnten
und zu Beginn des sechzehnten Jahrhunderts von der deutschen Nation
wider Rom erhobenen Gravamina jetzt noch durchzusetzen hofften, nachdem längst die Reformation vollzogen und die Absonderung der Nationen eine Wahrheit geworden war. Und noch bedenklicher verkannten
sie die wirkliche Lage, wenn sie in jedem Bischof jetzt noch einen Verbündeten des Staates gegen Rom zu finden hofften und der Bewegung,
welche Wessenbergs Diözese erfüllte, eine große historische Bedeutung
zuschrieben. Von dem stolzen, unbeugsamen Willen der Kurie hatten sie
keine Ahnung. Wangenheim betrieb mit Feuereifer die Ernennung

Weſſenbergs zum Biſchof von Rottenburg und zweifelte nicht, Rom werde zuſtimmen. Der naſſauiſche Bevollmächtigte, ein katholiſcher Geiſtlicher Koch, verheiratete ſich während der Beratungen mit einer Proteſtantin. Beſtürzt entfernte man den unbequemen Mann, aber man fragt ſich nicht, ob der römiſche Stuhl ein Werk annehmen durfte, wobei ein abtrünniger Prieſter die Hand im Spiele gehabt.

Preußen, das bereits die Zukunft ſeiner katholiſchen Kirche in Niebuhrs Hände gelegt, ging andere Wege. Alle glänzenden Vorzüge und alle Fehler Niebuhrs zugleich ſträubten ſich wider jede Gemeinſchaft mit den Staatsmännern des Oberrheins. Mit überlegener Sicherheit erkannte er, wie ſchwache Stützen das Epiſkopalſyſtem in dem deutſchen Klerus fand. In der Tat, der kühne Gedanke einer Nationalkirche ließ ſich allein verwirklichen entweder durch eine kraftvolle nationale Staatsgewalt, die dem zerſplitterten Deutſchland fehlte, oder durch eine tiefgehende religiöſe Aufregung der deutſchen Katholiken, welche damals offenbar nicht vorhanden war. Eine ſolche Bewegung aber, wenn ſie je begänne, würde, bei der tief innerlichen Richtung unſeres Volkes, ſich nimmermehr begnügen mit einer Reform der Kirchenverfaſſung allein. Auch ſtand Niebuhr, in ſeinem Haſſe gegen die Revolution, den Ultramontanen doch näher als der joſephiniſchen Aufklärung. Dazu kam ſein perſönlicher Widerwille, ja ſeine ungerechte Härte gegen die Führer der nationalkirchlichen Partei, endlich die Geringſchätzung des Preußen gegenüber „einer ziemlich langen Reihe von Landesherrſchaften, welche nicht den achten Teil der deutſchen Katholiken umfaſſen". Dieſe Beweggründe wirkten zuſammen, und Preußen antwortete verneinend auf den überdies in ſehr anmaßender Form geſtellten Vorſchlag gemeinſamer Verhandlungen mit Rom.

So blieben die Bruchſtücke des „reinen Deutſchlands" allein. Während Weſſenberg ſeinen kühnen Gang nach Rom machte, um ſich zu rechtfertigen vor dem Papſte, und die Streitſchriften dieſes „deutſchen Kirchenſtreites" in alle Sprachen der Welt überſetzt wurden, eröffnete Wangenheim zu Frankfurt am 24. März 1818 die Konferenzen der oberrheiniſchen Staaten. Er durfte nachhaltiger Unterſtützung verſichert ſein, denn unter den Abgeordneten fand er nur Geſinnungsgenoſſen, ſo die alten Freunde vom Bundestage, Lepel und Harnier. Unter allgemeiner Zuſtimmung erklärte er das Epiſkopalſyſtem für das einzig heilſame, verlangte Landesbistümer, deren Grenzen jeder Staat ſelbſtbeſtimme, und berief ſich in allen zweifelhaften Fällen auf das joſephi nische Kirchenrecht. Nach diesen Grundsätzen ward ein organisches Gesetz entworfen, das von dem heiligen Stuhle binnen einer bestimmten Frist ohne Abänderung anzunehmen sei. Wie mochte man glauben, von Rom durch ein so rücksichtsloses Verfahren irgendetwas zu erlangen? Und welche wunderliche Überschätzung der Macht der Mittelstaaten, wenn Wangenheim jetzt Preußen um „die Leitung und Förderung" der Unterhandlung mit Rom bat, nachdem ihre leitenden Grundsätze ohne Preußens Mitwirkung festgestellt waren! Natürlich versprach Preußen bloß das Unternehmen zu fördern. Trotzdem hegte Wangenheim rosige Hoffnungen, sah in seinen Vorschlägen die Magna Charta der deutschen katholischen Kirche und dachte die Angelegenheit zur Bundessache zu machen, damit Bayern sich wieder befreie von seinem unseligen Konkordate — während doch jeder halbwegs Kundige wußte, wie sehr die mächtigste Partei am Münchener Hofe von dieser Demütigung des Staates vor dem heiligen Stuhle befriedigt war.

Was Niebuhr scharfblickend vorausgesagt, geschah. Die Gesandten der oberrheinischen Staaten traten in Rom so schroff und mißtrauisch auf, daß Kardinal Consalvi fragte, ob man den Papst für einen Türken halte, und — mußten endlich unverrichteter Sache wieder abreisen. Und nochmals erfüllte sich eine Weissagung Niebuhrs. Die Erwartung der oberrheinischen Staatsmänner, die deutsche Geistlichkeit würde mit den Staaten vereint gegen Roms Willen die neue Kirchenverfassung einführen, erwies sich als verkehrt, und doch fehlte den Deutschen die napoleonische Härte, um mit einem „votre conscience est une sotte" den Klerus zu zwingen. Sie mußten den gröbsten Übermut der Kurie ertragen, mußten anhören, wie Rom an protestantische Fürsten schrieb: „Die Feinde der Religion, um ihre gottlosen Absichten zu erreichen, haben angefangen, den Primat des römischen Bischofs von allen Seiten zu bekämpfen." Endlich begnügten sich die Staaten mit jenem bescheidenen Ziele, worauf Niebuhr von vornherein seine Absicht beschränkt hatte. Man verzichtete auf einen Vertrag mit Rom über die Grenzen der Staats- und der Kirchengewalt und erwartete nur noch eine päpstliche Zirkumskriptionsbulle, welche den Umfang der Landesbistümer der neugegründeten oberrheinischen Kirchenprovinz bestimmen sollte. Aber diese Bulle selbst sollte zu einer neuen Niederlage für die Mittelstaaten werden. Sie hatten nicht bemerkt, daß eine verhängnisvolle Neuerung durch die Bulle eingeführt war. Nicht die katholischen Einwohner der Diözesen, sondern das gesamte Gebiet der Bistümer,

also auch die darin wohnenden Protestanten, waren der bischöflichen
Gewalt unterworfen. Mit anderen Worten: fünf neue Missionsbis=
tümer waren unbemerkt in Deutschland gegründet, mit allen jenen
gefährlichen Rechten, welche den Missionaren gegen die Akatholiken
— Keßer und Heiden — zustehen! Hierauf versuchten die Staaten,
selbständig die Rechte der staatlichen Kirchenhoheit durch eine Kirchen=
pragmatik zu sichern. Sie war in rein bureaukratischem Geiste gehalten,
da Wangenheim und seine Gefährten irgend eine Neigung für die katho=
lische Kirche nicht kannten, ja (ein wunderlicher Anachronismus!) ihre
paritätischen Staaten als den Keim eines neuen Corpus evangelicorum
ansahen. über diese Kirchenpragmatik währte der Haber mit Rom
weit über Wangenheims Wirksamkeit hinaus. Er ist nie zu einem
von beiden Teilen anerkannten Austrage gelangt. Der von Wangen=
heim mit so großer Hoffnung begrüßte „deutsche Kirchenstreit" endete
mit der Vertreibung Wessenbergs aus seinem Bistume. Der unver=
wüstliche Weltsinn der modernen Menschen hatte nicht vermocht, sich
auf die Dauer für den wohlmeinenden Kirchenfürsten zu erwärmen.

Auf Wangenheim, als den Vorsitzenden in den Konferenzen der ober=
rheinischen Staaten, fiel jedes Lob und jeder Tadel, obgleich er zu=
meist nur den Fingerzeigen seiner josephinischen Genossen folgte. Sehr
arge Fehler offenbar hatte er in seinem kecken Selbstvertrauen auf diesem
ihm fremden Gebiete begangen. Dennoch dürfen wir die bureaukratische
überhebung der Mittelstaaten gegen die Kirche nicht allzu hart be=
urteilen, diese Notwehr der Schwachen gegen eine Weltmacht, welche
noch immer das Wort nicht vergessen hat: „Deutschland, Deutschland
ist der Feind!" In der Tat blieb der Zustand der oberrheinischen
Kirchenprovinz erträglich, bis durch den Kölner Bischofsstreit die Macht
des Ultramontanismus aufs neue gewaltig anwuchs. Ein ehrenhafter,
einträchtiger Sinn war unverkennbar unter den Tagenden lebendig.
Das bewies namentlich ein wichtiges Zugeständnis, welches Wangen=
heim der deutschen Fürsteneifersucht entrang. Darmstadt gab das ur=
alte Mainzer Erzbistum auf, Württemberg stellte seinen königlichen
Landesbischof unter den großherzoglichen Erzbischof in Freiburg und
hörte ruhig den Spott der Metternichschen Partei über solche ideologische
Staatskunst. So war in diesem einen Falle der Versuch einer Gruppen=
bildung nicht gänzlich gescheitert.

Dies Zusammenhalten gerade ward von dem Fürsten Metternich
gefürchtet. Die weitverzweigte Tätigkeit der verbündeten deutschen

Mittelstaaten tritt in die rechte Beleuchtung erst, wenn wir sie verstehen
als ein Glied in der großen Kette der europäischen Opposition wider
die Weltherrschaft der heiligen Allianz. Noch während der Wiener
Ministerkonferenzen war jener von Thomas Moore jubelnd begrüßte
„Sonnenstrahl aus Süden" erschienen, der „den Eispalast des heiligen
Bundes" zerschmelzen sollte. Und mit dem Dichter schlugen alle edeln
Herzen freudig jener großen Bewegung entgegen, die jetzt von Portugal
bis Griechenland alle Länder des Südens durchraste. In Deutschland
mußte das romantische Halbdunkel des Teutonentums der hellen Ein=
sicht weichen, daß der Kampf der Völker der Gegenwart um freie Staats=
formen ein gemeinsamer ist, und bis heute verkünden die aus diesen
romanischen Revolutionen herübergenommenen Schlagworte des Partei=
lebens — der Name des „Liberalismus", der „Schmerzensschrei" u. a.
— wie stark und nachhaltig die heilsame, aufrüttelnde Wirkung dieser
Stürme auf Deutschlands müde öffentliche Meinung gewesen. Unter
dem schreckenden Eindruck dieser großen Kunde vertagte Fürst Metter=
nich vorläufig in Wien seine kühnsten Pläne zur Knechtung Deutsch=
lands und wandte seine gesammelte Kraft den europäischen Fragen
zu. Die Reunion von Troppau verfaßte das Manifest des heiligen
Bundes wider die „tyrannische Macht der Rebellion und des Lasters",
und Fürst Metternich entwickelte seinen Plan, den heiligen Bund zu
einer ähnlichen permanenten österreichischen Polizeibehörde für Europa
fortzubilden, wie der Bundestag für Deutschland war. Die Mittel=
staaten erkannten das Verderbliche dieser zur Polizei herabgesunkenen
Politik, sie fühlten, daß eine solche Knechtung der Völker zugleich eine
Mediatisierung der Fürsten sei. Doch leider war Wangenheims uner=
schrockener Liberalismus ohne zuverlässige Bundesgenossen. An dem
von Parteien zerrissenen Stuttgarter Hofe stritten sich fortwährend um
die Oberhand der bureaukratische Hochmut gegen den Landtag und das
dynastische Selbstgefühl, das den Großmächten sich nicht beugen wollte.
Im bayrischen Ministerium saß Wangenheims liberaler Freund Ler=
chenfeld neben jenem Rechberg, den Wangenheim also vortrefflich schil=
derte: „Er vergißt die Angst vor den Großmächten, wenn ihm Metter=
nich das Schreckbild der Revolution im Spiegel zeigt." Sogar die
badischen Staatsmänner Berstett und Blittersdorff dachten damals auf
Augenblicke an einen Bund zur Sicherung der Kleinstaaten, zuletzt über=
wog in Karlsruhe doch der Haß gegen die Stuttgarter Ideologen. An
solcher Uneinigkeit und an der natürlichen Zagheit der Ohnmacht brachen

sich Württembergs Versuche, einen Gegenkongreß der Kleinen in Würz=
burg zu versammeln. Ununterbrochen indes erklangen die Beschwerden
des „gewissen deutschen Staates" (wie die mißhandelten Zeitungen sich
ausdrücken mußten) gegen die Willkür der großen Mächte, und als
England eine schüchterne Verwahrung gegen das Troppauer Rund=
schreiben einlegte, dankte Württemberg in überschwenglichen Worten
dem Kabinett von St. James. König Wilhelm sprach offen vor dem
preußischen Gesandten, ein jeder müsse Herr in seinem Hause sein.
Wangenheim rief ungescheut, jetzt beginne der Kampf des konstitu=
tionellen Systems gegen den Absolutismus.

Englands Protest blieb ebenso unbeachtet wie die Verwahrung
des Papstes und Toskanas gegen den Durchmarsch der österreichischen
Truppen. Die Österreicher übernahmen den Schergendienst für Fer=
dinand von Neapel. Auf der zweiten Reunion des heiligen Bundes
zu Laibach verkündete ein Manifest der Welt die frohe Botschaft, daß
Gott die Gewissen der Rebellen mit Schrecken geschlagen, und behaup=
tete den Beruf der großen Mächte, Europa vor Anarchie zu schützen.
Die Verkündigung ward dem Bundestage mitgeteilt, und mit verhal=
tenem Ingrimm stimmten Wangenheim und seine Freunde dem Antrage
des österreichischen Gesandten zu, der deutlich wie kein anderer die Lage
der Dinge aufdeckte. Deutschland lag adorierend zu den Füßen des
Wiener Hofes und stammelte die Reden byzantinischer Eunuchen. Der
Gesandte beantragte: „Ihren K. K. Majestäten die Versicherung unseres
ehrfurchtsvollsten Dankes für diese Mitteilung mit der ehrerbietigsten
Versicherung angenehm zu machen, daß wir einhelligst in ihren In=
halten das schönste Denkmal tief verehren, welches diese erhabensten
Souveräne Ihrer Gerechtigkeits= und Ordnungsliebe zum bleibenden
Troste aller rechtlich Gesinnten setzen konnten." Befriedigt von diesem
„Siege des Rechts über das leidenschaftliche Treiben der Friedensstörer"
ernannte Kaiser Franz seinen Minister zum Staatskanzler.

Indessen ward die Lage der Opposition von Tag zu Tag unsicherer.
In München überwog mehr und mehr der Einfluß Rechbergs, und
als der bayrische Bundestagsgesandte, Wangenheims Freund Aretin,
starb, ward er durch einen dem Wiener Hofe angenehmen Mann ersetzt.
Kaum wagte noch einer den positiven Plan des „Bundes im Bunde"
zu verfechten; ein Glück, wenn es nur gelang, die Angriffe Österreichs
abzuwehren. In solcher verzweifelten Stimmung ließ Lindner aber=
mals eine pseudonyme Denkschrift erscheinen: „über die Lage Europas"

(Anfang 1822) — ein Pamphlet, schlau berechnet auf die persön= lichsten Neigungen des Königs von Württemberg. Nicht von der Repräsentativverfassung kommt uns das Heil, „unter deren Schutze die Redekünstler nach Brot gehen". An das Naturgesetz vielmehr müssen wir uns halten, „das den höheren Genius zum Regenerator der Ge= sellschaft beruft". Der „deutsche Bonaparte" wird „den Genius der Bundespolitik" verstehen, durch eine einzige männliche Erklärung am Bundestage die öffentliche Meinung für sich gewinnen und, getragen von der Begeisterung der Nation, das Stabilitäts= und das Repräsen= tativsystem zugleich stürzen! — Dem Wiener Hofe schien das Machwerk so wichtig, daß Genz dasselbe in einer meisterhaften Denkschrift mit überlegenem Hohne widerlegen mußte und dies Memoire mit einer österreichischen Zirkulardepesche an alle Höfe gesendet wurde. Der deutsche Bonaparte aber — ließ, um seine harmlose Unschuld zu be= weisen, die Genzische Denkschrift in seiner Stuttgarter Hofzeitung ab= drucken! Bis zu dieser äußersten Ratlosigkeit also waren die Männer der Triaspolitik herabgekommen, daß sie durch große Worte heroische Entschlüsse in einem Manne, der kein Held war, zu entzünden dachten, wie man dasselbe im Jahre 1863 mit König Max II. von Bayern ver= suchte! Solche Täuschung über die Begabung eines Mannes läßt sich vielleicht verzeihen; verwerflich aber und bezeichnend für die Politiker der Kleinstaaten war der erstaunlich rasche Wechsel der Meinung. Freilich, wer mit Faktoren rechnet, die nicht existieren, dem fällt leicht, seine Überzeugung auszuziehen wie ein vernutztes Kleid. Auch Wan= genheim fand es jetzt geraten, beschwichtigende Worte zu reden. Er schrieb in das wichtigste Organ des deutschen Liberalismus, in Mur= hards politische Annalen, einen geschraubten Aufsatz zum Lobe der heiligen Allianz. Reiche Bewunderung zollt er hier dem Zaren, dessen Beistand noch immer die geheime Hoffnung des Stuttgarter Hofes war. Eine auf christlichen Grundgedanken ruhende Allianz könne nimmermehr dem Volksrechte gefährlich werden; nicht Mißtrauen gegen ihre Stifter halte England von ihr fern, sondern der Materialismus jener englischen Handelspolitik, welche „den Wohlstand nach harten Talern berechne"!

Die unentschlossene Schwäche der Mittelstaaten gegenüber dem ge= waltsamen Vorschreiten des Systems der Intervention rächte sich schwer, als die Gefahr nunmehr dem deutschen Boden näher rückte. Die dritte Reunion der Allianz trat zusammen, und wer in der Stickluft dieser unseligen Tage sich noch ein freies Herz bewahrt, sah mit Ekel auf die

üppigen Feste von Verona. Byron mahnte den weißen Zaren, heim=
zukehren und die Baschkiren zu waschen und zu scheren, statt zu tanzen
auf den rauchenden Trümmern des Völkerglücks. Man wußte an den
kleinen Höfen, daß Metternich hier seine Pläne gegen die süddeutschen
Staaten zu verwirklichen dachte. Den König Wilhelm nannte eine
geheime österreichische Denkschrift „einen in der Tat und Absicht ent=
schiedenen Feind des deutschen Bundes". — Die unerwartete Wendung
der europäischen Händel kehrte freilich die Spitze des Kongresses gegen
Spanien. Indes enthüllte sich in den Beratungen über Spanien
und Italien deutlich, was die Mittelstaaten am meisten erschrecken
mußte: der wohlburchdachte Zusammenhang eines ganz Europa um=
fassenden Systems der Legitimität. Für Italien ward eine Zentral=
untersuchungskommission wie die Mainzer vorgeschlagen. Fast mit
den Worten der Wiener Schlußakte sagte man von dem Könige von
Spanien: es sei ein Verbrechen, wenn ein Fürst freiwillige Opfer von
seiner Autorität bringe; nur teilweis übertragen, nicht veräußern lasse
sich die monarchische Gewalt. Die von Verona erlassene Zirkularnote
der Ostmächte verlangte in dem Tone des Diktators „die treue und
beharrliche Mitwirkung sämtlicher Regierungen", sagte den Mittel=
staaten, mit unverkennbarem Hinweis auf Württemberg, „daß sie sich
einer ernstlichen Verantwortung aussetzen, wenn sie Ratschlägen Gehör
geben, die ihnen früher oder später die Möglichkeit rauben würden,
ihre Untertanen gegen das Verderben zu schützen, welches sie selbst
ihnen bereitet hätten"!

Zurückgekehrt aus Verona berief Metternich im Winter 1822 auf
1823 den Grafen Bernstorff und andere Getreue nach Wien und legte
ihnen eine Denkschrift vor, — die Kriegserklärung des Wiener Hofes
gegen Wangenheims Partei. Die süddeutschen Regierungen, hieß es
darin, haben die demokratischen Elemente so um sich greifen lassen, daß
binnen kurzem selbst das Schattenbild einer monarchischen Regierungs=
form in ihren Händen zerfließen wird. Daß sie ohne äußeren Impuls
sich wieder emporheben, ist nicht wahrscheinlich. Also — Einwirkung
durch den Bund! Dazu aber sind nötig eine „vereinfachte" Geschäfts=
ordnung und — andere Gesandte an der Bundesversammlung. „Ge=
suchte und kunstreiche Darstellungen individueller Ansichten, Debatten,
wobei nur Eigenliebe und Persönlichkeit ihre Befriedigung finden, Ab=
schweifungen in abstrakte Theorien, populäre Vorträge, Tribünen=Be=
redsamkeit, das alles muß aus dem Bundestage verbannt sein. Daß

die Idee einer Opposition in der Bundesversammlung nur aufkommen konnte, beweist hinlänglich, wie weit sie von ihrem ursprünglichen Berufe schon abgewichen sein mußte." Daher ferner geheime Protokolle, damit fürderhin nicht mehr „einzelne Gesandte" um die Gunst des Publikums buhlen, und damit die „unnützen Spöttereien über die unvermeidliche Geringfügigkeit" der Bundesverhandlungen ein Ende nehmen! Der also gereinigte Bundestag soll dann auf Anrufen der Einzelstaaten die deutschen Verfassungen so auslegen, „wie es das höchste der Staatsgesetze vorschreibt". Namentlich soll die verfassungsmäßige Öffentlichkeit der Ständeverhandlungen von Bundes wegen dahin ausgelegt werden, daß die Heimlichkeit die Regel bilde; denn gegenwärtig werden „die noch an Zucht und Ordnung gewöhnten Untertanen anderer deutschen Staaten" durch das Bekanntwerden der „empörendsten Maximen" tagtäglich aufgeregt. — Österreichs Absicht, die Verfassungsrechte der Deutschen auf das Maß der österreichischen Freiheit herabzudrücken, ließ sich nicht dreister aussprechen.

Den Mut zu diesem kecken Heraussagen gewann Metternich, weil er inzwischen lehrreiche Erfahrungen gesammelt hatte über die Verfassungstreue der kleinen Fürsten. Schon vor dem Veroneser Kongreß (September 1822) war Blittersdorff heimlich nach Wien gereist, um zu eröffnen, daß sein Herr sich dem k. k. Systeme anzunähern wünsche. Ein Gespräch Metternichs mit Verstett in Innsbruck vollendete diese Annäherung. Ähnliche Winke kamen vom bayrischen Hofe. König Max Joseph grollte seinen meisterlosen Kammern und hoffte von den Großmächten des changements favorables aux souverains. Ein Besuch des Fürsten Metternich in München belehrte ihn, daß hier noch nicht alles verloren war. — Den Schluß jener k. k. Denkschrift bildeten Vorschläge gegen „die Lizenz der Presse". Hier hatte Gentz seinem alten Grimme wider die liberalen Zeitungen die Zügel schießen lassen. Geendet werden muß „das halsbrechende Spiel", das manche Regierungen durch ihre strafbare Nachsicht gegen die Presse treiben. Darum Verlängerung der Karlsbader Beschlüsse auf unbestimmte Zeit und direktes Einschreiten des Bundestages gegen drei Stuttgarter Blätter, die Neckarzeitung, den Deutschen Beobachter und die von Wangenheim begünstigten Murhardschen Annalen. — Aber von diesem Äußersten der Lüge wendete sich Graf Bernstorff angewidert ab. Er begann in maßvollen Formen einen ernsten und erfolgreichen Widerstand. Er verwarf jene beliebte „Auslegung" der süddeutschen Verfassungen gänzlich, weil man, „was unbedingten Rechtens ist, mit demjenigen, was auf zweifelhaften oder schwachbegründeten Befugnissen beruht", nicht verwechseln dürfe. Er tadelte die „leidenschaftliche Farbe" jener Gentzischen Denkschrift über die Presse und bewirkte ihre Milderung*).

Der Vorschlag einer neuen Geschäftsordnung wurde, nach Bernstorffs Rat, nicht als ein Antrag dem Bundestage vorgelegt, sondern lediglich der Instruktion für den neuernannten österreichischen Bundestagsge= sandten eingefügt. Metternichs Liebling Münch=Bellinghausen sollte die Opposition in Frankfurt zu Paaren treiben, die Graf Buol nicht zu bändigen vermochte. Der Epuration des Bundestages stimmte der preußische Minister zu; Wangenheims Anwesenheit erschien, nach allem was geschehen, als eine Beleidigung gegen Preußen. Und schon drängte Metternich, der wackere Klüber müsse den preußischen Staatsdienst ver= lassen; sein deutsches Bundesrecht sei das „revolutionärste Buch, das seit langem erschienen", sei die Quelle der Wangenheimschen Theorien.

In Verona hatte die immerdar schwankende Freundschaft der großen Mächte einen schweren Stoß erhalten. Noch mehr war sie gelockert worden durch die griechische Revolution, so daß englische Blätter von dem Kongresse von Verona trocken sagten, das werde die letzte Zu= sammenkunft der fünf großen Mächte gewesen sein. Angesichts dieser drohenden europäischen Verwicklungen mußte Österreich mit Sicher= heit auf Deutschlands unbedingte Abhängigkeit rechnen können; ist doch unser Volk dem Hause Habsburg nie etwas anderes gewesen, als ein gleichgültiges Mittel für seine europäischen Pläne. Wie die Revolution in Neapel und Piemont, so sollte auch die bescheidene deutsche Reform= partei vernichtet werden.

Mit Spannung war Wangenheim diesen Ereignissen gefolgt, und längst schon sah er seinen Sturz voraus. War nicht bereits vor den Karlsbader Beschlüssen der weit harmlosere Gagern beseitigt worden? und hatte nicht König Wilhelm wiederholt seinen Bundestagsgesandten gegen die gröbsten Angriffe Österreichs in Schutz nehmen müssen? — Zuerst in Börnes Briefen aus Paris ist eine geheime Denkschrift vom Jahre 1822 veröffentlicht worden, welche dem österreichischen General Langenau zugeschrieben ward und seitdem als ein ruchloses Beispiel österreichischer Tücke in vielen deutschen Geschichtswerken geprangt hat.

---

*) Nach den Berichten Bernstorffs an König Friedrich Wilhelm (Wien, 21. Januar und 10. Februar 1823). Hdschr.

Sogar Gustav Kombst, der so viele Geheimnisse des Bundestages mit unwillkommener Hand entschleiert hat, wagte über ihren Verfasser nur Vermutungen. Wir wissen jetzt aus Wangenheims letzten Schriften, was schon damals dem scharfen Blicke Blittersdorffs nicht entging: diese Urkunde stammt aus der Feder des württembergischen Gesandten, und daß er solche Mittel nicht verschmähte, beweist die Erbitterung der Streitenden. Er legte darin dem österreichischen General den Plan in den Mund, zuerst Bayern für Österreich zu gewinnen und dann zur „Epuration" des Bundestages zu schreiten; denn wäre die Opposition in Frankfurt noch länger, so würden „die Völklein endlich an die Möglichkeit glauben, daß sie ein Volk werden könnten". „Alles ist gewonnen, wenn um seines Benehmens gegen die großen Mächte willen nur einer rappelliert wird." Dann werden die anderen Bundestagsgesandten, „um sich in ihren einträglichen und zugleich ruhigen Posten zu befestigen, selbst dazu mitwirken, ihre Höfe den österreichischen, also auch den preußischen An= und Absichten aus treuer Anhänglichkeit an das alte Kaiserhaus entgegenzuführen". Das boshafte Schriftstück ist ein glänzendes Probestück von Wangenheims burschikosem Übermut. Eine Note ähnlichen Inhalts war wirklich von Langenau nach Wien geschickt worden; befreundete Gesandte hatten warnend ihrem schwäbischen Genossen davon Kunde gegeben, und er antwortete mit rücksichtsloser Verhöhnung.

Was aber tat Württembergs Regierung? Der König ersuchte seinen von Verona zurückkehrenden Schwager um eine persönliche Unterredung. Doch ihm gelang nicht, den nunmehr wieder gänzlich für die Sache der Legitimität gewonnenen Zaren auf seine Seite zu ziehen. Wintzingerode schrieb jetzt nach vergeblichen Gegenvorstellungen auf des Königs ausdrücklichen Befehl die berufene Zirkularnote vom 2. Januar 1823 zur Wahrung der Rechte der Mindermächtigen. Er nannte die Großmächte kurzweg „Erben des Einflusses, den Napoleon sich in Europa angemaßt", und fuhr fort: „Verträge abgeschlossen, Kongresse zusammenberufen im Interesse der europäischen Völkerfamilie, ohne daß es den Staaten des zweiten Ranges gestattet ist, ihre besonderen Interessen zu wahren; die Formen selbst, unter welchen man sie zu den Verträgen zuläßt und ihnen die Beschlüsse der überwiegenden Mächte zu erkennen gibt — diese verschiedenen Neuerungen in der Diplomatik rechtfertigen wenigstens einen ausdrücklichen Vorbehalt zugunsten der Rechte, die jedem unabhängigen Staate unveräußerlich zustehen." An Keckheit ließ diese Sprache nichts zu wünschen übrig. Und die unaus=

rottbare Begriffsverwirrung der Mittelstaaten kehrte wieder, wenn der Minister dann den deutschen Bund eine Macht ersten Ranges nannte, dessen Ganzes doch nimmermehr den Teilen nachstehen dürfe — während der Bund unzweifelhaft zu den Mächten zweiten Ranges zählt und die zwei Großmächte tatsächlich nicht seine Teile sind. Als dann das Veroneser Manifest dem Bundestage vorgelegt ward, und der russische Gesandte es mit den bedeutungsvollen Worten begleitete: „Die Nationen sind nur so lange ruhig, als sie glücklich sind, und niemals hat sich das Glück in der Bewegung gefunden" — da meinte sogar die zahme Augsburger Allgemeine Zeitung: „Eine genaue Beratung ist nötig, damit man sieht, die deutschen Bundesstaaten seien souveräne Staaten." Die österreichische Partei beantragte die übliche „dankbare übereinstimmung mit den Ansichten und Maßregeln" der Großmächte. Wangenheim dagegen wollte sich boshaft mit einer Anerkennung der reinen Absichten begnügen, denn noch fehle die nähere Kenntnis der Verhandlungen von Verona, und — der Bund müsse Rücksicht nehmen auf seine Stellung zu allen auswärtigen Mächten. Von allen verlassen, enthielt er sich der Abstimmung.

Dann übernahm Münch-Bellinghausen den Vorsitz, und er verstand, bald durch gewinnende österreichische Gemütlichkeit, bald durch grobe Einschüchterungen, die Herrschaft im Bunde zu behaupten. Die Gedanken jener Wiener Denkschrift begannen sich zu verwirklichen, zunächst die Pläne wider den europäischen Skandal der württembergischen Presse, wie Gentz in seiner Denkschrift sagte. Vor allen hatte der Stuttgarter „Deutsche Beobachter" den Zorn der hohen Versammlung erregt durch einen Aufsatz über die Diplomaten. „Ungeachtet es scheinen könnte, als spräche der Bundestag hier in eigener Sache," erklärte der Ausschuß des Bundestages den Angriff auf „diese angesehene Klasse von Beamten für unverträglich mit dem monarchischen Prinzip und mit der Sicherheit der Bundesstaaten". Das Blatt ward unterdrückt, Württemberg mit der Vollziehung dieses Beschlusses beauftragt. Vergeblich verlangte Wangenheim Frist zur Einholung von Instruktionen. Der Geist, nicht der Buchstabe der Bundesgesetze sei entscheidend, meinte Münch; nur eine sofortige Unterdrückung werde die gewünschte moralische Wirkung äußern. Nach einigen Wochen mußte Wangenheim über die vollzogene Unterdrückung berichten, und Münch sprach darauf die Hoffnung aus, „diese Strafe werde die Zeitungsschreiber geregelter, die Zensoren vorsichtiger machen". Hier, am Ende seines Wirkens in

Frankfurt, berührte Wangenheim, körperlich leidend und tief nieder=
geschlagen, noch einmal jene Karlsbader Beschlüsse, deren übereilte
Annahme sein ganzes Schaffen verdorben hatte. Er beklagte, daß der
Bundestag die Karlsbader Protokolle — die notwendige Erläuterungs=
quelle für die Karlsbader Beschlüsse — gar nicht kenne, und fand es
„wenigstens zweifelhaft", ob der Zustand des deutschen Volkes, das
„nie von der Bahn der Treue und des Gehorsams gewichen", die Fort=
dauer dieser Beschlüsse fordere. Das war das letzte Aufflackern der
Opposition am Bunde. Schon hatte Fürst Metternich begonnen, die
Weissagung der Langenauschen Note zu erfüllen. Jene scharfe Antwort
Wintzingerodes auf das Manifest von Verona war durch die Vermitt=
lung des Bundestagsgesandten in französischen Blättern veröffentlicht
worden. Die Ostmächte verlangten entschieden Genugtuung, die Ge=
sandten von Österreich, Preußen und Rußland verließen Stuttgart.
Graf Wintzingerode erkannte jetzt, daß es geboten sei einzulenken; den
Großmächten längst verhaßt, lud er jetzt auch den Haß der Liberalen
auf sich. So wurde endlich erreicht, was der russische Gesandte Anstett
noch kurz zuvor umsonst bei König Wilhelm in persönlichem Zwie=
gespräch durchzusetzen versucht hatte: Wangenheim ward abberufen
(Juli 1823), und man nahm sein Gutachten über die westfälischen
Domänenkäufe (jene gefährliche Theorie vom „ewigen Staate") zum
Vorwand. Umsonst bat der Gesandte, man möge ihm diese Beschimpfung
ersparen und ihn selber um seinen Abschied bitten lassen. Er hatte diese
Bitte nicht gestellt, da es noch Zeit war; jetzt ließ man ihn fallen. In
seiner ritterlichen Ergebenheit gegen den König erklärte er in den
Zeitungen jenen Vorwand seiner Abberufung für die wirkliche Ursache,
und man begreift, welchen Zorn unter den Staatsmännern des Bundes=
tages dies undiplomatische öffentliche Auftreten, diese „Appellation an
die sogenannte öffentliche Meinung" hervorrufen mußte. So geheim
mußte die österreichische Partei den Hergang zu halten, daß selbst ein
Nahestehender wie Stein von der Wahrheit nichts ahnte und dem Ent=
lassenen seinen willkürlichen Austritt in herben Worten vorwarf. Es
war die höchste Zeit, daß der König die Abberufung seines Gesandten ge=
nehmigte. Verzögerte er sie noch länger, so war man in Wien ent=
schlossen, eine der zahlreichen Taktlosigkeiten Wangenheims, welche die
geheime Polizei getreulich einberichtet, zu benutzen und den verhaßten
Mann durch eine öffentliche Beschämung zu stürzen. Il sera tué à la
diète, schrieb Fürst Metternich einem Freunde.

Was verschlug es, daß der König noch im selben Jahre, den Großmächten zum Trotz, in einer geharnischten Thronrede das Vertrauen
seines geliebten Volkes die sicherste Stütze seines Thrones nannte? Fast
gleichzeitig erfolgte die Abberufung der getreuesten Genossen Wangenheims, der beiden hessischen Gesandten Lepel und Harnier. Auch
Wintzingerode ward entlassen und rächte sich durch einen anonymen Zeitungsartikel, der aus eigener Erfahrung das Verdammungsurteil über
die unklare, frivole und — vor allem — ohnmächtige Opposition der
Mittelstaaten in den Worten zusammenfaßte: „Abschaffung des Ministeriums des Auswärtigen; dann gibt es keine Zirkularnoten, die für
nichts und wieder nichts so viel Lärm machen, die Regierung kompro-
mittieren und den Staat gefährden.“ Wangenheims Nachfolger, der
Freiherr von Trott, hatte seine Lust daran, die beiden Herrscher des
Bundestages, den gewandten Münch und den plumpen Preußen Nagler,
gelegentlich durch boshaften Widerspruch zu kränken; eine nationale
Oppositionspartei zu leiten kam dem vormaligen Präfekten König
Jeromes nicht in den Sinn. Im Sommer 1824 zog dann Metternich
bei einem Besuche in Tegernsee den bayrischen Hof gänzlich zu sich hinüber, die Verlängerung der Karlsbader Ausnahmegesetze und die Geheimhaltung der Bundesprotokolle ward am Bunde beschlossen. Unan-
gefochten bestand fortan jenes System allmächtiger und allgegenwärtiger
polizeilicher Aufsicht, welches einen scharf beobachtenden nordamerikani-
schen Staatsmann, Everett, in diesen Jahren zu der trockenen Bemerkung veranlaßte: In den milderen Despotien Hinterasiens ist die persönliche Freiheit der Einwohner ohne Zweifel minder beschränkt als in
Deutschland. Die österreichischen Staatsmänner fanden „den sittlichen
Zustand der gefährlichen Mittelklassen wesentlich gebessert“, und die
Lehre von dem liberalen „Bunde im Bunde“ schien vernichtet. Da
Murhards Annalen diesen Theorien jetzt noch predigten, konnte Gentz
in sein Tagebuch die verachtenden Worte schreiben: „Kann vergessen werden, da keine Gefahr ist, daß sie die deutschen Höfe gewinnen könnte.“
Und da sein ängstliches Gemüt also von einer schweren Sorge entlastet
war, so spottete er selbst der Angst der letzten Jahre und schrieb als
„haruspex ad haruspicem“ an Adam Müller über die polizeilichen
Maßregeln gegen die Demagogen: „Betrachten Sie dergleichen mehr
als unschuldige Gemütserheiterung für den deutschen tiers-état!“

Unterdessen hatte sich Englands Handelspolitik gänzlich von dem
Bund der Ostmächte getrennt. Den Doktrinen der Intervention stellte

Georg Canning seine insularische Staatskunst entgegen, die nicht zu glänzen sucht durch Einmischung in armselige häusliche Händel anderer Länder, sondern den Quell ihrer Stärke zu Hause findet in der Eintracht zwischen Volk und Regierung, zwischen Parlament und Krone. Und in deaselben Jahren, da die Revolution in Spanien und Italien gebändigt, der deutsche Volksgeist aufs neue geknebelt schien, erstand in den Freistaaten Südamerikas eine jugendliche, unanfechtbare demokratische Macht, legte die Befreiung Griechenlands die Axt an die Wurzel des heiligen Bundes, und Canning rief sein triumphierendes „novus saeclorum nascitur ordo".

Es war ein unmögliches Unterfangen und zugleich ein jammervoller Beweis für die Unnatur der Bundespolitik gewesen, daß ein geistreicher Mann versuchen konnte, in einem Diplomatenkongresse eine Oppositionspartei zu bilden, welche sich lediglich stützte auf die persönliche Gesinnung abhängiger Gesandten. Der Entlassene zog nach Dresden, lebte dort in regem geselligem Verkehr mit geistreichen Menschen, erzog seine Kinder selbst und versenkte sich wieder in wissenschaftliche Arbeiten und in die Spielereien der Naturphilosophie: eine Somnambule trieb zu Zeiten ihr Wesen in seinem Hause. Durch lange Jahre hat er an einem unförmlichen Werke über Republik und Monarchie gearbeitet, das nie erschienen ist. Nachher siedelte er nach Koburg über, und an so manchem Nachmittag sah man dort den stattlichen alten Herrn hinüberwandern nach dem lieblichen Landsitze Friedrich Rückerts. Bei dem Freunde fand er, was sein Herz begehrte: edeln Freimut, warme Vaterlandsliebe, geistvolle Deutung jener Fabelwelt des Morgenlandes, die seinen phantastischen Hang immerdar reizte, endlich frohe Erinnerungen an die Zeit des schwäbischen Verfassungskampfes, welche die beiden als treue Genossen mitsammen durchlebt hatten.

Da erfreute ihn nach Jahren plötzlich ein Zeichen der Teilnahme aus der alten Heimat. Ein schwäbischer Wahlkreis wünschte ihn zum Abgeordneten zu wählen für den Landtag vom Jahre 1833. König Wilhelm, der alten Freundschaft eingedenk, bestätigte ihm auf seine Bitte das Staatsbürgerrecht, dessen Besitz dem „Ausländer" nicht sicher war, und da überdies die Stadt Ehingen ihm ihr Ehrenbürgerrecht verlieh, so schien alles in Ordnung. Aber der offenherzige Mann legte seinen Wählern sein politisches Programm vor und verwarf darin allerdings, als ein Mann der rechten Mitte, wie er mit Stolz sich nannte, die Rotteck=Welckersche Schule mit ihren „überspannten, aus

bloßen Verstandesbegriffen abgeleiteten Forderungen"; noch weit ent=
schiedener jedoch trat er dem „von einer verblendeten Aristokratie ge=
leiteten Absolutismus" entgegen. Als den Urheber der herrschenden
Aufregung bezeichnete er den Bundestag, der „die Zivilisation rückwärts
treibe". Mit vollem Rechte, denn in den jüngsten Jahren war der
Bundestag noch tiefer gesunken. Abermals kam über Deutschland eine
Zeit wie jene der Karlsbader Beschlüsse. Das Wiener Kabinett begann
sich von dem Schrecken zu erholen, dem es nach der Julirevolution ver=
fallen war; die polnische Erhebung neigte sich zum Ende, und bald er=
klang durch den Weltteil das höhnische: l'ordre règne à Varsovie.
Jetzt fand man in Wien den Mut, sich gegen die Nachwirkungen der
Juliwoche zu erheben. Sachsen und Kurhessen wurden von Wien aus
vermahnt, ihre neu gegründeten Landtage in strenger Zucht zu halten;
in Baden schritt der Bundestag ein und vernichtete das neue Preß=
gesetz; die verhaßte Freiburger Hochschule mußte durch die Absetzung
Rottecks und Welckers ihres Glanzes entkleidet werden. Allen kon=
stitutionellen Staaten zugleich galt dann der berüchtigte Bundesbeschluß
vom 28. Juli 1832, welcher die deutschen Landtage einer fortwährenden
Aufsicht durch den Bund unterwarf, ihr Steuerbewilligungsrecht wie
ihre Redefreiheit beschränkte. Ringsum in Europa fand der Ruf der
Entrüstung, den die mißhandelte Nation erhob, lauten Widerhall. Im
Parlamente fragte Henry Lytton Bulwer, „ob je eine solche Verletzung
der heiligsten Versprechungen erhört worden?" Und dies „in dem Ge=
burtslande der Freiheit, in dem Lande Luthers, wo die Freiheit des
Gedankens immer das Losungswort gewesen ist, das das Volk zum
Siege führte"! — Offenbar konnten konstitutionelle Minister jenen
Bundesbeschluß nicht ohne klare Pflichtverletzung annehmen. Seit die
Opposition im Bundestage zersprengt war, befolgten sämtliche kon=
stitutionelle Mittelstaaten jenes bequeme jesuitische Schaukelsystem,
welches bald am Bunde eine Stütze gegen die Stände, bald am Land=
tage einen Anhalt gegen den Bund suchte. Gerade jetzt zitterte König
Wilhelms Regierung vor dem Augenblicke, wo sie der erbitterten Volks=
vertretung Rede stehen sollte wegen der jüngsten Bundesbeschlüsse.

　　Mit jener Ansprache also schlug sich Wangenheim zur Opposition,
und von Stund' an erklärte sich die Regierung gegen seine Wahl. Noch
einmal sollte er den Unsegen des alten Verfassungskampfes erfahren.
Wir entsinnen uns, wie dieser Streit endlich durch die übereilte An=
nahme eines königlichen Entwurfs beendigt wurde. In der so leicht=

fertig geschaffenen Verfassung fanden sich zwei Paragraphen mit widersprechenden Bestimmungen über die Frage, ob der Gewählte im
Königreiche wohnen müsse. Grundes genug für die Regierung, um
Wangenheims Wahl als ungültig anzufechten, und sie gewann endlich
dafür eine schwache Mehrheit in der Kammer. Die heftigen Debatten
waren ein Triumph für Wangenheim, sie offenbarten, daß dieser
herrliche Stamm den Wert des gehaßten „Fremden" jetzt zu schätzen
wußte. Nicht bloß die Minister — darunter Wangenheims welt-
klügerer Schüler Schlayer — beteuerten scheinheilig ihr Bedauern
über die Ungültigkeit der Wahl. Alle Parteien wetteiferten in dem
Lobe des wackeren Mannes, und sein alter Gegner Uhland sprach:
„Gibt es nicht auch ein geistiges Heimatsrecht, das nicht ganz von
der Scholle abhängt? Ist es nicht auch ein Wohnen im Lande, wenn
man im Angedenken seiner Bewohner lebt und durch ihr Vertrauen zur
Repräsentation berufen wurde?"

Noch während dieser Handel schwebte, legte Wangenheim sein
politisches Glaubensbekenntnis nieder in der umfänglichen Schrift:
„Die Wahl des Freiherrn von Wangenheim." Hier schildert er sein
Leben mit Worten, welche lebhaft an sein eigenes Wort gemahnen: „Die
Naivität ist die Zwillingsschwester des Talents." Dann wagt er sich
an die erste Prinzipienfrage, welche damals die gesamte Presse beschäftigte, an die Frage, ob jener den Landesverfassungen widersprechende
Bundesbeschluß vom 28. Juli rechtsgültig sei. Die tiefe Verlogenheit
unseres Rechtszustandes offenbarte sich schrecklich in jenen Tagen. Die
Regierungen von Württemberg und anderen Mittelstaaten verkündeten
jenen Bundesbeschluß mit dem Beisatze, damit sei keine Verletzung der
Landesverfassung beabsichtigt; darauf erklärte der Bundestag seiner-
seits, mit jenem Beisatze sei keine Verletzung des Bundesbeschlusses beabsichtigt! So drehten sich die Regierungen im Kreise — und gleich
ihnen die Publizisten. Wangenheim bewies zwar schlagend das Recht
der Kammern, die Minister wegen der den Bundestagsgesandten er-
teilten Instruktionen zur Verantwortung zu ziehen, und damit „die
Möglichkeit einer gesetzlichen Einwirkung der Landtage auf den Bundestag". Aber wenn er dann kurzweg behauptete, jeder Bundesbeschluß
sei unverbindlich, der einer Landesverfassung widerspreche, so war dies
klärlich eine petitio principii. Feste rechtliche Grundsätze über die
Grenzen der Bundesgewalt hat weder er gefunden, noch Reyscher, Paul
Pfizer, H. K. Hofmann oder irgend ein anderer der vielen, welche mit

ihm gegen die jüngsten Bundesbeschlüsse zu Felde zogen. Und in Wahr=
heit, diese Rechtssätze sind unfindbar, denn die Bundesgesetze bilden ein
geistloses Gemisch bundesstaatlicher und staatenbündischer Rechtslehren
und stehen mit sich selber wie mit den vorher und nachher erschienenen
Landesverfassungen in einem schlechterdings unversöhnlichen Wider=
spruche. — Angehängt war dem Werke ein Versuch über die Unmöglich=
keit moderner Freistaaten, wozu Altmeister Eschenmayer die Einleitung
geschrieben. In der alten doktrinären Weise ward hier die monarchische
Gewalt als der indifferentiierende Punkt inmitten der sozialen Gegen=
sätze bezeichnet und den Freistaaten die wunderliche Fabel nachgesagt,
daß in ihnen die Staatsmänner keinen besonderen Stand bilden könnten.

Wangenheim erlebte noch den nächsten Wendepunkt der deutschen
Geschicke, den Regierungsantritt Friedrich Wilhelms IV. und das
schüchterne Einlenken Preußens in den Weg der Reformen. Die deutsche
Revolution brach an, und der hochbejahrte, schon des Atems fast be=
raubte Mann bewahrte noch das alte Selbstgefühl, „fühlte sich be=
rufen" — so lauten seine Worte! — „den Weg zu zeigen, wie aus
den Wirrnissen der Gegenwart herauszukommen sei". Es lohnt der
Mühe nicht, die beiden weitschweifigen Schriften näher zu betrachten,
welche diesen Weg weisen sollten: „Österreich, Preußen und das reine
Deutschland" und „Das Dreikönigsbündnis und die Politik des Herrn
v. Radowitz". Ein Jammer fürwahr, wie in dem Elend der Klein=
staaterei unsere Staatsmänner zuchtlos und ohne die Schule einer
großen Erfahrung dahinleben, und darum ihre Grillen sich endlich zu
fixen Ideen verhärten. Zusammengebrochen war der Bundestag,
schmachvoller als je ein Staatsbau, und nach diesem Gottesgerichte der
Geschichte wagte der alte Herr noch die Vortrefflichkeit der Bundes=
gesetze zu behaupten — wenn nur ein liberaler Geist sie ausbaue! Daß
er selber und seine liberalen Freunde nicht an den Ränken des öster=
reichischen Hofes, sondern an der unverbesserlichen Erbärmlichkeit der
Bundesgesetze selbst scheiterten und notwendig scheitern mußten —
diese einfache Wahrheit hat er nie begreifen wollen. Der Führer der
Opposition am Bunde war jetzt ein Legitimist des Bundesrechts ge=
worden. Der Ausbau dieser vortrefflichen Bundesgesetze soll geschehen
durch ein Parlament. Für dieses wird ein unfehlbares, alle Interessen
versöhnendes Wahlgesetz entworfen — das bekannte Lieblingsthema
aller Doktrinäre. Über dem Parlamente steht die exekutive Gewalt,
die Trias, denn „das Leben selbst ist ja nicht zu begreifen, wenn nicht

als Produkt zweier unendlich und absolut entgegengesetzter Faktoren, welche zu der Lebenseinheit die gleiche Beziehung haben und darum in ihr zusammengehen". Österreich übernimmt daher die Ministerien der Justiz und des Innern, Preußen den Krieg und das Auswärtige, Bayern an der Spitze des reinen Deutschlands die Finanzen und das Archiv= und Registraturwesen! Die Frankfurter Reichsverfassung ist schlechthin verwerflich, weil sie „das preußische und das rein=deutsche Volk beide um ihre Individualität betrügt". Und wilder noch als in seiner Jugend erhob sich der leidenschaftliche Greis zu Wutausbrüchen gegen Preußen, die alles überbieten, was die anerkannten Meister in diesem Gewerbe, die Görres, Klopp, Orges, j: geleistet. Daß das reine Deutschland, gesondert von Preußen, notwendig den Fremden unter die Füße gerät, hatte Wangenheim weder aus den russischen Verhandlungen König Wilhelms gelernt, noch aus den jüngsten Taten des bayrischen Kabinetts, das während der Revolution bei dem englischen Hofe feierlich protestierte gegen jede Schmälerung der Souveränität.

Doch die Zeit war über ihn hinweggeschritten; nur die Historiker der Deutschen Zeitung entsannen sich noch der früheren Verdienste ihres Gegners und ehrten sich und ihn durch achtungsvolle Erwähnung seiner Schrift. Selbst die Augsburger Zeitung kehrte ihm den Rücken, sie fühlte, daß die Triaslehre mindestens eines modernen Flitterputzes bedurfte. Der in alten Tagen trotz mancher Seltsamkeit unzweifelhaft zu den besten deutschen Publizisten zählte, sah, gleich seinem Genossen Lindner, seine letzten Werke völlig unbeachtet; sie waren lediglich dem Historiker wichtig durch zahlreiche Mitteilungen aus der geheimen Geschichte des deutschen Bundes. Auch im persönlichen Verkehre blieb Wangenheim der alte, fieberisch lebendig, liebenswürdig, von schranken= loser Offenheit; sein Gespräch ein erstaunliches Durcheinander tollen Unsinns und geistreicher Gedanken. Am 19. Juli 1850 ist Wangen= heim gestorben. Wer die Summe dieses Lebens zieht, wird jene herbe Klage nicht unterdrücken können, welche leider jedes Blatt der deutschen Bundesgeschichte uns entlockt: köstliche Kräfte fruchtlos vergeudet!

Derweil ich diese Zeilen schrieb, klang mir immerdar die Weise des alten Sängers durch den Sinn: „Leut' und Land, die meine Kinder= jahre sahn, sind mir so fremde jetzt, als wär' es Lug und Wahn." Wir haben das deutsche Parlament und die Anfänge mindestens einer deutschen Staatskunst geschaut: die kleinlichen Windungen der alten Bundespolitik verstehen wir nicht mehr. Seit jener erste Versuch deut=

scher Staatskunst der Gewalt des Hauses Habsburg unterlag, hat sich
die Bedeutung der Macht so tief in unser politisches Denken einge=
graben, daß wir nur mit Lächeln eines Staatsmannes gedenken können,
der große politische Ziele erstrebte, ohne über irgend eine Macht zu ge=
bieten. Und doch ziemt es am wenigsten uns, die wir ehrlich zu Preußen
halten, mit Mißachtung auf Wangenheim zu blicken. Er vermaß sich,
eine Lebensaufgabe unseres Volkes zu lösen, welcher Preußen sich
schwach versagte. Mit der Ohnmacht der Mittelstaaten begann er jenen
Kampf des deutschen Liberalismus wider Österreichs Herrschaft, welchen
allein Preußen führen kann und führen soll und noch immer nicht be=
gonnen hat. Die dauernde Wiederkehr solchen Irrtums ist unmöglich,
seit die Angst vor den verbündeten nationalen und liberalen Ideen
die kleinen Höfe der Reaktion und dem Hause Habsburg in die Arme
getrieben hat. Österreichs Stellung zu dem deutschen Liberalismus
ist durch die Natur der Dinge vorgezeichnet. Solange der Neubau
des deutschen Staates nicht vollendet ist, wird Wien für Deutschland
immer der Herd der Reaktion bleiben, mag dort ein Metternich oder
ein Schmerling herrschen. Preußen aber wird dann erst gesunden, wenn
es begriffen hat, daß jene Verschmelzung des nationalen und des libe=
ralen Gedankens die köstlichste Frucht unserer jüngsten Entwicklung und
durch menschliche Macht nicht wieder aufzulösen ist.

Ludwig Uhland.

(Leipzig 1863.)

Jst es vorteilhaft, den Genius bewirten, — wie neidenswert ist dann das Haus, das eines edeln Sängers Lied preisend gegrüßt hat! Noch leben manche, denen Ludwig Uhlands Muse ein herzliches Wort in ihr Heimwesen gesendet, aber kein Haus in Deutschland hat sie so reich beschenkt wie das königliche Haus von Württemberg. Als die schweren Hungerjahre kaum vorübergegangen, lag eine tiefe und gerechte Trauer auf dem schwäbischen Stamme um den Tod der Königin Katharina. Ihr Volk hatte von ihr das gute Wort gehört: „Helfen ist der hohe Beruf der Frau in der menschlichen Gesellschaft," und hatte sie von Hütte zu Hütte ziehen sehen in der harten Zeit, Arbeit bringend den feiernden Händen. Vor solcher menschlichen Größe beugte sich die Muse des bürgerlichen Sängers, die sich rühmte: „Sie hat nicht Anteil an des Hofes Festen." Fast zaghaft, unwillig, auch nur den Schein der Schmeichelei auf sich zu nehmen, trat sie unter die Trauernden und legte auf den Sarg der Königin den „Kranz von Ähren" mit einem der schönsten Gedichte deutscher Sprache:

Und hat sie nicht die Lebenden erhoben;
die Toten, die nicht hören, darf sie loben.

Ein Menschenalter ging darüber hin, und im November 1862 eilten von nah und fern Leidtragende zu der Bahre des Sängers. Wer aber im Lande Württemberg seine Empfindung nach dem Winke des Hofes zu stimmen mußte, hütete sich sorglich, dem Toten, der nicht hörte, ein letztes Zeichen menschlichen Mitgefühls zu erweisen.

Gern begönne ich diese Schilderung mit einem minder bitteren Worte — wäre nur diese häßliche Tatsache eine vereinzelte Erscheinung! Doch leider, wenn wir der zahlreichen nationalen Erinnerungs= feste der jüngsten Jahre gedenken: wie gehässig hob sich da die Gleich= gültigkeit, das schlecht verhehlte Mißtrauen der Höfe ab von der warmen

Teilnahme der Menge! Der politische Parteikampf wirkt bereits ver=
wirrend und verfälschend auf jene Gefühle, die unser Volk als einen ge=
meinsamen Schatz hegen sollte, er läßt den einen als fremde, unheim=
liche Gestalten jene Männer erscheinen, zu denen die große Mehrheit
des Volkes mit herzlicher Liebe emporblickt. Nicht selten zwar haben
solche Feste der Erinnerung den Ränken der Parteien, der eiteln Selbst=
bespiegelung als willkommener Vorwand gedient, und sehr verletzend
tritt bei solchem Anlaß dem ernsten Beobachter eine traurige Schwäche
unserer Gesittung entgegen: wir modernen Menschen sind allzu bereit,
auf gegebenen Anstoß gleich einer Herde alle das gleiche zu tun, das
gleiche zu empfinden. Dennoch ist die Gesinnung, welche heute eine
Rede, eine Schrift über Uhland nach der anderen hervortreibt, in ihrem
Grunde echt und tüchtig. Denn eben weil die Höfe mit anderen Augen
als das Bürgertum auf unsere Geschichte blicken, eben darum sollen
wir laut bezeugen: nicht wir haben es vergessen, wie rein und schön der
Dichter von unserem Hause, von deutschem Land und Volk, gesungen
und wie wacker er für uns gefochten hat.

Wie viel heiterer und menschlicher war doch die Sitte des deut=
schen Hauses in den Tagen der Kindheit unseres Dichters, als vordem,
da Schiller sich aufbäumte wider die Unfreiheit des schwäbischen Wesens!
Ein Stilleben freilich war es, schlicht und schmucklos, das in der Enge
des ehrenfesten wohlhäbigen Bürgerhauses zu Tübingen sich abspann:
doch keinen gesunden Trieb des Kindes verkümmerte die verständige
Zucht, und diesem Knaben am wenigsten wäre es ein Segen gewesen,
hätte er ankämpfen müssen gegen erdrückenden Zwang. Denn wohl die
erste Empfindung, die jedem sich aufdrängt beim Rückschauen auf dies
schöne Dasein, ist das Erstaunen, wie leidenschaftslos dieser reizbaren
empfänglichen Künstlerseele das Leben verlief. Selbst jene tiefe männ=
liche Liebe, die Uhlands ganzes Herz erfüllte, der er so oft im Liede
Worte geliehen, die Liebe zu seiner Kunst, wie gehalten und ruhig tritt
sie zutage! Jahrelang konnte er harren, schmerzlos harren, bis der
Gott ihn rief, und seine Dichterkraft, die man erstorben wähnte, uns
mit neuen edeln Gaben beschenkte. Noch ist es nicht unnütz, diese Tat=
sache laut zu betonen. Denn wenigstens den Nachwehen jener Zeit der
falschen Geniesucht, die auch einen Uhland unter die prosaischen Men=
schen verwies, begegnen wir noch heute. Immer wieder hören wir die
Unterscheidung von poetischen Naturen und poetischen Talenten, und
allzuoft vergißt man die triviale Wahrheit, daß schon der Name einer

poetischen Natur die schöpferische Kraft bezeichnet. Wir Deutschen vor=
nehmlich sind es uns schuldig, solche Vorurteile einer schwächlichen
Epoche entschlossen abzuschütteln. Wir müßten ja, wären sie begründet,
das Ungeheuerliche tun und uns selber unseren polnischen Nachbarn,
die Engländer den Iren als prosaische Naturen unterordnen! Die Er=
scheinung freilich ist auch unter deutschen und englischen Künstlern
selten, daß zu großer Kraft und Wärme der Phantasie ein gehaltenes
Gleichmaß der Stimmung, nüchterner Ernst und trockene Schroffheit
des Auftretens sich gesellen. Diese Verbindung des Widerstrebenden
in Uhlands Bilde hat oftmals auch jene befremdet, welche bescheiden
verstehen, daß in den feinsten Naturen die Charakterzüge sich am
seltsamsten mischen.

Und doch verdankt der schwäbische Dichter seinem nüchternen alt=
bürgerlichen Sinne einen guten Teil seines Ruhmes. Keine glück=
lichere Mitgift konnte der Sänger sich wünschen in jenen verworrenen
Tagen der Romantik, die Uhlands Bildung bestimmten. Nach volks=
tümlichen Stoffen verlangte die junge Dichterschule; sie empfand, daß
das Ideal der klassischen Dichtung unserem Volke ein fremdes sei, und
das Bild der Göttin mit den Rosenwangen heute nur das Herz weniger
Hochgebildeter ergreifen könne. Sehr lebhaft fühlte auch Uhland den
Gegensatz der antiken und der germanischen Gesittung. Ein Aufsatz
aus seiner Jugend „über das Romantische" sagt darüber: „Die
Griechen, in einem schönen genußreichen Erdstriche wohnend, von Natur
heiter, umdrängt von einem glänzenden, tatenvollen Leben, mehr
äußerlich als innerlich lebend, überall nach Begrenzung und Befrie=
digung trachtend, kannten und nährten nicht jene dämmernde Sehnsucht
nach dem Unendlichen. Der Sohn des Nordens, den seine minder
glänzenden Umgebungen nicht so ganz hinreißen mochten, stieg in sich
hinab. Wenn er tiefer in sein Inneres schaute als der Grieche, so sah
er eben darum nicht so klar. Er verehrte seine Götter in unscheinbaren
Steinen, in wilden Eichenhainen: aber um diese Steine bewegte sich der
Kreis des Unsichtbaren, durch diese Eichen wehte der Odem des Himm=
lischen." — Glückliche Tage, da eine hochbegeisterte Dichterjugend aus=
zog nach dem Wunderlande der germanischen Vorwelt und aus den lange
verschütteten Schachten der mittelalterlichen Gesittung ungeahnte Schätze
zutage förderte! Während heute Politik, Volkswirtschaft, Wissenschaft
im Vordergrunde unseres nationalen Wirkens stehen, gab damals die
Dichtung dem gesamten geistigen Leben Anstoß und Richtung.

Das vielgerühmte Weltbürgertum der Deutschen ward damals erst
zur Wahrheit, seit uns das Verständnis aufging für das Gemüts=
leben unserer eigenen Vorzeit, seit der historische Sinn unter den
Deutschen reifte. Wir lernten den Volksgeist in seinem Werden be=
lauschen, den Glauben, die Kunst, die Sitte verschollener Tage in ihrer
Notwendigkeit verstehen. Die religiöse Innigkeit der Romantik machte
mit einem Schlage dem selbstgefälligen Rationalismus ein Ende, der
so lange über „die Nacht des Mittelalters" vornehm gelächelt hatte.
Die Hellenen der modernen Welt erbauten sich wieder an dem über=
schwenglichen Reichtume des Gemüts, der in den Bildwerken des
Mittelalters so rührend hervorbricht aus der Gebundenheit unfertiger
Formen. Das Auge der Menschen erschloß sich wieder für die feierliche
Großheit der gotischen Kunst, die vordem nur von einer stillen Ge=
meinde hellblickender Verehrer verstanden ward. Lange hatte sich der
politische Idealismus der Deutschen — wo er bestand — an den
Bildern der Reformationszeit und des großen Friedrich begeistert; nur
dann und wann war ein Lied von Arminius erklungen; jetzt umfaßte
die Sehnsucht der Patrioten mit leidenschaftlicher Bewunderung die
Heldengestalten der Stauferkaiser. Wir wurden wieder Herren im
eigenen Hause und begriffen eben darum jetzt erst die innige Verwandt=
schaft der Völkerfamilie des Abendlandes. Eine neue Welt voll ge=
mütlicher Innigkeit und Sehnsucht, voll phantastischen Zaubers und
malerischer Schönheit ging den Romantikern auf: „Das Dunkelklare,"
gesteht Uhland, „ist mir überall die bedeutendste Färbung, im mensch=
lichen Auge, im Gemälde, in der Poesie, wie bei Novalis." Auch das
landschaftliche Auge des Volkes ward ein anderes. Solange Menschen
leben, wird der Streit nicht enden, ob die heitere Pracht eines ionischen
Tempels herrlicher sei als das ahnungsvolle Dunkel eines gotischen
Domes, der zürnende Achilleus erhabener als die lankräche Kriemhild.
Nur in einem, in dem Verständnis der Seele der Landschaft, war die
Romantik der klassischen Kunst ebenso gewiß überlegen, als ein
schwellender duftiger Kranz deutscher Waldblumen tausendmal schöner
ist denn jene straff gewundenen Lorbeergirlanden, welche die Bild=
werke der Alten schmücken. Herzlicher, sinniger denn je ward nun
von den Dichtern besungen der feierliche Ernst der Waldeinsamkeit, da
die Geister des Waldes über den schweigenden Blättern weben, und
der wollüstige Zauber jener Sommernächte, da der berauschende Duft
der Lindenblüten dem Träumenden den Sinn verwirrt und das

Mondlicht auf den bemoosten Schalen klarer Brunnen spielt, und die
erhabene Pracht des Hochgebirges, wo weltbauende Mächte in den ge=
waltigen Formen jäh abstürzender Felsen sich offenbaren. Niemals,
sicherlich, auch nicht in den prosaischen ersten Jahrzehnten des acht=
zehnten Jahrhunderts, waren unter den Germanen gänzlich ausgestorben
jene träumerischen Gemüter, die vor solchen Szenen ursprünglicher
Naturschönheit von den Schauern des Weltgeheimnisses sich durchzittern
ließen; aber jetzt erst ward weithin im Volke die Freude lebendig an
diesen „romantischen" Reizen der Natur. Kaum ein Städtchen heute
in Deutschland, das nicht irgendwo einen lauschigen Platz dem Freunde
der Natur wohlumfriedigt zu stillem Genusse böte; die romantische
Dichtung hat an dieser weiten Verbreitung des Natursinnes im Volke
ein reiches Verdienst.

Vergebliche Mühe, in wenigen Worten die vielseitigen Anregungen
zu schildern, die von dieser geistvollen Dichterschule ausgingen. Sie
begnügte sich nicht, unserem Volke für seine Vorzeit, seine wunderreiche
Sagenwelt und die Schönheit seines Landes den Sinn zu eröffnen;
bald schweifte sie hinweg zu den Schätzen der Kunst aller Zeiten und
aller Völker. Das Volkstümliche in der Gesittung aller Nationen be=
gann sie zu verstehen und zu übertragen. Ihr danken wir eine uner=
meßliche Erweiterung unseres Gesichtskreises. Unsere harte männliche
Sprache erwies sich zum Staunen der Welt zugleich als die empfäng=
lichste, schmiegsamste, spiegelte getreulich die Schönheit jeder fremden
Dichtung wider, sie nahm in ihrem Tempel gastlich die Götter aller
Völker auf. Doch nach so weiten Entdeckungsfahrten war die roman=
tische Schule unversehens zur gelehrten, dem Volke entfremdeten Dich=
tung geworden in einem anderen, ärgeren Sinne, als die klassische
Poesie es je gewesen. Den weiblichen Naturen der Tieck und Schlegel
war es eine Freude, sich zu versenken in die Träume einer untergegan=
genen Welt, und bald erschien ihnen nur das Fremdartige poetisch, und
aus der Lust an den glücklich bewältigten künstlichen Formen der roma=
nischen und orientalischen Dichter erwuchs unserer Dichtung, was der
Sprache und dem Gemüte der Germanen am meisten zuwider ist: das
virtuose Spielen mit der Form. Mehr feine, empfängliche Kunstkenner
als schöpferische Künstler, wandten sich die Häupter der Schule hinweg
von der sprödesten und geistigsten Gattung der Poesie, dem Drama, das
vor allem einen reichen Inhalt verlangt. Als hätte nie ein Lessing gelebt,
wurden die Grenzen von Poesie und Prosa wiederum verwischt, und die

überfülle der aus der Dichtung aller Völker aufgesammelten poetischen Bilder hinübergetragen in die neue Wissenschaft, die nicht mehr nach Beweisen, nur nach „Anschauungen" suchte, und in die neue Religion, die nicht mehr das Gemüt erbauen, nur den Schönheitssinn er= freuen wollte.

Vor solchen Verirrungen der Verfeinerung und Überbildung ist Uhland bewahrt worden durch seine köstliche schlichte Einfalt. Er war aufgewachsen in einer Umgebung, wie sie dem Reifen des Künstler= sinnes nicht günstiger sein konnte, in einem schönen, reichen, sagen= berühmten Lande, wo doch nirgends eine übermächtige Pracht der Natur den freien Sinn des Menschen erdrückt. Er ist immerdar ein Schwabe geblieben und hat der kindlichen Liebe zu seiner Heimat oft= mals Worte geliehen, am rührendsten wohl in jenen Versen, die ein Tal seiner Heimat also anreden:

Und sink' ich dann ermattet nieder,
so öffne leise deinen Grund
und nimm mich auf und schließ' ihn wieder
und grüne fröhlich und gesund.

Wer je südwärts geschaut hat von Hohentübingen, wo der Blick die ganze Kette der Alp vom Hohenzollern bis zum Hohenstaufen be= herrscht, dem wird dies edle Landschaftsbild aus Uhlands schönsten Liedern immer wieder entgegentreten. Weil seine Dichtung also natür= lich emporwuchs aus dem mütterlichen Boden des schwäbischen Landes und Volkes, so bewahrte sie sich jene derbe Naturwahrheit, die den meisten Kunstwerken der Romantik sehr fern liegt: auch wo sie zarte, sanfte Stimmungen ausspricht, wird sie nur selten verschwommen. Vor langen Jahren schon ging unter den Schwaben die Rede: jedes Wort, das der Uhland gesprochen, ist uns gerecht gewesen. Die Stamm= genossen erhoben den Dichter auf den Schild, über die Schultern ge= wöhnlicher Menschen empor; wer ihn verkleinert, kränkt den gesamten Stamm. Eben diese volkstümliche Tüchtigkeit gibt seinem Wesen eine harmonische Ruhe, eine geschlossene Festigkeit, die nur wenigen Sängern der Romantik eignet. Nicht leicht konnten die Dichter einer Schule, die so ganz in der Sehnsucht nach längst entschwundenen Tagen lebte, jene olympische Ruhe, jene selige Heiterkeit der Seele erwerben, welche dem Klassiker Goethe das Recht gab, Tadlern und Lobrednern lächelnd zu sagen: „Ich habe mich nicht selbst gemacht." Wahrhaft harmonische Charaktere sind unter den Heroen der Romantik fast allein die Männer der Wissenschaft, so Savigny, die Grimms, und der liebenswürdigste der Menschen, Sulpiz Boisserée; unter den Dichtern der Romantik stehen neben Uhland nur sehr wenige, deren Seele nicht getrübt ward durch einen unklaren, unfreien, friedlosen Zug. Auch er schaute mit der inbrünstigen Sehnsucht der Menschen des Mittelalters zu dem überirdischen empor; so recht den Herzschlag des Dichters hören wir in dem frommen Gedichte „Die verlorene Kirche":

Ich sah hinaus in eine Welt
von heil'gen Frauen, Gottesstreitern.

Aber suchte Friedrich Schlegel in jener Vorzeit den phantastischen Reiz des Alten und Fremden, einer unreifen Gesittung, so liebte Uhland das Mittelalter, weil er in ihm die ungebändigte Kraft eines ursprünglichen, farbenreichen Volkslebens und, vor allem, die Herrlichkeit des vaterländischen Wesens bewunderte. So wurde jener durch seine ästhetische Neigung dem freien Leben der Gegenwart entfremdet und, obwohl er am lautesten den Ruf nach volkstümlicher Dichtung erhoben, in eine undeutsche, katholische Richtung getrieben. Uhland aber ward der vornehmste Dichter jener jüngeren kräftigeren Richtung der Romantik, welche der ursprünglichen Absicht der Meister getreuer blieb als diese selber, und in unserer Vorzeit nur das noch heute Lebendige, die deutsche Weise, bewunderte. Darum schöpfte er, gleich den Brüdern Grimm, aus der liebevollen Erforschung des deutschen Altertums Mut und Kraft zum Kampfe der deutschen Gegenwart; darum verwarf er jeden Versuch, die Formen mittelalterlicher Gesittung in unseren Tagen wieder zu erwecken, und sprach herbe Worte wider die „erzwungene Begeisterung", als es wieder lebendig ward um den alten Krahn in Köln und der schönste aller Dome aus Schutt und Trümmern zu neuer Pracht emporstieg. — Nicht unsere klassischen Dichter, deren Werke ihn nur teilweise tiefer berührten: die Dichtungen des Mittelalters, die Volkslieder vornehmlich sind seine Lehrer gewesen, und mit diesen Worten ist auch sein Platz in der Geschichte unserer Dichtung bezeichnet. Es ist wahr, schon Goethes lyrische Muse hatte viele ihrer herrlichsten Klänge dem deutschen Volksliede abgelauscht. Aber für Goethes geniale Vielseitigkeit war diese Anregung nur eine unter vielen anderen, ja im Alter stellte er sich zornig dem romantischen Nachwuchs als einen „Plastiker" gegenüber; Uhland dagegen hat das Eigenste seiner Kraft an den Gedichten des Mittelalters gebildet. Sie wirkten auf den Mann kaum minder mächtig als auf den Knaben an

jenem Tage, da er zuerst das Nibelungenlied vorgetragen hörte und, so
sagt man, in tiefer Bewegung aus dem Zimmer eilte. An dem Liede
von Walther und Hildegunde fand er als Student zuerst eine Poesie,
die sein innerstes Wesen ergriff. „Das hat in mich eingeschlagen,"
bekennt er. „Was die klassischen Dichtwerke trotz meines eifrigen
Lesens mir nicht geben konnten, weil sie mir zu klar, zu fertig dastunden,
was ich an der neueren Poesie mit all ihrem rhetorischen Schmucke
vermißte, das fand ich hier: frische Bilder und Gestalten mit einem
tiefen Hintergrunde, der die Phantasie beschäftigte und ansprach!"

So ward ihm das hohe Glück, inmitten einer überbildeten, nach
den fremdesten und fernsten Reizen jagenden Kunst, einen festen Kreis
edler Stoffe zu beherrschen, welche darum unfehlbar wirken mußten,
weil ein ganzes Volk sie durch Jahrhunderte gehegt und gebildet hatte.
Und noch schärfer sogar schied er sich ab von den älteren Romantikern
durch seine Weise, die Form der Kunst zu handhaben. Sein feines
Ohr empfand, daß eine Sprache voll Härten des musikalischen Wohl=
klangs der romanischen Rede nur bis zu einem gewissen Grade fähig
sei. Auch er hat Sonette und Glossen gedichtet und die Assonanz statt
des Reimes gewagt; aber ungleich maßvoller als die Tieck und
Schlegel brauchte er diese fremden Formen, und nach uralter deutscher
Weise war ihm in der Kunst der Inhalt das Bestimmende. Wäre ihm
in seinem „Sängerstreite" mit Rückert statt der guten Sache: „Falsch=
heit kränket mehr denn Tod," die schlechte Meinung: „Eh'r falsch als
tot," zur Verteidigung zugeteilt worden: er hätte sicherlich nicht jene
kunstvollen, feinen Wendungen gefunden, wodurch sein Gegner sich zu
decken wußte; ein Scherz vielmehr hätte ihm aus der Not helfen
müssen. Schon im Jahre 1812 lobte er sich die „ursprünglich deutsche
Art", die Innigkeit der Empfindung, im Gegensatz zu der formen= und
bilderreichen Dichtung des Südens. Der alte Spruch: „Schlicht Wort
und gut Gemüt ist das echte deutsche Lied," war ihm fortan der
Wahlspruch seiner Kunst. Die einfacheren Formen aber, die er dem
Genius unserer Sprache gemäß fand, hat er mit vollendeter Kunst be=
herrscht, während Tieck mitten in der gesuchten Formkünstelei oftmals
sogar die Korrektheit vermissen läßt. Und gelang es der älteren Ro=
mantik, weil nur ein ästhetisches Wohlgefallen sie zu dem deutschen
Altertume führte, sehr selten die naive Weise des Mittelalters zu
treffen, so wußte Uhland, weil er mit ganzer Seele in jene Vorzeit sich
versenkte, seine Mären so glücklich in treuherzig altertümlichem Tone

vorzutragen, daß wir heute kaum noch begreifen, wie solche Stoffe
jemals anders dargestellt werden konnten. Sein natürliches, wissen=
schaftlich geschultes Sprachtalent hat unserer modernen Dichtung eine
Fülle schöner altertümlicher Wendungen und Wörter neu geschenkt,
davon die junge Welt kaum weiß, daß sie uns einst verloren waren.
Seinem strengen Formensinne war ein Greuel jenes phantastische Ver=
zerren der Natur, jenes Spielen mit „duftenden Farben" und „tönenden
Blumen", das die Romantik liebte. Feste, starke Umrisse gab er, wo
es not tat, seinen Gestalten, also daß wir aus manchen seiner Gedichte
den tüchtigen Zeichner erkennen, der in der Ausübung der bildenden
Kunst sein Formgefühl schulte. Mit Recht hat man ihn darum einen
Klassiker unter den Romantikern geheißen.

Dieser ernste Künstlersinn offenbarte sich vornehmlich in Uhlands
weiser Selbstbeschränkung, einer antiken Tugend, die uns Modernen
nicht leicht fällt. Ein Künstler von Grund aus und ein denkender
Künstler, wie jede Zeile seiner Gedichte zeigt, hat er vielleicht weniger
als irgend einer unserer namhaften Dichter die Neigung zur Kritik und
literarischen Fehde verspürt. Auf das Können, das ganze und rechte
Können ging er aus; er am wenigsten wollte das Schlagwort der ro=
mantischen Dilettanten gelten lassen, daß man ein Dichter sein könne,
ohne je einen Vers geschrieben zu haben. „Größeren Gedichts Ent=
faltungen" hatte er einst in jugendlicher Zuversicht seinen Lesern ver=
sprochen; doch als ihn die ersten Versuche belehrten, daß ihm die
dramatische Kraft versagt sei, zog er sich zurück auf die Lyrik und das
lyrische Epos. Er begnügte sich, auf diesem engen Gebiete Muster=
gültiges zu leisten, derweil die Chorführer der Romantik nach allen
höchsten Kränzen der Kunst zugleich die Hand ausstreckten, ja in Plänen
ganz neuer Kunstformen sich verloren und, im Grenzenlosen schweifend,
nur wenig in sich Vollendetes schufen.

Den letzten Grund aber dieses tiefgreifenden Unterschiedes zwischen
Uhland und der Schlegel=Tieck'schen Richtung verstehen wir erst, wenn
wir erkennen: in Uhland lebte ein tief sittlicher, tatkräftiger Ernst, der
die tatlose, ironische Weltanschauung der Romantik schlechthin ver=
warf. Solchem sittlichen Pathos hatte einst Schiller die Liebe des
Volkes verdankt, obwohl er sehr selten volkstümliche Stoffe besang.
Denn mit unfehlbarer Sicherheit empfindet das Volk — unter den
Germanen mindestens — ob ein Künstler mit seinen Bildern bloß
geistreich spielt oder ob er sein Herzblut ausströmen läßt in seine

Gedichte, und noch hat niemand durch ein feines Spiel sich des Volkes
Herz erobert. In der Form allerdings hat Schillers hochpathetische
Weise nicht das mindeste gemein mit dem naiven einfachen Wesen der
Uhlandschen Dichtung, das der Weise Bürgers und Goethes weit
näherstehet. Schillers Geist aber, sein sittlicher Ernst, seine kühne
Richtung auf die Gegenwart und ihr öffentliches Leben, ward in
Uhland und den Sängern der Freiheitskriege aufs neue lebendig.
Darum ward Uhland durch seine romantischen Neigungen nicht ge=
hindert, in der Wissenschaft ein nüchterner methodischer Forscher, im
Leben ein Verfechter des modernen Staatsgedankens zu sein. Mit
sicherem Takte wußte er Leben und Dichtung auseinander zu halten, und
jeder mystischen Liebhaberei der romantischen Genossen stellte er seinen
derben protestantischen Unglauben gegenüber. Wenn Justinus Kerner
von dem „Geiste der Mitternacht" erzählte, dann lachte Uhland, dann
war er selber „der Zechgesell, der keinem glaubt". Und wurde er ja
einmal durch eine Erzählung von geheimnisvollen Naturwundern zum
Liede begeistert, wie schön wußte er dann seinen Stoff aus dem trüben
dumpfen Traumleben in eine freiere durchgeistigte Luft zu erheben!
Als ihm berichtet ward von dem Mädchen, das im Mohnfelde schlief
und, erwacht, mitten im lauten Leben weiter träumte, so ward ihm dies
ein Anlaß, das Schlafwandeln des Dichters zu schildern, dem das Leben
zum Bilde, das Wirkliche zum Traume wird:

> O Mohn der Dichtung, wehe
> ums Haupt mir immerdar!

In unseren nüchternen Tagen vermag auch ein flacher Kopf die
Schwächen der Romantik leicht zu durchschauen, und oft vergessen wir,
wie tief wir in ihrer Schuld stehen. Jene geistig hoch erregten Tage
durften sich, nach Immermanns wahrem Geständnis, einer Dichtigkeit
des Daseins rühmen, die unserem schnell lebenden, unruhig nach außen
wirkenden Geschlechte verloren ist. Noch war die Welt von Schönheit
trunken, noch galt ein edles Gedicht als ein Ereignis, das tausend
Herzen froh bewegte, und auch die Häupter der romantischen Schule
umstrahlt noch etwas von dem Glanze der glückseligen Zeit von
Weimar, „wo der bekränzte Liebling der Kamönen der inneren Welt
geweihte Glut ergoß". Aber eine Dichterschule kann durch eine Fülle
neuer Gedanken und Anschauungen, die sie in das Volk warf, die
Nation zum bleibenden Danke verpflichten und dennoch an echten
Kunstwerken sehr arm sein. Stellte nun einer die Frage: welche

Kunstwerke der romantischen Epoche sind nicht bloß historisch wichtig durch die Anregung, die sie unserem Volksgeiste gaben, sondern in sich vollendet und unsterblich? — so würde ein ganz schonungsloses Urteil doch nur die Antwort finden: einige meisterhafte Übertragungen und Nachbildungen fremdländischer Dichtung und — die lyrischen Gedichte Uhlands und einiger ihm verwandter Sänger.

Als Chamisso in Paris im Jahre 1810 den dreiundzwanzigjährigen Uhland kennenlernte, schrieb er mit seiner liebenswürdigen Laune einem Freunde: „Es gibt vortreffliche Gedichte, die jeder schreibt und keiner liest; doch hier ist einer, der macht Gedichte, die keiner schreibt und jeder liest." Und langsam, aber einmütiger von Jahr zu Jahr, begann die Nation in das Lob einzustimmen, als fünf Jahre später die „Gedichte" erschienen waren. Den Weg zum Herzen seines Volkes hat der Dichter zuerst gefunden durch jene Lieder, welche der Weise des alten Volksliedes so treu, so naiv nachgebildet waren, wie es vor= dem nur Goethe verstanden. Er hat zuerst in weiteren Kreisen das Verständnis wieder erweckt für diese volkstümlichen Klänge, und wenn Eichendorff und Wilhelm Müller selbständig, unabhängig von Uhland ihr lyrisches Talent bildeten, so danken sie doch ihm, daß das Volk ihren Liedern froh bewegt lauschte. Schien es doch, als wäre die unselige Kluft wieder überbrückt, die heute die Gebildeten und die Ungebildeten unseres Volkes scheidet, als tönte der Gesang, von namen= losen fahrenden Schülern erfunden, unmittelbar aus der Seele des Volkes heraus. Unwillkürlich fragte der Hörer, ob nicht am Schlusse des Sanges ein Vers hinweggefallen sei, das alte treuherzige:

> Der uns dies neue Lieblein sang,
> gar schön hat er gesungen;
> er trinkt viel lieber den kühlen Wein
> als Wasser aus dem Brunnen.

Der Gesang ist heute, wie zur Zeit der italienischen Renaissance die Redekunst, die geselligste der Künste. Das arme Volk liest wenig, am wenigsten Gedichte; fast allein durch den Gesang wird ihm das Thor geöffnet zu der Schatzkammer deutscher Poesie. An Kunstwert stehen Uhlands erzählende Gedichte seinen Liedern ohne Zweifel gleich; aber die Bedeutung des Mannes für die Gesittung unseres Volkes beruht vornehmlich auf den Liedern. Sie haben dem Sänger den schönsten Nachruhm gebracht, der dem lyrischen Dichter beschieden ist. Sie leben in ihrer leichten sangbaren Form im Munde von

Tausenden, die seinen Namen nie gehört, sie klingen wider, wo immer
Deutsche fröhlich in die Weite ziehen oder zum heiteren Gelage sich
scharen. Es war eine Stunde seliger Genugtuung, als er einmal
auf der Wanderung durch die Hardt in den Klostertrümmern von
Limburg unerkannt rastete und seine eigenen Lieder, von jugendlichen
Stimmen gesungen, durch das Gewölbe schallten. Alle die hoffnungsvollen Anfänge freier, volkstümlicher Geselligkeit, welche heute das
Nahen einer menschlicheren Gesittung verkünden, alle die fröhlichen
Fahrten und Feste unserer Sänger und Turner und Schützen danken
einen guten Teil ihres poetischen Reizes dem schwäbischen Sänger;
kein Wunder, daß er selber sich an solcher Volksfreude nicht satt sehen
konnte. Fast deucht uns ein Märchen, daß es einst eine Zeit gegeben,
wo am Beiwachtfeuer deutscher Soldaten das Lied noch nicht erklang:
„Ich hatt' einen Kameraden," daß einst deutsche Handwerksburschen über
den Rhein gezogen sind, die noch nicht sangen von den „Drei Burschen".
Doch sehen wir näher zu, so finden wir auch in dem einfachsten
dieser Lieder einen entscheidenden Zug — eine kunstvolle Steigerung,
einen schlagenden Abschluß — der das Gedicht alsbald auf die Höhe
der Kunstpoesie erhebt und mit so großer Innigkeit und Frische den
durchgebildeten Verstand des Künstlers gepaart zeigt. Demselben
Lehrer, dem deutschen Volksliede, hat Uhland auch die Kunst der gemütlich bewegten Erzählung abgesehen. Er vermag es, einen kleinen
anekdotenhaften Zug mit so viel schalkhafter Anmut zu einer Ballade
zu erweitern, wie vor ihm wieder nur Goethe. Sein Eigenstes und
Schönstes schuf er in der erzählenden Dichtung dann, wenn er sich ein
Herz faßte und die trotzige, reckenhafte Kraft der deutschen Heldenzeit
derb und mit Laune darstellte, wie in den Rolandsliedern, wohl seinen
besten Balladen. Und wie das Volkslied nicht in die Grenzen eines
Landes gebannt bleibt, sondern der Sang von Liebes Lust und Leid,
von Heldenzorn und Heldentod durch alle Völker wandert und in der
Fremde sich umbildet, so hat auch Uhland sein deutsches Wesen nicht
verleugnet, wenn er fremdländische Sagenstoffe besang. Sein Gesichtskreis umfaßte das gesamte Altertum der christlich-germanischen
Völker; nur sehr selten hat ihn ein Bild der antiken Gesittung zum
Liebe begeistert, und gänzlich fern lag seinem deutschen Gemüte die
Sagenwelt des Orients, wie sehr sie auch den Meister der Form ver-
locken mochte. Sehr tief hatte er sich eingelebt in den Geist der südländischen Sänger des Mittelalters: durch das liebliche Gedicht: „Ritter

Paris" weht ein Hauch schalkhafter Grazie, darum ihn jeder Trouba=
dour beneiden könnte. Fast scheint es, wenn Uhland die Mären der
lieberfreudigen Provence nachdichtet, als singe hier wirklich ein alter
Südfranzose, als erfülle sich die wehmütige Verheißung des modernen
provenzalischen Dichters: o moun pais, bello Prouvenço, toun dous
parla pou pas mouri. Und doch ist dies nur ein Schein: aus Uhlands
südländischen Gedichten so gut wie aus seinen angelsächsischen und nord=
französischen Balladen weht uns heimatliche Luft entgegen, er behandelt
diese fremden Stoffe mit der gemütlichen Innigkeit und in der tief
bewegten Weise der Germanen, nicht mit der feierlichen Grandezza und
dem rhetorischen Pathos südlicher Romanzen.

Nicht immer freilich ist ihm dies gelungen. Oft nahm er aus
den romanischen Stoffen auch legendenhafte Wundergeschichten mit her=
über, die den modernen Hörer kalt lassen, oder häßliche phantastische
Züge: — so steht in dem schönen Zyklus „Sängerliebe" fremd und
verletzend die Romanze von dem Kastellan von Couci, dessen Herz
von seiner Geliebten verspeist wird. Manchmal — was uns noch mehr
abstößt — schleichen sich mit den fremden Bildern auch fremde Empfin=
dungen in seine Seele. Vor dem Bilde des „Wallers" oder der trauern=
den Nonne, die entsagt und betet „bis ihre Augenlider im Tode fielen
zu", steht der gesunde Sinn der modernen Deutschen befremdet still:
was gilt sie uns, diese zugleich schwächliche und überschwengliche Emp=
findung der Vorzeit der Romanen? Ja sogar unter den Balladen,
die auf deutschem Boden spielen, finden sich neben vielen ursprünglichen
Schilderungen deutscher Kraft und deutscher Laune doch auch einige
sentimentale Gedichte von sehnsüchtigen Mädchen und trauernden Kö=
nigen, die uns kein festes Bild hinterlassen. Desgleichen, wenn wir
an seinen Liedern das innige Naturgefühl und die tief bewegte Stim=
mung bewundern, so scheinen uns doch einzelne inhaltslos, wir wünsch=
ten, der Dichter hätte nicht bloß sein bewegtes Herz, sondern sein reiches
Herz gezeigt. Solche Mängel mochte Goethe im Auge haben, wenn
er in Augenblicken übler Laune sehr hart und bitter von der Uhland=
schen Dichtung sprach. Doch all' diesen Schwächen hat der Dichter
selber die beste Verteidigung geschrieben:

> Scheint euch dennoch manches kleinlich,
> nehmt's als Zeichen jener Zeit,
> die so drückend und so peinlich
> alles Leben eingeschneit.

Uns freilich, unserem derben historischen Realismus, fällt es leicht
zu erkennen, wann Uhland die harten barocken Züge unserer Vor=
zeit verwischt hat. Wir lächeln, wenn uns in Erzählungen aus dem
Mittelalter, dieser treulosesten aller Zeiten, von deutscher Treue über=
schwenglich geredet wird, und seit die fortschreitende Kultur das Haar
unserer Mädchen gebräunt hat, fällt uns die ausschließliche Begeiste=
rung für blondes Haar und blaue Augen so schwer, wie die übermäßige
Freude an den Rosen und Gelbveigelein. Aber frage sich jeder, ob
auch das Unsterbliche in Uhlands Gedichten geschaffen werden konnte
von einem Dichter, der minder treuherzig für das biderbe Mittelalter
schwärmte, der weniger unbefangen sich begeisterte für „Jugend, Früh=
ling, Festpokal, Mädchen in der holden Blüte"? In unseren rauheren
Tagen geht auch der Jugend diese naive Schwärmerei sehr rasch ver=
loren, doch darum mangelt auch unseren neuen Lyrikern die Jugend=
frische, die herzbewegende Innigkeit des alten Sängers. Und wie ver=
schwindend gering ist doch die Zahl jener Gedichte, welche auch Uhland
angekränkelt zeigen von der unklaren Gefühlsseligkeit seiner Zeit! Nur
Heinrich Heines Gehässigkeit konnte aus dem Liede: „Ade, du Schäfer
mein" den Grundton der Uhlandschen Dichtung heraushören. Neben
dies eine Lied — beiläufig eines seiner allerfrühesten Jugendgedichte
— stellen sich hundert andere voll mannhafter Kraft und unverwüst=
licher Lebenslust.

Gern verstummt die Kritik vor diesen Gedichten; über ihnen liegt
der Zauber einer völlig abgeschlossenen Bildung. Sie sind das getreue
Spiegelbild der edelsten Empfindungen einer reichen Zeit, die wir mit
allen ihren Verirrungen aus unserer Geschichte nicht missen können,
nicht streichen wollen: die alte Burschenschaft vornehmlich lebt nur noch
in den Liedern Uhlands und seiner Genossen. Ist auch jene Gesittung
in unserem Volke längst einer anderen, härteren gewichen: tot ist sie
darum nicht. In allen neueren Völkern sehen wir eine seltsame Er=
scheinung, welche dem modernen Menschen gar sehr erschwert, sich auf
seine eigenen Füße zu stellen. Gedanken und Anschauungen, die das
Volk längst überwunden, kehren in dem Leben des einzelnen wieder als
Momente seiner persönlichen Entwicklung. Längst vorüber sind unserer
Nation die Tage der Romantik und des jungdeutschen Weltschmerzes;
aber noch heute kommt kein geistreicher Deutscher zu seinen Jahren, der
nicht einmal, wehmütig wie ein Uhlandscher Bursch, dem scheidenden
Freunde das Geleite gegeben und später mit Byronschem Übermute

sich aufgelehnt hätte wider die Unnatur der „alternden Welt". Dem
Manne ziemt, die Gedanken seiner Jugend zu überwinden, nicht,
wie man heute liebt, sie zu schelten; denn ihnen dankt er, daß er ein
Mann geworden. Wir wären die Deutschen nicht mehr, die wir sind,
wenn je an der lauten Tafelrunde unserer Burschen die stürmische Weise
nicht mehr erklänge: „Wir sind nicht mehr beim ersten Glas."
Und mir graut, wenn ich mir vorstelle, es könnte je die Zeit kommen, da
der deutsche Jüngling zu verständig wäre, um in der heißen Sehnsucht
herzlicher Liebe zu singen:

> Welt, geh' nicht unter, Himmel, fall' nicht ein,
> eh' ich mag bei der Liebsten sein!

Was die klugen Leute die unbestimmte nebelhafte Weise von Uhlands
Lyrik nennen, ist oftmals nichts anderes als das Wesen aller lyrischen
Dichtung selber: jene hocherregte Stimmung, die den Leser geheimnis-
voll ergreift und ihm einen Ausblick gewährt in das Unendliche. Oder
wäre es nötig, auch nur ein Wort zu verlieren gegen jene Barbarei,
die Uhland darum getadelt hat, daß seine Lieder sich der Musik so willig
fügen? In dem Gedichte „Traum", das man auch oft allzu weichlich
gescholten hat, liegt doch nichts anderes als der überaus glückliche Ausdruck einer Stimmung, die unserem Volke von Anbeginn im Blute liegt.
Die Klage um die Vergänglichkeit irdischer Lust wird von unserer
gesamten Dichtung, dem Volksliede insbesondere, in tausend Formen
wiederholt und ist selten rührender ausgesprochen worden als in dieser
Vision von der Abfahrt der „Wonnen und Freuden":

> Sie fuhren mit frischen Winden,
> fern, ferne sah ich schwinden
> der Erde Lust und Heil.

Und wieder, wie köstlich heben sich ab von diesen weichen Tönen der
Sehnsucht die Klänge neckischer Lebenslust! Nicht nur die Weise des
derben Spottes weiß der Dichter anzuschlagen, auch das harmlose, sozusagen gegenstandslose Spielen der Laune hat er den „Lügenliedern"
unseres Volkes abgelauscht, und aus manchem seiner Gesänge klingt
uns die alte lustige Weise entgegen: „Ich will anheben und will nicht
lügen: ich sah drei gebratene Tauben fliegen." —

„Niemand taugt ohne Freude!" Wie sollte Uhland nicht zu dem
guten Worte sich bekennen! Kein Geringerer hat es ja gesprochen als
Walter von der Vogelweide, den er als seinen liebsten Lehrer verehrte.

Daß Uhland mit anderem, modernerem Sinn als die Tieck und Schlegel
auf das geliebte Mittelalter zurücksah, das erkennen wir am leichtesten
an dieser Vorliebe für Walter, den vielleicht freiesten Geist des deut=
schen Mittelalters, der mit seiner hellen bewußten Empfindung uns
Neueren nähersteht als irgend einer seiner Zeitgenossen. Und mannig=
fach, offenbar, war die Verwandtschaft der beiden. Ein Meister der
Form in der Dichtkunst, aber „mehr gestaltend als bilderreich", hat
Walter gleich seinem späteren Schüler seine Herrschaft über die
Form nie mißbraucht zu leerem Spiele mit dem Wohllaut der Sprache.
Die Form ward ihm geschaffen durch den Inhalt, seine prächtigen
volltönenden Weisen versparte er, bis es galt Könige zu preisen oder
die auserwählten schönsten der Frauen. Uhland, der so warm und
traulich die behagliche Enge des häuslichen Lebens besang, spottete doch
bitterlich des Dichters, der in einer Welt des Kampfes nur „sein groß,
zerrissen Herz" zu betrachten wußte. Auch hierin war ihm der alte
Sänger ein Lehrer gewesen: — der politische Dichter, der „in seinem
besonderen Leben das öffentliche spiegelte" und aus voller Kehle seines
Landes Ruhm sang: „Deutsche Mann sind wohlerzogen, gleich den
Engeln sind die Weib getan." Sehr ungleich freilich waren den bei=
den die Gaben des Glückes zugeteilt, und wir freuen uns der freieren
Gesittung der Gegenwart, wenn wir den stolzen, seßhaften, mit seinem
Könige kämpfenden Bürger unserer Tage mit dem fahrenden Ritter
vergleichen, der Herberg und Gaben heischend von Burg zu Burg zieht
und, als ihm endlich eines Fürsten Gnade eine kleine Hofstatt geschenkt,
jubelnd in die Weite ruft: „Ich hab' ein Lehen, all' die Welt, ich hab'
ein Lehen." Auch darin waren die beiden verschieden geartet, daß
Walters höchste Kraft in dem Spruche, dem Sinngedichte, sich be=
währte. Dem modernen Dichter dagegen ist zwar auch manches glück=
liche Sinngedicht gelungen, so jenes liebliche „Verspätete Hochzeits=
lied", das wirklich aus der Not eine Tugend zu machen weiß und die
Säumnis des Sängers also entschuldigt:

> Des schönsten Glückes Schimmer
> umschwebt euch eben dann,
> wenn man euch jetzt und immer
> ein Brautlied singen kann;

doch niemand wird in Uhlands Sinngedichten, denen oftmals die rechte
lakonische Kraft fehlt, das eigenste seines Talents suchen.

Es war ein Liederfrühling kurz und reich. Ein edles Bild der
Jugend war Uhlands Dichtung gewesen, und als mit den Jahren diese

jugendlichen Gefühle ihm seltener das Herz schwellten, hörte er auf zu singen. Nach seinem dreißigsten Jahre sind nur wenige seiner Gedichte entstanden. Darunter allerdings einige seiner schönsten Romanzen, und auch die rührenden Naturlaute zarter inniger Empfindung entflossen noch dann und wann dem Munde des gereiften Mannes, so damals, da ihm in einem Sommer beide Eltern starben und er beim Anblick eines fallenden Blattes die wie im Winde verwehende Klage schrieb:

> O wie vergänglich ist ein Laub,
> des Frühlings Kind, des Herbstes Raub!
> Doch hat dies Laub, das niederbebt,
> mir so viel Liebes überlebt.

Es ist müßig ihn darum zu preisen, daß seine Formgewandtheit ihn nicht verführt hat zu Schöpfungen, die das Gepräge der Notwendigkeit nicht mehr getragen hätten. Wir müssen sagen, er konnte nicht anders als schweigen, wenn der Gott ihn nicht rief. Schon der junge Mann gesteht: „Zu jeder ästhetischen, wenn auch nicht produktiven, Arbeit ist eine Stimmung erforderlich, welche die launische Stunde nach Willkür gibt oder versagt." Einmal erregt pflegte seine dichterische Kraft lange anzuhalten, es war, als ob ein Lied das andere weckte. Sein Wesen läßt sich nur mit dem französischen entier bezeichnen. Jeder Gedanke, jede Beschäftigung nahm ihn ganz und auf die Dauer dahin, selbst die politischen Arbeiten raubten ihm, einmal begonnen, die Lust zu anderem Tun.

Doch wenn seine Dichtung allmählich verstummte, um so lauter erhob der Chor seiner Nachfolger die Stimme, und da ein literar=historisches Zeitalter jeden Künstler säuberlich in einer Schublade unterbringen muß, so mußte auch er, der dem Unwesen der literarischen Kameradschaft immer gram war, als das Haupt der „schwäbischen Dichterschule" gelten und — manche Sünden seiner Nachfahren ent=gelten. Wohl waren diese Sänger alle getränkt von dem warmen Naturgefühle ihrer Heimat, und mit gerechtem Stolze konnte Justinus Kerner rufen:

> Wo der Winzer, wo der Schnitter singt ein Lied durch Berg und Flur,
> Da ist Schwabens Dichterschule, und ihr Meister heißt Natur.

Wie sie einst mit gesundem schwäbischen Sinne gegenüber der Phan=tasterei der Schlegelschen Richtung ihre protestantische Nüchternheit be=wahrt, so haben sie später die reinen Formen der lyrischen Dichtung gerettet, als der Feuilletonstil des jungen Deutschlands alle Kunstformen

zu verwischen drohte; sie haben deutsches Wesen und züchtige Sitte ge=
treu behauptet, während der weltbürgerliche Radikalismus und die
französischen Emanzipationslehren über uns hereinbrachen. Aber mit
der unermüdlichen Fertigkeit der Meistersänger wurde jetzt der so leicht
nachzuahmende, so schwer zu erreichende Balladenstil Uhlands nach=
gebildet. Die poetische Stimmung, jenes „Dunkelklare", geht manchen
gereimten Geschichtserzählungen der Schüler verloren. Die geringe
Empfänglichkeit für die Schönheit der Antike war Uhlands natürlicher
plastischer Kraft ungefährlich gewesen, bei den Nachfolgern bestraft sie
sich durch die unklare verschwommene Zeichnung. Schon dem Meister
war das hinreißende Pathos großer Leidenschaft versagt, ihm fehlte der
Trieb, das Geheimnis der Weltenleitung in schweren Seelenkämpfen zu
ergründen; bei vielen der späteren erscheinen diese Schwächen geradezu
als platte Gemütlichkeit und Gedankenarmut, wofür Frische und Na=
türlichkeit der Darstellung keinen Ersatz gewähren. Wie überhaupt die
Kunst mit Halbwahrheiten virtuos zu spielen den boshaften Satiren
Heinrich Heines ihren gefährlichen Reiz verleiht, so ist auch eine halbe
Wahrheit sicherlich enthalten in jener Schmähschrift, welche den Spott
des übermütigen über die Geistesarmut der schwäbischen Schule er=
goß. Als endlich in Schwaben jeder Fels, wo ein Ritter den anderen
erschlug, seinen Sänger gefunden hatte, und die Düsseldorfer Maler
unsere Galerien immer wieder mit sehnsüchtigen blonden Mädchen und
trauernden letzten Rittern ihres Stammes bevölkerten, da entstand —
wesentlich gefördert durch die Überproduktion der schwäbischen Schule
— in unseren tüchtigsten Männern der weit verbreitete, beklagenswerte
Widerwille gegen alle lyrische Dichtung. Bei solchem Sinne der
Männer ist Uhland heute allerdings vornehmlich ein Liebling unserer
Jugend, während Beranger, der oft mit ihm Verglichene, auch dem
älteren Geschlechte unter seinen Landsleuten noch jetzt aus der Seele
redet. Aber, ein leichtsinniges Pariser Kind, huldigt dieser gleich willig
den edeln wie den unwürdigen Leidenschaften seines Volkes: des deut=
schen Dichters lauterer Sinn hat nur der reinen Begeisterung der
Jugend Worte geliehen. —

„Augen wie ein Kind hat der Alte" hören wir oft die Jüngeren
erstaunt sagen, wenn sie die verwitterten Züge eines Soldaten der Frei=
heitskriege erblicken. In der Tat, eine seltene Frische und jugendliche
Reinheit der Empfindung, die so nicht wiedergekehrt ist, bildet den ent=
scheidenden Charakterzug jenes Geschlechtes, und sie ist auch der schönste

Reiz von Uhlands Dramen. Fremd zugleich und liebenswürdig klingt unserem kurz angebundenen Wesen der zärtliche Erguß der Freundschaft Ernsts von Schwaben an der Leiche seines Werners:

> Die Lüfte wehen noch, die Sonne scheint,
> die Ströme rauschen und der Werner stirbt!

— oder die edle Resignation Friedrichs von Österreich, der sich freut:

> Daß ich noch Kronen von mir stoßen, noch
> den Kerker kann erwählen statt des Throns.

An ähnlichen Zügen hoher lyrischer Schönheit sind die beiden Dramen reich. Sogar die Landschaft spielt mit, nach der Weise der lyrischen Dichtung; sie spiegelt wider oder hebt durch den Kontrast die Leiden=schaften der dramatischen Helden. Nicht minder kommt des Dichters episches Talent zur Entfaltung in den zahlreich eingestreuten Erzäh=lungen — kleinen Romanzen, die überall eine große Anmut und Sicher=heit der Zeichnung verraten; ja die gesamte Weltanschauung des Dichters ist episch; seinen Kaiser schildert er nach homerischer Weise und mit den Worten des mittelalterlichen Erzählers:

> Und seine Schulter ragt' ob allem Volk.

Das eigentlich dramatische Talent dagegen hat sich Uhland in edler Bescheidenheit selbst abgesprochen. Nimmermehr wird es blinden Be=wunderern gelingen, diesem Bekenntnisse des Dichters sein Gewicht zu nehmen. Uhland deshalb zu den ersten Dramatikern der Deutschen zählen, weil seine Dramen „nationale" Stoffe behandeln, das heißt prosaisch am Stoffe kleben und das Wesen aller Kunst verkennen. Wie im Wettstreit der Rede der ärmere Geist, der die Hörer durch redneri=schen Schwung bezaubert, unfehlbar und mit vollem Rechte den helleren Kopf besiegt, welchem die hinreißende Gewalt der Rede fehlt: ebenso und mit gleichem Rechte triumphiert auf den Brettern der bühnenkundige dramatische Handwerker über den echten Dichter, der die Kunst der dramatischen Aufregung nicht versteht. So recht das Gegenteil jenes durchgreifenden, revolutionären Eifers, der den dramatischen Helden macht, ist die zähe Kraft des treuen Beharrens, welche das Pathos der Helden Uhlands bildet. Und wieder so recht das Gegenteil jener ganz bestimmten endlichen Zwecke, welche der dramatische Held ver=folgen soll, ist jene gegenstandslose sittliche Begeisterung, die einen guten Plan verwirft, weil nichts darin zu finden sei, „nichts, was begeistern könnt' ein edles Herz". Nur selten zeigt Uhlands Dialog das dra=matische Platzen der Geister aufeinander; mit vorgefaßten Entschlüssen treten zumeist seine Menschen auf die Bühne, erzählen, sprechen ihre Empfindungen aus und die Szene schließt oft ohne jedes dramatische Ergebnis. Auch widerstrebt es dem warmen Herzen des Dichters, das Böse mit dem unbefangenen Behagen des Dramatikers zu schildern. Die politischen Pläne, die er seinen Helden in die Seele legt, erscheinen als Beiwerk, nicht als ein Pathos, das den ganzen Menschen erfüllt. Auf der Bühne tritt den modernen Hörern das fremdartige Wesen der Kulturformen und der Empfindungen des Mittelalters sehr auffällig entgegen, um so auffälliger, da der Dichter manche Szenen — den Kirchenbann, den Ritterschlag — sichtlich nur deshalb mit Vorliebe behandelt hat, weil der romantische Reiz des fremden Kostüms ihn lockte, nicht weil sie dramatisch notwendig waren.

Dergestalt sind die Dramen rasch von der Bühne verschwunden. Dem Leser wird ihre lyrische Schönheit immer teuer bleiben, und eben darum wird er mit reinerer Freude vor dem älteren der beiden Werke verweilen. Willig vergißt er den verfehlten Bau des „Ernst von Schwaben", dessen Handlung mit dem Höhepunkte beginnt, denn gar zu liebenswürdig tritt uns aus dem Bilde der beiden treuen Freunde das warme reine Herz des Dichters entgegen. Das Schauspiel „Lud= wig der Bayer" ist, obwohl es Schritt für Schritt den Berichten der alten Chronisten folgt, doch weit kunstgerechter gebaut als das Erst= lingsdrama, und ohne Zweifel hat keiner der späteren Bearbeiter dieser undramatischen Fabel den schwäbischen Dichter erreicht. Aber der spröde Stoff gewährte hier Uhlands lyrischem Talente weniger Spielraum. Am reichsten entfaltet sich diese Begabung in dem Fragmente „Kon= radin". Keine andere Fabel unserer Geschichte kam allen Idealen dieses Dichters und dieser Zeit so willig entgegen. Noch ein anderes schönes Bruchstück hat er uns hinterlassen, das kleine Epos „Fortunat". Es ist lehrreich, zu beobachten, wie auch ein so schlichter, aller Paradoxie abgeneigter Dichtergeist durch den Reiz des Kontrastes zum Gesange begeistert werden kann. Diese übermütigen, mutwilligen Verse ent= standen dem ernsten, strengen Manne in Tagen schwerer Sorge um Haus und Staat. Aber seltsam, wie er, der in seinen kleinen Gedichten uns durch die gedrungene Kürze der Darstellung in Erstaunen setzt, bei größeren Entwürfen ins Weite zu gehen liebte. Schon der zweite Gesang des Fortunat ist eine Abschweifung nach Ariostischer Weise, und eben deshalb mag auch die Vollendung des anmutigen Gedichts unterblieben sein.

Der Dichtung Uhlands schaut keiner auf den Grund, der nicht Kunde hat von seinem wissenschaftlichen Wirken. Er selber sagte scharf: „Wer sich nicht mit meinen Studien befaßt hat, kann auch nicht über mich schreiben." Die lebensvolle poetische Schilderung unserer Vorwelt erwuchs ihm aus gründlicher gelehrter Kenntnis. Wohl durfte er von seinen alten Büchern rühmen: „Durch ihre Zeilen windet ein grüner Pfad sich weit." Dank den Romantikern: nicht mehr eine ermüdende Masse gleichgültiger Namen brachten die Gelehrten heim aus der Erforschung unserer Vorzeit. Die Seele unseres Volkes in der Vorwelt erschloß sich den Nachlebenden, und Uhland hat ein Großes mitgeschafft an diesem Werke deutscher Wissenschaft. Ein gutes Wort aus seinen letzten Jahren bezeichnet schlagend, wie er Sinn und Ziel seines wissenschaftlichen Schaffens verstand. „Eine Arbeit dieser stillen Art," schreibt er einem Freunde, „setzt sich freilich dem Vorwurf aus, daß sie in der jetzigen Lage des Vaterlandes nicht an der Zeit sei. Ich betrachte sie aber nicht lediglich als eine Auswanderung in die Vergangenheit; eher als ein rechtes Einwandern in die tiefere Natur des deutschen Volkslebens, an dessen Gesundheit man irre werden muß, wenn man einzig die Erscheinungen des Tages vor Augen hat, und dessen edleren, reineren Geist geschichtlich darzustellen um so weniger unnütz sein mag, je trüber und verworrener die Gegenwart sich anläßt." Der Gedanke einer Geschichte der deutschen Dichtung im Zeitalter der Staufer, einer schwäbischen Sagenkunde beschäftigte ihn lange, und wenn von diesen weitaussehenden Plänen nur einiges — dies Wenige allerdings meisterhaft — ausgeführt ward, so erraten wir leicht den Grund: Für den Lyriker liegt der Reiz des Schaffens im Anlegen und Erfinden. Streng methodisch wie nur sein Freund Immanuel Bekker betrieb er diese germanistischen Studien, aber auch den Dichter erkennen wir wieder in dem Verfasser des schönen Buches „Walter von der Vogelweide", woraus oben einige bezeichnende Urteile mitgeteilt wurden. Seine einfach edle Prosa ist nicht weniger künstlerisch als der Wohllaut seiner Verse. Wie dem Künstler ziemt, suchte er hier aus der Person des Dichters die Dichtung zu erklären und brachte also in die Literaturgeschichte des deutschen Mittelalters einen neuen notwendigen Gesichtspunkt. Nur die geschichtliche Bedeutung und den ästhetischen Wert der Gedichte unserer Vorzeit hatte man bisher gewürdigt, noch nicht sie betrachtet als Offenbarungen reicher dichterischer Persönlichkeiten. Nicht minder den Dichter erkennen wir, wenn er in der für die

germanische Mythologie epochemachenden Abhandlung über den Mythus
vom Tor nicht nur den allegorischen Sinn der alten Naturmythen
enträtselt, sondern auch den Heidengott uns menschlich naheführt und
in dem Bändiger aller tobenden Elemente uns den demokratischen
Gott zeigt, den gewaltigen Arbeitsmann, den geliebten Freund des
Volkes, den der Bauer neckend am roten Barte zupft. Froh und
heimisch fühlt sich der rüstige Mann unter dem starken Volke, das „im
Donnerhalle die Nähe seines Freundes erkennt". Und fröhlich zog
er auf weite Wanderfahrten, um aus Fels und See, aus dem Geiste
des Ortes selber die Gestalten unserer Sagen greifbar und lebendig
hervorsteigen zu sehen. An der Hand der Natur führten dann seine
Beiträge zur schwäbischen Sagenkunde den Leser in die fremde Welt
halbverschollener Überlieferungen ein. Wir steigen mit ihm auf die
Trümmer des alten Schlosses Bodman am Bodensee, wir hören den
Schall entfernter Glocken leise über den rauschenden See her klingen
und wir verstehen, wie einst hier in karolingischer Zeit den schlafenden
Hirten Pipin das wonnevolle Geläute zum fernen Kloster lockte. Wir
sehen den Nebel über den Wassern sich ballen, der den Schiffer beirrt
und die Reben mit kaltem Reife schädigt, und wir begreifen, wie die
Launen des Nebelmännleins seltsam hineinspielen in das Geschick des
alten Geschlechtes der Bodman.

Uhlands erstes gelehrtes Werk war eine Abhandlung über das alt=
französische Epos gewesen, und das feine Verständnis der Volks=
dichtung, das die Kenner in diesem Aufsatze erfreut, bewährte sich auch
in den jahrelangen Forschungen für sein letztes größeres gelehrtes Werk
über das deutsche Volkslied. Der Tod hat den bedachtsamen Arbeiter
in diesem Unternehmen unterbrochen. Vollendet ist nur der Vorläufer
der verheißenen Abhandlung, die köstliche Sammlung deutscher Volks=
lieder, die in jedem guten deutschen Hause eine Stätte finden sollte, denn
sie ist, was der Sammler wollte, „weder eine moralische, noch eine
ästhetische Mustersammlung, sondern ein Beitrag zur Geschichte des
deutschen Volkslebens". Wie „Des Knaben Wunderhorn", dem Uhlands
Jugend so Großes verdankte, verrät auch diese Sammlung, daß schön=
heitskundige Dichterhände die Auswahl geleitet; aber an der Ver=
gleichung beider Werke ermessen wir zugleich den ungeheuren Fortschritt
der germanischen Wissenschaft von dilettantischer Unfertigkeit zu
kritischer Strenge. Schwerlich ist es ein Zufall, daß der Sammler den
bedeutenden wirksamen Platz am Schlusse seines Buches den Liedern

des streitbaren Protestantismus angewiesen hat. Des Kranzes letzte
Blätter sind: „Eine feste Burg ist unser Gott" und jenes herrliche Lied
eines sächsischen Mädchens aus den Tagen des Schmalkaldischen Krieges:
Stets soll mein Angesicht sauer sehn,
bis die Spanier untergehn —
der kräftige Ausdruck einer großen politischen Leidenschaft, die seitdem
die Seele der mitteldeutschen Stämme leider nie wieder so gewaltig
erschüttert hat.

In mannigfachen Formen (schon vielen ist dies aufgefallen) kehrt
in Uhlands Gedichten ein Idealbild wieder — der streitbare Sänger:
Mag der Dichter den Normannen singend und die schweren Schwerter
schleudernd vor dem Eroberer reiten lassen, mag er Aschylos und
Dante preisen, weil sie für Freiheit und Vaterland gesungen und gestritten, oder Körners Schatten heraufbeschwören zu zorniger Mahnung an die Überlebenden. In friedlichem, aber nicht minder ernstem
und aufregendem Kampfe hat er selber sich zu diesen Sängern und
Helden gestellt. Die Zeit ist hoffentlich nahe, da wir Deutschen aufhören werden, etwas Auffälliges zu sehen in dieser Verkettung bürgerlichen und künstlerischen Ruhmes. Wie wir neuerdings in Italien der
ruhmvollen Erscheinung begegnen, daß unter den namhaften Denkern
und Künstlern kaum einer sich findet, der nicht sein Herzblut hingäbe
für das freie und einige Italien: so beginnt unter den Deutschen eine
ähnliche Wandlung sich zu vollziehen. Das Herz der Nation kehrt sich
ab von jenen Künstlern, die neben dem großen politischen Kampfe der
Gegenwart kalt zur Seite stehen. Seltener, schüchterner immer tönt
das vordem in diesen Kreisen oft gehörte Wort, dem Künstler zieme
nicht sich zu kümmern um die Abstraktionen der politischen Debatte,
„weil er sich kein Bild davon machen könne". Der politische Kampf
der deutschen Gegenwart ist nicht ein Streit um diese oder jene Staats-
einrichtung, wie eine Doktrin, ein Klasseninteresse sie fordert. Es gilt,
der Nation das Unterpfand jedes schönen Erfolges, das stolze Selbstgefühl zu retten. Was irgend krankt in unserem Volksleben, in Kunst
und Wirtschaft, Glauben und Wissen, nicht eher wird es völlig gesunden, als bis die Deutschen ihren Staat gegründet. Das Geschlecht
von Dichtern aber, dem die Kleist, Arndt, Uhland angehören, war das
erste in Deutschland, welches diese unmittelbare sittliche Bedeutung der
Staatsfragen begriff und solche Erkenntnis in Taten bewährte. Als
König Ludwig von Bayern um das Jahr 1841, in der unheilvollsten

Zeit seiner Regierung, mit dem Plane umging, einen deutschen Dichter=
verein zu gründen, und den schwäbischen Dichter zum Beitritt auffor=
dern ließ, da erklärte Uhland dem Minister v. Schenk in einem tapferen
Briefe, was er denke über die Pflicht des Dichters gegen das Vaterland.
„Bei Deutschlands politischer Zersplitterung," heißt es da, „kann auch
der bestgemeinte Vorschlag zur idealen Einigung eher verletzen als er=
mutigen; immer nur der Stein statt des Brotes! — Wenn die deutsche
Dichtkunst wahrhaft national erstarken soll, so können ihre Vertreter
nicht auf ein historisches oder idyllisches Deutschland beschränkt sein;
jede Frage der Gegenwart, wenn sie das Herz bewegt, muß einer wür=
digen Behandlung offenstehen."
    Sehr laut, fast überschwenglich ist neuerdings Uhlands politisches
Wirken gepriesen worden. Der Kaltsinn gegen die Kunst, diese Krank=
heit der Gegenwart, offenbarte sich auch darin, daß in vielen Nekro=
logen der Dichter wie ein patriotischer Landtagsabgeordneter erschien,
der nebenbei auch Verse geschrieben. Wohl ist es nicht leicht, diesen
verschlossenen Charakter zu durchschauen, der selten in Gesprächen oder
Briefen die Beweggründe seines Handelns angab. Nur diese Behaup=
tung dürfen wir zuversichtlich aufrechterhalten: Uhlands dichterisches
und gelehrtes Schaffen war nicht bloß fruchtbarer als seine politische
Wirksamkeit, es wurzelte auch ungleich tief in seinem Gemüte. Uhland
war weit weniger als Kleist oder Arndt eine politische Natur; das Un=
glück des Vaterlandes erfüllte den ruhigen Mann nicht mit jener heißen
Leidenschaft, die jeden anderen Gedanken übertäubt; gleich den ausschließ=
lich ästhetischen Geistern. des älteren Dichtergeschlechts war ihm noch
möglich, während der krampfhaften Aufregung des Freiheitskrieges sich
die selige Ruhe künstlerischen Wirkens zu bewahren. Nicht in die Wiege
gebunden war ihm die Lust am Streite, wie einem Lessing; ihn erfüllte
nur das unabweisliche Verlangen, rein und unsträflich vor seinen Augen
dazustehen. Wie konnte er also zurückstehen, wenn um die höchsten
sittlichen Güter unseres Volkes gestritten ward? Zudem hatte er
seinen natürlichen Rechtssinn geschult in den juristischen Studien, die
er ohne Freude, aber mit Ernst und Nachdruck trieb, und war früh mit
den Ideen des modernen Liberalismus vertraut geworden. Seine
schmucklos bürgerliche Art, „dickrindig und schier klotzig", wie Chamisso
sie einmal übermütig nannte, diese keusche Wahrhaftigkeit sah mit
bitterem Ekel auf die Leichtfertigkeit der Höfe, auf das vornehme Spie=
len mit dem Ernste des Lebens. So ward er, der seine gelehrte Arbeit

und den besten Teil seiner Dichterkraft unserer Vorzeit widmete, im Leben ein Streiter für die modernen Volksrechte. Bestechend, aber verkehrt ist Heinrich Heines Versuch, aus diesem scheinbaren Widerspruche von Leben und Dichtung das frühe Verstummen von Uhlands Gesang zu erklären. Wir wissen längst, daß nicht „das katholisch-feudalistische", sondern das volkstümliche Element der mittelalterlichen Gesittung seine dichterische Neigung vorwiegend anzog; also haben seine poetischen Arbeiten seinen vaterländischen Sinn vielmehr gekräftigt. Nur einzelne kleine Schwächen seiner Poesie lassen sich allerdings auf dies zwiegeteilte Streben zurückführen. Wenn dann und wann ein Ritter, ein Mönch seiner Balladen uns mit allzu blassen Farben gemalt scheint, so erinnern wir uns: Ein durchaus moderner Mensch hat dies Bild geschaffen, der bereits mit hellem Bewußtsein auf das Mittelalter als auf eine versunkene Welt zurückschaut.

Es ist nicht ganz richtig, wenn Uhland kurzweg den Dichtern der Freiheitskriege zugezählt wird. Der Heldenzorn jenes Kampfes tönt uns mit voller Gewalt nur aus den Liedern der Arndt, Körner, Schenkendorf entgegen, die mitteninne standen in dem Schlachtgetümmel. Dem Schwaben war dies schöne Los versagt; darum hören wir aus den Liedern Uhlands in dieser Zeit nur die Stimme des erregten Beobachters, nicht des Kämpfers. Besonders schön hat er die Angst der Guten geschildert, da die letzte Entscheidung sich verzögerte, bis ihm endlich sein heißer Wunsch erfüllt ward:

> Das edle Recht, zu singen
> des deutschen Volkes Sieg.

Demutsvoll stand er zur Seite und fragte sein Land:

> Nach solchen Opfern heilig großen
> was gälten diese Lieder dir!

Erst nach dem Frieden, als Süddeutschland der Brennpunkt unserer staatlichen Kämpfe war, begannen die großen Tage seiner politischen Dichtung, welche nun, da der Norden ermattet schwieg, den Geist jener nordischen streitbaren Sänger getreulich bewahrte.

Der württembergische Verfassungsstreit brach aus. Schon als Arbeiter im Justizministerium hatte der junge Jurist erfahren, was die Willkürherrschaft des geistvollsten und ruchlosesten der Napoleonischen Satrapen bedeute. Jetzt, ein unabhängiger Rechtsanwalt in Stuttgart, ward er der beredte Mund des empörten Rechtsgefühls seines Stammes. Er forderte das alte Recht zurück, verwarf sowohl die neue vom König

Friedrich eigenmächtig geschaffene Verfassung als die wohlmeinende
Vermittlung des Nachfolgers König Wilhelm und seines alten Gönners,
des Ministers Wangenheim, schrieb unermüdlich Adressen, Flugschriften
und die „Vaterländischen Gedichte". Zu ihnen möchte ich alle Verächter
der politischen Dichtung führen, damit sie erkennen: Ein echter Dichter
ist, derweil er singt, immer im Rechte. Auch wer das starre Fest=
halten der Altwürttemberger an dem alten Rechte politisch verwirft,
muß ergriffen werden von dem so männlich=stolzen und so christlich=
bemütigen Gebete:

> · Zu unsrem König, deinem Knecht,
> kann nicht des Volkes Stimme kommen.

Und wenn irgendwo, so ist hier Uhland der deutschen Dichterweise treu
geblieben und hat die Form seiner Lieder sich schaffen lassen durch den
Inhalt. Dichter und Staatsmann hatten schier die Rollen ausgetauscht:
Der phantastischen, dreist experimentierenden Staatskunst Wangenheims
stand der Sänger mit der nüchternen bedachtsamen Mahnung gegen=
über, das Altbewährte treu zu hüten. Wirken sollten die Lieder, haften
im Gedächtnisse des Volkes. Darum die einfachste Form für den ein=
fachen Inhalt, unermüdliche Wiederholung, schmucklose, allen verständ=
liche, dann und wann fast prosaische Worte:

> Schelten euch die überweisen,
> die um eigne Sonnen kreisen,
> haltet fester nur am Echten,
> Alterprobten, Einfach=Rechten!

Die verschiedensten Beweggründe zugleich trieben den Dichter in die
buntscheckigen Reihen der Opposition: die gemütliche Anhänglichkeit
an das altheimische Recht so gut wie der noch ungeschulte Liberalis=
mus, der die alte Verfassung pries, weil sie die Macht des Monarchen
beschränkte, doch nicht begriff, daß sie den modernen Staat aufhob.
Mächtiger als all dies wirkte in ihm der edle sittliche Zorn, der freie
Männerstolz, der auch der wohlmeinenden Macht nicht gestatten wollte,
das Recht zu beugen. In solchem sittlichen Zorn liegt die Idee, die
Berechtigung dieser Opposition. Ihm dankte der Dichter auch seine
poetische Überlegenheit, als er jetzt einen neuen heftigeren, politischen
Sängerstreit mit Rückert durchfechten mußte. So hatte einst sein Lehrer
Walter für den Staufer Philipp kampflustige Lieder gesungen, derweil
Wolfram von Eschenbach für den Welfenkaiser Otto in die Schranken
trat. Diesmal sprach Uhland zum Herzen der Hörer, während der

Gegner, indem er Wangenheims Reformpläne verteidigte, nur an den
Verstand des Volkes sich wenden konnte. Und nicht an der Scholle
haftet der Blick des Sängers, er sah in dem Ringen seiner Heimat
nur eine Schlacht des langen Krieges, der das weite Vaterland erfüllen
sollte, und verwundete die Elenden, die nach geheimen Bünden spürten,
mitten ins Herz mit den Versen:

> Ich kenne, was das Leben euch verbittert,
> die arge Pest, die weit vererbte Sünde:
> Die Sehnsucht, daß ein Deutschland sich begründe,
> gesetzlich frei, volkskräftig, unzersplittert.

Oftmals in diesen Händeln traf seine noch unfertige politische
Bildung mit sicherem Takte das Rechte; so, wenn er wider den Plan
einer württembergischen Adelskammer das gute durch schwere Er=
fahrungen bestätigte Wort sprach: „Das heißt den Todeskeim in die
Verfassung legen." Auch an den Fehlern der Opposition hatte er seinen
Teil, an jener eigensinnigen Hartnäckigkeit, welche die gute Stunde,
die freieste Verfassung in Deutschland zu gründen, verscherzte. In
späteren Jahren hatte er selbst eingesehen, wie sehr ihm die Freiheit des
Urteils fehlte, als er die wohldurchdachten Entwürfe der Regierung
kurzab als Machwerke verdammte. Doch von allen Irrtümern dieses
Mannes gilt sein eigenes Wort:

> Wohl uns, wenn das getäuschte Herz
> nicht müde wird, von neuem zu erglühn:
> Das Echte doch ist eben diese Glut.

Ja wohl, das Feuer einer reinen Begeisterung flammt in diesen würt=
tembergischen Liedern; darum werden sie auch dann noch in unserem
Volke leben, wenn das Königreich Württemberg längst aufgehört haben
wird zu bestehen. Die Lieder zogen als Flugblätter durch das Land.
Einzelne nichtschwäbische Zeitungen wagten sie in ihren Spalten auf=
zunehmen. So brachte ein norddeutsches Blatt das an den wackeren
Stuttgarter Bürgermeister Klüpfel gerichtete Gedicht „Die Schlacht der
Völker war geschlagen" unter der für den Geist der Presse jener Tage
bezeichnenden überschrift: „An den Repräsentanten einer angesehenen
Stadt bei einer bekannten Ständeversammlung, gesungen bei einem
festlichen Mahle, das dem würdigen Manne am 18. Oktober 1815
von seinen Kommittenten gegeben wurde." Diese Gedichte gründeten
dem Sänger zuerst einen geehrten Namen in der Literatur, und das
schwäbische Volk sah mit begreiflichem Stolze auf den Mann, der also

mit Ehren die Stammesart vertrat. Alsbald nachdem er das gesetz=
liche Alter erreicht, 1817, ward er in die Kammer gewählt, und mit
Unwillen mußte er jetzt den Umschlag der Volksmeinung wahrnehmen.
Dem zähen Eigensinne folgte übereilte Nachgiebigkeit, nur das eine
ward erreicht:

> Daß bei dem biedren Volk in Schwaben
> das Recht besteht und der Vertrag.

Nicht durch königlichen Befehl, durch Vertrag zwischen Land und Krone
kam die neue Verfassung zustande, doch fehlte viel, daß ihr Buchstabe
zur Wahrheit ward. Bald befestigte sich unter König Wilhelm die
gefährlichste Form des scheinkonstitutionellen Regiments, welche Deutsch=
land vor der Revolution gesehen hat: ein aufgeklärter Despotismus,
den Großmächten gegenüber liberal, nach innen tätig für das mate=
rielle Wohl, eifersüchtig gegen jede selbständige Haltung des Landtags,
von gewandten klugen Männern geleitet, eifrig bestrebt, alle Talente
des Landes in den Dienst der Minister zu ziehen. Ohne Freude hielt
Uhland unter den Landständen aus. „Nur als Freiwilliger," sagte er
selbst, „als Bürger, als einer aus dem Volke trat ich mit an." Per=
sönliche Würde, Pflichttreue und die Gewalt seiner Feder verschafften
ihm trotzdem eine Stelle unter den Führern der Opposition. Während
des Kampfes um die Verfassung hatte er Staatsämter, die man ihm
anbot, ausgeschlagen. Jetzt mußte er für seine Festigkeit büßen; erst
im Jahre 1829 berief ihn die Regierung zu der Stelle, die ihm ge=
bührte und seinen liebsten Wünschen entsprach, auf den Lehrstuhl der
deutschen Literatur in Tübingen.

Dort ist fortan sein Wohnsitz geblieben, und es war ein echt=
deutscher Zug, daß er an einem Stilleben sich genügen lassen konnte,
welches einen Franzosen von seiner Bedeutung zur Verzweiflung ge=
bracht hätte. Nahe an der Neckarbrücke stand sein freundliches Haus
mitten im Rebgarten am Abhange des Österberges, dessen schön=
geschwungene Formen der aus Italien heimkehrende Tübinger Philolog
mit dem Vesuv zu vergleichen liebt. Dort saß er Jahr für Jahr jene
denkwürdigen Ereignisse an sich vorübergehen, welche die Ruhe dieses
akademischen Flachsenfingen unterbrechen. Immer wieder zogen der
Pauperpräfekt und die Armenschüler in ihren hohen Hüten singend
durch die winkeligen rinnsalreichen Gassen, das Vieh ward in den
Neckar zur Schwemme getrieben, die Stadtzinkenisten bliesen ihren
Choral vom Turme, und — das wichtigste von allem — die beru=

fenen Flößer, die Jockeles, führten das Holz des Schwarzwaldes tal=
wärts und wechselten mit den alten Erbfeinden, den Studenten, home=
rische Schimpfreden. Es liegt ein eigener stiller Reiz über dieser klein=
städtischen Welt, wo an jedem Hause ein uralter derber Burschenwitz
oder eine gute Erinnerung an einen tüchtigen Mann haftet. Im Ver=
kehre mit vortrefflichen Männern fühlte Uhland sich bald wieder hei=
misch in der Vaterstadt, und durch seine kurze akademische Wirksamkeit
erweckte er in den Schwaben zuerst den Sinn für die germanistische
Wissenschaft. Noch ein anderes rühmen seine Landsleute ihm nach:
Der angesehene Professor vernichtete durch persönliche Würde und ge=
diegene Gelehrsamkeit jene kleinlichen Vorurteile gegen den Beruf
des Dichters, die seit Schubarts und Hölderlins Tagen von dem
schwäbischen Bürger gehegt wurden.

Nach wenigen Jahren rief ihn eine abermalige Wahl in die Kammer
von seinem gelehrten Wirken ab. In den zwanziger Jahren hatte
sich die Opposition in Württemberg vorwiegend auf örtliche Zwecke
beschränkt. Ein fleißiger Arbeiter in den Kommissionen, ein karger, un=
gewandter Redner, aber wenn er sprach, schlagend, gedankenreich, ent=
schieden, war damals Uhland für den von der Regierung mißhandelten
Friedrich List in die Schranken getreten, hatte gewirkt für die Neuord=
nung der Rechtspflege, namentlich die Unabhängigkeit des Richter=
standes, und für die Minderung der Militärlast. Höhere Ziele steckte
sich die Opposition nach der Julirevolution. Noch immer freilich blieb
unter den deutschen Liberalen die alte weltbürgerliche Neigung lebendig;
diese Gesinnung hatte Uhland vordem zum Eintritt in die Philhellenen=
vereine bewogen, ihr verdanken wir auch eines seiner besten Gedichte,
die Ballade „Die Bidassoabrücke" zum Preise des Verwegensten der
Spanier, Mina. Jedoch unter den Besseren wenigstens „prägte sich
jetzt — nach Uhlands Worten — ein deutscher Liberalismus aus, der
die freisinnige Idee mit der Vaterlandsehre zu verbinden trachtete".
Als Süddeutschland fürchten mußte, durch die absolutistische Tendenz=
politik Österreichs in einen Krieg gegen das liberale Frankreich hinein=
gerissen zu werden, und die nicht minder verblendete Parteiwut vieler
Liberalen freudig den Augenblick ersehnte, der den Südwesten zum
Verrat an Deutschland, unter die „liberale" Trikolore der Fremden
führen würde — in diesen angstvollen Tagen wandte sich das Auge der
Besseren über die schwarzroten Grenzpfähle hinaus den deutschen
Bruderstämmen zu. Man empfand bitter den Mangel einer Volks=

vertretung in Österreich und Preußen und „die Unnatur der deutschen
Zustände, daß die schwächeren Schultern die Träger der größeren
Volksrechte sein sollen". Aber unverzagt mahnte Uhland die Freunde,
„unsere ehrenvolle Bürde, das zukünftige Eigentum des gesamten
Deutschlands, einer helleren Zukunft entgegenzutragen".

Mit dem stolzen Bewußtsein eines ernsten nationalen Berufs betrat die Opposition den Ständesaal. Der Landtag des Jahres 1833
ward einer der wichtigsten in Deutschland vor der deutschen Revolution.
Nicht nur eine große Zahl von Talenten füllte das Haus: hier ward
auch zum ersten Male grundsätzlich eine Lebensfrage der Politik des
deutschen Bundes erörtert. Die sittliche ebensosehr als die politische
Pflicht gebot, daß einem großen politischen Lügengewebe ein Ende gemacht werde, daß die konstitutionellen Regierungen nicht mehr durch
Bundesbeschlüsse im Geiste des Absolutismus sich ihres Verfassungseides entheben ließen. Darum stellte Paul Pfizer seine berühmte
Motion, daß der Verfassung widersprechende Bundesbeschlüsse in Württemberg keine Geltung haben sollten. Umsonst zeigten befreundete
Landsleute in der Ferne, wie Wurm, die Unausführbarkeit des Antrages.
Es war und ist ein Widersinn, daß ein Bund konstitutioneller Staaten
von einer absolutistischen Körperschaft geleitet wird; der Unwille darob
ward unter den Liberalen so übermächtig, daß sie, die Verfechter des
Einheitsgedankens, den Teil grundsätzlich über das Ganze stellten —
ein denkwürdiges Symptom der Verwirrung und Verbildung deutscher
Politik.*) Das Verlangen der Minister, die Kammer solle die Motion
mit verdientem Unwillen zurückweisen, ward mit einer scharfen Adresse
aus Uhlands Feder beantwortet. Hierauf erfolgte die Auflösung und
eine Reihe von Ereignissen, welche in jener Zeit der politischen Unschuld
ungeheures Aufsehen erregten, während die Gegenwart bereits an einen
weit roheren Mißbrauch der Regierungsgewalt gewöhnt ist. Schon
von dem aufgelösten „vergeblichen Landtage" hatten die Minister ihre
Gegner durch gesuchte Gesetzesauslegungen auszuschließen getrachtet;
Uhland war damals für die Gültigkeit der Wahl seines alten Gegners
Wangenheim aufgetreten in einer Rede, die seinem Herzen Ehre macht.
Jetzt wurden diese alten Künste der Regierung weiter ausgebildet.
Uhland, abermals gewählt, erhielt den Urlaub nicht und legte rasch
entschlossen seine Professur nieder.

---

*) Vgl. oben S. 265.

Von neuem entspann sich der Streit wider die verfassungswidrigen Bundesbeschlüsse. In diesen Debatten verkündete Uhland in schwungvoller Rede den nationalen Beruf der süddeutschen Opposition und sprach das kühne Wort: „Diese Rechte und Freiheiten werden einst von einer deutschen Nationalvertretung zur vollen und segensreichen Entfaltung gebracht werden." Was er schon während des alten Verfassungsstreites dunkel geahnt, sah er jetzt klar vor Augen: daß alle Sünden der Einzelstaaten ihre Wurzel haben in dem Mangel einer volkstümlichen einheitlichen Verfassung Deutschlands. Darum deckte er bei der Beratung des Militärbudgets schonungslos das große Übel auf, das alle Militärdebatten in den Kleinstaaten noch heute verbittert und vergiftet. Er fragte: „Hat sich die Einigung im Bunde selbst schon als eine in der Nation begründete erwiesen? Kann bei solchem Stande der Dinge Württemberg wissen, unter welcher größeren Fahne und zu welchen Zwecken seine Truppen zunächst ausziehen werden?" Nicht zufrieden mit der unfruchtbaren abwehrenden Haltung dem Bunde gegenüber, sprach er jetzt ein altes wohlberechtigtes Verlangen der Liberalen aus: er forderte, daß die Minister wegen der Instruktionen an die Bundestagsgesandten den Kammern Rede stehen sollten.

Heftiger von Jahr zu Jahr wurde die Erbitterung. In ihrem allerdings wohlbegründeten Mißtrauen gegen die Minister stimmte die Opposition einmal sogar für die Verwerfung des gesamten Budgets, ja, befangen in kleinstädtischen volkswirtschaftlichen Begriffen und voll Widerwillens gegen Preußen, erklärte sich Uhland sogar gegen den Beitritt Württembergs zum deutschen Zollvereine. Auch er litt an jener Verblendung, womit die meisten Liberalen des Südwestens in jenen Tagen behaftet waren: stolz auf sein schwäbisches „konstitutionelles Leben", das doch in Wahrheit die Willkür der Krone nicht wesentlich beschränkte, handelte er unwillkürlich als Partikularist. Aus Liebe zu Deutschland ward er mitschuldig an der unseligsten politischen Sünde des alten Liberalismus: er widerstrebte dem großartigsten und wirksamsten Versuche einer praktischen Einigung des Vaterlandes, der seit Jahrhunderten gewagt worden! Dies Verfahren ist um so befremdlicher, da Uhland selbst bald nachher die Unfruchtbarkeit der kleinen Landtage für das große Vaterland scharf erkannte: „Wir stehen an der Grenze einer lebendigen Wirksamkeit auf diesem Wege," schrieb er 1840, „der Bündel ist nicht zustande gekommen, das Beil hat kein Heft und die Stäbe liegen zerknickt umher." Endlich, im Jahre 1839,

beging die Opposition einen letzten verhängnisvollen Fehler. Wie oftmals in reichen, warmen Gemütern, liegt auch in dem tüchtigen
Charakter der Schwaben ein Zug von unberechenbarem Eigensinn, von
pessimistischem Trotz. Häufig in ihrer Geschichte, und immer zum
Unheile des Landes, war er zutage gekommen; so während des Verfassungsstreites, so jetzt wieder in anderer Weise, als die Uhland,
Schott, Pfizer, Römer, vereinsamt unter dem gleichgültigen Volke,
auf die Wiederwahl verzichteten. Dergestalt war der Landtag seiner
besten Kräfte beraubt, und dem schwäbischen Staatsleben, das in seinem
abgeschlossenen Sonderdasein dringender als die meisten anderen Staaten
der fortwährenden Mahnung an die nationalen Pflichten bedarf — ihm
fehlten fortan gerade jene liberalen Talente, welche freieren Blickes
über die Landesgrenze hinausschauten.

Das zurückgezogene Leben, das der Dichter nun in Tübingen begann, fiel gerade in die Tage, da von seiner Heimat jene kühne theologische Bewegung ausging, welche durch das Auftreten von David
Strauß veranlaßt war. Abermals bewährte sich der alte Romantiker als ein moderner Mensch. Den vorurteilsfreien Forscher erschreckte es nicht, daß die Grundsätze der wissenschaftlichen Kritik, die
ihm selber das Verständnis der heidnischen Götterlehre erschlossen
hatten, jetzt auf die christliche Mythologie angewendet wurden. Der
theologische Streit lag seinem Sinne fern, doch verteidigte er die Verketzerten und ihr Recht der freien Forschung. Einen anderen modernen
Gedanken dagegen, der gleichfalls in seiner Umgebung gehegt ward,
hat er nie verstanden. Jenen zukunftreichen politischen Plan, der einst
als unbestimmte ferne Hoffnung vor Fichtes Seele geschwebt und dann
in Friedrich Gagerns lichtem Haupte sich zu greifbarer Gestalt ver-
dichtet hatte — den Plan des deutschen Bundesstaates unter Preußens
Führung verkündete Paul Pfizer, fast noch ein Jüngling, zuerst als
ein politisches Programm dem Volke und eroberte sich damit einen
Ehrenplatz in der Geschichte der deutschen nationalen Bewegung. Dem
Dichter, der den alten Ruhm der Hohenzollern oftmals freudig besungen hatte und den Widerwillen der Schwaben gegen Norddeutschland nicht teilte, blieb dieser Gedanke immer ein Greuel. Sein Herz
war erfüllt von der gemütlichen Vorliebe seines Stammes für die österreichischen Nachbarn; ihm blieb unvergessen, wie oft er einst im Knaben-
spiele Partei genommen hatte für die Kaiserlichen und in das nahe
Rottenburg hinübergewandert war, um das wildfremde Kriegsvolk der

Magyaren und Kroaten zu schauen. Wie einst in dem württembergischen Verfassungsstreite, so wirkten auch jetzt zwei grundverschiedene
politische Beweggründe in seiner Seele nach einem Ziele zusammen.
Die Freude an der althistorischen Herrlichkeit des Wahlkaisertums und
das Bekenntnis der Volkssouveränität — romantische und demokratische
Neigungen zugleich führten ihn zu dem Ideale des Wahlreichs. Auch
eine köstliche, dem deutschen Staatsmanne leider sehr notwendige
Tugend brachte Uhland in die Kämpfe der Revolution hinüber — das
wachsame Mißtrauen gegen den guten Willen der Höfe. Er hatte
unter König Friedrich das frevelhafte Mißachten jedes Rechtes, unter
seinem Nachfolger — was seinem schlichten Sinne noch tieferen Ekel
erregen mußte — das unwahre Buhlen mit dem Liberalismus gesehen,
und nur so schmerzliche Erfahrungen konnten seinem warmen wohlwollenden Herzen diesen harten Zug einprägen.

Die Revolution brach aus, und dem greisen Dichter vor allen
galt der Jubel des aus langer Gleichgültigkeit erwachenden schwäbischen
Stammes. Der beispiellosen Mißregierung folgte eine beispiellose Demütigung: der Bundestag gestand, daß ihm das Vertrauen des Volkes
fehle, und umgab sich mit „Männern des Vertrauens". Auch Uhland
ward unter die Siebzehner gesendet, doch das Vertrauen seines Königs
folgte ihm nicht nach Frankfurt; ihm ward keine Antwort, als er
sich die persönliche Ansicht des Fürsten über die Aufgabe der Vertrauensmänner erbat. Als nun in dem Ausschusse Dahlmann mit dem
Programme des Bundesstaates hervortrat, da schraken anfangs — ich
folge hier der mündlichen Erzählung eines der Siebzehn — die meisten
zurück vor der Verwegenheit des Gedankens, und Uhland stimmte
eifrig gegen das preußische Erbkaisertum, „als es noch in den Windeln
lag". Diese großdeutsche Gesinnung trennte ihn auch im Parlamente
von Dahlmann, Grimm, Arndt und vielen anderen, die ihm durch
Bildung und Begabung nahestanden. Er hielt sich zu der Linken, und
wie sehr auch die demagogischen Ausschweifungen seinen maßvollen
Künstlersinn anwiderten: die demokratische Richtung konnte sich einiger
Tugenden rühmen, die Uhlands Herz an die Partei fesseln mußten,
obwohl sie in der Demokratie der Paulskirche sich oftmals verzerrt und
entstellt offenbarten. Ihn erfreute die menschliche Teilnahme der
besseren Demokratie für die Armen und Leidenden und der willige
Opfermut, welcher sie vor den Mittelparteien auszeichnete. Freilich,
der schlichte demokratische Bürgerstolz des ehrwürdigen Mannes hatte

im Grunde sehr wenig gemein mit jenen gellenden Lobpreisungen des Konventes, welche von den Bänken seiner Parteigenossen erklangen. Ich glaube nicht als ein Parteimann zu reden, wenn ich sage, Uhlands Verhalten in der Paulskirche hinterlasse den Eindruck, als sei er dort nicht an seiner Stelle gewesen. Er stand als ein „Wilder" zwischen den Parteien und blieb doch in einer moralischen Verbindung mit der Linken; schon diese seltsame Mittelstellung läßt ihn wie einen Halb= fremden in der Versammlung erscheinen.

Von allen Plänen der Mittelparteien forderte der Gedanke des preußischen Kaisertums Uhlands heftigsten Widerspruch heraus. Dieser Widerspruch bewog ihn zu den beiden einzigen größeren Reden, welche von dem Schweigsamen in der Paulskirche gehalten wurden und nach meinem Ermessen das Allerbeste sind, was je für die „groß= deutsche" Richtung gesprochen worden. Nicht in Verstandesgründen, sondern in gemütlichen Sympathien liegt die Stärke dieser Partei, und wie mächtig wußte Uhland diese Seite in der Brust seiner Hörer anzuschlagen, als er am 26. Oktober 1848 tiefbewegt in schwungvollen Worten das Parlament ermahnte zu sorgen, „daß die blanke, un= verstümmelte, hochwüchsige Germania aus der Grube steige!" Noch kräftiger wirkte seine Rede vom 22. Januar 1849. Die Kapuziner= späße Beda Webers waren kaum verklungen, da hob Uhland die Debatte wieder auf die Höhe ihres Gegenstandes. Die alte Herrlichkeit des deutschen Wahlkaisertums führte er gegen die preußische Partei ins Feld: „Es waren in langer Reihe Männer von Fleisch und Bein, kernhafte Gestalten mit leuchtenden Augen, tatkräftig im Guten und Schlimmen." Als dann die berühmten Worte folgten, bei jeder Rede eines Österreichers in der Paulskirche sei ihm zumute gewesen, „als ob ich eine Stimme von den Tiroler Bergen vernähme oder das Adriatische Meer rauschen hörte", da freilich war der nüchterne Verstand schnell bei der Hand, über die „Phrase" selbstgefällig zu lächeln. Wer aber den Worten in die Tiefe sah, erkannte ihren ernsten Sinn. Aller= dings war es ein schrecklicher Widerspruch, in Wahrheit eine Un= möglichkeit, die in unserer Geschichte nicht wiederkehren darf, daß ein Parlament, worin Österreichs Abgeordnete stimmberechtigt tagten, über die Trennung Deutschlands von Österreich beraten konnte. Ein schönes Seherwort des Dichters beschloß die Rede, das allbekannte: „Es wird kein Haupt über Deutschland leuchten, das nicht mit einem reichlichen Tropfen demokratischen Öles gesalbt ist." Damit hatte er

der deutschen Bewegung sein „In diesem Zeichen wirst du siegen" zu=
gerufen, und uns, den Gegnern, vornehmlich geziemt es, das gute Wort
in treuem Herzen zu tragen. Die Welt ist heute liberal, und nur im
Bunde mit dieser unhemmbaren liberalen Bewegung des Jahrhunderts
wird es uns gelingen, die Einheit Deutschlands zu gründen. Das be=
währte sich damals schrecklich, als das Herrscherhaus der Hohenzollern
den rückhaltlosen Bund mit dem Liberalismus verschmähte und dem
Rufe der Nation sich schwach versagte. Furchtlos und treu, ein echter
Schwabe, hielt Uhland auch jetzt noch aus bei seiner Partei,

> so wie ein Fähnbrich wund und blutig
> die Fahne rettet im Gefecht,

und sogar die Worte dieses vaterländischen Gedichts aus seiner Jugend
kehrten wieder in dem Manifeste vom 25. Mai, das er im Namen des
Rumpfparlaments an die Nation richtete: „Wir gedenken, wenn auch
in kleiner Zahl und großer Mühsal, die Vollmacht, die wir von dem
Volke empfangen, die zerfetzte Fahne, treu gewahrt in die Hände des
Reichstags niederzulegen, der am 15. August zusammentreten soll."
Freilich, unklar, romantisch verschwommen wie der Wortlaut war
auch der Gedankengehalt dieses Aufrufes. Dem Idealisten galt es nur,
die Idee des Parlaments zu retten: er folgte der Linken nach Stuttgart,
„darum, daß nicht das letzte Band der deutschen Volkseinheit reiße".
Unhaltbarer immer ward die Stellung des maßvollen Mannes unter
der wüsten Leidenschaft des Rumpfparlaments. Schon wurde der
Klang seiner Rede von dem zornigen Lärm des Pöbels übertäubt, als
er vor der Einsetzung der Reichsregentschaft, vor dem Bürgerkriege
warnte und den Verblendeten zurief: „Württemberg ist nicht beschaffen
wie jetzt diese Versammlung; es stellt nicht wie diese nur eine der
Parteiungen dar, in welche das deutsche Volk zerklüftet ist." Nur sehr
wenige Gesinnungsgenossen zählte er noch in der Versammlung. Der
Austritt aber aus einer unterliegenden Partei war seinem Stolze, seiner
Treue unmöglich. So ist er geblieben bis zu dem jammervollen Ende
des deutschen Parlaments, dem Straßenkampfe in Stuttgart.
Seine Briefe aus diesen Jahren verkünden männlichen Schmerz
über den Zusammenbruch der Hoffnungen des Vaterlandes. Weniger
tief mag er, der mit all seinen Sinnen in der schwäbischen Heimat
wurzelte, das eine empfunden haben, was den meisten heimkehrenden
Reichstagsmännern nach den großen Kämpfen des Parlaments über=
wältigend, bemütigend auf die Seele fiel: die bettelhafte Armseligkeit

der Kleinstaaterei. Seine demokratische Gesinnung blieb in alter Schroffheit aufrecht: sogar den Orden pour le mérite wollte er nicht annehmen, den einzigen noch unentweihten in Deutschland, den selbst
der strenge Republikaner Arago getragen hatte. Die· letzten Jahre sind
ihm in der Stille wissenschaftlicher Arbeit vergangen. Daß er aber
noch lebte in dem Herzen seines Volkes, davon haben ihm alljährlich
tausend Zeichen der Teilnahme von fern und nah Kunde gebracht.
Sie wurden dem schlichten Manne oft lästig, dem Schwab einst sagte:
„Du liebest nicht das laute Lieben."

An dem Grabe des Dichters hat das gesamte Volk empfunden,
was einst sein Walter dem süßen Liebermunde Reinmars von Hagenau
in die Gruft nachrief:

> Deine Seele möge wohl nun fahren,
> deine Zunge habe Dank.

Und wie sein Lied nur mit unserer Sprache selber sterben wird, so wird
auch fortleben in unserem Volke das Bild des Mannes Uhland, der,
menschlich irrend, doch in hohen Ehren, manchen wuchtigen Stein hinzu-
getragen hat zu dem Neubau des deutschen Staates. Auch im Tode —
er selber hat es uns verkündet — wollte er nicht lassen von seinem Volke:

> Wohl werd' ich's nicht erleben,
> doch an der Sehnsucht Hand
> als Schatten noch durchschweben
> mein freies Vaterland.

Uns aber, die ihn betrauern, bleibt die schöne Pflicht, mit streit-
barem Worte und fester Tat zu sorgen, daß die Sehnsucht des Dichters sich erfülle, daß er die Stätte bereitet finde, wenn er kommt —
als Schatten zu durchschweben sein freies Vaterland.

Lord Byron und der Radikalismus.

(Leipzig 1863.)

Selten hat Lessing ein so kühnes geistvolles Wort gesprochen wie jenen berühmten Satz, der Historiker könne im Grunde nur die Geschichte seiner Zeit erzählen. Und doch wird dieser Ausspruch vor der Beschränktheit des menschlichen Sinnes immer wieder zuschanden werden. Wer eine kaum erst abgeschlossene Vergangenheit schildert, steht entweder selber noch mitten in ihren Kämpfen, dann ermangelt sein Blick der Freiheit. Oder er hat ihre Ideale innerlich überwunden; dann ist er zumeist noch weniger unparteiisch, dann wird er ihre Verirrungen mit jener schonungslosen Schärfe richten, welche das Bewußtsein eigener Schuld hervorruft. Diese zwiefache Befangenheit beobachten wir noch immer an den landläufigen Urteilen über den glänzendsten Vertreter der jüngsten Literaturepoche, Lord Byron. Seine Landsleute (bis auf eine kleine Schar blinder Verehrer) gebärden sich, wenn sie von ihm reden, unwillkürlich als leidenschaftliche Verteidiger ihrer vaterländischen Sitte, die Byron rücksichtslos bekriegte, und wir denken nicht daran, sie deshalb zu tadeln. Gewiß, käme je die Zeit, da man in England sich harmlos an der Schönheit des Don Juan erfreute oder dem größten aller Beherrscher des Landes, dem Protektor, das gebührende Denkmal errichtete: so würden die Briten an unbefangen menschlicher Bildung gewonnen und einige jener nationalen Vorurteile abgestreift haben, die den Fremden verletzen. Aber vermutlich würden mit solchen Vorurteilen auch mehrere der Tugenden verloren gehen, denen England seine Größe dankt, vornehmlich jene großartige Einseitigkeit, die unbeirrt und sicher geradeaus zum Ziele schreitet und die Willkür des einzelnen durch die Macht fester alterprobter überlieferungen in Staat und Sitte bändigt. Diesen häuslichen Händeln der Fremden können wir Deutschen freilich gleichmütig zuschauen, doch ein ruhiges Urteil über Byron fällt auch uns sehr schwer.

Seine Dichtung hat ungleich tiefer auf uns gewirkt als auf seine
Heimat, seine blendende Erscheinung ist eine lange Zeit das helle
Traumbild unserer Jugend gewesen, und nicht gar fern sind die Tage,
da alle Kreise unserer guten Gesellschaft in der Vergötterung des Dichters
wetteiferten und Willkomms sogenanntes „Leben Lord Byrons" tausend
jungen Deutschen den Sinn betörte. Seitdem hat sich die Welt von
Grund aus verwandelt, und die lieblosen Urteile über Byron, die heute
in aller Munde sind, erinnern oft lebhaft an den Grimm des Barbaren,
der sein machtloses Götzenbild mißhandelt. Wie soll ein Mann leiden=
schaftslos über den Dichter des Weltschmerzes reden, wenn er sich im
stillen sagen muß, auch er selber habe einst in dem Byronschen
tragischen Blicke, der höhnisch gekräuselten Lippe und dem lose ge=
schlungenen Halstuch die sicheren Kennzeichen des Genius gesucht? Die
Schwärmerei der Deutschen für Byron fiel in Tage, da unser Volk ein
ruhiges, stätiges Selbstgefühl kaum besaß und das fremde bestaunte,
weil es fremd war. Heute, seit die Nation beginnt fest auf eigenen
Füßen zu stehen, sind wir sehr geneigt, die Ideale jener Zeit allzu
scharf zu verdammen.

Lord Byrons Verhängnis lag in seiner trotzigen Absonderung von
den Sitten seines Volkes, und das Urteil über ihn hängt schließlich
von der Frage ab, ob diese Gesittung in Wahrheit verbildet genug war,
um den verwegenen Widerstand eines einzelnen zu rechtfertigen. Von
allen Aufgaben des Historikers ist das Entscheiden über die Reinheit
der sittlichen Begriffe anderer Völker die allerschwierigste und undank=
barste. Seltener als andere Nationen wird das deutsche Volk durch die
Erregung des Augenblicks zu so schnöder, verlogener Ungerechtigkeit
fortgerissen, wie sie oftmals von den Engländern gegen uns geübt ward.
Doch leider zeigen die in Deutschland landläufigen Urteile über den
sittlichen Wert fremder Nationen nur allzu häufig jene sonderbare
Mischung von Demut und Dünkel, welche dem Charakter politisch
machtloser Völker eigentümlich ist. Jeder Narr unter uns meint sich
berechtigt, geläufig und zuversichtlich den Franzosen das Gemüt, den
Italienern die Wahrhaftigkeit kurzweg abzusprechen: — bis plötzlich
eine große Bewegung, wie die jüngste italienische Revolution, uns be=
schämend belehrt, daß ein Volk einen von dem unseren grundver=
schiedenen Sittenkoder besitzen und dennoch einer hohen sittlichen
Bildung sich erfreuen kann. Keine Nation der Welt, deren Charakter
nicht häßliche Widersprüche aufwiese, welche, von dem Fremden mit

seinem Maße gemessen, zu schonungsloser Verdammung führen müßten. Wie denken wir selber zu bestehen, wollte ein Fremder sein Urteil über die deutsche Sittlichkeit auf die leider unzweifelhafte Tatsache gründen, daß ein frivoles Spielen mit dem politischen Eide, ein feiges Verleugnen der eigenen Überzeugung in Deutschland den Ehrenmann noch keineswegs notwendig des guten Rufes beraubt? Das sind traurige Folgen einer Zeit öffentlicher Kämpfe und noch unvollendeter politischer Bildung, wird man einwenden. Sehr wahr; aber gleiche und bessere Entschuldigungen hat der Engländer zur Hand, wenn wir von englischer Heuchelei und Prüderie reden, der Italiener, wenn wir das Schlagwort von welscher Arglist ausspielen. Bedeutende Menschen lassen wir bescheiden gewähren, wenn sie ihr Recht bewiesen haben, ihren eigenen Weg zu gehen, und nur Kinder fragen: Wer ist der größere? Über die großen Kulturvölker aber, deren Dasein schon das Recht des Daseins ist, sitzen wir zu Gericht, messen ihnen Lob und Tadel zu, statt ihren Charakter als ein Gegebenes hinzunehmen und in seiner Notwendigkeit zu verstehen. Solches Verständnis wird gemeinhin finden, daß die sogenannten Nationaltugenden und Nationalfehler nur verschiedene Seiten eines und desselben Charakterzuges sind. Wir sind also weit davon entfernt, einzustimmen in den üblichen selbstgefälligen Tadel der englischen „Heuchelei", wenn wir einfach aussprechen, was uns Deutsche an dem englischen Wesen am meisten befremdet: daß nämlich die religiösen und die sittlichen Begriffe in England sich nicht gleichmäßig entwickelt haben. Wir finden dort eine nahezu jüdische Starrheit des Festhaltens an der dogmatischen Überlieferung und daneben eine volkstümliche, längst in der kühnen praktischen Eigensucht der Nation großartig verkörperte Sittenlehre, die zwar seit Bacon und Locke bis zu den schottischen Philosophen ihren wissenschaftlichen Ausdruck mannigfach geändert, aber im Grunde jederzeit alle moralischen Dinge an dem Maßstabe des Nutzens gemessen hat.

Es läßt sich kein schärferer Gegensatz denken zu der deutschen Weise, zu uns, die wir in allen moralischen Fragen bewußt oder unbewußt der strengen Kantischen Pflichtenlehre folgen und auf dem Gebiete des Glaubens einer schrankenlosen Selbständigkeit, der German infidelity, uns rühmen. Doch glücklicherweise leben die Völker nach einem höheren Gesetze als nach dem des Nichtwiderspruchs. Trotz ihrer materialistischen Sittenlehre ist die Sittlichkeit der englischen Nation lange sehr rein geblieben, weil ein gesunder praktischer Sinn, ein un-

beugsames Rechtsgefühl und, vor allem, die unvergleichliche Schule der
politischen Freiheit und politischen Pflichterfüllung sie vor den letzten
Ergebnissen ihrer Moralbegriffe bewahrte. Den Schlüssel zu diesen
Widersprüchen gewährt die eigentümliche Entstehungsweise der Refor=
mation in England. Das Puritanertum hatte in gewaltiger Geistes=
arbeit den durch die politische Gewalt dem Volke aufgedrungenen Pro=
testantismus in ein geistiges Eigentum der Nation verwandelt; aber
nimmermehr konnte diese strenge weltverachtende Richtung die ganze
Seele eines lebensfrohen und lebensstarken Volkes ausfüllen. Der
Widerstand des altenglischen Weltsinnes gegen die puritanische Härte
geht in den mannigfachsten Gestalten durch die englische Literatur, von
Shakespeare an bis zu den Tagen, da Smollet und Fielding lachenden
Mundes ihren ernsten Kampf führten wider Richardsons zimperliche
Ehrbarkeit. Dieser Dualismus hat in England darin vorläufig eine
oberflächliche Ausgleichung gefunden, daß die Mehrheit der Nation im
praktischen Wirken einer ganz weltlichen Nützlichkeitsmoral huldigt
und, weil sie die Unsicherheit dieses Leitsterns im stillen empfindet,
um so zäher festhält an dem Buchstaben der Dogmatik und an ge=
wissen konventionellen Sittenbegriffen. Nicht ohne schwere Schuld,
natürlich, konnte Byron sich absondern von dieser Gesittung seines
Volkes; doch wollen wir seine „Zerrissenheit" begreifen, so müssen wir
vorerst den Dualismus in der Moral seiner Nation verstehen.

Sehen wir zunächst, in welcher Lage Byron seine heimische Literatur
vorfand. Nichts schiefer, als Macaulays Behauptung, Byron habe
ratlos umhergeschwankt zwischen zwei feindlichen Dichterschulen und
sei endlich wider sein ästhetisches Gewissen durch sein krankhaftes Be=
dürfnis nach dem Beifall der Zeitgenossen in die neuere jener beiden
Schulen getrieben worden. Wir erblicken vielmehr in Byron die außer=
ordentliche Erscheinung eines Dichters, der an drei aufeinander folgen=
den Richtungen der Literatur wesentlichen Anteil nimmt und dennoch
ein ganz selbständiger Künstler bleibt. Seine ästhetische Theorie hatte
sich an dem „korrekten" Pope gebildet, seine Phantasie war erfüllt
von den Idealen jener Dichtung, die man die englische Romantik
nennen mag, und er selber schuf endlich eine neue Richtung, die über
beide Vorgänger weit hinausging; er brach die Bahn der neuesten
Epoche der europäischen Literatur, indem er das Element der schranken=
los übermütigen Subjektivität in die Poesie einführte. Die Erscheinung
eines solchen Dichters muß eine unharmonische sein, doch ist es lohnend,
ihr Werden zu verstehen.

Gleich allen seiner Altersgenossen war ihm in der Schule die Dichtung Popes als das Höchste der englischen Kunst geschildert worden, und wie er in späteren stürmischen Tagen jede kleinste Erinnerung an die glückliche Schulzeit zu Harrow mit wehmütiger Liebe bewahrte, so sind auch seine ästhetischen Meinungen den Eindrücken seiner Jugend niemals völlig entwachsen. In der Tat, nur sehr Weniges unter den englischen Gedichten des achtzehnten Jahrhunderts war Byrons Genius verwandt, konnte ihm zum Herzen reden. Die wahrhaft lebendigen Werke dieser Zeit lagen auf jenem Grenzgebiete der Poesie, das den Briten noch heute selten oder nie in den Begriff der poetry einschließen, auf dem Felde des Sittenromans. Das liebevolle Beobachten des täglichen Lebens bis in das kleinste Detail hinein, das peinlich genaue, naturwahre Darstellen der Charaktere aus der Alltagswelt war die mit Recht bewunderte Eigentümlichkeit der englischen Literatur geworden seit Defoes Robinson, seit Addisons Spektator und den geistvollen Novellisten der zweiten Hälfte des Jahrhunderts, und diese bescheidenen Werke gaben ein getreueres Bild von dem Gemüte ihres Volkes, waren reicher an echter Poesie als die anmaßlichen Versuche, das gespreizte Heldentum der Franzosen in korrekten Versen nach England einzuführen. Aber Byrons durchaus lyrisch erregter Sinn sah über die Prosa des Romans vornehm hinweg, und je sicherer er sich im stillen gestehen mußte, ihm sei die Gabe der überzeugenden Charakterzeichnung nur kärglich zugemessen, desto eifriger schwor er auf Pope. Zu diesem „Fürsten der Reime und großen Dichter des Verstandes" zogen ihn hin der Wohllaut des Verses, der reiche Witz, die seinem eigenen Wesen verwandte Freude an der malerischen Beschreibung und der ihm gleichfalls verwandte satirische Genius, der seine Gestalten nicht sowohl darstellt als betrachtet. Und war ihm selber die dramatische Kraft versagt, so tröstete er sich, auch Pope habe geringschätzig geredet von dem wertlosen Beifall der Zuschauer. So blieb er dabei, die Poesie der Gegenwart verhalte sich zu Pope wie die phantastische Pracht einer Moschee zu dem Adel der Linien eines dorischen Tempels. Der Vergleich ist nicht ganz verkehrt — wenn wir nur unter diesem dorischen Tempel uns nicht das Heiligtum des olympischen Zeus denken, sondern eines jener klassischen Bauwerke, welche als Vignetten vor den Gedichten des Herrn Biedermeier zu prangen pflegen. Wahrlich, wer bliebe ernsthaft, wenn er Byron sich leibhaftig vorstellt neben seinem Ideale, wie der moderne „Genius mit dem Kainszeichen" ein-

tritt in die künstliche Grotte des Gartens von Twickenham, aus der
Dose des kleinen Mannes mit der großen Perücke eine Prise nimmt
und dann dem eintönigen Geplätscher seiner korrekten Verse lauscht?
Wer staunte nicht über diese theoretische Vorliebe Byrons, wenn er
eines der feurigen Gedichte des Jüngers mit einem Werke des Meisters
vergleicht, etwa mit jenem Briefe der Heloise an Abälard, wo ein Stoff,
glühend von gewaltiger Leidenschaft, untergeht in einer Sintflut ge-
zierter Langeweile? Von den Heroen der älteren englischen Literatur
besaß Byron nur oberflächliche Kenntnis. Miltons puritanische Strenge
stieß ihn ab, und sein ungeheurer Ehrgeiz bäumte sich auf wider Shakespeares erdrückende Größe. Da nun vollends alle seine Feinde unter
den romantischen Zeitgenossen die kaum erst von neuem erstandene
Herrlichkeit der Shakespeareschen Dichtung priesen, so trieb ihn auch
der Widerspruchsgeist, die überlegenheit Shakespeares, vor der Welt
zum mindesten, zu leugnen und an seinem Pope festzuhalten.

Doch zu seinem Heile war Byron am wenigsten der Mann, sein
dichterisches Schaffen unter die Leitung einer ästhetischen Theorie zu
stellen. Er war nicht jener denkenden Künstler einer, an denen wir,
wie an Milton und den großen deutschen Dichtern, die wunderbare
Verbindung von ursprünglicher, ewig junger Begeisterung und klarer
Einsicht in die Kunstgesetze bestaunen. Kaum je hat ein Dichter so
leicht, so unbewußt geschaffen; ein Kind der Stunde, warf er seine
feurigen Verse hin und stand dann, in seiner Jugend mindestens, ur-
teilslos vor dem Geschaffenen. Von seiner ersten großen Reise brachte
er heim eine Umschreibung der ars poetica des Horaz, worauf er alle
seine Popesche Gelehrsamkeit verschwendet, und — „eine große Menge
Stanzen in Spencers Versmaß, die sich auf die durchpilgerten Länder
beziehen". Von den Hints from Horaco weiß heute niemand mehr zu
reden. Jene große Menge Stanzen aber, geschrieben an Bord, zu
Pferd, mitten in Berg und Wald, wie die Gunst des Augenblicks sie
schenkte, waren — die ersten Gesänge des Childe Harold. Als er dies
Werk widerstrebend in den Druck gegeben hatte und die entzückten Leser
ihn alsbald zu den ersten Dichtern der Nation zählten, da zeigte sich,
daß ein echter Dichter wohl mit seinen Theorien, doch nie mit seiner
Phantasie in Anachronismen leben, daß ein wahres Dichtergemüt nie
etwas anderes widerspiegeln kann als die Ideen seiner Zeit. Die Zeit
aber, deren Ideale Byron unbewußt dargestellt, war durchaus erfüllt
von den Gedanken der Romantik. Die deutsche Dichtung, die selber

der Größe Shakespeares und der Laune Sternes so vieles dankte, hatte den Lehrern die alte Schuld reichlich heimgezahlt; die Ideen unserer Klassiker und unserer Romantiker wirkten zu gleicher Zeit auf die englische Literatur.

Durch Goethe vornehmlich lernten die englischen Lyriker wieder, die Natur treu und herzlich zu verstehen, und wie Goethe selbst dem deutschen Volksliede einige seiner schönsten Lieder nachgebildet hatte, so erschlossen jetzt Macphersons Ossian und zahlreiche Sammlungen der irischen Sagen und der unvergleichlichen altenglischen Balladen den Briten die poetischen Schätze ihrer heimischen Vorzeit. In Burns erstand ein Dichter, der den Adel und die Feinheit hochgebildeter Kunst mit der naiven Empfindung eines Naturvolkes zu vermählen wußte. Die Dichter der „Seeschule" gefielen sich noch in Schilderungen, fast so breit und ausführlich, wie Pope sie geliebt hatte. Aber aus diesen neuen Gedichten sprach nicht mehr der stubengelehrte Dichter des 18. Jahrhunderts, der die Natur nur aus den sauberen Taxushecken seines Gartens kannte, sondern der moderne rüstige Wandersmann, der sich tummelte in der freien Luft. Und nicht mehr in wohlgeordneter Aufzählung ward die Herrlichkeit der Erde geschildert, sondern hinter den poetischen Bildern stand das tiefbewegte Gemüt des Dichters, ein warmer, nahezu pantheistischer Naturkultus. Mit diesem neu erwachten Verständnis der Natur war aufs engste verkettet der romantische Sinn der Zeit, der aus den Trümmern der alten Burgen die Herrlichkeit des Mittelalters zu neuem Leben emporrief. Walter Scott dichtete das erste moderne romantische Epos, das, arm an psychologischem Interesse, dennoch eine berechtigte Form der Dichtung war; denn die bewegte Schilderung der romantischen Pracht der Hochlande und ihres wilden ursprünglichen Volkslebens entsprach der Sehnsucht der Zeit nach der Natur und einfach-menschlichem Dasein. Nun begann das Wallfahrten nach den romantischen Stätten des Landes, und der englische Tourist betrachtete mit phantastischer Teilnahme das Feld von Killiecrankie, wo einst seine eigenen Landsleute von den Unholden mit dem Tartan und den nackten Waden geschlagen wurden. Von allen diesen Empfindungen der Epoche trägt der Childe Harold die Spuren. In der losen Form des romantischen Epos erschien hier wieder, nur feuriger und verständlicher, die Naturschwärmerei der Seeschule und jene Lust an prächtiger Beschreibung, die seitdem eine vorherrschende Neigung des Dichters blieb; „description is my forte" pflegte er zu

sagen. Jene wildschönen Schilderungen des Treibens der griechischen
Bergvölker, waren sie nicht durchweht von derselben romantischen
Empfindung, die in Walter Scotts „Jungfrau vom See" atmete?
Man hat mit Recht darauf hingewiesen, daß der Childe Harold gleich=
sam der Wegweiser ward für die große Tour der modernen Lustreisenden.
Die Stätten Europas, die Byrons Lied besang, sind seitdem das Ziel
unzähliger Wallfahrer geblieben; so sicher hat der Dichter die Neigungen
seiner Zeit mitempfunden.

Und doch, war es wirklich nur die Furcht vor dem überlegenen
Beschreibungstalente des jungen Dichters, die Walter Scott bewog,
nach dem Erscheinen des Childe Harold nicht mehr in gebundener Rede
zu schreiben? War wirklich nur die üble Laune, und nicht vielmehr das
geheime Bewußtsein einer tiefen grundsätzlichen Feindschaft, die Mutter
jener erbarmungslosen Satire „Englische Barden und schottische Kri=
tiker", die Byron gleich am Beginn seiner Laufbahn den englischen
Romantikern entgegenwarf? Gleich den deutschen suchten auch die eng=
lischen Romantiker ihre Ideale in der Vergangenheit, und es ist kein
Zufall, daß Walter Scott im Leben ein unverbesserlicher Tory blieb.
Dieser Flucht aus der Gegenwart, diesen „stubenhockenden Minstrels"
trat Byron als Revolutionär entgegen, mit dem kecken Übermute eines
modernen Menschen. Indem er seine Person mit unerhörter An=
maßung in seinen Gedichten vordrängte, gab er zuerst einer echt moder=
nen Stimmung poetischen Ausdruck, die längst schon in dem jüngeren
Geschlechte verbreitet war. Wohl hatte bereits einmal ein moderner
Dichter in allen seinen Werken sein eigenes Ich enthüllt und die Welt
durch eine Reihe von Werken entzückt, die er selber Bekenntnisse nannte.
Doch Goethes Genius war so unermeßlich reich, so harmonisch, so sehr
ein Bild der Welt, daß die meisten seiner Leser den verwegen sub=
jektiven Charakter seiner Dichtung gar nicht ahnten: sie meinten die
Welt zu schauen, derweil sie die große Seele des Dichters sahen.
In Byron aber erstand ein Dichter, ebenso einseitig, wie jener mannig=
faltig, ebenso keck und hastig, wie jener maßvoll und besonnen gewesen,
und stellte sein Ich mit Haß und Hohn der Welt gegenüber. So
begründete Byrons Beispiel in allen modernen Sprachen die Poesie des
Weltschmerzes.

Die Welt ist heute trunken von Nüchternheit. In solchen über=
verständigen Tagen erscheint es sehr wohlfeil, die triviale Wahrheit zu
predigen, daß der Weltschmerz eine Krankheit war. Sicherlich, die er=

habene Einfalt der Alten hätte sich mit Abscheu von solcher Auflehnung
des Individuums gegen die Gesetze der Welt hinweggewendet, und Nie=
buhrs römischer Sinn war in seinem guten Rechte, wenn er in dem
Charakter des Childe Harold lediglich die furchtbare Eigensucht sehen
wollte. Aber sind nicht unsere moderne Erziehung, alle unsere liebsten
Gewohnheiten und Anschauungen ganz dazu angetan, diese Krankheit
notwendig zu erzeugen? Nicht mehr wie die Alten wachsen wir auf
in dem naiven Glauben, daß wir nur die Glieder unseres Staates sind,
und nicht mehr wie den Menschen des Mittelalters steht uns die Kirche
als eine unantastbare Schranke der Willkür gegenüber. Es ist der
Ruhm der modernen Bildung, daß unsere Jugend zuerst das unend=
liche Recht der Person begreifen, den Menschen als den Mittelpunkt der
Welt verstehen lernt. Wenn wir, also erzogen, uns dennoch demütig
in die Ordnung der Natur und Geschichte einfügen, so ist diese Unter=
ordnung nicht mehr naiv, nein, erarbeitet, durch Bildung vermittelt.
Schaue jedermann selber, wie er sich sittliche Reinheit bewahre in=
mitten der Aufregung der modernen Welt: naturgemäß ist eine Ord=
nung der Gesellschaft nicht, welche dem einen Geschlechte alles, dem
anderen nichts verzeiht. Sehe jeder, daß er wahrhaftig bleibe und doch
geduldet werde in einer Welt, die sich in tausend konventionellen Lügen
bewegt: natürlich ist es nicht, daß Millionen Lippen einen Glauben
bekennen, davon das Herz nichts weiß. Wohl ist es Pflicht, in dem
harten Kampfe um die Existenz Spannkraft des Geistes, Freude des
Herzens zu bewahren: doch natürlich ist es nicht, daß jener Kampf um
das Leben, womit in Zeiten, da die Menschen sich weniger hart im
Raume stießen, das Leben begann, heute für viele der Besten den In=
halt des Lebens bildet. Wohl muß es dem Gebildeten möglich sein,
sich das herzliche Verständnis für die Empfindung der niederen Stände
zu bewahren, ohne doch hinabzusinken in ihre banausische Rohheit: aber
natürlich ist es nicht, daß Tausende unserer Volksgenossen mit blödem
Lachen an dem vorübergehen, was uns das Schönste und Ehrwürdigste
scheint. In einer Welt, die von solchen und tausend anderen Wider=
sprüchen erfüllt ist, gelangen nur fischblutige Naturen, nur geborene
Philister kampflos und schmerzlos zu gefaßter Entsagung. Die Poesie
des Weltschmerzes war gottlob nicht ein vollständiges Bild der
modernen Gesittung, aber sie spiegelte getreulich wider eine Seite
unserer Kultur, die wir nicht gänzlich streichen können, ohne das mo=
derne Wesen selbst zu zerstören. Die Jugend jener Tage wußte wohl,

warum sie dem Manfred zujubelte: Echt modernes Blut floß in den
Adern des Unseligen, der im Tode noch den Abt wie den Teufel von
sich weist und untergeht als „ein Selbstzerstörer". Ein maßloser Ehr=
geiz war in dem jüngeren Dichtergeschlechte lebendig; der greise Goethe
schaute seinen Nachfolgern ins Herz und Nieren, wenn er meinte: Sie
kommen mir vor „wie Ritter, die, um ihre Vorgänger zu überbieten,
den Dank außerhalb der Schranken suchen". Und wirklich ein Neues
ward von diesem anmaßlichen jungen Geschlechte geschaffen, als Byron
den Übermut, der es verzehrte, keck und höhnisch aussprach. Ja, wir
müssen behaupten, daß der Poesie des Weltschmerzes ein unsterblicher
Gehalt innewohnt, der nicht bloß als das Krankheitssymptom einer
aufgeregten Epoche etwas bedeutet. Neben den unbestimmten Klagen
einer fieberischen Unruhe, die „sich selbst entfliehen will", ertönt in
Byrons Gedichten auch der wahrhaftige Ton des tiefsinnigen Schmerzes
über die Nichtigkeit irdischer Herrlichkeit — eines ewigen Schmerzes,
der an den großen Dichtern aller Zeiten, selbst an der erhabenen
Ruhe des Sophokles, genagt hat. Wir wenigstens sähen nicht ungern,
wenn die so zahmen, so frommen, so mit Gott und aller Welt ver=
söhnten Werke der neuesten englischen Literatur etwas mehr angekränkelt
wären von „dem Meltau des Lebens, dem Gedanken", der auf Byrons
Gedichten ruht.

Der sichere Instinkt der öffentlichen Meinung hat von jeher in
Byrons Helden Harold, Konrad, Lara nur das Bild des Dichters
selber gesehen. Nie war das Schaffen eines Dichters so ganz subjektiv,
nie war ein Künstler so unfähig, eine fremde Weltanschauung zu ver=
stehen: sogar die harmlose Gemütlichkeit der niederländischen Klein=
malerei erschien ihm verwerflich und verächtlich, weil sie seinem heroi=
schen Ideale widersprach. So kehrt in all seinen früheren Gedichten
das Bild des Dichters selber wieder, der geheimnisvolle Mann, geziert
„mit einer Tugend und mit tausend Sünden", der Abgott der Weiber,
der Feind der Welt, die ihn mißhandelt und verbannt, während er sie
großherzig immer aufs neue überrascht und beschämt. Auf den ersten
Blick ähnelt dieser Byronsche Held gar sehr jenen edelmütigen senti=
mentalen Schurken, die in schlechten Romanen von alters her ihr Wesen
treiben. Doch eigentümlich ist ihm der selbstbewußte Trotz, den er der
Welt entgegenstellt, eigentümlich vor allem jene berufene Zerrissenheit,
die mit dem eigenen Gefühle spielt. Und eben dies Schwelgen in zwei
widersprechenden Empfindungen, diese Lust, „zugleich durchnäßt und

verbrannt" zu sein, sich dem Schmerze hinzugeben und seiner zu spotten
— war es nicht ein Zug, so recht den geheimsten Neigungen der
modernen Menschen abgelauscht? Es geht ein ruheloses Wesen, ein
Jagen nach ewig neuer nervöser Aufregung durch die moderne Welt
und offenbart sich überall bis hinab in unsere unscheinbarsten Gewohn=
heiten — wie denn die Verzehrung der Narkotika in keiner Zeit der
Geschichte so stark gewesen ist wie heute. Überaus reizbar und empfäng=
lich ist das Gemüt des modernen Menschen tausend Eindrücken ge=
öffnet, die ein rauheres Zeitalter nicht verstehen konnte, aber diese
massenhaften Eindrücke drängen und jagen sich, hinterlassen nur ge=
teilte, flüchtige Empfindungen, und ein alter Grieche würde aus jedem
Gespräche unserer Zeitgenossen ein hastiges Abspringen des Gefühles
heraushören, das der einfachen Sicherheit der Alten unbegreiflich war.
So ist die Zerrissenheit der Byronischen Empfindung allerdings ein
Zug aus dem modernen Gemütsleben. Nur soll die Dichtung ein
Höheres sein als ein getreues Bild der Wirklichkeit. Dies jähe Um=
schlagen der Trauer, der Begeisterung in bitteren Spott ist in einzelnen
Fällen von erschütternder Wirkung, doch wenn es den Grundton der
Dichtung bildet, so führt es geradezu zur Selbstvernichtung der Poesie,
denn das Wesen aller Dichtung hat Goethe schon im Götz von Ber=
lichingen in einem wunderschönen Worte bezeichnet: „Was macht den
Dichter? ein warmes, ganz von einer Empfindung volles Herz."

Man erkennt leicht die nahe Verwandtschaft dieser Richtung mit
der Weltanschauung der deutschen Romantiker. War doch Byrons
Person selber ein fleischgewordener Traum der Romantik. Die reinste
Form des Lebens fand Friedrich Schlegel auf den Höhen der Gesell=
schaft, bei jenem Adel, der, aller Pflichten entbunden, in dem Müßig=
gange sein höchstes Vorrecht sieht. Die höchste Tätigkeit des Men=
schen, die Vollendung der Menschheit erkannte Schlegel — und mit
ihm, wie tausend Geständnisse beweisen, die große Mehrheit der ästhe=
tisch gebildeten Zeitgenossen — in dem Schaffen des Dichters. Hier
nun erstand ein vornehmer Mann, der ein Dichter war und zugleich in
allen Genüssen abliger Herrlichkeit schwelgte, der „sein Herz in Leiden=
schaft, sein Hirn in Reimen" aufrieb. In der Tat, der vollendete
Mensch, den die Romantik ersehnt, war erschienen, aber mächtig schritt
er über die Romantik hinaus; er wandte sich mit revolutionärem Zorne
gegen die Gebrechen der Welt und verkündete zukunftsfreudig eine
schönere Zeit, „da die Welt frei sein wird".

Den Zeitgenossen hat Byron durch phantastische Beleuchtung und
den koketten Schleier des Geheimnisses die innere Schwäche seiner sen=
timentalen Helden verborgen, und wer mochte in einem romantischen
Epos nach scharfer, einbringender Charakterzeichnung suchen? Uns
Nachlebenden ist es nicht mehr möglich, für die düsteren verschwomme=
nen Gestalten des Lara, des Korsaren eine reine Teilnahme zu empfin=
den. Das wahrhaft unsterbliche unter Byrons Werken, das die Gegen=
wart und alle späteren Geschlechter zur Bewunderung hinreißen wird,
ist vielmehr jenes „schwärzeste Denkmal menschlicher Verworfenheit",
das die englischen Literaturgeschichten kaum zu nennen wagen, das
sogar von der whiggistischen Edinburgh Review schlechthin verdammt
ward, jenes ruchlose Werk, das nach Byrons Wahrsagung schwerer
durch die Tür eines englischen Familienzimmers geht, als ein Kamel
durch ein Nadelöhr: — der Don Juan. Wir werden nie genug
bewundern können, wie der Dichter, körperlich erschöpft und tief ver=
stimmt durch das Ankämpfen gegen die öffentliche Stimme seines Lan=
des, sich am Abend seines Lebens zu jener Kunstform erhob, die allein
seine Begabung rein und verklärt offenbaren konnte, zu dem freien
Spiele des Humors. Hat uns sein Menschenhaß verletzt, solange er
unklar und unfrei in den interessanten Verbrechergestalten seiner ersten
Werke sich verkörperte: hier, in der übermütigen Laune des komischen
Epos, kommt alle Bitterkeit, die das Herz des Dichters drückt, frei und
in der rechten Weise an den Tag, hier durfte er mit gutem Grunde
sagen: „Wollen die Leute die Moral meines Gedichtes nicht sehen, so
ist es ihre, nicht meine Schuld." In Deutschland wenigstens werden
die Männer alle darin übereinstimmen, daß Byrons dichterische Kraft
in seinen letzten Jahren ihr Schönstes geschaffen hat, nicht, wie selbst
Macaulay meint, einem traurigen Verfalle entgegenging. Auf jeder
Seite des Don Juan stoßen grämlicher Kritik sittliche und ästhetische
Sünden auf; und doch bleibt das Ganze ein Werk von harmonischer
Schönheit, so recht eine notwendige Schöpfung, die man nicht ver=
werfen kann, ohne dem Dichter selber das Recht des Daseins abzu=
sprechen.

Byron kannte seine Stärke. Ein rechter Künstler liebt sein Hand=
werkszeug! rief er übermütig, spottete der „Prosaisten", die sich mit
dem blankverse behelfen, und schrieb sein Gedicht in Stanzen. Der
Wohllaut dieser melodischen Verse erhöht mächtig die leidenschaftliche
Glut, den Farbenreichtum und die sinnliche Frische der Erzählung,

aber auch ihre verführerische Wirkung auf unreife Gemüter. In diese kunstvolle Form bannt der Dichter, ein despotischer Beherrscher der Sprache, einen überreichen phantastischen Inhalt. Wunderliche Wort= verschränkungen, griechische, lateinische Zitate, Anspielungen aller Art müssen sich in die Stanze fügen, bis die absichtliche Überladenheit des Stils wieder durch Schilderungen von antiker Einfachheit unterbrochen wird, wie die allbekannte: the mountains look on Marathon, and Marathon looks on the sea. Nicht alle Töne, die ein Menschenherz bewegen, weiß Byron anzuschlagen; das stille Glück des leidenschafts= losen Gemüts hat er nie begriffen. Doch soweit er das Menschen= leben verstand, hat er es im Don Juan in all seinen Höhen und Tiefen dargestellt: bald schildert er in zynischer Nacktheit den Kannibalismus des Verhungernden, bald mit der Lust des Fauns Bilder trivialer Sinn= lichkeit, bald reißt er uns empor zur Höhe großer Leidenschaft, zur Be= trachtung der ewigen Rätsel der Welt. — Oft packt uns die Un= geduld, wenn das wuchernde Schlinggewächs der Betrachtungen und satirischen Ausfälle jeden Weg zum Ziele der Fabel zu versperren droht, und die Pracht der Schilderungen vermag nicht immer uns zu trösten über ihre Breite. Doch am Ende vergessen wir alle ästhetischen Be= denken über der glänzenden Persönlichkeit des Dichters, die hier, im komischen Epos, ein gutes Recht hat, sich vorlaut vorzudrängen. Überall redet ein ideenreicher, hochgebildeter und — vor allem — ein freier Geist, der weitab vom breitgetretenen Pfade der guten Gesellschaft den Weg sich selber sucht. Schon die unvergleichlich leichte, zwanglose Weise der Erzählung ist ein lauter Protest gegen alle Unnatur und Ziererei. Auf Frauen wirkt dies Gedicht schreckhaft durch seine unbarmherzige Wahrheit noch mehr als durch seinen Übermut. Der Dichter ist hier wirklich „ein Kolumbus auf dem Meere der Moral", er entdeckt und schildert geheimnisvolle Tiefen der Menschenseele, zu denen sich die Dichtung seines Landes bisher nicht hinabgewagt hatte.

Was aber war es, das Byron an der modernen Gesellschaft be= kämpfte, indem er ihr stolz sein persönliches Belieben entgegenhielt? Es war zunächst jene Tyrannei der öffentlichen Meinung, die in Don Juan so schneidend geschildert wird:

in the times of old
men made the manners, manners now make men.

Jawohl, Byrons aristokratisches Wesen hätte sich leichter heimisch gefühlt in der alten Zeit, da die ungeheure Mehrheit des Volkes unter hartem Drucke lag, doch auf den Höhen der Gesellschaft der souveränen Willkür der Person, der allseitigen Entfaltung ihrer Launen und Kräfte keine Schranke gesetzt war. Wo waren sie doch hin, jene kraftstrotzenden, übermütigen, lebensfrohen Männer aus dem Whigadel des achtzehnten Jahrhunderts, die nach durchschwelgtem Tage mit weingerötetem Gesicht im Parlamente ihre großen Reden sprachen? Die unbändigen Kräfte, die großen Talente der Aristokratie starben aus, die öffentliche Meinung fiel allmählich unter die Herrschaft jenes Mittelstandes, der, nach unten duldsamer als der alte Adel, zu den glänzenden Erscheinungen auf der Höhe der Gesellschaft sich ungleich mißtrauischer, eifersüchtiger stellte. Die ungeheure stille Tyrannei dieser konventionellen, auf den Schein bedachten Sitte hatte Byron an seinem Leibe erfahren, als er — ein Pair von England, also in der unabhängigsten, der stolzesten Stellung, die einem modernen Menschen beschieden sein kann — sich tatsächlich aus seiner Heimat verbannt sah, ohne daß man eine irgend haltbare Anklage wider ihn vorbrachte, ja ohne daß man ihn hörte. Denn so gewiß Byron jedes Sinnes entbehrte für die Treue und Reinheit des englischen häuslichen Lebens, ebenso gewiß hat er während seiner unglücklichen Ehe durchaus kein ungewöhnliches Unrecht begangen, hat er nichts verschuldet, was den lächerlich ungerechten Ausbruch der öffentlichen Entrüstung rechtfertigen konnte. Byron selber schildert die Tatsachen treffend also: fashion, die Tyrannin der Gesellschaft, hatte ihn eine Weile gehätschelt und dann, des Spieles müde, das Spielzeug fallen lassen.

Zornig wandte er sich jetzt gegen seine Heimat, erbarmungslos riß er den Schleier respektabler Sitte herab, der die Frivolität der Hauptstadt, die peccadillos von Piccadilly umhüllt. Doch in diesem Kampfe gegen die vornehme Gesellschaft war er selber nicht innerlich frei. Mochte er noch so laut, nach dem Vorbilde Rousseaus, das Leben des Urwaldes preisen und die erhabene Einsamkeit der Natur, der er seine schönsten Dichterträume dankte: die glänzenden Laster der großen Welt konnte er doch nicht entbehren. Nur eine, die häßlichste, Sünde seiner Heimat war diesem kühnen Geiste durchaus fremd: jene salbungsvolle Heuchelei, die so üppig nur in England gedeiht und darum auch nur dort die zutreffende Bezeichnung — cant — gefunden hat. Vierzig-Pfarrerkraft wünschte er sich, das Lob der Heuchelei zu singen. Ihm graute, wenn er in dem Gebetbuche seiner Kirche neben den Segenssprüchen der Religion der Liebe den ruchlosen Fluch wider die Un-

gläubigen las. Wohl ist Byrons Spott oftmals frivol nach der Weise
Voltaires; aber, gestehen wir es nur, in der Literatur christlicher Völker
ist die Spötterei ein notwendiges Übel. Der einseitige Idealismus
des Christentums führt gemeine Seelen leicht zur Unwahrheit, zur
Entfremdung von der Natur — zu Lastern, die an den Orient ge=
mahnen, doch der heiteren Weltlichkeit der antiken Gesittung unbekannt
waren. In solcher Umgebung kann es nie an leidenschaftlichen, wahr=
haftigen Naturen fehlen, die lieber den Schein der Frivolität auf sich
nehmen wollen als mit einstimmen in das salbungsvolle Reden der
guten Gesellschaft. „Für die Opposition geboren" nennt Byron sich
selber, und in der Tat, mit unermüdlichem Widerspruchsgeiste lehnt
er sich auf wider alle fables convenues seines Landes, die geistlichen
wie die weltlichen. Ihn hatte seine Nation wie einen falschen Götzen
gestürzt; um so boshafter verspottet er nun die Größen der englischen
Geschichte; sein Witz verschont die jungfräuliche Königin so wenig wie
den Sieger von Waterloo.

Wir würden diesen reichen Geist sehr schlecht verstehen, wenn wir
seinen Kampf wider die Heuchelei der Gesellschaft allein aus seinen
persönlichen Erfahrungen erklären wollten. „Verhaltene Parlaments=
reden" hat Goethe Byrons Gedicht genannt, und sie sind es, sie er=
öffnen den Reigen jener radikalen Opposition, die seit der Mitte der
zwanziger Jahre gegen die Romantik und die heilige Allianz — in
Wahrheit, das System der politischen Heuchelei — sich erhob, und nie
ist eine Opposition berechtigter, notwendiger gewesen. Sie sind ebenso
tendenziös gegen die Gebrechen der Gegenwart gerichtet, wie die
Romantik in der Bewunderung der Vorzeit befangen war, ebenso welt=
bürgerlich, wie diese national, ebenso revolutionär, wie sie ruheselig.
In ihnen zeigt sich, zuerst in der Dichtung, der heilsame Rückschlag
gegen die Einseitigkeit der Feinde Napoleons. Einer Epoche voll über=
ästhetischer Neigungen folgte nun eine Zeit, deren ganzes Denken von
leidenschaftlichen politischen Kämpfen erfüllt war. Das Geschlecht des
Wiener Kongresses, zierlich und höfisch wie das kurze Beinkleid und die
langen Strümpfe, ward verdrängt durch eine ganz moderne Generation
von ungebundener Natürlichkeit in Tracht und Sitte, von rastloser Be=
weglichkeit in Staat und Wirtschaft; und Byron wurde der Herold
dieser neuen Tage. Die Geschichte der geistigen Bewegungen ist eine
fortwährende Umkehrung der alten Fabel vom Saturn; jede jugend=
liche literarische Richtung, die eine verlebte bekämpft und vernichtet, ist

ein Kind ihrer Feindin. Darum läßt sich die geistige Entwicklung nicht in scharf gesonderte Zeiträume zerlegen, und auch die neue Schule, welche mit Byron beginnt, scheidet sich nicht klar von der früheren ab. Byrons erste Werke fielen noch in die Tage der Napoleonischen Weltherrschaft. Seine feste Richtung, seine ganze Schärfe erhielt sein oppositioneller Sinn erst, als er in Italien die gräßlichen Wirkungen des Systems der Legitimität vor Augen sah. Da ward er zum Vorkämpfer jener Revolutionen, die in den zwanziger Jahren den Süden des Weltteils erschütterten. Und erst lange nach seinem Tode, während und nach der Julirevolution, sind Byrons Gedanken in Fleisch und Blut der Welt übergegangen, als das junge Deutschland und eine revolutionäre Literatur in Süd= und Osteuropa erstand.

Man hat Byrons Haß wider die heilige Allianz aus seiner Schwärmerei für Napoleon herleiten wollen. Gewiß, er bekannte sich zu jenem überschwenglichen Kultus des Genius, der seine Jünger finden wird, solange begabte Menschen leben, und er hatte seine Kenntnis des Weltkampfes vornehmlich aus den abgeschmackten Märchen der Franzosen geschöpft. Auch er meinte, der korsische Löwe sei nur darum gefallen, weil auf dem Felde von Leipzig „der sächsische Schakal" verräterisch seine Zähne in die Weichen des Todwunden geschlagen habe. Die rauhe Naturkraft, die derben Lagersitten Blüchers erschienen dem übergeistreichen Lord lächerlich, er sah in dem preußischen Feldherrn nur den Stein, worüber Napoleon gestolpert. Gleich allen Whigs wußte er, daß der Feldzug von 1815 von dem Torykabinett mehr zum Zwecke der Herstellung der Bourbonen, als zur Sicherung Europas geführt ward; darum war ihm die Schlacht von Belle=Alliance ein nutzloses Blutvergießen. Doch so blind, wie man gemeinhin sagt, war Byrons Bewunderung für den Korsen nicht. Aus seinem Munde erscholl ja bei dem Falle des Herrschers der höhnische Jubelruf:

> the desolator desolate,
> the victor overthrown!

Und als der Weltüberwinder beim Schwinden der letzten Hoffnung den Mut nicht fand, ein Dasein zu beenden, das nicht mehr ein Leben war, als alle, denen die Theologie die freie natürliche Empfindung noch nicht verkümmert hatte, mit Ekel auf dies unwürdige Schauspiel der Feigheit blickten: da war es wieder Byron, der der Verachtung furchtbare Worte lieh:

> and Earth hath spilt her blood for him,
> who thus can hoard his own!

Ihm schwebte vor Augen das Ideal eines Völkerfriedens, von dem die moderne Welt sich nie mehr trennen wird, er wußte (und er schlug mit diesen Worten auf Napoleon so gut wie auf seine Überwinder), daß „auf den unfruchtbaren Blättern der Geschichte zehntausend Eroberer neben einem Weisen stehen". Er stand am Ende einer Epoche, die Millionen Menschenleben maßlosem Ehrgeize geopfert hatte und verkündete das Nahen einer menschlicheren Zeit, indem er wider „die Schlächter en gros" eiferte und den großen Würger Suworow als einen „Harlekin in Uniform" verspottete. Niemand wird ohne Rührung aus dem Munde des leidenschaftlichen Mannes die Worte reinster Menschenliebe hören:

the drying up a single tear has more
of honest fame than shedding seas of gore.

Byrons Opposition gegen das System der Legitimität hatte einen tieferen, grundsätzlichen Charakter. Nach der Entthronung Napoleons mußte Europa abermals die Wahrheit des ernsten Gesetzes an sich erfahren, daß die Welt nur dann vorwärts schreitet, wenn sie als klein und verächtlich verlacht, was ihr gestern noch groß und des edelsten Schweißes wert erschien. Wieder und wieder pries man den Dreizack der meerbeherrschenden Britannia und ihre glückliche Verfassung und die erleuchteten Heldenkaiser und das fromme Russenvolk. Es war hohe Zeit, daß diesem gedankenlosen selbstgefälligen Jubel ein Ziel gesetzt werde:

these are the themes thus sung so oft before,
methinks we need not sing them any more.

Wollte die Welt den Segen der Freiheitskriege genießen, so mußte sie zuvor die häßliche Kehrseite des Kampfes verstehen. In der Tat, welches Bild boten diese Kriege dem Auge eines geistvollen liberalen Engländers, der von der idealen Begeisterung, welche die deutsche Jugend in den Streit geführt, nichts wissen konnte? Er sah die Metternich und Gentz und den „geistigen Eunuchen" Castlereagh triumphieren über den größten Mann des Jahrhunderts, die kluge Mittelmäßigkeit eines Ludwig des Achtzehnten als den lachenden Erben eines Napoleon. Er sah in Tirol und in Spanien das Volk geführt von den bigotten Anhängern des alten Despotismus, und wilder noch gegen die überlegene Gesittung als gegen die Herrschsucht der Franzosen streiten. Er sah in Deutschland nirgendwo außerhalb Preußens die Nation sich freiwillig gegen den Fremden erheben, sondern gehorsam harren auf den Ruf der Fürsten. Er schaute die widerliche Abgötterei, die mit dem rohesten Volke Europas getrieben ward und leider ein häßlicher Makel der großen Bewegung bleibt. Er hörte jene deutschen Verse, die uns noch heute das Blut in die Wangen treiben: „Ihn jagte der Schrecken des russischen Heers, ihn jagte die Wucht des Kosakenspeers." Hunderte schöner Lippen sangen die schmelzenden Abschiedsworte, die der gefühlvolle Kosak an die gefühlvolle Kosakin gerichtet haben sollte: „Schöne Minka, ich muß scheiden." Wahrlich, zur rechten Stunde erschien Byrons grimmige Satire auf die Erstürmung von Ismail; sie zeigte der Welt diese Befreier Europas in anderem Lichte, den ganzen Zorn des freien Mannes ergoß sie über die geknechteten Barbaren, die zur Schlachtbank stürmten mit dem Lästerrufe: „Gott und die Kaiserin!" Nun gar für England war die Geschichte der Revolutionskriege zugleich eine Geschichte unerhörter Verkümmerung der altenglischen Freiheit. Der Ruhm von Abukir, Trafalgar und Torres Vedras war erkauft durch die wiederholte Suspension der Habeas-Corpus-Acte, durch die Verkündigung des Standrechts, durch Ausweisung von Fremden, Verfolgung der Presse und Strafen sogar gegen das Aussprechen radikaler Meinungen; und derweil die glänzenden parlamentarischen Talente der alten Zeit in dem Weltkampfe sich aufrieben, war endlich der Lorbeer zugefallen — dem vielverhöhnten „Ministerium der Mittelmäßigkeiten".

Und was war mit allem Blut und Jammer der Völker gewonnen? Die Pläne des Welteroberers waren verdrängt durch ein politisches System, das in Wahrheit kein System war, durch das ideenlose Rechnen von heute auf morgen, durch die Feigheit und Gedankenarmut, die ihre Nichtigkeit hinter einigen salbungsvollen Phrasen verbargen. An der Stelle des genialen Imperators thronte nun das unfähige Dreigestirn:

an earthly Trinity, which wears the shape
of Heaven's as man is mimick'd by the ape.

Konnte die Welt wirklich noch über den Sturz der Fremdherrschaft jubeln, wenn auf dem Wiener Kongresse in echt bonapartischem Geiste mit frivoler Mißachtung der Volkstümlichkeit die Grenzen der Länder bestimmt wurden? War wirklich ein neues Zeitalter erschienen, wenn die weiland vom heiligen Geiste auf die Erde gebrachte Ampulla, die längst zerbrochene, plötzlich wieder erschien und ihr Salböl träufelte auf den Scheitel des Bourbonen? wenn ein Talleyrand die Oriflamme schwenkte, und in Calais, an der Stelle, wo der „ersehnte" Ludwig zuerst seinen heiligen Fuß auf das Land gesetzt, ein Denkmal errichtet ward? Hatte man noch ein Recht, von Freiheitskriegen zu reden, wenn mit der Freiheit auch die Jesuiten zurückkehrten und die Inquisition des „katholischen Molochs" von Spanien? wenn in der Freiheit jene epidemische Verfinsterung der Köpfe begann, das Konvertitenunwesen und das lichtscheue Treiben frommer Hexenmeister, der Krüdener und Hohenlohe? Doch Rom bleibt ewig, was es war. Wie schwer die Freiheit des Geistes gefährdet war, das erkennen wir sicherer an den Verirrungen der Protestanten. Selbst Max von Schenkendorf, der im Grunde der Seele immer eine norddeutsch=protestantische Natur blieb, hegte doch andächtiglich die Büste des Papstes in seinem Zimmer, sang fromme Lieder an „Maria, süße Königin" und verherrlichte den Schirm=herrn Tillys, den finstern Zögling der Jesuiten, in dem Liede: „Fester, treuer Max von Bayern."

Es ist wahr, die Spuren der fremden Herren vom heimischen Bo=den hinwegzufegen, bleibt die höchste aller Pflichten, und ein freier Kopf unter den Deutschen, der alle die unseligen Folgen des Sturzes Napo=leons vorausgesehen, er hätte dennoch zum Säbel greifen müssen für sein Land. Aber den zwiespältigen Charakter der Freiheitskriege zu leugnen, wird den gesinnungstüchtigen Phrasen der Gegenwart nie gelingen. Die Kabinette hatten in Napoleon den Zertrümmerer der alten feudalen Unordnung, den Sohn der Revolution bekämpft, die Völker den Fremden und den Despoten. War es nicht eine rühmliche, eine notwendige Tat, daß Byron den reaktionären Zug, der die Bekämpfung Napoleons bezeichnete, schonungslos der Welt enthüllte? Das können nur jene verneinen, die nichts ahnen von der echten histo=rischen Gerechtigkeit, die dem Pöbel als mattherzige Halbheit gilt. Wenn Byron dabei die Lichtseite jener Kämpfe übersah, so ist er am meisten zu entschuldigen, der mit wunderbarem Scharfblick das Herein=brechen der Reaktion vorherverkündigt hatte — er, der als Engländer in dem Kriege gegen Napoleon einen Kampf für das Dasein seines Volkes nicht zu bewundern hatte.

Nicht nach den ungleich ruhigeren Zuständen des heutigen Eng=lands dürfen wir Byrons Opposition gegen die englische Gesellschaft beurteilen. In dem Augenblicke, da alle Welt der unermüdlichsten, nie besiegten Feindin Napoleons zujubelte, war England in Wahrheit ein unglückliches, von Unfrieden zerrissenes Land. Nie zuvor war die

alte Sünde dieses Staates, die Ausbeutung der niederen Stände, so
grell zutage getreten. Während der Napoleonischen Kriege waren die
letzten Reste des kleinen Grundbesitzes durch den Adel ausgekauft wor=
den; die Selbstsucht der großen Grundeigentümer (das land interest)
kannte nur ein höchstes Gut — rent, rent, rent, rent — sie schraubte
die Kornzölle und damit den Preis des Getreides hoch und höher hin=
auf. Unheimliche Gärung ergriff die Massen, verwegene Demagogen
brüteten über der „sozialen Frage". Dem gequälten Volke predigten
die Besitzenden die harte Lehre des Malthus: „Niemand hat ein Recht
Kinder zu erzeugen, die er nicht ernähren kann" — eine einfache volks=
wirtschaftliche Wahrheit, gewiß, aber eine Lehre, die in solcher Zeit
wie ein gräßlicher Hohn erschien. Unbekümmert um das Elend der
Massen führte der Hof des Prinz=Regenten sein sündliches Prasserleben:
„Irland stirbt vor Hunger, Georg wiegt zwanzig Stein." Ein herz=
loses, in Vorurteilen erstarrtes Toryregiment leitete das Land. Die
Partei der Whigs war nahezu verschwunden; um so eifriger stellte sich
Byron auf die Seite der Schwachen und wiederholte getreulich die
Ausfälle der Partei wider „Pitt, den großherzigen Minister, der
Großbritannien gratis ruinierte". Auch zu gerechter Satire bot die
Lage des Landes reichen Anlaß. Nicht poetische Übertreibung — die
nackte Wahrheit war es, wenn Byron rief:

> the land-selfinterest groans from shore to shore
> for fear that plenty should attain the poor.

Die Worte des Dichters rechtfertigten sich durch den berüchtigten
Ausspruch Castlereaghs im Parlamente: Der Weizenpreis ist bereits
auf eine unerhörte Höhe gestiegen; da möchte ich doch wissen, wo die
Not ist." Und inmitten dieses „unvaterländischen Adels" wurde jene
königliche „Bordellkomödie" aufgeführt, der Prozeß der Königin Karo=
line, der so manchen alten Namen der englischen und der hannover=
schen Aristokratie mit Schmach bedeckte. Während also die sittliche
Fäulnis der höheren Stände der Welt sich enthüllte, trat gerade jetzt
jene oben geschilderte Eigenheit der englischen Gesittung sehr roh und
selbstgefällig hervor. Man verwahrte „die Religion und Moral dieses
Landes" wider Byrons „satanische Angriffe", und die „freundlichen
Monopolienhändler der himmlischen Liebe" verketzerten am gehässigsten
gerade jene Äußerungen des Dichters, die uns Deutschen ganz unan=
stößig, ja zahm erscheinen. Der Antibyron, eine Streitschrift voll gott=
seliger Wut, ward geschrieben, weil eine Stelle des Childe Harold das

Wiederſehen nach dem Tode in wehmütigem Tone als eine nicht völlig
ſichere Hoffnung darſtellt! Eine fromme engliſche Dame fiel, da Byron
bei Frau v. Staël unerwartet eintrat, bei dem bloßen Anblicke des Un=
geheuers in Ohnmacht. Der Kain, ſicherlich eines der milbeſten Werke
des Dichters, den ſogar Walter Scott in Schutz nahm, galt geradezu
als Gottesläſterung. Als Byrons Verleger gegen einen Nachdrucker
des Gedichts bei dem Lordkanzler, dem berüchtigten Hochtory Lord El=
don, klagte, ward er abgewieſen, weil „Chriſtlichkeit das Fundament
aller engliſchen Geſetze und das vorliegende Werk nicht von der Art iſt,
daß dem beeinträchtigten Buchhändler irgend ein Schadenerſatz zuge=
ſprochen werden könnte". Eines ähnlichen Loſes rühmte ſich des Dich=
ters Freund Shelley, dem man als einem offenbaren Atheiſten von
Gerichts wegen das Recht, ſeine eigenen Kinder zu erziehen, raubte.
Inmitten ſolcher ſozialen Mißſtände konnte Lord Eldon die dreiſten
Worte ſprechen, der niedrigſte Engländer ſei beſſer als der trefflichſte
Fremde. Welche Verſuchung für einen freien Geiſt, dieſer heuchleri=
ſchen Selbſtgefälligkeit den Spiegel vorzuhalten.

Eben in jenen Jahren der Erſtarrung trieb die unverwüſtliche
Lebenskraft des engliſchen Volkes in der Stille die geſunden Keime einer
neuen ſtaatlichen Entwicklung hervor. Stetig vollzog ſich die Neu=
bildung der parlamentariſchen Parteien, welcher das Land ſpäter die
Parlamentsreform, die Emanzipation der Katholiken, die Entfeſſelung
des Handels verdanken ſollte. Doch Byrons unſteten Sinn reizte es
nicht, teilzunehmen an der unſcheinbaren langſamen Mannesarbeit der
Reform. Wie viel verlockender, wie viel jugendlicher, umherzuſchweifen,
gleich anderen meiſterloſen Wildlingen ſeines Volkes, gleich Lord Coch=
rane und Lady Morgan, als ein Apoſtel der Freiheit unter den heiß=
blütigen Völkern des Südens! So findet Lord Byron in der politi=
ſchen Geſchichte ſeines Vaterlandes gar keine Stelle, in der engliſchen
Literaturgeſchichte tauchte er nur auf als ein jählings verſchwindendes
Meteor, für die politiſche und literariſche Entwicklung des Feſtlandes
aber iſt er von durchgreifender, bleibender Bedeutung geworden. Die
engliſchen Standesgenoſſen haſſen in ihm nicht bloß den Freigeiſt und
den Radikalen, ſondern vornehmlich den treuloſen Engländer, der zu
kontinentalen Sitten und Gedanken abfiel. Haben ſich doch erſt ſeitdem
die engliſchen Sitten den feſtländiſchen erſtaunlich angenähert. Das
altmodiſche Zerrbild des reiſenden Engländers, das heute im Leben
ſchier ausgeſtorben iſt und nur noch in den Karikaturen der Franzoſen

als ein Anachronismus spukt — damals war es noch eine Wahrheit,
da die Mitglieder der englischen Gesandtschaft auf dem Wiener Kon=
gresse durch geschmacklose Tracht und eckige Sitte das Gelächter der
glatten Kontinentalen erregten. Um so mehr mußte sich in Italien
Byrons boshafter Blick für die Eigenheiten seiner Landsleute schärfen,
um so zorniger diese auf den heimatlosen Briten blicken. Welch ein
Eindruck aber unter den Völkern des Südens, als der gefeierte Lord
mit ihnen ihr leichtes Sinnenleben lebte, in glühenden Versen ihre
süßen Sünden besang, die Pracht ihres Landes und die Heldenkraft
der Söhne ihrer Berge! Er lernte die Dichter Italiens lieben, die von
dem risorgimento ihres Landes geträumt, er lebte sich ein in den ab=
strakten Radikalismus der Geknechteten, er klagte mit dem Venetianer:
„Der Name Republik ist hingeschwunden." Er träumte von einer Zu=
kunft, da glücklichere Menschen vor den Gebeinen unserer Könige mit
denselben Empfindungen stehen werden, wie wir vor Mammutsknochen.
Er wies den Kleinmütigen jenen Helden, der wirklich als „der Erste,
der Größte, der Beste" der neueren Menschen in der Seele der moder=
nen Jugend lebte — Washington: — und der geheimen unbestimmten
Sehnsucht der erregten Zeit lieh er das treffende Wort, als er sich
wünschte zu sterben jenseits des Meeres in dem letzten Asyle der Freiheit
　　　　　　　　one freeman more, America, for thee!
Immer wärmer ging er ein auf die Lieblingsgedanken des unzu=
friedenen italienischen Adels, er hörte gern, wenn seine welschen Freunde
von dem vergötterten Napoleon sagten: non è Francese, è nostro.
Schon vor Jahren, im Childe Harold hatte er, hingerissen von der
Großheit der historischen Erinnerungen, den Fall Roms — der „Niobe
der Nationen" — beklagt. Jetzt schrieb er den Marino Falieri und die
Foscari, zwei Tendenzdramen, die der italienischen, nicht der englischen
Bühne angehören, bestimmt, Italien zu mahnen an die Größe der alten
Zeit. Immer kühner greift er die Gewaltigen an, er verhöhnt den
koketten Zaren, der gegen die wahre Freiheit nur das eine einzuwen=
den hat, daß sie die Völker befreit. Die unsauberen Geheimnisse der
heiligen Allianz deckt er auf, er fragt, wer die Wage der Welt halte?
„Jud' Rothschild und sein Christenbruder Baring." Mit schönem sitt=
lichen Zorne stellt er die würdelose Gemahlin Napoleons bloß, die bei
Lebzeiten ihres Gatten ihr freches Witwenleben führt, und fragt, wie
die Fürsten das Gefühl der Völker schonen sollen, wenn sie ihr eigenes
Gefühl verhöhnen? Und wie seine Phantasie sich aus dem sentimen=

talen Weltschmerz zum freien, übermütigen Humor erhebt, wird auch
seine revolutionäre Gesinnung offener, bestimmter. Schon schleudert er
der Monarchie die kecke Drohung ins Gesicht:

but never mind — „God save the king" and kings,
for if he don't, I doubt if men will longer.
I think I heard a little bird who sings;
the people by and by will be the stronger!

Dann fällt auch das verwegene Wort:

revolution
alone can save the world from Hell's pollution.

Das Wort war nur ein Nachklang erschütternder Taten. Sie war
ausgebrochen, diese Revolution. „Vom Gipfel der Anden bis zur
Höhe des Athos" sah Byron dasselbe Banner wehen und wetteiferte
mit seinem Freunde Thomas Moore, dies große Erwachen der Völker
zu preisen. Noch haben wir nicht zur Genüge gewürdigt, wie sehr der
politische Sinn unseres eigenen Volkes durch dies phantastische Schauspiel der kreolischen, romanischen und griechischen Revolution gefördert worden ist. Schien es doch, als habe ein großer Wohltäter
unseres Volkes diese gewaltigen Bewegungen recht eigentlich zu dem
Zwecke geschaffen, um unsere überästhetische Nation durch den romantischen Reiz zur politischen Schwärmerei und dann zur politischen Arbeit zu erziehen. Nach den Enttäuschungen des Wiener Kongresses war
man der staatlichen Dinge wieder müde geworden, man labte sich an
den Teufeleien Callot-Hoffmanns und interessierte sich wieder für die
neue Religion, die Friedrich Schlegel erfinden wollte. Welcher Mensch
von Phantasie sollte die eintönigen Berichte aus dem heimischen Staate
lesen? Wie anders die große Kunde von den Llaneros, wie sie auf
schnaubenden ungesattelten Rossen durch die glühende Steppe den
Spanier verfolgen! Wunderbares Volk, etwas wild freilich, sozusagen
bestialisch, aber unzweifelhaft romantisch und gottlob in angemessener
räumlicher Entfernung von dem stillen Frieden des königlich sächsischen
Zeitungslesers! Und dann diese Stierkämpfer von Madrid in ihren
malerischen Trachten! Sie brüllten der katholischen Majestät ins Angesicht ihr wildes Hohnlied: tragala perro! Abergläubisch und unsauber
sind sie, ohne Zweifel, auch bleibt es bei ihrer Unerfahrenheit in den
Geheimkünsten des Lesens und Schreibens einigermaßen fraglich, ob
sie ein entscheidendes Urteil haben über ihre vergötterte Charte von
1812. Aber romantisch sind auch sie! Nun gar Neapel! Wie lange

haben wir die Lazzaroni für Barbaren gehalten, und jetzt schwebt in das süße Nichtstun am Golfe von Neapel mittenhinein die Göttin der Freiheit selber! Diese schlichten Naturkinder erobern sich in ihrer erhabenen Einfalt die freieste Verfassung von Europa! „Dafür konnte man doch schwärmen", sagte mir ein Mann, dessen Jugend in jene Tage fiel.

Und auch der Unverbesserliche, der seine staatsbürgerliche Ordnungs= liebe unversehrt bewahrt hatte trotz aller revolutionären Romantik aus Peru, Spanien, Neapel, auch er ward endlich von dem revolu= tionären Fieber ergriffen, als die Griechen sich erhoben und neben der romantischen zugleich die klassische Schwärmerei des ästhetischen Volkes herausforderten. Die ernsten Gelehrten, die über Elision und Krasis grübelten, und die begeisterte Jugend, der die Seele weit ward bei den Namen Marathon und Platää, sie alle sangen jetzt mit dem Dichter:

of the three hundred grant but three
to make a new Thermopylae!

Und war er nicht erschienen, der Tag der neuen Thermopylen, als Diakos mit seinem kleinen Haufen abermals den Engpaß verteidigte und, ein hoffnungsreiches Dichterwort auf den Lippen, von den Türken sich zum Tode führen ließ? Schien es nicht, als sollte der Heldenruhm und die Sangesherrlichkeit der salaminischen Tage sich erneuen, da jetzt in den Schluchten des Peloponnes das wundervolle Kriegslied widerhallte: δεῦτε παῖδες τῶν Ἑλλήνων, ὁ καιρὸς τῆς δόξης ἦλϑεν? Jahre sollten noch vergehen, bevor die Deutschen lernten Geldopfer zu bringen für den Ausbau des deutschen Staatswesens, doch für die Er= hebung des fremden Volkes ward gesammelt: von allen Seiten flossen die Gaben in den mit dem Kreuze der Griechen geschmückten Gottes= kasten der Philhellenenvereine. „Ohne die Freiheit was wärest du, Hellas? ohne dich, Hellas, was wäre die Welt?" sang der deutsche Dichter. Man empfand, dies Volk, das wie kein zweites der neuen Welt vom hellenischen Geiste getränkt war, sei vor allen berufen, „die unendliche Blutschuld Europas" an dem Mutterlande unserer Bildung zu sühnen. So wirkten treulich nebeneinander die Vertreter der alt= klassischen Gelehrsamkeit, die Voß, Orelli, Thiersch, und die glaubens= eifrigen Prediger, die von der Kanzel herab mahnten, den Kreuzzug wider den Halbmond zu fördern durch „Zuzug kriegskundiger Männer, geschickter Ärzte und guter Kriegshandwerker". Die Lieder Waib= lingers und Wilhelm Müllers beschworen die Schatten des Äschylus und Themiftokles herauf, Rückert befang den Kampf für „Gott und unferen Heiland". Diefelben Liberalen, die foeben in Italien und Spanien die Intervention fremder Mächte als einen Frevel verurteilt, verlangten als eine heilige Pflicht die Einmifchung Europas in den Kampf der Griechen. Aufs neue erftand in diefen jungen Tagen der längft vergeffene Türkenhaß der alten Zeit: Wird der Erbfeind der Chriftenheit jetzt nicht aus der Stadt Konftantins vertrieben, „dann zittre, Welt, vor feinen künft'gen Siegen"! rief der Poet, und Krug hoffte, die heilige Allianz werde durch die Befreiung von Hellas den Neubau des chriftlichen Europas vollenden. Die ungeftüme Kraft der deutfchen Jugend fand feit den Befchlüffen von Karlsbad keinen Raum mehr in der Heimat; eifrig warf fie fich auf den Kampf im fernen Often, fie gedachte der Mahnung Kafimir Delavignes zu folgen, der in feinen meffenifchen Liedern die Söhne Odins aufforderte, den Tempel des Zeus zu befreien.

Wohl reizt es das Lächeln der Söhne, dies Gefchlecht unferer Väter, das für den Mordbrand der Kreolen, für die Soldatenmeutereien der Romanen und für die mehr als zweideutige Erhebung eines Barbaren= volkes im Often größere Teilnahme hegte als für das Elend feines eigenen Staates. Doch auch aus den Irrgängen unferes Volkes blickt überall feine große Seele hervor. Es bewährte fich in jener unreifen weltbürgerlichen Begeifterung der felbftlofe menfchenfreundliche Sinn, der dem Volke der Humanität geziemt, es offenbarte fich darin die natürliche Sehnfucht des Volkes nach einer weiten freien Bühne für die politifche Tatkraft, welche die dürftige Kleinftaaterei der Heimat ihm verfagte. Durch jene Revolutionen, wie unficher und verworren fie waren, ift die Macht der heiligen Allianz innerlich gebrochen worden. Und man weiß, wie infolge des griechifchen Unabhängigkeitskampfes der Bund der drei Oftmächte endlich gefprengt ward. Bis nach Un= garn und Rußland hinein verbreitete fich das Bewußtfein, daß der Kampf des modernen Liberalismus ein der gebildeten Welt gemein= famer ift, es reifte jener notwendige Geift der Unruhe, der in den Jahren 1830 und 1848 auch die langfameren Völker ergriff.

Diefen revolutionären Sinn hat nächft Canning, der fein England zur großen Schutzmacht der Verfchwörer erhob, kein anderer einzelner Menfch fo gewaltig gefördert als Lord Byron. Der Philhellenismus namentlich ift von keinem fo früh und fo glänzend vertreten worden. Schon als Byron auf feiner erften Pilgerfahrt an dem geheimnisvollen

Hofe Ali Paschas weilte und die Sulioten nach den Klängen der Tim-
burgi um das nächtliche Feuer ihren Kriegsreigen tanzen sah, schon
damals war ihm der Gedanke an die Auferstehung Griechenlands lebendig geworden, der in den kühneren Köpfen des Weltteils niemals völlig
erstorben war. Hatte ihn doch vor Zeiten Milton mit der Sicherheit
des Sehers ausgesprochen, und auch der edle Fenelon von dem Erwachen der Hellenen geträumt. Da noch niemand die Wirklichkeit des
Traumes zu hoffen wagte, wünschte Byron den kykladischen Inseln die
Freiheit und die Herrschaft des attischen Demos zurück (im „Korsaren"
geschrieben im Januar 1814). Fünf Jahre später sang er wieder von
der Herrlichkeit des Landes, where Delos rose and Phoebus sprung,
und störte den starren Schlummer der Griechen durch den schmetternden Ruf:

> you have the Pyrrhic dance as yet,
> where is the Pyrrhic phalanx gone?

Er verstummte zornig, da die Trägheit dieses Volkes der Knechte
nicht zu erschüttern schien:

> a land of slaves shall ne'r be mine —
> dash down yon cup of Samian wine.

Doch hielt er fest an der Hoffnung, daß der Name Hellas wieder „ein
Weckruf für die Welt" werden solle.

Nun endlich erfüllten sich die Zeiten. Seit langem hatte der wunderbare Mensch die erstaunten Blicke der Deutschen auf sich gelenkt,
so sehr, daß, nach Goethes Worten, Deutschheit und Nationalität fast
vergessen schien. Wir schwelgten noch in unseren romantischen Taschen-
büchern, und wollte der deutsche Reisebeschreiber sich als einen Mann
von ästhetischer Bildung zeigen, so mußte er einmal zum mindesten in
Tränen der Rührung ausbrechen beim Anblick eines Gemäldes, einer
Bildsäule. Hier aber war ein Dichter, dessen ästhetische Taten die
Welt bewunderte; der spottete der weichlichen Schöntuerei, er durch-
reiste die Fremde, um an dem wirklichen Leben der Völker sich zu erfreuen und die Stätten ihrer großen Taten andachtsvoll zu besuchen.
Lachend wie ein roher Bauer ging er an dem Kunstwert der Meister-
werke der Galerien vorüber, nur da und dort begeisterte ihn ein Gemälde durch den menschlichen Gehalt seines Stoffes. Und während
der große Dichter der Deutschen sich bedachtsam die Frage vorlegte,
ob man Napoleon auch einen produktiven Menschen nennen dürfe,
sprach Byron zum Entsetzen der Schöngeister: „Ich will noch etwas

mehr für die Menschheit tun als Verse schreiben." Ein schwärmeri=
scher Bewunderer der Natur, ein Virtuos im Genießen, ließ er sich
doch nie — wie diese phantastische Zeit pflegte — sein Urteil über die
Völker durch solche romantische Rücksichten bestimmen; in einem knech=
tischen Volke ward es ihm unheimlich, selbst inmitten der lieblichsten
Landschaft, des behaglichsten Sinnengenusses. Ich liebe die Deutschen,
sagte er bezeichnend, nur nicht die Österreicher, sie hasse und verabscheue ich.

Der Kampf für die Freiheit schien ihm die höchste Aufgabe des
Mannes. Lange trug er sich mit dem Plane, über das Weltmeer zu
ziehen in den Bürgerkrieg der Kreolen. Dann nahm er teil an der
Erhebung Italiens, aber das Gefecht von Rieti bereitete der neapoli=
tanischen Revolution einen ruhmlosen Untergang. Österreich begann,
wie seine Staatsmänner prahlten, sich des öffentlichen Geistes in Ita=
lien zu versichern. Der Dichter ward es müde, die nutzlosen Waffen
der italienischen Patrioten in seinem Hause zu bergen, in Venedig und
Ravenna den kleinen Krieg zu führen wider die österreichische Polizei
und zu horchen auf das unfruchtbare Treiben der Geheimbünde, das
dem politischen Takte des Engländers lächerlich erscheinen mußte. Wie
anders der ausdauernde Heldenkampf der Griechen! Dem taten=
durstigen Sinne des Dichters schenkte das gnädige Geschick ein Ende,
wie seine Muse es nicht herrlicher ersinnen konnte in ihren weihevollsten
Stunden. Er sollte sterben den schönen Tod des Kriegers für die
Freiheit, der sein Lied gegolten, er sollte enden, wie Chamisso ihm nach=
sang, als „der Kamönen und des Ares Zögling". Als er auf eigene
Faust sein kleines Heer nach Missolunghi hinüberführte, war er nicht
selber einer jener Seekönige seiner Jugendlieder, die, keinem trauend als
der eigenen Kraft, der alten Ordnung der trägen Welt den Frieden kün=
digten? Und wie männlich schüttelte er alles ab, was von den trüben Ge=
danken des Weltschmerzes seine Seele noch beschwerte: „Von poetischem
dummen Zeug habe ich nichts an mir, dergleichen Dinge gehören nur für
den Reim". Als der echte Sohn eines zum Herrschen geborenen Volkes
brachte er Zucht unter die meisterlosen Horden der Griechen, entflammte
die Säumigen, gab dem verwilderten Kriege eine menschliche Weise.
Und kaum waren die erschütternden Töne seines letzten Liedes verklungen:

> the sword, the banner and the field,
> glory and Greece, around me see!
> the Spartan, borne upon his shield,
> was not more free! —

so vollstreckte das Schicksal das Seherwort des Dichters, und der Spar=
taner ward auf seinem Schilde heimgetragen. Die armselige Selbst=
zufriedenheit der Theologen schrie Zeter über diesen „Tod in geistiger
Finsternis", und die verstockte Härte der heimischen Klerisei weigerte
dem Toten die Bestattung zu Westminster. Wer aber ein Herz besaß
für echte Menschengröße, der gestand, daß nie ein schuldvolles Leben
durch einen edleren Tod gesühnt ward. Und auch die Nachlebenden
können noch mitempfinden, wie der deutsche Philhellene den Dichter in
der Verklärung des Helden schaute und ihm wünschte:

einen Fall im Siegestaumel auf den Mauern von Byzanz,
eine Krone dir zu Füßen, auf dem Haupt der Freiheit Kranz!

Dilettantisch ist Lord Byrons Radikalismus immerdar geblieben —
ein Grund mehr für den Widerwillen seiner Landsleute, die längst
gelernt, die großen Geschäfte des Staatslebens auch mit dem Ernste
des Geschäftsmannes zu behandeln. Mit begreiflichem Zorne hörte man
in England den Dichter erklären, unter allen Völkern habe allein „die
spanische Fliege und die attische Biene" den Mut gefunden, den
Stachel zu regen wider das Spinngewebe der Knechtschaft. Die
Langeweile, die Sehnsucht eines edeln ruhelosen Herzens nach großen
heldenhaften Gemütsbewegungen haben an Byrons letzten Taten eben=
so großen Anteil wie die romantische Schwärmerei für das Land und
Volk der Griechen. Aber man frage sich: Was würde er, der Un=
stete und Ungeschulte, geleistet haben, wenn er seinen Platz im Ober=
hause eingenommen und mitgewirkt hätte an dem langsamen großen
Werke der Reform, das die Huskisson, Russel, Brougham und Byrons
Schulkamerad Robert Peel auf grundverschiedenen Wegen, doch alle
mit dem gleichen zäh ausharrenden Sinne begannen? Indem Byron
sich hineinstürzte in die wilde Gärung des Kontinents, die solcher vul=
kanischer Naturen bedurfte, hat er von seinem politischen Talente den
denkbar besten Gebrauch gemacht. Nur auf solche Weise konnte dieser
Mensch ein politischer Kämpfer werden. Und wenn ihr den unbe=
stimmten, lediglich verneinenden Charakter seines Liberalismus tadelt:
wer heißt euch denn vom Lenze Trauben fordern? wer darf in dem
Chaos jener südländischen Revolutionen ein klares Parteiprogramm er=
warten? Der dichterische Wert der politischen Satiren Byrons hat
durch den argen Radikalismus des Dichters unzweifelhaft gewonnen;
ein rechter Parteimann, der gezwungen ist, sich zu bornieren, hätte
nimmermehr jenen kecken Ton souveränen übermuts gefunden, dem

Byrons politische Poesie ihren Reiz verdankt. Es war doch keine Lästerung, wenn Byron den Schatten des „Tyrannenhassers" Milton heraufbeschwor wider die servilen Modedichter des Tages. Niemand wird den unreinen modernen Helden der fleckenlosen Größe des Puritaners zu vergleichen wagen, und doch fochten beide verwandte Kriege für das Recht des Demos, nur daß der eine mit dem heiligen Ernste bibelfester Tugend die Sündhaftigkeit der Höfe, der andere mit frechem Spott die Heuchelei der Mächtigen bekämpfte. Nicht die Sätze eines Parteiprogramms zu verfechten ist des Dichters Beruf; die Idee des Liberalismus, der seine Berechtigung darin findet, daß er hoch denkt von den Menschen, ist noch nirgends großartiger, energischer ausgesprochen worden als in Byrons Werken.

Desgleichen läßt sich gar leicht erweisen, daß des Dichters Freigeisterei nicht die reife Frucht stetigen Denkens, sondern sehr unfertig war und vermischt mit dem geheimen Schauder über ihre eigene Sündhaftigkeit. Sein heller Verstand empörte sich wider das credo quia absurdum; solcher Zweifel ward gefördert durch den Verkehr mit dem kecken Heiden Shelley und durch die Werke jenes Gibbon, dem der Childe Harold Verse voll überschwenglicher Bewunderung widmet. Entsetzlich genug klang es seinen Landsleuten, wenn er „Rum und wahren Glauben" zur Beruhigung erregter Gemüter empfahl oder spöttisch bedauerte, daß die Dreifaltigkeit nicht vierfältig sei, dann wäre es ein noch größeres Verdienst, daran zu glauben. Aber die übermütigen Worte verdecken nur schlecht die innere Unsicherheit seines Gemüts; an unzähligen Stellen verrät sich, dem Dichter unbewußt, die stille Reue über den verlorenen Seelenfrieden, die Furcht vor dem verborgenen Leben nach dem Tode. „Ich zweifle, ob der Zweifel selber zweifelt" — solche skeptische Worte zeigen nichts von jener heiteren Freiheit eines dem Dogma entwachsenen Geistes, die wir an den deutschen Dichtern bewundern. Die „hebräischen Melodien" lassen uns ahnen, daß der Mann sich noch erbaute an jenen frommen Heldengestalten der Bibel, die der Knabe sich von seiner Amme schildern ließ. Seine geliebte Allegra ließ er katholisch erziehen und entfernte das Kind sorglich von den freigeistigen Gesprächen Shelleys und seiner Gattin. Wir schließen daraus nicht — wie Walter Scott, der Byron nie durchschaut hat — daß der Dichter bei längerem Leben sich selber zur katholischen Kirche bekehrt haben würde; immerhin bleibt die innere Unsicherheit seines religiösen Freisinnes unzweifelhaft. Aber die Romantik war nur ein ohnmächtiger Versuch, eine durch die ernste Geistesarbeit dreier Jahrhunderte überwundene Weltanschauung wieder zu beleben. Da genügte es, wenn nur ein Dichter keck verneinend der Phantasterei entgegentrat, wenn er nur lachend die Welt erinnerte, welche Schätze geistiger Freiheit sie längst besaß; schon vor dem lustigen Geprassel des Witzes mußten die Spukgebilde der Romantik entfliehen. Und — seltsam es zu sagen — dieser kecke Spötter ist doch in die großen Weltmysterien tiefer eingedrungen als irgend ein englischer Dichter seit Milton. Im Kain und Manfred werden einzelne Töne angeschlagen, die an den Tiefsinn deutscher Kunst gemahnen. In „Himmel und Erde" schildert ein Miltonscher Geist den unbeugsamen Stolz der höllischen Dämonen. Jene grandiose Fabel, welche, von anderen Völkern selten verstanden, die deutschen Dichter zu ewig neuen Liedern begeistern wird, die Fabel vom Lichtbringer Prometheus hat auch in Byron ihren Sänger gefunden: die ganze gedrungene Kraft seiner Rede bietet er auf, um den Titanentrotz zu schildern, „der den Tod zum Siege macht".

Die Wirkung der Gedichte Byrons auf die Zeitgenossen ward durch ihre künstlerischen Mängel nicht beeinträchtigt, ja oftmals verstärkt. Der Sinn für die Komposition der Kunstwerke ist heute wieder etwas empfindlicher; wir erwarten in jedem Gedicht eine stetig anschwellende Handlung, einen kräftigen Abschluß. Darum erscheinen uns, trotz aller Pracht der Schilderungen, trotz aller glänzenden Einfälle in den Abschweifungen, manche Gesänge des Childe Harold entschieden langweilig durch ihren fragmentarischen Charakter. Und bewundern wir Byrons unerschöpflichen Reichtum an immer neuen Bildern und Gedanken, so erkältet uns seine Armut in der Erfindung der Handlung. Unser froherer Weltsinn findet wieder Freude an der Eigenart mannigfaltiger Charaktere, und wir ermüden gar leicht, wenn in Byrons Gedichten (mit einziger Ausnahme des Don Juan, der auch nach dieser Richtung einen ungeheuren Fortschritt zeigt) das schwache, liebende Weib und der melancholische Held immer wiederkehren. Und auch diese beiden Charaktere erscheinen uns verschwommen und sehr unbestimmt; wir fragen nach dem Warum? wenn Byrons Held seinem Mädchen sagt: „Ich liebe dich nicht mehr, wenn ich die Menschheit liebe." Die harte Arbeit in Staat und Wirtschaft hat uns wieder gewöhnt an das helle Mittagslicht, wir sehnen uns oftmals hinweg aus dem ewigen Halbdunkel, das Byrons Gestalten

beleuchtet. Am schmerzlichsten vermißt die Gegenwart mit ihrem leben=
digen Sinne für das Drama in dem großen Dichter jede dramatische
Begabung. An Byrons Schauspielen am klarsten läßt sich verstehen,
daß die Leidenschaft allein der Nerv des Dramatikers nicht ist; sie
bleibt wirkungslos, wo die gewaltig bewegte Handlung fehlt. Versucht
der Dichter auch einmal seine subjektive Weise abzulegen und etwas
anderes zu schaffen als Monologe und Schilderungen: Seinem unsteten
Schaffen blieb doch fremd jener höchste Künstlerfleiß, der entsagend
sich gänzlich in den Stoff versenkt und allein dramatische Charaktere
von überzeugender Kraft zu schaffen vermag.

Solche Bedenken des heutigen Lesers hätten die Zeitgenossen kaum
verstanden. Man darf sagen, gerade die schwächsten seiner Werke
haben die Zeit am mächtigsten ergriffen. Der Erbe der Romantik fand
Byron die Bühnen längst verwildert und die Welt gewöhnt, den
Empfindungsreichtum eines Lesedramas für eine dramatische Hand=
lung zu nehmen. Die lose Komposition, die wuchernde Überfülle seiner
Abschweifungen und Schilderungen entsprach durchaus der Neigung
einer Zeit, die alle alten Kunstformen durch die Romantiker zerbrochen
sah und in einem blendenden abspringenden poetischen Feuilletonstile
das Neueste und Größte der Dichtkunst fand. Vergessen wir nicht,
daß die von Byron hervorgerufene jungdeutsche und neufranzösische
Richtung die ärgsten ihrer Sünden von der Romantik entlehnt hat.
Wie unsicher bleibt doch die Grenze zwischen den beiden Schulen: Für
Frankreich, das einen echten Klassizismus, nach deutscher Weise, nie
gekannt hat, liegt sogar in Victor Hugos kecker Versicherung eine ge=
wisse Wahrheit: „Die Romantik ist in der Dichtung, was der Libera=
lismus im Staate." — Auch für die von Byron beliebte Vermischung
der Kunst mit politischen Tendenzen hatte die Romantik arglos selbst
den Boden geebnet. Sie hatte die Grenzen zerstört, welche Dichtung
und Prosa scheiden, und der Welt eine poetische Religion, eine poetische
Politik geschenkt. War es zu verwundern, wenn jetzt ein verwegener
Mann den Spieß umkehrte, wenn mit Byron eine Zeit begann, welche
Kunst und Wissenschaft nur als die Mägde der Politik behandelte?
Endlich jene edelmütigen Byronschen Verbrecher, die unser sittliches
Gefühl beleidigen, sie gaben einer Epoche keinen Anstoß, die längst von
der Romantik gelernt, die interessanten Menschen nur auf den Höhen
und in den Tiefen der Gesellschaft zu suchen.

So hatten die Zeitgenossen kein Auge für die Schwächen von Byrons Muse. Um so freudiger begrüßten sie ihre Tugenden, jene wunderbare, in keiner Übertragung völlig getroffene Formenschönheit, die einfältige Kraft und Wahrheit des edeln Ausdrucks, der mit den allereinfachsten Mitteln am gewaltigsten wirkt. Jene mit dem Herzblute des Dichters geschriebenen Verse „Der Traum" muten uns an wie eine Erzählung aus einer Welt der Wunder, und doch was schildern sie? die einfachste Begebenheit mit den schlichtesten Worten. Und wie herrlich sah doch aus aller Zerrissenheit des Dichters sein kerngesunder, nie beirrter Instinkt für echte Größe hervor! Wie hehr mußte der Jugend die Reinheit eines Sokrates, Franklin, Washington erscheinen, wenn Byron, der immer Spottende, vor ihnen demutvoll sich neigte! Und wie ungezogen oft sein Witz sich gehen ließ, er blieb doch ein Dichter, der seines eigenen Pfades zog, der niemals schrieb „per dilettar le femine e la plebe". Das Wunderbarste blieb die Sicherheit und Fruchtbarkeit seiner Dichterkraft. Wie Mirabeau, ein verwandter Geist, wenn er die Tribüne betrat, die Gemeinheit seines privaten Lebens hinter sich ließ, so war Byron ein anderer, ein reinerer Mensch, wenn die Muse ihm nahte. Einige seiner schönsten und — friedlichsten Gedichte, die hebräischen Melodien und Parisina, schrieb er in den Tagen des bittersten Kummers, da sein Haus zusammen- und der Grimm seines Landes über ihn hereinbrach! Unsere Väter sollen sich dessen nicht schämen, daß, weit über die jungdeutschen Kreise hinaus, dieser Dichter von ihnen vergöttert ward. In manchem ehrwürdig-langweiligen Kompendium eines gelehrten deutschen Professors aus alten Tagen überrascht uns noch inmitten statistischer Notizen ein Zitat aus Byron. Wir verstehen es gar nicht, das deutsche Geschlecht der zwanziger und dreißiger Jahre, wenn wir Lord Byron nicht kennen. Man muß die erstickende Luft jener unseligen Tage der heiligen Allianz selber geatmet, man muß die Gewaltigen der Zeit auf Schritt und Tritt ihres nichtigen Daseins verfolgt haben, wie sie auf dem Veroneser Kongresse ihren leeren Freuden nachgingen, derweil ihre Henker das Glück eines großen Volkes vernichteten, ihre Schreiber in scheinheiligen Manifesten den Nationen Weisheit und Tugend predigten. Man muß sich erinnern, welche ohnmächtige und blasierte Sinnlichkeit an jenen frommen Höfen herrschte, mit denen verglichen sogar die Welt Augusts des Starken als ein Geschlecht naiver, naturwüchsiger Kraftmenschen erscheint. Nur dann wird man ermessen, wie die Völker aufatmeten bei den Klängen von Byrons Dichtung. Endlich ein Ausbruch starker Leidenschaft von einem Manne, der mit allen seinen Sünden reiner, wahrhaftiger war als die gleißnerische Macht; endlich ein Hauch der Freiheit inmitten der geknechteten Welt! In unseren Literaturgeschichten kehrt unwidersprochen der Satz wieder, daß Byron der erste sei unter den literarischen Stürmern und Drängern, deren Mittelpunkt später das junge Deutschland bildete. Aber obgleich Byron allerdings der europäischen Kunst zuerst die revolutionäre Richtung gegen die Romantik gab, so war ihm doch vieles eigen, was ihn unterschied von seinen Nachfolgern. Er überragte nicht nur sie alle — H. Heine allein ausgenommen — durch schöpferische Kraft, Witz, Menschenverstand und den von Goethe ihm nachgerühmten „scharfen Blick die Welt zu schauen", jene sichere Weltkenntnis, die seinen unerfahrenen Jüngern gänzlich mangelte. Auch den guten künstlerischen Überlieferungen der alten Zeit stand er weit näher. Sehr lose gefügt freilich war der Bau seiner Gedichte; aber er schrieb doch in Versen, in Versen voll des lautersten Wohlklanges, und schon diese Form bewahrte ihn vor jener gänzlichen Verwilderung, jenem banausischen, die nackte Prosa mit poetischen Flittern roh durcheinanderwerfenden Journalistenstile, worein das junge Deutschland verfiel. Wer die Bedeutung der Form in der Kunst zu würdigen weiß, wird hierin allein schon einen tiefgehenden Unterschied zwischen Byron und den Jungdeutschen erkennen.

Auch war er keineswegs einer jener stets verneinenden Geister wie die meisten seiner Nachfolger. Noch hatte sein Gemüt sich vieles Positive bewahrt, das er fromm verehrte. Denn, vor allem, er war Engländer. Nicht ohne bittere Erinnerungen erkennen wir Deutschen an diesem zuchtlosen Menschen, wie die sittliche Haltung des Mannes gesichert und gehoben wird, wenn er der Sohn ist eines großen, stolzen, mächtigen Volkes. Niemals kann ein Brite in den Schmutz des heimatlosen Literatentums versinken, darin unsere Börne und Heine sich wohlgefällig wälzten, niemals kann ihm in den Sinn kommen, sein Vaterland als das Land der Dummen und der Feigen zu verhöhnen. Auch dem verbannten Engländer bleibt sein Volk das erste der Erde. Wohl haßte der englische Adel in Byron den Mann der festländischen Begriffe, wohl versichern die frommen Literarhistoriker des Landes noch heute unermüdlich — (wir wollen das in seiner Dummheit unübersetzbare Wort in der Ursprache wiederholen) — the bright dark fancy of Lord Byron sei ganz und gar unenglisch. Die Zeit wird kommen, da man gerechter urteilt und Thomas Moore zustimmt, der in jedem Worte seines Freundes erfreut den Landsmann wieder erkannte. Von einigen schlimmen und vielen guten Eigentümlichkeiten seines Volkes hatte Byron sich befreit, doch er bekämpfte sie mit dem Zorne des Liebenden. Der Kern seines Wesens blieb englisch; schon der Gedanke, ein anderes Volk über das seine zu stellen, wäre ihm unmöglich gewesen. England, with all thy faults, I love thee still! An tausend Wendungen seiner Werke kann der Fremde dies erraten, und wie viele mehr mögen es dem Engländer zeigen! Gewalt antun mußte er seinem englischen Wesen, um zu der festländischen Geistesfreiheit sich hindurchzuringen, und doch ist ihm dies nie völlig gelungen. Noch mehr, mit all seinem Radikalismus blieb Byron der englische Lord, eine hoch= aristokratische Natur, getreu den Vorurteilen wie den Tugenden seines Standes, ein großherziger Beschützer der Niedriggeborenen, ein Ab= gott seiner Diener wie der Massen in Italien und Griechenland, die den echten Adel leicht erkennen und willig sich ihm beugen. Also be= fangen in den Anschauungen seines Volkes und seines Standes war er durch seine Schwächen selber bewahrt vor dem Äußersten des abstrakten Radikalismus seiner Nachfolger. Es war eine grobe Selbsttäuschung, wenn Heinrich Heine sich gegen den Vorwurf verwahrte, er sei an= gesteckt von Byronischer Zerrissenheit. Die jungdeutschen Schriftsteller sind leider unzweifelhaft ärmer an Pietät und an Hoffnung, ihre Seele ist verbitterter und frecher als der englische Dichter in seinen unseligsten Stunden.

Und noch ein anderes konnte die junge Dichterschule ihm nicht nachahmen — den Zauber seiner Persönlichkeit, die ebenso liebens= würdig und unwiderstehlich fesselnd war, wie die Personen Heines und Börnes einem jeden unausstehlich erscheinen müssen, der den Mut hat, den Fabeln des literarischen Götzendienstes zu widersprechen. An Byron beobachten wir einen allen echten Größen der Kunst gemein= samen Charakterzug: er erscheint als Mensch im Leben vielfach un= reiner, aber auch weit reicher und vielgestaltiger als in seinen Ge= dichten. Nur ein wahrhaft interessanter, geistvoller Mensch durfte eine so subjektive Weise der Dichtung sich erlauben, durfte mit so zudring= licher Gefallsucht der Leserwelt jahrelang das ewig Gleiche und doch ewig Neue, sein eigenes Ich bis zu den aristokratisch kleinen Ohren und Füßen schildern. Nur einer, der ein Mann war, durfte das geheime Weh in seiner Brust in entblößen Klagen aussprechen, die an jedem schwächeren Menschen weibisch erschienen wären. Auch hier hat Goethe das entscheidende Wort gesprochen, als er die „dämonische Natur" des englischen Dichters anerkannte; sie war reizvoll, rätselhaft genug, um schon bei Byrons Lebzeiten eine Fülle von Märchen hervorzurufen. Byron selber nährte durch geheimnisvolle Andeutungen diese Mythen, Sagen so wundersam phantastisch, daß der wirkliche Byron ihrem Scheingebilde gegenüber fast als eine prosaische Natur erscheint. Selbst Goethe ließ sich von diesen Fabeln bestechen. Die einfältige Schönheit seines Gemüts vermochte sich die Empfindung des leeren Weltschmerzes an einem edeln Menschen nicht vorzustellen. Wenn er Byron nannte „stark angewohnt das tiefste Weh zu tragen", so meinte er im Ernst, Byrons Gewissen sei belastet mit einer schweren Blutschuld. Wir wissen jetzt, daß an alledem kein wahres Wort ist, und vieles Wunderbare in Byrons Irrgängen erklären wir einfach aus einem sehr menschlichen Motive, einer Eigentümlichkeit freilich, die ein wahres Kreuz ist für seine Kritiker und Biographen — aus dem Spleen, aus der unberechen= baren Laune eines eigensinnigen, von dem Eindrucke des Augenblickes bestimmten Menschen.

Wir haben ein Recht so zuversichtlich zu urteilen, denn über wenige Menschen liegen die Akten so vollständig vor. Von klein auf wohnte und drängte in ihm ein unersättlicher Trieb der Mitteilung. Was ihm jemals durch den Kopf schwirrte und nicht Raum fand in den Gedichten, das ward niedergeschrieben in Tagebüchern und Briefen: glänzende Gedanken und unreife Einfälle, Worte schwermütiger Lebens= weisheit und possenhafte Ungezogenheiten, alles in tollem Durchein= ander, wie ein belebtes Gespräch es hervorjagt. Nirgends eine Spur von Takt und Scham, aber auch nirgends ein gemachtes, gesuchtes Wort. Sogar jene Briefe aus Italien, die Byron schrieb mit dem Bewußtsein, daß sie daheim durch tausend Hände gehen würden, sind von einem natürlichen Witze, einer Wahrheit und Frische, welche selbst die mißgünstigsten Kritiker bezaubert haben. Wie liebenswürdig, wenn mitten unter geistvollen Worten plötzlich, so recht nach Knabenart, mit großen Buchstaben geschrieben steht: „Die österreichische Regierung Halunken! die österreichischen Beamten Spitzbuben! Ich weiß wohl, daß sie meine Briefe aufmachen, aber darum schreibe ich es eben!" Von Unwahrheiten bietet das Tagebuch nichts weiter, als was Byron selber mit tiefer Kenntnis der menschlichen Natur zugesteht: „Wenn ich mir selber gegenüber aufrichtig bin — aber ich fürchte, man belügt sich selber mehr als irgend jemand anders — so müßte jede Seite dieses Buches die Widerlegung der vorigen sein." Wer auf einzelne Worte eines so redseligen Mannes allzu großes Gewicht legt, gelangt notwendig zu verkehrten, allzu harten Urteilen. Wenn Byron einmal einem lustigen Bruder schreibt: „Wie hübsch muß es sein, verheiratet auf dem Lande zu leben! Man hat eine schöne Frau und küßt ihre Kammerjungfer," so sagt er nichts Schlimmeres, als was alltäglich in den lauten Gesellschaften ungezogener und unbeweibter junger Herren geredet wird. Nur freilich sind auch junge Männer in der Regel zu klug, so freche Worte niederzuschreiben.

Es gilt vielmehr, aus tausend Widersprüchen die großen Grundzüge dieses Charakters herauszufinden. Wer dies je versuchte, der mußte bekennen, daß selten alle Verhältnisse des Lebens sich so hartnäckig und unheilvoll verschworen haben zum sittlichen Verderben eines reich und vornehm angelegten Geistes. Seinem gesunden und sicheren natürlichen Gefühle gelang, sich hindurchzuretten aus allen diesen Gefahren, aber das Geschick hat ihm, dem zu jedem frohesten Genusse Geschaffenen, ein erschütternd trauriges Dasein bereitet. Gleichwie ihm zu den Gliedern und dem Kopfe eines Apoll der hinkende Fuß des Vulkan beschieden war, so prägten sich im Verlaufe eines verworrenen Lebens auch seiner edeln Seele einzelne widerwärtige Züge ein, die das schöne Bild entstellen. Seit Byron heranwuchs, schweiften seine Träume stets in der Zukunft oder in der wehmütigen Erinnerung an die reine Kindheit, sehr selten nur ward ihm das selige Selbstvergessen im Genusse der Gegenwart. Wer irgend berufen war, diesen meisterlosen Geist zu zügeln, der tat das Seine, ihn zu verbilden: die bis zum Wahnsinn leidenschaftliche taktlose Mutter, welche der Sohn trocken ins Angesicht „eine böse Sieben" schilt, und die törichte Wärterin, die den hochmütigen Knaben mit großen Worten den staunenden Pächtern als einen vornehmen Lord zeigt und die Liebesbotschaften des Frühgereiften besorgt. Also erzogen wird sein Herz unnatürlich früh durch den Schmerz einer unglücklichen Liebe verstimmt und verbittert. Freundlos, führerlos tritt er in verworrene Verhältnisse, die nur ein stetiger, vielerfahrener Sinn bemeistern konnte. Im Oberhause trennen die Schatten seiner verrufenen Väter den blutjungen von den älteren Genossen. Jede erdenkliche Versuchung umgibt und verlockt den schönen, geistvollen, heißblütigen Mann. Die Schuldenlast seiner Vorfahren erschwert ihm früh das Gleichmaß der Lebensweise, er gewöhnt sich an den Jammer der Auspfändungen mitten unter den Ausschweifungen der vornehmen Welt. Endlich bringt ihm das kurze Trauerspiel seiner Ehe die Verbannung, beispiellose Verdächtigung und Verfolgung von seiten seines Vaterlandes.

Sehr, sehr vieles in diesem unseligen Leben wird nur die gut= mütige Schwäche entschuldigen wollen. Wir rechnen zu diesem Vielen nicht gerade die Sünde der Jugend und Schönheit, Byrons grenzen= losen Leichtsinn im Verkehr mit Frauen, der allen literarischen Basen unerschöpflichen Stoff geboten hat. Wir meinen, über diese höchst= persönliche unter allen sittlichen Fragen geziemt dem Manne einige Zurückhaltung des Urteils — solange unsere Sittenrichter trotz einer Ausdauer, die einer besseren Sache würdig wäre, den Punkt noch nicht entdeckt haben, wo die Verehrung der Frauen aufhört ein Vorzug und anfängt eine Sünde zu sein. Aus dem beflissenen Eifer, womit die Gegenwart unter allen Verirrungen bedeutender Menschen gerade diese aufzuspüren liebt, grinst uns nur zu oft die mönchische Unsauberkeit der Phantasie entgegen. Wer jene Stimmung der Seele nicht versteht, die dem Dichter den Seufzer entlockte: αἰαῖ τὰν Κυθέρειαν, der muß mit seltener Kälte des Blutes gesegnet sein oder ein ungewöhnlich reiz= loses Leben hinter sich haben. Wer unter uns darf sie verdammen, die Engel des Himmels in Heaven and Earth, welche die Freuden des Himmels verscherzen, weil sie nicht lassen wollen von den geliebten Töchtern des Menschen? Derselbe Dichter, der in übersprudelnder Lebenslust allen Weibern einen rosigen Mund wünscht, damit er sie alle auf einmal küssen könne, er hat doch oft in tiefbewegten Worten die treue Liebe über das Grab hinaus besungen. Und wie dankbar redet er von seinen mütterlichen Freundinnen; er war sehr wohl im= stande, das Göttliche des Weibes auch in solchen Frauen zu verehren, vor denen die Begierde schweigt. Nur eine hat in die Tiefen dieses leidenschaftlichen Herzens geschaut: — Teresa Guiccioli, und die greise Frau spricht noch heute, ein halbes Jahrhundert nach des Dichters Tode, von ihrem Helden mit dem ganzen Feuer der ersten Liebe. Wer den Zauber, der Frauenherzen gewinnt — „proud con- fidence" — so genau kannte wie Byron und ihn mit so wunderbarem Geschick und Erfolg zu üben wußte, der hatte wohl ein Recht auf das

milde Urteil, das ein sehr ernster englischer Dichter, Rogers, ihm
auf sein Grab schrieb:

> who among us all,
> tried as thou wert even from thy earliest years,
> could say he had not err'd as much and more?

Byrons Schuld liegt nicht in solchen Verirrungen des heißen Blutes,
sie liegt tiefer, sie ist echt tragisch. Nirgends in diesem reichen Leben
begegnen wir dem Gedanken der Pflicht. Das angeborene natürliche
Gefühl war der einzige Führer seines Daseins, und wenn es ihn
mitten im Taumel der Leidenschaft vor der baren Gemeinheit bewahrte, so hat doch diese souveräne Willkür der Empfindung ein
reiches Menschenleben zerrüttet und zu einem Rätsel gemacht für
Byron selber. Sehr selten nur können wir erkennen, und sehr selten
nur wußte Byron selbst, wo in seinem Tun der kecke Trotz gegen das
Urteil der Welt begann und wo jene nordische Keuschheit der Empfindung
aufhörte, die sich scheut, ihre Weichheit vor den Leuten zu zeigen und
selbst den Schein der Heuchelei vermeidet. Dem Leichenzuge seiner
Mutter verschmäht er zu folgen, er ficht, derweil der Sarg zum Grabe
geht, mit einem Freunde seinen gewohnten Faustkampf, nur wilder, ungestümer denn gewöhnlich: — und in der Nacht zuvor hat ihn die
Dienerin allein in bitteren Tränen an der Bahre der Mutter gefunden!
Desgleichen hat Byron selbst sich nie darüber Rechenschaft gegeben, ob
sein zur Schau getragener Menschenhaß ein Selbstbetrug oder eine
echte Empfindung war. Wir können Macaulays Worten nicht zu-
stimmen: „Wer die Menschen wirklich haßt, läßt nicht alljährlich
einige Bände drucken.“ Die Menschen wirklich zu hassen ist Unsinn, ist
dem gesunden Menschen unmöglich. Wer diese Empfindung folgerichtig
festhält, wird wahnsinnig wie Timon von Athen. Wir kennen manche
große Fürsten und Denker, die eine tiefe aufrichtige Verachtung der
Menschheit in der Seele trugen und dennoch ihr Lebtag im Schweiße
ihres Angesichts zum Heile der Mißachteten arbeiteten. Der gleiche
Widerspruch offenbarte sich in Byron, nur hatte in dieser unsteten, von
Erregung zu Erregung jagenden Seele die Selbsttäuschung einen ungeheuren Spielraum. Wir glauben ihm nicht, wenn er verächtlich ruft:

> what is the end of Fame?
> to have, when the original is dust,
> a name, a wretched picture and worse bust.

Der Ruhm war doch sein Abgott, der Beifall der Menschen blieb ihm doch unentbehrlich. Sogar die bewußte Lüge hat der offenherzige Mann nicht verschmäht, wo seine Eitelkeit ins Spiel kam: die Autorschaft des mißratenen Gedichts „der Walzer" leugnete er feierlich ab, weil es mißfiel. Auch an Zügen der Schwäche, welche der Lüge sehr nahekommen, ist sein Leben nicht arm. Solange die Londoner vornehme Welt ihn feierte, hat er sich gehütet, seine radikale Gesinnung in Gedichten auszusprechen, und die letzten Gesänge des Don Juan sind nur darum friedfertiger, also schwächer geworden als der herrliche Anfang des Gedichts, weil seine Teresa ihm das Versprechen abgeschmeichelt hatte, nichts mehr wider Glauben und Sittlichkeit zu schreiben. Als ein absonderlich unsicherer Führer erwies sich das natürliche Gefühl in der Ehe, denn sicherlich war Byron von der Natur zu allem anderen eher denn zum Gatten bestimmt. Wir reden nicht von der leichtfertigen Weise, wie er den Entschluß für das Leben faßte. Wir wollen auch nicht mit Entrüstung vor dem häßlichen Schauspiele verweilen, wie er nach der Scheidung seine Gattin öffentlich bekriegte; denn diese häuslichen Händel sind nicht von ihm, sondern von seinen Feinden zuerst auf den lauten Markt gebracht worden. Das eine aber muß auch der Mildeste als abscheulich und würdelos verdammen, daß er mit seiner Gemahlin wieder anzuknüpfen suchte — in demselben Augenblicke, da er in den Armen der Gräfin Guiccioli zum ersten Male eine echte, reine Liebe fand. Mit einem Worte, wir sehen das Leben eines hochherzigen Mannes haltlos und verworren, allein geleitet von der Empfindung des Augenblickes, wir sehen einen von Natur grundehrlichen Menschen andere und vornehmlich sich selber täuschen, weil ihn die Sehnsucht beherrscht, vor fremden und vor seinen eigenen Augen fortwährend interessant und groß zu erscheinen.

Geben wir alle diese Makel zu — und sie ließen sich leicht vermehren — so bleibt uns am Ende doch zu bewundern, wie stark und gesund das natürliche Gefühl dieses Mannes sein mußte, wenn es ihn, den Verächter aller sittlichen Grundsätze, dennoch ohne Schande durch ein ruhmvolles Leben hindurchgeführt hat. Ein Mut, zu allem Kühnen geboren, eine geniale Dichtkraft, ein freier Sinn, offen jeder großen Regung, eine übermütig witzige und doch im Grunde gutmütige Laune, eine königliche Großmut, willig jeden Schwachen zu beschützen und bereit, dem Feinde, dem schonungslos bekämpften, zu vergeben, eine Erscheinung verführerisch für jede Frau, ein warmes, treues

Freundesherz, und alle seine Sünden ohne Kleinheit und Niedrigkeit,
die Sünden der Kraft, des Überflusses: — wahrlich, das sind Züge
eines reichen Charakters, ganz geschaffen, jede edle und jede schlimme
Neigung der modernen Menschen zu bezaubern. Mochten die einen
zürnen, daß der Dichter allzu verwegen die Freuden der Sinnenlust
schilderte: da stand er selbst, der Virtuos des Lebensgenusses, der im
Leben tat, was sein Lied besang, der den Becher der Lust bis zur Hefe
leerte und dennoch kein weichlicher Wollüstling wurde, sondern ein
frischer Mensch blieb, abgehärteten Leibes, nach der mannhaften Weise
seines großen Volkes, ein sicherer Schütze, ein gewandter Reiter, ein
kühner Schwimmer. Mochten andere sein Lied schelten, wenn es zu
rücksichtslos die Ordnung der Gesellschaft bekämpfte, er durfte solche
Lieder wagen, der stolze, unabhängige Edelmann, der dem alten Europa
den Frieden aufgesagt und durch Taten seinen Versen eine dramatische
Wahrheit gab.

Erst diese glänzende Persönlichkeit des Dichters hat seinen Werken
die volle Wirkung gesichert, und eben sie hat auch verschuldet, daß
diese Wirkung eine sehr gemischte war. Einem ganzen Dichtergeschlechte
ward durch das blendende Vorbild dieses wunderbaren Menschen der
gerade Sinn beirrt. Nehmt aus dem Bilde Lord Byrons nur einen
Charakterzug, nur ein äußeres Lebensverhältnis hinweg, und die pracht=
volle Erscheinung wird zur Fratze. Nun aber begann das Nach=
ahmen des Unnachahmlichen, des Höchstpersönlichen. Von Byron gilt
das treffende Urteil seines Freundes Shelley, er habe die Schönheit
nackt gesehen und sei darum wie Aktäon von ihren Hunden zerfleischt
worden. Welches Unheil, wenn jetzt Menschen in Byrons Weise zu
dichten begannen, die den Kuß der Muse nie gespürt und zwar des
Nackten überviel, doch nie die Schönheit geschaut hatten! Jeder dumme
Junge, der zum ersten Male ein Mädchen geküßt, meinte sich berechtigt,
von der Schwachheit der Weiber mit derselben frechen Sicherheit zu
reden wie der Dichter des Don Juan. Die langweiligsten aller lang=
weiligen Gesellen plauderten mit Byronischer Selbstgefälligkeit ihre
kleinen Geheimnisse vor der Welt aus, als ob es Europa interessieren
könnte, wie oft Herr Niemand von Fräulein Niemand zu einem Stell=
dichein gerufen wurde. Aus ihren Dachkammern heraus redeten deutsche
und französische Literaten von den Lastern der großen Welt mit der
gleichen Zuversicht wie jener, der auf den Höhen der Gesellschaft hei=
misch war. Kurz, mit der subjektiv erregten Stimmung, die Byron in

die moderne Dichtung einführte, kam auch das Laster des koketten Zur=
schaustellens der eigenen Person, das sich höchstens einem Byron, und
auch ihm nicht gänzlich verzeihen ließ. Wer ganz ermessen will, wie
stark dieser verführerische Einfluß der Person Lord Byrons auf das
jüngere Dichtergeschlecht gewesen, der beachte die seltsame Tatsache,
daß gerade die Geringbegabten unter den jungdeutschen Schriftstellern
oftmals mit Bitterkeit von Byron sprachen, dem sie doch soviel ver=
dankten. Es klingt aus diesem gehässigen Tone der geheime Ärger
hervor, daß die Sünden des englischen Dichters durch eine Fülle von
Umständen entschuldigt wurden, die den Verirrungen seiner Nachfolger
nicht mehr schützend zur Seite standen.

Byron warf der Aristokratie seines Landes vor, in ihrem Wesen sei
„nichts, was zu allen Menschen, allen Zeiten spricht“. Fast dasselbe
gilt von Byrons Werken selbst. Wohl finden die Gedanken, welche
ihm Kopf und Herz erfüllten, in jeder freien Menschenseele Widerhall,
aber die Weise, wie er sie vortrug, dieser satirische, von Anspielungen
erfüllte Stil ist nur einem engen, feingebildeten Kreise verständlich.
Byron war nie populär wie sein ideenloser Nebenbuhler Walter Scott.
Mit souveräner Verachtung sah der stolze Lord auf die langweiligen
shop-keepers, auf das pflichtenreiche, festgeordnete Dasein des Mittel=
standes herab. Auch diese Eigenheit vererbte sich auf seine demokra=
tischen Nachfolger. Während die deutsche Literatur zu allen Zeiten, wo
sie Großes wirkte, sich mit warmem Herzen an unser Bürgertum
wandte, überschütteten die Schriftsteller des „jungen Deutschlands“ mit
giftigem Hohne die „Bourgeoisie“ — denn zu einem Schimpfworte
wollte der Ehrennahme „Bürgertum“ doch nicht werden. Man weiß,
wie schwer unsere Bildung gelitten hat unter dieser Verirrung, die
freilich keineswegs allein von Byron verschuldet war. Noch unseliger
wirkte der Übermut des englischen Dichters auf die deutsche Jugend.
Der Ruhm dieses genialen Himmelstürmers schien ein Freibrief für
jeden, der nur recht frech und trotzig der trägen Welt seine persönliche
Willkür entgegenwarf. Am verhängnisvollsten ward Byron für unsere
Literatur durch das Spiel seines Witzes. Scherz zu verstehen war nie
die Stärke der germanischen Völker. Tausendmal hatten Byrons
Landsleute statt zu lachen sich über seinen Witz entrüstet. In Deutsch=
land ward, wesentlich nach Byrons Vorbilde, der witzige Feuilletonstil
die Modekrankheit der Zeit, und dies Volk, das seinen Staat erst suchte
und die ernsthafte Behandlung politischer Geschäfte in einer durchgebil=

beten Presse noch wenig kannte, nahm den Witz für bare Münze und
bewunderte die Feuilletonartikel Heines und Börnes als politische
Orakel. Traurig genug, daß vordem die Jugend eines geistreichen
Volkes einen mittelmäßigen Kopf, wie den alten Jahn, als ihren Hel=
den verehrt hatte; aber trauriger noch, daß jetzt die Männer eines ge=
wissenhaften Volkes einen Börne als einen großen Volkstribunen be=
wunderten — ihn, der niemals einer politischen Frage ernsthaftes
Nachdenken gewidmet hat. Für den selbstgenügsamen Nationalstolz der
Engländer war es ungefährlich, daß Byron die Schattenseiten seines
Landes höhnisch hervorhob. Das unfertige Selbstgefühl der Deutschen
dagegen ward noch mehr verwirrt, als jetzt das Schmähen wider das
Vaterland für das unzweifelhafte Kennzeichen des Genius galt, als
Börne die Deutschen durch Schimpfen in den „Nationalärger" hinein=
treiben wollte und Heine unter dem Jubel der verblendeten Nation
jene niederträchtige Vergleichung anstellte: „Der Franzose liebt die Frei=
heit wie seine Braut, der Engländer wie seine Frau, der Deutsche wie
seine alte Großmutter." Die politische Poesie führte endlich zur Zer=
störung der Poesie selber: nur noch einige Schritte auf der von Byron
betretenen Bahn — und die Dichtung, die so lange außerästhetischen
Zwecken gedient hatte, verfiel jener gründlichen Mißachtung, welche
noch heute leider auf ihr lastet.

Nach alledem schweben die Schalen des Urteils in gleicher Höhe.
Sehr tief, tiefer als die Engländer noch heute zugestehen wollen, hat
Lord Byron eingewirkt auf die Ideen der modernen Welt, doch das
Unheil seines Tuns war ebenso groß als sein Segen. Er vollbrachte
das Notwendige, das Heilsame, als er die erstarrte europäische Lite=
ratur erweckte, ihr einen revolutionären, modernen Geist einhauchte; er
verfocht das Recht des Herzens und der Freiheit wider den Zwang un=
wahrer Sitten, unfreier Staaten; aber auf Jahrzehnte hinaus hat er
geholfen die jüngeren Dichter zu verderben, da sie nicht bloß das Un=
sterbliche seiner Werke, sondern auch die endlichen Schwächen seiner
Schriften und seines Lebens sich zum Vorbilde nahmen. Die wohl=
wollende Gemütlichkeit wird begütigend sagen: Warum die Sünden
des Menschen nicht endlich der Vergessenheit übergeben, da die goldene
Laune des Dichters uns noch heute erfreut? Selbst Herman Grimm,
dem ich das Laster der gemütlichen Schwäche keineswegs andichten
will, meint in seinem feinen Essay über Byron: „Er ist ein Dichter für
uns, nichts weiter; seine Werke führen ein abgetrenntes, höheres Da=

sein." Ich bezweifle, ob auch nur die rein ästhetische Betrachtung eines Kunstwerks völlig gelingen kann, wenn man es nicht auffaßt als die Offenbarung einer reichen, gottbegnadeten Künstlernatur. Die Geschichte vollends darf solche Schonung nicht üben. Alles, was eine Macht gewesen unter den Menschen, verfällt ihrem Spruche. Gern schweigt sie also von den menschlichen Mängeln jener Männer, welche die Welt nur als Dichter und Denker kannte. Wenn aber die Person eines großen Dichters ein verführerisches Vorbild geworden ist für ein ganzes Geschlecht, dann soll der Historiker der traurigen Pflicht sich nicht entziehen, auch über Verhältnisse des häuslichen Lebens zu reden, die er sonst willig der Spürkraft der literarischen Topfgräber überläßt.

F. C. Dahlmann.

(Freiburg 1864.)

Die Geschichte ist nicht geschrieben für jene gemütlichen Naturen, die ewig Kinder bleiben und nur gute oder böse Menschen kennen wollen. Die Kräfte des Geistes, welche den Staaten Macht und Freiheit gründen, wagender Ehrgeiz, erbarmungslose Tatkraft, beherrschende Klarheit des Verstandes, sie vertragen sich nur selten mit den liebenswürdigen milden Tugenden, welche das häusliche Leben zieren. In Jahrhunderten einmal zeigt uns ein Washington in einer Menschenseele vereinigt jene männische Wucht des Willens, die den Feind zerschmettert, und jene weibliche Reinheit des Gemüts, die den Gegner entwaffnet. Dennoch werden Unverstand und Anmaßung der schadenfrohen Lust nicht satt, dem Handelnden auf der politischen Bühne die Schwächen seiner Tugenden vorzuhalten und ihn zu schelten, weil er nicht über seinen Schatten springen kann. Das haben wenige öffentliche Charaktere so schmerzlich erfahren wie Friedrich Christoph Dahlmann. Als der Führer der Göttinger Sieben von seinem Eide nicht lassen wollte, da grüßten ihn seine Studenten als „den Mann des Wortes und der Tat", und ganz Deutschland stimmte mit ein in den Ruf. Zwölf Jahre darauf war derselbe Mann, wenn man den Staatsweisen der Gasse glauben wollte, das Urbild jener ohnmächtigen Professorenweisheit, die den gewaltsamen Schlägen der Macht nur gebildete Reden und wohlgeordnete Paragraphen entgegenzustellen wußte. Wer also urteilt, hat sicherlich die jüngste Entwicklung unseres Volkes, in der wir selber mitteninne stehen, nicht in ihrer ganzen Schwere empfunden; er ahnt nicht, wie langsam und mühselig dies Volk aus der Einseitigkeit literarischen und wirtschaftlichen Schaffens sich hindurchringt zur politischen Arbeit, zur Tätigkeit für einen deutschen Staat, der bis zur Stunde noch nicht vorhanden ist! Auf dem Karlsbader

Kongresse fügte Fürst Metternich seinem Schaudergemälde von der revolutionären Gesinnung des deutschen Volkes den letzten Strich hinzu durch die Versicherung, es bestehe in Deutschland kein einziges journalistisches Privatunternehmen, das die Politik der Kabinette aus eigenem Antriebe verteidige. Die Behauptung war nur wenig übertrieben, und jene befremdende Tatsache, welche Metternich erschreckte, hat sich seitdem so wenig geändert, daß ein unbefangener Fremder, der von den deutschen Dingen nur die Presse kennt, noch heute notwendig zu dem Glauben gelangen muß, die Deutschen seien ein durchaus liberales Volk, fest entschlossen, ihrem staatlosen Zustande ein Ziel zu setzen. Und doch, welcher einsichtige Deutsche möchte diese gutmütige Meinung unterschreiben? So groß, so unermeßlich groß ist die Kluft zwischen der politischen Stimmung und der politischen Tat!

Dahlmann war unter den ersten in Deutschland, die diese weite Kluft zu überschreiten vermochten. In dem festgeordneten Parlamente eines fertigen Staates wäre bis zu seinem Ende sein weiser Rat, der makellose Adel seines Sinnes hoch in Ehren geblieben. Bei dem verwegenen Versuche, diesem staatlosen Volke einen Staat zu gründen, ward auch er mit hineingezogen in den argen Schiffbruch unserer Hoffnungen. Die großen Kinder verwunderten sich, daß der ruhige Forscher, der besonnene Mann des Rechtes der revolutionären Lust entbehrte, eine Massenbewegung zu leiten, und die rasch lebenden Tage ließen ihn ihre häßlichste Untugend empfinden, ihre Fähigkeit Menschen zu vernutzen und zu vergessen. Seitdem ist eine kurze Spanne Zeit vergangen, doch eine Zeit erschütternder Erfahrungen. Nur leicht berührt uns noch der Hader der alten Parteien der deutschen Revolution, und vor dem Bilde des edeln Mannes beschleicht uns etwas von jener Empfindung, womit der erwachsene Sohn dem Vater gegenübertritt. Wir fühlen, daß wir älter sind als unsere Väter, wir haben ein Recht zu urteilen, denn so mancher Gedanke ward uns bereits in die Wiege gebunden, den jene erst am Abende des Lebens sich als harter Arbeit Preis errangen. Doch um so dankbarer stehen wir vor dem Manne, der auf einer langen Strecke Weges unserem Volke ein wohltätiger Führer war, um so ehrwürdiger hebt sich vor uns — was am Ende das Allerwichtigste, das Entscheidende bleibt in der Geschichte — sein Charakter. In verworrenen Tagen, da es für geistreich galt, des deutschen Namens zu spotten, ist er Tausenden eine lebendige Mahnung gewesen an den Adel unseres Volkstums, einer der Wenigen, welche

der ruhelose Mutwille und der gewalttätige übermut ernstlich
fürchtete.

„Wismar is min leve Vaterland, idt sin ok mine leven landslude,"
sagte Dahlmann (geb. 13. Mai 1785) mit dem alten Chronisten
Reimar Kock. Die Stadt, die sein Vater als Bürgermeister ver=
waltete, war schwedisch und stolz auf die Königskrone ihres Herrn;
eine festgeglaubte Familienüberlieferung erzählte von dem schwedischen
Ursprunge des Hauses, dessen pommersche Abstammung erst nach Dahl=
manns Tode erwiesen worden ist. Also durch die Geburt mitten hinein=
gestellt zwischen die deutsche und die skandinavische Welt, sollte er seines
Lebens längere Hälfte an der Grenzscheide des deutschen Lebens ver=
bringen, in deutschen Staaten unter fremden Kronen: das Unheil
fremder Herrschaft, das Elend der deutschen Zerrissenheit trat schon
dem Knaben dicht unter die Augen. Die deutsche Stadt war der Ver=
bannungsort für die vornehmen schwedischen Hochverräter, und oftmals
ging der helle Aufruhr durch die Straßen, wenn die Obrigkeit sich an=
schickte, entflohene mecklenburgische Leibeigene ihren Herren auszuliefern,
und die Bürger sich der Mißhandelten annahmen. In streng prote=
stantischer Umgebung wuchs der Knabe auf, das benachbarte Lübeck und
die stolzen Giebelhäuser seiner eigenen Vaterstadt mahnten ihn an die
versunkene deutsche Bürgerherrlichkeit. Auch der Vater war dem fremden
Wesen nicht hold. „Kein Heil für uns," pflegte er zu sagen, „als
in der Wiedervereinigung mit Mecklenburg." Den heranwachsenden
Sohn ergriff das Bild, das Wyttenbach von dem Leben des großen
Ruhnken entworfen hat, so mächtig, daß er sich gleich diesem zum philo=
logischen Studium entschloß: ein bezeichnender Anfang für den Mann,
der sein Lebtag des Glaubens blieb, alle Wissenschaft sei nichts ohne
das Leben. Darum ging er, siebzehnjährig, nach Kopenhagen zu seinem
mütterlichen Oheim Jensen, der ein einflußreiches Amt in der schles=
wig=holsteinischen Kanzlei bekleidete. Die deutsche Wissenschaft ge=
wann ihn erst, als er seit dem Jahre 1803 in Halle ein Schüler
F. A. Wolfs wurde und in dem Verfasser der Prolegomena zum Homer
den Mann verehren lernte, der unserer modernen historischen Kritik den
ersten Anstoß gab. Zugleich hörte er bei Steffens und Schleiermacher
und gab sich jahrelang vorwiegend ästhetischen Studien hin. Diese
Lehrjahre Dahlmanns, angeregt und voll schönen Eifers, aber unsicher
und unstet, spiegeln wie in einem Mikrokosmos den Werdegang unserer
neuen historischen Wissenschaft wider, welche so langsam und mühevoll

aus dem gesegneten Boden deutscher Dichtung und Philosophie empor=
stieg. Noch ein anderes köstliches Gut trug der junge Philolog von
der Hochschule heim. Ihm geschah wie Unzähligen, wie dem Freunde
seines Alters, E. M. Arndt: erst als das heilige Reich in Trümmer
ging, begann man zu erkennen, daß wir ein Vaterland haben. Aus
dem Jammer und der Schande der Napoleonischen Herrschaft erwuchs
dem jungen Manne die fromme treue Liebe zum Vaterlande, und mit
Ekel hörte er, wie man daheim dem Untergange Deutschlands nur mit
dem einen Wunsche zuschaute: „Wenn nur nicht der Krieg bis hierher
vorwärts bringt.‟

Nach Kopenhagen zurückgekehrt konnte er, wenn er die Zeichen
der Zeit zu deuten wußte, verspüren, daß ein neuer Luftzug in dem
Königsschlosse wehte. Die Zeit war nicht mehr, da der schleswig=
holsteinische Adel den dänischen Hof beherrschte. Der Kronprinz Fried=
rich (VI.) ging eben damit um, sich fortan Frederik zu schreiben, und
der Plan, dem jungen Gelehrten die Erziehung eines Prinzen anzu=
vertrauen, zerschlug sich: der Hof wollte keinen Deutschen. Es waren
unstete Tage: „Man wußte in dieser Napoleonischen Zeit nichts mit sich
anzufangen.‟ Umsonst suchte Dahlmann darauf in Deutschland nach
einer Stellung im Leben. Mittellos, zum guten Teile angewiesen auf
die Unterstützung einer Schwester, stand er „ein junger vaterlands=
loser und doch deutscher Mann, der doch einige Kraft in sich fühlte,
seinen ersten Anker in der menschlichen Gesellschaft auszuwerfen‟. Da
führte ihn in Dresden ein glücklicher Zufall mit Heinrich von Kleist
zusammen, und der gemeinsame Haß gegen den fremden Zwingherrn,
die gemeinsame Liebe zur Kunst machte die beiden rasch vertraut.
Dahlmann ahnte in Kleist „einen dramatischen Dichter, wie er dem
deutschen Charakter gerade not täte, keinen Sänger des Polsters und
der trägen Ruhe, aber kühn und mit Leidenschaft in die Tiefen des
Weltgeistes bringend‟. Er selbst hat uns geschildert, wie sie selbander
nach Böhmen und auf das kaum verlassene Schlachtfeld von Aspern
wanderten, wie zu Prag Kleist seine Hermannsschlacht hervorholte, den
Freund begeisterte durch die Kraft und Kühnheit des wunderbaren Ge=
dichtes, und beide sich zusammenfanden in der Hoffnung auf einen Be=
freiungskampf bis zum Ende, „bis das Mordnest ganz zerstört und nur
noch eine schwarze Fahne auf seinen öden Trümmerhaufen weht‟. Die
Hoffnung ward für diesmal zuschanden. „Kleists Tod,‟ klagte der
Freund im Alter, „hat eine Lücke in mein Leben gerissen, die niemals

ausgefüllt ist." Dahlmann erwarb sich jetzt in Wittenberg die Doktor=
würde und betrat im Jahre 1811 in Kopenhagen die akademische Lauf=
bahn. Er lehrte und schrieb lateinisch über das Lustspiel der Athener
und lebte sich ein in das Wesen und die Sprache jenes Dänenvolkes,
dem er bald ein so unbefangener und darum ein so verhaßter Gegner
werden sollte.

Ein Jahr später wurde er als Professor der Geschichte nach Kiel
berufen; denn in jener guten alten Zeit wagte man noch, einem Manne
von freier Bildung und entschiedener Lehrgabe einen Lehrstuhl an=
zuvertrauen, auch wenn er noch nicht das observanzmäßige akademische
„Hauptbuch" geschrieben hatte. Wer einmal Fuß gefaßt in Schleswig=
Holstein, den läßt das tapfere Land nicht leicht wieder los. Einer
langen Reihe unserer wackersten Gelehrten steht auf der Stirn ge=
schrieben, daß sie in Kiel gewirkt und dort sich gestählt haben an dem
schroffen Nationalstolze, welcher dem Grenzvolke geziemt und im deut=
schen Binnenlande nur allzu selten gefunden wird. Für Dahlmann
ist Schleswig=Holstein in Wahrheit die Heimat geworden. Seine
Mutter stammte aus dem Lande, und seine durchaus niederdeutsche
Natur, langsam erwarmend, doch das einmal Liebgewonnene mit Treue
und nachhaltiger Kraft festhaltend, fühlte sich glücklich unter dem ver=
wandten Menschenschlage. Wohl war seine Jugend noch von der ästhe=
tischen Bildung des achtzehnten Jahrhunderts beleuchtet worden: der
Kern seines Wesens gehörte doch einer jüngeren, politisch erregten Zeit;
unter freien seßhaften Bauern vermißte er auch in Sand und Heide
weder die Pracht südlicher Landschaft noch die Herrlichkeit der Kunst.
Wie vordem Spittler in allen Wechselfällen seines Lebens als ein
treuer Schwabe das Idealbild des altwürttembergischen Staatsrechts
in der Seele trug, so war Dahlmann als Politiker und als Mensch
ein getreuer Ausdruck der transalbingischen Stammesart.

Die Tage der französischen Herrschaft neigten sich zum Ende, und
es gereichte dem jungen Professor zur Freude, daß er durch Briefe
seiner Mecklenburger Heimat von dem Untergange der Franzosen in
Rußland Nachricht geben und also an seinem Teile die Gemüter vor=
bereiten konnte auf die große Erhebung. Selber in die Reihen der
Streiter zu treten, blieb ihm versagt, da sein König auf Frankreichs
Seite focht. Sehr bitter hat er dies empfunden, denn nach deutscher
Weise dachte er groß von dem edeln Handwerk des Soldaten, und noch
in den politischen Vorlesungen seines Alters ward sein Vortrag unge=

wöhnlich warm und bewegt, wenn er von dem Kriegswesen der Alten, von dem geschlossenen dorischen Fußvolk und der welterobernden Sarissa der Makedonier sprach. Nach dem Siege ward ihm die Ehre, den Tag von Belle-Alliance in akademischer Festrede zu verherrlichen. „Dreißig-jährig, also nach spartanischen Begriffen gerade auserzogen" machte er jetzt zum ersten Male seinen Namen in weiteren Kreisen bekannt. Nur in wenigen Schriften ist uns der ideale Sinn jener hochaufgeregten Tage so getreu überliefert wie in dieser Rede, welche im Namen seiner Hochschule aussprechen sollte, „daß die Bewahrung des heiligen Feuers der Vaterlandsliebe niemandem so nahe stehe als den Pflegern der Wissenschaft". „Deutschland ist da," rief er aus, „durch sein Volk, das sich mit jedem Tage mehr verbrüdert, Deutschland ist da, bevor noch jene Bundesakte ausgefertigt wird." Ein Hauch von Fichtes Geiste wehte in den zukunftssicheren Worten: „Und wie uns alle Zeichen günstig werden, seit wir einig sind! Selbst das Glück huldigt heute der gerechten Sache. — Wir dürfen an einer Zeit wie diese nicht träge verzweifeln; es ist Pflicht, von dieser Zeit zu hoffen, Pflicht, an ihr zu arbeiten." Alle edleren Naturen lebten in jenen hoffnungsvollen Tagen des Glaubens, es werde dies Zeitalter unfehlbar das der poli-tischen Reformation werden, und der Redner gab dieser Erwartung Ausdruck in dem Satze, der bis heute ein Spruch der Kassandra ge-blieben ist: „Friede und Freude kann nicht sicher wiederkehren auf Erden, bis, wie die Kriege volksmäßig und dadurch siegreich geworden, auch die Friedenszeiten es werden, bis auch in diesen der Volksgeist ge-fragt und in Ehren gehalten wird, bis das Licht guter Verfassungen herantritt und die kümmerlichen Lampen der Kabinette überstrahlt."

Zur selben Zeit gründete Dahlmann mit Falck, Twesten und C. T. Welcker die „Kieler Blätter", um auf diesem Außenposten deutscher Bildung die Kunde des vaterländischen Lebens zu fördern. Gleich in den ersten Heften führte er die Gedanken jener Festrede weiter aus, in dem Aufsatze „Ein Wort über Verfassung". Mit gutem Grunde riefen Niebuhr, Schleiermacher und Thibaut dieser Schrift ihren Bei-fall zu; denn hatte es lange gewährt, bevor Dahlmann die rechte Stätte seines Wirkens erkannte, so stand doch gleich beim ersten Auftreten auf dem Markte der Politiker fertig da, bereits erfüllt von jenen Gedanken, deren Grundzüge er bis zum Ende festhielt. Unsere Staatswissenschaft ist den Alten mehr entfremdet als ihr frommt; sie wird endlich be-greifen müssen, daß das Altertum dem Politiker eine kaum geringere

Ausbeute gewährt als jenem, der nach den einfältigen Grundzügen echter Sittlichkeit und reinen Schönheitssinnes fragt. Dem Schüler Wolfs kam zugute, daß ihm die Dichter und Geschichtschreiber der Hellenen vertraute Freunde waren. Lächelnd konnte er die naive Frage jener Zeit politischer Unreife: „Ob Verfassung nützlich sei?" von sich weisen. „Ein Grieche oder Römer hätte sie nicht verstanden oder mit der Frage: ob es nützlich ist, daß ein Staat unter den Menschen sei? verwechselt." Aber die Alten „mißkannten den Zeitpunkt, wo es nütz= lich gewesen, zur Monarchie überzugehen". In England vielmehr „sind die Grundlagen der Verfassung, zu welcher alle neu=europäischen Völker streben, am reinsten ausgebildet und aufbewahrt". Für die deutschen Länder ist jetzt die Stunde gekommen, sich diesem Ideale anzunähern, seit der Wiener Kongreß ihnen Landbestände versprochen hat; am aller= wenigsten können Provinzialstände allein — diese gefährlichste Form einer Verfassung — genügen.

Nicht zwecklos stand in der Abhandlung der Satz, der Politiker werde „am sichersten dadurch sittlich genesen, daß er sich das vollständige Dasein seiner Vorväter zurückruft und nicht etwa aus einzelnen Teilen nur, welche unbestimmt begeistern, sondern aus der ganzen Entwicklung des Volkes von seiner Wurzel her sich ein möglichst treues Muster= bild erschafft". Eben jetzt galt es, für Schleswig=Holstein nicht eine von Grund aus neue Verfassung zu schaffen, sondern das halb ver= verschollene alte Landesrecht von neuem zu beleben. Auch jene stolzen transalbingischen Stände, die vordem ihre Fürsten kürten, waren gleich allen alten Landständen Deutschlands in Verfall geraten, weil sie nicht verstanden, sich in die neue Zeit und die gesteigerten Ansprüche des modernen Staates zu schicken. Eine lange Weile hatten sie, statt das Steuerwesen als ein unvermeidliches Übel in ihre eigene Hand zu nehmen, ihre Kraft vergeudet im nutzlosen Widerstande gegen die Steuerforderungen der Landesherren. Dann war auch über Schleswig= Holstein jene müde Zeit gekommen, da „unser guter deutscher Boden mit Gnade und Dienstbarkeit so dick besät war, daß Recht und Ge= rechtigkeit fast nirgends mehr keimen wollte". Wie oft seit dem West= fälischen Frieden hatten die Stände jeden Entschluß des dänischen Hofes „sich untertänigst untertänig wohlgefallen lassen", wie oft dem König=Herzog versichert, ihnen sei nichts geblieben als obsequii gloria! Bereits im siebzehnten Jahrhundert begannen die Städte sich von dem Landtage zurückzuziehen. Auch Schleswig=Holstein erfuhr gleich so

vielen anderen deutschen Landen, daß ein permanenter ständischer Aus=
schuß schließlich den Landtag selber aufzehrt. Seit dem Jahre 1711
ward kein Landtag mehr berufen. Man achtete des wenig im Lande;
tagte doch ungestört die fortwährende Deputation der schleswig=hol=
steinischen Ritterschaft mit ihrem Sekretär, waren doch die Freiheiten
des Landes wohl verbrieft enthalten in der Magna Charta von 1460
und einer langen Reihe von Freiheitsbriefen. Auch stand die Krone
nicht an, das Landesrecht unzähligemal feierlich zu bestätigen, und hütete
sich weislich, die von den Ständen einmal für allemal bewilligte ordinäre
Kontribution zu erhöhen.

Ja Kopenhagen wußte man sehr wohl, was die Nichtberufung des
Landtages bedeute. Solange der Inselstaat besteht, hat sich die Spitze
seiner ausgreifenden Staatskunst im Wechsel bald gegen Schweden,
bald gegen Deutschland gekehrt; seit dem Anfange des 18. Jahrhunderts
blieb der Plan der Danisierung der Herzogtümer der Hintergedanke
der Kopenhagener Politik. Schon Friedrich IV. gedachte, als er das
Haus Gottorp besiegt, ganz Schleswig der dänischen Krone einzuver=
leiben. Er scheiterte an dem vorsichtigen Widerspruche seiner Räte;
er begnügte sich, den herzoglichen Anteil Schleswigs mit dem könig=
lichen zu vereinigen (1720) und getröstete sich, die Inkorporation in
Dänemark werde von selber, peu adpres peu, erfolgen. Schritt für
Schritt näherte sich seitdem der dänische Hof diesem Ziele. Das war
keine leere Formsache, daß man ein für Dänemark und Schleswig=Hol=
stein gemeinsames Indigenat einführte und die Urkunden darüber durch=
gängig in der dänischen Kanzlei ausfertigte. Der alte dynastische Ehr=
geiz des Königshauses nahm einen neuen Aufschwung, seit die Verträge
von 1773 alle Teile Schleswig=Holsteins wieder unter dem Szepter
des dänischen Königs vereinigt hatten und gegen das Ende des 18.
Jahrhunderts unter den Dänen ein helles Bewußtsein ihres Volks=
tums erwachte. Mit seinem Leben büßte Struensee, daß ein Deutscher
dem dänischen Staate durchgreifende Reformen gebracht. Nur einmal
noch, vorübergehend, unter dem großen Andreas Petrus Bernstorff
tauchte wieder auf jene maßvolle Staatskunst, welche allein den wanken=
den Staat erhalten konnte und dem Grundsatze huldigte, die Angelegen=
heiten Dänemarks, Schleswig=Holsteins und Norwegens sorgfältig von=
einander zu trennen. Vorherrschend war fortan die fanatische national=
dänische Richtung. Je mehr die Macht des Staates sich zum Nieder=
gange neigte, desto eifriger warf sich die Herrschsucht der Dänen auf die

Herzogtümer, mit jenem unverbesserlichen Dünkel, der allen gefallenen Größen eigen ist, und die Wirren der Napoleonischen Zeit boten ihr einen weiten Spielraum.

Am 17. Dezember 1802 begannen die offenen Angriffe Dänemarks mit einem Patente, worin das unbedingte Besteuerungsrecht über Schleswig-Holstein für den König in Anspruch genommen ward. Die Ritterschaft protestierte, bereitete eine Klage bei den Reichsgerichten vor, deren drohendes Einschreiten bisher das letzte Bollwerk gewesen war für das Landesrecht von Transalbingien. Aber jetzt gerade sank das heilige Reich unter den Schlägen der Fürstenrevolution von 1803 zusammen, und als dann der römische Kaiser seine Würde niederlegte, schien der dänischen Krone die Erfüllung ihrer geheimsten Wünsche zu lächeln. Am Tore von Rendsburg stand seit Friedrichs III. Tagen die Inschrift: Eidora Romani terminus imperii, ein Denkmal dänischer Habgier — denn ein gutes Stück altholsatischen Bodens war durch diese Worte dem heiligen Reiche entrissen. Auch diese Inschrift fiel jetzt, und das Patent vom 9. September 1806 vereinigte Holstein „mit dem gesamten Staatskörper der Monarchie als einen in jeder Beziehung ungetrennten Teil derselben". Seitdem folgten Schlag auf Schlag die Gewalttaten wider die Selbständigkeit der Herzogtümer. Die Verordnungen erschienen in beiden Sprachen, alle Bestallungen wurden dänisch ausgefertigt, die Kandidaten in der dänischen Sprache geprüft, der Unterricht im Dänischen in allen höheren Schulklassen eingeführt, endlich sogar die dänische Reichsbank gegründet (1813) und alle liegenden Gründe in Schleswig-Holstein mit der Bankhaft belastet. Dabei ward das angemaßte Besteuerungsrecht auf das schwerste mißbraucht, kein Teil Deutschlands ertrug so hohe Steuern, ganze Dorfschaften erlagen der Last und verfielen in Konkurs.

Hand in Hand mit diesen Übergriffen der Krone ging der Übermut des dänischen Volkes. Schon 1804, da der Hof in Kiel lebte, verfocht unter seinen Augen der Erzieher der Kronprinzessin, Hoegh-Guldberg, die Lehre, die Herzogtümer seien verpflichtet, die Sprache des Mutterlandes zu erlernen, und fügte herablassend den Trost hinzu, damit sei nicht gemeint, daß sie sogleich und gänzlich die deutsche Sprache ablegen sollten. Um das Jahr 1815 tauchte dann in dänischen Schriften die vordem nie gehörte Behauptung auf, Schleswig sei 1720 unter das dänische Königsgesetz getreten; und gleichzeitig stellte ein dänischer Patriot, „dem die Ehre der Landessprache am Herzen liegt",

die Preisaufgabe: Wie war die historische Entwicklung der beiden
Sprachen in den Herzogtümern, und „welches sind die Mittel, durch
welche Süderjütland auch in Hinsicht der Sprache eine dänische Provinz werden kann, wie es ehedem war"? Im schneidenden Gegensatze
zu diesen Anmaßungen der Dänen stand die unwandelbar gesetzliche
Haltung der Herzogtümer. Noch lebte der zähe transalbingische Rechtssinn, jene alte fromme Holstentreue, die sich rühmte, daß nirgendwo
in der Welt Manneswort so hoch gehalten werde, die schon in den Tagen
des Westfälischen Friedens nicht geduldet hatte, daß das harte Schuld-
gesetz, die berufene Kieler Umschlagsstrenge, gemildert werde. Hoffend
auf bessere Tage fügte man sich in das Unvermeidliche, entschuldigte
vieles mit der Not der Zeiten; man ehrte den geistlosen, aber wohlmeinenden Friedrich VI., dem das Land die Aufhebung der Leibeigen-
schaft dankte, man klagte mit ihm über die Mißhandlung Dänemarks
durch Englands Flotten. Als im Dezember 1813 Bernadotte die
Herzogtümer überzog und den Plan aufwarf, ein selbständiges Königreich Zimbrien auf der Halbinsel zu errichten, da fand sich in den
Herzogtümern kein Mann bereit, die beschworene Verbindung mit Dänemark zu lösen. Auch sein Ausharren bei Napoleon trug man dem
Könige nicht nach; man wußte nicht, welche glänzenden Anerbietungen
ihm Rußland vergeblich gemacht hatte. Erst nach dem Frieden regte
die Ritterschaft sich wieder. Bis auf den Wiener Kongreß folgten dem
Könige ihre Bitten um die Wiederberufung des Landtages; dort in
Wien gab der König endlich das Versprechen, er werde des Landes
alte Freiheiten bestätigen.

So lagen diese Dinge, als Dahlmann von der Ritterschaft von
Schleswig-Holstein zu ihrem Sekretär gewählt ward. Er begann die
Landtagsakten zu durchforschen, die in seltener Vollständigkeit bis zum
Jahre 1545, bis in die Blütezeit Schleswig-Holsteins, zurückreichten,
und allmählich erschloß sich ihm das Verständnis der verworrenen Landesgeschichte. Wenn er dergestalt dem alten Landesrechte nachging, so
folgte er getreulich den Überlieferungen seines Hauses. Sein Groß-
vater Jensen hatte schon im Jahre 1773 auf die Berufung des Landtages von Schleswig-Holstein angetragen; der Kopenhagener Oheim
war vor dem Neffen Sekretär der Ritterschaft gewesen und hatte im
Jahre 1797 im Verein mit Hegewisch, dem Vorgänger Dahlmanns
auf dem Lehrstuhle, die Privilegien der Ritterschaft aufs neue drucken
lassen. Der neue Sekretär überzeugte die Ritterschaft schnell, daß es

jetzt gelte, in ernstem Kampfe das durch die Trägheit der Väter halb
verlorene Recht zurückzuerobern. Überall in Deutschland erwachte in
jenen Tagen der Restauration der Dünkel des Adels; sogar Niebuhr
klagte, noch nie seit vierzig Jahren habe der Edelmann den Bürger so
abgünstig behandelt. Unter den Führern des transalbingischen Adels,
den Ahlefeldt, Brockdorff, Rumohr, Rantzau, dagegen war noch ein
edlerer Sinn rege. Einträchtig wirkten sie zusammen mit den nicht-
adligen Grundbesitzern, welche Dahlmanns gleichgesinnten Amts-
genossen Falck zu ihrem Rechtskonsulenten wählten. In den Kieler
Blättern forderte Graf Adam Moltke-Nütschau mit warmen und bürger-
freundlichen Worten „unser Recht aufs Recht", und der treffliche
Graf Wolf Baudissin schrieb: „Adel und Bürgertum sollen sich gleich
heilsamen Gegengewichten einander gegenüberstehen, die eine Kraft als
hütende, bewachende, die andere als erwerbende, strebende, prüfende."
Was Wunder, daß im Verkehr mit diesen patriotischen Rittern Dahlmann zu dem gutmütigen Glauben gelangte, der deutsche Adel werde
den Beruf des englischen erfüllen. Mitnichten wollte er das unförmliche alte Landesrecht für immer aufrechthalten. Sein historischer
Blick erkannte längst, wie schwer Schleswig-Holstein daran krankte,
daß „seine beiden Augen sich zugeschlossen", Lübeck und Hamburg der
Heimat sich entfremdet hatten. Wie sollte er vollends eine Verfassung
bewundern, welche den Adel unmäßig begünstigte und einem Dritteile
des Landes, darunter den Städten Altona und Glückstadt, gar keine
ständische Vertretung gewährte?

Aber nur auf rechtlichem Wege, durch Vereinbarung mit den Ständen, wollte er den Übergang zu modernen Formen vollzogen sehen —
und, vor allem: wurde das alte Landesrecht anerkannt, so war die
Selbständigkeit und die untrennbare Verbindung der beiden Länder
rechtlich gesichert. Hierin, in dem „ewich tosamende ungedeelt", sah
er sein Lebenlang den Kern der schleswig-holsteinischen Frage. Wenn
er die Geschichte des „gemeinen geliebten Vaterlandes" durchforschte,
die im engsten Raume welthistorische Kämpfe umfaßt; wenn er sah, wie
die Holsten durch ihren Heldenstreit wider die Unionskönige des Nordens den Grund legten für Schleswig-Holstein und alsbann beide
Lande jahrhundertelang in deutscher Sprache zusammen landtagten,
und unwiderstehlich unsere Sitte und Sprache, das Geld von Hamburg
und Lübeck und Deutschlands gemeines Recht nordwärts drang: so begriff er nicht, wie nur ein Deutscher daran denken könnte, diesen halb-

tausendjährigen Verband durch eine dem Grundsatze der Nationalität entsprechende Grenzlinie zu trennen und also dem natürlichen Strome deutscher Gesittung einen künstlichen Damm vorzuschieben. Noch in der Paulskirche beteuerte er, daß er nie einen Schleswiger gesehen, welcher den Wunsch gehegt hätte, sich abzutrennen von der ihm heiligen Gesamtheit von Schleswig-Holstein, und allerdings mochte keinen dänischgesinnten Nordschleswiger gelüsten, dem eifrigen Deutschen unter die Augen zu treten.

Nur in einem Punkte ging Dahlmann kühnlich über das historische Recht hinaus. Daß Schleswig-Holstein als ein selbständiges Ganzes zwischen Deutschland und dem Norden mitteninne stand, war das natürliche Ergebnis der langen Kämpfe beider Völker, aber ein Zustand, der in Zeiten hocherregten nationalen Gefühls keine Dauer versprach. Es war ein Widersinn, daß von zwei durch Realunion verbundenen Ländern das eine im deutschen Bunde stand, das andere braußen — ein Widersinn, der nur dadurch erträglich ward, daß die Teilnahme am deutschen Bunde praktisch so gar wenig bedeuten wollte. Auf diesen faulsten Fleck der schleswig-holsteinischen Sache legte Dahlmann bereits in jener Festrede die Hand. Er entsann sich, daß Schleswig schon einmal, im Dreißigjährigen Kriege, zu den deutschen Reichslasten beisteuerte. Er betonte, der Schleswiger habe immerbar Deutschland angehört durch den verbrüderten Holsten, und sprach deutlich die Hoffnung aus, es möge bereinst Schleswig in den deutschen Bund eintreten. Der Gedanke war schon zur Zeit des Wiener Kongresses da und dort geäußert worden, aber noch fand er keinen Anklang in den Herzogtümern. Denn ungleich später als auf den Inseln erwachte in den deutschen Landen des Dänenkönigs das nationale Gefühl; man wußte nicht anders, als daß man seit Jahrhunderten mit Dänemark verbunden sei, und meinte wohl arglos, Holsten, Isländer und Seeländer seien allzumal treue Dänen. Dahlmann war der erste, der jene zukunftsreiche Idee öffentlich an feierlicher Stätte aussprach. So verwegenes Begehren zog ihm den Tadel des Oheims in Kopenhagen zu; der Neffe blieb fest, doch sein Wunsch vorerst ein Wunsch. Zunächst mußte den Landsleuten das bestehende Recht und dessen Geschichte ins Gedächtnis zurückgerufen werden, und zu diesem Zwecke wirkten Dahlmann und Falck so unablässig, daß die Dänen in den Tagen ihres mißbrauchten Glücks zu höhnen pflegten: Dahlmann hat die schleswig-holsteinische Frage erfunden!

In der Tat, die beiden Freunde wurden die Ahnherren der streng=
konservativen Rechtspartei ihres Landes; die ersten Szenen der schleswig=
holsteinischen Bewegung spielten sich ab in diesem Kreise von Professo=
ren und Rittern. Während Falck seine rechtshistorischen Untersuchungen
über das Verhältnis der Herzogtümer zu Dänemark schrieb, wirkte
Dahlmann anregend durch Vorlesungen über die heimische Geschichte.
Die zweite Hälfte jenes „Wortes über Verfassung" gibt einen über=
blick über die Verfassungsgeschichte der Heimat. Darauf lassen die
Kieler Blätter eine lange Reihe von Aufsätzen folgen über die Matrikel
und das rechtmäßige Steuerwesen des Landes; sie drucken die Erwide=
rung ab, womit vor Jahren Hegewisch die Angriffe Hoegh=Guldbergs
auf die deutsche Sprache abgefertigt hatte; sie beantworten die freche
Preisfrage jenes dänischen Patrioten in anderem Sinne, als der Fra=
gende gemeint. Deutsche Forschung begann endlich durch das dichte
Gestrüpp dänischer Märchen einen Weg zu schlagen; was Wunder, daß
die ersten Pfadfinder sich oft verirrten. Die verhängnisvolle Be=
deutung der Erbfolgefrage ahnte noch niemand, und Dahlmann lebte
noch wie Falck des Glaubens, Schleswig unterliege als ein Teil des
Königreichs Dänemark der Erbfolgeordnung des dänischen Königs=
gesetzes*). Erst in späteren Jahren, als, Dank ihrer Anregung, die
Geschichte der Herzogtümer von jüngeren Kräften nach allen Seiten
hin durchforscht ward, sind die beiden Altmeister willig von ihrem
Irrtume zurückgekommen.

Es war die Zeit, da „Deutschland sich wieder ein Recht erworben,
seinem Altertume ins Gesicht zu sehen". Mit Freuden versenkte sich
die romantische Welt in jene fruchtbaren Tiefen unseres Volkslebens,
welche der prosaische Sinn des Jahrhunderts der Aufklärung herzlos
verschmähte. Aus den Predigten seines Claus Harms lernte der Schles=
wig=Holsteiner, welch eine Fülle von Kraft und Milde in seiner heimi=
schen Sprache, der lange mißachteten, wohnte. Desselbigen Weges ward
Dahlmann durch seine Forschungen geführt. Er tadelte, daß De Lolme
den englischen Staat nicht erklärt habe aus dem urkräftigen Unterbau
angelsächsischer Bauernfreiheit. Seinen transalbingischen Landsleuten,
deren Sachsenstamm „der volksfreieste von alters her in Deutschland"

---

*) Daß Dahlmann damals noch in diesem Irrtume befangen war, ist neuer=
dings leidenschaftlich behauptet und bestritten worden. Zitate aus angeblichen
Kollegienheften, noch dazu von Dänen zusammengestellt, sind kein durchschlagender
Beweis, wohl aber Dahlmanns eigene Worte in den Kieler Blättern I, 294.

war, sollte die Erinnerung nicht schwinden an den Bauernstaat der
Ditmarschen, der Männer mit hundert Löwen im Herzen, die so oft
geblutet, um „niemands eigen" zu bleiben. Sie sollten nicht vergessen
das tapfere Wort der Frauen von Ditmarschen: „Welk ein edel Kleinott
und grote Herrlicheit be leve Frieheit were." So recht ein Mann nach
Dahlmanns Herzen war jener alte Pfarrherr Neocorus, welcher die
Taten dieser Schweizer der Ebene, die Größe, die in solcher Kleinheit
wohnt, so köstlich treuherzig geschildert und den Holsten die geheimsten
Falten ihrer Seele aufgedeckt hat mit seinem guten Spruche: „Nicht
flegen, sündern stahn, dat is in Gott gedahn." Welche Freude, als
ihm jetzt die lange vermißte Urschrift des Neocorus zugeschickt ward,
verwaschen von den Wogen, ein Bild des von der Flut belaufenen
Landes! Einige Jahre darauf erschien, gefördert durch Unterzeichnungen
aus allen Teilen des Landes, Dahlmanns Ausgabe des Neocorus.
Man begann in den Herzogtümern, sich der alten Holstengröße wieder
zu entsinnen.

Dergestalt war die deutsche Wissenschaft frisch am Werke, die
Lösung einer großen Frage deutscher Politik vorzubereiten. Merk=
würdig aber, wie arglos diese wackeren deutschen Gelehrten und Ritter
der Kopenhagener Staatskunst gegenüberstanden, wie langsam sie sich
entschlossen, da ein dichtes Netz fein gewobener dänischer Ränke zu
erkennen, wo sie bisher nur einzelne Mißgriffe eines wohlgesinnten
Königs gesehen hatten. Von der Danisierung der Herzogtümer, schrieb
Falck, worüber das Ausland klagt, ist uns im Lande nichts bekannt;
hat doch unser König seine Tochter in deutscher Sprache konfirmieren
lassen! Auch Dahlmann, der neben dem hochkonservativen Freunde
fast wie ein Heißsporn erschien, versicherte, es sei nie daran gedacht
worden, Schleswig der absoluten Königsgewalt der lex regia zu unter=
werfen. Bald sollte dies wohlmeinende Vertrauen einen harten Stoß
erleiden. Am 17. August 1816 gab der König endlich die versprochene
feierliche Bestätigung aller Rechte des Landes, und der Streit schien
glücklich hinausgeführt. Aber nur zwei Tage später ward eine Kom=
mission nach Kopenhagen berufen, um eine neue Verfassung für Hol=
stein allein zu entwerfen! In den Herzogtümern fanden sich einzelne
gemütliche Leute, welche diesem widerspruchsvollen Beginnen zujubelten.
Alle Tieferblickenden erkannten: Dänemark hatte in einem Atem das
Recht des Landes anerkannt und dessen Grundlage, die Untrennbarkeit
der Herzogtümer, bedroht.

In einer ernſten Vorſtellung ſprach jetzt Dahlmann im Namen der
Ritterſchaft die Erwartung aus, der König werde „keine Trennung
beſchließen, wo weder Trennung nützlich ſei, noch ohne Verletzung
heiliger Verhältniſſe bewirkt werden könne". Das Volk hatte anfangs
dem Kampfe um den wiedererwachten Schatten des erſchlagenen
Rechtes weit teilnahmloſer zugeſchaut als gleichzeitig die Württem=
berger; doch als das Palladium Schleswig=Holſteins, das „erwich un=
gebeelt", bedroht war, ergriff alsbald eine ſtarke Bewegung die Geiſter.
Ein Strom von Petitionen ergoß ſich nach Kopenhagen. Vor dieſer
Regung des Volksunwillens ſchreckte der Hof zurück. Jahr auf Jahr
verſtrich; die neue holſteiniſche Verfaſſung, welche bereits fertig im Ka=
binette lag und, wie billig, den gefährlichen Profeſſoren die Wählbarkeit
für die Städteverſammlung abſprach, ward in der Stille zurückgelegt,
aber auch der rechtmäßige alte Landtag ward nicht berufen, die gewalt=
ſame Steuererhebung nahm ihren Fortgang. Da endlich proteſtierte die
Ritterſchaft förmlich, und Dahlmann gab ſeine Urkundliche Darſtellung
des dem ſchleswig=holſteiniſchen Landtage zuſtehenden Steuerbewilli=
gungsrechtes und die Sammlung der wichtigſten Aktenſtücke dazu heraus.
Auf das beſtimmteſte erklärte die Ritterſchaft ſich bereit, einen Landtag
— aber einen Landtag beider Lande — anzuerkennen, der auf den Grund=
ſatz allgemeiner Landesvertretung gegründet ſei; ſie wies weit von ſich
jede Bevorzugung des Adels in der Beſteuerung. Auf Proteſte, Bitten,
Vorſtellungen erfolgte aus Kopenhagen als Antwort nur die Drohung,
man werde die Deputation der Ritterſchaft auflöſen.

Inzwiſchen waren die Karlsbader Beſchlüſſe erſchienen, unſere Hoch=
ſchulen ſtanden unter polizeilicher Aufſicht, und der Deutſche mußte
mit anhören, daß Niebuhrs Freund, der Graf de Serre, uns ſagte:
„Eure Staatsmänner tun mir leid, ſie führen Krieg mit Studenten."
Das erſte Geſchenk des deutſchen Bundes an Holſtein war die Ver=
nichtung jener Preßfreiheit, welche, von Struenſee begründet, bisher
unter den „Alleingewalterbkönigen", den unumſchränkteſten aller Für=
ſten, aufrecht geblieben war. In dieſem Falle wahrte Dänemark ge=
wiſſenhaft die Untrennbarkeit der beiden Lande: auch in Schleswig ward
die Zenſur eingeführt. Die Kieler Blätter gingen ein; ihre Gründer
wollten ſie keinem Zenſor unterwerfen. Sogleich wandte ſich die Kieler
Hochſchule an den König=Herzog und ließ ſich von ihm bezeugen, daß
ſie nichts verbrochen, was Metternichs Anklagen gegen die Univerſi=
täten rechtfertigen könnte. Dahlmanns Rechtsgefühl und Gelehrtenſtolz

war tief empört, er sah die Hochschulen durch jenen Bundesbeschluß „unvergeßlich herabgewürdigt und beleidigt". · Von der durch Stein begründeten großen Sammlung deutscher Geschichtsquellen zogen er und Falck sich zurück, weil mehrere Bundestagsgesandte, die sich an dem Karlsbader Staatsstreiche beteiligt, unter ihren Leitern waren. Er wollte nicht begreifen, wie solche Namen sich mit dem Wahlspruche des Unternehmens: sanctus amor patriae dat animum vertrügen. „Mein guter Name ist mir mehr wert als ein wissenschaftliches Unternehmen", und „ich möchte nicht, daß es gelänge, auf dem mit Unterdrückung und Verfolgung — und womit vielleicht bald? — befleckten Boden edle Früchte der Wissenschaft durch gebundene Hände zu ziehen". Als er bald nachher in der Aula den Geburtstag des Königs feiern sollte, nahm er unerschrocken zum Thema — den Bundesbeschluß wider die Hochschulen. Er nannte mit bitterem Spotte das Majestätsverbrechen „das einzige und eigentümliche Verbrechen derer, welche nie ein Unrecht getan", und bezeichnete als den letzten Urheber der Mißhandlung der Hochschulen „jenen entarteten Adel, der sich selber Tugend, Vaterland und Gottheit ist, unermüdlich sich selbst bewundert und die leeren Freuden des Narziß genießt, um bald, gleich Narziß, unbeweint unterzugehen". Nur zu rasch sollte sich sein herbes Urteil bewähren: man habe durch jene Beschlüsse den leeren Formen des Friedens sein inneres Wesen geopfert, nur polizeiliche Ruhe, nicht den Frieden geschaffen.

Doch wie tief immer Dahlmanns Vertrauen auf die deutsche Bundesversammlung gesunken war, sie blieb doch Schleswig-Holsteins letzte Schutzmauer gegen Dänemark. Im Jahre 1822 wandte sich die Ritterschaft an den Bund. Eine Denkschrift ihres Sekretärs, in dessen Seele „des Menschen schlimmster Feind, die Furcht", keine Stätte fand, bat den Bundestag, die Verfassung Holsteins und vornehmlich seine Verbindung mit Schleswig zu schützen. Ritter und Prälaten erklärten sich bereit zu jeder zeitgemäßen Reform, doch bestanden sie auf dem guten Holstenworte, Vorrechte müßten zwar dem Rechte weichen, aber auch nur dem Rechte. Von uralten Zeiten her waren diese nordischen Lande daran gewöhnt, daß ihr Ringen mit Dänemark selten Hilfe fand bei jener beschränkten deutschen Binnenlandspolitik, die unserem Vaterlande die starke Hand auf den Meeren und damit die Bedeutung einer wirklichen Großmacht geraubt hat. Es sollte sich zeigen, ob das neue Deutschland den Wert des „Günstlings zweier Meere" besser zu würdigen, die „deutschen Holstenkinder" kräftiger zu schützen verstand. Leider stand das Bundesrecht den Klagenden nicht zur Seite. Der Art. 56 der Wiener Schlußakte bestimmte, daß „die in anerkannter Wirksamkeit bestehenden landständischen Verfassungen" nur auf ver= fassungsmäßigem Wege abgeändert werden sollten. Diese Fassung war gewählt worden, um ausdrücklich zu verhindern, daß solche halb= zerstörte altständische Verfassungen, wie die kurmärkische oder die hol= steinsche sich auf den Schutz des Bundestags beriefen. So hatte denn der dänische Gesandte Graf Eyben gewonnenes Spiel, als er in heiterer Abwechslung die Bittenden bald als aufsässige Untertanen darstellte, welche ihrem Landesherrn eine Verfassung aufbrängen wollten, statt sie von ihm zu empfangen, bald als eine dünkelhafte privilegierte Kaste, die dem modernen Staate widerstrebte. Höhnisch sprach er von dieser Verfassung, „welche die Petenten selbst sehr bezeichnend ihre nennen, welche aber das Land gewiß nicht seine nennen möchte".

Von Anfang an war der Ritterschaft verderblich, daß Schleswig nicht zum deutschen Bunde gehörte. Da selbstverständlich nur die hol= steinischen Mitglieder der Ritterschaft sich an den Bund gewendet, so gab dies dem k. k. Gesandten willkommenen Anlaß, wegwerfend zu ver= sichern, offenbar teile nur eine geringe Anzahl der Ritterschaft die Ansichten der Petenten. Und welches Schicksal ließ sich einem Rechts= handel wahrsagen vor dem Forum eines Diplomatenkongresses, welcher bestenfalls einige juristische Dilettanten enthielt! Als der wackere kur= hessische Gesandte Lepel erklärte, man dürfe hier nimmermehr „Rück= sichten der Politik und Konvenienz Gehör geben, wo es sich um Grund= sätze handle", mußte er dafür die schärfste Zurechtweisung von dem Grafen Münch=Bellinghausen hinnehmen, und leider durchschaute die Wiener Frivolität das Wesen einer Diplomatenversammlung schärfer als Lepels ehrliches Rechtsgefühl. Um so sicherer durfte man ein poli= tisches Verständnis der Frage erwarten. Sollte Deutschlands höchste Behörde im Jahre 1822 weniger politische Einsicht besitzen, als weiland Kaiser Leopold I., der den Dänen erklärte, wer Holstein schützen wolle, müsse sich auch in Schleswigs Händel einmischen? Doch mit vollendetem Stumpfsinn ging der Bundestag an der welthistorischen Bedeutung des unscheinbaren Handels vorüber, der nur ein Glied war aus einer Kette vielhundertjähriger Kämpfe. Auch Preußen durch= schaute den Sinn der großen Machtfrage noch nicht; sein Gesandter erklärte kurzab: „Es bedürfe kaum der Bemerkung, daß die Verbindung Schleswigs mit Holstein kein Gegenstand der Bundestätigkeit sei."

Zu Wien sah man in den Bittenden einfach Revolutionäre, und es
konnte der guten Sache nur schaden, daß der gefürchtete Wangenheim
sie in einem spitzfindigen Gutachten verteidigte. Indessen war ein
Jahr vergangen und der Bundestag gereinigt worden von allen libe=
ralen Mitgliedern. Am 27. November 1823 beschloß der Bund, die
Klagenden abzuweisen und sie zu vertrösten auf die von Dänemark ver=
sprochene dereinstige Verleihung einer neuen Verfassung. „Der be=
dächtige Deutsche," predigte Graf Münch, „wird um des umsichtigen
und alles wohl erwägenden Vorgangs seines Fürsten willen nicht
Mißtrauen in die Reinheit des Willens der Regierung setzen, und der
treue Deutsche wird in dieser, alle Rücksichten mit landesväterlichem
Sinne wohlumfassenden Sorgfalt sich nur noch inniger an seinen
Landesfürsten anschließen." Das den Petenten günstige Gutachten des
Referenten Grafen Beust durfte auf Münchs Veranlassung nicht ver=
öffentlicht werden; denn dem Berichte lag, wie ein Gesandter der öster=
reichischen Partei seinem Hofe schrieb, „Mißtrauen gegen die dänische
Regierung zugrunde, also die nämlich Krankheit, welche in den stän=
dischen Versammlungen einheimisch ist".

In diesen Jahren war für Österreich am Bunde nichts unmöglich.
Am Tage vor jenem verhängnisvollen Bundesbeschlusse ließ Dahlmann
durch den hochkonservativen Geheimen Rat Schlosser eine zweite Ein=
gabe einreichen, welche die Nichtigkeit der Behauptungen des dänischen
Gesandten aufwies. Graf Münch aber belegte die tausend Exemplare
mit Beschlag, gestattete nicht, daß die Denkschrift an die Bundestags=
gesandten verteilt werde, gab sie an den Freiherrn von Blittersdorff.
Am 15. Januar 1824 referierte dann dieser begabteste der Helfer des
Wiener Hofes, und ich glaube nicht, daß jemals der rechtlose Zustand
unseres deutschen Gemeinwesens mit frecherer Offenheit eingestanden
ward. Blittersdorff ergießt seinen ganzen Zorn auf den Verfasser der
Eingabe — Dahlmann, da „die Ritterschaft zu achtungswert sei, als
daß man ihr dergleichen zur Last legen könnte". Er rügt, daß
Dahlmann seine Stellung zum Bundestage durchaus verkannt habe.
Kläger und Beklagter vor der Bundesversammlung seien keineswegs
„Parteien, die auf gleicher Stufe ständen"; nimmermehr dürfen Pri=
vatleute die Erklärungen von Bundestagsgesandten einer unpassenden
Kritik und Widerlegung unterziehen! — Abermals ward die Ritter=
schaft abgewiesen. Um das Werk zu krönen, befahl der Bund, daß
künftighin jede gedruckte Eingabe an den Bundestag vorher der Zensur

unterworfen werde. Damit waren die Rechtsgründe, welche Dahlmann in seiner zweiten Denkschrift ins Feld geführt, ungelesen widerlegt, und der Deutsche mochte fortan den Chinesen beneiden, der, wenn er als Kläger auftritt, der Redefreiheit sich erfreut. Nach langen Jahren, als die Denkschrift wertlos geworden, ließ Münch an Dahlmann schreiben, jene tausend Exemplare ständen jetzt zu seiner Verfügung.

Die schleswig-holsteinische Frage hatte zum ersten Male an die Pforten des Bundestags geklopft. Sie war nicht gehört worden, vom Bunde nicht und nicht vom deutschen Volke. Die Ritterschaft hatte nicht verstanden, die Deutschen über die nationale Bedeutung des Streites aufzuklären; schier teilnahmlos schaute die Mehrzahl der deutschen Blätter dem Handel zu. In Kopenhagen wußte man nun= mehr, daß kein einträchtiger deutscher Wille die Rechte Transalbingiens schütze; der Bundesbeschluß von 1823 gab der dänischen Krone, wie Dahlmann vorausgesagt, den Mut zu neuen Gewalttaten. In Schles= wig=Holstein aber reiften langsam die von jenem Kieler Freundeskreise ausgesäten Gedanken. Nach der Julirevolution erhob sich an der Stelle der Kämpen des alten Landesrechtes eine jüngere, verwegenere Partei, feindseliger gegen Dänemark, geschickter zum Agitieren. Jens Uwe Lornsen eroberte für die Herzogtümer und für Dänemark die Anfänge einer ständischen Vertretung, und die Dänen warfen den Gründer ihres Ständewesens in den Kerker. Wiederum protestierte die Ritterschaft, und niemals hat Dahlmann diese „Landtage neuester Er= findung" als rechtlich bestehend anerkannt, aber ein Sprechsaal war jetzt vorhanden, darin sich der Wille des Landes offenbarte. Einund= dreißig Jahre nachdem Dahlmann in der Kieler Aula zuerst den rettenden Gedanken ausgesprochen, erklang aus dem Ständesaale von Schleswig als Antwort auf den offenen Brief der Ruf: „Aufnahme Schleswigs in den deutschen Bund"; und hatte damals der kühne Wunsch des jungen Redners kaum einen schwachen Widerhall gefunden, so konnte man jetzt in Transalbingien die ungetreuen Deutschen an den Fingern zählen. —

Zehn volle Jahre hatte der beliebte Dozent Geschichte gelehrt, da endlich schienen ihm die Lücken seines Wissens zur Genüge ausgefüllt und er ließ sein erstes selbständiges historisches Werk erscheinen, die „Forschungen auf dem Gebiete der Geschichte". Mit seinen Alten hielt er die gleichzeitige Geschichtschreibung für die einzige ihres Namens

vollkommen würdige, doch er kannte auch die ungeheuren Hemmnisse,
welche ihr das Geheimnis und die Verschlungenheit der modernen
Politik entgegenstellt. So ging er diesmal in weit entlegene Epochen
der hellenischen und altnordischen Vorzeit zurück. Er zeigte an dem
Bilde Herodots, wie die schlichte Wahrhaftigkeit die erste Tugend des
Historikers bleibt, und wie jene unbefangene Milde, die das Gute
unter jedem Himmelsstriche zutraulich aufzufassen weiß, uns selbst die
sehr mittelmäßigen politischen Einsichten des Vaters der Geschichte
leicht vergessen läßt: „Die die ganze Welt beherrscht, die Furcht vor
dem Lächerlichen, berührt die erhabene Einfalt seines Sinnes nicht."

Er hatte nie eine historische Vorlesung gehört, aber seine philo=
logischen Studien machten ihn früh mit dem Ernste methodischer
Forschung vertraut, und ein großes Muster hatte er vor Augen in den
Werken seines Freundes Niebuhr. Mit strenger Kritik, nach der Weise
des Meisters, geht er der Überlieferung zu Leibe, läßt nur unzweifel=
haft beglaubigte Tatsachen gelten und gelangt also, in seiner Forschung
über den Kimonischen Frieden, zu dem Ergebnis, das neuere Unter=
suchungen nur bestätigt haben, „daß es mit dem Frieden nichts sei".
Im gleichen Sinne schrieb er eine kleine Schrift, um die Fabeln zu
zerstören, welche sich in die alte Überlieferung von der Selbstbefreiung
Lübecks eingeschlichen. Dabei fehlt es nicht an scharfen Ausfällen wider
die Oberflächlichkeit F. v. Raumers und gegen die falsche Genialität
der Creuzerschen Romantik, welche die harten Tatsachen der Geschichte
durch Eingebung von oben zu finden gedachte. Lesen wir dann in den
„Forschungen" die Kritik der Quellen der altdänischen Geschichte, die
Abhandlung über König Aelfreds Germania, die Übersetzung von
Ares Isländerbuch und nehmen wir hierzu jene Schrift über Lübeck,
den Neocorus und die Ausgabe von Rimberts vita S. Ansgarii,
die er für Pertz' Monumenta besorgte, so sehen wir seine historische
Tätigkeit mit Vorliebe auf das Altertum des Nordens gerichtet. Er
ward nicht müde zu fragen und zu horchen, wenn der Nordlandsfahrer
Henderson Islands geheimnisvolle Schönheit schilderte. Die feierliche
Größe der Natur des hohen Nordens bezauberte seine Phantasie, und
oft hat er damals, da er noch lebhaft und lustig und ein Liebling der
Frauen war, mit einer liebenswürdigen Freundin luftige Pläne ge=
schmiedet, wie sie selbander das ferne Wundereiland schauen wollten.
Auch bei der streng gelehrten Forschung blickte er fortwährend über die
Schranken seiner Zunft hinaus. Er will durch gefällige Darstellung

die Teilnahme weiterer Kreise gewinnen; „aber alles geistreiche An=
winken und Anzweifeln müsse ausgeschlossen bleiben, und könnte es die
Zahl der Leser bis zu Tausenden vermehren." Noch ist sein Stil un=
fertig, nur an einzelnen Stellen erhebt sich die Sprache bereits zu jener
markigen Schönheit, welche Niebuhrs warmen Beifall fand. — In
Kiel war dem Verfechter des alten Rechtes jede Aussicht auf Be=
förderung versperrt; im Jahre 1829 folgte Dahlmann einem Rufe
nach Göttingen.

Die Georgia Augusta sah damals glückliche Tage unter Arns=
waldts und Hoppenstedts einsichtiger Leitung; der Neuberufene trat
in einen Kreis glänzender gelehrter Namen. Doch bald ward er von
der Wissenschaft hinweggeführt, um mitzuwirken bei dem Neubau eines
Gemeinwesens, das dem Politiker nicht lehrreicher sein konnte; denn
auf das wunderlichste standen in diesen welfischen Landen mittelalter=
liches und modernes Staatsleben dicht beieinander. — Man kennt
Lord Greys Wort: Ein Glück für England, wenn Hannover vom
Meere verschlungen würde! Mit größerem Rechte hätte der Bürger
und Bauer in Hannover das Wort umkehren können; denn der deutsche
Kurstaat stellte den Briten für ihre Kriege ein treffliches kleines Land=
heer und ertrug dafür das Unglück einer Monarchie ohne einen
Monarchen, jene unselige Hofadelsherrschaft, welche im Lande die all=
mächtige Vizekratie genannt ward. Der kleine Staat sonnte sich gern an
dem Ruhme Großbritanniens, und wer den hannoverschen Thronreden
glaubte, mußte meinen, Napoleon sei allein durch England, ohne jedes
Verdienst der Deutschen gestürzt worden. Man freute sich, daß die
Türkenpässe des mächtigen Königs von England den hannoverschen
Schiffen eine Sicherheit gewährten, wonach die Schiffahrt anderer
deutscher Staaten vergeblich seufzte. Auch die Georgia Augusta war
stolz auf ihre Verbindung mit England. Die vornehme Welt der Haupt=
stadt ahmte eifrig die englischen Sitten nach; mit hep hep hurrah!
tranken diese abligen Kreise die Gesundheit des Königs; vollends das
Heer, das noch die roten Röcke der englischen Regimenter und die
glorreichen Namen Peninsula und Waterloo auf seinen Fahnen trug,
lebte und webte in englischen Traditionen. Aber von jener politischen
Weisheit, welche Englands Größe sicherte, war in das adlige Han=
noverland nichts hinübergedrungen, nicht der Gedanke der Staats=
einheit, nicht die Unterwerfung aller Stände unter das gemeine Recht
des Landes.

Große Staaten, welche nach Zeiten des Verfalls auch Tage des Sieges gesehen, ertragen leichter strenges historisches Urteil. Auch der eifrigste Preuße gesteht unbefangen die schweren Mängel ein, woran sein Staat vor der Schlacht von Jena krankte. Unsere Mittelstaaten, die echten Ruhm nicht kennen, sind empfindlicher gegen die geschichtliche Wahrheit. Noch heute hört man im Welfenlande nicht gern ein ehrliches Wort über jenes Regiment des Verrats und der Schwäche, welches im Jahre 1803 das Land den Franzosen überlieferte. Mit wohltätiger Härte räumten dann Napoleon und das Königreich Westfalen in diesem Gewirr oligarchischer Mißbräuche auf. Als aber das Welfenreich durch die Waffen der Alliierten wiederhergestellt ward, zu Deutschlands Unheil vergrößert auf Preußens Kosten und geschmückt mit jener Königskrone, von welcher Stein als ein Seher voraussagte, sie werde bereinst schwer auf dem Lande lasten: da brach eine harte Restauration über Hannover herein. Die Residenz entbehrte aller der Anstalten des edeln geistigen Luxus, welche ein Fürstenhof hervorzurufen pflegt. Nur der Hofadel durfte nicht leiden unter der Abwesenheit des Landesherrn. Aufs neue, wie vor der westfälischen Zeit, tummelten sich jetzt im Schlosse zu Herrenhausen zahlreiche Hof- und Oberhofchargen geschäftig um den abwesenden König. Kaum sieben Prozent des Bodens besaß der Adel, aber nirgendwo in Deutschland trennte ihn eine so hohe, mit so verletzendem Hochmut aufrechterhaltene Schranke von dem Bürger. Mit gleicher Sorgfalt wie die Abstammung ihrer edeln Rassepferde bewachten die nah verschwägerten Geschlechter der Münster, Platen, Scheele ihren eigenen Stammbaum; auch altadlige Häuser, wenn sie patrizischen Ursprungs waren, fanden keinen Zutritt zu diesem geweihten und gefeiten Kreis. Von Kindesbeinen an ward der Kastengeist des Adels gepflegt auf der Ritterakademie zu Lüneburg, wozu zuzeiten vierzehn Lehrer die Ehre hatten, zwölf adligen Eleven einen mangelhaften Unterricht zu erteilen.

Selbstgefällig schaute man in Hannover auf die strenge Zentralisation in Preußen wie auf das hastige Organisieren und Reorganisieren in den rheinbündischen Staaten. Und doch hatte selbst diese patriarchalische Adelsregierung nach der Vertreibung der Franzosen das Chaos der alten Zustände nicht in seinem ganzen Umfange wiederherstellen können. Es war unmöglich, hier im engsten Raume vierzehn Provinzialverfassungen zu ertragen und jene alten Provinzialstände wieder aufzurichten, welche bereinst durch ihre Ausschüsse das Zoll- und Steuer-

wesen und alle wichtigen Verwaltungssachen der Provinzen mit nahezu
souveräner Selbständigkeit geleitet hatten. Diese nur durch Personal=
union verbundenen Provinzen mußten zu einem Staate verschmolzen
werden, und die Regierung fühlte, daß durch gütliche Verhandlungen
dies Ziel sich nimmermehr erreichen ließ; denn vierzig Jahre schwieriger
Unterhandlung hatte man einst gebraucht, um die Stände zweier Pro=
vinzen zu einem Ganzen zu vereinigen, und noch war unvergessen, daß
während der Revolutionskriege in den Calenbergschen Ständen der
Antrag gestellt worden, die Calenbergsche Nation möge sich für neutral
erklären. Die Regierung, welche so gern wider die modernen Ver=
standestheorien und die aus der Fremde entlehnten Institutionen eiferte,
schritt zu einem notwendigen Gewaltstreiche, welcher dem historischen
Rechte nicht minder widersprach als das Verfahren der vielgeschmähten
Rheinbundsregierungen. Eigenmächtig berief sie (1814) eine Stände=
versammlung aus dem ganzen Lande, sie warf alle Schulden und Lasten
des Landes in eine Masse, sie schuf an der Stelle der bisherigen ver=
schiedenartigen Beamtenkorporationen einen geschlossenen Staatsdiener=
stand. Aber auf halbem Wege blieb sie stehen, ihr fehlte der feste
Wille, eine moderne Staatsordnung zu gründen, welcher allein diesen
Bruch des positiven Rechtes rechtfertigen konnte. Die Belastung des
Bauernstandes mit Zehnten und Fronden, die Patrimonialgerichte, die
Gewerbsprivilegien der Städte, das heimliche Gerichtsverfahren mit=
samt der Folter, die Vermischung von Justiz und Verwaltung, die
drakonische Zensurordnung vom Jahre 1705: — all dieser ehr=
würdige Hausrat der alten Zeit, den die westfälische Regierung hinweg=
gefegt, ward wiederhergestellt, selbst in jenen Provinzen, wo schon
vor der Fremdherrschaft modernere Einrichtungen bestanden hatten.

Mit Stolz blickte Hannover auf sein Wetzlar, auf das treffliche
oberste Gericht zu Celle, und seit den Tagen des alten Kanzlers Struben
genossen die gelehrten Juristen der welfischen Lande eines wohlverdienten
Ruhmes; doch der Geist, welcher die Verwaltung erfüllte, war das
Gegenteil des Rechtes. Das Land war übersät mit Privilegien und
Exemtionen. Von Gnade nährte sich der Land=Edelmann, der zu den
Staatssteuern wenig, zu den Gemeindelasten nichts beitrug und bei
schlechter Wirtschaft die Aussicht hatte, durch den Lehnskonkurs seinen
Gläubigern zu entgehen; die Gnade, nicht das Recht, sicherte dem kon=
zessionierten Gewerbetreibenden auf dem flachen Lande sein Dasein; kraft
landesherrlicher Gnade standen einzelne Städte unmittelbar unter dem

Ministerium, nicht unter den Mittelbehörden; dem Privilegium dankten einige Buchhandlungen die Postmoderation für ihre Pakete. Seit langem wurden die Staatsämter — reich bezahlt, ausgestattet mit einer Fülle wunderlicher Naturallieferungen — als ein Mittel der Bereicherung, für den Adel vornehmlich, angesehen; oft sah man mehrere Ämter in einer Hand vereinigt; die Regimenter des Heeres waren klein, damit eine große Zahl von Stabsoffizieren angestellt werden konnte. Noch eine Weile nach dem Frieden bestand die Einrichtung, daß der junge adlige Auditor den Titel Drost und dadurch das Recht erhielt, seine bürgerlichen Genossen zu überspringen; und als endlich dieser Unfug fiel, blieb doch noch die adlige Forstkarriere, die adlige Bank im obersten Gerichte und auffällige Bevorzugung des Adels in anderen Ämtern bestehen. überall Ausbeutung der niederen Stände zugunsten der höheren: Noch am Ende des achtzehnten Jahrhunderts wagte man die orientalische Einrichtung einer für den Grundherrn und den Ackerknecht wesentlich gleichen Kopfsteuer. Die Subsidien einzufordern, welche England dem Lande für wiederholte Kriegshilfe schuldete, kam der Adelsregierung nicht in den Sinn; strömten doch Millionen in der Stille aus der Kasse des englischen Königs in den Beutel des hannoverschen Adels!

Der oligarchische Geist dieses Gemeinwesens hatte endlich selbst den ruhigen, gesetzlichen Sinn des niedersächsischen Landvolkes verbittert. Zwei Dritteile der Bevölkerung bestanden aus hintersässigen Bauern, die ihre Höfe zumeist nach einem sehr drückenden Meierrechte besaßen. Die Unzufriedenheit des Landvolkes stieg, seit um das Ende der zwanziger Jahre eine ungewöhnliche Entwertung des Bodens und im Jahre 1830 eine harte Mißernte eintrat. Noch andere Keime des Unfriedens schlummerten in dem Staate. Acht Provinzial-Ständeversammlungen, auch die alten Prälatenkurien ohne wirkliche Prälaten, hatte die Regierung neben dem allgemeinen Landtage hergestellt; in diesen unförmlichen Körpern, deren Rechte kein Gesetz genau bestimmte, gewann die Ritterschaft von Anbeginn die Oberhand. Sie waren eine Anomalie in der bureaukratischen Staatsordnung, da nicht einmal die räumlichen Grenzen dieser altständischen Provinzen mit den Grenzen der Verwaltungsbezirke, der Landdrosteien, zusammenfielen; sie wurden der Herd des provinziellen und des adligen Sondergeistes. Eine extreme Adelspartei arbeitete im Dunkeln emsig gegen die schwachen Anfänge der Staatseinheit: an ihrer Spitze Männer vom schlimmsten Rufe, wie

24*

Herr v. Scheele und der Staatsrat Leist, welche das Land als weiland
dienstbereite Werkzeuge des Königs von Westfalen verwünschte.

Nur zu bald gelang dieser Partei ein großer Erfolg. Schon im
Jahre 1819 ward die Ständeversammlung, abermals durch einen Ge-
waltstreich der Regierung, in zwei Kammern zerteilt. Von jetzt an
stand eine ausschließlich ablige erste Kammer einer zweiten Kammer
gegenüber, deren Mitglieder zumeist von den Magistraten der Städte
ernannt waren, während die Bauern — der sittliche und wirtschaftliche Kern dieses niedersächsischen Landes — nur durch eine verschwin-
dende Minderzahl vertreten waren. Mit Hohn schaute das Beamtentum, gleichgültig der Bürger und Bauer dem Treiben dieser Stände
zu. Die Protokollauszüge — das einzige, was aus ihren Verhandlungen in die Welt drang — hörten bald auf zu erscheinen, weil niemand sie lesen mochte. Schon war es zur Regel geworden, daß die
Magistrate, um Diäten zu ersparen, Beamte, welche in der Residenz
wohnten, zu Abgeordneten wählten. Nach ärgerlichem Streit zwischen
beiden Kammern und vergeblichen Vermittlungsversuchen der Regierung
gingen die Stände in der Regel ohne Ergebnis auseinander. Nur in
einem Punkte stimmten beide Kammern überein, in dem hartnäckigen
Mißtrauen gegen die Finanzverwaltung. Denn auch die finanziellen
Reformen der Regierung waren halbe Maßregeln geblieben: man hatte
die alte verderbliche Einrichtung der Kassentrennung wiederhergestellt.
Selbständig nebeneinander standen die königliche Domänenkasse, in
tiefem Geheimnis ohne ständische Kontrolle durch Kronbeamte verwaltet,
und die Steuerkasse, welche allein der Verfügung der Stände und ihrer
Schatzräte unterlag. Aber der alte deutschrechtliche Grundsatz, daß die
Domänenkasse die Staatsausgaben zu bestreiten und die Steuerkasse
nur in Notfällen auszuhelfen habe, war eine Unmöglichkeit in einer
Zeit hochgesteigerter Staatsbedürfnisse. Daher entspann sich ein unablässiger Krieg zwischen der Krone und den ständischen Schatzräten.
Vergeblich blieb jeder Versuch, das Dunkel zu erhellen, das über der
königlichen Kasse schwebte. Ein geordneter Staatshaushalt also war
unmöglich, obgleich Hannover von jeher eine große Anzahl tüchtiger
Finanzmänner besaß; die Anleihe des Jahres 1822 war ein Symptom
der Krankheit der Finanzen. Zwischen den beiden Kassen standen in
unhaltbarer Mittelstellung die Berg=, Zoll= und Postbehörden. Solcher
Zustand mochte dem dynastischen Dünkel schmeicheln, in Wahrheit unter-
grub er das Ansehen der Krone; denn sie erschien unköniglich als der

Feind der Steuerzahler. Verderblich wirkten die englischen Parteikämpfe auf die ständischen Händel Hannovers hinüber. Man wußte, daß das Haus Braunschweig ungeheure Summen zur Bestechung der Parlamentsmitglieder aufgewendet hatte, und immer aufs neue bat die englische Krone das Parlament um Deckung ihrer Schulden. So entstand sehr natürlich ein Parteimärchen, das namentlich Horace Walpoles böse Zunge verbreitet hat. Man behauptete in England und glaubte in Hannover, daß aus der geheimen hannoverschen Kronkasse fortwährend bedeutende Summen in die unersättliche Tasche des englischen Königs flössen. Die Regierung, welche so verworrene Verhältnisse bemeistern sollte, war selber in sich zerspalten. Seit der Abwesenheit der Könige in England leitete ein Kollegium abliger Minister in Hannover mit nahezu schrankenloser Vollmacht den Staat; in den sechzig Jahren seiner Regierung betrat Georg III. niemals sein Stammland. Das Volk glaubte fest, es sei verboten, Beschwerden an den König zu richten, der die deutsche Sprache herzlich verachtete; und die Unterbehörden bestärkten grundsätzlich die Masse in diesem Glauben. Während die abligen Minister sich der Ehren und Genüsse der höchsten Ämter erfreuten, trugen die Arbeitslast des Regiments einige bürgerliche Räte — gewiegte Geschäftsmänner von unermüdlicher Arbeitskraft und streng konservativer Gesinnung. Mit bitterem Grolle sah die bürgerliche Staatsbienerschaft, daß diesen Brandes, Patje, Rehberg jede Aussicht auf die obersten Stellen verschlossen blieb; denn kamen ja einmal dem Hofe von Windsor reformatorische Regungen, so versuchte man ablige Ausländer, einen Stein oder Gneisenau, in das Land zu ziehen, bis endlich immer wieder die heimische Adelsherrschaft den Platz behauptete. Dieser Zustand nahm ein Ende, seit im Jahre 1819 die Junkerpartei das Ohr des Prinzregenten gewann und die Bildung einer Adelskammer durchsetzte. Seitdem mußte das Ministerium in Hannover widerwillig die Befehle der deutschen Kanzlei in London ausführen, von England aus regierte den deutschen Staat unumschränkt der Graf Münster. „Die Antichambre will durchaus in den Salon — das ist der Hauptkampf unserer Zeit": — solche armselige Kammerjunkerbegriffe und einige nicht minder engherzige Grundsätze der englischen Hochtorys bildeten das politische Glaubensbekenntnis des großen welfischen Staatsmannes. Wohl wagte seine auswärtige Politik, seit Canning Großbritannien regierte, eine liberale Schwenkung. In der

schleswig=holsteinischen Sache ließ Münster seinen Bundestagsgesandten
Partei nehmen für das gute Recht des transalbingischen Adels — frei=
lich des Adels! Seine Stellung zu Österreich ward noch feindseliger,
seit er in Händel geriet mit Herzog Karl von Braunschweig und das
Wiener Kabinett ungescheut sich des Herzogs annahm; und mit Be=
wunderung pflegen noch heute die Patrioten des Welfenlandes Münsters
vorwurfsvolle Frage an Metternich zu zitieren: „Muß man denn Abso=
lutist werden, um das monarchische Prinzip aufrechtzuerhalten?" In
Wahrheit ist auf solche vorübergehende Anwandlungen besserer Einsicht
sehr wenig Gewicht zu legen. Die liberale Haltung des Gesandten in
Frankfurt, v. Hammerstein, fand wiederholt strengen Tadel bei dem
Grafen Münster, und dem österreichischen Hofe versicherte der Minister,
daß Georg IV. zwar als König von England die Wege des Parlaments
gehen müsse, mit seinem Erblande aber sich dem Systeme der Ostmächte
anschließe. Vollends in der Verwaltung Hannovers war von freieren
Anschauungen nichts zu spüren; und wie sollte auch ein Mann, der nur
drei Jugendjahre in einer hannoverschen Behörde zugebracht hatte, mit
Einsicht schalten über diesem künstlichen Staate, dessen unverträgliche
Glieder nur die kundigste Hand zusammenhalten konnte? Wie anders
sah sich doch das Leben an auf den großen geschlossenen Höfen der
reichen Bauern der Ebene, anders in den winzigen Gartenwirtschaften
des Göttinger Landes! Noch immer sehnte sich Ostfriesland zurück nach
den glücklichen Tagen, da die schwarzweiße Flagge in den Häfen der
Nordsee wehte. Ungern sah der Osnabrücker seine stolze Kommune
zur Provinzialstadt herabgesunken, und mit gutem Grunde murrte
man in Hildesheim, weil die Handlungen der westfälischen Regie=
rung, welche hier zu Recht bestanden, von der welfischen Restauration
für ungültig erklärt wurden. Der Harzer aber lebte dahin in patri=
archalischem Kommunismus, des Glaubens, „die Herrschaft" (der
König) sei verpflichtet, allezeit für den Unterhalt des Harzer Volkes
zu sorgen.

Schwerfällig schob die Verwaltung sich weiter, ganz wie in den
Tagen, da Friedrich der Große über ces maudites perruques de
Hanovre zürnte; wer, wie H. F. T. Kohlrausch, aus der strengen
Zucht der preußischen Behörden herüberkam, erschrak über die be=
queme Lässigkeit der hannoverschen Beamten. Man prahlte gern, die
welfische Macht beherrsche drei der größten Ströme Deutschlands. Aber
nichts geschah, diese Flüsse in schiffbarem Stande zu erhalten; der

schönste Hafen an der Weser war verkauft — denn noch war der geist=
reiche Plan, im Welfenlande selber einige Welthandelsplätze künstlich
großzuziehen, nicht ersonnen. Und doch mochte Münsters welfischer
Dünkel sich nicht entschließen, den kleinen Staat bescheiden als das
Hinterland von Bremen und Hamburg zu behandeln. Eifersüchtig ward
der Verkehr mit diesen Plätzen erschwert, alsbald nach der Rückkehr der
Welfenherrschaft mußte die Pfahlbrücke verschwinden, welche Davoust
bei Hamburg über die Elbe geschlagen hatte. Noch weniger wollte Graf
Münster erkennen, daß das stolze Welfenreich doch nur eine große
Enklave der norddeutschen Großmacht bildete. Alle wichtigsten In=
teressen des Staates wiesen auf die Verbindung mit Preußen. Der
Siebenjährige Krieg ward hierzulande mit der ganzen Leidenschaft eines
Volkskampfes durchgefochten, obgleich Hannover nur durch die britische
Kolonialpolitik in den Streit hineingerissen ward. Aber seit den Napo=
leonischen Tagen und der Besetzung des Landes durch Preußen galt die
Angst vor Preußen als oberster Staatsgrundsatz. Eigensinnig ver=
harrte die Regierung bei dem unbrauchbaren Zwanziggulbenfuße, damit
nur nicht das Münzwesen der verhaßten Preußen Geltung erlange.
Daß der englische Gewerbefleiß in dem deutschen Königreiche jederzeit
ungehinderten Absatz finden mußte, verstand sich von selbst; um Eng=
land zu dienen und Preußen zu schaden, spann Münster unablässig
seine Ränke gegen die Anfänge des deutschen Zollvereins — dieser
„preußischen Reunionskammer". —

Dergestalt war in dem konservativen Hannover zweimal das histo=
rische Recht gebrochen worden, und trotzdem bestand kein moderner
Staat. Eine Welt unversöhnter Gegensätze wucherte fort unter diesem
geistlos trägen Regimente: die Provinzialstände standen gegen die all=
gemeinen Stände, die Steuerkasse gegen die Kronkasse, die Beamten
gegen den Landtag, die bürgerlichen Staatsdiener gegen den Adel, die
Bauern gegen die Grundherren, die Bürger gegen die allmächtigen
Magistrate, das hannoversche Ministerium gegen die deutsche Kanzlei
in London. Dennoch entlud sich der innere Unfriede nirgends in
lautem, ehrlichem Kampfe. Träge, wenig beachtet von den anderen
Deutschen, lebte der tapfere, zähe, kühl=verständige, aber unendlich
schwerfällige Stamm dahin voll patriarchalischer Treue gegen den un=
sichtbaren König; denn „den lieben Gott kann man ja auch nicht sehen!"
Keine Zeitung brachte dem Volke die notdürftigste politische Belehrung.
Auch die Georgia Augusta störte nicht den Schlummer der Geister. Sie

lebte ihrem weltbürgerlichen wissenschaftlichen Ruhme; dem Lande
leistete sie so wenig, daß man alle höheren Schulstellen mit auswärtigen
Kräften besetzen mußte. Ein stillvergnügter Partikularismus trennte
das Welfenreich von dem großen Vaterlande; einer der freiesten Köpfe,
welche das Königreich damals besaß, Stüve, schilderte sich selber und
seine Zeit- und Stammesgenossen treffend mit den Worten: „Es ist mir
schwer genug geworden, aus einem Osnabrücker ein Hannoveraner zu
werden; ein Deutscher zu werden ist mir unmöglich.“

Mit gewissenhaftem Fleiße lebte Dahlmann sich ein in diese ver-
schlungenen Verhältnisse seiner neuen Heimat. Im Verkehre mit Karl
Reck lernte er die Markenverfassung und die alten Bräuche der niedersächsischen Bauern kennen, die sich heute noch wie vor tausend Jahren
unter der Linde auf dem Ti zur Beratung versammeln. Rehberg, der,
von der Junkerpartei aus dem Amte vertrieben, in Göttingen seiner
Muße lebte, schilderte ihm die Zustände Hannovers, wie sie einem wohlmeinend konservativen bürgerlichen Beamten erschienen. Da kam die
Kunde von der Pariser Juliwoche. „Ich freue mich zu erleben, was ich
lieber schon zehn Jahre früher erlebt hätte,“ schrieb Dahlmann dem besorgten Niebuhr, der schon die kühnen Schritte des jüngeren Freundes
in dem schleswig-holsteinischen Handel ungern geduldet hatte und jetzt
voll schwarzer Ahnungen den Morgen einer neuen Epoche grauen
sah. Bald fühlte Deutschland die Rückwirkung der Pariser Bewegung.
Die feudalen Mittelstaaten unseres Nordens wurden einer nach dem
anderen in die konstitutionelle Bahn hineingerissen: von allen zuletzt
Hannover, wo das Ministerium sich vollkommen sicher wähnte. Im
Januar 1831 erregten burschikoser Übermut und demagogische Hetzerei
die tragikomische „Göttinger Revolution“. Dahlmann war entrüstet.
Die Julirevolution mochte er billigen als den Widerstand gegen eine
eidbrüchige Krone; einen leichtfertigen, nicht durch unerträglichen Druck
hervorgerufenen Aufstand zu entschuldigen war dem strengen Manne
des Rechts unmöglich. Vergeblich verlangte er vom Senate kräftiges
Einschreiten; erst da er die zagenden Genossen der Pflichtverletzung
zieh, sandten sie ihn nach der Hauptstadt, um militärische Hilfe zu holen.
Als dann die roten Grenadiere zum Weender Tore einzogen, strömte
ihnen dies klägliche kleinstädtische Philistervolk jubelnd entgegen. Dahlmann irrte, wenn er in seinem loyalen Zorne meinte, der törichte
Aufstand habe den Neubau des Staates gehemmt, nicht gefördert.
Wohl war seit der Thronbesteigung des guten Königs Wilhelm IV.

die Aussicht eröffnet auf ein verständigeres Regiment, die Reform=
bewegung in England schritt gewaltig vorwärts, und die Minister in
Hannover setzten alle Hebel ein, um den lästigen Vormund in London,
den Grafen Münster, zu stürzen. Aber erst die Gärung im Land=
volke, die schmetternden demagogischen Schriften des Tages sowie die
Unruhen in Osterode und Göttingen öffneten dem wohlmeinenden
Fürsten die Augen und gaben ihm den Mut, den alterprobten Diener
des Welfenhauses fallen zu lassen. Das Königreich ward endlich wieder
von seiner deutschen Hauptstadt aus regiert; der gutherzige Vizekönig,
der Herzog von Cambridge, und das Ministerium Bremer gingen be=
dachtsam an das Werk der Reform; Herr v. Scheele bekam die Ungnade
des Königs lebhaft zu fühlen. Die Seele und die Arbeitskraft der
neuen Regierung war abermals ein bürgerlicher Kabinettsrat, Rose,
aus Rehbergs Schule.

Dahlmanns Rat ward von dem Vizekönig gern gehört. Unter
den Männern, welche dies unförmliche Gewirr von Ständen und Pro=
vinzen zu einem Staate verschmolzen, steht er in erster Reihe. Dann
und wann erkannte man seine Feder in dem Regierungsorgane, der von
Pertz rebigierten Hannoverschen Zeitung; das Blatt konnte die schwere
Gelehrsamkeit des Redakteurs nicht verbergen, immerhin war es die
erste des Namens würdige Zeitung in dem kleinen Lande. Auch für den
Landtag regte sich jetzt endlich einige Teilnahme im Volke; mehrere
Städte entzogen ihren Abgeordneten das Mandat und schritten zu Neu=
wahlen; im März ward in den Ständen der Antrag auf eine neue
Verfassung gestellt. I shall give a declaration of rights, sagte der
König und ließ im November eine Kommission von königlichen und
ständischen Deputierten zusammentreten. Dahlmann war mit Rose, dem
Haupturheber des Verfassungsentwurfs, unter den königlichen Kom=
missaren, und es bedurfte aller überredungskünste des wohlmeinenden
Vermittlers v. Wallmoden, um die liberaleren Vertreter der zweiten
Kammer mit dem zähen Hochmut der Deputierten der Adelskammer,
der Scheele und Genossen, in Einklang zu bringen. An die declaration of rights freilich gemahnte nur sehr weniges in dem Entwurfe,
welcher aus diesen mühseligen Beratungen hervorging; „Festhalten
am Bestehenden" sollte das Grundprinzip der neuen Verfassung sein.
Und wie sehr zurückgeblieben erschien den schulgerechten Liberalen Süd=
deutschlands der neuberufene Landtag! Zu seinen liberalsten Männern
zählte jener Stüve, der soeben seine treffliche Schrift über die Lage des

Landes mit einer strengen Standrede wider die unzufriedene Neue-
rungslust der modernen Welt eröffnet hatte. Nur aus dem beredten
Munde Christianis und weniger Gleichgesinnter hörte man die Schlagworte des Rotteck-Welckerschen Vernunftrechtes. Sogar der Name
„Partei" galt in diesen Ständen für anrüchig. Die Bauern, diesmal
durch eine größere Zahl von Abgeordneten vertreten, hatten fast nur
Beamte gewählt.

Einer der Konservativsten in dieser konservativen Kammer war Dahlmann. „Man muß der Erhaltung den Vorzug geben selbst vor der
Verbesserung, weil Erhaltung zugleich Bedingung der Verbesserung,"
rief er herb und lehrhaft den Gegnern der Regierung zu. Selten ergriff er das Wort, doch dann immer, wenn es galt, alle Volksgunst auf
das Spiel zu setzen, weitverbreiteten Zeitmeinungen schonungslos zu
widersprechen. Die Göttinger Aufständischen waren nach der schlimmen
Weise jener Zeit vor einen kommissarischen Gerichtshof gestellt worden
und schmachteten in endloser Untersuchungshaft. Mit unbedachtem
Eifer verwendeten sich einige Abgeordnete für die „Märtyrer der Freiheit". Da erhob sich Dahlmann heftig; nur als Verirrte, nicht als
Helden wollte er die Gefangenen gelten lassen. „Auflehnung gegen
alles, was unter den Menschen hochgehalten und würdig ist, Hintan-
setzung aller beschworenen Treue, — das sind keine bewundernswerten
Taten." Und während ein Sturm der Entrüstung ob dieser harten
Worte den Saal durchbrauste, enthüllte er in einigen klassischen Sätzen
zugleich die Schwächen seiner Politik und das lautere Gold seines Charakters. „Einen Liberalismus von unbedingtem Werte, d. h. einerlei
durch welche Mittel er sich verwirkliche, gibt es nicht. Der guten
Zwecke rühmt sich jedermann, darum soll man die Menschen nach ihren
Mitteln beurteilen." Freilich bekannte er sich zu dem „ganz alt-
väterischen Glauben", daß man die Politik von der Moral nicht trennen
dürfe. „Wenn ich hierin mich irrte, ich würde keine Stunde mehr mit
der Politik mich beschäftigen." Dem feurigen Christiani — diesem vielbewunderten Mirabeau der Lüneburger Heide — verwies der bedächtige
Mann scharf die Vorliebe für Phraseologie und überflüssige Worte.
Und wenn die Heißsporne der Opposition über das bescheidene Maß
der dargebotenen Rechte klagten: er wußte besser, wie stark die Macht
des Beharrens in diesem Staate, wie gering die Aussicht war, irgend
etwas zu erlangen, wenn man seine Wünsche nicht herabstimmte.

Wie schwer hatte es nicht gehalten, bis die Väter des Entwurfs den König bewogen, daß er in die Aufhebung der Kassentrennung willigte! Abermals spielten die englischen Parteihändel verwirrend in das deutsche Land hinein. Denn gerade in England, wo Begriff und Name der Zivilliste entstanden, war es nie gelungen, Hofausgaben und Staatsausgaben scharf zu sondern; von der Zivilliste wurde ein großer Teil der Staatsverwaltungskosten bestritten, die ewig verschuldete Zivilliste war eine der Kinderkrankheiten der englischen Freiheit. Seit Wilhelms III. Tagen bemühten sich die Whigs, civil-list und civil-government endlich zu trennen; alle Torys dagegen schworen darauf, ein König, der eine nicht zu überschreitende Summe für seinen Hofhalt beziehe, sei ein stipendiary, ein insulated king, habe nicht mehr das Recht, Gnaden zu erzeigen. Soeben noch hatte das Ministerium Wellington heftig diesen Glaubenssatz der Torys verteidigt; endlich (1831) gelang dem Kabinett Grey die heilsame Reform. Der König, in seiner naiven Unkenntnis festländischer Dinge, meinte nicht anders, als sein bescheidenes Hannoverland wolle im Sturme erobern, was England in Jahrhunderten erkämpft. Schließlich gab er zu, daß ihm eine Anzahl Domänen als Krondotation ausgeschieden wurde, deren Ertrag mehr denn doppelt so groß war als sein bisheriges Einkommen. Dahlmann meinte in seiner royalistischen Hingebung, ein solches Einkommen aus Grundbesitz sei „königlicher" denn eine bare Zivilliste — als wäre es königlich, dem Lande unnötige Lasten aufzubürden! In demselben Geiste ehrfurchtsvoller Zurückhaltung erledigte der Landtag alle anderen Verfassungsfragen; selbst die Bundestagskommission, welche in Frankfurt die deutschen Landtage überwachte, fand an dieser bescheidenen Versammlung nichts auszusetzen. Bei dem Artikel, der für den minderjährigen „oder sonst an der Ausübung der Regierung gehinderten" König eine Regentschaft vorschrieb, wagte niemand eine Erklärung zu verlangen: und doch stand dem Welfenlande in naher Zukunft ein Schicksal bevor, das noch kein zivilisiertes Volk des Abendlandes geduldet hat — die Regierung eines Blinden. Eine Adelskammer sollte gleichberechtigt neben der Volksvertretung stehen. Dahlmann, noch ganz befangen in der unbedingten Bewunderung der englischen Verfassung, erklärte entschieden, die Adelskammer vertrete „das Prinzip der Erhaltung": und doch lehrte die Geschichte dieses geld- und stellengierigen Junkertums, daß vielmehr die Zerstörung des modernen Staates oberster Grundsatz des Adels von Hannover war. Die wichtigsten

Staatsausgaben sollten durch Regulative festgestellt werden, dergestalt, daß das freie Bewilligungsrecht der Stände sich nur auf eine unerheb= liche Summe — etwa 200000 Tlr. — erstreckte. Kein Wunder, daß Fürst Metternich diese Bestimmungen den Staaten des Südens als ein nachahmenswertes Beispiel empfahl. Über dem ganzen Verfassungs= bau endlich schwebte drohend der § 2, welcher die Gültigkeit aller vom Könige veröffentlichten Bundesbeschlüsse aussprach.

Trotz alledem blieb das neue Grundgesetz ein Werk ehrenwerter politischer Einsicht. Diese maßvolle, behutsame Reform entsprach Dahl= manns Sinne; er sah jetzt „den Weg betreten, welcher für Deutsch= land frommen kann". Aus den anarchischen Zuständen einer verwor= renen Oligarchie schritt man endlich in die Ordnung einer modernen Monarchie hinüber. Die Staatseinheit war gegründet; denn die Pro= vinziallandtage standen fortan unter den allgemeinen Ständen, der Rittergutsbesitzer ward gezwungen, in seine Gemeinde einzutreten und ihre Lasten zu tragen. Durch die Kassenvereinigung ward der Staats= haushalt geordnet; schon die nächsten Jahre brachten ein neues milderes Steuersystem und erhebliche Überschüsse. Endlich gewährte die Ab= lösung der bäuerlichen Lasten die Aussicht, daß auf den befreiten Höfen allmählich ein Bauernstand heranwachsen werde, der seines Rechtes sich selber annähme: — und hierin ohne Zweifel lag das be= deutendste Ergebnis der mühseligen Arbeit. Wenn Dahlmann sich mit sehr bescheidenen Rechten des Landtags begnügte, so wollte er doch das Gewährte fest gesichert sehen. Er sprach entschieden für die wirkliche Verantwortlichkeit der Minister, und als der Bundesbeschluß vom 28. Juni 1832 die Rechte aller deutschen Ständekammern ernstlich be= drohte, war er unter den Ersten, verwahrende Schritte des Landtags zu fordern. Die Stände fanden nicht den Einmut, den Rat des tapferen Gelehrten zu befolgen; sie wollten, meinte er verächtlich, lieber deklamieren als handeln.

Auch Hannover sollte erfahren, daß mit dem Abschlusse eines Grundgesetzes erst die leichtere Hälfte des Weges der Reformen zurück= gelegt ist. Die Preßfreiheit, die Trennung von Justiz und Verwaltung, die Aufhebung der Patrimonialgerichte und des privilegierten Gerichts= standes und viele andere notwendige Änderungen waren in der Ver= fassung nur verheißen, nicht durchgeführt. Wie Dahlmann in Kiel ver= traut hatte und vertraut auf den guten Willen des Dänenkönigs, bis dessen schlechte Meinung endlich grell zutage trat: so konnte sein edler

Sinn auch diesmal sich nicht zum Argwohn gegen die Minister ent=
schließen, er ward nicht müde, Vertrauen und Gebuld zu predigen.
Und doch kam das Grundgesetz unter drohenden Aspekten zur Welt.
Der schamlose Hohn, welchen das Organ des Herrn v. Scheele — die
Landesblätter — über Verfassung und Landtag ergoß, zeigte genugsam,
wie zuversichtlich diese Partei der gesegneten Stunde der Rache ent=
gegenschaute. In aller Stille behielt sich der Ausschuß der Stände von
Calenberg=Grubenhagen seine „Rechte" vor. Auch in London waren
der österreichische Gesandte und die Junkerpartei nicht müßig. Reichlich
ein halbes Jahr verging, bevor endlich die königliche Bestätigung des
Grundgesetzes erschien, und sie erfolgte unter einseitiger Abänderung eini=
ger unwesentlicher Paragraphen: ein schwerer Fehler in diesem Staate, der,
seit Jahrzehnten aus einem zweifelhaften Rechtszustande in den anderen
taumelnd, vor allem eines ganz unanfechtbaren Staatsrechtes bedurfte.

Inzwischen begann die Sturmflut der Julirevolution längst wieder
zu ebben, die Bevölkerung versank in die alte Gleichgültigkeit. Zwar
die Bürger von Hildesheim brachten ihrem Abgeordneten Lüntzel noch
immer den unschuldigen Enthusiasmus einer Epoche politischer Kind=
heit entgegen; aber das übrige Land blieb kalt, und die neuen Land=
tage zeigten durch ihre berüchtigten Erklärungen gegen den Bau der
Eisenbahnen, wie dünn gesät in diesem Stamme noch die politische
Bildung war. Das Ministerium, welchem Dahlmann sein volles Ver=
trauen geschenkt, war aus widerstrebenden Elementen gebildet: neben
Rose stand die mehr als zweideutige Erscheinung des Kabinettsrats
Falcke. Während das Königreich Sachsen aus ähnlichen verrotteten
Zuständen, wie jene des alten Hannover gewesen, eben jetzt unter Lin=
denaus einsichtiger Leitung rasch in eine moderne Ordnung der Ver=
waltung einlenkte, ließen in Hannover die verheißenen Gesetze zur Aus=
führung der Verfassung noch immer auf sich warten. Die alte törichte
Handelspolitik blieb unverändert. Wie der k. k. Gesandte Münch in
München, so bot der hannoversche Stralenheim in Stuttgart alle
Künste der Überredung auf, um Süddeutschland unserer volkswirt=
schaftlichen Einigung zu entfremden; gleichzeitig ward Kurhessen am
Bundestage von Hannover verklagt, weil es sich, alte Verträge miß=
achtend, an den Zollverein angeschlossen. Derselbe Minister v. Omp=
teda, der das Grundgesetz unterzeichnet, reiste im Jahre 1834 nach
Wien und nahm teil an den berufenen geheimen Konferenzen — dem
frechsten Angriffe auf die deutschen Verfassungen, welchen die absoluti=

ſtiſche Tendenzpolitik je gewagt hat; er unterzeichnete jene Beſchlüſſe,
daß deutſche Ständekammern widerrechtliche Ausgaben der Regierung
nicht annullieren dürfen, daß kein Einſpruch des Landtages den Gang
der Regierung ſtören dürfe uſw. Dahlmanns Kollege Saalfeld ward
infolge ſeines Auftretens in den Kammern ſeiner Profeſſur enthoben.
So wenig vermochte dieſe ſchwache Regierung das freie Wort zu ertragen.

Noch minder war ſie beſtrebt, ihr Werk, das Grundgeſetz, für die
Zukunft zu ſichern. Dahlmann war beauftragt, einen Anhang der Verfaſſung, das Hausgeſetz für die Dynaſtie zu entwerfen, und verlangte,
als dieſe muſterhafte Arbeit vollendet war, die Zuſtimmung der Agnaten,
welche notwendig die Unterwerfung unter das Grundgeſetz vorausſetzte.
Aus dem Miniſterium ward ihm die amtliche Antwort, dieſe Zuſtimmung
ſei erfolgt. In dem Landtage wagte niemand dieſe Lebensfrage öffentlich anzuregen; die Miniſter gaben in Privatgeſprächen beruhigende
Verſicherungen. So arglos verfuhr dies vertrauende Volk; und doch
drohte dem Lande ein Thronfolger, deſſen Ruf das wachſamſte Mißtrauen rechtfertigte. „Außer dem Selbſtmord hat der Herzog von
Cumberland jedes denkbare Verbrechen auf ſich geladen" — ſo ſprachen
die Blätter der engliſchen Radikalen; und ziehen wir ab, was auf Rechnung des Parteihaſſes kommt, ſo bleibt doch ſicher, daß alle Welt ſich
von den wüſten Orgien und der ſinnloſen Verſchwendung des nicht mehr
jugendlichen Fürſten erzählte. Man kannte ihn als den grauſamen
Verfolger der Königin Karoline, den Gönner der Scheele und Leiſt:
ſoeben noch ſtand er an der Spitze jener Orangelogen, welche mit allen
Mitteln demagogiſcher Wühlerei die engliſche Reform zu verhindern
trachteten. Unter ſolchen Umſtänden wollte während der vier Jahre der
wohlmeinenden Regierung Roſes bei den Denkenden das Gefühl der
Sicherheit nicht aufkommen. König Wilhelm ſtarb, Hannover trennte
ſich von England. Die gedankenloſe Maſſe hoffte von dem ſelbſtändigen
Königreiche, dem anweſenden Landesherrn ein unbeſtimmtes Glück,
Dahlmann aber, der ſich aus freiem Entſchluſſe aus dem Gewoge poli-
tiſcher Tätigkeit wieder zurückgezogen hatte, ſprach zu den Seinigen:
Unſeres Bleibens in Göttingen wird nicht lange mehr ſein.

Ein ſehr mildes Urteil über Ernſt Auguſt von Hannover herrſcht
heute in Deutſchland vor, und allerdings fordert die Gerechtigkeit zu
bekennen, daß ſeine Regierung dem abſcheulichen Rufe, welcher ihm
voranging, nicht entſprach: Der Fürſt, der ſeine Mannesjahre in rohem
Taumel vergeudet, ward ſeinem Lande ein ſorgender, arbeitſamer Herr.

Und wenn der Tod ihn hinderte, nach dem Jahre 1848 mit seinen fürstlichen Genossen in der Aufhebung des beschworenen neuen Rechtes zu wetteifern, so mag man dies immerhin als ein Verdienst preisen; auch scheint es nur billig, über den Vater Georgs V. die allerstärksten Worte nicht zu brauchen. Doch über alledem sollte ein redliches Volk nie vergessen, daß dieser Mann eine elfjährige Mißregierung der Unsittlichkeit und der Lüge über ein deutsches Land brachte, ja, daß er bei seinem Staatsstreiche — selbst wenn wir die krassesten Lehren des absoluten Königtums anerkennen wollten — nicht einmal als Ehrenmann gehandelt hat. Als ein konsequenter Vertreter des Königtums von Gottes Gnaden darf er nicht gelten, der in Deutschland zwar mit gotteslästerlichen Worten von seiner Fürstenallmacht redete, in England aber sein königliches Knie beugte vor der gehaßten Nichte, um nur die Apanage von 21000 Pfd. Sterl. nicht zu verlieren. Und ein Mann von Ehre war er nicht, der als Prinz dem Grundgesetze erst zustimmte, dann wieder nicht, und seinen Widerspruch nur in Privatbriefen kundgab; seit wann, fragte Dahlmann mit Recht, seit wann protestiert man denn in der Tasche? Mir steigt das Blut in die Wangen, wenn ich die landesüblichen nachsichtigen Urteile über Ernst August lese; sie bezeugen, wie arm wir noch sind an nationalem Stolze. Denn dieser Fürst, in dessen engem Kopfe die Begriffe des englischen Hochtorys und des deutschen Husarenoffiziers sich zu einem bizarren Ganzen verbanden, war doch in erster Linie ein Stock=Engländer, beseelt von jener hoffärtigen Verachtung des deutschen Volkes, welche die schlechteren seiner Landsleute erfüllt. Dreist bekannte er, der Deutsche ertrage ruhig jede Entwürdigung. Wohin ist es doch mit uns gekommen, wenn wir einem Fremden verzeihen, daß er also von uns dachte!

Alsbald nach der Ankunft in seinem Lande wollte der neue König erproben, was Deutsche sich bieten ließen. Suscipere et finire war sein Wahlspruch. Ein Patent vom 5. Juni 1837, unterzeichnet von dem König und dem neuernannten Minister v. Scheele, erklärte, daß das Grundgesetz den König nicht binde und zunächst einer Kommission zur Prüfung übergeben werden sollte. Der neue Minister war auf die Verfassung nicht beeidigt, die alten Minister aber blieben im Amte; denn in Deutschland verträgt sich rechtschaffenes Privatleben noch immer sehr wohl mit einer an Nichtswürdigkeit grenzenden Schwäche des öffentlichen Handelns. Die Nation, seit Jahren wieder der Politik entfremdet, ward durch das Patent heftig aufgeregt: eine Flut von

Broschüren erschien, fast einmütig erklärten sich die Presse und die
Kammern von Baden, Sachsen, Bayern für das gute Recht. Von dem
neuen Hofe verlautete lange Zeit nichts; schon jubelten die Blätter, vor
dem imponierenden Ausspruche des öffentlichen Unwillens sei der König
zurückgewichen. Unterdessen feierte die Georgia Augusta pomphaft das
Jubelfest ihres hundertjährigen Bestehens. „Man schmauste über
Gräbern," sagte Dahlmann. Zwar für die wiederkehrenden Versamm=
lungen der deutschen Philologen ward in diesen Festtagen der Grund
gelegt, an Verabredungen zum Schutze des bedrohten Grundgesetzes
dachten die zahlreich in Göttingen versammelten Politiker des Landes
nicht. Das Volk jubelte dem König zu, welcher beim ersten Schritte
in sein Land die Grundlagen des Gemeinwesens in Frage gestellt hatte,
dessen Sprache, Recht und Sitten er nicht kannte. Es ist bitter, dieses
törichten Jubels zu gedenken; freilich hatten wenige Jahre zuvor, unter
Georg IV., die Engländer bewiesen, daß auch das in politischen
Kämpfen bestgeschulte Volk Europas vor solchem Rausche untertäniger
Ergebenheit nicht sicher ist. Bald sollten die Deutschen erfahren, daß
das Recht zu seinem Schutze anderer Waffen bedarf als der wohlfeilen
Kundgebung der öffentlichen Meinung. Am 1. November hob der
König das Grundgesetz auf, führte die Verfassung vom Jahre 1819
wieder ein — freilich nicht das Kollegium der Schatzräte, da der ver=
haßte Stüve Schatzrat war — und entband alle königlichen Diener
ihres Verfassungseides — denn auch dieser Ausdruck des patriarchali=
schen Despotismus ward jetzt wieder für die Staatsbeamten gebraucht.

Der Tag der Prüfung war erschienen, da die Männer von den
Schwachen sich scheiden sollten. Unter den Beamten sah Dahlmann
viele entschlossen, „alles zu lassen, was ihr Herz hochhielt, um nur
mit den Ihren das bittere Brot der Kränkung essen zu dürfen". Ich
unterschreibe alles, sagte einer, Hunde sind wir ja doch. Auch unter
der Geistlichkeit fanden die wenigsten den Mut, die Heiligkeit geschwo=
rener Eide zu verteidigen. Die Minister sahen die Verfassung ver=
nichtet und blieben in ihrer Stellung, nur daß sie zu Departements=
ministern degradiert und ihr alter Feind Scheele ihnen als alleiniger
Kabinettsminister vorgesetzt ward. „Nicht die Verfassung, nicht einmal
das Amt, nur die Genüsse des Amtes waren gerettet," sagte Dahlmann.
Auch Rose schaute dem Untergange seines Werkes zu und blieb im Amte.
Die alten Genossen in der Hauptstadt gab Dahlmann verloren; doch
in der Georgia Augusta blieb ihm noch ein treuer Freundeskreis. Mit

Albrecht und Jakob Grimm hatte er schon nach dem ersten Patente ver=
geblich beantragt, daß eine Kommission des Senats über die Sache zu
Rate gehe. Am 18. November unterzeichneten sieben Professoren die
allbekannte, von Dahlmann entworfene Vorstellung an das Universitäts=
kuratorium, worin sie erklärten, daß sie sich auch jetzt noch durch ihren
Verfassungseid gebunden glaubten. „Das ganze Gelingen unserer Wirk=
samkeit beruht nicht sicherer auf dem wissenschaftlichen Werte unserer
Lehren als auf unserer persönlichen Unbescholtenheit. Sobald wir vor
der studierenden Jugend als Männer erscheinen, die mit ihren Eiden
ein leichtfertiges Spiel treiben, ebenso bald ist der Segen unserer Wirk=
samkeit dahin. Und was würde Se. Majestät dem Könige der Eid
unserer Treue und Huldigung bedeuten, wenn er von solchen ausginge,
die eben erst ihre eidliche Versicherung freventlich verletzt haben?" Der
Ausdruck eines tiefen sittlichen Leidens lag unverkennbar in der Er=
klärung; es war „eine Protestation des Gewissens, nur durch den Gegen=
stand ein politischer Protest". Die „bösen sieben" waren keineswegs
sämtlich Parteigenossen, und nur Dahlmann, Albrecht und Gervinus
hätten sich unter der neuen Herrschaft gezwungen gesehen, „die Lehre
des Meineids in ihre Vorträge über Staat und Verfassung aufzu=
nehmen", während die beiden Grimm, Ewald und Wilhelm Weber in
ihrer gelehrten Tätigkeit mit dem Staate nichts zu schaffen hatten.

Noch heute erscheint uns als das treffendste Urteil über jene Tage
das bittere Wort, das Gervinus in der ersten Zeit der Erregung aus=
sprach: „Die Zeichen des Beifalls sind mir ebensoviel schmerzliche
Zeichen davon, daß das einfachste Handeln nach Pflicht und Gewissen
unter uns auffällig und selten ist." Seit langem lebte Herr v. Scheele
der Meinung, daß für die Universität zu viel geschehe. Der König,
der sein wegwerfendes Urteil über die Feilheit deutscher Professoren
oft in rohen Worten geäußert, war erstaunt, aber rasch entschlossen, das
aufsässige „Federvieh" zu beseitigen. Nach wenigen Wochen wurden die
sieben abgesetzt, ohne daß man auch nur jene wahrlich sehr bequeme
Formen achtete, welche der Bundestag für die Entfernung staats=
gefährlicher Professoren vorgeschrieben. Dahlmann ward mit Jakob
Grimm und Gervinus sogar des Landes verwiesen, weil die drei ihren
Protest brieflich an Verwandte mitgeteilt hatten. Den Sohn an der
Hand, schritt er zum Wagen; eine Schar Kürassiere brachte die Ver=
bannten über die Grenze. Unter den Göttinger Burschen waren einige
echte Söhne hannoverscher Junkergeschlechter, welche den Mißhandelten

das Honorar durch den Stiefelputzer abfordern ließen; die ungeheure Mehrzahl verleugnete nicht die Begeisterung für rechte Tapferkeit, welche der Jugend schönes Vorrecht ist. Drüben auf hessischem Boden empfing der in Scharen vorausgeeilte Göttinger Bursch die geliebten Lehrer zum letzten Male mit einem Hoch. Jedermann kennt die Szene, wie im Wirtshaus an der Grenze ein kleiner Bube sich vor Jakob Grimms majestätischem Kopfe ängstlich hinter dem Rocke der Mutter versteckte und die Mutter ihm zurief: „Gib dem Herrn die Hand, es sind arme Vertriebene."

Was aber gab dieser schlichten Tat des Bürgermutes eine weit über die Grenzen des kleinen Landes hinausreichende Bedeutung? Allzulange hatten unsere Hochschulen jedes Hinüberwirken der Wissenschaft auf das Leben in beschränktem Dünkel als unakademisch von sich gewiesen; eben jetzt zog eine Deputation der Göttinger Professoren zur Audienz nach Rotenkirchen, um in jämmerlichen Worten die Tat der sieben halb zu beklagen, halb zu entschuldigen. Fast klang es wie Hohn, wenn ein englisches Blatt meinte: „Die deutschen Universitäten sind auch politische Mittelpunkte, die dem übrigen Lande einen Impuls geben." Um so stärker der Eindruck, als jetzt in den höchsten Kreisen der Wissenschaft eine politische Tat gewagt ward, verständlich dem schlichtesten Sinne. Jakob Grimm schrieb über seine schöne Verteidigungsschrift das Wort aus den Nibelungen: War sint die eide komen? — und Gaudy besang in einem Gedichte, das vor der Leipziger Zensur keine Gnade fand, die drei Verwiesenen mit den schalen Versen:

Dort stellten sie die Frage: Wollt ihr meineidig sein?
Da schüttelten die dreie das Haupt und sprachen: Nein!

So einfach, daß, wie Dahlmann vorhersagte, das Urteil der Geschichte auch nicht einen Augenblick schwanken kann, so sonnenklar, so rein sittlicher Natur mußte der Hergang sein, wenn ein ganzes Volk von noch geringer politischer Bildung sich dafür erwärmen sollte. Zweimal erst war in Deutschland für politische Zwecke gesammelt worden, für den deutschen und den griechischen Freiheitskrieg. Jetzt zum ersten Male brachten die Deutschen freiwillige Geldopfer zur Förderung ihrer inneren politischen Kämpfe; der Göttinger Verein in Leipzig half den sieben jahrelang über die Not des Tages hinweg.

Ihren höchsten Wert erhielt die Tat der sieben durch die Personen. Wer die Wortführer in der Presse und den Kammern musterte, mochte wohl befremdet fragen, ob dies noch das geistvolle

Volk der Deutschen sei? Mittelmäßige Köpfe behaupteten die Vorder-
stelle in der Volksgunst, und vielleicht ward eben durch die keineswegs
überragende Bedeutung der meisten Führer des Liberalismus die weite
Verbreitung der liberalen Ideen gefördert. Jetzt endlich prägten sich
dem Volke wieder die Bilder bedeutender Männer ins Herz, Sterne
der Wissenschaft, eigengeartete Charaktere. In den politischen Schriften
des Tages sah man hier das seichte Bächlein trivialer Gedanken behaglich dahin plätschern, dort schnellte ein geistreicherer Mann, ein
Börne oder Heine, seine Einfälle durch künstlichen Druck empor, ließ
sie als blendende Kaskaden in der Sonne glitzern. Wie anders die
Worte, welche von den sieben ausgingen! Dahlmann erzählte das
Ereignis in der klassischen Schrift „Zur Verständigung", die zu Basel,
außerhalb des Bereiches deutscher Zensur, erscheinen mußte. Schön
und voll und frisch wallen hier seine Gedanken dahin, mit ursprünglicher Kraft entströmend den Tiefen eines selbständigen Geistes. „Ich
kämpfe für den unsterblichen König, für den gesetzmäßigen Willen der
Regierung, wenn ich mit den Waffen des Gesetzes das bekämpfe, was
in der Verleitung des Augenblickes der sterbliche König in Widerspruch
mit den bestehenden Gesetzen beginnt. Ich kann keine Revolution hervorbringen, und wenn ich es könnte, täte ich's nicht; allein ich kann
ein Zeugnis für Wahrheit und Recht ablegen gegen ein System der
Lüge und Gewalttätigkeit, und so tu ich."
Selbst die konservativen Kreise waren im ersten Augenblicke entrüstet über das vermessene Beginnen des Königs. Da und dort jubelte
wohl ein frivoler Junker, wie der Prinz von Noer, das sei brav, daß
man die Kerls weggejagt habe. Ernstere Männer der Reaktion emp-
fanden, den Mächtigen sei nicht gedient mit einem Vorgange, welchen
im ganzen Weltteile nur die zweideutigen Charaktere der Klenze und
Zimmermann und die komische Figur des Grafen Corberon zu verteidigen wagten. Unter vier Augen gestand Blittersdorff, die Tat
sei ein Staatsstreich, und jede deutsche Kammer werde dadurch bedroht,
also berechtigt, Einspruch zu erheben. Was sollte man auch erwidern,
wenn in der badischen Kammer der geistreiche Sander sagte: Gibt man
heute zu, daß ein Fürst, gestützt auf sein Agnatenrecht, die von seinem
Vorgänger verliehene Verfassung umstößt, so kann morgen jeder deutsche
Fürst eigenmächtig ausscheiden aus dem deutschen Bunde, welchem sein
Vorgänger beitrat —? Indes am österreichischen Hofe herrschte die
alte unbelehrbare Vorliebe für den Absolutismus und die Achtung der

gedankenlosen Trägheit vor der vollendeten Tatsache. Das System
Ernst Augusts begann Wurzeln zu schlagen im Lande; verließ ihn der
deutsche Bund, so war seine Abdankung wahrscheinlich und ein norddeutsches Baden gegründet. Die Stellung der k. k. Staatskanzlei also
war entschieden; Preußen, in unbegreiflicher — bald schmerzlich be-
reuter — Verkennung seiner natürlichsten Interessen, stimmte zu. Der
Minister v. Rochow erfand ein unsterbliches Wort, als er die Elbinger,
welche an ihren Landsmann Albrecht eine Ansprache gerichtet, belehrte,
daß es dem Untertan nicht zieme, „die Handlungen des Staatsober-
hauptes an den Maßstab seiner beschränkten Einsicht anzulegen". Von
allen Seiten sandten die Deutschen — zuerst die Hamburger — den
sieben zustimmende Adressen zu; des Schreibens über die Tat wollte
kein Ende werden. Diese Bewegung im Volke stimmte die kleinen konstitutionellen Regierungen, deren höchster politischer Gedanke die Angst
war, bedenklich. Das sächsische Ministerium duldete zwar Dahlmanns
Aufenthalt in Leipzig, doch die angekündigte Vorlesung durfte nicht
stattfinden. Mit schneidenden Worten zeichnete der tapfere Mann
diese Staatskunst der Halbheit in der Vorrede, welche er der juristischen Verteidigungsschrift seines Genossen Albrecht vorausschickte.
Das Blatt liegt vor mir, und ich lese in den schönen gleichmäßigen
Schriftzügen: „Solange es bei uns nicht in politischen Dingen, wie
seit dem Religionsfrieden gottlob in den kirchlichen, ein lebendiges
Nebeneinander der Glaubensbekenntnisse gibt, (solange, die das beste
Gewissen haben könnten, sich gebärden, als ob sie das schlechteste hätten,
solange der feigherzigste Vorwand genügt, um nur alles abzuweisen,
was an dem trägen Polster der Ruhe rütteln könnte,) ebenso lange
gibt es keinen Boden in Deutschland, auf dem einer aufrechtstehend
die reifen Früchte politischer Bildung pflücken könnte." Daß die ein-
geklammerten Worte nicht gedruckt wurden, dafür sorgte der Rotstift
des sächsischen Zensors.

Hannover erfuhr inzwischen, daß unser konstitutionelles Leben auf
Sand gebaut ist, solange alle materiellen Machtmittel des Staates
in der Hand der Krone liegen und unser Volk sich noch nicht zu dem
Glaubenssatze jedes Engländers bekennt, daß man einem ungesetzlichen
Befehle mit der Faust erwidern muß. Die Regierung war gewitzigt
durch den Lärm, welchen die Vertreibung der sieben erregt, sie wollte
jetzt nicht bemerken, daß ein Teil der Beamten, jenem Vorgange folgend, nur unter Vorbehalt die Huldigung leistete; die Steuern, wo

einer sie verweigerte, wurden gewaltsam eingezogen. Landtagsmit=
glieder, Gemeinden und Korporationen begannen einen höchst ehren=
werten, zähen Widerstand, doch mit zersplitterten Kräften. Sie fanden
an Dahlmann einen unermüdlichen Bundesgenossen. Er gab Stüves
Verteidigung des Grundgesetzes und die Rechtsgutachten von drei unserer
tüchtigsten Fakultäten heraus und mußte dafür von der hannoverschen
Regierung grobe Worte hören über die Einmischung unberufener Aus=
länder; „denn in unseren Tagen ist das Wort ja bloß dem Unter=
drückten selber, das heißt bloß demjenigen erlaubt, dem es verboten
ist". Der Bundestag entzog endlich dieser Bewegung jeden Boden
durch den berüchtigten Inkompetenzbeschluß. Graf Münch und Herr
v. Leonhardi hatten durch alle Künste der Einschüchterung die Mehrzahl
für die schlechte Sache gewonnen. In dem schleswig=holsteinischen
Handel wurden die Trümmer einer althistorischen Verfassung vom
Bunde für nicht vorhanden erklärt; jetzt fand der Bundestag, es liege
kein Grund zum Einschreiten vor, denn in Hannover bestehe ja eine
Verfassung — nämlich die von Ernst August oktroyierte. So erfuhr
Dahlmann zweimal gleichsam am eigenen Leibe, wie der Bund alle
Stadien sophistischer Rechtsverdrehung durchmaß. In diesen Tagen
verloren auch die gutherzigsten Gemüter das letzte Vertrauen zu dem
Bundestage; die moralische Niederlage war vollständig; denn, dank der
Geheimhaltung der Bundesprotokolle, das Volk glaubte, daß nur zwei
Staaten dem schmachvollen Beschlusse widersprochen hätten, während
in Wahrheit sechs Stimmen gegen zehn sich für das Recht des Landes
erklärten.

Ernst August aber erlangte endlich durch Minoritätswahlen, durch
lügenhafte Vorspiegelungen und unerhörten Druck einen Landtag,
welcher „den Mut hatte, sich über die Rechtsfrage hinwegzusetzen", er
gewann die Herstellung der Kassentrennung und eine Verfassung, welche
Dahlmann kurzweg „eine unverantwortliche" nannte. Acht Jahre
lang erntete der eigensinnige König die Früchte seines Tuns, das will
sagen: er schwebte mit seiner Kronkasse in ewiger Geldnot. Noch im
Jahre 1847 erklärte er feierlich, daß er niemals öffentliche Stände=
versammlungen dulden werde; nur wenige Monate, und die deutsche
Revolution brachte seinen Hochmut zu Falle. Seitdem sind neue
Stürme über das unglückliche Land dahingegangen. Während eines
halben Jahrhunderts ward die Verfassung sechsmal von Grund aus
geändert. Nach menschlichem Ermessen kann der zerrüttete Staat von

innen heraus nicht mehr gefunden; erst ein Eroberer wird ihm Sicher=
heit des öffentlichen Rechtes bringen. Der Staatsstreich von 1837
aber hielt noch lange Jahre hindurch Presse und Kammern in Bewegung.
Selbst die gewerbsmäßige Langeweile des sächsischen Landtages wurde
mehrmals durch lebhafte Debatten über den Rechtszustand in Hannover
unterbrochen. Ein Patriot gab sie heraus mit dem stolzen Vorwort:
„Sachsen ist nicht zurückgeblieben, aus den Sälen der Volksvertreter
tönen weithin durch Deutschlands Gaue die Riesenklänge innigen,
tiefen Mitgefühls!" — So aber stand es, so steht es noch heute im
deutschen Bunde: wenn irgendwo im Vaterlande das Recht vernichtet
wird von schamloser Willkür, so hat diese große unglückliche Nation
den Getretenen nichts anderes zu bieten als Riesenklänge innigen,
tiefen Mitgefühls. —

In dem folgenden Jahrzehnt stand Dahlmanns Ruhm auf seiner
Höhe. Wer nicht blindlings auf die Worte der Gewalthaber schwor
— alle Richtungen der Opposition, Demokraten, wie Johann Jacoby,
und unabhängige Konservative wetteiferten, dem edeln Manne ihre
Verehrung zu bezeigen, derweil er in Jena still zurückgezogen an seiner
dänischen Geschichte schrieb. In allen Ländern germanischen Stammes
war diese Stimmung rege: Flugschriften und Zeitungen ermahnten die
holländische Regierung, die von dem Zwingherrn Hannovers Ver=
triebenen auf ihren Hochschulen aufzunehmen, und schon war die Uni=
versität Bern im Begriff, den Führer der sieben zu berufen. Da
führten ihn nach der Thronbesteigung Friedrich Wilhelms IV. die
Bemühungen Bethmann=Hollwegs auf den Lehrstuhl der Geschichte
in Bonn. Mit offenen Armen kamen ihm die Arndt und Böcking und
Simrock, mit freudigem Willkommen die Studentenschaft entgegen. Gar
bald schmeichelte sich ihm jener Zauber des rheinischen Lebens ins Herz,
dem kein Deutscher widersteht. Scheinen doch in diesem preußischen
Rheinlande alle Gegensätze des deutschen Lebens, der ganze überschweng=
liche Reichtum unseres Volkstumes auf engem Raume vereinigt; man
schaut da einen Mikrokosmos von Deutschland. Der deutsche Groß=
staat in seiner militärischen Ordnung, seiner freien Wissenschaft in=
mitten der katholischen Welt; die trauliche Enge des norddeutschen Fa=
milienlebens neben der ungebundenen Fröhlichkeit, der schönen Sinn=
lichkeit süddeutscher Weise; und unter den geborstenen Trümmern der
Ritterburgen ein ganz bürgerliches, demokratisches Geschlecht, das die
trennenden Schranken mittelalterlicher Standesbegriffe schier völlig

übersprungen hat und mit der rastlosen Tätigkeit moderner Menschen
auf seiner Welthandelsstraße sich tummelt. Der in dem strengen Luther=
tume des Nordens Aufgewachsene begann jetzt den Katholizismus
milder zu würdigen, er sah mit Freude, wie trotz aller Hetzereien der
Ultramontanen in dieser gemischten Bevölkerung ein gesunder Kern
liebevoller Duldung sich erhalten hatte und in den Verhandlungen der
rheinischen Stände niemals der gehässige Lärm konfessionalen Haders
widerklang. Entschieden verwarf er die unselige Lehre, daß Preußen
eine „protestantische Politik" befolgen solle, und mit tiefem Ekel wandte
sich die Keuschheit seiner Empfindung von jener zur Schau getragenen
christlich=germanischen Gläubigkeit, welche unter dem Ministerium Eich=
horn künstlich gepflegt ward. Daß er dies bei einem Fackelzuge seinen
Studenten furchtlos aussprach, trug ihm einen scharfen Verweis des
Ministers ein.

Gar seltsam ward ihm doch zumute, wenn die brausende Be=
geisterung der Menge ihn auf den Schild erhob, wenn seinen auf das
Konkrete gerichteten Geist der schmetternde Wortschwall dieser in unbe=
stimmten Hoffnungen schwelgenden Zeit umschwirrte, wenn auf seinem
Abschiedsmahle zu Jena Verse erklangen wie diese: „Es gilt dem kom=
menden Geschlechte, es gilt dem künft'gen Morgenrot, der Freiheit
gilt es und dem Rechte, es gilt dem Leben und dem Tod!" Sehr fern
in Wahrheit stand der politische Denker den Wortführern des Tages;
von Anbeginn war ihm der vulgäre Liberalismus ein Greuel. Schon
gegen das Ende der zwanziger Jahre zeigte sich jene unheimliche Er=
scheinung, welche wir bereits in den Tagen der Kirchenverbesserung
gesehen haben und in allen Zeiten fieberischen inneren Kampfes wieder
schauen werden: den erhitzten Parteien galt die Gemeinsamkeit der
Parteigesinnung höher denn das Heiligtum der Nationalität. Seit
vollends auf den Barrikaden an der Seine die Trikolore geweht, schaute
Deutschland mit würdeloser Bewunderung über den Rhein; begeistert
grüßte man jene Polen, die doch dessen kein Hehl hatten, daß sie uns
ein wohlerworbenes Stück unseres Reiches zu entreißen trachteten; und
nicht lange, so nannte ein Häuptling der Radikalen die Deutschen eine
niederträchtige Nation. Unser Süden vornehmlich bewies abermals,
wie schwer er daran krankt, daß er in jenen Tagen, deren das Volk sich
noch entsinnt, keine großen nationalen Taten geschaut hat. Paul
Pfizer hielt alles Ernstes für nötig, den Schwaben zu beweisen, daß
ein Protektorat Frankreichs über unsere Kleinstaaten nicht wünschens=

wert sei. Mit Zorn und Scham sah Dahlmann auf dies vaterlands=
lose Treiben. Den Schatten eines großen Toten beschwor er auf vor
den Verblendeten, er nannte es zürnend ein böses Zeichen, daß an dem
Volke der Tod Steins fast spurlos vorüberging, des Mannes, „der,
wie wenig Staatsmänner, zugleich ein vornehmer und ein geringer
Mann war, der in die harten Hände des Landsmanns blickte und ihrer
nicht vergaß auf seinem Schlosse. Die Zeit wird kommen, da man
ihm seine Tugenden verzeiht." Und während die Gesinnungstüchtigen
des Tages mit Jubel hörten, wie Heinrich Heine die rheinischen Bogen=
schützen aufbot, den schwarzen Adler von der Stange zu schießen: war
dem maßvollen Mann über der Verbitterung des Augenblickes die
Erinnerung nicht geschwunden, daß alle echten Taten des deutschen
Schwertes und die edelste demokratische Revolution unseres Jahr=
hunderts, die Befreiung des deutschen Bauernstandes, ein Werk sind der
Monarchie in Preußen. Von Österreich wußte er längst, daß dieses Reich
ohne nationale Unterlage auf der alten Ordnung ruht und in Deutsch=
land nicht schöpferisch wirken kann. Seine Hoffnung stand auf Preußen.

Auf demselben Göttinger Lehrstuhle, wo kurz zuvor Sartorius
seinen Ingrimm wider Preußen ausgeschüttet, sprach sein Nachfolger
das Wort: Erst durch preußische Reichsstände kann dem konstitutionellen
Systeme in Deutschland ein gesicherter Ausbau werden — ein Wort,
dessen Wahrheit wir noch durch lange Jahre sorgenvoll erproben werden.
Jenem „Worte über Verfassung", das er zur Zeit der Wiener Ver=
träge verfaßt, schrieb Dahlmann später mindestens den Wert der
Ahnung zu, daß ein großer Augenblick gekommen sei, der nicht unge=
nutzt vorübergehen dürfe. Noch einmal, in ähnlicher Lage, 1832, erhob
er die gleiche Forderung; denn der Reichstag für Preußen ist vom Könige
feierlich verheißen „und gar nicht wie ein Weihnachtsgeschenk, wie ein
Putzhut, den man dem Volke gibt, das sich darein vergafft hat, sondern
als eine inhaltsvolle, tiefsinnige Einrichtung, als der Schlußstein einer
ehrenwerten Staatsbildung". In Berlin aber galt der ratlose Rat
jener, welche ihre geistreiche Unfruchtbarkeit hinter dem schillernden
Satze verbargen: nous ne voulons pas la contre-révolution, mais
le contraire de la révolution. Wer mit Dahlmann die Selbstbe=
schränkung des Absolutismus, die Vollendung der Reformen Steins
verlangte, dem rief Rankes Zeitschrift entrüstet zu: „Unwürdiger Ge=
danke, daß man die Einberufung allgemeiner Stände darum verschiebe,
weil man seine Gewalt nicht wolle geschmälert haben!" Eine nahe Zu=

kunft sollte erfahren, daß Dahlmann mit seinem unwürdigen Gedanken die Stimmung des Berliner Hofes sehr richtig durchschaut hatte. Noch in seiner Bonner Antrittsvorlesung mußte er sich rechtfertigen gegen den Vorwurf, er sei gut deutsch zwar, aber dem preußischen Staate abgeneigt. Kurz nach der Vollendung des hannoverschen Grundgesetzes und zum zweiten Male ein Jahr vor der deutschen Revolution ließ er sein wissenschaftliches Hauptwerk erscheinen: Die Politik. Noch immer wie zur Zeit der Kieler Blätter sieht er in England das Musterbild für die Staaten des Kontinents. Mit Montesquieu, als dessen Nachtreter Bosheit und Einfalt ihn schildern, hat er nichts gemein als diese Bewunderung der englischen Verfassung; im übrigen verurteilt er die Schwächen des französischen Denkers sehr hart, fast feindselig. Das an Montesquieu anknüpfende Werk De Lolmes gab er heraus, um die Kenntnis englischer Dinge zu verbreiten, doch trug er selber nach jahrelanger Forschung ein ungleich reicheres, lebensvolleres Bild von der britischen Verfassung in der Seele, als jener. Die kurzen Abschnitte der „Politik" über das Parlament kommen der Erkenntnis des wirklichen englischen Staates näher als irgend ein deutscher Politiker jener Zeit. Damit ist nicht gesagt, daß sie die ganze Wahrheit geben. Von dem höchst verwickelten Bau der englischen Verwaltung kannte Deutschland damals nicht viel mehr, als was Ludwig Vincke geistvoll geschildert hatte. Erst das jüngste Jahrzehnt hat durch Gneists Schriften umfassenden Einblick gewonnen in das Wesen des Selfgovernment und den unlösbaren Zusammenhang von Englands Verfassung und Verwaltung. Wir wissen jetzt, daß eben jene Elemente des Staates und der Gesellschaft, auf welchen Deutschlands Stärke beruht, in England verkümmert sind — und umgekehrt. Diesen ungeheuren Abstand deutscher und englischer Zustände hat Dahlmann nicht zur Genüge erkannt, nicht den streng aristokratischen Charakter der englischen Geschichte, welcher von dem demokratischen Wesen der deutschen Gesellschaft so weit abweicht, nicht das Nebeneinander zweier großer aristokratischer Parteien, neben welchen erst in jüngster Zeit neue, den festländischen Parteien verwandtere Richtungen emporkommen. Daher zollt er Charles Grey einseitige Bewunderung und meint, mit der Reformbill habe der englische Parlamentarismus seinen Höhepunkt erreicht, denn „niemals waren seine Verfassungsorgane gereinigter". Und doch können wir schon jetzt sagen: Die Reformbill und die darauf folgenden Änderungen der Verwaltung sind nicht die höchste Ausbildung des alt=englischen

Staats, sondern der Beginn einer Neugestaltung; die großen Tage des
alten Parlamentarismus sind dahin, vor unseren Augen vollzieht sich
in England eine neue Ordnung der Dinge; bureaukratische Formen,
dem Festlande entlehnt, bringen ein in das Gefüge des aristokratischen
Selfgovernment, und über kurz oder lang werden die demokratischen
Elemente der Gesellschaft ein größeres Gewicht in diesem Staate er=
langen. Mit kurzen Worten: Von Dahlmanns Satze, England sei das
Vorbild für die Staaten des Kontinents, bleibt nur so viel wahr, daß
ein Königtum mit einer gesetzgebenden Volksvertretung und geordneter
Teilnahme des Volkes an der Verwaltung allen Großstaaten des zivili=
sierten Festlandes unentbehrlich ist; aber der Ausbau dieser Institutionen
im einzelnen kann bei uns nimmermehr nach englischem Muster erfolgen.
Wenn Dahlmann dem Aristoteles bewundernd nachrühmt, es gebe eine
aristotelische Staatslehre, aber nicht einen aristotelischen Staat, so ge=
bührt ihm selber das gleiche Lob nicht ohne Vorbehalt; denn wie
redlich er sich auch bemüht, andere Staatsformen unbefangen zu wür=
digen — der Staat mit englischen Institutionen ist ihm doch „der gute
Staat", und wenigstens den Schein hat er nicht vermieden, daß er
ein konstitutionelles Staatsideal aufbauen wolle.

Nächst dem Studium des englischen Staates ward die Einwirkung
der deutschen historischen Schule für Dahlmanns politisches Denken
entscheidend. Alle tieferen Naturen erhoben sich zu einer vornehmeren
Auffassung des Staatslebens, seit die Niebuhr, Eichhorn, Savigny
uns die Einsicht eröffneten in das Werden des Rechtes und uns die recht=
bildende Kraft des Volksgeistes, die Notwendigkeit der politischen Ent=
wicklung erkennen lehrten. Unter den Frühesten, die diesen Männern
folgten, war Dahlmann, dessen erwägende Natur ohnehin geneigt war,
die menschlichen Dinge nicht zu beweinen, nicht zu belachen, sondern zu
verstehen; voll Ehrfurcht vor den gegebenen Zuständen wandte er sich
kalt von abstrakten politischen Spekulationen, „denn der Idealist löst
Rätsel, die er sich selber aufgegeben hat". Dennoch stand er selbständig
der historischen Rechtslehre gegenüber; schonungslos geißelte er die
Verirrungen der Schüler Savignys. Daß die Meister der historischen
Juristen die reaktionären Bestrebungen förderten, entsprang offenbar
nicht aus dem Wesen ihrer Lehre; denn nur der Willkür von oben
wie von unten, nur der leichtfertigen Gesetzmacherei mußten jene wider=
streben, welche den Werdegang des Rechtes andachtsvoll in der Geschichte
verfolgten. Ja sogar ein starker demokratischer Zug lag unverkennbar

in dieser Doktrin; als ein rechter Vertreter der allmächtigen bureaukratischen Staatsgewalt trat Gönner gegen Savigny auf mit der Anklage, er sei ein verkappter Revolutionär — denn wenn das Recht allmählich erzeugt werde durch die rechtbildenden Kräfte des Volksgeistes,
wo bleibe da noch ein Raum für die alles besorgende Bureaukratie?
Vornehmlich in Niebuhrs Blute flossen einige Tropfen kerniger demokratischer Gesinnung: Nie erscheint uns sein hoher Geist großartiger,
als wenn er mit der schönen Begeisterung des dithmarsischen Bauern-
sohnes für die Plebes gegen die Patrizier, für Athen gegen Sparta in
die Schranken tritt. Trotzdem lenkte die historische Schule mehr und
mehr in reaktionäre Bahnen ein. Anhaltende Beschäftigung mit der
Vergangenheit führt zartere Geister leicht zur Überschätzung des Anti-
quarischen oder zu jenem blutlosen Fatalismus, der, wenn er das Notwendige der Tatsachen begriffen hat, sie auch gerechtfertigt glaubt.
Und diese sinnigen, geistvollen Denker, welche durch schwere Forschung
erkannt hatten, wie fein verschlungen das politische Leben ist, wie zahl-
lose Faktoren zusammenwirken müssen, um eine einzige historische Tatsache ins Leben zu rufen — sie waren nur zu geneigt, mit ungerechter
Härte auf jene Alltagsliberalen herabzuschauen, welche alle Nöte der
Zeit mit einigen alleinseligmachenden konstitutionellen Formeln zu heilen
gedachten. Endlich ward die reaktionäre Parteistellung der historischen
Schule auch durch gewisse Charakterschwächen ihrer Häupter verschuldet.
In nervöser Angst zitterte Niebuhr vor jeder revolutionären Bewegung,
schwarzgallig, hoffnungslos sah er in die Zukunft der Welt, und nie
wollte er sich daran gewöhnen, daß die breite Mittelmäßigkeit leider
immerdar das große Wort führen wird im politischen Leben. Mit
einem glücklicheren Temperamente war Dahlmann gesegnet; seine frische
Willenskraft bewahrte ihn vor den Irrtümern des Meisters. Mit
felsenfester Zuversicht glaubte er an eine auch äußerliche Vollendung
der menschlichen Dinge am Ende der Geschichte, und der ganze Unterschied der sogenannten glücklichen und der unglücklichen Zeiten lag
für ihn darin, daß die einen für sich selber etwas zu bedeuten scheinen,
während die anderen im Zusammenhange der Geschichte etwas noch
Größeres bedeuten. Kopfschüttelnd sah er seinen großen Freund in
bangen Ahnungen sich verlieren, ihn, „dessen Dasein allein schon bewies, daß die Menschheit von höheren Gewalten nicht aufgegeben ist".
Die Sünden der historischen Schule wurzeln darin, daß sie die
Stimmung, welche dem rückschauenden Betrachter ziemt, in das han-

belnde Leben hineintrug. Wer nach Jahren zurückschaut auf die Stun=
den, da eine schwere Wahl an ihn herantrat, mag ruhig sagen: Es war
notwendig, daß ich mich also entschied; in dem Augenblicke, da er han=
deln mußte, hat er doch den Schmerz und Kampf des freien Entschlusses
durchgefochten. Klar durchschaute Dahlmanns waches Gewissen diesen
Trugschluß; alle Schuld nicht in den Menschen, sondern in dem un=
abwendbaren Drange der Begebenheiten zu suchen, das nannte er die
dumpfste und unsittlichste Anschauung des Lebens. Wenn die Konser=
vativen lange Vorbereitungsjahre verlangten, daraus der konstitutio=
nelle Staat sich historisch entwickeln solle, so rief er entschlossen: Das
heißt auf dem Trocknen schwimmen lernen. Wenn jene beteuerten,
unseren Tagen fehle der Beruf zur Gesetzgebung — er wußte, daß es
sich im Staate nicht um das Vollkommene handelt, sondern um das
Notwendige: „Stürzt das Dach über meinem Hause zusammen, so ist
mein Beruf zum Neubau dargetan." Ein Bewunderer der Tugenden
des altpreußischen Beamtentums, erklärte Niebuhr die Verwaltung
für unendlich wichtiger als die Verfassung, und die Männer der han=
noverschen Bureaukratie, die Brandes und Rehberg, welchen Dahlmann
sich immerdar verpflichtet hielt, stimmten bei. Der jüngere Freund sah
diesmal schärfer: „Verfassung und Verwaltung bilden keine Parallelen,
es kommt der Punkt, auf welchem sie unfehlbar zusammenlaufen, um
nicht wieder auseinander zu weichen." Bis zur Erbitterung steigerte
sich sein Widerspruch, wenn die historische Schule ihre Ruheseligkeit mit
dem Mantel der Religion bedeckte und die knechtische Untertänigkeit
des erstarrten Luthertums für das Christentum selber ausgab. In
dieser Verwechslung liegt ja der Hauptgrund, warum heutzutage die
stärksten Geister leicht ungerecht über das Christentum urteilen;
darum wiederholte Dahlmann, der den sittlichen Kern des Christen=
glaubens mit religiöser Innigkeit verehrte, unermüdlich, daß in den
Zeiten, da die Kirche groß war, Helden, freie Männer an ihrer Spitze
standen: „Beeiferung zur Tat ging damals durch das Christentum."
In heftiger Fehde lag er mit den jüngsten Ausläufern der Schule,
welche nach Schülerweise die Fehler der Meister übertrieben. Mit
Hohn geißelte er Stahls Lehre vom monarchischen Prinzip, die aller=
dings nichts anderes war als ein System der Todesangst; und wenn
Stahl ihm Maßlosigkeit vorwarf — aus solchem Munde wollte er die
Mahnung zum Maßhalten nicht hören: „Alle Mäßigung beruht auf
der nicht vollen Anwendung einer Kraft, die man ohne Rechtsverletzung

auch ganz gebrauchen dürfte. Sobald man die Kraft der Landes=
verfassungen schließlich in bloße Redensarten auflöst, verliert die Rede
von Mäßigung ihren Sinn."

Noch eines unterschied ihn von den Meistern der historischen
Schule: die praktische Erfahrung im konstitutionellen Leben. Wie er
einst in Kiel die Geschichte der heimischen Vorzeit durchforscht hatte,
um aus der Ferne der Zeiten Waffen für den Kampf der Gegenwart
zu holen, so legte er jetzt die Erfahrungen, welche er in dem hannover=
schen Verfassungsstreite gesammelt, in einem wissenschaftlichen Werke
nieder. In seiner Mittelstellung zwischen der Wissenschaft und dem
Staate liegt zum Teil das Geheimnis seiner großen Einwirkung auf
ein Geschlecht, das in derselben Lage war. Aus so mannigfacher An=
regung entstand ihm ein Buch, das mit einem Schlage die vernunft=
rechtlichen Schriften der Aretin und Pölitz aus den Kreisen echter Bil=
dung verdrängte und lange wie ein Orakel verehrt ward — kein bahn=
brechendes Werk, aber der hochgebildete Ausdruck, der vorläufige
Abschluß der politischen Ideen, welche einen großen Teil unserer
höheren Stände erfüllten. Noch heute spricht niemand unter uns ein
verständiges Wort über staatliche Dinge, der nicht, bewußt oder unbe=
wußt, bei Dahlmann in die Schule gegangen; unsere Achtung vor dem
Werke steigt, je mehr wir durch die reifende Zeit von dem Inhalt seiner
Lehren entfernt werden. Einzelne Abschnitte des fragmentarischen Buches
— so das Kapitel über die Kirche und der schöne Eingang, welcher den
Staat als „eine ursprüngliche Ordnung, einen notwendigen Zustand,
ein Vermögen der Menschheit" schildert, heben den Verfasser auf die
Höhe der ersten politischen Denker der neuen Zeit. So vornehm zurück=
haltend er gegen die Feinde verfährt — denn nur dann und wann rückt
er einem Triarier der Gegner, einem Gentz oder Burke, zu Leibe —
ebenso rückhaltlos ist er im Aussprechen seiner Meinung, er haßt jene
Gedrücktheit, welche den deutschen Staatslehrern bei Besprechung poli=
tischer Hauptfragen anzuhaften pflegt. Aus jeder Zeile spricht der
hohe sittliche Ernst eines Mannes, der es vermochte, selbst die herbe
Erfahrung von Göttingen bescheiden als eine Lehre zu betrachten.

Er weiß, daß allein die falschen, verderblichen Staatslehren leicht
verständlich sind. Beides gemeinsam, das Königtum und die bürger=
liche Freiheit, macht den Staat aus, schrieb er an Johann Jacoby;
„der Staat wäre eine ebenso flache und frivole Sache, als er eine tief=
sinnige und heilige ist, wenn er nicht gerade diese Verbindung von

Dingen zu leisten hätte, die allein dem oberflächlichen Beobachter un-
vereinbar scheinen". Mit dem Wunsche, daß es allen politischen Sekten
mißfallen möge, schickt er sein Buch in die Welt; das deutsche Volk sieht
er vor allen anderen berufen, die verderblichen Extreme durch Gewissen-
haftigkeit und Tiefsinn zu versöhnen. Doch mitnichten ist dieser Mann
der Versöhnung ein Eklektiker; den Ausdruck „gemischte Verfassung"
verwirft er als einen Spitznamen, und gar nicht als einen Notbehelf
schildert er das verfassungsmäßige Königtum, sondern als das eheliche
Kind unserer gesamten Vorzeit, von so althistorischem Stamme wie
weiland das Recht des Sachsenspiegels. Und recht als ein Apostel jener
gebildeten Demokratie, welcher die Zukunft Europas gehört, redet er in
dem Satze, der die sozialen Grundlagen seiner Staatslehre in prägnanten Worten bezeichnet: „Fast überall im Weltteil bildet ein weit-
verbreiteter, stets an Gleichartigkeit wachsender Mittelstand den Kern
der Bevölkerung; er hat das Wissen der alten Geistlichkeit, das Vermögen des alten Adels zugleich mit seinen Waffen in sich aufgenommen.
Ihn hat jede Regierung vornehmlich zu beachten, denn in ihm ruht
gegenwärtig der Schwerpunkt des Staates, der ganze Körper folgt seiner
Bewegung. Will dieser Mittelstand sich als Masse geltend machen, so
hat er die Macht, die ein jeder hat, sich selber umzubringen, sich in
einen bildungs- und vermögenslosen Pöbel zu verwandeln."

Form und Inhalt dieser Worte lassen erraten, warum der also schrieb
nur unter dem höchstgebildeten Teile des Mittelstandes warmen Anklang fand. Die Mehrzahl, unfähig, die historische Betrachtung der
Politik zu begreifen, blieb nach wie vor unter dem Einflusse der Ideen
Rottecks. Eben diesem Manne, mit dem ihn parteiisches Urteil oft
zusammengeworfen hat, stand Dahlmann als ein Antipode gegenüber.
Nur in einem verwandt, in tapferer Überzeugungstreue, stießen die
beiden sich ab durch ihre Tugenden wie durch ihre Schwächen: jener
ein unvergleichlich rühriger Parteimann, der gar nicht verhehlte, daß
seine Wissenschaft dem Kampfe des Tages dienen müsse, dieser ein Todfeind „jener rabulistischen Naturen, welche alles in Staatssachen Er-
lernte nur für die nächsten äußeren Zwecke ausbeuten", Rotteck ein
Josephiner, Dahlmann Protestant, beide übereinstimmend in einzelnen
Forderungen, doch in dem Kerne ihres Wesens der eine ebenso konservativ wie der andere radikal, dieser ein andächtiger Jünger der Geschichte, jener ein geschworener Gegner des historischen Rechtes, ein Verächter der Vergangenheit, ein erfolgreicher Apostel des allein wahren

Vernunftrechts. Das Rotteck-Welckersche Staatslexikon wußte gar nichts anzufangen mit diesem rätselhaften Bonner Liberalen, der ja genugsam bewiesen, daß er kein Fürstendiener sei und dennoch den Gesinnungstüchtigen die unliebsame Wahrheit sagte, Unabhängigkeit der Verwaltungsbeamten sei in der konstitutionellen Monarchie unmöglich. Am ehesten mag man ihn als politischen Denker mit Guizot vergleichen: Charakter und Bildung, die protestantische Strenge der Lebensanschauung und die stolze Zuversicht der Sprache, die Methode der Forschung und die erheblichsten Resultate zeigen wesentliche Verwandtschaft; der Deutsche stellt seinen Staat auf den lebendigen Unterbau freier Gemeinden, welchen der Romane nicht versteht, als praktischer Staatsmann aber übertrifft der ränkesüchtige Franzose unendlich den gemütvolleren, doch ungewandten deutschen Gelehrten.

Wer der „Politik" gerecht werden will, der gedenke, welche lange Reihe politischer Fragen durch dies Buch zum Abschluß gebracht ward. Daß unter uns gar nicht mehr die Rede sein kann von der Kassentrennung oder von beratenden Ständen oder von Provinziallandtagen ohne Reichsstände, das danken wir zuerst dem raschen Wandel der Zeit, aber auch den Schriften Dahlmanns und seinem tiefgreifenden Wirken als Lehrer unter vielen Generationen teilnehmender Hörer. Andererseits sind viele streng konservative Sätze des Mannes erst nach den Wirren der Revolution zu Ehren gekommen. Die knabenhafte Ansicht, daß die Republik „eigentlich vernünftiger", die Monarchie nur als ein Übergang gutmütig zu dulden sei, beherrschte in jenen vierziger Jahren die meisten Köpfe des Mittelstandes. Heute hat sich die deutsche Welt wieder zu Dahlmanns positivem Monarchismus bekehrt. Welcher urteilsfähige Mann bestreitet noch, daß die Monarchie das einzige Band der Gewohnheit in der deutschen Staatenwelt, für alle übrigen politischen Elemente der Schwerpunkt erst im Werden ist? Wer lacht noch über den Philister, wenn Dahlmann mahnt, der revolutionäre Sinn der flachen Verstandesbildung stehe der echten Vaterlandsliebe ferner als die fromme Beschränktheit, die an den heimischen vier Pfählen haftet? und jede Revolution sei nicht bloß das Zeugnis eines ungeheuren Mißgeschicks, sondern selbst ein Mißgeschick, selbst schuldbelastet?

Wie wenig sein Buch das Wesen der Repräsentativ-Monarchie erschöpft habe, wußte Dahlmann selber am besten. Unsere Kleinstaaten nannte er nur „das, wenn man so will, konstitutionelle Deutschland"

und dankte ihren Kammern mehr, was sie verhinderten, als was sie
schufen. Als er, rückkehrend aus dem deutschen Parlamente, gebeten
ward, den Torso der „Politik" zu vollenden, da wies er die Fortsetzung
ab, solange der erste Band nicht von Grund aus umgestaltet sei. In
der Tat, dies Buch, das noch im Jahre 1847 unseren besten Köpfen
genügte, ist in sehr wesentlichen Punkten der Gegenwart bereits fremd
geworden. Die Verfassungsfragen, welche ihn vornehmlich in Anspruch
nahmen, sind heute theoretisch im ganzen abgetan; um so eifriger
wendet sich das junge Geschlecht den Fragen des Selfgovernment, der
freien Bewegung der Gesellschaft zu, welche Dahlmann nur leicht be=
rührte. Die unendliche Bedeutung der Macht im Staate würdigt er
noch nicht: Die Hauptabschnitte des Buches lehren wesentlich, wie die
Grundsätze des Konstitutionalismus in das Stilleben deutscher Klein=
staaten einzuführen seien. Darum urteilt er ungerecht über Machia=
velli und erkennt nicht die tiefe Verschiedenheit der öffentlichen und der
privaten Moral: Die Staatskunst wird ja mitnichten unsittlich, wenn
der Politiker gesteht, daß Talent und Tatkraft für die Größe der
Staaten ungleich wichtiger sind als häusliche Tugenden. Noch weniger
durchschaute die deutsche Wissenschaft vor der Revolution die Tiefen des
sozialen Lebens: Seinen Mittelstand freilich kennt Dahlmann vortreff=
lich, doch nicht den deutschen Adel, den er noch immer dereinst auf dem
Wege der englischen Gentry zu finden hofft, nicht den vierten Stand,
von dessen Gliedern er nur die Bauerschaft liebt und versteht. Diese
Schwäche führt uns auf die bedenklichste Lücke in Dahlmanns politischer
Bildung: dem Sohne unserer großen ästhetischen Epoche wollte die
derbe Prosa der Volkswirtschaft niemals recht vertraut werden. Fast
scheint es, als ob diese spröden Stoffe ihn nur dann reizten, wenn sie
verklärt erschienen durch die Ferne der Zeit; die Volkswirtschaft im
alten Island und Norwegen schilderte er mit Freude, aber seine Vor=
lesungen über Staatswirtschaft standen den übrigen weit nach. Nur
jene Zweige der Nationalökonomie, welche den Menschen unmittelbar
berühren, behandelte er eigentümlich; über Bevölkerungslehre, Armen=
und Gefängniswesen sprach er trefflich, da schöpfte er aus dem Vollen
und fertigte schneidend die Philanthropen ab, „welche mit Kupfergeld
den Himmel erstürmen wollen". — Der Widerwille seiner ästhetischen
Natur verschuldete wohl auch, daß die allergrößte, die eigentümlichste
Schöpfung der modernen Demokratie diesen Politiker nicht ernstlich be=
schäftigt hat. Wie oft eifert er wider die Toren, welche unseren

monarchischen Weltteil in Republiken des Altertums ummodeln wollen; und allerdings, daß der Traum einer allmächtigen demokratischen Staatsgewalt nach der Weise der Alten noch immer verblendete Anhänger zählte, das sollte die äußerste Linke des deutschen Parlaments mit ihrem stürmischen Verlangen nach einem Konvente beweisen. Die stärkeren, die praktischen Köpfe der Demokratie dagegen gingen schon längst andere Wege; sie sahen eine dem Altertume entgegengesetzte und dennoch demokratische Ordnung, eine unendliche Freiheit des sozialen Lebens verwirklicht in Nordamerika. Die ungeheuren Fragen aber, welche diese Union an den alten Weltteil stellt, hat Dahlmann gar nicht beantwortet. — Eine Welt neuer Probleme der Staatswissenschaft ist in diesen Jahren aufgetaucht; seine Stellung unter den Klassikern der Politik bleibt Dahlmanns Buche doch gesichert.

Zwischen der ersten und der zweiten Auflage dieses Buches faßte er seine langjährigen nordischen Forschungen zusammen in der „Dänischen Geschichte". Diese Schrift, neben Lappenberg-Paulis englischer Geschichte unzweifelhaft die bedeutendste Leistung aus der langen Bänderreihe der Heeren-Ukertschen Sammlung, stellt den Verfasser neben unsere ersten Historiker. Sie schreitet rüstig vorwärts auf den Bahnen echter Forschung, welche Peter Erasmus Müllers Quellenkritik für die nordische Geschichte eröffnet hatte; sie will den gelehrten Charakter nicht verleugnen, denn „nach langer Arbeit unter Bausteinen wird man nicht alle Erde vom Kleide los, die Notennot schleppt einem wie die Erbsünde nach". Aber noch entschiedener als in seinem ersten historischen Werke blickt Dahlmann hier über den Kreis der Fachgenossen hinaus. Er wünscht sich Leser, und in der Tat, auch die Ungelehrten muß das köstliche lebenswahre Bild bezaubern, das er von der Aristokratie der Goden im alten Island entwirft; wenn er schildert, wie der Freistaat auf der nordischen Insel ruhmlos zugrunde geht, dann klingt ein Schmerz wie um selbsterlebtes Leid aus seinen Worten. Man liebt es, Dahlmann als Historiker neben Schlosser zu stellen, und mannigfach allerdings ähneln sich die beiden in ihrem starken moralischen Pathos, ihrem entschiedenen Streben, den Mittelstand politisch zu bilden. Aber mir scheint, noch größer ist der Gegensatz der zwei Naturen; denn so gewiß Schlosser dem Bonner Historiker überlegen ist durch seine Fruchtbarkeit, seine umfassende Literaturkenntnis und die Weite seines welthistorischen Überblicks, ebenso gewiß hat Dahlmann eine der ersten Tugenden des Geschichtschreibers vor dem Heidelberger Genossen vor-

aus: die echte hiſtoriſche Objektivität, das Verſtändnis für das unend=
liche Recht der Perſönlichkeit. Theoretiſch ſteht Schloſſer dem Staats=
leben unbefangener gegenüber als Dahlmann, er behauptet, den weiten
Abſtand der öffentlichen und der häuslichen Sittlichkeit ſehr wohl zu
kennen. Praktiſch ſtellt er Könige und Helden und Propheten unbarm=
herzig unter den Maßſtab ſeiner hausbackenen Privatmoral, und er ent=
hüllt in ſeinen Büchern mit ſo ſtarker ſubjektiver Leidenſchaft den
Groll des Mittelſtandes gegen die Regierungen, daß wir ernſtlich
zweifeln müſſen, ob er unſere politiſche Bildung mehr gefördert oder
verderbt hat; denn woher ſoll dem Volke Zucht und Ehrfurcht vor dem
Staate kommen, wenn ihm die Weltgeſchichte vorgeführt wird als eine
troſtloſe Kette ſiegreicher Schurkenſtreiche? Anders Dahlmann. Einen
Kultus mit dem Genie hat er nie getrieben, doch war er ſo ſehr geneigt,
begabten Menſchen ihr Recht zu laſſen, daß er ſelbſt die äſthetiſche
Kritik nicht liebte und ein Kunſtwerk gern beſcheiden hinnahm wie ein
freundliches Geſchenk der Natur. So weiß er denn auch die Narrheit
und die Gemeinheit mit feinem ironiſchen Lächeln zu ſchildern, und
während uns Schloſſers Formloſigkeit abſchreckt, geht er in der Ge=
ſchichtserzählung als ein Künſtler zu Werke.

Man klagt oft über die gedrängte Kürze in Dahlmanns Stil.
Aber iſt es denn ein gutes Zeichen, daß unſere durch das raſche
Zeitungsleſen verderbten Leſer nach jener engliſchen Breite verlangen,
welche der gedankenreichen deutſchen Natur nimmer zuſagen wird?
Freuen wir uns vielmehr, daß unſere Sprache noch nicht ſo abgeglättet
iſt wie die franzöſiſche, daß ſie reich und lebendig genug iſt, um einen
individuellen Stil zu ertragen. Und individuell, ein Bild des Mannes
ſelber iſt Dahlmanns Stil. Wie weit ab ſtand doch ſeine ganze Weiſe
von dem ruheloſen Treiben dieſes jungen Geſchlechts! Neuigkeiten
reizten ihn wenig; er liebte, was ihn anzog, aufs neue vorzunehmen und
las gern den Seinen aus den Werken ſeiner Lieblinge vor. So ent=
ſtanden auch ſeine Bücher langſam, nach reiflicher Erwägung. Manche
charakteriſtiſche Redewendung ſteht ſchon halbfertig in ſeinen Jugend=
ſchriften und kehrt, zu ſchöner Fülle abgerundet, in den Werken ſeines
Alters wieder. Sein Ausdruck iſt nicht ſelten ungelenk, aber noch
häufiger markig, energiſch, bezeichnend; die edle Einfalt des Altertums
ſpricht aus ſeiner lakoniſchen Rede; die Worte haften in des Leſers
Seele, wie ſie mit ganzer Seele geſchrieben ſind, und auch ſchön kann
er ſprechen, wenn plötzlich aus der ruhigen Erzählung das übervolle

Herz oder die gute Laune hervorbricht. Auch den Gegner zwingt die feste Zuversicht des Tones zur Achtung. Et quod nunc ratio est, impetus ante fuit — dies stolze Wort, das einst die französischen Doktrinäre über ihre Revue française geschrieben, klingt auch in den Werken des deutschen Konstitutionellen wider. Ein Schüler der Alten, liebte er nicht, viel zu schreiben, und wir haben wohl ein Recht, die geringe Fruchtbarkeit seiner Feder zu beklagen; denn dem Schriftsteller ist nicht gestattet, der Weise seiner Zeit sich zu entfremden, und in diesen bücher=verschlingenden Tagen muß viel schreiben, wer viel wirken will.

Verschlossen, schweigsam, hat er nur wenigen das Glück seiner Freundschaft gegönnt. Man sah wohl, das war kein Mann der großen Gesellschaft, der dort starr auf dem Katheder stand, eine straffe Gestalt, die Hand im Busen, die harten, ja grimmigen Züge fast bewegungslos, das Gesicht ganz in sich hineingekehrt, bis dann und wann ein leichtes Heben der Hand, ein Blitzen des Auges die innere Erregung bekundete. Aber es war Rasse in diesem bedeutenden Kopfe, man vergaß ihn nicht wieder, und wie wir alle unsere kleine Eitelkeit im stillen mit uns herumtragen, so erzählte Dahlmann wohl, daß Niebuhr ihm gesagt: „So stelle ich mir die Römer vor zur Zeit der kapitolinischen Wölfin." Gedrängt voll waren die Bänke, wenn er zu Bonn las in dem großen Saale, der die Ausschau bietet über die Baumgänge des Hofgartens nach den Gipfeln des Siebengebirges und vor Zeiten widerhallte von dem festlichen Lärme des geistlichen Hofes von Köln. Kein falsches Pathos, keine jener kleinen Künste, welche den Hörer mehr reizen als fesseln. Eine ruhige, gleichmäßige Rede, langsam, doch sicher ergreifend durch den Reichtum der Gedanken und die Plastik der Schilderung, nicht mit Stoff überladen, aber ein festes Gefüge der entscheidenden Tatsachen und Gesichtspunkte, das häuslicher Fleiß leicht ausfüllen konnte. Fast noch reicher als die wissenschaftliche Belehrung war der sittliche Gewinn, den die Jugend davontrug von diesen das Gewissen erschütternden Worten, diesem edeln Freimut. Auf dem preußischen Lehrstuhle sagte er einmal ruhig: „Spiel mit Verträgen erhebt oft und stürzt dann um so tiefer; das lehrt die Geschichte auf jedem Blatte von Cäsar Borgia an bis herab auf Friedrich Wilhelm IV." Er wußte, daß man dem Geschichtslehrer gern die Berührung jenes Zeitraumes verbieten möchte, dessen Unkenntnis für die Jugend am verderblichsten ist; Professorendünkel und Zagheit im schönen Bunde haben jederzeit den Vorträgen über neueste Geschichte vorgeworfen, das sei Publizistik, nicht Wiſſenſchaft. Dahlmann dachte anders von ſeinem Berufe. Seine Lieblingsvorleſung, die deutſche Geſchichte, deren Quellenkunde er ſchon zu Göttingen herausgegeben, ſollte „in die Gegenwart ausmünden, womöglich mit vollerem Strome als unſer Rhein; ihr Neueſtes muß von demſelben Sinne, der das Älteſte beſeelte, durchdrungen ſein". Durch ſorgfältiges Studium der Partikulargeſchichten gab er dieſen Vorträgen Leben und Fülle. Sein Urteil über die Entwicklung des Vaterlandes war das altproteſtantiſche, der romantiſche Kaiſerkultus hat ihn nie berührt; Luther, Guſtav Adolf, Friedrich der Große und leider auch Moritz von Sachſen waren ihm die Helden der Nation.

Nicht ohne Hoffnung folgte Dahlmann den erſten Schritten Friedrich Wilhelms IV.; mehr Erfindung freilich als Durchbildung fand er in deſſen Reden, aber noch hielt er ihn für einen hochherzigen Fürſten. Doch als nun das lange Ringen um die preußiſche Verfaſſung ſich entſpann und der Romantiker auf dem Throne hartnäckig dem Ge= bote der Notwendigkeit widerſtrebte, da warf der Gelehrte ſeine zwei bekannteſten Bücher, die Geſchichte der engliſchen und der franzöſiſchen Revolution, in den Kampf der Zeit. Wie man dereinſt in den Pariſer Boudoirs arglos geſpielt hatte mit dem Feuer der Ideen Rouſſeaus und Voltaires, das bald die Monarchie der Bourbonen in ſeinen Flammen verzehren ſollte, ſo las man jetzt an deutſchen Fürſten= höfen unbelehrt Dahlmanns zwei Revolutionen. Dem gebildeten Mittel= ſtande hat kaum irgend ein anderes Buch die Notwendigkeit kon= ſtitutioneller Einrichtungen für Preußen ſo eindringlich gepredigt. Dieſe Abſicht der Bücher darf ein gerechter Beurteiler nicht vergeſſen; den Fachgelehrten konnten und wollten ſie nicht genügen, raſch entſtanden wie ſie ſind aus Vorleſungen, auf Anlaß von Freunden. Noch ein ſolches Buch, und Dahlmanns Ruf iſt verloren, ſagte ein ſächſiſcher Gelehrter; und freilich, wer abſichtlich vergaß, daß Dahlmann ſoeben durch ein Werk gediegener Gelehrſamkeit ſich eine ehrenvolle Stellung unter den Fachgelehrten erobert hatte, der mochte wohl ſchadenfroh be= tonen, daß dieſe neuen Schriften nicht auf ſelbſtändiger Forſchung ruhten. Das Buch über England folgt vielfach dem Werke Guizots, und noch ſtärker iſt für die franzöſiſche Geſchichte außer den Mirabeauſchen Me= moiren das Werk von Joſeph Droz, namentlich der dritte Band, benutzt. Auch die Urteile ſind keineswegs überall eigentümlich; mit Guizot huldigt Dahlmann der ſehr beſtreitbaren Meinung, daß dieſe beiden Revolutionen nur zwei Akte eines Dramas ſeien, mit Droz der noch

weit bedenklicheren Ansicht, als ob menschlicher Wille den furchtbaren
Verlauf der französischen Revolution hätte hindern oder mäßigen
können. Die gedrungene Kürze, welche Dahlmann den antiken Histo-
rikern abgesehen, reicht für die ungleich verwickelteren Verhältnisse des
modernen Staatslebens nicht aus, sie hindert den Verfasser, die tieferen
Gründe der großen Bewegungen aufzudecken. Von den sozialen Zuständen Frankreichs, welche doch wesentlich die Revolution herbeiführten,
erfahren wir viel zu wenig; der Kampf erscheint in beiden Ländern —
was dem wirklichen Verlaufe keineswegs entspricht — als ein Kampf
um Verfassungsfragen. Endlich drängt sich die Tendenz allzu stark
hervor, und das Urteil des trefflichen Mannes ist unleugbar durch
Parteineigungen getrübt. Es bleibt schlechterdings verkehrt, daß in der
englischen Geschichte John Hampden an jene Stelle gerückt wird, welche
allein dem großen Protektor gebührt; auch die Ungelehrten glauben
heute, seit Macaulays Werke in Deutschland eingedrungen, nicht mehr
an das unglückliche Bild des Heuchlers Cromwell. Daß Mirabeau in
Dahlmanns Darstellung so ganz im Vordergrunde steht, erklärt sich
leicht aus dem dämonischen Zauber, welchen das Bild des großen
Tribunen auf jedermann, vornehmlich auf seine Parteigenossen, ausüben muß; streng historisch ist es nicht.

Trotz alledem waren die beiden Bücher eine Tat, eine heilsame Tat.
Wie damals die deutschen Dinge lagen, gereichte es zum Segen, daß
Tausenden durch ein erschütterndes Gemälde der verwandten Nöte
fremder Völker der schwere Ernst des Kampfes um gesetzliche Freiheit
und die Nichtigkeit aller halben Maßregeln in diesem Streite ans Herz
gelegt ward. Wiederholungen freilich kennt die Geschichte nicht. Die
deutschen Zustände vom Jahre 1845 hatten nicht gar viel gemein mit
der Lage Frankreichs im Jahre 1786; und doch erkannte der Historiker
die Zeichen der Zeit, als er eben jetzt diese beiden Revolutionen seinem
Volke vorführte, damit es die herbe Frucht der Selbsterkenntnis pflücke.
Und wie hinreißend wirkte nicht die Darstellung, namentlich der englischen Geschichte mit den sprechend ähnlichen Charakterbildern der
Elisabeth und der beiden Jakob! Wenn die Verfassungsfragen in
diesen Büchern allzusehr hervortreten, so entsprach dies durchaus dem
damaligen Zustande unserer politischen Bildung. Wieviel nachsichtiger
als einst die einsichtigen Zeitgenossen urteilte doch dies jüngere Geschlecht über die Greuel der Revolution. Gleichzeitig mit Dahlmanns
Schriften erschienen die Vorlesungen über das Revolutionszeitalter,

welche Niebuhr im Jahre 1829 gehalten hatte; hier wurde der unreine
Charakter der großen Bewegung mit einer Strenge verdammt, welche
im einzelnen oft zu weit ging, aber das Wesentliche richtiger traf
als Dahlmanns schonende Milde.

Auf wahrhafte Begründung der konstitutionellen Monarchie in den
Einzelstaaten ging bis dahin Dahlmanns Streben. Mit der Reform
der Gesamtverfassung des Vaterlandes hatte er sich noch so wenig
eingehend befaßt, daß er noch zu Anfang 1847 in der neuen Ausgabe
seiner Politik den keineswegs tief eindringenden Abschnitt über den
deutschen Bund wörtlich so wiederholte, wie er zwölf Jahre zuvor
gedruckt worden. Aber unabweisbarer immer drängten sich jetzt die
großen nationalen Fragen dem Politiker auf. Der zäh anhaltende
Kampf des preußischen Volkes um die verheißene Verfassung weckte die
Bewunderung und Teilnahme der Deutschen, man begann zu ahnen,
daß dort im Norden die Geschicke des Vaterlandes entschieden würden.
Schon im Jahre 1841 gestand der Stuttgarter Deutsche Kurier, der
Schwerpunkt deutscher Politik liege nicht mehr in den Kleinstaaten;
noch früher wies David Fr. Strauß auf die Neugestaltung des deutschen
Staates hin, die von Preußen kommen müsse, und in der folgenden
Zeit redet aus allen besseren Blättern die Empfindung, daß die Armseligkeit der kleinstaatlichen Kammern einer großen Nation nicht mehr
genüge. In dem Vereinigten Landtage sah Deutschland zum ersten
Male einen parlamentarischen Kampf von einiger Größe; und obschon
der Anblick der wackeren Streiter, der Vincke, Auerswald, Schwerin,
unsere Doktrinäre zu dem voreiligen Jubel hinriß: „Preußen hat
wieder einen Adel" — unendlich größer war doch der Gewinn, daß der
preußische Liberalismus jetzt die ersten Verbindungsfäden anknüpfte
mit der außerpreußischen Welt. Aus dem Zusammenwirken nicht-
preußischer und einiger preußischer Kräfte entstand Gervinus' Deutsche
Zeitung, das Organ der konservativ-liberalen Gelehrten aus Dahlmanns Schule, obgleich der Meister selber anfangs nicht mit schrieb.
Die Zeitung war sehr doktrinär gehalten, so sehr, daß die Korrespon-
denzen fast nur wie ein Kommentar der Leitartikel erschienen und die
Redaktion dennoch klagte: Unsere Korrespondenz ist noch nicht überall
im Systeme. Aber wie reich stand doch das tapfere sachkundige Blatt
neben der Geistesarmut der meisten Zeitungen jener Tage! Es gab
den Anstoß zu einer heilsamen Umwandlung unserer Presse, denn bisher
hatten nur wenige deutsche Journale dann und wann, keines regel-

mäßig, einen Leitartikel gebracht. Die „Hofratszeitung" ward in kurzer Frist eine Macht, eine Stätte der Versöhnung für den gebildeten Liberalismus des Südens und des Nordens. Über die Bundesreform meinte sie noch sehr bescheiden, Bedeutendes lasse sich erreichen durch eine große und freie Auslegung der Grundgesetze des Bundes. Ein weit greifbareres Ziel war der nationalen Politik gegeben, seit der Offene Brief Christians VIII. unser Recht auf Schleswig-Holstein in Frage stellte. Alles, was Leben war im Vaterlande, mußte in diesen ahnungsvollen Tagen dem nationalen Gedanken dienen. Die Zeit verlangte, daß über die Grenzpfähle des Einzelstaates hinaus der Deutsche dem Deutschen die Hand reiche; so ging denn wie durch Italien ein Rausch der Feste durch das deutsche Land, das doch zu jubeln so wenig Ursache hatte. In Toasten und Gedichten, in Kammerreden und Adressen stritt man für die Sache Schleswig-Holsteins; unendlicher Jubel erklang, wenn die Trikolore Transalbingiens auf einem deutschen Sängerfeste wehte oder wenn Dahlmann, der alte Kämpe des deutschen Rechtes im Norden, auf seinen Reisen eine festfeiernde Stadt berührte. Von langanhaltender Wirkung waren unter diesen bewegten Versammlungen nur die beiden von Dahlmann mit veranlaßten Germanistentage. Als im Römersaale zu Frankfurt jener vornehme Kreis gelehrter Männer zusammentrat, da deuchte es Uhland, als wollten die alten Kaiser aus ihren Rahmen springen. Begeistert begrüßte man diesen „geistigen Landtag des deutschen Volkes", und leider bewirkten die Germanistentage, daß später in das wirkliche Parlament die Männer des geistigen Parlaments in allzu großer Zahl gewählt wurden. Mit wissenschaftlichem Ernste beleuchteten die Gelehrten in eindringender Debatte das Recht Schleswig-Holsteins, das schon jetzt in England schlechthin geleugnet ward. Dahlmanns Ideen hatten inzwischen einen höheren Flug genommen, er begnügte sich nicht mehr mit der juristischen Verteidigung des Landesrechtes, sondern forderte, daß die Politik der Dänen auf den Süden verzichten lerne und gen Skandinavien sich richte, gleichwie ihr Königsstuhl gen Norden schaue. Noch ein anderer Gedanke der auf das Leben wirkenden Wissenschaft gedieh hier in Frankfurt zur Reife: Dahlmann beschloß mit seinen Freunden, sie wollten zusammenwirkend die neueste Geschichte der deutschen Staaten schreiben, um dem Volke ein Bewußtsein seiner jüngsten Entwicklung zu geben. Ähnliche Auftritte wiederholten sich das Jahr darauf (1847) in Lübeck, wo in dem alten Hansesaale glückliche Jugenderinne-

rungen auf Dahlmann einstürmten. Es war ein Augenblick tiefer
Bewegung, da Jakob Grimm ihm überwältigt in die Arme sank und
sagte, er habe niemals etwas so sehr geliebt wie sein Vaterland. Unschuldige Zeit, da die Männer im weißen Haar noch schwärmten! Jählings brach die deutsche Revolution herein; die Welt brauchte Staatsmänner, nicht Gelehrte. Noch vor den Pariser Februartagen hatte in
einer Rede, die von Zitaten aus Dahlmanns Werken erfüllt war,
Bassermann ein deutsches Parlament gefordert.

Wie den Schläfern in der Nacht kam die große Schickung den
Herrschern wie dem Volke. Ruhmlos brach das alte System zusammen,
durch einen mißlungenen Straßenkampf ward Preußen ein konstitutioneller Staat. Die Verlangen nach Schwurgerichten, nach Preßfreiheit,
nach allen jenen Volksrechten, welche jahrzehntelang das Volk ernstlich beschäftigt, wurden mit unerhörter Einmütigkeit in allen Gauen
des Landes erhoben und durchgesetzt. Um so verzweifelter lag die große
Frage, deren glückliche Lösung allein der inneren Reform der Einzelstaaten Sicherung gewährte. Nicht zum mindesten das brennende Gefühl, daß wir als Nation kein Dasein haben, hatte die Deutschen mit
jener gärenden Erbitterung erfüllt, welche sich in den Märzstürmen
entlud; aber als nun die Frage der deutschen Einheit greifbar an das
Volk herantrat, da ergab sich, daß nur wenige im Vaterlande mit
ihrer praktischen Lösung sich ernstlich beschäftigt hatten. Weithin im
Volke träumte man den Kindertraum, daß vor dem März die Zeit der
Knechtschaft gewesen und jetzt die Tage der Volksfreiheit und Volkskraft
begonnen, und auch die Denkenden krankten an der süßen Täuschung,
daß dies verjüngte Deutschland den mächtigsten der Staaten bilden
werde — als ob es gar kein Meer und keine Kolonien gäbe. Immerhin bleibt achtungswert, wie rasch und sicher die Liberalen die Ratlosigkeit der Throne zu benutzen verstanden. Mit kühnem Entschluß
berief die Versammlung der einundfünfzig zu Heidelberg das Vorparlament, und auch Dahlmann eilte nach Frankfurt. Zum letzten
Male umtobte ihn und seinen Genossen E. M. Arndt der Jubel der
rheinischen Landsleute. Aber diese seltsame Versammlung, die lärmend
und brausend doch sehr maßvolle Beschlüsse faßte und die deutsche Bewegung zuerst in geordnete Bahnen lenkte, sie war die Stätte nicht für
den erwägenden Mann; keck aus dem Stegreif einzuspringen in den
Kampf der Reden war nicht seine Weise. Starr und stumm saß er
da, wortlos nahm er es hin, daß die Versammlung ihn durch die Wahl
zum Vizepräsidenten ehrte.

Gleichzeitig ward ihm ein größerer Beruf: die preußische Krone
schickte ihn in das Kollegium der siebzehn Vertrauensmänner. Diesen
Siebzehnern fiel die Pflicht zu, die Verfassung des neuen Deutschlands
zu entwerfen; denn der Bundestag, zusammenbrechend unter den Ver=
wünschungen des Volkes, war auch mit seinen neuen liberalen Mit=
gliedern außerstande, schöpferisch einzugreifen in die verworrene Be=
wegung. Der Ernst der Stunde erhob den schwerbeweglichen Mann zu
einer kühnen Entscheidung; er erriet, daß jener Freiheitsrausch, der alle
Grundlagen der Gesellschaft zu erschüttern drohte, dann am sichersten
zu mäßigen sei, wenn diesem Volke das Bewußtsein der Macht werde.
Er schreckte nicht zurück vor der „ungeheuern Kühnheit, ja Vermessen=
heit, durch wenige scharf einschneidende Paragraphen tausendjährige
Schäden heilen zu wollen". Während die Welt sich im Wirbel drehte
und die Siebzehner fort und fort heimgesucht wurden von Deputationen,
Bittenden, Ratgebern, entwarf er mit Albrecht jenen Plan, dessen
Grundgedanken auf lange Zeit hinaus die Richtschnur unserer nationalen
Parteien werden sollten. Selbst die nächsten Gesinnungsgenossen unter
den siebzehn, Bassermann und Albrecht, waren im ersten Augenblick
überrascht; Dahlmanns Zuversicht gewann endlich die Mehrheit. Dies
junge Geschlecht ist allzu gesättigt von herber Enttäuschung, um heute
noch dem Urteile Bunsens beizustimmen: in dem Siebzehnerentwurfe
sei ein großes Werk großartig behandelt, ein großer politischer Gedanke
in klassisch gediegener Form ausgeprägt. Aber wir müssen anerkennen,
daß nicht nur das schöne Vorwort aus Dahlmanns Feder eine edle
hohe Gesinnung atmet, sondern auch sehr wesentliche Bestimmungen
des Entwurfs einsichtig und staatsgemäß sind. Unzweifelhaft traf
Dahlmann das Wesen eines Bundesstaates auf den ersten Wurf sicherer
als später die Nationalversammlung. Dahlmann geht aus von der
Tatsache, daß die Märzbewegung den Umsturz der Throne, diesen
„plötzlichen leichtsinnigen Bruch mit unserer ganzen Vergangenheit",
nicht gewagt hat: „Eine edle Scham hat uns behütet, jede hervorragende
Größe als ein Hindernis der Freiheit zu beseitigen. — Knüpft sich
nun unser vielverzweigtes Volksleben wesentlich an den Fortbestand der
Dynastien, so darf das Reichsoberhaupt ebenfalls nur ein gleichartig
erbberechtigtes sein." Diesem Erbkaiser wird, wie der Bundesgewalt
Nordamerikas, die Verfügung über das Auswärtige, das Heer, die
Handelspolitik ausschließlich übertragen. Unter ihm ein Staatenhaus,
ein Volkshaus und ein Reichsgericht. Auch darin bewährten die Sieb=

zehner feineren politischen Takt als das Parlament, daß sie die Grundrechte der Deutschen nur kurz skizzierten. Nur in einem Punkte ist ihr
Entwurf ganz und gar das Kind der nebelhaften politischen Bildung
der Zeit, und dieser eine Mangel ist so entscheidend, daß das ganze
Werk fast wie eine doktrinäre Stilübung erscheint. Dahlmanns Ge-
dankengang nämlich ist rein theoretisch: Wir brauchen einen Bundesstaat, wofür das klassische Muster in Amerika vorliegt, und er kann,
da die Einzelstaaten monarchisch sind, gleichfalls nur ein monarchisches
Oberhaupt haben. Wie aber in diesem Bunde unsere zwei Großmächte
Raum haben, und wer die Kaiserkrone tragen soll, wird nicht gesagt.
So geschah, was der Gegenwart schon wie ein Märchen klingt: Unter
den Siebzehnern stimmten Dahlmann und Schmerling einträchtiglich
für den Erbkaiser, der eine meinte im stillen den preußischen, der
andere den österreichischen.

„Niemand in der Welt," sagt der Entwurf, „ist so mächtig, ein
Volk von über 40 Millionen, welches den Vorsatz gefaßt hat, sich selbst
fortan anzugehören, daran zu verhindern, niemand auch dürfte nur
wünschen, es zu sein." Gewiß; doch bestand dieser Vorsatz wirklich klar
und fest in der Nation? in diesem Volke, das, kaum befreit, sich mit
Begeisterung in die Arme einer halbfremden Macht stürzte? Seit einem
Menschenalter lastete die Tyrannei des Wiener Hofes auf Deutschland
und Österreich; die Österreicher waren von Deutschland geschieden —
so lautete das Stichwort des Tages — durch eine chinesische Mauer.
Jetzt fiel die Mauer, und jauchzend umarmte man die Österreicher
als verloren geglaubte, glücklich wiedergefundene Brüder; die gemütliche Anarchie der Studentenherrschaft zu Wien entsprach so recht allen
Neigungen des revolutionären Philistertums. Niemand fragte, wie es
doch komme, daß die österreichischen Brüder nur einen, sage einen
Abgeordneten in das Vorparlament geschickt hatten; niemand erinnerte
sich, daß bald in das Ministerium des wiedergeborenen Österreichs derselbe Wessenberg eintrat, welcher die deutsche Bundesakte im wesentlichen verfaßt hat. Die einen hofften, Österreich werde auf Ungarn
und Italien verzichten und also mitsamt den Tschechen und Hannaken
ein deutscher Staat werden; die anderen wiegten sich in alten gibel-
linischen Träumen und jauchzten als freie Deutsche dem Heere Radetzkys
zu. Derweil also herzliche Teilnahme überall den Österreichern ent-
gegenkam, ergoß sich nach den unseligen Berliner Märztagen ein Strom
von Verwünschungen auf das Haupt des Königs von Preußen. Sein

verheißendes Wort: „Ich stelle mich an die Spitze der deutschen Be=
wegung" fiel platt zu Boden; selbst die preußenfreundliche Deutsche
Zeitung meinte im ersten Schrecken, das Volk unterscheide nicht zwischen
dem Staate und dem Könige. In der Demokratie galt das Schmähen
wider das Preußentum als das erste Kennzeichen der Gesinnungs=
tüchtigkeit; der siebenjährige Kampf des preußischen Volkes um seine
Verfassung war jetzt ein Nichts neben den glorreichen Wiener Revo=
lutionstagen, und der deutsche Freiheitsredner bezeigte seine glühende
Liebe jenen Polen, die soeben den Mordbrand trugen in die verheißungs=
volle Pflanzstatt deutscher Kultur im Nordosten. Auch die Gemäßigten
ahnten kaum die welthistorische Bedeutung des preußisch=österreichischen
Dualismus. Einer der geistvollsten und weltkundigsten Patrioten,
R. Mohl, konnte noch schreiben: „Wir brauchen ein Kaisertum; ob
aber Österreich oder Preußen die Krone tragen soll, darüber werden
die Meinungen auseinandergehen; ich meinerseits spreche mich für
Österreich aus." Sehr häufig hieß es unter den besten Köpfen: Zuerst
laßt uns die deutsche Verfassung schaffen; ob Österreich oder Preußen
an die Spitze treten soll, diese Personalfrage kann nachher erledigt
werden. Und Dahlmanns Schwiegersohn Reyscher stritt noch später,
im Mai, für einen alle drei Jahre wechselnden Wahlkönig.

Erst das Parlament hat durch seine Kämpfe und Leiden die Nation
dieser Unklarheit entrissen, es hat durch jeden erdenklichen Versuch er=
probt, daß die Verbindung Deutschlands mit Österreich nur möglich
ist in der Form eines Bundes, der in Wahrheit keiner ist. Seitdem
erst bringt in immer weiteren Kreisen die Überzeugung durch: was
jene Frühlingstage eine Frage der Personen nannten, das ist in Wahr=
heit die deutsche Frage selber, es ist die Frage: ob wir Deutsche sein
oder, unser Blut verleugnend, das Vaterland verketten wollen mit einem
Mischreiche, das eine deutsche Politik nicht führen kann. — Die Schule
dieser Erfahrungen stand unserem Volke noch bevor; die hoffnungsselige
Welt des Frühjahrs 1848 ward durch den Siebzehnerentwurf allzu
unsanft aus ihren Träumen gerissen; ein allgemeiner Aufschrei empfing
ihn. Die einen durchschauten empört, daß hinter dem abstrakten
Kaiser die preußische Krone sich verbarg, die anderen warfen den reak=
tionären Urheber dieses monarchischen Verfassungsplanes zu den Antiqui=
tätenkrämern. Und die Kabinette? „Wenn Deutschlands einträchtiger
Fürstenrat," sagte der Entwurf, „der großen Maiversammlung zu Frank=
furt einen deutschen Fürsten seiner Wahl als erbliches Reichsoberhaupt

zur Annahme zuführt, dann werden Freiheit und Ordnung auf deutschem
Boden sich die Hände reichen und fürder nicht voneinanderlassen."
Jawohl; doch wenn dies „Wenn" möglich war, dann war der Bau
der deutschen Einheit, wozu die Nation soeben die ersten Steine zögernd
zusammentrug, bereits vollendet. Weder über diesen noch über irgend
einen anderen Verfassungsplan vermochten die Höfe sich zu verständigen,
nicht einmal über den sehr einsichtigen Vorschlag der Vertrauensmänner,
der Bundestag solle selber das Parlament eröffnen und durch Kom=
missare mit ihm in Verhandlung treten. Auch nachher scheiterte jeder
Vorschlag, ein Staatenhaus oder eine Gesandtenversammlung neben
der Nationalvertretung zu bilden, an der Zwietracht und Ratlosigkeit
der Kabinette. So blieb der Siebzehnerentwurf eine Privatarbeit, und
erst nach Monaten tauchten seine Ideen wieder empor. Ein Viertel=
jahr war verstrichen, seit Bassermann das Signal gab zur deutschen
Revolution, und von den Regierungen war nichts geschehen, was ihnen
eine Einwirkung sichern konnte auf das deutsche Verfassungswerk. Und
doch — solche tragische Ironie waltete über unseren Geschicken — eben
diese Unfähigkeit der Kabinette hat ihnen später die Rückkehr zur alten
Unordnung erleichtert; denn fanden sie den Einmut, mit dem Parla=
mente von Anbeginn durch gesetzliche Vertreter zu verhandeln, wieviel
schwerer war es dann, mit dem Parlamente zu brechen! —

In so außerordentlicher Lage trat das Parlament zusammen, dessen
Untergang gemeinhin dem Bonner Professor und seinen Genossen schuld
gegeben wird. Wenn wir heute diese Verhandlungen durchgehen, die
so reich sind an Geist und Edelsinn, die den Ruhm deutscher Beredsam=
keit zum ersten Male durch die Welt trugen und doch uns oft erscheinen
wie ein Kampf um leere Luftgebilde — wenn wir die Männer mustern,
welche ein unerfahrenes, lange mißhandeltes Volk in Augenblicken
fieberischer Erregung zu seinen Vertretern kürte, und mit einigem Stolze
finden: der deutsche Reichstag ragte hoch hinaus über alle anderen
konstituierenden Versammlungen, welche der Weltteil in diesen stür=
mischen Monden sah, er spiegelte getreulich wider das Talent und die
Tugend unseres Volkes, dergestalt, daß Dahlmann, der Kato des Par=
laments, mit seiner uneigennützigen Vaterlandsliebe unter so vielen
gleich wackeren Männern aller Parteien kaum noch auffiel — wenn wir
endlich schauen, wie diese glänzende Versammlung mit alledem nichts
anderes erreichte als ein ruhmloses Ende: dann, in der Tat, scheint unter
der Masse der Ankläger und Verteidiger das letzte Wort denen zu ge=

bühren, welche, wie Adolf Jürgens, mit bornierter Anmaßung über den Untergang so vieler Hoffnungen des Vaterlandes fort und fort nur das eine zu sagen wissen: Es wurde nichts daraus, es konnte nichts daraus werden! Gewiß, die Stellung des Parlaments war von vornherein aussichtslos, unmöglich. Dank der Untätigkeit der Kabinette, dank dem mehr als zweideutigen Bundesbeschlusse, welcher das Parlament berief, die deutsche Verfassung „zwischen den Regierungen und dem Volke zustande zu bringen", mußte sich die Versammlung als eine konstituierende betrachten; sie verfiel also dem wechselvollen Lose aller Konstituanten, welche nur die Wahl haben, entweder alles oder nichts zu sein im Staate. Noch mehr, sie schwebte recht eigentlich in der Luft, sie sollte eine Verfassung schaffen für einen Staat, der noch nicht existierte, ja bevor man noch sicher wußte, welchem Ländergebiete die Verfassung gelten sollte. Die Bundespolitik war bisher geleitet worden allein von den Regierungen ohne jeden Anteil der Nation; jetzt sollte plötzlich die Nation allein ohne die Throne die nationale Politik in die Hand nehmen, und doch bestanden noch die Dynastien, sie zogen von Woche zu Woche kräftiger die Zügel des Regimentes an, die sie im ersten Augenblicke der Angst hatten niedergleiten lassen. Da kam endlich zutage, daß die Versammlung, die allmächtig geglaubte, in Wahrheit, wie Bunsen ihr frühzeitig warnend zurief, nur ein Wort war, mit dem Europa keinen Sinn zu verbinden wußte; sie war kraftlos, wenn ihr nicht gelang, eine mächtige Regierung für sich zu gewinnen und von daher ihre Macht zu entlehnen. Deutschlands Geschicke wurden entschieden in Wien, Berlin, München, aber nicht in Frankfurt. Ein getreuer Ausdruck dieser widerspruchsvollen Lage war der undurchdringliche Wirrwarr der Parteien.

Der Gegensatz der partikularistischen und der Einheitsbestrebungen, welcher sich überall von selber zeigt, wo ein loser Bund zu strafferer Einheit zusammengezogen werden soll, und auch bei der Gründung des amerikanischen wie des schweizerischen Bundesstaates wirklich entscheidend hervortrat — er ist im deutschen Parlamente niemals klar geworden; denn mit ihm verschlang sich der Gegensatz der Republikaner und der Monarchisten, der Österreicher und der Preußen. So ist denn unter den Parteien des Parlaments keine, welche heute noch einem strengen Urteile durchaus standhielte. Man mag der Linken nachrühmen, daß sie von Anbeginn die geheimen Absichten der Höfe scharf durchschaute; aber wer will heute noch den doktrinären Radikalismus dieser Partei entschuldigen? wer verteidigt noch, daß sie alle Länder

Deutschlands möglichst gleichmäßig demokratisch einzurichten trachtete und trotzdem jeder starken Bundesgewalt widerstrebte? und wer vollends versteht noch jene unselige Verblendung, welche die Revolution eines sittlichen Volkes zu eröffnen versuchte mit jenem scheußlichen Massen=despotismus, der die französische Revolution beendigte? Und wieder dem Zentrum wird der Ruhm verbleiben, daß in ihm die staats=männische überzeugung feststand: die Einheit ist diesem zersplitterten Volke wichtiger als der höchste Grad der Freiheit — daß in ihm jene politischen Pläne geboren wurden, deren Weiterbildung noch viele Jahre lang unsere nationale Staatskunst beschäftigen wird; aber wer mag heute noch jenes blinde Vertrauen billigen, das diese Partei den Höfen entgegenbrachte? Wohl war es ein edles Bestreben, „die Revolution zu schließen", aber solches Streben gelingt nur dem, der mit einer größeren Macht die Macht der Massen bändigen kann.

Zudem bestand das Parlament, was sich aus der Geschichte der jüngsten Jahrzehnte leicht erklärt, zu vollen vier Fünfteilen aus Männern der gelehrten Stände, die erwerbenden Klassen waren fast gar nicht vertreten; so erhielt die Versammlung einen stark doktrinären Charakter. Unmäßig überwog — was sich wiederum notwendig aus der Geschichte der letzten Jahre ergab — der Einfluß des Südwestens; die grundverkehrte Vorstellung bestand, als ob in diesen Kleinstaaten des Südens, weil dort am meisten geredet wird vom Vaterlande, auch der tatkräftigste Patriotismus lebe. Die nüchternere Gegenwart be=ginnt zu verstehen — wie sehr sich auch unter uns Süd= und Mittel=deutschen das Selbstgefühl dawider sträuben mag — daß der Schwer=punkt unserer Politik, unserer Wehrkraft und Volkswirtschaft heutzutage im Norden liegt. Bedenken wir noch, welche verworrene Zeit des phrasenhaften Liberalismus dem Parlamente voranging. „O walle hin, du Opferbrand, weit über Land und Meer und schling' ein einig Liebes=band um alle Völker her" — dieser sentimentale Phrasenschwall, den heute schon kein ernster Mann ohne Unmut lesen mag, stand in gol=denen Lettern über dem Präsidentenstuhle des deutschen Parlaments. Kein Wunder, daß eine Versammlung, die aus einer Epoche der Rede=schwelgerei erstand, an die härteste Machtfrage der Zeit — an die Frage: wie Deutschland zu Österreich stehe? — nur auf Umwegen, zögernd und wie mit bösem Gewissen herantrat! Nehmen wir all dies zusammen, so ist klar: das deutsche Parlament erschien zu früh, es konnte seine Aufgabe nicht lösen. Aber mitnichten meinen wir uns darum berechtigt, gleich jenem Allestabler Jürgens die Männer mit Schmähungen zu überhäufen, welche das zurzeit Unmögliche nicht möglich machten. Denn fragen wir nach der eigenen positiven Meinung jener Allesscheltenden, so begegnet uns — eine ungeheure Albernheit. Sie meinen, das Parlament hätte sich begnügen sollen mit einer bescheidenen Reform des Bundesrechtes an einzelnen Stellen. Als ob nicht vorher die Erfahrung eines Menschenalters und nachher die Rückkehr des unveränderten alten Bundestags zur Genüge bewiesen hätten, daß der morsche Bau des Bundesrechtes eine Ausbesserung einzelner Löcher nicht mehr vertrug! Nein, es galt zu handeln, es galt den Neubau Deutschlands zu versuchen, und die Männer, welche erfolglos dies notwendige Wagnis auf sich nahmen, haben gerechten Anspruch auf ein mildes Urteil. Die Nation wird sich nicht wieder trennen von der Erinnerung, daß sie einmal doch während kurzer Monde nicht mediatisiert war, und sie wird die Versuche nationaler Reform immer wieder anknüpfen müssen an die in der Paulskirche gezeitigten Gedanken.

Nur mit Freiheitsfragen hatten sich bisher unsere Politiker ernstlich befaßt; daher gruppierten sich auch — unnatürlich genug — die Mitglieder dieser Versammlung, welche die Einheitsfrage lösen sollte, zunächst nach ihrer mehr oder minder liberalen Färbung. Langsamer als die demokratische und die rein konservative Partei scharten sich die meisten konservativ-liberalen Elemente des Hauses zu der Partei des rechten Zentrums zusammen, welche anfangs die wichtigsten Abstimmungen entschied. In den Sitzungen dieses Klubs war Dahlmann, welchem schleswig-holsteinische, preußische und hannoversche Wahlbezirke wetteifernd ihr Mandat für das Parlament angeboten hatten, alsbald ein angesehener Führer. Man kannte seine ruhig zuversichtliche Weise, die mit fremden Meinungen kein langes Aufheben machte; in ihr lag seine Schwäche als Politiker, seine Stärke als Lehrer und überreder, darum hieß es in der Partei, wenn einer sich gar nicht überzeugen lassen wollte: „Dahlmann muß ihn anhauchen." Seltener redete er im Hause, ihm fehlte die rasche Beweglichkeit, welche das dramatische Leben der Debatte verlangt. Oft unterbrochen durch die Mahnung lauter zu reden, sprach er seine knappen, gedrungenen, wie in Stein gehauenen Sätze, welche den Leser entzücken und eben deshalb keine echten Reden sind. Wie ein vornehmer Schriftsteller gab er nur die Essenz, die Resultate seines Denkens, während die geborenen Redner des Hauses, die Vincke, Rießer, L. Simon u. a., die Kunst verstanden, Gedanken und Empfin-

dungen vor den Augen der Hörer entstehen und in einem feurigen
Strome dahinrauschen zu lassen. Wenn er dennoch mehrmals auf der
Rednerbühne große Erfolge errang, so dankte er dies der Stimme des
Gewissens, die mahnend aus seinen Worten klang; am sichersten ergriff
sein Vortrag, wenn er ein Selbstbekenntnis gab und von den bitteren
vaterländischen Erfahrungen sprach, welche den Gelehrten zum „argen
Unitarier, zum entschlossenen Einheitsmann" erzogen.

Großen, entscheidenden Einfluß übte er als Mitglied des Ver-
fassungsausschusses, welcher unter dreißig Mitgliedern dreizehn Professoren enthielt und das reiche Talent sowie die doktrinäre Richtung
der Mehrheit des Hauses bedeutsam zeigte. Wegwerfend, im Tone des
Lehrers trat Dahlmann oft den radikalen Ausschweifungen der Linken
entgegen, doch von der unerfreulichsten Unsitte seiner Partei blieb er
frei: die Genossen als die Edeln, die Eigentlichen, die besten Männer
zu feiern, widersprach seinem schlichten Wesen. Aber auch er widerstand
nicht dem Zauber edler, vornehmer Liebenswürdigkeit und Würde, wodurch Heinrich v. Gagern die Augenzeugen hinriß. Solchen Naturen,
die mehr sind als sie leisten, gerecht zu werden, wird dereinst die schwerste
Aufgabe der Geschichtschreiber des Parlaments bilden: verstehen wir
doch schon heute nur mit Mühe, wie vordem Luden einen so starken und
wohlberechtigten Einfluß auf die Jugend ausüben konnte. Wesentlich
durch Dahlmanns Einfluß ward Gagern für die Stelle des Führers
ausersehen, und abermals bewährte sich, daß großes Talent, Beweglichkeit
und Tatkraft im Leben der Staaten Größeres leisten als eine edle Natur.

Noch stand vorerst der Kampf der Radikalen und Konservativen
über allen anderen Fragen, noch übertönte das Schlachtgeschrei „Freiheit" und „Ordnung" jeden anderen Parteiruf. Man bedurfte alsbald
einer starken Zentralgewalt, um die Gesellschaft vor dem wüsten Treiben
des anarchischen Pöbels zu schützen, wozu der mißachtete Bundestag
nicht imstande war. Aber so unfertig, so ratlos standen die Parteien noch vor dem Rätsel der deutschen Verfassung, daß man sich behelfen mußte mit einem Provisorium, welches offenbar die endgültige
Lösung der Verfassungsfrage nur erschweren konnte. Den König von
Preußen beim Worte zu nehmen und ihm provisorisch die Leitung
Deutschlands zu übertragen, schien schlechthin unmöglich: er war kaum
Herr im eigenen Hause, und die ungeheure Mehrheit des Parlaments
beherrschte der Preußenhaß. Als ein Antrag in jenem Sinne gestellt
ward, begrüßte Hohngelächter den mutigen „Abgeordneten aus Pom-

mern" (denn so stand es in diesen gesinnungstüchtigen Tagen: der Name des tapferen Landes, dessen Landwehr den Franzosen den Weg über den Rhein gewiesen, galt nahezu als ein Schimpfname), und niemand protestierte, als ein Österreicher die Frechheit hatte zu verlangen, man solle diesen Hohn gegen die preußische Krone im Protokolle vermerken! In so verzweifelter Lage war der Vorschlag, welchen Dahlmann als Berichterstatter des Ausschusses verteidigte, immerhin der erträglichste: die Regierungen von Österreich, Preußen und dem sogenannten reinen Deutschland sollten je ein Mitglied für ein provisorisches Direktorium bestellen. Die einen dachten dabei an Schmerling, Dahlmann, v. d. Pforbten, die praktischen Köpfe an je einen Prinzen aus Österreich, Preußen und Bayern. Geschah letzteres, so war nicht unmöglich, daß die Kronen der von ihnen selber eingesetzten Zentralgewalt notdürftig Gehorsam leisteten. Aber im Verlaufe der mehrtägigen Debatten schlug die Stimmung der Mehrheit um. Die Furcht vor den Händeln in einem dreiköpfigen Kollegium, der Wunsch, die Einheit Deutschlands, welche man bereits geschaffen wähnte, in einer Person zu verkörpern, endlich auch ein doktrinärer Monarchismus, welcher durch die Ernennung eines Mannes das monarchische Prinzip gewahrt glaubte — das alles befreundete die Versammlung allmählich mit dem Gedanken, einen Reichsverweser einzusetzen. Auch Dahlmann und der Ausschuß gaben endlich nach, blieben aber dabei, die Ernennung müsse von den Regierungen ausgehen.

Da, am Ende der Debatten, allem parlamentarischen Brauche zuwider, überraschte Gagern das Parlament mit seinem kühnen Griffe, er schlug vor, daß die Versammlung selber den unverantwortlichen Reichsverweser wähle. Unermeßlicher Beifall folgte seiner Rede, er stand auf der Höhe seines Ruhmes, sein Vorschlag schien alle Parteien zu versöhnen. Nach ihm erstattete Dahlmann seinen Schlußbericht. Während Gagerns Worte noch jedes Herz stürmisch bewegten, ging der Berichterstatter ruhig, als sei nichts vorgefallen, die verschiedenen vorgeschlagenen „Systeme" durch (das Wort bezeichnet den Mann), fertigte herb und treffend die republikanischen Bestrebungen der Linken ab — denn „es gibt auch einen Hochverrat gegen den gesunden Menschenverstand" — und empfahl die letzten Vorschläge des Ausschusses, ohne das Ereignis des Tages auch nur zu erwähnen. Nachher unter den Genossen sprach er scharf gegen den „kühnen Mißgriff"; es sei besser, der Präsident falle als die Versammlung. Man hörte ihn nicht, der

Reichsverweser ward von dem Parlamente gewählt. Wer aber mag heute noch bestreiten, daß der unbewegliche Mann, der so wenig vermochte, einen gefährlichen Gedanken schlagfertig abzuweisen, in der Sache das Rechte traf? Denn was war erreicht durch den kühnen Griff? Alle Regierungen hatte man schwer, Preußens Volk und Krone unvergeßlich beleidigt und doch keine nationale Macht gegründet, welche die Grollenden bändigen konnte. Deutschlands Oberhaupt war ein ohnmächtiger Privatmann, der ebenso in der Luft stand wie das Parlament selber — und welch ein Mann! In solchen Tagen des Fiebers werden alle dunkeln Kräfte rege, die in der Seele des Volkes schlummern, auch die Kraft der Mythenbildung. Die Welt erzählte sich von einem Trinkspruche des Erzherzogs Johann, der, war er wirklich gehalten, der politischen Fähigkeit seines Urhebers ein Armutszeugnis ausstellte und zum überfluß zur Hälfte erdichtet war. Um dieses Trinkspruchs willen — denn noch weniger wußte die Nation von den Verdiensten ihrer anderen Prinzen — ward an Deutschlands Spitze gestellt ein schwacher, bequemer alter Mann, klug genug, um das Volk mit jener lothringischen Gemütlichkeit anzubiedern, welche unserer Gutmütigkeit so hochgefährlich ist, ausgestattet mit allen Attributen eines Monarchen, nur nicht mit der Macht, und sehr geneigt, seine unverantwortliche Gewalt zur rechten Stunde auch unverantwortlich zu gebrauchen, sie auszubeuten zum Besten des Hauses Lothringen. Gewiß, das deutsche Parlament erschien zu früh.

Kaum bewog man die Regierungen, dieser traumhaften Reichsgewalt eine halbe Huldigung zu leisten. Bald nachher kam der unselige Tag, da sich entscheiden sollte, ob dieser stolze Reichstag irgend eine Macht besaß. Dem Manne, der „die besten Kräfte seiner Jugend, die Treue eines Menschenalters der Sache Schleswig-Holsteins gewidmet", schlug das Herz höher, als im Frühjahr ein ehrlicher Krieg seines Heimatlandes alte Leiden zu beenden schien. Er hoffte, dort im Norden werde sich die Sache der deutschen Einheit entscheiden. So stark trat Dahlmanns Teilnahme für diesen Kampf hervor, daß viele ihm, mit Unrecht, nachsagten, die deutsche Revolution habe für ihn nur darum einen Wert, weil sie Schleswig-Holstein befreie. Aber kraftlos führte Preußen den Krieg, unwürdig wich es den Drohungen der großen Mächte und schloß den Waffenstillstand von Malmö, im Namen des Deutschen Bundes, doch im Widerspruche mit den ausdrücklichen Vorschriften der Zentralgewalt. Die provisorische Regierung Schleswig-

Holsteins aufgelöst, ihre Gesetze aufgehoben — und damit folgerecht die Mandate der Abgeordneten des Landes in Frankfurt, auch Dahlmanns eigenes, annulliert — die Truppen Schleswigs von den Holsteinern getrennt, sieben unschätzbare Wintermonate für den Krieg verloren, und zu alledem der Haupturheber des Unglücks im Lande, Graf Karl Moltke, zum Mitgliede der neuen Regierung ernannt — dies die Bestimmungen eines Vertrags, der im ganzen demütigend, in einzelnen Punkten schmachvoll war. Dahlmann sah seine teuersten Hoffnungen zerstört. Das Papier zitterte in seiner Hand, und seine Stimme bebte, als er am 4. September die Interpellation an die Reichsminister richtete, welche fragte, ob all diese Schande wahr sei.

„Am 9. Junius — so schloß er — vor noch nicht drei Monaten, wurde hier in der Paulskirche beschlossen, daß in der schleswig-holsteinischen Sache die Ehre Deutschlands gewahrt werden solle, die Ehre Deutschlands!" Diese Mahnung an das Heiligste, was Deutsche kennen, aus einem Munde, der nie ein Schlagwort sprach, fiel erschütternd in alle Herzen. Mit Mühe gelang es den Besonnenen, die Beratung um 24 Stunden zu verschieben. Die eine Nacht änderte nichts an dem Sinne des Mannes. Er beantragte jetzt die vorläufige Sistierung des Waffenstillstandes, und nie trat schöner an den Tag, welche Glut patriotischer Leidenschaft unter der starren Hülle seines ruhigen Wesens brannte. „Unsere eigenen Landsleute dem Untergange zu überliefern, das ist es, wozu ich den Mut nicht besitze, und darum eben bin ich so mutig." Als er die Hoffnung aussprach, Schleswig-Holstein werde widerstehen, dem Waffenstillstand zum Trotz, da gedachte unter den Hörern mancher jener Szene, die Dahlmann vor wenigen Jahren in seiner Revolutionsgeschichte so schön geschildert hatte — des Augenblicks, da Lord Chatham im Oberhause die berühmten Worte sprach: America has resisted, I am glad to hear it. Und ein Blick in eine finstere Zukunft tat sich auf, da er rief: „Unterwerfen wir uns bei der ersten Prüfung, welche uns naht, den Mächten des Auslandes gegenüber, kleinmütig bei dem Anfange, dem ersten Anblick der Gefahr, dann, meine Herren, werden Sie Ihr ehemals stolzes Haupt nie wieder erheben! Denken Sie an diese meine Worte: nie!" — Er stand allein in seiner Partei; durch die Stimmen der Linken und des linken Zentrums ward der Beschluß, die Ausführung des Waffenstillstandes zu sistieren, angenommen.

Kein Schritt in Dahlmanns Leben fordert so lebhaft die wärmste

Empfindung patriotischer Teilnahme heraus, und die Gegenwart, stolz
auf unsere jüngsten Erfolge im Norden, ist sehr geneigt, ihm eben diese
Tat zum höchsten Ruhme anzurechnen. Wer kalt die wirkliche Lage be=
trachtet, kommt zu dem entgegengesetzten Urteil. Dahlmanns Verfahren
war der Fehler eines reinen Patrioten, aber doch ein schwerer politischer
Fehler. Alle Gründe des edeln Mannes brechen zusammen vor der einen
Frage: was denn nun werden sollte? Wo war die Macht, den Waffen=
stillstand zu sistieren? Mit welchem Heere wollte man den Krieg gegen
Dänemark weiterführen? Preußen konnte ohne schreiende Verletzung
des Völkerrechts den ratifizierten Vertrag nicht brechen; auch ein Mini=
sterwechsel in Berlin änderte daran nichts, und eine Regierungsände=
rung zum Besten Schleswig=Holsteins zu bewirken, war keineswegs die
Absicht der unruhigen Massen in Berlin. Das Parlament überwarf sich
also mit dem einzigen deutschen Staate, der in den letzten Monaten
sehr wenig freilich, aber doch etwas für Deutschland geleistet; und auf
diesen Bruch zwischen Berlin und Frankfurt hatten seit Monaten die
Totfeinde der deutschen Einheit, die Diplomatie des Zaren Nikolaus
und die Hofpartei in Potsdam, emsig hingearbeitet! — Stand Deutsch=
lands Ehre auf dem Spiele, erwidert man, so mußte man auch den
Bruch mit Preußen wagen. Nun wohl, aber wo waren die Bataillone,
welche gegen Preußens Willen die Dänen schlagen konnten? Der jüngste
Feldzug wurde gegen das Ende deshalb so lahm geführt, weil die
Mittelstaaten pflichtwidrig ihre Kontingente nicht zum Reichsheere ab=
gehen ließen. Und diese Staaten sollten, auf die Gefahr eines Bürger=
krieges mit Preußen, selbständig den Feldzug gegen Dänemark führen
in einem Augenblicke, da sie ihrer Heere gegen die radikalen Umtriebe
daheim dringend bedurften, das badische und viele andere kleine Kon=
tingente demoralisiert und die bayrische Armee, dank der Kunstliebe
König Ludwigs, seit Jahren verwahrlost war? Wer ist so kühn, nach
den Erfahrungen des Dezembers 1863 noch an diese Möglichkeit zu
glauben? — Wohlan, ruft man — und dieser Grund besticht am
stärksten — so mußte das Parlament die Herzogtümer auffordern,
daß sie selbständig, wie im Jahre 1850, ihren Krieg führten. Aber in
jenem Zeitpunkte besaß Schleswig=Holstein nur einige schlecht orga=
nisierte Bataillone; und diese wenigen Truppen durch Freischaren aus
Deutschland verstärken, wie Dahlmann hoffte, das hieß die Blüte deut=
scher Jugend in das sichere Verderben senden. Solches begriff der ge=
sunde Menschenverstand der Schleswig=Holsteiner sehr schnell; sie fügten

sich und benutzten den Waffenstillstand, um das Heer zu schaffen, das bei Idstedt und Missunde schlug. — „So blieb endlich," sagen die Demokraten, „die Volkserhebung: das Parlament mußte als ein Konvent verfahren, die Nation aufbieten, im Notfall dreißig Throne stürzen usw.; der Septemberaufstand zu Frankfurt bewies ja klärlich, daß die Nation von hoher Begeisterung für ihr Recht im Norden durchglüht war." — Wirklich? Wollte der Himmel, es lebte bereits in unserem Volke eine so heiße vaterländische Leidenschaft, daß auf die Kunde: „Die Ehre Deutschlands ist gefährdet" Millionen Fäuste sich ans Messer ballten! Wer Deutschland kennt, wird das nicht glauben. Der Kummer um Schleswig-Holstein, wahrlich, war es nicht, was die Pöbelhaufen der Pfingstweide auf die Barrikaden trieb. Die Teilnahme im Volke für den Krieg war unzweifelhaft weit schwächer als im Jahre 1864. So bleiben nur noch jene Meinungen, welche über jeden Einwurf erhaben sind: die Ansicht, man sollte mit dem idealen deutschen „Volksgeiste" die realen Batterien auf Alsen stürmen — desgleichen die Meinung: „Das Parlament mußte mit Bewußtsein einen unausführbaren Beschluß fassen und dann heldenhaft untergehen; ein solcher Untergang ist ein moralischer Sieg." Nur leider liebt die Weltgeschichte die Theatereffekte weniger als unsere Gefühlspolitiker. Der wahrscheinliche Ausgang, wenn Dahlmanns Meinung die Oberhand behauptete, wäre weit minder tragisch, doch um so kläglicher gewesen: die großen deutschen Kabinette hätten den Beschluß des Parlaments einfach ignoriert, und nach einigen radikalen Putschen und jener ungeheueren Zänkerei, welche bei uns in solchen Fällen landesüblich ist, hätte das Parlament seine Ohnmacht eingestehen müssen. Mit kurzen Worten: Dahlmanns Rede war, im englischen Parlamente gesprochen, die Tat eines Staatsmannes, in einer Nationalversammlung ohne Macht das verlorene Wort eines edeln Patrioten, der das Unmögliche verlangte.

Die Strafe, eine schrecklich harte Strafe, folgte dem Fehler auf dem Fuße. Das Reichsministerium trat ab, Dahlmann ward beauftragt, ein neues Kabinett zu bilden. Langsam, ohne Ehrgeiz, ohne eine Aber jener rücksichtslosen Kühnheit, welche in den Personen nur Mittel zum Zwecke sieht, wußte er sehr wohl, daß er der Mann nicht war, einen großen Staat zu leiten; er bot jetzt einen gar traurigen Anblick. Seine Freunde standen auf der Seite der Gegner. Eine Verständigung mit der Linken versprach keinen Erfolg, da die Meinungen über die Mittel zur Ausführung des Sistierungsbeschlusses zu weit auseinander-

gingen, und der Mann der strengen Überzeugung konnte sich nicht zu
einem Kompromiß entschließen; ich kann doch nicht, hörte man ihn
sagen, mit Robert Blum zusammen im Ministerium sitzen. Während
starke Aufforderungen zum Reden, heftige Ausfälle ihn reizten, blieb er
wortlos; er schrieb an Gervinus, der in Rom weilte. Stürmisch for=
derte die Linke Ausführung des Sistierungsbeschlusses, sie verlangte die
verwegensten Schritte, sogar einen Vollziehungsausschuß; Dahlmann
beschwor sie, diese Anträge zurückzunehmen, nach einigen Tagen gab er
verzweifelt seinen Auftrag zurück. Unterdessen waren die deutschen
Truppen, trotz des Sistierungsbeschlusses, aus den Herzogtümern ab=
marschiert, der Waffenstillstand bestand tatsächlich, nur daß mehrere
der für Deutschland härtesten Bedingungen nicht ausgeführt wurden.
Am 14. September, da die Beratung über die endgültige Verwerfung
des Waffenstillstandes begann, war die Stimmung in der Paulskirche
bereits verwandelt. Vincke ehrte Dahlmann und sich selber, da er in
einer seiner schönsten Reden von dem „durch edle Motive auf das Eis
geführten" Gegner sagte: „Herr Dahlmann bedarf es nicht, daß ich
ihm meine Hochachtung ausspreche, denn er besitzt die Hochachtung von
ganz Deutschland, und die wird ihm bleiben." Aber welch ein Irrtum,
wenn Vincke der Nationalversammlung für die Annahme des Waffen=
stillstandes die Achtung Europas versprach! Es war doch ein tragischer
Augenblick, die Ahnung einer großen Katastrophe flog durch die Hallen,
als in der Dämmerung des 16. September verkündet ward, der Waffen=
stillstand sei im wesentlichen gutgeheißen, und ein dumpfes, mißlauten=
des Getöse der Galerien dies Ergebnis begrüßte. Es waren doch pro=
phetische Worte, die Dahlmann den Genossen zurief: „Sie werden Ihr
Haupt nie wieder erheben!" An jenem Abend zerriß der Nebel, der das
Auge der Deutschen monatelang umnachtet; sie hatten geträumt, eine
wirkliche Reichsgewalt und ein mächtiges Parlament zu besitzen, jetzt
mußten die beiden Gewalten gestehen, daß Preußen über unser Schick=
sal entscheidet. Wohl war es notwendig, daß die Nationalversamm=
lung ihre Ohnmacht bekannte; aber ein so bitteres Müssen versteht der
große Haufe nicht: er sah in der Mehrheit der Paulskirche einfach Ver=
räter. Die Nationalversammlung billigte den Waffenstillstand, um
nicht das Werk, dazu sie berufen war, das Verfassungswerk zu gefähr=
den; doch im selben Augenblicke brach ihre einzige Macht, ihr morali=
sches Ansehen, zusammen. Es war der Anfang des Endes.

Nun regten sich alle die unsauberen Elemente, welche die Demo=
kratie — die am buntesten gemischte unter den Parteien des stürmischen
Jahres — umfaßte. Dieselben Demagogen, die eine halbe Million
Deutscher in Posen den polnischen Sensenmännern ausliefern wollten,
hetzten durch das Geschrei: „Verrat an Schleswig=Holstein" den Pöbel
zum Mord und sinnlosen Aufruhr. Der Aufstand ward besiegt, doch
auf Wochen hinaus erfüllte wilder verbitterter Parteihaber die Pauls=
kirche. Auch Dahlmann trat auf „in schwerer Sorge für seinen guten
Ruf als Mensch und als Vaterlandsfreund" und protestierte gegen
jede Belobung, die ihm in den Blättern der Linken gespendet werde.
Bei solcher Todfeindschaft war die Versöhnung zwischen dem Zentrum
und der gemäßigten Demokratie unmöglich, worauf doch das Gelingen
des Verfassungswerkes beruhte. Monate waren verflossen über der
Beratung der Grundrechte; denn den kurzen verständigen Entwurf
der Grundrechte, welchen Dahlmann mit R. Mohl und Mühlfeld
verfaßt, hatte man verworfen und jenen ausführlichen Entwurf vor=
gezogen, welcher die unheilvollen endlosen Debatten veranlaßte.
R. Mohl bemerkt vortrefflich, daß die Versammlung, die noch keinen
bestimmten Plan für die Verfassung hegte, eines solchen Tummel=
platzes bedurfte, um die Kräfte der Parteien zu messen und sich selber
kennenzulernen; und ebenso natürlich war, daß in einem Volke,
welches bisher nur Freiheitsfragen kannte, eben die Grundrechte diesen
Kampfplatz abgaben.

Dergestalt näherte man sich erst nach der Katastrophe dem Kerne
der Verfassungsfrage. Noch um Michaelis, als die Deutsche Zeitung
nach Frankfurt übersiedelte, strich Dahlmann den Satz ihres Pro=
gramms, welcher die preußische Spitze verlangte, mit der Bemerkung:
„Das kann man jetzt noch gar nicht wissen." Die österreichische Frage,
so lange durch wohlgemeinte Beschwichtigungen hinausgeschoben, drängte
sich endlich unabweisbar auf. Im Verfassungsausschusse entwarfen
Dahlmann und Droysen die beiden Paragraphen, welche bestimmten,
daß kein deutscher Staat mit nicht=deutschen anders als durch Personal=
union verbunden sein dürfe. „Der Schild der Notwendigkeit," sprach
Dahlmann, „deckt diese Sätze; streichen wir sie, so müssen wir zu jedem
Paragraphen hinzufügen: das soll für Österreich nicht gelten — oder
die Einheit Deutschlands soll nicht zustandekommen. Diese Frage
steht über allen Parteien, es ist die Frage unserer Zukunft." In der
Tat, ein starker Schritt vorwärts zur richtigen Erkenntnis der Sach=

lage. Aber noch war man weit von der Einsicht, daß ein lebensfähiger Bundesstaat keine Verbindung eines seiner Glieder mit außerbündischen Ländern, auch die Personalunion nicht, ertragen kann. Noch meinte Dahlmann, die Deutsch-Österreicher würden in die Zerteilung ihres Reiches in zwei selbständige Hälften willigen, „sie müßten denn im Kitzel des Herrseins ihr Heimatsgefühl verleugnen". Darum verstand man jene Paragraphen als eine „Frage an Österreich" und stellte also die Zukunft des Vaterlandes dem guten Willen des Wiener Hofes anheim, der in der Kunst des verschlagenen Zauberns, des unwahren Hinhaltens niemals seinen Meister fand. Bald erfolgte die Antwort auf die Frage an Österreich, verständlich jedem, der hören wollte; das Wiener Kabinett sprach in dem Programm von Kremsier aus, was jeder pflichtgetreue österreichische Staatsmann wollen muß: „Kein Zerreißen der Monarchie, Fortbestand Österreichs in staatlicher Einheit."

Seit dem Eintreten in die großen praktischen Fragen begann endlich eine lebensfähigere Gruppierung der Parteien. Die große Kaiserpartei schied sich ab von den Österreichern und scharte sich um das Ministerium Gagern. Nur ward leider der Rat weltkundiger Genossen nicht beachtet: das neue Reichskabinett erhielt nicht jene überwiegend preußische Zusammensetzung, welche doch nötig war, wenn man sich mit dem Berliner Hofe verständigen wollte. Daß das Verhältnis zu der Linken sich nicht besserte, ward zum Teil durch die Erbkaiserlichen selbst verschuldet; denn beherrscht von dem Widerwillen gegen die Anarchie schaute diese Partei mit Vertrauen den rettenden Taten der „Kabinette der bewaffneten Furcht" in Wien und Berlin zu und ahnte nicht, wie bald die Reaktion auch in die Hallen von St. Paul hereinbrechen werde. Kein geringerer Mann als Dahlmann hat das viel mißbrauchte Wort „rettende Tat" erfunden. Ein deutsches Reich für die reindeutschen Staaten, ein weiterer Bund mit Österreich! war fortan die Losung — ein höchst verwickelter Plan, der alle Kennzeichen einer Übergangsepoche an der Stirn trug und dann gewiß unausführbar blieb, wenn die Deutschen, statt entschlossen zuerst ihr eigenes Reich zu schaffen, köstliche Monate über unfruchtbaren Verhandlungen mit dem schlauen Nachbar verloren. „Das Warten auf Österreich," sagte Beckerath, „ist das Sterben der deutschen Einheit."

Ganz einzige, unerhörte Erscheinungen in dem Parteileben von St. Paul bewährten, daß die Frage unserer Einheit die schwerste ist

von allen, welche je einem Volke gestellt wurden. Wider Willen und
Erwarten war man zu der Einsicht gelangt, daß die Reichsverfassung
für Österreich nicht gelten könne, und doch saßen die Abgeordneten
Österreichs im Hause. Dieser Zustand war so unhaltbar, daß schon
im November gewiegte Diplomaten der alten Schule händereibend
meinten, es sei Zeit, die bestaubten Uniformen auszuklopfen. Zerrissen
von wütendem Parteihasse zeigte das Haus bereits das hippokratische
Gesicht, die Lage war vergleichbar dem Zustande des Kongresses von
Washington kurz vor der Abtrennung der Südstaaten. Die Schlag=
worte: Verräter, Kleindeutsche, Hinauswerfen Österreichs! umschwirrten
die Erbkaiserlichen. Als der Erzjudas galt den Gegnern Dahlmann.
Wer kennt nicht jene Bilder, wie der Bonner Professor einem ge=
sunden Menschen das Bein absägt, weil er schwarzgelbe Flecken auf
der Hose hat, und dergleichen? Kein Wunder, daß die Presse der
Kaiserlichen auf solche Angriffe in sehr hochmütigem Tone antwortete;
denn alle anderen Parteien des Hauses wußten nur, was sie nicht
wollten. Unter den Österreichern entstand der Entschluß, die Ver=
fassung, die nicht für Österreich gelten sollte, so sehr zu „vergiften", so
sehr mit radikaler Torheit anzufüllen, daß sie der Krone Preußen
unannehmbar werde. Diese berufene Koalition der „Metternichschen
Rechten" und der Linken bestand so förmlich und folgerichtig keines=
wegs, wie die Kaiserlichen in der Hitze des Parteikampfes meinten; doch
allerdings sah man jetzt „Namen, die einander anheulten", einträchtig
für die radikalsten Anträge stimmen: k. k. Legitimisten, welchen der
König von Preußen als ein Gegenkaiser galt, in schöner Übereinstim=
mung mit den Anarchisten, welche „kein Oberhaupt" wollten, Ultra=
montane und Schutzzöllner Hand in Hand mit der Demokratie. Wer
heute zurückschaut auf diese Tage des Hasses, wird zwar das Verfahren
der Österreicher unerhört finden — aber auch ihre Lage. Eine Partei
in so verzweifelter Stellung kann nicht wählig sein in ihren Mitteln.
Nicht jedem unter den österreichisch gesinnten Konservativen war jene
edle Offenheit gegeben, welche einen Mann der äußersten ultramontanen
Richtung, Buß, zu dem unschuldigen Geständnis bewog: „Ich bin
mit der äußersten Freiheit gegangen, ich habe dabei der Linken keine
Konzessionen gemacht, es war meine Überzeugung."

Die Kaiserpartei war zurückgekehrt zu den Hauptgedanken des viel=
geschmähten Siebzehnerentwurfes. Im Januar sagte Dahlmann die
staatsmännischen Worte: „Österreich wird durch eine Macht von uns

getrennt, welche stärker ist als wir. Wir können in Freundschaft neben Österreich gehen, ein übermaß erstrebter Einheit würde zur Unfreund=schaft führen. Österreich krankt an seiner Stärke ebensosehr wie andere Staaten an ihrer Schwäche." Mit dieser ruhigen überzeugung stand er ungleich fester da als Gagern, der die reichsritterliche Vorliebe für Österreich kaum verbergen konnte. Aber wenn die Illusionen über Österreichs Lage zu zerstieben begannen, der Wahn, das Parlament sei mächtig, währte fort. Als die Mehrheit durch die Anerkennung des Malmöer Waffenstillstandes ihren guten Ruf aufs Spiel setzte, da mußte sie erkennen, daß sie fortan eine Macht nur sein konnte in der engsten Verbindung mit der preußischen Regierung. Für diesen Zweck geschah von Frankfurt aus zu wenig, von Berlin noch weit weniger, denn keines Sterblichen Auge mochte die wahre Meinung der rätsel=haften preußischen Noten ergründen. Preußen schwankte zwischen Wollen und Nichtwollen, und in St. Paul gebärdete man sich als eine dritte Großmacht neben Wien und Berlin; man arbeitete für Preußen, ohne zu wissen, ob der Freund das Werk billigen werde. Noch zweimal in diesen bangen Monaten trat Dahlmann mit einer großen Rede vor das Haus. Seine Verteidigung des absoluten Veto am 14. Dezember war für den maßvollen deutschen Liberalen ebenso bezeichnend wie wei=land Mirabeaus gewaltige Vetorede für den genialen Tribunen — nicht ganz unähnlich einem Kathedervortrage, doch reich an staats=männischen Gedanken. Wer widerspräche heute noch, wenn Dahlmann sagte, das Veto sei keine Freiheitsfrage, sondern eine Machtfrage? Er durfte wohl versichern: „Die Vorschläge der Gegner sind alle mitein=ander gleichviel wert, sie sind alle gar nichts wert," denn derweil er redete, gab sich die Unreife unserer politischen Bildung in erschreckenden Zeichen kund. Als er sagte: „In den Augen des Herrn v. Trützschler ist augenblicklich jene Regierung die beste, welche am besten zu ge=horchen versteht," da erscholl auf der Linken der vergnügte Ruf: Sehr richtig!! Am 22. Januar, alsbald nach Uhland, bestieg er die Tribüne, um für das Erbkaisertum zu sprechen, und ich denke, die Zahl derer ist heute nicht mehr groß, welche eine Anmaßung finden in seinen Worten: Die Erblichkeit in der Monarchie verteidigen, das heiße das Einmaleins verteidigen. Freilich, die berufene Geschichte vom „alten Esel", die er erzählte, bewies, daß er die Anhänglichkeit der deutschen Stämme an ihre angestammten Fürstenhäuser gar sehr überschätzte. Alle Strenge des Monarchisten, alle Zuversicht des Patrioten sprach

aus den berühmten Worten: „Uns tut ein Herrscherhaus not, welches
gänzlich sich unserem Deutschland widmet. An den Hohenzollern
Preußens können wir ein solches Herrscherhaus nicht nur haben,
sondern mit dem schlechtesten und dem besten Willen kann es kein
Sterblicher dahin bringen, daß wir es nicht an ihnen haben."
Es folgte die traurige Zeit der leblosen entseelten Debatten, da die
Parteien streng geschlossen einander gegenüberstanden und die mächtig=
sten der Redner nur noch in die leere Luft sprachen. Es folgte die
oktroyierte Verfassung, die Österreich — wie billig — als ein selbstän=
diges Reich, ohne jede Rücksicht auf Deutschland konstituierte. In dem=
selben Augenblicke aber, da der Kaiserstaat um sein Dasein kämpfte,
wagte der unbelehrbare Hochmut des Wiener Kabinetts der deutschen
Nation eine Verfassung vorzuschlagen, ohne eine Volksvertretung, doch
mit einem Staatenhause, worin Österreich 38, Deutschland 32 Stim=
men haben sollte! „Die Zerreißung ist vollbracht, doch nicht wir haben
sie verschuldet," sagte selbst Radowitz, und wenn den Hohenzollern die
glorreiche Erinnerung an Hohenfriedberg und Leuthen noch nicht ge=
schwunden war, so mußte in solcher Stunde auch ein vermessener Be=
schluß Eingang finden am Berliner Hofe. Nachdem durch die vereinten
Bestrebungen der Linken und der Partei Schmerlings und Heckschers
die Verfassung eine lange Reihe unmöglicher radikaler Bestimmungen
erhalten hatte, ward endlich das Erbkaisertum in der Paulskirche durch=
gesetzt, aber nicht das preußische. Denn die Mehrheit war, da die Öster=
reicher mit über das Geschick des nichtösterreichischen Deutschlands ab=
stimmten, so unsicher, daß man zuerst das abstrakte Erbkaisertum fest=
stellen mußte und dann erst hoffen konnte, die Mehrzahl für die preu=
ßische Kaiserkrone zu gewinnen. So erfolgte endlich die Kaiserwahl —
sicherlich ein unerfreuliches Seitenstück zu althistorischen Vorgängen und
eine schwere Verletzung des Stolzes der preußischen Krone. „Nicht dem
Deutschen geziemt es, die fürchterliche Bewegung fortzuleiten und zu
schwanken hierhin und dorthin" — mit diesen Worten Goethes ver=
kündete der Präsident das Ergebnis der langen Arbeit. Doch die Welt
sollte erfahren: in Berlin galt als Weisheit, den unhaltbaren Zustand
des Zweifels ziellos zu verlängern und haltlos hierhin und dorthin zu
schwanken. In der zwölften Stunde, seinen eigenen Räten unerwartet,
lehnte der König die Kaiserkrone ab. Nicht uns steht es an, den Stab
zu brechen über die Männer, welche auf die Annahme oder auf die
Abdankung des Königs, auf die zwingende Gewalt der großen Stunde

gehofft. Denn wieviel sie auch gefehlt, was — im Grunde — war ihr schwerstes Verbrechen? Sie hielten einen Kleinmut der preußischen Krone, einen in der neuen Geschichte einzigen Fall, für unmöglich, daran wir selber nicht glauben würden, wenn wir ihn nicht erlebt hätten. Eine preußische Staatskunst begann, wofür die parlamentarische Sprache nicht ausreicht: sie wollte die Oberleitung in Deutschland, doch nicht der Plebejer sollte die Krone damit betrauen. Sie dachte nicht sich mit Österreich rasch zu verständigen und den alten Zustand herzustellen; nein, sie wollte das schlechthin Revolutionäre auf legitimem Wege er= reichen durch die freie Zustimmung jener kleinen Höfe, welche die Vor= wände und Winkelzüge des Zauderns und Verneinens von Preußen selber gelernt hatten. Das Verhängnis aller Halbheit ereilte endlich auch die Unionspolitik.

Zum dritten Male in seinem öffentlichen Wirken hatte Dahlmann den Kronen ein edles Vertrauen entgegengebracht, und nochmals wie vordem in Kiel und Göttingen erntete er den „schwarzen Undank", den die Linke längst vorausgesehen. Wieder mußte das allmächtige Parla= ment beschämt seine Ohnmacht eingestehen. Die Mehrheit hatte sich verpflichtet, die Reichsverfassung aufrechtzuerhalten. Aber der unver= antwortliche Reichsverweser, der auf Heckschers Rat sein Amt nicht niedergelegt hatte, zeigte sich jetzt als Erzherzog, er verweigerte seine Mitwirkung; das Kabinett Gagern trat ab. So blieb nur eines — die Revolution. Auch an die Ruhigsten sind bei jenem Zusammen= bruche aller Hoffnungen revolutionäre Gedanken herangetreten. Nach fünfzehn Jahren dürfen wir dreist sagen, daß die Nation zu einem erfolgreichen Aufstande für die Reichsverfassung in jenem Augenblicke weder gewillt noch fähig war; und eine Revolution entzünden mit dem Bewußtsein der Unmöglichkeit, zur Lustbarkeit oder um zu demonstrieren, ist ein Verbrechen. Wir kennen Dahlmann als einen grundsätzlichen Feind der Revolution, und schwerlich mag einer in jenen rauhen Tagen das tragische Geschick des Parlaments schmerzlicher als er empfunden haben. Seine gemessene Haltung freilich verließ ihn auch jetzt nicht. Als der Erzherzog die Versammlung durch die Ernennung des Ministe= riums Grävell verhöhnte und das Parlament dies für eine Beleidigung erklärte, da beteiligte er sich nicht: er haßte dies formlose Verfahren der Leidenschaft. Seine ganze Natur zu sein und zu denken — er selber gestand es — war für das hartnäckigste Ausdauern. Ein erster Vorschlag, daß die Partei austreten sollte, scheiterte an Dahlmanns

Widerspruche. Erst als die Austritte und Abberufungen sich häuften, als er die Gewißheit hatte, bei längerem Bleiben mitschuldig zu werden an radikalen Beschlüssen, die er verdammte, als die nächsten Freunde sich zum Austreten entschlossen: da trat er endlich nach einer Nacht voll inneren Kampfes unter die Genossen und gestand, wie schwer der Ent= schluß ihm werde: „Ich würde es mir nie vergeben, wenn ich mir sagen müßte, ich sei zu früh ausgetreten, ich habe zu früh am Vaterlande verzweifelt; dagegen würde ich es leicht tragen, ich sei zu spät aus= getreten. Aber es wuchs in mir von Minute zu Minute die über= zeugung, daß die Gemeinsamkeit das überwiegende sei." Dann schrieb er als der erste seinen Namen unter die Austrittserklärung der vor= nehmsten Mitglieder der Kaiserpartei.

Nach so harter Enttäuschung stieg ihm die Ahnung auf, daß die schwere Krankheit des deutschen Staatslebens mit so sanften Mitteln, wie er gehofft, nicht zu heilen sei. Er schrieb in die Deutsche Zeitung: „Sollte diese große Bewegung an dem übermute der Könige von Napoleons Gnaden scheitern und das Heil unseres Volkes sich noch einmal zur Nebensache verflüchtigen, so hemmt, wenn es abermals flutet, kein Damm die wilden Gewässer mehr, und der Wanderer wird die Reste der alten deutschen Monarchie in den Grabgewölben ihrer Dynastien suchen müssen." Noch trostloser fand er die Lage auf der Versammlung zu Gotha; die müde Abspannung der Freunde entlockte ihm den schmerzlichen Ausruf: oh flesh, oh flesh, how art thou fishified! Zu raten wußte auch er nicht, man hörte von ihm das verzweifelte Wort: „Jetzt stehen wir nur noch der brutalen Tatsache gegenüber." Jawohl, rien n'est aussi brutal que le fait! Die Nation — und keineswegs bloß die Kaiserpartei, in welcher freilich die Sünden und die Tugenden des deutschen Idealismus am stärksten sich ausprägten — die Nation war in jenem stürmischen Jahre noch nicht imstande, die schreckliche Wahrheit dieses Wortes zu verstehen; darum verlief sich die Revolution im Sande. Wenn unser Volk dereinst be= griffen hat, daß die brutale Tatsache der kleinköniglichen Souveränität nicht zerstört werden kann durch ein imaginäres Parlament, sondern allein durch eine andere brutale Tatsache — durch den preußischen Staat und seine Bataillone: dann wird, was dauernd und probe= haltig war, in dem Tun und Denken der Kaiserpartei wieder aufleben. Dann wird die Nation die Verwünschungen zurücknehmen, welche sie im blinden Zorne der Enttäuschung über ihr erstes Parlament ergoß,

und ihm nachrühmen, was der alte Arndt ungebrochenen Mutes den
Genossen zurief:

> Wir sind geschlagen, nicht besiegt;
> in solcher Schlacht erliegt man nicht.

Zu retten, was noch zu retten war, ging Dahlmann in die Erste
Kammer nach Berlin, als die Reaktion siegesfroh ihr Haupt erhob und
die oktroyierte Verfassung revidiert wurde. Wie dem deutschen Parlamente, so hatte er auch der preußischen Volksvertretung ein Seherwort zugerufen, das in den Tagen des Verfassungskonflikts in Erfüllung ging. Der wichtigste Fall der Session war der Streit über den
Artikel 109 der heutigen Verfassung („die bestehenden Steuern und
Abgaben werden forterhoben") — eine ursprünglich transitorisch ge-
meinte Bestimmung, welche für die Regierung leicht die Handhabe
werden konnte, um das Steuerbewilligungsrecht des Landtages aus den
Angeln zu heben. Herr v. Bismarck allein erklärte bereits unverhohlen,
daß ein großer Staat sich nicht regieren lasse mit dem unbedingten
Steuerbewilligungsrechte des Parlaments. Aus der unendlich ver-
trauensvollen Mittelpartei ließ sich die politische Unerfahrenheit in
naiven Worten vernehmen: wo sei die Gefahr bei diesem Artikel? wenn
der Landtag das Budget nicht bewillige, wie könnte dann eine Regierung
bestehen? Dann habe sie zwar Einnahmen aus den bestehenden Steuern,
doch Ausgaben dürfe sie nicht machen! Die vielgeschmähten Doktrinäre,
die Dahlmann, Kühne, Camphausen, Hansemann, standen in der Opposition, sie besaßen Welterfahrung genug, um zu wissen, daß wer die
Macht hat, sich das Recht nehmen kann. Darum entlud sich auf ihr Haupt
der ganze Zorn des Freiherrn v. Manteuffel: Alle Parteien, erklärte der
Minister, hätten in diesem Staate ein Recht dazusein, nur nicht die
Doktrinäre. In einer eindringlichen Rede beschwor Dahlmann das Haus,
„für keine Fassung zu stimmen, die das Steuerbewilligungsrecht unserer
Volksvertretung irgend zweifelhaft läßt oder auch nur seinen Eintritt
verspätet. Wenn wir heute weichlich nachgeben, so wird die Volksvertretung dieses Recht, welches ihr auf die Dauer nicht entgehen kann,
nur gewinnen durch einen langen Kampf! Es wäre über alles traurig,
wenn die Geschichte von diesen Tagen melden müßte, es habe die gemäßigte Partei, die Partei der wohlwollenden Vaterlandsfreunde, in
Preußen die Klippe der Demokratie freilich zu umschiffen vermocht, allein
sie habe nicht Energie des Charakters, nicht klaren politischen Blick, nicht
edle Selbstverleugnung genug besessen, um eine heilsame Verfassung für

das Vaterland zu begründen. Möge das nimmer geschehen!" Dennoch
geschah es also, und ein strenges Urteil muß bekennen, daß die Partei
des Redners selbst einige Schuld an dem unklaren Ausgang trug.
Noch herrschte überall im liberalen Lager der Glaube, daß die Macht
über den Beutel den Eckstein der parlamentarischen Rechte bilde; und
doch scheute sich ein richtiger politischer Instinkt, das Dasein des
Staates der Willkür wechselnder Kammermehrheiten gänzlich preiszu-
geben. Über den Unterschied der gesetzlich feststehenden und der wechselnden Staatsausgaben hatte die deutsche Staatswissenschaft noch nicht
ernstlich nachgedacht. Die schimpfliche Feigheit, welche der deutsche
Adel während der Revolution gezeigt, hatte den Verfasser der „Politik"
von mancher alten Vorliebe geheilt. Er fand jetzt, daß die lebensfähigen Elemente unserer Gesellschaft demokratisch seien, und warnte
vor der Bildung eines erblichen Herrenstandes: unsere Ersten Kammern
könnten nur dem belgischen Senate nachgebildet werden. Das war
das Ende seiner politischen Laufbahn.

Sein letztes Jahrzehnt verbrachte er wieder in Bonn, sehr tätig als
Lehrer. Der regsamere Teil der Studentenschaft brachte noch die
alte Liebe dem stattlichen Greise entgegen, der ungebeugt mit dichtem
dunklem Haar einherging. Die Burschenschaften zogen nie rheinauf-
wärts zum Kommerse, ohne vor Dahlmanns Hause die Fahne zu
schwenken und ihm ein Hoch zu bringen. Argwöhnisch beobachtete ihn
die Regierung; nur um so ernster übte er die Pflicht, seine Schüler über
den Staat der Gegenwart zu belehren. Scharf und schneidend pflegte
er die Vorlesungen über die deutsche Geschichte abzuschließen mit einer
Schilderung des wiederhergestellten Bundestages. „Seitdem ist jede
Hoffnung auf die Einigung Deutschlands verschwunden, und wie der
Rechtszustand daniederliegt, davon geben Kurhessen und Schleswig-
Holstein ein Zeugnis. Doch genug, übergenug, ich schließe." — Auch
ein köstlich naiver Abriß der deutschen Geschichte, den der Alte für eine
Enkelin niederschrieb, bricht ab mit den Worten: „Es gibt aber doch
kein deutsches Reich mehr; wir haben bloß deutsche Länder übrig-
behalten, deren zahlreiche Fürsten zwar untereinander verbündet, aber
wie früher meist uneins sind. Nur im Zollwesen will man sich
einig werden." — Mehr denn ein junger Mann hat an dem Bilde
des alten Herrn gelernt, was das schwere Wort bedeute: die Wissenschaft adelt den Charakter. Auch seine Strenge milderte sich nicht im
Alter; sie verschuldete, daß der ultramontane Max v. Gagern nicht

nach Bonn gerufen ward und dergestalt Preußen ein bedeutendes Talent nicht gewann, das heute seinen Feinden dient. Den Fernstehen= den erschien der Alte starr und verschlossen, von abweisendem Ernst. Die Seinigen und ein kleiner Kreis treuer Freunde wußten von seiner milden Freundlichkeit, dann und wann auch von einem Aufblitzen seiner heiteren Laune zu erzählen. Als ihm eine katholische Schwiegertochter in das Haus geführt ward, sprach er, wie dem Rheinländer geziemt, das gute Wort: „Unser Vaterland ist nun einmal konfessionell geteilt, da ist's recht heilsam, wenn wir im eigenen Hause lernen, uns zu ver= tragen." Auf die Lästerreden von dem Königtum von Gottes Gnaden gab er die Antwort: „Mag einer noch so erfüllt von der göttlichen Einsetzung der Fürsten sein, den will ich noch sehen, der mir beweist, daß der böse Feind die Völker eingesetzt hat; wenn aber er nicht, wer denn sonst?" An seinem preußischen Glaubensbekenntnisse hielt er treu bis zum Tode; mitten in den Tagen der Entwürdigung der Krone schrieb er zuversichtlich: „Mir bleibt immer der Eindruck, daß uns Deutschen vornehmlich Macht nötig sei, weit mehr als Freiheit, und wie die nötige Macht im Weltteile uns auf anderem als monarchi= schem Wege zuwachsen soll, will mir nicht klar werden."

Der Abend seines Lebens war sehr trüb: von seinen nächsten Freunden starb ein guter Teil hinweg, auch Frau und Tochter wurden ihm ent= rissen. Auch Otto Abel starb, der vielverheißende schwäbische Historiker, der vordem dem Siebzehnerentwurfe mit dem Enthusiasmus der Jugend zugejubelt hatte und jetzt in Dahlmanns Hause fast wie ein Sohn verkehrte; er rieb sich auf, weil sein Traum von der Kaiserherrlichkeit der Hohenzollern nimmer Wahrheit werden wollte. Am 5. Dezember 1860 ward Dahlmann rasch vom Tode ereilt. Er ruht auf jenem schönen Friedhofe, wo dem Römer Niebuhr sein König ein römisches Denkmal erbaute, wo neben der alten Abteikapelle die Größen des neuen Bonn, die Schlegel, Bunsen, Arndt, die letzte Stätte gefunden.

Fast jeder vielgenannte Mann hat einen Doppelgänger in der öffent= lichen Meinung. Unfähig einen bedeutenden Charakter als ein Ganzes zu begreifen, haftet die Menge gern an einer auffälligen Äußerlich= keit; und findet sich gar ein witziger Kopf, jene wahre oder unwahre Eigenheit mit beißendem Witze zu verspotten, so entsteht ein Zerrbild, das kein Reden mehr aus den Köpfen der Menschen vertreibt. So ist die Meinung entstanden, Dahlmann sei das Haupt jener Theoretiker, die alles Heil in einigen unverbesserlichen Verfassungsparagraphen finden; und doch zählte er zu den ersten, die unserem Volke eine freiere, minder schablonenhafte Auffassung des Staatslebens eröffneten. Das Geschlecht stirbt nie aus, welches sich dann am herrlichsten dünkt, wenn es mit unheiligen Sohlen herzhaft auf dem Rasen trampelt, der die Gebeine unserer Väter deckt; so werden auch Karl Voigts Witze über den alten Esel Dahlmann jederzeit eine gläubige Gemeinde um sich versammeln. Und noch häufiger läßt sich die Rede hören, Dahlmann habe sich überlebt. Sicherlich, von den Sätzen seiner Politik haben wir mehrere längst über Bord geworfen, und seit es keinen Rechtsboden des Deutschen Bundes mehr gibt, muß unsere nationale Politik neue, weit kühnere Wege einschlagen. Aber — so viel langsamer als die Ideen schreiten in Deutschland die Zustände vorwärts — die meisten jener Ziele, nach welchen Dahlmanns politisches Wirken sich bewegte, sind für uns noch immer ein Gegenstand nicht des Genusses, sondern der Hoffnung. Er stritt für das deutsche Recht in Schleswig — und vor wenigen Monaten noch betrat der Deutsche bei Altona die Fremde. Er kämpfte für den Rechtszustand in Hannover — und er selber mußte noch erleben, wie das Spiel von 1837 gemeiner denn zuvor abermals aufgeführt ward. Er wollte den Deutschen eine nationale Staatsgewalt gründen — und noch heute schaltet über uns der Bundestag. Er wollte Preußens Verfassung sicherstellen vor dem Junkertume und ministerieller Willkür — und noch immer krankt Preußen an seinem Herrenhause und den ungesicherten Rechten seiner Volksvertretung.

Von dem politisch erfahrensten Volke der Erde werden dieselben Locke und Bentham, welche kläglich Schiffbruch litten, als sie einem wirklichen Staate eine Verfassung gaben, als Lehrer der Politik in hohen Ehren gehalten. Sollen wir Deutschen die Bedeutung der politischen Wissenschaft niedriger schätzen? Sollen wir die tiefen und guten Gedanken der Schriften Dahlmanns darum mißachten, weil ihrem Urheber der Genius des praktischen Staatsmannes versagt war? Alle Parteien Deutschlands kranken an doktrinärem Wesen; denn die lebendige, praktische Staatsgesinnung erlangt ein Volk nur durch die Übung in der Freiheit; und woher sollte uns diese Übung kommen, die wir nicht einmal eine Bühne nationaler Staatskunst besitzen? Schon Dahlmanns Revolutionsgeschichte spricht die Ahnung aus, daß er und seine Freunde dem Märtyrertume nicht entgehen würden. Auch uns, auch den Mittelparteien von heute, wird das gleiche Los bereitet werden, auch auf unseren Doktrinarismus wird ein jüngeres Geschlecht herab-

laſſend niederſchauen. Und wohl uns, wenn dann in unſeren Reihen
die Zahl der Männer nicht klein iſt, deren Bürgertugend und Seelen=
adel ſich mit Dahlmann meſſen darf! Wer Dahlmanns Namen nennt,
ſoll der Worte gedenken, welche der Bonner Profeſſor ſchrieb, als er
ſeinen rheiniſchen Landsleuten die traurige Märe erzählte von dem Tode
des Letzten aus dem holſteiniſchen Grafenhauſe: „Wenn ich den Chor
chriſtlicher Tugenden muſtere, den man jetzt häufig ſpazieren führt, ſucht
mein Blick nach einer unter ihnen, von deren ernſter Schönheit, im
ſtrengen Ebenmaße der Glieder, alte verſchollene vaterländiſche Kunden
reden. Unter ihrem feſten Tritte ſprießen keine Blumen, aber heilende
Kräuter bezeichnen ihre Bahn. Sie muß das Haus hüten, höre ich.
Möge ſie behüten das Haus der Deutſchen, die hohe Gerechtigkeit!"

Otto Ludwig.

(Leipzig 1859.)

Kein Satz steht dem Ästhetiker so fest wie dieser, daß die Ideale unserer Zeit nur im Drama die vollendete künstlerische Gestaltung empfangen können. Und keine Tatsache steht dem Beobachter des Kunstlebens so fest wie diese, daß nicht das Drama, sondern der Roman sich heute der höchsten Volksgunst erfreut. Man mag diesen Widerspruch beklagen, und ich beklage ihn lebhaft — aber die ästhetische Empfänglichkeit eines Volkes läßt sich nicht meistern, sie gehorcht ebensowenig wie die Gestaltungskraft der Künstler den Machtsprüchen der Theorie. Die Vorliebe der Zeitgenossen für den Roman entspringt zum Teil der Trägheit; denn das Drama mutet der Phantasie der Hörer eigene Tätigkeit zu, während der stoffliche Reiz des Romans auch den Stumpfsinn erregt. Doch zugleich sagt uns ein richtiges Gefühl, daß die eigentümlichsten Gedanken der Gegenwart bisher in dem Romane ein getreueres Abbild gefunden haben als im Drama. Die jüngste Epoche der deutschen Poesie läßt sich kurz bezeichnen als eine Zeit, welche nach dem Drama sucht, ohne es zu finden. Der lebensfähigen Dramen sind heute so wenige, daß man einigen Mutes bedarf, um ernstlich zu glauben, dies Suchen sei nicht bloß den Reminiszenzen der Weimarschen Tage, sondern einem ursprünglichen Drange der Gegenwart entsprungen. Recht als ein Vertreter dieser suchenden Zeit, als eine tragische Gestalt erscheint uns Otto Ludwig, ein Dichter, der mit allen Kräften eines starken Geistes dem Ideale des Dramas nachtrachtete und endlich doch erleben mußte, daß eine seiner Erzählungen den Zeitgenossen als das schönste seiner Werke galt.

Halb lächelnd, halb beschämt gedenken wir heute des sonderbaren Streites der angeblichen Idealisten und Realisten, welcher in den fünf=

ziger Jahren die Spalten so vieler Blätter mit gehässigem Zanke füllte.
Als die Ausläufer der Romantik sich in phantastische Experimente verloren, bald die Kunst zum Gegenstande der Kunst machten, bald schatten-
hafte Märchengestalten erschufen, welche jeder menschlichen Wahrheit
und darum der Schönheit entbehrten: — war es nicht natürlich, daß
damals frische, mit gesunder Sinnlichkeit begabte Dichter, jenes schwächlichen Treibens müde, mit kecker Hand in die berbe Wirklichkeit des
niederen Volkslebens griffen? Dieser aus der Lage der Dinge ent-
sprossenen Richtung verdanken wir die allmähliche Rückkehr der erzählenden Dichtung zu kräftigen, lebenswahren Gestalten. Aber die Dorf-
geschichte, die bei ihrem ersten Auftreten, in Immermanns Münchhausen,
wie ihr gebührte, nur als eine Episode erschienen war, begann bald sich
als die Herrscherin zu fühlen. Der prosaische Sinn der Zeit, froh der
großen Triumphe der deutschen Arbeit, stellte dem Dichter die Zu-
mutung, daß er das Schöne suche unter den Düften des Heues, beim
Klappern des Webstuhles. Man verwechselte das Ideale und das Abstrakte, schalt über Unnatur, so oft ein Poet über die Schilderung des
platt Alltäglichen hinausging. Die realistische Ästhetik bewunderte alles
Ernstes den dürftigen Ruhm jenes alten Malers, dessen Trauben die
Gier der Sperlinge reizten; sie lief Gefahr herabzusinken zu der Rohheit des großen Haufens, dessen Kunstgenuß, nach Goethes klassischem
Worte, nur darin besteht, daß er das Abbild mit dem Urbild vergleicht.
　　Ihr gegenüber scharte sich nach und nach eine seltsam gemischte
Gesellschaft. Zarte musikalisch gestimmte Naturen, welche das lyrische
Element in jenen realistischen Dichtungen mit Recht schmerzlich ver-
mißten; sinnige Verehrer der Goetheschen Muse, die sich aus der Enge
der prosaischen Lebensverhältnisse zurücksehnten nach der freieren Luft
und der reinen Formenschönheit der antiken Welt; vor allen aber
talentlose Schriftsteller, die greisenhaften Epigonen des „jungen Deutschlands", denen die leibhaftige Wahrheit der Dorfgeschichten ihren eigenen
Mangel an Gestaltungskraft klarmachte — sie alle vereinigten sich zu
dem Rufe, bei dem Streben nach dem Charakteristisch-Wahren gehe die
Schönheit verloren. Für das heutige Geschlecht bedarf es kaum noch
der Versicherung, daß die hellen Köpfe der beiden streitenden Parteien
im Grunde eines Sinnes waren. Darin liegt ja die Größe, der Tiefsinn der Poesie, daß sie, vielseitig, allumfassend, nicht wie die Skulptur
den idealistischen, nicht wie die Malerei den charakteristischen Stil begünstigt, sondern beiden freien Spielraum gewährt. Jener zarte Sinn

für die reine Form, welcher mit selbstvergessenem Entzücken selbst der abstrakten Schönheit der Linien zu folgen vermag, von den großartigen Umrissen eines Gebirges bis herab zu den lieblichen Wellenwindungen eines Frauenscheitels — er ist dem Dichter nicht minder unerläßlich, als der kecke Mut, der seine Lust hat an den mannigfachen Verzerrungen, in denen das Menschenleben die Idee des Schönen entstellt und gebrochen zur Erscheinung bringt. Erst die Vereinigung dieser Kräfte macht den Dichter. Nur ein Mehr oder Minder, ein Vorwiegen der einen oder der anderen Richtung ist an einzelnen Künstlern wie an ganzen Zeiträumen wahrzunehmen. Und wenn wir die prosaischen Lebensformen unserer Tage, ihr unstreitbar mehr auf das Wahre denn auf das Schöne gerichtetes Gefühl betrachten, so läßt sich gar nicht leugnen: für einen modernen deutschen Dichter, der seiner Zeit ein offenes Herz entgegenbringt, ist die Hinneigung zur charakteristischen Darstellungsweise nicht Sache der freien Wahl, sondern Ergebnis geschichtlicher Notwendigkeit. — In dem heftigen literarischen Kampfe jener Zeit fanden so einfache Wahrheiten kein Gehör; jeder Künstler ward unbarmherzig hineingezerrt in den Parteihader des Tages. Otto Ludwig selbst hat sich von den kritischen Fehden vornehm zurückgehalten, er hat zur Welt nie anders gesprochen als durch seine poetischen Taten. Trotzdem erkor ihn die buntscheckige Menge der Gegner der charakteristischen Darstellungsweise zur Zielscheibe ihrer bittersten Anfeindungen; er sollte der wahre Bannerträger sein der Poesie des Tütendrehens. Wunderlicher Irrtum! Wie wahr ist es doch, daß die Lebenden einander nicht verstehen! Heute, da jener törichte Zank längst verstummt ist, da Otto Ludwig nicht mehr unter uns weilt, sei der Versuch gestattet, ein treues Bild des edeln Mannes zu zeichnen. —

Eine harte, freudlose Jugend gewährte dem Dichter nur allzuoft einen Einblick in die Nachtseiten des Menschenherzens. Er war zu Eisfeld im Jahre des deutschen Freiheitskrieges geboren und wuchs heran in jenen müden Zeiten, da noch kaum ein Lichtstrahl eines öffentlichen Interesses die Gedanken der Menschen in einer thüringischen Kleinstadt hinweglenkte von den Sorgen und Kämpfen ihres engen häuslichen Daseins. Er erlebte frühzeitigen Liebeskummer, raschen unheilvollen Schicksalswechsel im Hause der Eltern, sah unter den Verwandten wilde Auftritte entfesselter Leidenschaft in gedrückten ärmlichen Verhältnissen, und da er eine Zeitlang hinter dem Ladentische stehen mußte, trat ihm das kleine Alltagstreiben der wunderlichen Käuze, die jene Zeit des un-

gestörten Philistertums erzeugte, dicht unter die Augen. Das Völkchen
um ihn her begann bald zu ahnen, daß eine ungewöhnliche Kraft in der
Seele dieses jungen Menschen arbeitete. Ein Augenzeuge erzählte mir
einst, wie Thorwaldsen einmal im lebhaften Gespräche im Zimmer auf-
und abging, die Hände auf dem Rücken gefaltet und einen Tonklumpen
zwischen den Fingern knetend; nach einer Weile holte er den Ton hervor, und siehe da, er hatte die edeln Umrisse eines schönen Kopfes ge-
formt. Auch in der Phantasie des jungen Thüringers lag ein Zug von
dieser unbewußten geheimnisvollen Schöpferkraft. Er lebte und webte
in einer reichen Traumwelt; glänzende Gestalten tauchten auf vor seinem
inneren Auge, traten ihm in den Weg, wo er ging und stand, in körperlicher Fülle, in beängstigender Nähe. Vielleicht ist kein deutscher Dichter
seit Heinrich Kleist durch eine solche übermächtige Naturgewalt des
Vorstellungsvermögens zugleich beglückt und gepeinigt worden. Doch
der erlösende Ruf, der den harmonischen, glücklichen Genius früh auf
ein bestimmtes Gebiet des Schaffens drängt, erklang diesem ringenden
Geiste nicht. Seine Phantasie war ebenso unstet als vielseitig; sein
Wesen gemahnt an jene Urzeit des Völkerlebens, da die Gattungen der
Kunst noch ungeschieden durcheinander lagen und der Mensch mehr in
Bildern und Tönen als in Begriffen dachte. Er hört entzückende Melodien in seinem Innern klingen und beginnt zu komponieren, er zeigt
ein lebhaftes Gefühl für die bildende Kunst und sieht die Erscheinungen,
die ihm aufsteigen, blendend vor sich in reicher Farbenpracht, so deutlich,
daß er das leiseste Zucken ihrer Mundwinkel nachzeichnen könnte; er
fühlt die ersten Regungen seiner Dichterkraft und spielt in einem Lieb-
habertheater zugleich den Dramaturgen und den Kapellmeister.

Als er endlich meint, seinen Beruf für die Musik erkannt zu haben,
und die Güte eines Gönners dem Armen das Studium der Kunst er-
möglicht, da führt ihn sein Unstern in das höfliche Sachsen. Dem
derben Sohne der thüringer Berge graut vor diesen glatten Städtern,
vor „der erlogenen Jugend auf diesen Leipziger Gesichtern”. Er sehnt
sich heim nach der alten Bastei in Eisfeld, wo er so oft mit schlichten,
kernhaften Freunden geplaudert, zieht sich scheu vor den Menschen zurück.
Noch in späteren Jahren, wenn er die hohen Gestalten der Bilder in
der Dresdener Galerie betrachtete, erschien ihm das moderne Volk mit
seiner Hast und seiner Leere oft nur wie ein Haufen „aufgepappter
Nürnberger Männlein”. Er erwarb jetzt, während er eifrig seiner Kunst
oblag, durch harte, aufreibende Arbeit eine allgemeine Bildung, die doch

immer unfertig blieb, bis er endlich — man sagt, nach dem Anhören einer Beethovenschen Symphonie — sich traurig gestehen mußte, daß die Welt der Musik nicht die seine sei. Nun erwachte seine dramatische Kraft. In seinen dreißiger Jahren geht er noch tastend die Irrgänge des Schülers, mannigfach aufgeregt bald durch die reckenhafte Größe der altnordischen Sagenwelt, bald durch die Spukgestalten der neuen Romantik. Ich verdanke der Güte der Witwe Otto Ludwigs die Kenntnis zweier Dramen aus dieser Zeit, und ich vermag lebhaft nachzuempfinden, wie bald der strenge, rastlos aufstrebende Geist des Dichters, der sich nie genug tat, von so unreifen, chaotischen Werken sich abwenden mußte. „Das Fräulein von Scudery" ist eine wenig glückliche Bearbeitung der bekannten Schauergeschichte von Callot-Hoffmann; die phantastische Willkür der Erfindung, welche der Novellist durch den leichten Fluß seiner Erzählung, durch eine gewisse diabolische Grazie zu verstecken weiß, trtit in dem Drama grell, in widerwärtiger Klarheit hervor. Minder formlos, aber auch weniger eigentümlich ist das Trauerspiel „Die Rechte des Herzens".

Es gereicht dem Scharfblick Eduard Devrients zur Ehre, daß er aus einzelnen mächtigen Klängen ursprünglicher Leidenschaft, welche in diesen unfertigen Dramen zuweilen aufbrausen, das Talent des Dichters erkannte und ihm die Schule der Dresdner Bühne eröffnete. Was wußte die Klatschsucht des ängstlichen Dresdner Philisters nicht zu erzählen von dem schweigsamen Sonderling, der zuweilen mit seiner langen Pfeife im Großen Garten erschien — eine hohe schlanke Gestalt, schöne, tiefe deutsche Augen, ein großes bleiches Gesicht von langem Haar und Bart umschattet. Ein Ton matter und platter Gemütlichkeit war aus der Dresdner Künstlerwelt niemals ganz verschwunden seit jener Zeit, da die Abendzeitung ihre Wasserkünste spielen ließ, bis herab zu diesen neueren Tagen, da der wackere Julius Hammer verständnisinnig um sich und in sich schaute. Doch alle mannhaften und tiefen Naturen aus diesen gefühlseligen Kreisen suchten gern das stille Haus des Thüringers auf; und wer ihm irgend nähergetreten, pries bewundernd die seltene Hoheit dieses Künstlergeistes, wie besonnen und verständig er im täglichen Leben schaltete, wie treu und wahrhaftig die Stimme der Empfindung aus seinem Herzen klang, und wie geistvoll er in seinem derben Thüringer Dialekte über die höchsten Probleme der Kunst zu reden wußte, wenn man nur anzuklopfen verstand. Eine glückliche Ehe und der günstige Bühnenerfolg zweier Tragödien schienen dem

Dichter endlich, da er das vierzigſte Jahr ſchon überſchritten hatte, die
Bahn eines wohlgeordneten ehrenvollen Lebens zu eröffnen; da warf
ihn ein grauſames Siechtum danieder, betrog ihn und uns um die
Früchte ſeines Schaffens. Unermüdlich tätig, nie verlaſſen von ſeiner
Seelenſtärke, hat er noch viele Jahre hindurch der Krankheit wider-
ſtanden, bis er endlich, kaum zweiundfünfzigjährig, erlag.

Es muß ein harter Kampf geweſen ſein, der den Dichter des
„Fräuleins von Scudery" befreite von den allzulange verfolgten ro-
mantiſchen Idealen. Genug, er brach mit dieſer phantaſtiſchen Welt,
endgültig nach ſeiner ſtarken Art; er wollte fortan auf eigenen Füßen
ſtehen, „Natur und Wahrheit geben, ja die Wirklichkeit ſelbſt — ſo
ſchrieb er — nicht die rohe, ſondern die ſchöne". In der Tat erſchien
das Trauerſpiel „Der Erbförſter", das in Dresden (1852) zum erſten
Male über die Bretter ging, wie eine leidenſchaftliche Kriegserklärung
gegen alle romantiſche Verſchwommenheit. Es iſt kaum möglich, über
die ungeheuerliche Fabel dieſes ſeltſamen Dramas ein allzu hartes Urteil zu fällen. Das Thema von Kleiſts Kohlhaas, das Bild des wackeren
Mannes, der durch gekränktes Rechtsgefühl ins Unrecht geſtürzt wird
— dieſer alte ſchöne grundbeutſche Stoff erſcheint hier ſonderbar verzerrt. Ein leichter, ja komiſcher Streit zwiſchen dem wackeren Förſter
und ſeinem nicht minder wackeren Herrn wird durch allerlei äußere Um-
ſtände, durch eine verwickelte dramatiſche Maſchinerie, die den Einfluß
von Leſſings Emilia Galotti nur allzu deutlich erkennen läßt, empor-
geſchraubt zu der Höhe eines tragiſchen Kampfes; zuletzt greift gar
der gemeine Zufall ein, und der Förſter erſchießt, indem er den Sohn
des Feindes töten will, ſein eigenes Kind.

Und doch, was war es, das damals die Hörer in geſpannter Teilnahme auf den Bänken bannte? Warum regte ſich kein Lächeln bei den
widerſinnigen Zumutungen, welche der Dichter an uns ſtellt? In leib-
haftiger Wirklichkeit, mit überwältigender Wahrheit traten uns dieſe
Menſchen entgegen; während des Schauens zum mindeſten vermochte
der Zweifel nicht ſich zu regen. Ein jeder fühlte: das iſt tief innerlich
empfunden, das warb geſchrieben mit jener Sammlung des ganzen
Weſens, welche in der heutigen Kunſt — bei der Maſſe von Bildungs-
ſtoff, die auf den Künſtler eindrängt und ſeine Teilnahme zerſtreut —
eine unendlich ſeltene Erſcheinung iſt. Dieſe Geſtalten hatten von
dem Blute des Lebens getrunken, ſie ſagten uns nicht, was der Dichter
mit ihnen wollte, ſie ſagten, was ſie ſelber wollten, und ſie ſprachen

es aus, ohne es recht zu wissen. Eine feine und tiefe Unterscheidung, die den Nagel auf den Kopf trifft und von Otto Ludwig in seinen Selbstbekenntnissen oft betont wird; der kalte Verstand begreift sie kaum, das gesunde Gefühl empfindet sie augenblicklich. Gerade die gebildeten Hörer, befangen in der Reflexion, an stete Selbstbeobachtung gewöhnt, zeigen heute wenig Sinn für die rechte Objektivität des Dramatikers; sie sind befriedigt, wenn die Gestalten auf der Bühne nur nichts sagen, was ihrem Charakter widerspricht, und hören gern jene pikanten epigrammatischen Selbstbekenntnisse, welche doch lediglich den psychologischen Scharfsinn, den analytischen Verstand des Dichters, nicht seine Gestaltungskraft zeigen. Hier aber erschien ein echter Dramatiker, der völlig hinter seinem Werke verschwand. Der unglückliche Dichter, der mit seinem schwerflüssigen Talent, seinen unablässigen grübelnden Seelenkämpfen dem fruchtbaren, glückselig heiteren Genius Albrecht Dürers gegenübersteht wie die Nacht dem Tage, zeigt doch in der naiven Wahrheit, der knorrigen Eigenart seiner Charaktere eine Verwandtschaft mit dem alten Maler.

Und warum fanden sie so wenig Anklang, jene kritischen Stimmen, welche mit der naheliegenden Behauptung auftraten, hier sei die krasse Trivialität der Schicksalstragödien wieder auferstanden? Nein, hier ist nichts von jener leichtfertigen Frivolität, die des Menschen Tun und Denken an einen rohen Zufall knüpft. Ein alttestamentarischer Ernst schreitet durch das Stück; der Dichter scheint frivol, weil seine gewissenhafte Strenge zur Härte wird. „Unschuld und Verbrechen stehn an den Enden des Menschlichen; aber den Unschuldigen und den Verbrecher trennt oft nur ein schnellerer Puls" — das ist ein Ausspruch frevelhafter Schwäche, wenn er die Sünde entschuldigen soll. Aber Otto Ludwig versteht ihn im Sinne einer Anklage; er glaubt gerecht zu handeln, wenn er „einem raschen Worte, das unser Herr wird, weil wir uns nicht die Mühe geben, sein Herr zu sein", die furchtbarsten Schrecken folgen läßt. Eine freudlose, trostlose Lebensweisheit, eine arge Verirrung, gewiß, aber die Verirrung eines tiefen und starken Geistes!

Vielleicht noch peinlicher als den grausamen Schluß empfand der Hörer die schwüle beklommene Luft, die über dem gesamten Werke liegt. Diese starken wilden Leidenschaften im engsten Raume tobend — das macht den Eindruck eines Sturmes im Glase Wasser, dabei geht die Harmonie von Form und Inhalt verloren. Die Berechtigung des dörflichen und kleinbürgerlichen Lebens in der Tragödie bleibt schlechterdings eine sehr beschränkte. Worin besteht der poetische Reiz jener schlichten Lebenskreise? In der Einfachheit, der heimlichen Enge, dem traulichen Frieden eines der Natur noch nicht entfremdeten Daseins. Wie anders in dieser Tragödie! Von dem ästhetischen Reize des Wald= und Jägerlebens ist nicht die Rede; nur die Härte, die Unfreiheit der prosaischen Lebensverhältnisse tritt uns entgegen. Wo die Leidenschaft tobt, da erscheint sie in häßlicher Form: ausgehauen wird des Försters Sohn, und den ruchlosen Mordtaten muß sich die feige Waffe der Büchse als Mittel bieten. Fürwahr, das sind keine Äußerlichkeiten. Wenn der Dichter in der ersten Bearbeitung seinen Helden aufs Gericht gehen ließ, um für den Totschlag den Tod zu finden, wenn er später den juristischen Fehler durch einen psychologischen ersetzte und diesen starren Gläubigen durch Selbstmord enden ließ: — liegt darin nicht ein bedenklicher Fingerzeig, wie wenig diese harmlosen Lebenskreise sich für die Tragödie eignen? Die komische, die rührende Dichtkunst findet in solchen einfachen Zuständen ihr natürliches Element. Die Tragödie schreitet auf geweihtem Boden, sie verlangt den Kothurn, sie fordert eine reine, von dem Dunst und Staub des alltäglichen Lebens gesäuberte Luft, sie fordert große Verhältnisse, wenn die großen Leidenschaften, welche sie entfesselt, groß erscheinen, harmonisch wirken sollen, wenn ihr Eindruck nicht traurig statt tragisch, niederschlagend statt erschütternd sein soll. Oder wäre es ein Zufall, daß die große Familientragödie des Lear, das psychologische Drama des Tasso in der vornehmen Welt spielen? Wir sind weit entfernt, den niederen Ständen die tragische Hoffähigkeit kurzweg abzusprechen; aber es bedarf ungewöhnlichen Glückes, wenn der Dichter einer kleinbürgerlichen Tragödie die arge Klippe umschiffen will, daß die Leidenschaften in diesem engen Raume verkümmert, gebrochen erscheinen, und daß die rächenden Mächte des bürgerlichen Lebens, der Gendarm und das „Trillerhäusle", mit ihrer handgreiflichen Häßlichkeit den Kunstgenuß zerstören.

Noch mehr. Die Tragödie verlangt volle Zurechnung, individuelle Freiheit des Entschlusses der Handelnden, und auch darum sind die Höhen des Lebens ihr natürlicher Boden. Keine Spur davon in unserem Trauerspiele. Dieser Held bewegt sich in einer engen Welt fester Rechts=. und Ehrbegriffe, welche nicht minder starr, aber weit minder ästhetisch sind als die Satzungen spanischer Ritterlichkeit in den Dramen Calderons. Seine Ehre glaubt er geschändet, wenn sein Gutsherr ihn wegen einer Meinungsverschiedenheit aus dem Dienste entläßt, sein Ansehen denkt er zu wahren, wenn er mit der Furcht statt der Liebe Weib und Kind an sich fesselt. Auch Kleists Kohlhaas ist ein schlichter Mann aus dem Volke; doch hier zeigt sich die Überlegenheit dieses mit Ludwig verwandten und doch ungleich größeren Geistes. Kleist läßt seinen Helden klar und einfach denken, also daß wir alle, hoch und niedrig, sofort verstehen, warum er in seinem Rechte gekränkt zur Selbsthilfe greift. Dem Erbförster dagegen widerfährt zwar eine Unbill, doch kein Unrecht, er wird als ein wider= spenstiger Diener von seinem Herrn entlassen. Der brave Mann empfindet man dunkel — und wir mit ihm —, daß das formelle Recht diesmal zur unsittlichen Härte führt; in ihm regt sich die uralte, die echt=menschliche und doch ewig unerfüllbare Forderung, daß die Ord= nung des Rechts und die Ordnung der Sittlichkeit sich decken sollen. Aber der Dichter verschmäht, dies klare und wirksame Motiv zu benutzen; er leiht seinem Helden nicht die Beschränktheit der Leidenschaft, welche im Drama ein ewiges Recht behauptet, sondern die Beschränktheit der Unbildung, die der Hörer belächelt. Der unwissende Förster kann das sonnenklare Recht seines Dienstherrn nicht begreifen, und auf dieser Dummheit des Helden ruht am Ende der ganze tragische Konflikt! — „So sind meine Thüringer" — pflegte Ludwig zu antworten, wenn man ihm solche Bedenken einwarf; er gedachte dann aller der harten und beschränkten Naturen, die ihm droben auf dem Walde begegnet waren, er erzählte von jenem Manne in Eisfeld, der mit den Seinen dem Hungertyphus erlag, weil er es für eine Schande hielt, der Be= hörde seine Dürftigkeit zu bekennen. Aber sind solche Empfindungen, weil sie im Leben vorkommen, poetisch wahr? Ist der Hörer, der mit freieren menschlichen Ideen an das Werk herantritt, imstande, sie nachzuempfinden oder auch nur zu begreifen? Die enge kleine Welt, worin der Dichter aufwuchs — sonst ein Segen für den Künstler, denn sie schenkt ihm, was keine Bildung ersetzen kann, Vertrautheit mit der Natur, mit dem einfachen Ausdrucke starker Empfindungen —, sie ge= reicht ihm zum Unsegen. Er vermag nicht, über das Reich der Er= fahrung sich zu erheben, er zeichnet das Leben selbst, nicht ein künst= lerisches Bild des Lebens. So hinterläßt dies Drama eines ernsten und strengen Künstlers doch einen ähnlichen Eindruck wie die Werke zuchtloser, nach willkürlichen Effekten haschender Geister: erstaunt und befremdet verweilen wir, dieser Held ist ein unverständliches Original.

Zu diesem Fehler, der aus unfreier Bildung entspringt, gesellt
sich ein anderer, der seinen Grund hat in der überfülle der Kraft.
Die sinnliche Wahrheit der bis zur Zudringlichkeit deutlichen Gestalten
überschreitet oft die dem Dramatiker gesetzten Schranken, also daß der
Schauspieler gepeinigt oder zum Automaten herabgewürdigt wird; über
ihnen schwebt nicht jener geheimnisvolle Duft, der die Phantasie des
Hörers zu eigener Tätigkeit erweckt. Wie peinlich der Dichter durch
seine Traumgestalten bedrückt ward, das fühlen wir bei Ludwig wie
bei Kleist am deutlichsten an den Szenen höchster Erregung: hier finden
beide selten die Beredsamkeit der Leidenschaft, sie reden die stammeln=
den Laute der rohen Empfindung, sie scheinen zu kalt, weil sie zu
heiß sind. Das alles hat Otto Ludwig selbst späterhin eingesehen, da er
sich vorwarf: „Wer den Sinn überzeugen will, lähmt die Phantasie.”
Endlich — da einmal auch der begabteste Dichter seine Menschen teil=
weis sich zum Bilde schafft — so haben all diese Charaktere eine
schwere, verschlossene, zurückhaltende Weise, die jede Situation über=
mäßig gespannt und ängstigend macht und dem Hörer zur Qual wird.
— Wer die Stärke dieses Talents bewunderte, der mußte wünschen,
ein freundlicher Stern möge die Phantasie des Dichters hinausführen
aus der engen Welt, die seine Wiege umgab, damit er das Dürftige und
Häßliche des Alltagslebens vergesse — und er möge sich befreien von
der Schule Eduard Devrients, welcher er zwar die Bühnenkenntnis
und die Sorgfalt in der Charakterzeichnung, aber auch die einseitige
Vernachlässigung der idealen Elemente des Dramas verdankte.

Und Otto Ludwig erfüllte diese Hoffnung, als einige Zeit später
„Die Makkabäer” erschienen. Der Stoff konnte nicht glücklicher ge=
wählt sein; denn der lyrische Schwung, der in der Fabel selbst liegt,
half freundlich einen Mangel in Ludwigs Talent verdecken, und nicht
die sinnlich reizende Pracht, welche heute so viele blasierte Poeten an die
orientalischen Stoffe fesselt, sondern der tiefreligiöse Ernst der jüdischen
Welt, der dem Wesen Ludwigs vollkommen entspricht, hatte den Dichter
angezogen. Das Drama gemahnt oft an den glaubensfreudigen Sieges=
jubel, der in den Klängen von Händels Samson redet. Wie Juda
Makkabäus über die Leiche seines Oheims nach dem Götzenbilde schreitet
und den Greuel in den Staub wirft — „O arme Beter, ärm'rer Gott!”
— und wie den sterbenden Duldern zu Jerusalem aus den Augen des
einziehenden Helden neue Kraft zum Leben zuströmt: diese Szenen
stehen dem Besten unserer Dichtung zur Seite. Und es sind Kämpfe

von ewiger Wahrheit, die der Dichter schildert: die Empörung des freien
Heldenmuts gegen religiösen Fanatismus, der Kampf der Glaubens=
treue mit dem Zwange weltlicher Tyrannei. Die beklemmende Düster=
heit von Ludwigs Erstlingsdrama finden wir hier nicht mehr, wohl
aber dieselbe Kraft und Gedrungenheit, denselben sittlichen Ernst. Dies
letztere erscheint besonders erfreulich, wenn wir uns des gleichnamigen
Stückes von Zacharias Werner, das sich mit Ludwigs Tragödie∙viel=
fach berührt, erinnern; denn an dieser Arbeit des Apostaten empört
uns nicht˙sowohl das wüste Durcheinander der Szenen und der hohle
Klingklang schlechter lyrischer Verse, als der gänzliche Mangel an
Gewissen, die prahlerische Äußerlichkeit des religiösen Gefühls.
    In der Zeichnung der Charaktere hat der Dichter hier nur wenig
und in großen Zügen motiviert, und leider pflegen die Aufführungen der
Makkabäer das Heinesche Witzwort, daß Schauspieler und Dichter in
demselben kordialen Verhältnisse zueinander stehen wie der Henker
und der arme Sünder, in besonders schlagender Weise zu bewahrheiten.
Es ist ein Vorzug großer historischer Stoffe, daß sie sparsames Moti=
vieren ermöglichen: die erhabenen allgemein=menschlichen Empfindungen
der Vaterlandsliebe, des Heldenmuts, der religiösen Begeisterung hat
jede nicht ganz stumpfe Phantasie schon durchempfunden, der Dichter
hat nicht nötig, durch Kleinmalerei sie uns näherzubringen. Wer
sollte ihn nicht verstehen, diesen königlichen Juda, „den Mann, der
seine Tugenden verhüllt, daß unsere Armut nicht vor ihm erröte,"
der bei der Feinde Drohen vor Lust bebt wie ein Baum im Regen?
Und neben ihm „in ihrer Demut Niedrigkeit" das Röslein von Saron,
eine Gestalt, die nur wenige Zeilen spricht, aber von einer erträglich
schönen und gefühlvollen Schauspielerin dargestellt, jeden Zuschauer
kaum minder rühren muß als den Juda selber. Auch der viel=
geschmähte Charakter der Mutter der Makkabäer scheint uns durchaus
wahr und treu. „Kein Weib war weiser, keine Mutter törichter",
dies Wort des Juda löst das Rätsel. Mit durchdringender Klarheit
erkennt sie die Schmach ihres Volkes, sie glaubt mit einer die Grenzen
des Weiblichen schon überschreitenden Leidenschaft an die Rückkehr der
Juden zum alten Glanze, zum alten Gott; und in weiblicher Weise
vermischen sich diese religiös=politischen Bestrebungen mit ihrem Fami=
lienstolze, ihrer blinden Mutterliebe: in jedem ihrer Söhne meint sie
den Helden ihres Volkes zu schauen, und indem sie ihnen die Bahn zum
Ruhme weist, zittert sie davor, sie zu verlieren. Es ist ein tiefsinniger

Zug, daß diese entgegengesetzten Seiten ihres Wesens zuletzt, da sie selbst ihre Söhne zu Jehovas Ehren in den Tod treibt, miteinander in Kampf geraten.

Leider ist die Komposition sehr unfertig, auf Szenen voll Hoheit folgen oft matte, fast zwecklose Auftritte. Ludwig hat gleich Z. Werner zwei Fabeln verbunden, den Glaubenskampf des Juda und die rührende biblische Erzählung von dem Opfertode der sechs Knaben im Marter= ofen; aber ihm so wenig als Werner ist die Verschmelzung ge= lungen. Beide Stoffe sind durchaus dramatisch, es war möglich, sie mit derselben Idee zu durchdringen und in ähnlicher Weise wie die beiden Tragödien im Lear zu einer idealen Einheit zu verknüpfen. In der einsamen Größe des Juda, der sich losreißt von dem mütterlichen Boden der Gesittung seines Volkes, ruht ein tieftragischer Gehalt; der Held — das ist des Dichters eingestandene Absicht — soll zu seiner Beschämung erfahren, daß auch er nur ein Werkzeug ist in der Hand Jehovas und daß Israel gerettet wird nicht durch den Mut des Heerführers, sondern durch die Glaubenstreue der Masse. Aber dann durfte der Glaubenseifer dieses Volkes nicht bloß durch den Mund des Fanatikers Jojakim zu uns reden; vor Augen mußten wir es sehen, wie die Juden sich mit den Waffen in der Hand erwürgen lassen, weil sie die Sabbatgesetze nicht brechen wollen; und vor allem: dann durfte in den wenigen Szenen, wo wir es schauen, das Volk nicht — in jener Shakespeareschen Weise, die für unsere Gesittung unbedingt ein Ana= chronismus ist — so gar niedrig und erbärmlich auftreten, denn auch die entsetzliche Starrheit des Glaubens hat das Recht einer großen Idee. Diesem elendesten der Völker gegenüber bemerken wir Judas Schuld kaum, er erscheint als ein makelloser, ein epischer Held; und wie schwer er leidet, wie tief sein stolzer Geist sich zerknirscht fühlt durch die Erkenntnis seiner Kleinheit, das hat der Dichter, wie plötzlich erlahmend, kaum angedeutet. — Noch unsicherer entwickelt sich die andere Fabel; sie gelangt erst in der prachtvollen Schlußszene, da die Makkabäerin um das Leben ihrer Kinder fleht, zur vollen dra= matischen Wirkung. —

Wie ist eine so seltsame Ungleichheit des Schaffens zu erklären? Otto Ludwig selber gibt die Antwort in einem rückhaltlos ehrlichen Bekenntnis. Der Dichter gesteht, daß ihn in den Stunden des Empfangens zuerst eine musikalische Stimmung überkommt; sie wird ihm zur Farbe, und durchleuchtet von dieser Farbe treten ihm dann einzelne Gestalten der werdenden Dichtung vor Augen, in einer großen dramatischen Situation, die gewöhnlich nicht die Katastrophe ist. Erst nach diesen Gesichten hört er seine Menschen reden, und aus der Farbenpracht solcher Erscheinungen erwächst ihm nach und nach der Plan seines Werkes. Wer kann das lesen, ohne sofort befremdet zu rufen: Das ist das Bekenntnis eines epischen Dichters! Dem Dramatiker muß die Entwicklung seiner Charaktere, ihr stürmisches Fortschreiten durch eine Welt der Taten und der Leiden, das Erste, das Wesentliche sein. Ein dramatischer Dichter, der also nur einzelne Szenen seines Gedichts in seiner Seele erlebt, wird unvermeidlich in der Komposition des Werkes und in den Szenen, die er erst nachträglich hinzugedacht hat, eine ermattete Kraft zeigen, zumal wenn ihm, wie diesem treuen Thüringer, die Gabe des Machers, der über seine Schwächen zu täuschen weiß, gänzlich versagt ist. Und doch ward Ludwig durch sein männliches tiefleidenschaftliches Wesen unwiderstehlich auf das Drama hingewiesen; von der milden, heiteren Beschaulichkeit des Epikers lag gar nichts in ihm. Durch solche verschwenderische Kargheit der Natur, die ihm einige herrliche Gaben des Dramatikers, einige Kräfte des Epikers, doch nicht die Harmonie des Genius schenkte, wird das tiefe Unglück dieses ringenden Dichtergeistes vollauf erklärt. — In der Sprache des Stückes endlich kämpfen zwei Stile: das erhabene von großen Metaphern strotzende biblische Wort, das dem idealen Drama sich leicht einfügt, steht fremd neben der pointenreichen Redeweise des Lustspiels und des bürgerlichen Dramas.

Alle Freunde des Dichters fühlten: In dieser erhabenen Welt hatte das großangelegte Talent des Dichters seinen natürlichen Tummelplatz gefunden. Aber Ludwig überraschte uns einige Jahre darauf durch seine Rückkehr zu dem Ausgangspunkte seiner Bildung; das Thüringer Kleinleben hatte ihm den Stoff geboten für die Erzählung „Zwischen Himmel und Erde". Jene unselige Fertigkeit, uns selbst zu belügen, deren Keim auch in dem reinsten Menschen schlummert, deren Verirrungen in der Liebe dem Komiker einen so dankbaren Stoff bieten — hier ist sie als der Urgrund der Sünde aufgefaßt. Wie wir uns einspinnen in eine Welt erlogener Vorstellungen, wie uns der Wahn lieb wird und wir eine Furcht ebenso schwer aufgeben als eine Hoffnung, wie wir die Welt zu kennen meinen, derweil wir nur uns selbst kennen, wie endlich die Schuld uns dahin führt, in den Menschen zu hassen, was wir an ihnen getan — diese Nachtseiten des Herzens hat Ludwig mit wunderbarer Divination verstanden. Hier, bei Ludwigs reifstem Werke, dürfen wir auch die Frage auf= werfen: Was hat dieser Dichter gemein mit den Bestrebungen und Emp= findungen seiner Zeit? Nicht als wollten wir in tenzendiöser Weise das fabula docet aus den Gebilden des Künstlers ziehen — nicht als wollten wir im mindesten die Berechtigung jener, man darf sagen, zeitlosen lyrischen Dichter bezweifeln, welche, wie Eduard Mörike, eine kleine Welt einfacher Gefühle mit unverwüstlichem Humor verklären: Allein gegenüber dem weit bewußteren Schaffen des Novellisten und des Dramatikers ist die Frage nach seinem Zusammenhange mit den Ideen seiner Zeit durchaus am Platze. Lange Jahre verleben unsere besten Männer im Kampfe mit falschen Götzen, mit einer verkehrten Genialität, mit sentimentalen Phrasen, die wir aus einer unklaren verschwommenen Zeit ererbt haben. Darum werden wir so mächtig berührt von der ungeschminkten Wahrhaftigkeit der Ludwigschen Ge= dichte; die schlichte Größe des Juda reißt uns hin, und selbst die pedantische Figur des Apollonius Nettenmair erweckt unsere Teil= nahme, denn das tiefe Klarheitsbedürfnis dieses Mannes, sein Wider= wille gegen jede Selbsttäuschung gemahnt uns an selbsterlebte schwere Stunden.

Wie in allen im Herzen des Künstlers empfangenen Gedichten hängen auch in dieser Erzählung Ludwigs die Fehler eng zusammen mit den Vorzügen. Er läßt uns die Stimmen hören, die sich in der Menschenbrust untereinander entschuldigen oder verklagen, doch er verirrt sich auch oft in eine Kleinmalerei, die dem lebhaften Geiste unerträglich wird. Wer wüßte nicht, wie selbst den edeln Menschen zuweilen an heiliger Stelle eine sinnlos widerwärtige Vorstellung überfällt? Welche Fülle widersprechender Bilder und Gedanken durch= tobt uns in einem Augenblicke der Aufregung, und wie ganz vergeblich ist das Bemühen, jeden dieser Züge festzuhalten! Wie der Maler um seine Gestalten einen festen Rahmen zieht und dem Beschauer über= läßt, diese schöne Welt der Träume noch ins Unendliche auszudehnen, so ist auch dem psychologischen Talent des Dichters eine Grenze gesetzt. Jede übertriebene Motivierung ist unschön, denn sie ermüdet; sie ist unwahr, denn ein vorübergehender Gedanke hinterläßt, in der Form der Darstellung fixiert, einen ganz anderen Eindruck als in seiner flüch= tigen Erscheinung in der Wirklichkeit; noch mehr, die Überladung mit psychologischem Detail wirkt verwirrend, sie verdunkelt das Wesentliche, das Ergebnis des psychischen Prozesses.

Ludwig hat das thüringische Kleinleben vielleicht noch treuer, er hat es jedenfalls minder befangen von gebildeter Reflexion geschildert als Auerbach die Zustände seiner Heimat. Doch gerade darum tritt das Unschöne dieser Verhältnisse in der Detailschilderung der Erzählung sogar noch auffälliger zutage als in dem knappen dramatischen Bau des Erbförsters. Für die Kunst gibt es noch heute Banausen. Die Theorie soll sich nicht anmaßen, hier eine feste Grenze zu ziehen, welche der Mut eines schönheitssinnigen Künstlers jederzeit über= springen kann. Aber im bestimmten Falle läßt sich mit Sicherheit erkennen, ob des Dichters Helden zu klein, zu alltäglich sind für seine psychologischen Probleme — so hier in einer ganz herrlichen Szene. Als das geliebte Weib in warmem schwellendem Umfangen in Apollo= nius' Armen liegt, als die Versuchung in verlockender Schönheit an ihn herantritt, da faßt ihn „die dunkle Vorstellung, als stehe er wie an seinem Tische, und, bewege er sich, ehe er sich umgesehen, so könne er etwas wie ein Tintenfaß auf etwas wie Wäsche oder ein wertvolles Papier werfen". Jawohl, solche Bilder mögen in solchem Augenblicke das Hirn eines wackeren Schieferdeckermeisters durchzucken, der an Leib und Seele die Sauberkeit und Ordnung selber ist. Aber welcher Leser von freier Bildung kann ein so kleinliches Bild bei so großem Anlaß ertragen? Die Kunst hat einen anderen Maßstab als das praktische Leben. Nicht das wertvolle Gold, sondern die schöne Masse des Marmors ist dem Bildner der erwünschte Stoff; und wie der wilde Frevel des Mordes und der Liebe süße Sünden ästhetisch verzeihlicher sind als leichtere kleinliche Vergehungen, so ist das Ehrenwerte als solches noch nicht berechtigt, den Tempel des Schönen zu betreten. Ludwig selbst hat das gefühlt, indem er mit glücklichem Takt seinem Helden ein Gewerbe gab, das mit seinem kecken Wagen immerhin noch einigen ästhetischen Reiz hat.

Auch der ethische Gehalt der Erzählung leidet unter der Enge dieser kleinstädtischen Welt. Um zu schweigen von der grenzenlosen Zurück= haltung, die wie ein Alp auf allen diesen Menschen lastet und den Ton der Erzählung noch viel gedrückter macht als der furchtbar ernste In= halt fordert: — die dargestellten Empfindungen sind nur teilweise rein menschlicher Art, wir steigen wieder hinab in eine Welt von konventio= nellen Begriffen beschränkter Naturen, denen die Sittlichkeit als mecha= nische Ordnung, die Vorsehung als eine finster nachtragende Macht erscheint, die zu unfrei denken, um die Idee der Schuld und der Zu=

rechnung zu faſſen. Wir wollen zur Not ben kleinen Widerwillen über=
winden, ben uns die peinliche Ordnungsliebe dieſes Apollonius, ſein
Feberchenleſen und Möbelbürſten einflößt, wir wollen ben freudigen
Künſtlerſpruch überhören, ber uns babei mahnend ins Ohr klingt,
Goethes ſchönes und ſittliches Wort: „Süß iſt jebe Verſchwendung!"
Wenn wir bem Helben nur ſeine entſcheidenden Entſchlüſſe nachempfin=
ben könnten! Als Apollonius ſeine Vaterſtadt gerettet und ſo ſich vor
ſeinen eigenen unerbittlichen Augen von jebem Scheine ber Schuld
geeinigt hat, da verſchmäht er, die Witwe ſeines ruchloſen Bruders,
die ſchänblich geraubte Geliebte ſeines Herzens heimzuführen, ihr und
ſich ein ſittliches Daſein zu bereiten! Er iſt bem Morbſtoße ſeines
Bruders ausgewichen, ber Frevler iſt babei umgekommen, und — „haſt
bu ben Lohn ber Tat, ſo haſt bu auch die Tat!" Welche Moral!
Empfänden dieſe Menſchen natürlich, ſo wäre die Verſöhnung zwar in
ber Dichtung ſchwer zu ſchildern — denn ſo Großes wirkt im Leben
nur eine Macht, welche ſelbſt für die freieſte ber Künſte kaum darſtellbar
iſt, die Zeit — aber ſittlich wäre ſie möglich, ja notwendig. Einem
unfreien Denken bleiben ethiſche Konflikte unlösbar. Wahrlich, nicht
jener ariſtokratiſche Tick, ber die Tiefen des Volkslebens nicht verſteht,
heißt uns ſo reden, ſondern die Erkenntnis, daß die freie Bildung ben
Menſchen zur Natur zurückführt! Verſtimmt und unfähig, uns ber
trübſeligen Reſignation des Schluſſes zu erfreuen, legen wir endlich
das ſchöne Buch aus ber Hand. —

Während blinde Bewunderer das epiſche Talent des Dichters prieſen,
geſtand ber ſtrenge Mann ſich unbarmherzig ein, daß ſeine Novelle
nur aus einer Reihe dramatiſcher Szenen beſtand. Für das Epos
bleibt das Berichten ber Begebenheiten immer das Weſentliche. Doch
wo war hier ber leichte Fluß ber Erzählung, wo die behagliche
Freude des Epikers an ber Detailſchilderung ber Außenwelt? Gewiß,
die Geſchichte iſt, wie man ſagt, novelliſtiſch „ſpannend", aber nur,
weil uns ber dramatiſche Konflikt ber Charaktere mächtig feſſelt. Gewiß,
das Buch iſt reich an wunderſchönen landſchaftlichen Schilderungen,
aber nur da, wo es gilt, die Stimmung ber handelnden Perſonen in
ber Natur widerzuſpiegeln. Laßt einen Charakter dieſes großen Pſycho=
logen zwei Zeilen reden, und ber ganze Menſch ſteht leibhaftig vor euch.
Aber laßt Ludwig die Außenwelt um ihrer ſelbſt willen ſchildern, und
ihr empfangt einen verworrenen unklaren Eindruck. Am allerſelt=
ſamſten ſpielt das epiſche und das dramatiſche Talent des Dichters

durcheinander, wenn er die äußere Erscheinung seiner Helden zeichnet: er sieht sie vor sich, hell und bestimmt wie der Epiker, aber er schildert mit peinlicher Unbeholfenheit; wir fühlen die Verlegenheit des Drama-tikers, der, gezwungen zu erzählen, sich verpflichtet meint, alles zu berichten, was der Schauspieler agiert.

Jedem Unbefangenen mußte jetzt die Befürchtung aufsteigen, die psychologische Meisterschaft des Dichters werde, wenn er bei der saloppen Form der Erzählung verharre, zu virtuoser Manier ausarten, und seine strenge Wahrheitsliebe werde zum Behagen an der Prosa des Alltags-lebens herabsinken, wenn er in der kümmerlichen Umgebung seiner Thüringer Heimat befangen bliebe. Leider schien das letzte Werk, das Ludwig veröffentlichte — zwei Novellen unter dem Titel „Thüringer Naturen" — die schlimmsten Besorgnisse zu rechtfertigen. Es war die Zeit, da die neue realistische Richtung ihren Höhepunkt erreicht hatte. Als unsere Dichtkunst noch jugendlich unsicher nach ihren Stoffen umhertastete, da brauchte es einen Lessing, um die Marken zwischen der Poesie und den anderen Künsten zu zeichnen. Hundert Jahre darauf hätte ein Mann von feinem Schönheitssinne wohl nach einem anderen Lessing rufen können, der Poesie und Prosa scheiden sollte. Gebildete Männer schämten sich nicht, jedes wohlgeordnete wissenschaftliche Buch über Branntweinbrennerei und Drainage ein Kunstwerk zu nennen; die ästhetische Kritik rief ungestüm nach patriotischen Stoffen, nach Schilderungen aus dem deutschen Leben, auf daß der haushälterische Leser zu dem Luxus der Kunst nur ja ein wenig patriotische Erhebung, ein wenig ethnographische Belehrung mit in den Kauf nehmen könne. Die blasierte vornehme Welt, der Hetärennovellen und der Redwitzischen Süßlichkeit satt, stürzte sich, gleichwie Mörike in jenem lustigen Ge-dichte über einen herzhaften Rettich die weibliche Schwäche der Mond-scheinpoesie vergißt, mit roher stofflicher Lust auf die berbe Hausmanns-kost der Dorfgeschichten und fand den Tölpatsch originell, den Brosi pikant, das Amreile allerliebst! Es war eine Mode wie andere auch. Aus allen dunkeln Winkeln deutscher Erde, aus Kassubien und aus dem Ries beschworen die ideenlosen Nachtreter Berthold Auerbachs ein Geschlecht von Tölpeln und Rüpeln herauf, und je roher, je un-geschlachter diese Bauern es trieben, desto mehr waren sie „aus dem Leben gegriffen", mit desto höherem „ethnographischem Interesse" be-trachtete sie die Lesewelt.

Es schien in der Tat, als hätte auch das Talent des Thüringer

29*

Dichters sich dazu herabgewürdigt, der neuen Mode zu huldigen. Mit dem höchsten Aufwande von psychologischer und ethnographischer Treue erzählte er in seiner Novelle „Die Heiterethei" eine dürftige Geschichte aus dem Volksleben seiner Heimat — den bloß scheinbaren Konflikt zwischen zwei wackeren Liebenden, die nur durch die Zwischenträgerei der „großen Weiber" ihres Städtchens eine Weile getrennt werden. Der denkende Leser aber fragte verzweifelnd: Wozu so vielen Tiefsinn an einen kümmerlichen Stoff vergeuden? Uns ist, als stände eine jener Miniaturkapellen gotischen Stiles vor uns, zu klein, um erhaben, zu anspruchsvoll, um nieblich zu erscheinen. Die Heiterethei und der Holdersfritz sind wieder zwei jener stolzen reinen Menschen, denen das Aussprechen zarter Empfindungen unmöglich ist; beide Gestalten und die Schilderung ihrer sittlichen Wiedergeburt würden jeden fühlenden Leser entzücken, erschienen nicht auch sie entstellt und unschön in der maßlosen Häßlichkeit ihrer Umgebung. Die Heiterethei hat etwas von einer Heroine — und sie wird mit dem zürnenden Engel im Paradiese verglichen, da sie — den klatschenden Weibern den Kaffee ins Feuer gießt und das Volk zur Tür hinausjagt!! Als der Holdersfritz das Prügeln in der Schenke verschworen hat, will er den Genossen seiner stürmischen Jugend zeigen, daß er die alte Kraft noch besitzt: ein schwerbeladener Schubkarren wird im Kot festgefahren, die Heiterethei und alle Männer versuchen ihre Kraft daran, bis endlich der Fritz die Adelsprobe besteht! Wir lesen das nicht mit jenem Lächeln durch Tränen, das der wahre Humor hervorruft, sondern mit der ratlosen Frage auf den Lippen: Ist das alles Scherz oder Ernst? Wo das Unschöne zurücktritt, da erreicht der Dichter statt ästhetischer Erhebung doch nur moralische Erbauung; so in der Schlußszene, als der Fritz endlich den Trotz seiner Braut gebrochen hat und glücklich rufen darf: „Sie ist raus, die alt' Heiterethei!" Und diese beiden Menschen stehen noch wie ideale Gestalten unter den übrigen. Im bittersten Ernste wird uns seitenlang eine Prügelei in der Schenke beschrieben. O ihr Grazien! Auf Schritt und Tritt begegnen wir der Schwäche aller Dorfgeschichten, jener unseligen Sprache, welche weder Dialekt noch Hochdeutsch, sondern ein unästhetisches und unnatürliches Gemisch von beiden ist. Und diese „großen Weiber"! Das freie leichte Spiel des Humors ist unserem ernsten Dichter versagt, in grotesken Zerrbildern erscheinen ihm seine komischen Gestalten, gespenstisch, peinlich für ihn selbst wie für den Leser. Diese Leute reden nicht, sondern der eine „hustet", die andere „spinnt"; die

„Baberin besteht bloß aus O und Ach, in ein ewiges Erröten ge=
wickelt", eine andere „setzt ihr Zifferblatt auf den Kopf und nimmt ihr
blaues Gehäuse um die Schultern", ein dritter „schlägt die Vorder=
beine über den Kopf zusammen". Wahrlich, nur der tiefe ethische Ge=
halt in den inneren Kämpfen der beiden Liebenden vermag uns über
so viel Unschönheit zu trösten.

Noch ärger verfehlt ist die letzte Novelle „Aus dem Regen in die
Traufe". Ein zwerghafter Schneider, fortwährend geprügelt, anfangs
von seiner Mutter, dann von seiner Braut — diese Mutter selbst „das
alt' Fegefeuer", mit einem „polierten Nasenrücken", der, wenn sie be=
kümmert ist, so zu strahlen pflegt, daß man von „glänzendem Herzeleid"
reden kann, endlich jene Braut, „die Schwarze", ein Scheusal an Leib
und Seele, wo sie ihrer Natur freien Lauf lassen darf, immer polternd
und mit ihren kolossalen Gliedmaßen alles zerschlagend — dies die
Helden! Das ist zu viel des Häßlichen, das erregt physischen Ekel und
erinnert an die abscheuliche Erzählung Auerbachs von den zwei keifen=
den und raufenden alten Hexen Huzel und Pochel, welche freilich damals
die Bewunderung einer verblendeten Kritik erregte. Immerhin er=
scheint auch in dieser unglücklichen Novelle eine Gestalt, in der wir die
edeln Züge unseres Dichters wiedererkennen, die kleine Sannel. In
diesem guten Kinde ist der wunderbare Reichtum weiblicher Liebe und
Hingebung zu entzückend liebenswürdiger Erscheinung verkörpert; und
— ein großes Verdienst in solcher Umgebung — sie ist hübsch, gottlob,
sehr hübsch! Um dieser braven Dirne willen ließ sich manche ästhetische
Sünde verzeihen.

Die Fanatiker des Realismus jubelten, jetzt endlich habe der Dichter
die ursprüngliche Kraft des biderben Volkslebens ganz verstanden;
die Gegner beklagten mit schlecht verhehlter Schadenfreude, so werde
ein großes Talent zugrunde gerichtet durch die Torheit der Mode.
Wie wenig ahnten die Lobredner und die Tadler, was in diesem
seltsamen Menschen vorging! Die Erzählungen, mit denen der Meister
des Realismus sein letztes Wort gesprochen haben sollte, galten ihm
selber nur als Beiwerke. Er hatte sie hingeschrieben ohne jede Rücksicht
auf die Mode des Tages, lediglich um sich zu beruhigen, um unter den
vertrauten Gestalten seiner Heimat einmal auszurasten; und soviel
ich weiß, sind die „Thüringer Naturen", die fast wie ein Zerrbild von
„Zwischen Himmel und Erde" erschienen, früher entstanden als diese
schöne Erzählung. Ludwigs beste Gedanken schweiften längst auf

anderen, steileren Pfaden. Wieder wie vor Jahren, da er sich losriß
von der Romantik, kam ein schwerer Kampf über seinen rastlosen Geist,
er begann in der Stille seines Krankenzimmers seine eigenen Werke
zweifelnd zu betrachten, und wie der bedeutende Künstler immer der
beste Kritiker seiner Werke ist, so fand auch Ludwig, sicherer als das
Urteil Dritter vermochte, die Mängel seines Schaffens heraus: „Der
Gefahr des anatomischen Studiums muß ich erliegen, ich stehe vor
einem Charakter wie eine Ameise vor einem Hause." Er fühlt, daß
er mit seinen Makkabäern schon auf dem rechten Wege gewesen, daß
das Ideal und die natürliche Wahrheit, statt einander auszuschließen,
vielmehr für den rechten Künstler eines sind, daß die Illusion sich ganz
von selber einstellt, wenn der Dichter nur das Schöne schafft: „Es gilt
jetzt nicht, in Opposition gegen allen Idealismus zu stehen, es gilt
vielmehr, realistische Ideale darzustellen, d. h. Ideale unserer Zeit."
Er sucht das Drama hohen Stils, das in einer einfachen „schlanken"
Handlung, in dem Ringen und Leiden großer, nicht allzu individueller
Charaktere das allgemeine Menschenschicksal darstellen, das der Natur
treubleiben und doch nicht roh naturalistisch wirken soll: „Die ruhigen
Szenen durch rasches Gespräch belebt, die bewegteren künstlerisch ge=
mäßigt. So werden beide Klippen vermieden, dort die zu geringe,
hier die zu starke Illusion."

Eine bunte Welt dramatischer Gestalten drängte sich jetzt vor sein
Auge; der alte Fluch geistvoller Naturen, daß sie sich übernehmen in
ihren Plänen, ging an dem Kranken grausam in Erfüllung. Ein Ent=
wurf jagte den anderen; der Anfang eines Schauspiels „Die Brüder von
Imola", einige herrliche Szenen aus einer Tragödie „Marino Falieri"
wurden niedergeschrieben, noch auf dem Totenbette ein Drama „Ti=
berius Gracchus" begonnen. Auch die Heldengestalten des Sieben=
jährigen Krieges haben den Kranken beschäftigt; er schilderte in einem
Vorspiele „Auf der Torgauer Heide" das Friderizianische Heer mit einer
derben, kernhaften Lebenswahrheit, die den wirksamsten Stellen des
schönen Romans „Cabanis" von W. Alexis nichts nachgibt. Das
Lieblingswerk dieser Jahre war ein Trauerspiel „Agnes Bernauerin".
Ludwig fühlte mit feinem Künstlertakt, daß dieser Engel von Augsburg
in der historischen Überlieferung mehr eine rührende als eine tragische
Gestalt ist; er versuchte sie zu einem schuldvollen tragischen Charakter
zu erheben, ließ ihr einen dreisten vorwitzigen Zug und lief freilich Ge=
fahr, das Mitleid für die Heldin zu ertöten. Aber die alte rätsel=

hafte Unart feiner Phantafie, die nur fragmentarifch fchaffen konnte, ließ fich nicht mehr bewältigen. In wundervoller Klarheit erfchienen ihm einzelne Szenen, und was er von folchen Bruchftücken auf das Papier warf, wirkt hinreißend, bezaubernd auf den Lefer. Er meinte wohl, jetzt, da er mit Bewußtfein fchaffe, entwerfe er zuerft den Plan, dann erft erfchienen ihm feine Geftalten; doch die unhemmbar vorwärts= fchreitende Geftaltungsluft des rechten Dramatikers, welche nicht ruhen kann, bis fie ihren Helden auf die Höhen der Leidenfchaft empor= getrieben und dann herniedergeftürzt hat — fie erwachte dem Kranken nie. Eine Lücke, die fich niemals füllen wollte, klaffte immer zwifchen den einzelnen in höchfter Pracht gefchauten Bildern, der Ring des Kunft= werks fchloß fich nicht. Nun packt er „die Stoffe, die er bebrütet", aber und abermals an, wohl zwölfmal oder mehr wird die Bernauerin umgearbeitet — nie vollendet.

Er belaufcht fich während des Schaffens, er fühlt feine Verwandt= fchaft mit Kleift und Hebbel, vergleicht feine Geftalten mit den ihrigen, er findet in Shakefpeare den vollendeten Künftler und verfucht aus deffen Werken die höchften Gefetze der Kunft abzuleiten. Sein eigenes Selbft= gefühl, feine Künftlerfreudigkeit fühlt fich erdrückt durch die Größe des Briten, fieben Jahre lang bis zu feinem Tode läßt ihn das Bild des fremden Dichters nicht los, er fchreibt „Shakefpeareftudien" und trägt in diefe Blätter, wie in ein Tagebuch, alles zufammen, was ihm Kopf und Herz bewegt: Selbftgeftändniffe, äfthetifche Regeln, Dramen= entwürfe, Studien über Shakefpearefche Charaktere, Befprechungen eigener und fremder Werke. Der Thüringer Naturfohn fpricht in Lob und Tadel mit einer unbefangenen Grabheit, die unferer verzärtelten rückfichtsvollen Zeit wie eine Stimme aus den cheruskifchen Wäldern klingt, er berührt die feinften und höchften Rätfel der Kunft und des Seelenlebens, er erörtert Fragen, die nur ein reicher Künftlergeift auf= werfen kann — als z. B.: „Wie reich ein Stück Shakefpeares an Hand= lung ift und wie wenig Szenen es doch hat und wie diefe auch foviel poetifche Ausmalung haben" — und gleich darauf befremdet er uns durch einen Erklärungsverfuch, der eine fertige hiftorifch=philologifche Bildung verlangt, alfo der Intuition des Künftlers allein nicht gelingen kann — und dann folgt wieder ein Selbftbekenntnis von faft unheim= licher Klarheit. Auch in Ludwigs Seele wühlte jene krankhafte Reigung, fich felbft zu belauern, welche das Leben Heinrich Kleifts verwüften half. Aber während Kleift in der Kunft fich immer wieder zu frifcher

Schöpferluft ermannte und nur in seinem äußeren Leben ein unglück=
licher Grübler blieb, verfloß Ludwigs Leben wohlgeordnet, in gleich=
mäßigem Wellenschlage, der krankhafte Trieb in ihm warf sich allein
auf sein künstlerisches Schaffen. Schon ein übermaß gelehrten Wissens
lähmt oft den freien Flug des Dichtergeistes, doch noch verderblicher
als die allzu schwere Bildung des Verstandes wirkt auf den Künstler
jene vorzeitige Kritik, die ihm die Freude stört an seinen halbvollendeten
Gestalten. Mir ward unsäglich traurig zumute, als ich einst in
einigen Heften aus Ludwigs Nachlaß blättern durfte. Welch ein un=
geheurer Fleiß in diesen eng beschriebenen Bogen; nur selten einmal
hat die zitternde Hand des Kranken am Rande bemerkt, er habe heute
seinen Kindern zulieb' zeitig Schicht gemacht. Große tiefsinnige Ent=
würfe, prächtige Verse, glänzender, schwungvoller als die schönsten
Stellen der Makkabäer, dann wieder einzelne aufgebauschte geschraubte
Bilder, und schließlich doch kein Ganzes — eine Phantasie, die uns zu=
gleich durch ihren Reichtum und durch ihre Unfruchtbarkeit in Er=
staunen setzt.

Ganz gewiß hat auch die Krankheit und die Sorge um des Lebens
Notdurft den Aufschwung dieser Dichterkraft gelähmt. Man darf von
Ludwig nicht reden, ohne mit ernstem Wort einer häßlichen Schwäche
der deutschen Gesittung zu gedenken — des unanständigen Geizes, den
die deutsche Lesewelt ihren Schriftstellern entgegenbringt. Alle die be=
quemen Entschuldigungen, welche auf unseren noch jugendlichen Volks=
wohlstand verweisen, zerfallen in nichts vor der beschämenden Tat=
sache, daß in dem kleinen Holland, dem halbbarbarischen Rußland die
Auflagen guter Bücher weit stärker, oft zehnmal stärker sind als in dem
großen gelehrten Deutschland. Kein Volk liest mehr, keines kauft
weniger Bücher als das unsere. Namentlich unsere höheren Stände
zeigen im literarischen Verkehrsleben einen Mangel an Feingefühl, eine
Kargheit, welche unsere Nachbarn mit Recht als unschicklich schelten.
Solange es bei uns noch nicht für schmutzig gilt, wenn eine reiche ele=
gante Dame mit Handschuhen bewaffnet ein unsauberes Lesezirkelexem=
plar eines Buches liest, das sie im nächsten Laden für wenige Groschen
kaufen kann — ebensolange werden alle Schiller= und Tiedgestiftungen
die gedrückte Lage der deutschen Schriftsteller nicht wesentlich bessern.
Ist ein deutscher Dichter vollends wenig fruchtbar, fehlt ihm, wie
diesem Thüringer, gänzlich das Talent für den einzigen gewinnbringen=
den literarischen Erwerbszweig, für die Journalistik, so kann er der
bitteren Not nicht entgehen.

Doch in Wahrheit liegt der letzte Grund der Unfruchtbarkeit von Ludwigs späteren Jahren nicht in der Krankheit, nicht in der Armut, sondern in jener rätselhaften Anlage seiner Phantasie. Ihm blieb versagt, der Welt die Schätze seiner Seele zu zeigen, er war mehr als er schuf, und nur seinen Freunden lebt das unverstümmelte Bild seines Wesens in der Erinnerung. In der Kunst aber gilt nur das Können — der alte Spruch soll allezeit in Ehren bleiben, ob er auch grausam scheine; das landläufige Urteil wird bei Otto Ludwigs Namen immer zuerst an jene Erzählung „Zwischen Himmel und Erde" denken, welche er selber für ein Nebenwerk ansah. Wer den unendlichen Wert der Persönlichkeit in der Kunst versteht, wer da weiß, daß in der Entwicklung des geistigen Lebens wie in dem Haushalt der Natur nichts verloren geht, der darf freilich bei einer so äußerlichen Schätzung nicht stehenbleiben. Wie die politische Geschichte dem General Friedrich von Gagern einen ehrenvollen Platz anweist um der Gedanken willen, die er in der Stille für Deutschland dachte, um der unerfüllten Hoffnungen willen, die sich an ihn knüpften — so wird auch die Literaturgeschichte nicht bloß anerkennen, was Otto Ludwig schuf, sondern auch ein Wort des Dankes übrig behalten für die hohen Ziele, die der Ringende nicht ganz erreichte; sie wird gerecht und in Ludwigs eigenem Sinne urteilen, wenn sie ihn auffaßt als den Dichter der Makkabäer, der das realistische Ideal im Drama zu verwirklichen suchte.

Mit unwandelbarer Treue bewahrte sich der kranke Dichter den Glauben an sein Volk und seine Zeit, niemals vermochte die hergebrachte Klage über das Epigonentum der Gegenwart die Kraft seines Hoffens zu erschüttern. „Unsere Ideale sind andere als die der goldenen Zeit unserer Dichtung" — auf diesen Gedanken kommen die Shakespearestudien immer wieder zurück — die Gegenwart hat schon genug eigene Geschichte gehabt, um sich neue Ideale zu bilden, denen nichts fehlt als „die eigentliche Gestaltung" durch den Dichter. Gelingt es einst unserem aufstrebenden Volke, zu dem neuen Gedankengehalt, der unsere Welt erfüllt, auch jene Sicherheit der sittlichen Überzeugung, jene zweifellose Daseinsfreudigkeit zu erwerben, welche allein der dramatischen Kunst die volle Entfaltung gestatten — dann werden die glücklicheren Dichter, welche den Idealen der Zeit „die eigentliche Gestaltung" geben, mit dankbarer Rührung dieses echt deutschen Künstlers gedenken, der so tapfer, so schmerzlich, so wahrhaftig gerungen hat nach den höchsten Zielen der Kunst.

Friedrich Hebbel.

(Königstein 1860.)

In zwiefachem Sinn ist die Dichtkunst die Herzenskündigerin ihrer
Zeit. Dem Dichter bleibt nicht nur das schöne Recht, herauszusagen,
was die Gegenwart in ihren Tiefen bewegt; er zwingt auch die Zeit=
genossen, durch die Aufnahme, welche sie seinen Werken angedeihen
lassen, ihr innerstes Wesen der Nachwelt zu enthüllen. Die von Grund
aus verwandelte Stellung der Gebildeten zu den Werken der Poesie
zeigt klarer als irgend eine Tatsache der politischen Geschichte, daß wir
wirklich binnen weniger Jahrzehnte andere Menschen geworden sind.
Als nach einer langen Zeit vorherrschender literarischer Tätigkeit die
ersten Keime freien politischen Lebens in Deutschland sich schüchtern
aus dem Boden emporhoben, da galt es noch als ein Wagnis, der
ästhethisch verbildeten Lesewelt politische Geschäftssachen in nüchterner
geschäftlicher Form vorzutragen, und der alte Benzel=Sternau kleidete
weislich den langweiligsten aller Stoffe, einen Bericht über die ersten
bayrischen Landtage, in die phantastische Hülle eines Briefwechsels
zwischen Hochwittelsbach und Reikiavik. Nur zwanzig Jahre vergingen,
und jede Spur andächtigen Schönheitssinnes schien hinweggefegt von
der politischen Leidenschaft. Alles jubelte, wenn die Meute gesinnungs=
tüchtiger Zeitpoeten wider die vornehme Ruhe des Fürstenknechtes
Goethe lärmte. Das Vaterland forderte, wie ein Wortführer jener
Tage selbstgefällig sagt,

von der Dichterinnung
statt dem verbrauchten Lelertand,
nur Mut und gute Gesinnung.

Von diesem Äußersten unästhetischer Roheit freilich, von diesem Selbst=
mordversuch der Poesie sind wir zurückgekommen. Der schwere Ernst
der politischen Arbeit lehrte uns die verschwommenen Phrasen der Ten=
denzlyrik mißachten, und jener schlichte Sinn für das Wahre, welcher
das köstlichste Gut der Gegenwart bildet, wandte sich mit Ekel von
poetischen Gestalten, die kein eigenes Leben lebten, nur das Mundstück
waren für des Dichters politische Meinungen. Doch die alte Begeiste=
rung der Deutschen für das Schöne ist nicht wiedererwacht; dem starken
und tiefsinnigen Dichtergenius fällt in unseren Tagen ein unsäglich
hartes Los.

Wir wollen nicht allzu bitter beklagen, daß die gesamte Lyrik heute
lediglich von den Frauen gelesen wird, nur selten ein Mann von Geist
in verschämter Stille an seinem Horaz oder an Goethes römischen Ele=
gien sich erquickt: die Härte, der Weltsinn, die Aufregung des modernen
Lebens verträgt sich wenig mit lyrischer Empfindsamkeit. Und wenn
in sehr zahlreichen und sehr ehrenwerten Kreisen ein junger Mann,
von dem man nur weiß, er sei ein Poet, mit verhaltenem Lachen emp=
fangen wird, wenn man von ihm erwartet, er werde jenes Durch=
schnittsmaß von Verstand und Willenskraft erst erweisen, das wir bei
allen anderen Sterblichen voraussetzen: so sehen wir keinen Anlaß, sen=
timental und verstimmt zu werden ob dieser notwendigen Folge der
poetischen Überproduktion. Aber versuchet, in einem Kreise gebildeter
Männer die triviale Wahrheit zu verfechten, daß die Kunst für ein
Kulturvolk tägliches Brot, nicht ein erfreulicher Luxus sei — und Wider=
spruch oder halbe Zustimmung wird euch lehren, wie arg der Formen=
sinn verkümmert ist in diesem arbeitenden Geschlechte. Es ist nicht
anders, der ungeheuren Mehrzahl unserer Männer gilt die Kunst nur
als eine Erholung, gut genug, einige müde Abendstunden auszufüllen.
Wir widmen, was von Idealismus in uns liegt, dem Staate, uns be=
drückt eine Geschäftslast, welche die älteren Geschlechter unseres Volkes
nie für möglich gehalten hätten, wir wissen den Wert der Zeit so
genau zu schätzen, daß der ruhige briefliche Gedankenaustausch unter
tätigen Männern fast ganz aufgehört hat und selbst unser geselliger
Verkehr überall die Spuren hastiger Unruhe zeigt. Eine solche ganz
nach außen gerichtete Zeit sucht in der Kunst die Ruhe, die Abspannung.
Wer will bestreiten, daß Gustav Freytag seine Popularität weit weniger
seinem edeln Talente verdankt als seiner liebenswürdigen Heiterkeit,
welche auch dem Gedankenlosen erlaubt, vor dem unverstandenen, aber

lustigen Gebaren der Gestalten des Dichters ein gewisses Behagen zu
empfinden? Sehr undankbar ist in solchen Tagen das Schaffen des
pathetischen Dichters. Gelingt ihm sein schweres Werk nicht voll=
kommen, so vereinigt sich zu seiner Verurteilung der Haß der Massen
gegen jeden, der ihren dumpfen Schlummer stört, und der gesunde
Sinn für Harmonie, dem eine niedrige, doch erfolgreiche Bestrebung
erfreulicher scheint als ein großangelegtes, aber unfertiges Schaffen.

Dabei lebt in diesem prosaischen Geschlechte unausrottbar doch
die stille Hoffnung, daß das fröhlich aufblühende neue Leben unseres
Staates auch die dramatische Kunst einer großen Zukunft entgegen=
führen müsse. Freilich nur eine unbestimmte Ahnung. Kein sicheres
Volksgefühl zeichnet dem jungen Dramatiker gebieterisch bestimmte
Wege vor; uns fehlt ein nationaler Stil, ein festes Gebiet dramatischer
Stoffe, jede Sicherheit der Technik. Unermeßlich, zu beliebiger Aus=
wahl breitet sich vor dem Auge des Poeten die Welt der sittlichen,
sozialen, politischen Probleme aus; und wenn schon diese schrankenlose
Freiheit der Wahl den geistreichen Kopf leicht zu unstetem Tasten, zum
Experimentieren verleitet, so wird ihm vollends die Sicherheit des Ge=
fühls beirrt durch die Wohlweisheit der Kritik. Scheint es doch, als
verfolgten manche Kunstphilosophen nur das eine Ziel, dem schaffenden
Künstler sein Tun zu verleiden, ihm den frischen Mut zu brechen.
Was hat diese Altklugheit nicht alles bewiesen: für das Epos sind wir
zu bewußt, für die Lyrik zu nüchtern, für das Drama zu unruhig; die
alte Geschichte ist für unsere Kunst zu kahl, das Mittelalter zu phan=
tastisch, die neue Zeit steht uns zu nahe — und wie die anmaßenden
und doch im Grunde gehaltlosen Schlagworte sonst lauten. Zu den
Füßen dieser überreifen Ästhetik treibt eine vulgäre Kritik ihr Unwesen,
deren erschreckende Roheit täglich deutlicher beweist, daß die besten Köpfe
der Epoche sich der Kunst entfremdet haben. Wir wundern uns gar
nicht mehr, wenn ein tief empfundenes Kunstwerk als Nr. 59 unter
„fünf Dutzend neuer Romane" abgeschlachtet wird, wenn eine Dich=
tung von G. Freytag oder G. Keller alles Ernstes in eine Reihe ge=
stellt wird mit den Arbeiten der Frau Mühlbach oder ähnlichen Pro=
dukten einer volkswirtschaftlichen Tätigkeit, welche sich lediglich durch
das Verhältnis von Angebot und Nachfrage bestimmen läßt. Wir
fühlen uns nicht mehr befremdet, wenn jener beliebige Herr Schultze,
der im Erdgeschoß einer politischen Zeitung seinen kritischen Sorgen=

ſtuhl aufgeſtellt hat, mit den Dichtern und Denkern, deren Werke er beſchwaßt, auf Du und Du oder gar im Tone des Schulmeiſters ver‑ kehrt. Wir empfinden für den Kritiker ſogar eine gewiſſe Hochachtung, wenn er die Kenntniſſe eines angehenden Oberſekundaners entfaltet — eine Bildungsſtufe, welche in dieſen Kreiſen unſerer Literatur nicht all‑ zu häufig erklommen wird. Begreiflich in der Tat, wenn ein ſtarker Künſtlergeiſt, angeekelt von dieſem nichtsnußigen belletriſtiſchen Treiben, auch die ehrenwerten Ausnahmen überſieht, welche in unſerer Preſſe zuweilen noch auftauchen, und grimmig ſeine Straße zieht.

Doch das ſchwerſte Hemmnis, das die Gegenwart den drama‑ tiſchen Dichtern in den Weg wirft, iſt die Gärung, die Unſicherheit unſerer ſittlichen Begriffe. Wie viel einfacher als der moderne Menſch ſtanden unſere großen Dichter zu den Problemen des ſittlichen Lebens! Welchen ſittlichen und äſthetiſchen Schaß beſaß Schiller an Kants kate‑ goriſchem Imperativ — eine großartige, ſtreng ſittliche Weltanſchau‑ ung, wie geſchaffen für den Dramatiker, denn ſie läßt dem tragiſchen Charakter ungeſchmälert die Freiheit. Seit die neue Philoſophie den Glauben an Gott und Unſterblichkeit erſchüttert hat, ſeit die Natur‑ forſchung beginnt, den Zuſammenhang von Leib und Seele ſchärfer zu beleuchten, ſteht der Dichter, wenn er zugleich ein Denker iſt, den ein‑ fachſten und ſchwerſten ſittlichen Fragen minder unbefangen gegenüber; ſelbſt die Idee der tragiſchen Schuld und Zurechnung, die dem Drama‑ tiker unbedingt feſtſtehen muß, wird ihm leicht durch Zweifel verwirrt und getrübt. Und wo iſt ſie hin, die edle mit Geiſt und Empfindung geſättigte Geſelligkeit, die in den Tagen von Weimar freilich nur einige auserwählte Kreiſe unſeres Volkes beglückte? Die ſchamloſe Frechheit der Halbwelt auf der einen, die unleugbar ſteifen, gezwungenen Formen unſerer guten Geſellſchaft auf der anderen Seite — in einer ſolchen Umgebung erlangt der Künſtler nicht leicht die harmoniſche Bildung der ſittlichen und der ſinnlichen Kräfte.

Das Edle und Große dieſer durchaus von der Politik, der Volks‑ wirtſchaft, der Wiſſenſchaft beherrſchten Welt begeiſtert zu empfinden, ihr Leben mitzuleben und dennoch das Schöne, nichts als das Schöne zu ſchaffen, das iſt die ſchwere Aufgabe des modernen Dichters. Ein Zug der Reſignation, das Bewußtſein, daß nicht jede Zeit dem Künſtler das Höchſte zu erreichen geſtattet, wird in ſolchen Tagen oft den Geiſt des Dichters ergreifen, und ſicherlich viele der heutigen Poeten haben zuweilen mit eingestimmt in die Bitte, welche Friedrich Hebbel einst an seine Muse richtete:

> Du magst mir jeden Kranz versagen,
> wie ihn die hohen Künstler tragen,
> nur daß, wenn ich gestorben bin,
> ein Denkmal sei, daß Kraft und Sinn
> noch nicht zu Wilden und Barbaren
> aus meiner Zeit entwichen waren.

Das ganze Wesen des Mannes liegt in diesen Zeilen: sein Stolz, sein ernster Künstlersinn und jene hoffnungslose Verstimmung, die ihn seinem Volke entfremdete. Aber wie schwer er auch irrte, den Ruhm, den er sich in jenen Zeilen erfleht, wird ihm heute kein Unbefangener mehr versagen. Er dachte groß von seiner Kunst, er lebte ihr mit rastlosem, fruchtbarem Fleiße, mit Andacht und Sammlung, treu seinem Aus= spruch: „Leben heißt tief einsam sein." Oftmals berührt von den Sünden der Zeit, die er lästerte, hat er nie wissentlich ihren Launen gehuldigt; in ihm waltete jene vornehme Selbstgewißheit, welche jedes unmittelbar tendenziöse Einwirken der Poesie auf die Gegenwart ver= schmäht und sich des freudigen Glaubens getröstet, daß der Gehalt der Dichtung ein ewiger ist und seiner Stunde harren kann.

Ein Dithmarscher Kind, in einer engen und harten Welt aufge= wachsen, bewahrte Hebbel immer einen Zug rauher reckenhafter Kraft, also daß starke nordische Naturen, wie der alte Dahlmann, ihm die Teilnahme des Landsmannes nie versagten, auch wenn sie seinen Wandlungen nicht folgen mochten. Er selber bezeichnete die altger= manische Welt und die Bibel gern als die Quellen seiner Dichtung. Doch auch andere, minder lautere Kräfte schlugen in sein Leben ein: die nervöse Sinnlichkeit des modernen Paris, die zersetzende, glauben= lose Reflexion der jungdeutschen Literatur. Verbittert durch die Ent= behrungen einer freudlosen Jugend, ward der stolze Mann launisch, an= maßend, gehässig; bis zur Grausamkeit selbstisch mißbrauchte er die Güte der Menschen, die sich ihm liebend hingaben. Erst nach langen Irrgängen, da er endlich wieder zurückgriff zu den Sagengestalten unserer Vorzeit, die ihm die Träume der Knabenjahre erfüllt hatten, gelang ihm ein Kunstwerk, das dauern wird.

Die Künstlertugend, welche an Hebbel zuerst in die Augen fällt, ist der seltene, dem Dilettanten allezeit unverständliche Sinn für die Totalität des Kunstwerks. Er verachtet das Haschen nach Einzelschön=

heiten, wie die kleinmeisterliche, an einzelne Auffälligkeiten sich fest=
klammernde Kritik. Schon aus diesem einen Grunde sollte man end=
lich aufhören, ihn mit Grabbe zu vergleichen. Grabbe war das Kind
einer sinkenden Epoche, welche die Ideale einer großen Vergangenheit
in zuchtlosem Übermute zerschlug; in diesem rohen Talente war keine
Entwicklung. Hebbel erscheint als der Sohn einer aufstrebenden Zeit,
welche neue Ideale zu gestalten suchte. Freilich es war ein Suchen, an
dem der grübelnde Verstand oft mehr Anteil hatte als die schaffende
Phantasie. Der Dichter experimentierte, er tastete umher nach einem
Kunstwerk der Zukunft, in seinen ersten Werken erschien die Intention
ungleich stärker als die lebendige Ausführung. Das traurige Wort,
womit Hebbel einst die Frage „Man weiß doch, was ein Lustspiel
heißt?" beantwortet hat: — „Dies steht so klar vor meinem Geist,
daß, wenn ich's minder hell erblickte, das Werk vielleicht mir besser
glückte" — dieses unselige Geständnis gibt leider den Schlüssel zu
einem großen Teile seines Schaffens. Er haßt die Phrase, niemals
drängt sich bei ihm der Verstand in der prosaischen Form undrama=
tischer Betrachtungen hervor; aber bei aller realistischen Anschaulichkeit
im einzelnen läßt das Ganze oft kalt, erscheint als gemacht und ge=
klügelt. Und so findet sich bei Hebbel, der nach dem edeln Ziele strebt,
alles Geistliche zu verleiblichen, das Zusammenfallen von Idee und Bild
ebenso selten wie bei Klopstock, von dem ein altes treffendes Wort sagt,
er habe alles Leibliche des Körpers entkleidet.

Man hat Hebbel schweres Unrecht getan, wenn ihm die Wärme
des Gemüts gänzlich abgesprochen ward. Selbst aus den verfehltesten
seiner Gedichte bricht zuweilen, und dann ergreifend, eine starke und
tiefe Empfindung hervor. Wer die Gedichte kennt, worin er Selbst=
erlebtes wie das stille Glück des Hauses besingt, der wird den herzlosen
Vorwurf der Herzlosigkeit nicht wiederholen. Er dichtete nur, wenn der
Geist ihn rief, ließ oft jahrelang die halbfertigen Gestalten seiner Ent=
würfe ruhen, bis sie von selber wieder erwachten. Trotzdem trat in den
also aus künstlerischem Drange entstandenen Werken die Reflexion zu=
weilen so stark hervor, daß der Hörer kaum wußte, ob ein Dichter oder ein
Denker zu ihm sprach. Dies verrät sich vornehmlich in der Zeichnung
der Charaktere. Otto Ludwig nennt in seiner grobkörnigen Weise
Hebbels dramatische Gestalten kurzab „psychologische Präparate", er
meint: „Sie tun dick, sie wissen sich etwas" in ihrer Eigenart. Ein
hartes Urteil, das Hebbels ältere Werke leider nicht immer Lügen

strafen. Seine Charaktere handeln so folgerecht, daß wir jedes ihrer
Worte vorausberechnen können; er motiviert oft mit überraschender
Feinheit, und eine große dialektische Kraft steht ihm zu Gebote, um den
Irrgängen innerer Kämpfe nachzugehen. Aber über dem allzu eifrigen
Bemühen, den Charakteren feste scharfe Umrisse zu geben, verlieren sie
die Farbe, das Leben. Wohl zwingt die strenge Prägnanz des Dramas
den Dichter, seinen Menschen offenherzige Geständnisse in den Mund
zu legen, welche der phantasielose Verstand unnatürlich findet; doch die
helle Selbsterkenntnis, welche Hebbel seinen Charakteren leiht, überschreitet zuweilen die Grenzen der poetischen Wahrheit, und wie selten
schallt aus diesen Menschen der volle Brustton naturwüchsiger Leidenschaft heraus, den, wie alles Herrlichste in der Kunst, keine Anstrengung
des Hirns erklügeln kann!

Es klingt wie ein unwillkürliches Selbstbekenntnis, wenn dieser
zwischen dem Reiche des Gedankens und dem Reiche der Phantasie
einherschwankende Geist einmal ausruft:

> Ein Shakespeare lächelt über alle hin
> und offenbart des Erdenrätsels Sinn,
> indes ein Kant noch tiefer niedersteigt
> und auf die Wurzel aller Welten zeigt.

Der Denker verachtet den stofflichen Reiz, das Anekdotenhafte in der
Kunst, er will nicht „der Auferstehungsengel der Geschichte" sein.
Er fühlt, daß die moderne Bildung ein Recht hat, über die Tragik
Shakespeares hinauszugehen und eine Tragödie der Idee, nach dem
Vorbild des Faust, zu fordern; und so fest hält er diesen Gedanken, daß
er niemals versucht, eine einfache Charaktertragödie zu schreiben. Die
bunte Fülle des Menschenlebens reizt ihn nur, wenn sie ihm ein
„Problem", einen Kampf der Ideen zur Lösung darbietet. Unter
allen Rätseln des Menschendaseins hat ihn keines so anhaltend beschäftigt wie das Verhältnis von Mann und Weib; von der Judith
bis herab zu den Nibelungen, in den mannigfachsten Formen versucht
er dies große Problem künstlerisch zu gestalten, immer tiefsinnig und
mit starkem Gefühle, doch zuweilen spielt auch die häßliche Über-
feinerung moderner Sinnlichkeit in seine Bilder hinein.

Ganz modern ist auch seine Anschauung der Geschichte: er
sieht in ihr nicht wie Shakespeare die ewig gleiche sittliche Welt-
ordnung, die sich immer wiederherstellt, wenn die Leidenschaft des
Menschen sie auf Augenblicke gestört; der Jünger der modernen

Philosophen faßt sie auf als ein ewiges Werden. Er liebt den Zusammenstoß zweier Kulturwelten zu schildern: wie das Hellenentum aus der orientalischen Gebundenheit emporsteigt, das Christentum aus der jüdischen Welt, die neue Zeit aus dem Mittelalter. Ich kann jedoch nicht finden, daß der Dichter bei diesem kühnen Unterfangen immer glücklich ist. Die neue Welt, die aus der zerfallenden alten Ordnung sich erhebt, tritt nicht leibhaftig vor uns hin, sie wird uns lediglich angedeutet durch einen symbolischen Zug; und nur weil wir historische Schulbildung besitzen, erraten wir, was uns das Kunstwerk selber nicht sagt, daß die heiligen drei Könige, die am Schlusse von „Herodes und Mariamne" plötzlich auftreten, den Anbruch der christlichen Gesittung vorstellen sollen. Diese Neigung für symbolische Züge beherrscht den Dichter zuweilen so gänzlich, daß er in eine gleichgültige, ja absurde Fabel willkürlich eine Idee hineinlegt, welche ihr völlig fremd ist. Und da ja ausschweifende Phantastik im Innersten verwandt ist mit den Verirrungen überfeinen Verstandes, so erinnert Hebbel mit solcher Symbolik, solchem Mystizismus oft stark an Calderon.

In der Einsamkeit brütender Betrachtung mußte die düstere Denkweise vom Leben, wozu Hebbels Natur neigte, zu erschreckender Stärke anwachsen. Der Pessimismus ist insgemein eine Sünde begabter Menschen, denn nur ein heller Kopf wird die tiefen Widersprüche des Lebens, wie die schreckliche Tatsache, daß die Ordnung des Rechtes eine andere ist als die Ordnung der Sittlichkeit, in ihrer ganzen Schärfe durchschauen, nur ein tiefes Gemüt sie in ihrer vollen Schwere empfinden. Kein Wunder, daß diese, die Werke aller bedeutenden tragischen Dichter überschattende, reformatorische Strenge, welche die Welt verachtet und Lügen straft, von dem Haufen verketzert und als unsittlich gebrandmarkt wird. Aber selbst ein tiefmelancholisches Gedicht wird dem Poeten nur dann gelingen, wenn ihm, ob auch verhüllt und verborgen, tief in der Seele der Glaube lebt an den Sieg des Geistes über die Gebrechen der Welt. Noch keinem echten Dichter hat dieser Glaube gefehlt, er atmet selbst in dem schwermütigsten Gedichte, das je in den Nebeln Alt-Englands ersonnen ward, in Walter Raleighs „The lye". Hebbel wußte wenig von solcher Hoffnung. Wie er, der Konservative, nicht daran dachte, im Leben an der Heilung der kranken Welt mitzuwirken, so vermögen auch seine Gedichte, obwohl sie dann und wann von künftiger Versöhnung reden, von der Lebendigkeit dieses Glaubens nicht zu überzeugen. Die fruchtbare Anklage, die er in einem abscheulichen Sonette gegen die menschliche Gesellschaft schleudert: „Der Mörder braucht die Fauſt nur hin und wieder, du haſt das Amt, zu rauben und zu töten" — ſie iſt nicht ein wilder Ausbruch augenblicklichen Unmuts, ſie blieb durch lange Jahre die Grundſtimmung ſeiner Seele. Er erkannte mit einbringender Klarheit die Gebrechen der Welt, doch er verzweifelte an der Heilung. Ganz unerträglich wird dieſe Verbitterung des Gemüts, wenn Hebbel ſeinem eigenen Worte zum Trotz „die Kirſche vom Feigenbaum fordert" und ſeiner büſteren Phantaſie die hellen Klänge der Komödie zu entlocken ſucht.

Er geſteht, daß er mit ſeinen Gedichten „ſeiner Zeit ein künſtleriſches Opfer dargebracht" habe; und gewiß, einige der Ideen, welche das moderne Deutſchland bewegten, fanden in den Werken dieſes Dichters einen treuen und großartigen Ausdruck. Doch gerade die ſchönſte und herrlichſte Erſcheinung unſerer Tage, recht eigentlich die Signatur der neuen Zeit, das Emporwachſen unſeres Volkes zum ſtaatlichen Leben, blieb dieſem verdüſterten Auge verborgen. Er ſah in der Entwicklung unſeres Volkes „nicht eine Lebens=, ſondern eine Krankheitsgeſchichte". Nun warf ihn ſein Unſtern unter das verkommene Deutſchtum in Öſterreich: „Wir und germaniſieren!" rief er hohnlachend. Die frohe Botſchaft des Jahrhunderts, die Verjüngung der antiken Sittlichkeit, welche von jedem Menſchen, auch von dem Künſtler, zugleich die Tugenden des Bürgers fordert — an ihm fand ſie einen tauben Hörer. Selbſt die Dichtungen unſerer kosmopolitiſchen klaſſiſchen Zeit tragen die Spuren der politiſch=nationalen Kämpfe der Epoche weit deutlicher auf der Stirn als Hebbels Werke die Eindrücke der Gegenwart. Und wird ja einmal die Natur der Dinge mächtiger als Hebbels Verſtimmung, entſchließt er ſich, ein Zeitgedicht zu ſchreiben, ſo finden wir nicht, wie es bei dem Sohne der Marſchen zu entſchuldigen wäre, einen naturwüchſigen Ausbruch des Zornes über die Schmach ſeines Volkes, ſondern ein griesgrämiges Epigramm über Staatsmänner, welche die Kunſt verſtehen, niemals zu erwachen, oder eine wegwerfende Bemerkung über moderne Staatsverfaſſungen — oder ein Gedicht an König Wilhelm, das im Grunde nicht gehauen und nicht geſtochen iſt, in ſchönen Verſen nur die politiſche Ratloſigkeit des Dichters offenbart.

Bei ſo troſtloſer Anſchauung des Lebens weiß er nichts von jener edeln Volkstümlichkeit, welche der Ehrgeiz großer Dichter iſt. Darum hat er, der Dramatiker, Schillers Größe lange gänzlich verkannt; darum

verschmähte er die hohe Schule des Dramatikers, den Wechselverkehr
mit der Bühne. Auch dieser Irrtum ist eng verflochten mit einer
ehrenwerten Tugend, einer wohlberechtigten Verachtung gegen die
bornierten Rücksichten der Konvenienz, welche gemeinhin das Bühnen=
schicksal eines Dramas bestimmen. Aber nicht die Theaterzensur
allein verbannt seine Werke von den Brettern, sie sind in ihrer
Mehrzahl in Wahrheit nicht darstellbar. Sie behandeln nicht bloß
extreme Fälle, sondern abnorme, krankhaft seltsame Konflikte, welche
keinen Widerhall erwecken in den Herzen der Hörer; und wer es
verschmäht, die Edelsten seiner Zeit im Innersten zu bewegen, der
mag der stolzen Hoffnung entsagen, für das Theater aller Zeiten zu
schreiben.

Hart, ja grausam ward diese gewollte Vereinsamung an dem Leben=
den bestraft. Über den vielgelesenen Schriftsteller bildet sich die Welt
zuletzt immer ein mildes ausgleichendes Urteil. Doch die Werke
dieses Sonderlings fielen zumeist nur einzelnen Kritikern in die
Hände, die ihn von den Wällen ihres ästhetischen Systems herab
schonungslos bekämpften. Nun geschah ihm, was gemeinhin den
Einsiedlern des Gedankens widerfährt: wie um Friedr. Rohmer und
Schopenhauer — Männer, die ich übrigens weder unter sich noch mit
Hebbel vergleichen will — so scharte sich um diesen vielbekämpften
Dichter eine kleine Gemeinde fanatischer Anhänger, die durch un=
mäßiges Lob den Hohn der Gegner erweckten. So zwischen gehässigen
Tadel und blinde Bewunderung gestellt, ward das wohlbegründete
Selbstgefühl des Mannes krankhaft reizbar. Auch wir halten es für
trockene Philisterweisheit, wenn dem Poeten zugemutet wird, er solle
nicht empfindlich sein. Wer darf Angriffe auf sein eigen Fleisch und
Blut mit Kälte ertragen? Und wer könnte die alte Wahrheit, daß
ein halbes Lob tiefer verletzt als ein ganzer Tadel, bitterer empfinden
als der Dichter? Führt doch der Künstler das Los des verwunschenen
Prinzen: im Leben soll er sich schelten und stoßen lassen wie die anderen
auch, und kaum nimmt er das Saitenspiel zur Hand, so ist er ein ge=
borener Fürst und hat immer recht und treibt mit uns, was ihm gefällt;
darum mögt ihr Nachsicht üben, wenn nicht ein jeder dies gespaltene
Dasein mit Haltung zu tragen weiß. Aber es ist ein anderes, seinem
Ärger über die Kritik einmal durch einen derben, in Gottes Namen
ungerechten Zynismus Luft zu machen — und wieder ein anderes,
jahrelang die geschmacklose Rolle des verkannten Genies zu spielen,

fortwährend mit „Wichten" und „Kannegießern" um sich zu werfen,
jedes seiner eigenen Worte mit einer Andacht zu bewahren, die
dem reichen Geiste schlecht ansteht, ja sogar nach Knabenart pathe=
tisch zu prahlen: diese und jene Tugend hat mir noch niemand
abgesprochen. Jene Liebenswürdigkeit, die, nach der Versicherung
seiner Freunde, dem Menschen zuweilen eigen war, blieb dem Schrift=
steller versagt. Es gibt glückliche Naturen — und viele unserer streit=
barsten Männer, Lessing vornehmlich, zählen dazu — denen wir nie=
mals grollen, auch wenn wir widersprechen; andere wieder, welche uns
immer in Versuchung führen, mit ihnen zu rechten, sie mögen sagen
was sie wollen. Zu diesen letzteren zählt Hebbel, nach meinem und
vieler anderer Gefühl; er hat den Mitlebenden erschwert, gerecht über
ihn zu reden.

Dem Toten sollen endlich die menschlichen Schwächen vergessen
werden; auch von dem Kunstwerk seines Lebens gilt das gute Dichter=
wort, das er einmal über das Drama aussprach: „In einem Kunst=
werk muß immer die letzte Zeile die erste rezensieren." Er ist wirklich
gewachsen mit seinem Volke, das er nie ganz würdigte, er be=
freundete sich als reifer Mann mit den einfachen Idealen, die er
einst mißachtet, er lernte die Größe des edelsten unserer Dramatiker
schätzen und schuf endlich jene hochpoetischen Gestalten der Nibelungen,
die nicht mehr angekränkelt sind von der Blässe des Gedankens. Von
diesen letzten Werken des Dichters fällt verklärend ein Lichtstrahl
zurück auf die unfertigen Dichtungen seiner früheren Zeit. Kein
Zweifel mehr: der frieblose Sinn, der aus Hebbels älteren Dramen
spricht, ist nicht die blasierte Ironie der Romantiker, nicht die zuchtlose
Frivolität, der buhlerische Weltschmerz der Jungdeutschen, er ist der
tiefe und wahre Schmerz eines starken Geistes, der erst nach harten
Kämpfen eine Versöhnung finden konnte, welche der Glückliche, der
Gedankenarme mühelos erreicht. — Der Dichter wies in seinem Eigen=
sinne jede Kritik der Wahl seiner Stoffe zurück, weil „das einmal
lebendig Gewordene sich nicht zurückverbauen" lasse. Heute, da wir
sein Schaffen im ganzen überschauen, wird uns das Körnlein Wahr=
heit deutlich, das in diesem anmaßenden Ausspruch liegt; auch in den
seltsamsten Experimenten des Poeten läßt sich eine gewisse Notwendig=
keit nicht verkennen.

Wir gehen rasch hinweg über Hebbels erste Novellen, die in der
Art des Humors an Jean Paul, in der Hast der Darstellung an

Heinrich Kleist erinnern. Wie seltsam verkannte der Dichter sein ganz und gar nicht populäres Talent, wenn er hoffte, seine niederländische Geschichte „Schnock" werde im Bauerkittel von Fließpapier auf den Jahrmärkten feilgeboten werden; den derben Ton herzhaften Spaßes, den der Bauer verlangt, findet dieser Poet des Gedankens nicht.

In seinem ersten Drama Judith versucht Hebbel in der Seele der epischen Heldin der Bibel einen Bruch, einen Kampf hervorzurufen, er will uns an ihr das Recht des Weibes auf wahre Liebe zeigen und dergestalt den Liebling starkgeistiger Maler und Poeten dem modernen Bewußtsein verständlich machen. Freilich wird das gräßliche Weib selbst dadurch kein tragischer Charakter; denn unter den widerstreitenden Gefühlen, welche ihr Herz bewegen, der religiösen Begeisterung für ihr Volk, der durch den Anblick kläglicher Schwächlinge geschärften Ruhmbegierde, endlich der geheimen Liebe zu dem einzigen ganzen Manne, den sie kennt, tritt bald die nackte tierische Sinnlichkeit als das herrschende Motiv hervor. Noch häßlicher ist Holofernes, wohl der unwahrste aller jener souveränen Kraftmenschen, in deren Schilderung sich die Literatur jener Tage gefiel, bei aller scheinbaren Größe ein lächerlicher Prahler. Wahrhaft empfunden sind allein die glaubenseifrigen Gestalten des jüdischen Volkes. Hier war es dem Sohne strenger bibelfester Bauern leicht, aus voller Seele zu schaffen. Aber wie fremd steht die Frömmigkeit des Alten Testaments neben einem Materialismus, der an die häßlichsten Ausgeburten der poésie de sang et de boue gemahnt! Diese Zerfahrenheit der Stimmung, diese Unsicherheit der sittlichen Begriffe des Dichters raubt dem Stücke, trotz der in mächtigem Aufschwung stetig anschwellenden Handlung, die innere Einheit.

Selbst jenes verwirrenden und berauschenden Reizes, den die Judith bei der ersten Aufführung immer bewähren wird, entbehrt die Genoveva. Hebbel versteht noch nicht, den unbestimmtesten und darum bildsamsten der Verse zu gebrauchen: sein dramatischer Jambus ist korrekt und entspricht durch die Härte seiner männlichen Endungen äußerlich dem Wesen des Dramas, aber er hat weder lebendige Kraft noch melodischen Fluß. Mißachtend das durch die Natur des Stoffes Gebotene hat der Poet das wehmütig-liebliche Volksmärchen gewaltsam in eine Tragödie verwandelt, indem er den versöhnenden Schluß hinwegließ und jede Spur des Naiven und Naturwüchsigen vertilgte. Ja, er benutzte den mythischen Stoff, um an ihm die Unwahrheit unserer sittlichen Gesetze zu zeigen. Hier freilich sind „Satzungen und Rechte, die das Lebendig-Freie schamlos knechten". Diese Menschheit ist befangen in formalistischer Sittlichkeit: nur ein Äußerliches erblickt sie in der Ehre, der Treue, dem Glauben, zu deren Schutze sie die blut= befleckten Hände hebt. Doch wir erkennen in ihr unser eigenes Gefühl nicht wieder; rein unbegreiflich erscheint in dieser gebundenen Welt die ganz moderne Empfindung des Versuchers Golo. Die Handlung ist ein gehäuftes Maß von Schrecknissen — denn bei Hebbel erscheint der Tod stets als die gräßliche Kere, nimmer als milder Genius — die Diktion bietet einen jähen Wechsel von Frost und Hitze; der letzte Eindruck ist vollkommene Ermüdung und die ratlose Frage, ob die wirre Symbolik dieser Szenen wirklich eine Tragödie der ehelichen Treue vorstellt?

Verdankte die Judith ihren Erfolg vor allem ihrer Wahlver= wandtschaft mit gewissen krankhaften Verstimmungen der Zeit, und hatte die Genoveva als ein Verstandeswerk gar nur das Staunen ein= geweihter Literatenkreise erregt, so fand die Maria Magdalena den verdienten Beifall aller Unbefangenen, ein wahrhaft poetisches Werk, das über seiner klaren und strengen Komposition und über der er= greifenden Wahrheit seiner Charaktere alle seine Mängel leicht ver= gessen läßt. Hebbel war kühn genug, aus der Not eine Tugend zu machen, die „schreckliche Gebundenheit in der Einseitigkeit" — jene Klippe, an der die meisten bürgerlichen Dramen und Dorfgeschichten scheitern — zum Mittelpunkte des tragischen Konflikts zu erheben. Die Hohlheit kleinbürgerlicher Ehrbegriffe mit ihren schrecklichen Folgen soll dargestellt werden. Zu solcher Arbeit ist Hebbels große dialektische Kraft wie geschaffen. Auch das Eingehen auf Sitten und Zustände, welche dem Poeten genau bekannt waren, ist ihm zum Heile aus= geschlagen. Nicht als meinten wir mit den Verehrern photographischer Wahrheit, der Künstler solle nur Verhältnisse schildern, die ihm durch persönliche Erfahrung vertraut geworden; wer das Zeug hat zu einem Dichter, trägt ein Bild der Menschheit im Herzen. Hebbel jedoch mußte durch einen Stoff, dessen feste Schranken ihm selbst wie den Lesern wohlbekannt sind, von seiner Unart, symbolische Züge in die Aktion zu legen, abgehalten werden. Er bewährt hier seinen Ausspruch: „überall soll der Dichter ökonomisch sein, nur nicht in seinen Grundmotiven." Der Bau des Dramas ist musterhaft knapp und gedrungen, auch die Naturlaute der Leidenschaft erklingen tief erschütternd, das Stück würde das Muster eines bürgerlichen Trauerspiels sein, wenn nicht der Dichter durch die Unsicherheit seines sittlichen Gefühls auch dem Hörer das Gefühl verwirrte. Der Hörer nimmt Partei — nicht wie der Dichter will für die büßende Heldin, sondern für den harten alten Philister Meister Anton. Das unglückliche Mädchen hat sich im Zorn ver= schmähter Liebe einem ungeliebten Manne verlobt, und da ihr Gewissen sie noch immer der alten, jetzt sündhaften Liebe zeiht, wähnt sie sich ver= pflichtet, dem eifersüchtigen Bräutigam durch verzweifelte Hingebung ihre Treue zu beweisen. Eine solche Tat ist denkbar — denn was wäre unmöglich für ein geängstetes Mädchengewissen? — doch sie steht sittlich tiefer als ein in der Hitze natürlicher Leidenschaft begangener Fehltritt. Der Dichter soll uns nicht einreden, das Mädchen sei durch diesen Schritt nicht innerlich befleckt worden. Der alte borstige Vater hat ganz recht, wenn er die Schande nicht auf seinem ehrlichen Bürger= hause dulden will — und über solchen unabweisbaren Verstandes= bedenken geht uns die Freude an dem schönen Gedichte fast verloren.

Mit diesem Werke war ein großer Erfolg errungen, des Dichters dramatisches Talent unzweifelhaft erwiesen. Wer hätte nicht hoffen sollen, Hebbel werde mit frischem Mute, mit seiner jetzt durch schöne Reisen erweiterten Bildung fortschreiten auf so glückverheißendem Wege? Statt dessen verlor er sich jahrelang in zielloses Experimentieren, er schrieb jene unglückseligen Märchendramen „Der Diamant" und „Der Rubin", deren Symbolik zu enträtseln der Mühe nicht lohnt.

In Unteritalien lernte er eine Welt verrotteter Zustände kennen, einen tief unsittlichen Polizeistaat, einen leeren Lippenglauben, einen getretenen und verwilderten Pöbel, eine gewissenlose Geldmacht. Hier, wenn irgendwo, war seine Verachtung der schlechten Wirklichkeit am Platze, hier mußte er fühlen, daß des Künstlers Hände zu rein sind, um die Verwesung byzantinischer Verhältnisse zu berühren. Und hier gerade ließ er sich durch eine aberwitzige Anekdote anreizen zur Erfin= dung seiner berüchtigten Tragikomödie „Ein Trauerspiel in Sizilien", welche ein tragisches Geschick in untragischer Form darstellen, des Hörers Lachmuskeln zucken und zugleich ihn vor Grausen erstarren machen soll. Das heißt doch nur die gemeine Prosa des Alltagslebens geradeswegs in die Kunst einführen. Das tragische Geschick in un= tragischer Form stöhnt und ächzt auf allen Märkten; ihm die tragische Form zu finden, ist des Dichters schönes Recht. Hebbels feiner Formen= sinn hat ihn davor bewahrt, den unglücklichen Gedanken weiter zu verfolgen. Auch ein anderes Experiment dieser Zeit blieb liegen. In der Tragödie „Moloch" wollte der Dichter „ein Volk stammeln lassen", die Uranfänge der menschlichen Gesittung, die Entstehung der Religion darstellen — ein Versuch, der mit ungemeiner dichterischer Kraft begonnen, schließlich doch in undramatischer Symbolik verlaufen mußte. Wiederum in den zerfressenen italienischen Verhältnissen wurzelt das Schauspiel Julia — eine Schilderung moderner Blasiertheit und Verworfenheit, wie sie nur einem völlig umnachteten Auge erscheinen konnte, ein Drama ohne Abschluß, ohne jedes Interesse, gerade darum gefährlich und unsittlich, weil Hebbel die unnatürliche, kläglich=sentimentale Handlungsweise seines Helden, der sich selber eine wandelnde Leiche nennt, als eine sittliche darstellen, sittlich erhebend durch das abge= schmackte Drama wirken will.

Das waren böse Tage für Hebbel, da sein Selbstgefühl im selben Maße wuchs, wie die Teilnahme der Leser sich ihm entfremdete. Selbst die Freunde fragten verwundert, ob er denn aus dem ewigen Rom nichts anderes davongetragen habe als die feine Durchbildung der Form, welche fortan alle seine Gedichte auszeichnete. Auch das be= deutendste Drama dieser unseligen Periode ist ein Werk des kalten Ver= standes. „Herodes und Mariamne" schildert das Judentum in seiner Selbstauflösung und ist zugleich eine Tragödie der ehelichen Treue; so bildet es ein Gegenstück zur Judith und zur Genoveva. Herodes kann es nicht ertragen, daß sein Weib ihn überlebe, zweimal stellte er sie, während er zu gefahrvollen Fahrten verreist, unter das Schwert des Henkers. Gegen solchen Zwang sträubt sich der Stolz der Gattin, denn „das kann man tun, erleiden kann man's nicht". Und dieser bei aller Seltsamkeit gewaltige, echt dramatische Konflikt, der schon in der Darstellung des Josephus jedes Herz bewegt, läßt bei Hebbel voll= kommen kalt. So sehr ermangeln diese Menschen der Ursprünglichkeit und Freiheit, so sehr befremdet uns die moderne epigrammatische Sprache an historischen Personen, deren grundverschiedene Gesittung wir von Kindesbeinen an kennen.

Endlich, endlich nach so langem theoretischen Umhertasten öffnete sich Hebbels Gemüt wieder natürlicheren, einfacheren Gefühlen, als er die „Agnes Bernauer" schrieb und auf heimatlichem Boden Men= schen schuf, so wahr und tüchtig, wie sie ihm seit der Maria Magdalena nicht mehr gelungen waren. Hier erscheint der moralische Revolutionär als politisch konservativ: die Berechtigung des Allgemeinen, des Staates, wird gezeigt gegenüber dem subjektiven Belieben der Leidenschaft. Hebbel bleibt vollkommen frei von der sentimentalen Auffassung der Liebe, deren heute der vornehme Pöbel voll ist. Leiber verrät die Heldin kaum durch ein hingeworfenes Wort eine Ahnung von der Schwere ihrer Schuld, und wir empfinden ihren Tod als eine brutale Mißhandlung. Der wahrhaft innerlich ringende Held des Stückes vielmehr ist Herzog Ernst; sollte das Werk dramatisch wirken, so mußte der alte Herzog in den Mittelpunkt der Handlung treten. Dann ließ sich ein besserer Schluß finden als dieser unselige fünfte Akt, wo Hebbel, der sonst das Gräß= liche liebt, einen töblichen Gegensatz durch eine übereilte Versöhnung beendet. In einem Aufzuge die Ermordung der Agnes, den wütenden Kampf des Sohnes gegen den Vater und die Beilegung des Streites darstellen — das verletzt jene Einheit der Zeit, welche der Dramatiker auch nach Lessing noch achten soll, das bleibt unglaublich, obschon der Poet durch die sprudelnde Heftigkeit, welche er dem jungen Herzoge leiht, uns darauf vorbereitet hat. Aber wie das Land nach langer Wasserreise begrüßen wir in dem Stücke wieder eine warme natürliche Stimmung, wir freuen uns der getreuen Genossen des jungen Herzogs und der kernhaften Bürger. Lebendig tritt die gärende Zeit uns vor die Seele, wo die Tage der Hohenstaufen bereits als ein ferner schöner Jugendtraum in der Sehnsucht der Menschen lebten und moderne Diplomatenkunst die ritterliche Vasallentreue zu verdrängen begann.

So war das Eis gebrochen, und die gesunde freudige Stimmung hielt an. Das gemütvolle Versmaß, das uns Deutschen wie ein liebes altes Märchen zum Herzen redet, das Metrum der deutschen Reimpaare, ward von Hebbel glücklich benutzt für das kleine Künstler= drama Michel Angelo. Diese geistreiche Behandlung einer sinnigen Anekdote gewährt manchen tiefen Einblick in die Geheimnisse künst= lerischen Schaffens; und doch ist genug Handlung in dem Stücke, um selbst auf der Bühne Interesse zu erregen. Mögen andere rügen, daß die Schilderung der Kunstfreunde und bilettierenden Künstler sich von tendenziöser Bitterkeit nicht freihält und sehr deutlich an des Verfassers eigne Fehden mit der Kritik erinnert; mögen sie tadeln, daß die Gestalt des Raphael, wie fast alles Holde und Milde bei Hebbel, ganz schatten= haft gehalten ist: — uns widersteht es, an einem erfreulichen und mit Unrecht vergessenen Werke zu mäkeln. Dieser Michel Angelo lebt wirk= lich — ein hohes Lob, da die allzu verbreitete Kenntnis der Kunstge= schichte hier der freien Tätigkeit des Dichters schwer beengende Fesseln

anlegte. Mancher akademisch korrekte Künstler wird an dem jugend=
frischen, vielsagenden Worte „Die Ordnung, mein' ich und bleibe dabei,
beginnt erst bei der Staffelei" seine eigene Hohlheit erkennen; mancher,
der Hebbel mit Mißwollen betrachtet, wird aus diesen einfachen Szenen
den heiligen Ernst des Schriftstellers begreifen.

Noch einmal, in der Tragödie Gyges und sein Ring hat Hebbel
einen Schatz von Formenschönheit und Kunstverstand an einen undank=
baren Stoff verschwendet. Der Dichter versteht, uns in die Atmosphäre
längst entschwundener Zeiten zurückzuzaubern, „an den alten Nil, wo
gelbe Menschen mit geschlitzten Augen für tote Könige ew'ge Häuser
bau'n". Wo nicht stellenweise eine allzu moderne Bewußtheit der
Sprache uns die Stimmung verdirbt, steht sie wirklich farbenprächtig
vor uns, die reiche Wunderwelt des Herodot, die mit der Fülle ihrer
reinmenschlichen Konflikte unseren Poeten ein so dankbares Feld er=
öffnet. Dennoch wird dies Trauerspiel mit vollem Rechte nie auf der
Bühne Fuß fassen, denn es ist ein antiquarisches Stück. Es ist ein
sinniger, freilich mehr für eine Novelle als für eine Tragödie der Ehe
geeigneter Gedanke, daß auch in der innigsten Vereinigung jeder Gatte
ein Etwas zurückbehält, das Schonung erheischt, das er dem Gemahl
nicht hingeben kann, ohne sich selbst aufzugeben; aber wie wenige Leser
werden aus der seltsamen Handlung des „Gyges" diese Idee erraten!
Heute, da man den Dramatiker unaufhörlich auf historische Stoffe ver=
weist, kann nicht laut genug die einfache Wahrheit wiederholt werden,
daß der Dichter seine Menschen in den Herzen seiner Zuschauer, der
Kinder seiner Zeit, entstehen und wachsen lassen muß. Mag er getrost
Weltverhältnisse aus den Tagen vor der Sündflut uns vorführen: in
den Empfindungen seiner Charaktere dulden wir nichts Antiquarisches.
Gerade unser Publikum mit seinen abgestumpften Gefühlen wird nur
durch einfach=drastische, sofort verständliche Empfindungen erregt werden.
Dieser König Kandaules, welcher „Zeugen braucht, daß er nicht ein
eitler Tor ist, der sich selbst belügt, wenn er sich rühmt, das schönste
Weib zu küssen", welcher darum den Fremden als Zuschauer an das
eheliche Lager führt — er handelt nach unseren Begriffen mit einer
brutalen Roheit, die seinen Edelmut uns völlig unglaublich macht und
jedes tragische Mitleid aufhebt. Hier aber sind unsere Begriffe im
Rechte, weil wir leben. Nur ein bedauerndes Achselzucken haben wir
für die untadelhafte Komposition, die Melodie der Sprache und den
Gedankenreichtum des Dichters, der in diesem Werke sich glänzend ent=

faltet. Wie nämlich Kandaules in seinem Hause die Schranken alt-
heiliger Sitte zerstört, so wagt er auch im Staate „an den Schlaf
der Welt zu rühren", obwohl er „nicht die Kraft hat, ihr Höheres zu
bieten". Und in diese dumpfe gebundene Menschheit tritt der einzige,
den wir ganz verstehen, der jugendliche Gyges, der Mann der freien
entschlossenen Tat, der Sohn des klaren Hellenenvolkes, das die
Fesseln starrer Sitte lächelnd abgestreift hat.

Wie seine Dramen, so zeigen auch Hebbels kleine Gedichte eine
auffällige Ungleichheit des Wertes. Wir sehen eine ursprünglich
poetische Natur vor uns, welche durch übereifrige Verstandestätigkeit
sich der schönsten Früchte ihres Talents beraubt. Hebbel erstrebt eine
Universalität, woran selbst ein Goethe nie gedacht hat — ein Unterfangen, wobei einem pathetischen Dichter das Ärgste widerfahren
muß. Ein Mann wie er konnte in seiner Jugend ein Mädchen
erschrecken durch heiße, despotische Leidenschaft; er konnte dann ein
edles Weib mit jener tiefen und ernsten Mannesneigung erfassen, wovon so manches schöne Gedicht an Christine Kunde gibt; versucht er
jedoch zu tändeln und leicht zu kosen, so zeigt er nur die Grazie eines
seiltanzenden Elefanten. Auch für das einfache Lied fehlt ihm die
Naivität. Dagegen sind mehrere der Balladen durch ihre einheitliche
Stimmung sehr wirksam, nur leiden sie meist an zu großer Länge;
denn der Dramatiker weiß nichts von dem Kunstgeheimnis des lyrischen
Rhapsoden, durch Verstummen das Tiefste zu sagen. Die Gedichte
„Dem Schmerz sein Recht" erschüttern durch den heftigen rastlosen
Kampf eines aufwärtsstrebenden Geistes; doch zeigen auch sie, wie
selbst die schönsten Gedichte der Sammlung, eine ungelöste Zutat von
Reflexion. Das Epigramm ist natürlich stark vertreten: fast überall
Gedanken eines gescheiten Mannes, aber auch überall eine unselige
Störung, bald durch die Breite der Darstellung, bald durch die Prosa
des Gedankens oder durch ein geschmackloses Bild. Selbst das ver-
ständigste der Gedichte, selbst das Epigramm, muß in der Phantasie
des Künstlers empfangen werden.

Es ist doch ein frischer, erfreulicher Dichterzug in Hebbels Leben,
wie er, entzückt von dem liebenswürdigen Spiele einer Künstlerin, sie
rasch entschlossen von der Bühne heimführte. Beglückt an der Seite
dieser edeln Frau, in dem Frieden eines wohlgeordneten Hauses ließ
er jetzt in dem kleinen Epos „Mutter und Kind" alles wieder zu frischem
Leben erwachen, was vorzeiten seine Phantasie erregt: das derb-

tüchtige niederdeutsche Bauernleben, das reiche Hamburg und seinen
furchtbaren Brand. Auch die Ideen, welche seinen Kopf vorzugsweise
beschäftigt, das Verhältnis von Mann und Weib, die Fragen von der
Armut und dem Sozialismus, spielen in das Gedicht hinein. In
dieser kleinen Welt rein=menschlicher Empfindungen hat der Dichter
jene Wärme des Gefühls, jene Freude an dem Milden und Gemüt=
lichen, jene gläubige versöhnte Stimmung wiedergefunden, die auf
seinen langen spekulativen Irrfahrten fast verloren schienen.

> Welches irdische Glück ist diesem höchsten vergleichbar,
> das uns über uns selbst erhebt, indem wir's genießen,
> und wem wird es versagt, wem wird es gekränkt und geschmälert? . .
> Und so ist die Natur gerecht im ganzen und großen
> und verteilt nur den Tand, die Flitter, nach Lust und nach Laune.

Uns scheint, in diesen Worten über die Elternliebe liegt unendlich
mehr Tiefsinn und kräftiger Mannesmut, als in den heftigsten In=
vektiven, welche Hebbel je gegen die Gesellschaft geschleudert. Der we=
sentliche Mangel des Werkes zeigt sich in der Form. Wir meinen hier
nicht die übermäßige Anwendung des Trochäus, die Hebbel sich erlaubt.
Denn der Hexameter ist zwar keineswegs, wie Hebbel meint, „der
deutscheste Vers", sondern ein Maß, das einer ursprünglich der Quan=
tität entbehrenden Sprache niemals ganz natürlich zu Gesichte stehen
kann; doch gerade deshalb mag der deutsche Dichter bei dessen Hand=
habung mit großer Freiheit verfahren. Sein feines Gehör allein muß
ihn warnen vor dem Schein der Dürftigkeit, der durch zahlreiche Tro=
chäen entsteht, wie vor dem haltlosen hüpfenden Wesen und dem zischen=
den Mißklang gehäufter Konsonanten, welche die Daktylen der „korrek=
ten" Platenschen Schule in den Hexameter bringen. Wir meinen
hier die Form in einem minder äußerlichen Sinne. Die ungeheure,
vollkommen nur einmal erfüllte Aufgabe, in unserer aufgeregten Zeit
das erhabene Gleichmaß epischer Diktion und Empfindung zu bewahren,
war dem Dramatiker unlösbar. Bald staut seine Rede sich auf in
abgebrochenen Sätzen, bald stürmt sie daher in langen Perioden, die
ebenmäßige Wallung des Hexameters geht verloren. — Und dies
einfach herzliche Gedicht ging in der Lesewelt fast spurlos vorüber. Ist
es doch längst kein Geheimnis mehr, daß das Los der Gedichte heute
in den Händen der jungen Damen liegt. Wirken Tragödien zu auf=
regend auf die Gemüter der Fräulein — nun, hier ist ein Epos aus
der stillen Welt des Hauses, ganz dazu geschaffen, ein einfaches Mäd=
chen sanft zu bewegen. Doch leider, keine Spur von Sentimentalität

und augenverdrehender Frömmigkeit; und diese Bäuerin hat so gesunde
Nerven, sie untersteht sich sogar, im Grünen zu gebären! Mon Dieu,
welche Pensionsdirektrice von Pflichtgefühl darf ihren Zöglingen solche
Natürlichkeiten bieten?

Unterdessen reifte langsam des Dichters größtes Werk, die Nibe=
lungen. Wenn der gebildete Durchschnittsmensch heute schon beim An=
blick des Titels einer Nibelungentragödie mit der Ruhe des Weisen zu
sagen liebt: Das sind alte Geschichten, der Himmel bewahre uns vor
dieser tausendjährigen Hexerei — so können wir nicht bestimmt genug
die überzeugung aussprechen: Nur wenige moderne Dichter haben die
gewaltige Versuchung nicht empfunden, die Gestalten des Nibelungen=
liedes irgendwie nachzubilden. Da steht sie vor uns, eine jener gran=
diosen Fabeln, woran die Kunst und der Glaube von Jahrhunderten
gearbeitet, das Wunderwerk eines ganzen Volkes, in ihren Grundzügen
hoch erhaben über jene Anfechtung der Kritik. Und mit dem vollen
Reize der Jugend tritt das altehrwürdige Werk vor unsere Augen. Seit
zwei Menschenaltern erst hat sich die Liebe unseres Volkes wieder der
alten Dichtung zugewendet. Seitdem sind die Gestalten des hörnenen
Siegfried und der Rächerin Kriemhild einem jeden eng verwachsen
mit jenen ersten Empfindungen der Kindheit, welche ewig frisch bleiben,
als wären sie gestern empfunden. Und dieser Schatz gewaltigster mensch=
licher Leidenschaft, der unsere Maler zu immer neuen Nachschöpfungen
reizt, ist uns überliefert in einer poetischen Bearbeitung, die dem
feineren Kunstsinne der Gegenwart nimmermehr völlig genügen kann.
Denn — zum Schrecken orthodoxer Germanisten sei gesagt, was jedes
einfache Gefühl sofort empfindet — neben Stellen von hinreißender
Kraft und Schönheit dehnen sich im Nibelungenliede weite Strecken von
langweiliger Einförmigkeit. Auch der Inhalt bietet oftmals eine fremd=
artige, ja feindselige Mischung von altnordischen, deutsch=heidnischen
und christlichen Elementen. Die ungeheure Bewegung und leiden=
schaftliche Wildheit des Stoffes, welchen die epische Form oft kaum be=
wältigen kann, fordert den Dramatiker ebenso laut zum Nachbilden auf,
wie jene Keime verschlungener eingehender Charakteristik, die sich im
Epos nur halb entfalten dürfen. Gründe genug, um in unzähligen
modernen Menschen den Wunsch zu erregen, daß die Heldengestalten
der alten Sage auf der Bühne erscheinen möchten, wo, nach Hebbels
schönem Worte,

> wo sich die bleichen Dichterschatten röten
> wie des Odysseus Schar von fremdem Blut.

Aber wie läßt sich diese ungeheure Fabelwelt dem Verständnis unserer
Hörer erschließen? Am nächsten liegt es, durch sorgfältige psycho=
logische Motivierung die alten Recken uns menschlich nahezuführen.
Dieses Weges ist Emanuel Geibel gegangen — und der Erfolg bewies,
daß auf solche Weise die finstere Größe des alten Gedichtes gänzlich
verloren geht. Wie anders ist Hebbel verfahren! Ein ungeheures
Geheimnis bleibt immerdar über den riesigen Gestalten dieser Sage,
das keine Kunst unserer helleren Zeit lichten kann. Sollen unsere
Hörer an einen Hagen Tronje wirklich glauben, so gilt es nicht, ihn
hinabzuziehen in unsere Kleinheit und Feinheit, nein, es gilt, ihn noch
reckenhafter erscheinen zu lassen und die Wunder der alten Göttersagen,
die im Nibelungenliede schon halb verwischt sind, in voller Pracht zu
entfalten. Von vornherein muß der Hörer empfinden, daß er die Welt
des hellen bewußten Verstandes verlassen hat, daß er unter Menschen
tritt, die wahllos, zweifellos, wie die Naturgewalten, das Ungeheure
tun, die der vollbrachten Untat hart und sicher in die Augen sehen
und sie auf sich nehmen wie der Hagen des Liedes, der bei jedem neuen
Frevel sich vordrängt und spricht: „Laß mich den Schuldigen sein."
   Diese Erhöhung der Helden fast über das Maß des alten Liedes
hinaus hat Hebbel mit bewundernswürdiger Kunst vollzogen. Wie
vertraut sind diese Menschen mit aller Heimlichkeit des Naturlebens.
Beredt wird ihre Zunge nur, wenn sie sich erzählen von den Geheim=
nissen des Waldes, von den Seherworten, die aus dem Nixenbrunnen
ertönen, von den Wundern des nordischen Eislandes, von jenen Runen,
darüber ein Held vergeblich sinnen mag bis an seinen Tod. Wo es zu
handeln gilt, gehen sie ans Werk wortlos, sicher, unentwegt; dann und
wann bricht aus den geschlossenen Lippen ein Ausruf jenes gräßlich
wilden Humors hervor, der sich schon in dem alten Liede findet, wenn
es von Volker spricht:
   „Das ist ein roter Anstrich, den er am Fiedelbogen hat."
   Doch während der Dichter so trotzig allen unseren konventionellen
Begriffen ins Gesicht schlägt, ist er um so maßvoller und schonender ver=
fahren, wo er unser sittliches Gefühl zu verletzen fürchten muß. Jener
König Gunter, der schon in dem alten Liede eine sehr widerwärtige
Rolle spielt und bei jedem Versuche eingehender psychologischer Zer=
gliederung notwendig ekelhaft erscheinen muß, ist von Hebbel mit
sicherem künstlerischen Takte in den Hintergrund geschoben worden.
Jung und schwach läßt er den grimmen Hagen gewähren, der ihn und

seine Brüder ganz beherrscht. Ebenso ist jener nächtliche Ringkampf
auf Brunhilds Lager von Hebbel sehr schamhaft behandelt, und wer
sich einmal eingelebt in die wunderbare Luft dieses Dramas, wird ohne
jeden Anstoß daran vorübergehen.

Auch daß Hebbel den ganzen Inhalt des Nibelungenliedes in die
dramatische Form umgegossen hat, können wir nur billigen. Denn
wenn man so gern auf die attischen Dramatiker verweist, die nur ein=
zelne Katastrophen aus der reichen Fülle der homerischen Gedichte sich
auswählten, so will diese gelehrte Vergleichung hier nimmermehr passen.
Wie Schuld die Schuld gebiert — dies Fortwirken des Frevels, welches
in der ursprünglichen Form der Sage, in dem Fluche, den Andwari
über das Gold gesprochen, sogar noch schöner ausgedrückt war, bildet
recht eigentlich den Kern der Tragik des Nibelungenliedes. Darum
müssen wir sehen, wie Siegfrieds Mörder und ihr ganzes Geschlecht
untergehen; eine Vision, welche dies nur andeutete, kann uns nicht
genügen.

Wer diesen Stoff dramatisch gestaltet, muß verzichten auf die kon=
zentrierte Schönheit des Einzeldramas, er ist gezwungen zur zyklischen
Behandlung. Hebbel griff zur Dreiteilung; er läßt auf ein kurzes
Vorspiel „Der hörnene Siegfried" zwei Trauerspiele „Siegfrieds
Tod" und „Kriemhilds Rache" folgen. Diese Einteilung ist eben
deshalb ein großes künstlerisches Verdienst, weil der Laie meinen wird,
sie verstehe sich von selbst. Sie bietet dem Dichter den Vorteil, daß
er, ohne je in undramatische Breite zu verfallen, den reichen tragischen
Gehalt seiner Fabel wirklich erschöpfen kann. Es gibt einige Stoffe
von so unergründlicher tragischer Tiefe, daß sie unserer Seele bei jeder
neuen Betrachtung immer neue und immer ergreifendere Situationen
enthüllen. Wer hat das Bild von Paul Delaroche „Maria in ihrem
Hause in der Nacht nach der Kreuzabnahme" gesehen, ohne im ersten
Augenblick zu erstaunen über die Neuheit der Erfindung und im zweiten
ihre Notwendigkeit freudig anzuerkennen? Und wenn die Bauern vom
Oberammergau ihr Passionsspiel aufführen, was ist es, das diese
Tausende während langer Stunden in atemloser andachtsvoller Stille
fesselt, den blasierten Großstädter so gut wie die schwäbische Bäuerin,
die meilenweit gewallfahrt zu der heiligen Handlung? Es ist nicht
bloß die einzige Erscheinung, daß hier die künstlerische Kraft, die in den
Tiefen unseres Volkes schlummert, frei und freudig aus dem Verbor=
genen hervortritt; es ist nicht bloß die erhabene Weihe, welche der Glaube

von Millionen über den grandiosen Mythus von der Kreuzigung Christi
ausgegossen hat. Noch ein anderer, rein ästhetischer Grund gibt den
anspruchslosen Zeilen des alten Dorfschulmeisters eine so mächtig erschütternde Kraft. Jener eine Tag des Todes Christi ist so überschwenglich reich an tragischen Momenten, daß der Nachdichter nicht
nötig hat, zu jenen Verkürzungen zu greifen, welche das Drama insgemein verlangt. Stunde für Stunde vielmehr des schmerzensreichen
Tages geht in jenem Passionsspiele an uns vorüber. Also hat der Zuschauer den zweifachen Genuß der tragischen Erschütterung und zugleich
der vollen ungetrübten Naturwahrheit; denn auch jener letzte Schein
des Absichtlichen, der nach Goethes tiefem Worte jedem Kunstwerke
anhaftet, verschwindet bei dieser glücklichen Fabel. Einen ähnlichen
Moment voll unerschöpflicher Tragik bietet die Nibelungensage in dem
Morgen nach Siegfrieds Ermordung, und Hebbel hat verstanden, die
Gunst der Fabel auszubeuten. Kein Augenblick des Grausens wird
uns erlassen von der Stunde an, da Kriemhild erwacht und der Käm-
merling über den toten Mann vor der Tür stolpert, bis zu jener
schrecklichen Totenprobe, da der grimme Hagen unerschüttert ruft:

> Das rote Blut! Ich hätt' es nie geglaubt,
> nun seh' ich es mit meinen eigenen Augen.

In solcher Weise ist der fünfte Akt von Siegfrieds Tod das Schönste
geworden, was Hebbel je geschrieben.

Wenn Hebbel in klarer und berechtigter Absicht das Maßlose, das
Reckenhafte seiner Helden in den gewaltigsten Umrissen gezeichnet hat,
so war sein Plan doch keineswegs, uns durch das Fremdartige dieser
Erscheinungen lediglich in Erstaunen zu setzen. Nein, wir sollen empfinden, dies ist das Geschlecht der Heiden, der Gewissenlosen, das einer
neuen reinen Menschheit die Stätte räumen soll. Darum hat er jene
Spuren des Christentums, welche in das Nibelungenlied hineinspielen,
weiter verfolgt und den Heiden Hagen in grimmiger Feindschaft der
Kirche gegenübergestellt. Zuletzt, als die Heiden sich hingemordet, ergreift der Christ Dietrich von Bern das Szepter der Welt

> „im Namen dessen, der am Kreuz verblich".

Dies war sicherlich der einzige Weg, um das Entsetzen dieser Fabel zu
einem für das moderne Bewußtsein versöhnenden Abschlusse zu führen.
Dennoch liegt hier eine Schwäche des Werkes. Die christlichen Elemente
treten im Verlaufe der Handlung so wenig hervor, Dietrich selbst greift
so wenig in das Spiel ein, daß sein letztes Aufsteigen fast wie ein sym-

bolischer Zug, zum mindesten nicht als eine Notwendigkeit erscheint. Der ruhige gewaltige Alte des Nibelungenliedes ist uns verständlicher als dieser Dietrich, der so befremdlich mitten inne steht zwischen der heidnischen und der christlichen Welt.

Gerade vor diesem schönen Drama haben wir aufs neue empfunden, wie ganz eigen unser Volk zu seiner Geschichte steht, wie vertraut und zugleich wie fremd die Jugend unseres Volkes uns erscheint. Jene jugendliche Naivität des Naturlebens, welche sich im Drama schon wegen seiner klaren bewußten Kunstform nur leise andeuten läßt und nur in der Breite des Epos zu ihrem vollen Rechte kommt — sie ist es, die noch heute das Gemüt des Deutschen zu seinen alten Mythen hinzieht. Was aber des Dramatikers eigentliche Aufgabe bildet, das Gemütsleben dieser epischen Zeit, das ist uns in solchem Maße fremd geworden, daß wir dreist behaupten können, ein Trauerspiel aus der französischen oder italienischen Gegenwart dürfe sich heute mit größerem Rechte ein deutsches Trauerspiel nennen als eine Dramatisierung der Nibelungensage.

Dem Dramatiker sind, weil seine Kunst gewaltiger als irgend eine andere den ganzen Menschen erschüttert, engere Schranken gesetzt bei der Wahl seiner Stoffe als dem Maler oder dem erzählenden Dichter; und dieser Einsicht voll hat sicher schon mancher moderne Poet der reizenden Versuchung dieser Fabel widerstanden. So gewiß wir beim Hören von Uhlands Ballade „Jung Siegfried" uns willig in die alte Wunderwelt versenken, ebenso gewiß ruft das Drama den Verstand zum schonungslosen Mitsprechen auf. Indem Hebbel seine Recken gänzlich aus der Welt unseres Denkens und Empfindens heraushob, hat er zwar den einzigen Ton angeschlagen, der diesem Stoffe geziemt, doch er hat zugleich verzichtet auf die höchste Lust des Dramatikers, daß die Hörer fortwährend mit seinen Helden leiden und denken, sie treiben oder zurückhalten möchten. Allerdings bietet dies Drama auch mehrere Charaktere, welche uns völlig verständlich sind, namentlich den Charakter der Kriemhild, den nach unserem Gefühle schönsten des Werkes — wie ja auch Shakespeare in dieser alten Sagenzeit mehrere Stoffe von rein menschlichem für alle Zeiten gültigem Gehalte gefunden hat. Aber daneben stehen sehr viele Züge eines halb bewußtlosen Menschenlebens, das „keinen Grund braucht" für sein Handeln, während der heutige Zuschauer sich doch fortwährend im stillen nach den Gründen fragt.

Und untersuchen wir, was Hebbel neu geschaffen hat in dem alten

Stoffe, so finden wir zwar einzelne überraschend feine Motivierungen, welche das Lied gar nicht oder nur leise andeutet, wir sehen Brunhilds geheime Liebe zu Siegfried, wir erfahren, daß die Eifersucht Kriemhild bewog, ihre Schwägerin zu schelten, und daß der Neid der letzte Grund des Hasses ist, den Hagen gegen Siegfried hegt, aber wir können nicht sagen, die Helden seien uns in dem modernen Drama vertrauter geworden als in dem alten Liede. Unvermeidlich vielmehr treten in dem Drama einige moderne Züge störend hervor. Die alten Recken beurteilen sich gegenseitig mit einer bewußten Klarheit, welche zu ihrem eigenen Tun wenig stimmt; und wenn Brunhild zu Gunter spricht:

> in bir und mir
> hat Mann und Weib für alle Ewigkeit
> den Kampf ums Vorrecht ausgekämpft —

so offenbaren auch diese Worte ein helles Bewußtsein, das wir der Königin von Isenland nicht zutrauen. Gestehen wir also: Wenn uns die Lust anwandelt, uns zu erfreuen an der Größe unserer Sagenzeit, so greifen wir lieber zu dem Nibelungenliede selber, als zu dem neuen Drama. Denn in einer Erzählung vergangener Taten nehmen wir vieles arglos und willig hin, was uns in der unmittelbaren Gegenwart des Dramas verletzt, und während die Mängel des alten Liedes uns nur wie das Blei erscheinen, worein die Natur das Silber verborgen hat, machen die Mängel des modernen Werkes den Eindruck einer fremden künstlichen Zutat. Der Dichter hat das mögliche geleistet, aber er hat gewisse Bedenken nicht überwinden können, welche notwendig gegeben sind durch die ungeheure Kluft, die unser Empfinden von dem Seelenleben der epischen Tage trennt.

So war dem kräftigen Manne doch gelungen, das Echte seines Wesens der Mitwelt zu offenbaren, und auch sein letztes Werk gab ein Zeugnis von der Läuterung dieses Geistes. Er nahm die Fabel des Schillerschen Demetrius wieder auf; doch Schillers Drama einfach fortzusetzen, kam ihm nicht bei: „Ich könnte ebensogut da zu lieben anfangen, wo ein anderer aufgehört hat." In seinen jungen Jahren wäre ihm unzweifelhaft der verzwickte Charakter eines tugendhaften Betrügers ein reizender Vorwurf gewesen; jetzt stand er anders zu den sittlichen Fragen. Sein Sinn war jetzt so ganz auf das einfach Edle gerichtet, er empfand so lebhaft die Gemeinheit, die in jedem Betrüger liegt, daß ihm sogar Schillers Idealismus nicht mehr genügte. Schiller wäre, erklärte er oft, mit seinem Betrüger nicht zu Ende gekommen.

Er faßte den Demetrius als den Betrogenen, der erst ganz zuletzt, da er nicht mehr zurück kann, seine eigene Schuld erfährt, und stellte den Usurpator so rein und edel hin, daß ich fast zweifle, ob nicht das voll= endete Werk an dramatischem Interesse ebensoviel verloren hätte, als der Held an Tugend gewann. Hebbels realistischer Sinn zeigt sich diesmal nur in der drastischen Schilderung des slawischen Volkslebens, die unser deutsches Gefühl fremdartig berührt. Überhaupt liegt über dem tiefdurchdachten Werke eine seltsame Kälte; unter den vielen, welche sich an dieser erhabenen Schicksalstragödie versucht haben, reicht keiner an Schillers feurige schwungvolle Weise heran.

Das Gedicht abzuschließen war dem Dichter nicht vergönnt. Eben jetzt begann die Welt dem lange Verkannten zu danken, da warf ihn eine tödliche Krankheit nieder. Er hörte noch auf dem Krankenbette, seinen Nibelungen sei der große Berliner Dramenpreis zuerkannt worden. Die Antwort, die er dem Boten gab, ist wie der letzte Pinselstrich zu dem Charakterbilde des düsteren schwer kämpfenden Mannes, der die helle Lust am Leben niemals ganz gekostet hat. Er sagte trüb: „Das ist Menschenlos. Bald fehlt uns der Wein, bald fehlt uns der Becher." —

Karl Mathy.

(Heidelberg 1868.)

Wer heute den Durchschnitt unserer Jugend mustert, wie sie daher lebt, altklug, frühe mit sich selbst im reinen, nicht allzu roh in ihren Ausschweifungen, aber auch arm an holder Torheit und freudiger Begeisterung, wenig geneigt, den Rätseln des Daseins ernsthaft nachzudenken — der kann sich der Besorgnis kaum entschlagen, daß der geistige Gehalt unserer nächsten Zukunft nicht reich sein wird. Es hat den Anschein, als wüchse uns ein Geschlecht von verständigen Politikern, tapferen Soldaten und guten Bürgern für den neuen deutschen Staat heran, und wir müssen es hinnehmen als eine notwendige Grausamkeit der Natur, wenn in dieser jungen Generation die schöpferische Kraft in Kunst und Wissenschaft selten, unter ihren Staatsmännern die Zahl der eigenartigen Charaktere gering sein sollte. Mit solcher Aussicht vor Augen beklagen wir bitter den Hingang eines Freundes, welcher, der Besten einer unter unseren Staats= und Geschäftsmännern, noch bedeutender war als ein ganzer Mann von selbständigem, ursprünglichem Gepräge.

Vollendet, eine Welt für sich selber, vererben sich die Werke des Künstlers und des Denkers auf kommende Geschlechter; sie tragen in sich die Kraft, immer von neuem aufzutauchen aus der Vergessenheit. Dem handelnden Staatsmanne fällt ein entsagungsvolles Los. Er wirkt an einem Baue, der niemals auch nur den Schein der Vollendung erlangt; das junge Geschlecht, das droben an den Türmen schafft, spottet der treuen Hände, die einst sorgsam den Grundstein legten. Noch ist kein Menschenalter verflossen, seit die begeisterte Teilnahme

der Nation an den Lippen der süddeutschen Liberalen hing, und schon
heute fällt uns schwer, den Männern der Rotteck-Welckerschen Schule
gerecht zu werden, ja nur zu begreifen, warum eine solche Opposition
einst notwendig und heilsam war. Die wenigen, die noch übrig von
den Streitern jener Tage, sind fast allesamt überholt worden von der
eilenden Zeit; wir sehen die einen abseitsstehen, die anderen mit
altersschwachem Zorne eifern wider die junge Welt. Nur einzelne sind
gewachsen mit ihrem Volke, und nur einem war beschieden, als ein
leitender Staatsmann einzugreifen in die neue Staatsbildung, die der
Deutsche Krieg uns gebracht hat. Karl Mathy hat, früh eingetreten in
das öffentliche Leben, alle Entwicklungsstufen unseres neuen Liberalismus durchmessen, von der philhellenischen Schwärmerei und den badischen Kammerkämpfen bis zu der Paulskirche und wieder bis zu der
Gründung des Zollparlamentes; und derweil so vieles um ihn und
in ihm sich verwandelte, blieb er doch immer er selber, allen, die ihn
kannten, ein erhebendes Zeugnis von der Treue zugleich und der bil-
dungsfähigen Lebenskraft unseres Volkes. Er kannte Deutschland wie
wenige Männer im Süden, und war darum vor anderen berufen, mitzuwirken an der schwierigsten Aufgabe der jüngsten deutschen Politik,
an der Verschmelzung der Kernlande des alten Rheinbundes mit dem
neuen preußischen Deutschland. Ein hartes Geschick hat ihm diesen
Ruhm versagt. Kaum drei Jahre nach seinem Hingange ward das
Deutsche Reich wieder aufgerichtet, und von den Lippen seiner Freunde
klang die schmerzliche Frage: Warum hat Mathy diese Tage nicht
mehr schauen dürfen? —

Auch Karl Mathys Vater Arnold ist in den Kämpfen des öffentlichen Lebens ergraut; sein Name ward einst viel gescholten und viel
gepriesen im pfälzischen Lande. Er war ein denkender katholischer
Priester und ein gefürchteter Gegner der ultramontanen Partei, die in
den argen Tagen des Kurfürsten Karl Theodor das Land beherrschte.
Späterhin trat er über zur evangelischen Kirche, ward Professor der
Mathematik am Lyzeum zu Mannheim und gründete sich noch als be-
jahrter Mann das glückliche Hauswesen, darin Karl Mathy am 17. März
1807 geboren wurde. So wuchs der Sohn auf unter den Ideen der
Aufklärung des achtzehnten Jahrhunderts, und bald zeigte sich, daß er
auch die unabhängige Willenskraft des Vaters geerbt hatte. Als er in
Heidelberg Kameralwissenschaften studierte, brach er plötzlich auf, um
zu Fuß nach Paris zu wandern; er wollte sich dort in die Reihen der

Griechenkämpfer stellen. Nur mit Mühe gelang es der besorgten Mutter, ihn zur Rückkehr zu bewegen. Er trat nun in den Staatsdienst, und bei seinem reichen Wissen, seiner seltenen Arbeitskraft und Verstandesklarheit schien ihm eine glänzende Beamtenlaufbahn bevorzustehen. Da stürzte der Thron der Bourbonen zusammen; der Rückschlag der Julitage brachte dem badischen Lande Freiheit der Presse, stürmischen Kampf der Parteien, dazu die Aussicht, daß auch hier die Verfassung zur Wahrheit werde.

In solchen Tagen litt es den jungen Liberalen nicht länger im Staatsdienste. Er ward Journalist, schrieb in die Allgemeine Zeitung Berichte über den badischen Landtag. „Ich liebte schon damals dies Blatt wenig," sagte er mir später, „aber ich legte großen Wert auf seine Leser." Im Jahre 1832 gründete er ein eigenes Blatt: „Der Zeitgeist"; doch kaum bestand das neue Unternehmen, so hob der Bundestag die badische Preßfreiheit auf, und Mathy hatte nun alltäglich den erbitternden Kampf zu führen gegen die Willkür, nein, gegen den Blödsinn einer gesetzlosen Zensur. Wir Jüngeren haben allzu rasch vergessen, durch welche Leiden, welche Kämpfe uns damals erkauft ward — so lauten Mathys Worte — „die Herstellung des natürlichen und durch das Grundgesetz verheißenen Rechtes des freien Menschen, sich von dem Thiere und von dem Sklaven unterscheiden zu dürfen, indem er auf eigene Gefahr und Verantwortung hin seine Gedanken ausspricht". Selbst Kutusows verheißungsvolle Proklamation von Kalisch durfte nicht wieder gedruckt werden, und Struve stellte später die ihm von der Zensur gestrichenen Stellen in drei Bänden, also zensurfrei zusammen, ohne daß eine Anklage gegen das Buch gewagt wurde!

Da das Preßgesetz in seiner Weisheit nur dreißigjährigen Menschen die Herausgabe einer Zeitung gestattete, so war der junge Publizist gezwungen, den Namen seines Ausläufers auf sein Blatt zu setzen. Trotzdem entging er selber nicht der Verfolgung, er mußte zu Karlsruhe in langer Haft für seine literarischen Sünden büßen. Frühzeitige politische Schriftstellerei ist gemeinhin der sicherste Verderb für die staatsmännische Bildung; für den Herausgeber des „Zeitgeistes" war solche Gefahr nicht vorhanden. Er schreibt nicht, um zu schreiben, er redet als Geschäftsmann, geht rasch auf sein Ziel los mit knappen, gedrungenen Sätzen, deren lakonische Kürze sehr einsam dasteht inmitten der Phrasenseligkeit der Epoche. Auch die zahlreichen staatswirtschaft=

lichen Artikel, die Mathy in das Staatslexikon von Rotteck und Welcker schrieb, zeichnen sich aus durch Fülle des Wissens und Prägnanz der Sprache; er wußte, daß in jenem Unschuldsalter unseres Staatslebens tatsächliche Belehrung die wirksamste Weise der Publizistik war. Manche Modetorheiten, die sich den Liberalen der dreißiger Jahre von selbst verstanden, kehren auch in dem „Zeitgeist" wieder, so die Bewunderung für die Polen. Auch die Ausfälle wider die Gegner sind oft, im Geiste der Zeit, von einer fast fanatischen Heftigkeit: den liberalen Patrioten stehen die Gemäßigten gegenüber, „für die das Wörtlein muß die einzige Triebfeder des Tuns und Lassens in bezug auf vaterländische Angelegenheiten ist". Jedoch in ernsten Fragen deutscher Politik bewährt der Herausgeber schon damals eine spröde Selbständigkeit, die sich den Vorurteilen der Partei nicht gefangen gibt. Während Rotteck und sein Anhang um den Untergang der badischen Handelsfreiheit klagten und von dem Zollvereine auch den Sturz der heimischen Verfassung fürchteten, hatte der jüngere Genosse nach langer Erwägung sich eines Besseren belehrt. Der Schüler des alten Rau erkannte den Wert des freien Verkehrs, der Patriot ahnte dunkel den zukunftsreichen Beginn der praktischen Einigung der Nation. Es war ein kühner Schritt für einen jungen Liberalen, daß Mathy in der Schrift „Betrachtungen über den Beitritt Badens zu dem deutschen Zollverein" (1834) sich auf die Seite seines politischen Gegners Nebenius stellte; es war noch kühner, daß er der Selbstgefälligkeit der süddeutschen Liberalen zurief: „Durch die Zolleinigung wird das gebundene Handwerk des Südens der preußischen Gewerbefreiheit teilhaftig werden." Seitdem ist ihm der Zollverein ein Gegenstand unablässiger Arbeit und Sorge geblieben. „Die Deutschen", sprach er später in der Kammer, „sollen um jeden Preis daran festhalten und nur mit dem Leben davonlassen." Ihm war kein Zweifel, daß die Freiheit des Marktes die erste Voraussetzung bilde für das Dasein einer modernen Nation; auf diesen Segen verwies er die Kleingläubigen und sprach: „Deutschland ist niemals in seiner Geschichte einiger gewesen als seit dem Jahre 1834." Die Isolierung der Hansestädte nannte er kurzweg „einen Skandal". Was Mathys erfahrener Rat in den Zollkonferenzen der jüngsten Jahre gegolten hat, ist bei allen Kundigen in dauerndem Gedächtnis. Ein Praktiker von Grund aus, blieb er ein Gegner der Schutzzöllner wie der unbedingten Freihändler,

jener vermittelnden Richtung treu, welcher der Zollverein seine wirk=
samsten Gesetze verdankte.

Weit entfernt, mit einem so gefährlichen und doch so unbefangenen
Gegner sich zu versöhnen, fuhr die Regierung fort, den Redakteur des
„Zeitgeistes" durch boshafte kleinliche Verfolgung zu mißhandeln, und
Mathy, des hoffnungslosen Kampfes müde, entschloß sich endlich, das
Land zu verlassen. Mit Ergötzen lesen wir heute in den Akten der
Demagogenkommission des Bundestages, welche fürchterlichen Um=
sturzpläne Karl Mathy in der Schweiz ausgebrütet haben soll, im Ver=
eine mit Joseph Mazzini, den er allerdings gelegentlich bei seinen
Zeitungsunternehmungen unterstützte. Der Mann, dem die k. k. Polizei
so Arges zutraute, stand dem wüsten Treiben der anderen Flüchtlinge
mit kalter, sicherer Überlegenheit gegenüber, schlug als ein hartgeplagter
literarischer Tagelöhner sich und sein junges Haus mühselig durch das
Leben und ward endlich Schullehrer zu Grenchen bei Solothurn.

Was hätte er auch nicht werden können mit seinem Verstande,
seiner Arbeitskraft? Am Lehren hatte er schon in seinen Studenten=
jahren immer Freude gefunden, mit der ruhigen maßvollen Sicherheit
seines Wesens war er wie geschaffen zum Pädagogen. Ich habe selbst
in späterer Zeit oft dankbar erfahren, wie liebevoll und herzlich er mit
Jüngeren zu verkehren wußte, wie meisterhaft er verstand, durch ein
schlichtes Wort des Lobes alles Tüchtige in seiner Umgebung anzu=
spornen. Dem Fremden erschien er oft schroff und unzugänglich in
seiner schlichten wortkargen Weise; Gemeinheit und anmaßende Mittel=
mäßigkeit schraken zurück, wenn er sie abfertigte mit schneidender Kälte.
Die ihm nähertraten und seine Neigung gewannen, werden die Güte
dieses reichen Herzens, die feste Treue seiner Freundschaft nie ver=
gessen und immer die guten Stunden preisen, da die helle Lebenslust
der fröhlichen Pfalz aus den Worten des ernsten Mannes lachte. Wo=
hin ihn auch sein bewegtes Leben verschlug, überall ist ihm zum Ab=
schiede der Scheidegruß seiner getreuen Grenchener nachgerufen worden:
„Es ist gefehlt, daß Ihr von uns fortgeht!"

In Freytags Bildern aus der deutschen Vergangenheit hat Mathy
selber diese glücklichen Grenchener Jahre geschildert, da der Pro=
testant als einziger Lehrer die katholische Schule leitete und einem
derben kräftigen Völkchen den Sinn für freie Menschenbildung erweckte.
Besser als unsere Worte mag diese schöne Erzählung den Lesern sagen,
wie unser Freund gewesen ist: wie seinem reichen Geiste nichts Mensch=

liches fremd blieb, wie gemütvoll der Mann der Geschäfte zu schreiben
vermochte, und welch ein kernhafter demokratischer Grundzug in seinem
Wesen lag. Seinen Schülern überließ er gern selber das Schwur=
gericht zu halten über die Fehler der Kameraden. Jener Zug der
Mittelmäßigkeit, der vielen schweizerischen Zuständen anhaftet und
seinem scharfen Auge nicht entging, störte ihm keineswegs die Freude
an der wackeren Rüstigkeit eines aufrechten Volkes, das sich selbst re=
gierte und damals noch nicht den schlechten Künsten zuchtloser Dem=
agogen verfallen war.

Die gedankenlose Schwärmerei seiner liberalen Genossen für die
französische Weise der Völkerbeglückung von oben hat Mathy nie ge=
teilt; „der germanische Ruf nach der Polizei" galt ihm stets als
der letzte Grund unserer politischen Leiden. Während der gelehrte
Kenner der Staatswissenschaft bescheiden seine Schweizerbuben erzog,
blieb er doch mit der deutschen Presse in Verbindung. Auch in das
Staatsleben der Schweiz hat er einmal eingegriffen. Die Aufhebung
des Zehnten, von den Berner Herren lange versagt, ward jetzt durch
die liberale Partei stürmisch gefordert. Eine demokratische Volksver=
sammlung zu Nidau schrieb einen Preis aus für die beste volkstüm=
liche Beleuchtung der Streitfrage. Mathy löste die Aufgabe durch die
Schrift „Der Zehnt, wie er war, wie er ist und wie er nicht mehr
sein wird" (1838). „Nach dem Tode des Zehnten — so schließt die
Einleitung — wollen wir dann Gutes von ihm sagen, wollen uns gern
erinnern, daß es ein ehrwürdiges Institut gewesen, daß es vor alters
manchen Segen verbreitete und nur darum schädlich geworden ist, weil
es sich überlebt hat." Das Wort ist bezeichnend für den Mann der
Tat, der über beschauliche Gelehrtennaturen, wenn sie in der Praxis
des Staatslebens sich nicht zurechtfanden, sehr scharf zu urteilen
pflegte, nicht bloß über den allzu weichen Nebenius, auch über stärkere
Männer, wie Dahlmann.

Unterdessen hatte in Baden der Freiherr von·Blittersdorff sein un=
seliges Regiment begonnen, dessen tief entsittlichende Wirkungen bis
zur Stunde noch nicht völlig verwischt sind. Mit beispielloser Roheit
ward die Presse geknechtet, die Zensur geradezu angewiesen, mißliebigen
Blättern durch das Streichen der neuesten Nachrichten die Kundschaft
zu entziehen, der Mißbrauch der Amtsgewalt bei den Wahlen zur Regel
erhoben. „Lassen Sie sich Ihre Eisenbahn von Ihrem liberalen Ab=
geordneten bauen!" sagte der Minister zu den Bürgern einer bedeu=

tenden Fabrikstadt, die eine Stunde östlich von der neuen Staatsbahn liegenblieb. Dem Landtage erwies man jede erdenkliche Mißachtung; man ging so weit, zu verbieten, daß eine Kammerverhandlung über die Wiener Konferenzen von 1834 in den stenographischen Berichten abgedruckt werde. Zudem war seit dem Kölner Bischofshandel, seit dem Auftreten von Strauß und Ronge der kirchliche Haber neu erwacht; von fanatischen Priestern wurde, nach Mathys Worten, unter dem katholischen Landvolke „der halbverschollene Geist der Salpeter wieder heraufbeschworen", und dies Treiben durch die Regierung begünstigt in einem kleinen Staate, mit höchst verwickelten kirchlichen Verhältnissen, dem konfessioneller Haß schlechthin tödlich werden kann. Es war ein von Blittersdorff wohl ausgesonnenes System, das im wesentlichen unverändert blieb, auch als sein Schöpfer, von dem Ministerposten entfernt, nur aus der Ferne, vom Bundestage her, den Nachfolgern Ratschläge gab. Mit grober Anmaßung donnerten die Beamten in der Kammer, die Junghanns und Rettig, wider die „unbefugten" Anträge der Opposition; mit einer, ich darf es sagen, welfischen Zuversicht verkündeten sie die Fortdauer der Rheinbundsbureaukratie bis an das Ende der Dinge. Die Folgen dieses Regiments traten bald zutage. Die Bureaukratie ward wirklich, wie Blittersdorff gewünscht, „ein Instrument, das man nach Belieben zerbrechen kann"; ihre Mehrheit bewährte in den Tagen der Prüfung eine vollendete Gesinnungslosigkeit. Im Volke dagegen tat sich alles, was nicht ultramontan oder schlechthin servil war, zusammen zu einer leidenschaftlichen Opposition: Bassermann und Struve, Welcker und Hecker, Gemäßigte und Radikale in wüstem Durcheinander. Gehässiger Parteikampf zerrüttete den ohnehin künstlich gebildeten, durch die Nachbarschaft Frankreichs und der Schweiz leicht aufgeregten kleinen Staat. In solcher Zeit hielt Mathy sich verpflichtet heimzukehren.

Er ward im Jahre 1842 in die Kammer gewählt, und der schweigsame Mann, den die Freunde zum Reden erst bereden mußten, galt dem Kabinette bald als der furchtbarste Gegner. Wenn er sich langsam erhob, mit seinen großen ruhigen blauen Augen den Ministern gerade ins Gesicht sah und dann kalt in wohlerwogenen Sätzen ihnen die schärfsten Vorwürfe zuschleuderte, so hinterließ er tieferen Eindruck als Heckers leidenschaftliches Ungestüm. Am liebsten sprach er am Ende der Debatte; dann pflegte er die gehaltenen Reden durchzugehen und mit scharfem Spotte die Schwächen der Gegner herauszuheben. Die grausame parlamentariſche Züchtigung, die er einſt dem Ultramontanen Buß angedeihen ließ, iſt noch heute unvergeſſen. Man kämpfte den alten unendlichen Kampf um Preßfreiheit, Schwurgerichte, feſte Schranken der Polizeigewalt; die Ahnung eines großen Zuſammen= bruchs lag auf den Gemütern. Als im Jahre 1846 zum neunten Male den Antrag auf Einführung der verfaſſungsmäßigen Preßfreiheit ge= ſtellt wurde, da warnte Mathy: „Ich kann mich der Ahnung nicht ent= ſchlagen, daß dieſem neunten Antrage nicht eine gleiche Anzahl folgten, daß die Zeit nicht mehr fern ſein werde, wo über Tag oder Nacht, über Leben oder Tod die Entſcheidung fällt." Dieſen „unwürdigen Ton" wies der Miniſter Nebenius zurück: „Wir wiſſen," rief er aus, „was der Herr Redner will und was er uns und Ihnen in Ausſicht ſtellt." Nur wenige Monate, und die unwürdige Weisſagung war erfüllt.

Mathy hatte die beſte Kraft ſeiner Jugend den Parteikämpfen ſeiner Heimat gewidmet, er hatte in der Schweiz im Verkehre mit Munzinger die beſcheidene Tüchtigkeit eines geſunden kleinſtaatlichen Patriotismus achten gelernt. Jetzt, inmitten der unendlichen Debatten über Pferderationen und Zenſurlücken, überkam ihn oft das Gefühl der Nichtigkeit ſolches Streites. Sein ſcharfer Kopf durchſchaute den heil= loſen Widerſpruch, darin ſeine Partei ſich bewegte: ſie verlangte die Einheit des Vaterlandes und war doch verdammt, die Verfaſſung ihres Staates über die Beſchlüſſe des Bundestages zu ſtellen.

Immer ſtärker regte ſich ihm der Zweifel an der Lebenskraft unſerer kleinen Staaten. Im Dezember 1845 ſchloß er unter tiefer Stille der Verſammlung eine Rede alſo: „Ein neueres Geſchichtswerk ſagt, daß Baden ſeine Vergrößerung dem Wohlverhalten gegen Frankreich und der Verwandtſchaft mit Rußland verdanke. Man ſcheint ſolche Stützen nicht hinlänglich dauerhaft für einen deutſchen Staat gehalten zu haben und fügte die Verfaſſung hinzu, die ihre Wurzeln in dem Herzen des Volkes geſchlagen hat. Geben Sie einer reaktionären Kamarilla die Verfaſſung preis, ſo iſt Baden nur noch die letzte napoleoniſche Schöpfung in Deutſchland. Bedenken Sie dies — ich ſchweige." Immer feſter ward ihm, wie ſeinem Freunde Baſſermann, die über= zeugung, daß die konſtitutionelle Herrlichkeit der kleinen Staaten ein Schein bleibe ohne einen gründlichen Umbau der Bundesverfaſſung. Trotzdem tat er unabläſſig ſeine Pflicht in dem kleinen Kreiſe; ſein „Landtagsblatt" verbreitete die Verhandlungen der Kammer in allen Dörfern des Landes. Für den Unterhalt ſeiner Familie ſorgte er in=

zwischen, indem er mit Bassermann eine Buchhandlung gründete.
Ein echter self-made man fand er sich auch in diesem Berufe rasch
und sicher zurecht. In Mathys Hause wurde damals der Wert
von Berthold Auerbachs Dorfgeschichten zuerst erkannt und dem
Buche der Weg zum Markte geöffnet. In diesem Verlage erschien
auch das neue große Organ des gemäßigten Liberalismus, Gervinus'
Deutsche Zeitung.

Im Februar 1846 wurde der Landtag wieder einmal in Un=
gnaden heimgeschickt, und die Fürsten von Bayern, Württemberg und
Darmstadt sprachen verabredetermaßen dem Großherzog Leopold in
eindringlichen Briefen ihren Dank aus, weil er seinen ehrgeizigen Volks=
tribunen so mannhaft widerstanden habe. Aber noch im selben Jahre
ward das alte System als unhaltbar aufgegeben. Das liberale Mi=
nisterium Bekk trat ans Ruder, und da Baden zuerst in Deutschland
eine liberale Regierung erhielt, so begann auch hier früher als in den
Nachbarstaaten die unvermeidliche Trennung der grundverschiedenen
Bestandteile der alten Opposition.

Mehrmals geriet Hecker in den Kammern mit seinen staatskundi=
geren Freunden heftig aneinander; die „entschiedene" Presse, Struve
voran, donnerte wider die Halben, die Kammermandarinen. Mathy
gestand schon im Jahre 1846 in der Kammer: „Das Volk ist be=
scheidener als die Koterien, welche den Ausdruck seiner Gesinnungen
bei den Wahlen zu fälschen und sich der Zügel der Geschäfte zu be=
mächtigen bemüht waren." Sein sittlicher Ernst empörte sich wider die
schreiende Zuchtlosigkeit der Radikalen; sein sicherer Blick erkannte, daß
in Deutschland für eine gesittete Republik jeder Boden fehle; dem ge=
wiegten Volkswirt ward unheimlich bei den sozialistischen Phrasen über
den Kampf der Arbeit gegen das Kapital, welche sich bereits in die
radikalen Reden einschlichen. Freilich, diese heilsame Klärung der Par=
teien war erst im Werden. Da die schwache Regierung nicht vermochte,
der widerwilligen Hofpartei ernsthafte Reformen zu entreißen, so schloß
sich der Bund zwischen Radikalen und Liberalen immer aufs neue.
Sie standen zusammen, als Bassermann das deutsche Parlament ver=
langte, und wieder als Struve, auf die Nachricht von der Februar=
revolution, jene vier Forderungen des Volkes aufstellte, welche dann
die Runde durch Deutschland machten.

Erst in den folgenden Wochen vollzieht sich die Trennung der
alten Verbündeten. Ein neuer Parteikampf beginnt mit reißender

Schnelligkeit und mit der ganzen bitteren Leidenschaft verfeindeter Brüder. Schon am 1. März, als Hecker die Massen in das Stände= haus führen wollte, widersetzte sich Mathy. Auch die sofortige tumul= tuarische Annahme der Volksforderungen ohne Prüfung schien ihm würdelos: „Ich werde", rief er aus, „eher auf meinem Posten sterben als mich durch Einschüchterung von meiner Überzeugung abbringen lassen." Jetzt ging die Saat auf, die Blittersdorff ausgestreut; die verbitterte Masse verfiel den Demagogen.

Eine republikanische Schilderhebung wurde vorbereitet, und — was Mathy vornehmlich anwiderte — sie rechnete auf den Beistand revo= lutionärer Banden aus Frankreich und der Schweiz. An der Spitze dieser Umtriebe standen im Unterlande Hecker und Struve, im Ober= lande, zu Mathys Kummer, Jos. Fickler, ein begabter Mann, der vordem unserem Freunde zu dem Abgeordnetensitze verholfen hatte. Mathy wußte wie die Regierung, daß Fickler soeben in Mannheim die entscheidende Verabredung mit den Genossen getroffen hatte. Während die Regierung ratlos einherschwankt, entschließt er sich auf eigene Faust zu einer verwegenen Tat: Er verhaftet Fickler auf dem Bahn= hofe zu Karlsruhe, als dieser am 8. April aus Mannheim in das Ober= land zurückkehren will. Damit waren die Pläne der Verschworenen zerrissen: statt einer revolutionären Erhebung im ganzen Lande erfolgte ein verfrühtes, vereinzeltes Losschlagen, der tragikomische Heckerputsch. Am selben Tage kam Mathy nach Mannheim. Umringt von drohenden Volkshaufen trat er auf den Altan des Rathauses, rechtfertigte seine Tat mit schlichten Worten und schloß: „Hätte ich morgen wieder vor mir, was heute früh vor mir stand, so würde ich abermals tun, was ich getan habe, denn ich bin überzeugt, dem Vaterlande einen Dienst geleistet zu haben." Da brachte die Bürgerwehr, die vorher in zweifel= hafter Haltung dabeigestanden, dem kühnen Redner ein donnerndes Hoch.

Es war ein kurzer Triumph. Mit unbeschreiblicher Wut stürzten sich sofort die Redner und die Presse der Radikalen auf den Mann, der ihren Plan durchkreuzt hatte; achtzehn Monate lang war der „Fickler= fänger" der verhaßteste Mensch in unserem Süden, ein Lieblingsheld aller schmutzigen Bilder. Sein Name schon erregte die Wut des Haufens. Als im Mai 1849 in der republikanischen Landesversamm= lung zu Karlsruhe ein abmahnender Aufruf des Reichsverwesers ver= lesen ward, da rief eine Stimme: „Das ist von Mathy", und alsdann erklang jenes urkräftige Grunzen, wodurch damals die sittliche Ent=

rüstung sich zu offenbaren pflegte. Solchen Haß der Radikalen hat
unser Freund gelassen als selbstverständlich hingenommen; aber mit
tiefer Verachtung sah er auf das liberale Philistertum seiner Heimat,
das zuerst dem Retter zujauchzte, nachher, der Sorgen ledig, in die
giftigen Verleumdungen der Demokratie mit einstimmte. Und wahr=
lich, wenn eine solche Tat, unternommen unter schweren Gefahren
und im Kampfe mit teuren persönlichen Gefühlen, noch heute von
manchem verständigen Manne mißdeutet und auf unlautere Beweg=
gründe zurückgeführt wird, so erkennen wir schmerzlich, wie wenig die
politische Verkümmerung des kleinstaatlichen Liberalismus den echten
Bürgermut auch nur zu verstehen vermag. Drei Wochen später wurde
Mathy zum Staatsrat und Mitgliede des Ministeriums ernannt, aber
die Regierung wagte nicht, diese kräftige Hand zu benutzen, die einzige,
welche vielleicht der Zerrüttung des Staates Einhalt gebieten konnte.
Sie belud sich mit dem Hasse, der an Mathys Namen haftete; seine
Kraft ward in Frankfurt verwendet.

Auch in der Paulskirche galt es zunächst, das Werk der deutschen
Revolution vor den Hirngespinsten eines bodenlosen Radikalismus zu
behüten. „Ich will nicht", rief Mathy der Linken zu, „die Selbstherr=
lichkeit eines gekrönten Individuums auf ein beklatschtes übertragen.
— Die Republik, wie sie uns hier erscheint, ist jene Herrenlosigkeit,
von der man nicht sprechen kann bei freien Männern, sondern nur bei
freigelassenen Sklaven; denn unter freien Männern versteht jeder, sein
eigener Herr zu sein, und erkennt einen unumschränkten Gebieter über
sich — den Willen der Nation und seinen Ausdruck, das Gesetz. Ich
kann es nicht über mich gewinnen angesichts der Tatsachen, die
Anarchie, die mit fremden Mitteln und zu fremden Zwecken das Vater=
land zu schwächen sucht, als die Zuckungen einer patriotischen Kraft und
Gesinnung darzustellen." Wie kampflustig auch diese Worte klingen,
sie waren doch mit schwer bekümmertem Herzen gesprochen. Während
der konservative Bassermann sich leicht in die Rolle eines Bekämpfers
der Demokratie fand, beklagte sein durch und durch liberaler Freund
schmerzlich, daß die Torheiten der Linken zu solchem Kampfe zwangen;
er ahnte, das werde der Reaktion die Wege bereiten. Die Revolution
hatte die kleinen Throne verschont; darum verlangte Mathy, daß man
den vorhandenen politischen Kräften ein gesetzliches Organ gewähre und
den Bundestag mit vereinfachtem Geschäftsgange als eine Vertretung
der Kronen neben der Zentralgewalt aufrechthalte. Nachdem dieser

staatsmännische Gedanke verworfen und die kecke Mißbildung des Reichsverweseramts gewagt wurde, hielt Mathy sich dennoch verpflichtet, der neuen Behörde seinen Beistand nicht zu versagen. Er trat als Unter=staatssekretär in das Reichsministerium und unterstützte Schmerling bei der Bekämpfung des Septemberaufstandes. Die weitverbreitete Meinung, daß die Zentralgewalt diesem Aufruhr absichtlich einige Frist zur Entfaltung gegönnt habe, wurde von Mathy stets auf das bestimmteste als ein Parteimärchen zurückgewiesen.

Als die Verfassungsberatung die Anhänger des Bundesstaates von den Bekennern der großdeutschen Phrase trennte, ergab sich Mathys Parteistellung von selbst. Er hatte vor vierzehn Jahren den Beruf Preußens zur Leitung der deutschen Volkswirtschaft gegen die Befangen=heit seiner Genossen verteidigt und wurde jetzt folgerecht ein eifriges Mitglied der Kaiserpartei. Aber ihm entging nicht die unnatürliche Lage des Parlaments, das ihm von vornherein als ein zweifelhaftes Werk=zeug der nationalen Einigung erschien. Er erkannte, wie schwer es halte, die Österreicher im Hause dahin zu bringen, daß sie gleichsam sich selber zur Tür hinauswürfen. Zudem hegte er lebhafte Achtung für Schmerling, der sich auch späterhin mit unserem Freunde nicht persön=lich verfeindete und mit einem è per la vita von ihm Abschied nahm. Darum lautete Mathys Rat: Entweder schonet Schmerling, auf daß er euch nicht zu einem gefährlichen Feinde werde — oder, wenn ihr ihn stürzen wollt, so bildet ein Kabinett, das ausschließlich aus Preußen besteht und im engsten Einverständnis mit der Berliner Regierung vorgeht. Der Rat ward überhört, das Ministerium Gagern begann seine unselige Politik des Zuwartens und der Halbheit.

Da der Kaiserpartei begabte Redner nicht fehlten, so glaubte Mathy ihr durch seine Feder mehr als durch Reden nützen zu können; er war tätig in der Presse und in der Verwaltung des Ministeriums. Nur selten hielt er für nötig, einen neuen Gedanken in die Debatten des Hauses zu werfen: so, als er zur Verwunderung der liberalen Freunde vorschlug, die beweglichen Posten des Budgets von den dauernden zu trennen und dergestalt den Bedürfnissen des Staates wie den Ansprüchen der Volksvertretung gerecht zu werden. Erst zuletzt, als König Friedrich Wilhelm die Kaiserkrone abgelehnt hatte und be=reits viele in St. Paul das Spiel verlorengaben, trat Mathy hervor mit einem Rettungsversuche: er wollte die Durchführung der Reichs=verfassung der gesetzlichen Tätigkeit der Landtage anvertrauen. Er

beantragte, die Regierungen zu veranlassen, daß sie jetzt ihre Volks=
vertretungen nicht auflösten, und verteidigte seinen Vorschlag in einer
der schönsten, lichtvollsten Reden, welche das Parlament je gehört hat.
Der Gang der Ereignisse war mächtiger als der Wille des tapferen
Mannes. Mathy mußte noch in Gotha und Erfurt die letzten Zuckungen
der deutschen Revolution mit anschauen. Dann ging er, ohne Amt
und Vermögen, abermals einer ungewissen Zukunft entgegen.

Der Staatsmann trat aus dem Kabinett sofort wieder in das Kontor
der Bassermannschen Buchhandlung. Indessen war der Ruf seiner
außerordentlichen staatswirtschaftlichen Begabung von Frankfurt her
in die Kreise der großen kaufmännischen Welt gedrungen. Im Jahre
1854 ging Mathy nach Köln, um bei seinem Freunde Mevissen in dem
Schaaffhausenschen Bankvereine die Technik des Bankwesens im ein=
zelnen kennenzulernen. Dann trat er in die Direktion der Berliner
Diskontogesellschaft, vier Jahre später ward er Mitbegründer und
Direktor der Gothaer Bank, im Jahre 1859 Direktor der Deutschen
Kreditanstalt zu Leipzig. Hatte er in Gotha die Unternehmungen einer
neuen Bank eingeleitet, so mußte er in Leipzig, unter dem Murren
dividendenlustiger Aktionäre, eine Reihe gewagter Geschäfte, welche von
der früheren Direktion allzukühn begonnen waren, wieder abwickeln.
Inmitten solcher Arbeiten fand er noch Zeit für die Presse. Die Leser
der Grenzboten ergötzten sich an der köstlichen Ironie, womit Mathy
die Vertrauensseligkeit des „ruhigen Bürgers" geißelte, und die älteren
Freunde der Preußischen Jahrbücher entsinnen sich noch der gediegenen
Abhandlung über den Münzvertrag von 1857, welche damals schon die
heute allgemein anerkannte Unzulänglichkeit der neuen Münzreform her=
vorhob und die Epoche der Goldwährung voraussah. Mathy zählte
zu den wenigen deutschen Politikern, welche von dem italienischen Kriege
nicht überrascht wurden. Sein Aufsatz „Deutsche Interessen und deutsche
Politik" verkündete schon im Juli 1858 die nahende Krisis der großen
Politik und mahnte vergeblich die Männer der Einheitspartei, sich im
voraus zu verständigen, „damit eine Macht und ein leitender Gedanke
da sich einstellen, wo die gedankenlose Mittelmäßigkeit abbanken muß".

Es war eine Lust, den stattlichen Mann reden zu hören in jener
Genossenschaft von Freunden, die sich in Leipzig um ihn, um Gustav
Freytag und S. Hirzel versammelte. Er stand jetzt auf der Höhe seines
politischen Denkens, er hatte die wirtschaftlichen und sittlichen Kräfte
des Nordens kennengelernt, unerschütterlich war ihm die Überzeugung,

daß dem preußischen Deutschland die Zukunft gehöre. Wenn der patriotische Eifer der jüngeren Freunde manchmal ungestümer ward, als unter der schirmenden Vaterhand der sächsischen Polizei rätlich schien, dann hielt sich Mathy wohl verpflichtet, zur Vorsicht zu raten; an dem Tone seiner Warnungen hörte man doch, daß das unerschrockenste Auftreten ihm das liebste war. Von seltenem Zauber war sein Gespräch, das mit gleicher Klarheit und Sicherheit über Volkswirtschaft und Kunst, Personen und Ideen sich verbreitete. Wer in Mathys Haus trat und die edle hochbegabte Frau, das tiefe Herzensglück dieser Ehe kennenlernte; wer dann erfuhr, welche Stürme über die beiden dahingegangen, wie ihnen alle vier Kinder, zuletzt ein erwachsener hoffnungsvoller Sohn, entrissen wurden — der mußte die heitere, gefaßte Ruhe des Mannes bewundern.

Währenddem war in Baden ein liberales Ministerium an das Ruder getreten; sein Führer, der Freiherr von Roggenbach, stand längst in regem Verkehre mit dem älteren Freunde. Zu Anfang 1863 wurde Mathy von dem Großherzog Friedrich zu einer hohen Finanzstelle berufen, ein Jahr darauf mit der Leitung des Handelsministeriums beauftragt. Mathy folgte dem Rufe aus ernstem Pflichtgefühl, obgleich er längst wußte, daß nur in einem einigen Deutschland die gesicherte Freiheit der Einzelstaaten möglich sei. Der kühne, wahrhaft freisinnige Versuch, über der Selbstverwaltung der Gemeinden auch die Selbstverwaltung der Kreise durchzuführen, fand Mathys warmen Beifall; aber er sah mit Unmut, daß seine alten Freunde, die liberalen Philister, sich nicht geändert hatten. Von ernsthafter politischer Gesinnung war wenig zu spüren; nur konfessionelle Leidenschaften, katholischer Fanatismus oder der nicht minder fanatische Eifer seichter Aufklärung, vermochten die Ermüdeten aufzurütteln. Die Kunst, populär zu werden, hat Mathy nie verstanden; er brachte es nicht über sich, den ergebenen Liberalen seiner Heimat seine Verachtung zu verbergen. Als ihm der wohldurchdachte Plan einer badischen Bank durch Empfindlichkeit und kleinbürgerlichen Neid gestört ward, sprach er diese Gesinnung in der Kammer mit scharfen, allerdings unparlamentarischen Worten aus.

Der schleswig-holsteinische Handel begann. Mathy erkannte rasch, daß der Name des augustenburgischen Prätendenten, anfangs das Losungswort für den Kampf gegen Dänemark, sehr bald ein Deckmantel wurde für eine selbstsüchtige und hochmütige Sonderbündelei. Als ein Minister des Erbprinzen am Karlsruher Hofe seine Verwunderung

ausſprach, warum im Süden die Teilnahme für den Prätendenten
lebendiger ſei als im Norden, da antwortete Mathy — mit jener
maſſiven Offenherzigkeit, wodurch er ſo oft die Ängſtlichkeit der kleinen
Diplomatie erſchreckt hat —: „Das iſt ſehr natürlich. Hier kennt man
euch noch nicht.“ Die Ereigniſſe drängten ſich. Herr v. Roggenbach
trat zurück, und da der kleine Staat an Diplomaten ſchweren Mangel
litt, ſo berief man in das Auswärtige Amt den Freiherrn v. Edelsheim,
von dem Mathy nichts kannte als einige wohlgeſchriebene Wiener
Depeſchen.

Während Mathy unverhohlen ſeine Freude ausſprach über den
großen Zug der Politik des Grafen Bismarck, enthüllte ſich der neue
Miniſter des Auswärtigen ſchnell als ein ergebener Vaſall Öſterreichs.
Mathy warnte umſonſt; er ſah bald, daß ſeines Bleibens in dieſer Regierung nicht mehr ſei. „Bald wird auch für mich die Stunde der Befreiung ſchlagen“, ſchrieb er mir im Juni 1866; nur die Rückſicht auf
ſeinen Fürſten hielt ihn noch zurück, auch forderten die kaum begonne-
nen großen Staatseiſenbahnbauten noch eine Zeitlang ſeine Tätigkeit.
Sobald der Krieg gegen Preußen begann, nahm er ſeinen Abſchied.

Nach wenigen Wochen erhielt der Großherzog Friedrich die Freiheit der Entſchließung zurück, er berief den entlaſſenen Miniſter am
27. Juli an die Spitze der Regierung. Nun endlich fand Mathy einen
Wirkungskreis, würdig ſeiner Kraft. Er erſchien wie verjüngt in froher
Tatkraft, angeſichts der ſchönen Aufgabe, ſeine Heimat, und vielleicht
den geſamten Süden, zu dem Reiche deutſcher Nation zurückzuführen.
Es wäre der glücklichſte Abſchluß ſeines ſtaatsmänniſchen Wirkens geweſen. Er gedachte nicht alle Wünſche eines begehrlichen Liberalismus
zu erfüllen, ſondern begann mit einigen Schritten notwendiger Strenge
gegen die Zügelloſigkeit der radikalen Preſſe. Aber er wollte feſthalten
an dem Worte und dem Geiſte der Verfaſſung, feſthalten vornehmlich
an den geſunden, bei der Läſſigkeit der Bevölkerung freilich erſt halb
entwickelten Anfängen der Selbſtverwaltung. Höher als alles dies
ſtand ihm der treue rückſichtsloſe Anſchluß an Preußen. Augenblicklich
wurde das Heer vom Kriegsſchauplatze zurückgerufen, die Feſtung
Raſtatt unter die alleinige Verfügung der Karlsruher Regierung
geſtellt, bald darauf der Frieden und das Bündnis geſchloſſen. In
der Armee war nach den traurigen Erfahrungen des Feldzuges an der
Tauber die beſſere Erkenntnis raſch durchgedrungen. Die Umbildung
des Korps nach preußiſchem Muſter fand bei den Offizieren ebenſo

lebhafte Zustimmung wie die Erneuerung der Zollvereinsverträge bei den Gewerbetreibenden.

Wenn Mathy die hoffnungslose Verwirrung des zerfahrenen süd= deutschen Parteilebens betrachtete, dann ward der starke Mann oft, wie damals alle treuen Patrioten im Süden, von finsteren Ahnungen be= fallen. „Bei Euch,“ schrieb er mir im Spätjahr 1866, „bei Euch im Norden hilft das Wort, bei uns nur der Schlag.“ Um von seiner Heimat mindestens solche Nöte fernzuhalten, wendete er sich im Herbst Herbst des folgenden Jahres an Graf Bismarck, bat ihn geradezu, Baden aufzunehmen in den Norddeutschen Bund. Der Brief blieb ohne Antwort, und wir überlebenden wissen, welcher Irrtum diesen hoch= herzigen letzten Wünschen des badischen Staatsmannes zugrunde lag; wir wissen alle, daß der erste preußische Soldat auf der Kehler Brücke vollauf genügte, um zur unrechten Stunde einen europäischen Krieg zu erregen. Was aber heute klar vor jedermanns Augen liegt, das blieb vor vier Jahren noch dem leitenden Minister Badens verborgen; so wenig vermögen unsere kleinen Höfe die Lage Europas zu überschauen! Die Entscheidung der süddeutschen Frage lag in Paris, Berlin und München, nicht in Karlsruhe. Tief niedergeschlagen, doch nicht ent= mutigt hat Mathy die Zurückhaltung des Berliner Kabinetts ertragen; er versuchte jetzt der Welt zu zeigen, was er selber kaum für möglich hielt, daß sein System auch ohne Norddeutschlands Hilfe aufrecht= bleiben könne.

Es war ihm nicht vergönnt, die Früchte seines Tuns zu ernten. Er wurde am 3. Februar 1868 rasch vom Tode ereilt, und den Freunden, die um ihn trauerten, ward noch die bittere Erfahrung, daß selbst dieser Mann für die Roheit der deutschen Demokratie nicht zu hoch stand. Alle Welt wußte, daß die ultramontane Partei keinen verhaßteren Namen kannte als den seinen; und doch sind über seinem Grabe auch pöbelhafte Schmähungen wider den Volksverräter erklungen! Wir Preußen aber wollen nicht vergessen, daß unser Staat niemals in Süd= deutschland einen treueren, einsichtigeren Freund besaß, als Karl Mathy war. Und dankbar preisen wir die Gnade des Geschicks, das jenem besorgten Worte des edeln Mannes eine so wunderbar glückliche Er= füllung gebracht hat. Denn freilich nur der Schlag — aber der Schlag deutscher Schwerter wider fremde Feinde, nicht der Jammer des Bürger= krieges — hat die Deutschen jenseits des Maines zurückgeführt zu ihrem großen Vaterlande.